实践中的金融稳定

王景武　刘通午　主编

中国金融出版社

责任编辑：吕　楠
责任校对：孙　蕊
责任印制：丁淮宾

图书在版编目（CIP）数据

实践中的金融稳定（Shijianzhong de Jinrong Wending）/王景武，刘通午主编.—北京：中国金融出版社，2010.4
ISBN 978-7-5049-5519-7

Ⅰ.①实…　Ⅱ.①王…②刘…　Ⅲ.①金融市场—研究—中国
Ⅳ.①F832.5

中国版本图书馆CIP数据核字（2010）第095288号

出版发行　中国金融出版社
社址　北京市丰台区益泽路2号
市场开发部　(010)63272190，66070804（传真）
网上书店　http://www.chinafph.com
(010)63286832，63365686（传真）
读者服务部　(010)66070833，62568380
邮编　100071
经销　新华书店
印刷　利兴印刷有限公司
装订　平阳装订厂
尺寸　169毫米×239毫米
印张　45
字数　791千
版次　2010年4月第1版
印次　2010年4月第1次印刷
定价　68.00元
ISBN 978-7-5049-5519-7/F.5079

编　委　会

主　　编　王景武　刘通午

副 主 编　文洪武　张军辉

编委会成员（按姓氏笔画排序）

王丽英　王治洪　冯国森　冯　蕴

李　鹏　杨辉平　杨　冀　张辰辰

张国坤　张海燕　陈立房　陈　芳

林红家　曹吉平　董丽诗　靳凤菊

序　言

金融是现代经济的核心，金融稳定事关金融安全和经济发展。随着中国经济货币化和全球化的逐步加深，国内外经济金融联系更加紧密，国际经济金融形势的变化对中国金融稳定的影响不断加深，中国人民银行维护金融稳定面临的挑战与机遇并存。在日益复杂的国内外经济金融形势下，围绕金融稳定中心工作开展调查研究，加强对经济金融运行的跟踪分析，评估研判潜在金融风险，提高工作的科学性、前瞻性和有效性，对做好金融稳定工作具有非常重要的意义。中国人民银行石家庄中心支行以加强金融稳定专题调研为推手，跟踪分析辖区经济金融形势和金融稳定工作的热点和难点问题，加强区域金融风险监测评估，对有效防范和化解区域性金融风险、不断提升金融稳定工作水平发挥了积极作用。

由2007年美国次级抵押贷款风波引发的国际金融危机，给世界经济增长和国际金融体系带来了严重冲击，深化了我们对金融在促进经济发展方面的作用、金融创新与金融监管的关系、系统性金融风险防范、中央银行在维护金融稳定中的核心作用等问题的认识，也对金融稳定工作提出了新的挑战。进一步改进金融风险监测评估手段，完善健全风险监测预警指标体系，尽早发现可能引发系统性金融风险的隐患，见微知著，防微杜渐，及时采取措施防范化解风险，是摆在我们金融稳定部门面前一项新的课题。中国人民银行石家庄中心支行此次组织编写的《实践中的金融稳定》，就是他们近几年调研成果的集中呈现。此书从宏观经济、金融改革、金融风险监测和处置、金融生态环境等不同侧面结合实践进行分析，内容丰富，数据翔实，对做好金融稳定工作具有很好的参考和资料价值。这些调研报告既有实证研究，也有理论探讨，其中不乏视角独特、论述深刻、观点新颖的优秀文章。中国人民银行石家庄中心支行注重加强金融稳定问题调查研究的做法，值得借鉴和提倡。这有助于进一步拓展工作思路，丰富工作手段，提升金融稳定干部队伍素质，奠定区域金融稳定工作的基础。

当前，我国金融体系运行所面临的国际国内环境更加复杂，国际金融危机以来金融领域新情况、新问题不断涌现，不确定因素和潜在风险日趋多变，维护金融稳定面临艰巨的任务。因此，我们要以邓小平理论和“三个代表”重要思想为指导，深入贯彻落实科学发展观，继续发扬求真务实、开拓创新的优良作风，团结协作，扎实工作，坚定不移地深化金融体制改革，深入研究经济金融运行中的突出问题，积极探索维护金融稳定的新手段，有效防范和及时化解潜在金融风险，切实维护金融体系健康稳定运行，努力促进经济平稳较快发展。

中国人民银行金融稳定局局长

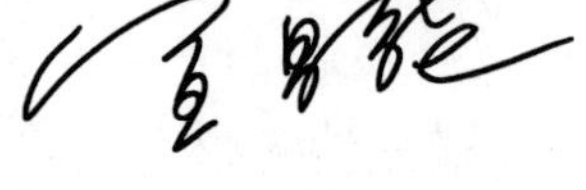

2010 年 3 月

目　录

宏观经济篇

金融改革篇

风险监测篇

风险处置篇

金融生态篇

危机启示篇

附录：世界重大金融危机回顾

宏观经济篇

居民金融资产结构变化及效应分析

——以河北省为例

王景武

一、居民金融资产分布特征及其影响因素

（一）居民金融资产分布的特征

2008 年 3 ~5 月向河北省石家庄、唐山、张家口三个地区发出一千余份问卷，其中唐山 500 份，张家口 500 份，中国银行河北省分行 50 份，中国工商银行河北省分行 80 份，中国农业银行河北省分行 80 份，中信银行 60 份，交通银行 60 份。分别由相关银行通过各自营业网点发至居民手中填写，唐山由其 8 县（市）商业银行分至居民手中填写；张家口通过其 13 个县商业银行发至居民手中填写。问卷全部收回，其中有效问卷 783 份。

表 1　居民金融资产分布比例

储蓄	国债	股票	基金	保险	外汇	黄金	其他
61.09%	4.78%	6.02%	23.64%	3.36%	0.40%	0.42%	0.30%

表 2　性别与居民金融资产分布

	储蓄	国债	股票	基金	保险	外汇	黄金	其他
男	60.27%	4.84%	7.13%	22.95%	3.95%	0.23%	0.39%	0.24%
女	61.85%	4.72%	4.98%	24.28%	2.81%	0.55%	0.44%	0.36%

表 3　不同金融资产的持有人数及其比例

	总样本	持有人数	持有比率
储蓄	783	775	98.98%
国债	783	127	16.22%
股票	783	142	18.14%
基金	783	407	51.98%

续表

	总样本	持有人数	持有比率
保险	783	198	25.29%
外汇	783	19	2.43%
黄金	783	21	2.68%
其他	783	10	1.28%

表4　　年龄与居民金融资产持有分布

	储蓄	国债	股票	基金	保险	外汇	黄金	其他
18岁以下	73.45%	6.06%	7.27%	11.70%	1.52%	0.00%	0.00%	0.00%
19~25岁	63.24%	8.27%	3.73%	20.61%	3.94%	0.20%	0.00%	0.00%
26~30岁	61.86%	3.62%	7.48%	21.49%	2.97%	0.11%	1.34%	1.13%
31~40岁	58.04%	4.23%	6.70%	26.65%	3.55%	0.47%	0.14%	0.23%
41~50岁	60.65%	3.01%	6.24%	25.21%	3.92%	0.37%	0.51%	0.10%
51~60岁	62.72%	9.92%	3.35%	20.23%	2.37%	1.41%	0.00%	0.00%
60岁以上	73.85%	10.26%	1.58%	13.19%	1.12%	0.00%	0.00%	0.00%

表5　　教育水平与居民金融资产持有分布

	储蓄	国债	股票	基金	保险	外汇	黄金	其他
硕士及以上	52.45%	0.00%	17.86%	28.38%	1.31%	0.00%	0.00%	0.00%
大学本科	48.41%	5.02%	10.50%	29.88%	5.07%	0.49%	0.16%	0.47%
大专	57.96%	3.56%	5.71%	28.79%	3.16%	0.13%	0.34%	0.35%
中专、高中	71.62%	4.68%	2.93%	17.04%	2.81%	0.54%	0.18%	0.19%
初中	77.69%	10.64%	2.80%	5.35%	1.37%	0.00%	2.16%	0.00%
小学及以下	87.40%	2.78%	0.00%	5.67%	4.15%	0.00%	0.00%	0.00%

表6　　职业与居民金融资产持有分布

	储蓄	国债	股票	基金	保险	外汇	黄金	其他
党政事业单位干部或技术人员	57.28%	6.25%	8.69%	24.21%	3.04%	0.29%	0.11%	0.11%
国有（包括国有控股）、集体企业管理、技术人员	49.92%	3.99%	7.83%	31.94%	4.57%	0.56%	0.52%	0.68%
外资、合资企业管理技术人员	51.24%	4.68%	14.14%	27.91%	1.41%	0.63%	0.00%	0.00%
私营企业主、个体工商户	64.25%	5.82%	4.52%	15.94%	5.63%	0.44%	3.04%	0.36%
普通职员、工人	71.06%	3.57%	3.14%	18.66%	3.29%	0.10%	0.02%	0.17%
农民	78.00%	9.02%	4.76%	5.04%	1.33%	0.04%	0.00%	0.00%
学生	79.77%	0.00%	2.22%	18.00%	0.00%	0.00%	0.00%	0.00%
其他	63.68%	5.10%	3.92%	24.09%	2.03%	0.53%	0.36%	0.29%

表 7　　收入水平与居民金融资产持有分布

	储蓄	国债	股票	基金	保险	外汇	黄金	其他
1 500 元以下	75. 57%	3. 65%	2. 27%	15. 60%	2. 31%	0. 13%	0. 22%	0. 25%
1 500 ~3 000 元	57. 11%	5. 84%	6. 53%	25. 43%	3. 60%	0. 46%	0. 57%	0. 44%
3 000 ~5 000 元	43. 61%	4. 50%	12. 67%	34. 23%	3. 81%	0. 81%	0. 36%	0. 00%
5 000 元以上	43. 68%	4. 39%	9. 97%	33. 44%	7. 04%	0. 61%	0. 57%	0. 30%

表 8　　固定资产与居民金融资产持有分布

固定资产	储蓄	国债	股票	基金	保险	外汇	黄金	其他
3 万元以下	69. 80%	2. 37%	5. 08%	18. 46%	2. 62%	0. 00%	0. 27%	1. 41%
3 万 ~5 万元	70. 56%	1. 19%	3. 80%	17. 98%	5. 26%	0. 23%	0. 98%	0. 00%
5 万 ~10 万元	68. 46%	4. 68%	4. 91%	19. 06%	2. 44%	0. 01%	0. 31%	0. 12%
10 万 ~30 万元	63. 29%	6. 44%	4. 44%	22. 58%	2. 18%	0. 41%	0. 50%	0. 16%
30 万 ~50 万元	50. 78%	5. 57%	7. 42%	30. 44%	4. 69%	0. 99%	0. 01%	0. 09%
50 万元以上	39. 00%	3. 96%	15. 08%	32. 54%	7. 38%	1. 07%	0. 78%	0. 18%

表 9　　居民金融资产占整个家庭总资产比例的样本分布

投资比例	观察样本	总样本	比例
5% 以下	151	740	20. 41%
5% ~10%	157	740	21. 22%
10% ~30%	194	740	26. 22%
30% ~50%	133	740	17. 97%
50% 以上	105	740	14. 19%

表 10　　储蓄目的

储蓄动机	观察样本	总体样本	比例
养老	298	725	41. 10%
医疗	130	725	17. 93%
教育	315	725	43. 45%
资本升值	141	725	19. 45%

表 11 持有国债动机

持有国债动机	观察样本	总体样本	比例
短期获利	20	136	14.71%
长期投资	5	136	3.68%
税收优惠	38	136	27.94%
降低风险	36	136	26.47%
其他	99	136	27.2%

表 12 持有股票动机

股票动机	观察样本	总体样本	比例
短期获利	66	136	48.53%
长期投资	70	136	51.47%

表 13 保险类别分布

保险类别	观察样本	总样本	比例
车险	102	200	51.00%
家庭财产险	62	200	31.00%
人身保险	146	200	73.00%

表 14 影响金融资产投资的主要因素

影响因素	观察样本	总体样本	比例
收入	350	769	45.51%
金融意识	90	769	11.70%
利润	123	769	15.99%
风险	254	769	33.03%

（二）居民不同金融资产持有的影响因素

在前述统计性分析的基础上，本节主要考察样本中居民本身的特征对其持有各类金融资产的影响。我们主要考虑的因素包括居民的性别（gender）、年龄（age）、教育水平（edu）、收入水平（income）、拥有的金融资产额度（asset）以及工作种类（job，虚拟变量，以党政机关事业单位管理技术人员为基准）。我们采纳多元回归的方法，且为了避免多重共线性对回归结果稳健性的影响，还采用了逐步回归的方法。

表 15　　居民持有储蓄存款比例的影响因素

	deposite	deposite	deposite	deposite	deposite
	(1)	(2)	(3)	(4)	(5)
性别	0. 0235 (1. 06)	-0. 0009 (0. 04)	0. 0133 (0. 58)	0. 0087 (0. 39)	0. 0029 (0. 12)
年龄	0. 0025 (0. 25)	-0. 0192 (2. 03) **	0. 0074 (0. 77)	0. 0158 (1. 74) *	0. 0093 (0. 91)
教育	0. 0671 (5. 29) ***	0. 1071 (9. 21) ***			
收入	-0. 0420 (2. 43) **		-0. 1331 (10. 63) ***		
金融资产	-0. 0710 (7. 10) ***			-0. 0941 (11. 89) ***	
国有、集体企业管理技术人员	-0. 0064 (0. 19)				-0. 0713 (2. 05) **
外资、合资企业管理人员	-0. 0684 (1. 08)				-0. 0588 (0. 88)
私营企业主和个体户	0. 0679 (1. 28)				0. 0738 (1. 34)
普通职员	0. 0438 (1. 33)				0. 1412 (4. 11) ***
农民	-0. 0123 (0. 19)				0. 1990 (2. 53) **
学生	0. 0255 (0. 24)				0. 2543 (2. 26) **
其他职业	-0. 0624 (1. 60)				0. 0615 (1. 49)
Constant	0. 6492 (9. 48) ***	0. 3481 (7. 06) ***	0. 8260 (16. 63) ***	0. 8029 (17. 57) ***	0. 5307 (9. 94) ***
Obs	761	776	773	768	778
R^2	0. 23	0. 10	0. 11	0. 16	0. 07

注：* significant at 10%；** significant at 5%；*** significant at 1%。

表 16　居民持有国债比例的影响因素

	sovereigndebt (1)	sovereigndebt (2)	sovereigndebt (3)	sovereigndebt (4)	sovereigndebt (5)
性别	-0.0002 (0.02)	0.0020 (0.20)	-0.0004 (0.04)	0.0005 (0.04)	-0.0021 (0.20)
年龄	-0.0030 (0.54)	0.0013 (0.26)	0.0035 (0.71)	0.0030 (0.61)	0.0012 (0.23)
教育	0.0140 (2.10) **	0.0100 (1.68) *			
收入	0.0010 (0.14)		0.0041 (0.86)		
金融资产	0.0081 (1.87) *			0.0056 (1.96) *	
国有、集体企业管理技术人员	-0.0283 (1.86) *				-0.0224 (1.62)
外资、合资企业管理人员	-0.0210 (0.73)				-0.0157 (0.54)
私营企业主和个体户	-0.0238 (0.95)				-0.0038 (0.16)
普通职员	-0.0308 (2.09) **				-0.0268 (1.88) *
农民	0.0047 (0.09)				0.0268 (0.58)
学生	-0.0694 (3.22) ***				-0.0597 (3.20) ***
其他职业	-0.0131 (0.75)				-0.0114 (0.61)
Constant	0.0111 (0.38)	0.0097 (0.39)	0.0258 (1.17)	0.0199 (0.89)	0.0583 (2.36) **
Obs	761	776	773	768	778
R^2	0.16	0.11	0.11	0.12	0.07

注：* significant at 10%；** significant at 5%；*** significant at 1%。

表 17　　居民持有股票资产比例的影响因素

	stock	stock	stock	stock	stock
	(1)	(2)	(3)	(4)	(5)
性别	0.0128 (1.11)	0.0178 (1.56)	0.0147 (1.28)	0.0202 (1.74)*	0.0162 (1.40)
年龄	-0.0046 (0.97)	0.0010 (0.24)	-0.0068 (1.68)*	-0.0080 (2.02)**	-0.0081 (1.88)*
教育	-0.0203 (3.22)***	-0.0300 (5.11)***			
收入	0.0210 (2.40)**		0.0364 (5.15)***		
金融资产	0.0087 (1.86)*			0.0184 (4.59)***	
国有、集体企业管理技术人员	-0.0260 (1.28)				-0.0105 (0.52)
外资、合资企业管理人员	0.0495 (0.87)				0.0541 (0.97)
私营企业主和个体户	-0.0433 (1.83)*				-0.0449 (1.98)**
普通职员	-0.0318 (1.78)*				-0.0556 (3.23)***
农民	0.0255 (0.70)				-0.0336 (0.99)
学生	-0.0232 (0.71)				-0.0821 (2.73)***
其他职业	-0.0158 (0.80)				-0.0452 (2.40)**
Constant	0.0930 (2.83)***	0.1435 (6.16)***	0.0125 (0.60)	0.0331 (1.66)*	0.1134 (4.33)***
Obs	761	776	773	768	778
R^2	0.18	0.14	0.14	0.08	0.07

注：* significant at 10%；** significant at 5%；*** significant at 1%。

表 18　居民持有基金资产比例的影响因素

	Fund	Fund	Fund	Fund	Fund
	(1)	(2)	(3)	(4)	(5)
性别	-0.0407 (2.14)**	-0.0269 (1.40)	-0.0310 (1.58)	-0.0349 (1.81)*	-0.0207 (1.03)
年龄	0.0089 (1.04)	0.0197 (2.47)**	-0.0007 (0.08)	-0.0071 (0.90)	0.0005 (0.06)
教育	-0.0565 (5.32)***	-0.0816 (9.28)***			
收入	0.0144 (0.94)		0.0771 (6.63)***		
金融资产	0.0504 (6.13)***			0.0619 (9.28)***	
国有、集体企业管理技术人员	0.0434 (1.40)				0.0771 (2.51)**
外资、合资企业管理人员	0.0580 (1.01)				0.0359 (0.58)
私营企业主和个体户	-0.0555 (1.47)				-0.0829 (1.97)**
普通职员	0.0135 (0.48)				-0.0586 (2.07)**
农民	-0.0324 (0.75)				-0.1906 (4.51)***
学生	0.0981 (0.99)				-0.0698 (0.68)
其他职业	0.0860 (2.55)**				-0.0022 (0.06)
Constant	0.2058 (3.66)***	0.4289 (10.44)***	0.1073 (2.57)**	0.1089 (2.87)***	0.2515 (5.65)***
Obs	761	776	773	768	778
R^2	0.16	0.10	0.11	0.10	0.08

注：* significant at 10%；** significant at 5%；*** significant at 1%。

表 19　　居民持有保险资产比例的影响因素

	Insurance	Insurance	Insurance	Insurance	Insurance
	(1)	(2)	(3)	(4)	(5)
性别	0.0088 (1.29)	0.0104 (1.53)	0.0090 (1.37)	0.0110 (1.65)	0.0100 (1.48)
年龄	0.0001 (0.02)	0.0001 (0.03)	-0.0021 (0.75)	-0.0021 (0.78)	-0.0015 (0.50)
教育	-0.0065 (1.25)	-0.0079 (2.24)**			
收入	0.0074 (1.14)		0.0117 (2.81)***		
金融资产	-0.0001 (0.03)			0.0048 (1.93)*	
国有、集体企业管理技术人员	0.0116 (1.11)				0.0150 (1.48)
外资、合资企业管理人员	-0.0188 (1.75)*				-0.0160 (1.83)*
私营企业主和个体户	0.0263 (0.99)				0.0254 (1.21)
普通职员	0.0094 (0.86)				0.0035 (0.37)
农民	-0.0008 (0.04)				-0.0166 (1.12)
学生	-0.0154 (0.95)				-0.0305 (2.33)**
其他职业	-0.0017 (0.18)				-0.0085 (0.96)
Constant	0.0309 (1.15)	0.0537 (3.54)***	0.0160 (1.03)	0.0243 (1.59)	0.0314 (1.88)*
Obs	761	776	773	768	778
R^2	0.23	0.11	0.12	0.11	0.08

注：* significant at 10%；** significant at 5%；*** significant at 1%。

表 20　　居民持有外汇资产比例的影响因素

	foreign currency	foreign currency	foreign currency	foreign currency	foreign currency
	(1)	(2)	(3)	(4)	(5)
性别	-0.0022	-0.0015	-0.0041	-0.0040	-0.0040
	(0.96)	(0.72)	(1.35)	(1.35)	(1.27)
年龄	-0.0007	0.0002	0.0012	0.0010	0.0009
	(1.28)	(0.39)	(0.93)	(0.76)	(0.66)
教育	-0.0006	-0.0006			
	(0.46)	(0.58)			
收入	0.0005		0.0027		
	(0.39)		(1.83) *		
金融资产	0.0035			0.0024	
	(2.27) **			(1.90) *	
国有、集体企业管理技术人员	-0.0042				0.0029
	(1.31)				(0.57)
外资、合资企业管理人员	0.0033				0.0033
	(0.48)				(0.49)
私营企业主和个体户	-0.0005				0.0018
	(0.10)				(0.39)
普通职员	-0.0001				-0.0022
	(0.04)				(0.80)
农民	0.0213				0.0151
	(1.07)				(0.83)
学生	0.0005				-0.0018
	(0.10)				(0.38)
其他职业	0.0056				0.0019
	(0.88)				(0.41)
Constant	-0.0018	0.0049	-0.0041	-0.0050	0.0010
	(0.44)	(1.34)	(0.95)	(1.57)	(0.16)
Obs	761	776	773	768	778
R^2	0.04	0.00	0.01	0.01	0.01

注：* significant at 10%；** significant at 5%；*** significant at 1%。

二、居民金融资产结构与银行经营效率

(一) 居民金融资产结构变迁

表 21 全国、河北省居民金融资产结构 单位: %

年份	手持现金比例		储蓄存款比例		债券比例		股票比例		保险准备金比例	
	全国	河北省	全国	河北省	全国	河北省	全国	河北省	全国	河北省
1991	19.50	16.87	70.80	80.41	7.30	3.82	1.70	0.01	0.60	0.01
1992	19.80	16.50	68.40	77.79	9.50	4.01	1.70	0.07	0.70	0.52
1993	20.40	15.46	68.40	80.35	8.70	4.07	1.80	0.16	0.70	0.55
1994	19.20	17.54	70.80	76.04	7.80	3.84	1.60	0.19	0.70	0.58
1995	15.90	17.75	74.70	76.88	7.40	2.68	1.20	0.18	0.80	0.55
1996	13.60	14.97	74.50	79.16	8.10	3.02	2.90	0.67	0.80	0.58
1997	12.80	16.71	72.50	69.83	9.40	2.09	4.60	1.28	0.80	0.67
1998	12.10	17.60	71.90	71.25	10.00	2.92	5.00	1.52	1.00	0.95
1999	12.50	16.02	69.40	70.70	11.30	2.91	5.70	2.14	1.00	0.95
2000	11.20	16.11	65.40	69.21	12.50	3.20	9.80	3.84	1.00	1.37
2001	10.80	5.36	67.30	82.11	12.70	3.87	7.90	2.95	1.30	2.03
2002	11.00	4.83	69.20	82.86	12.00	3.72	6.00	2.77	1.80	2.83
2003	10.60	6.40	69.80	81.73	12.20	3.29	5.30	1.78	2.10	3.17
2004	10.20	6.36	71.30	79.63	12.30	4.50	4.20	1.83	2.00	3.63
2005	9.94	5.57	72.43	79.10	10.68	5.23	3.95	1.76	3.82	4.84

图 1 是河北省 1991—2005 年居民现金持有比例、现金存款持有比例和赫芬达指数的走势。我们发现从 1991 年到 2005 年，赫芬达指数也有下降的趋势，特别是 2000 年之后，表明河北省居民持有金融资产更加分散。

(二) 银行效率计算

我们分别选取四大国有商业银行河北省分行总支出和员工总人数为资本和劳动力投入，选择银行总收入（包括主营业务收入和营业外收入）为产出，利用软件 DEAP2.1 分别计算四大国有商业银行 1991—2005 年的经营效率，计算结果见图 2。

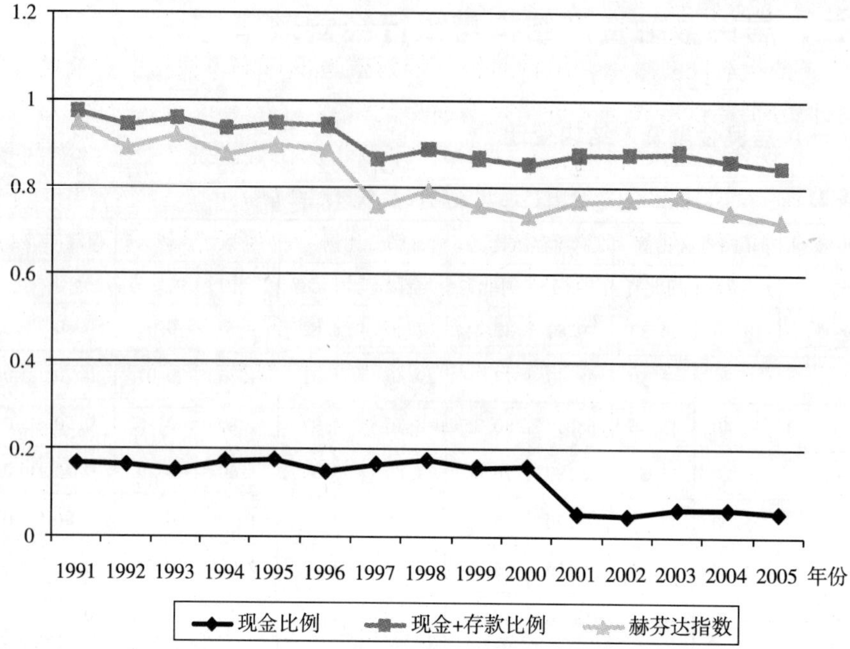

图1　现金比例、现金＋存款比例和赫芬达指数

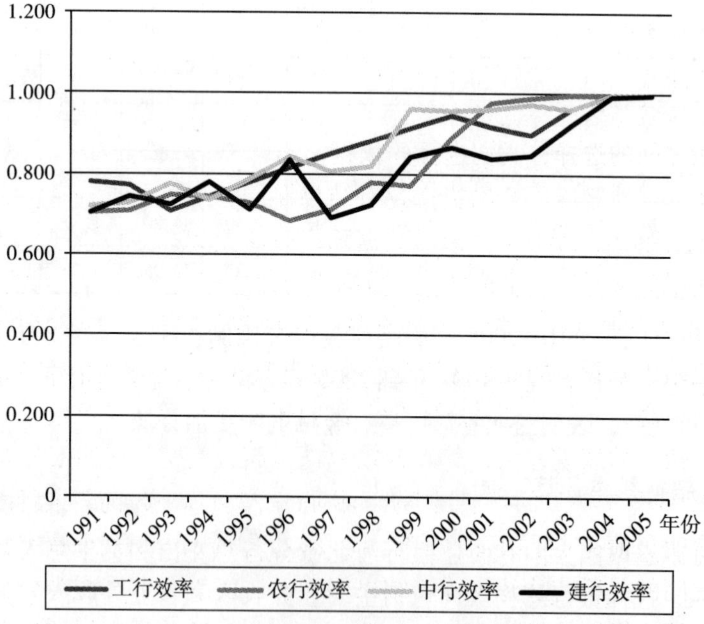

图2　1991—2005年四大国有商业银行经营效率

（三）计量检验

为了分析居民金融资产结构对银行经营效率的影响，根据上一节的计算结果，我们分别选择居民金融资产持有赫芬达指数（finassindex）、现金持有比例（cash）和现金存款持有比例（cashdep）来度量居民金融资产持有结构的变化。当然我们还考虑控制变量，包括银行存款规模（deposite）、银行资产负债率（debtcap）和银行利息收入比例（interest），并且对银行存款规模取对数形式（lndeposite）。所有变量的描述性统计见表22。

表22　　　　变量的描述性统计

Variable	Obs	Mean	Min	Max
tfp	60	0.844	0.682	1.000
finassindex	60	0.817	0.723	0.946
cash	60	0.129	0.048	0.177
cashdep	60	0.901	0.847	0.973
lndeposite	60	15.457	12.811	16.812
debtcap	60	1.088	0.922	2.253
interestin ~ e	60	0.418	0.224	0.995

对于面板数据，我们除了普通最小二乘法（OLS）回归之外，还选择面板数据固定效应模型（Fixed Effect）或者随机效应（Random Effect）模型来检验居民金融资产持有结构与银行经营效率之间的关系。对于面板数据固定效应和随机效应模型之间的选择，我们选择的依据是Hausman检验结果。从Hausman检验结果来看，当检验居民金融资产持有结果赫芬达指数或者现金存款比例与银行经营效率关系时，应当选择面板数据随机效应模型；当检验现金持有比例与银行经营效率关系时，应当选择面板数据固定效应模型。

表23报告的是居民金融资产持有赫芬达指数与银行经营效率之间的关系。从计量检验结果来看，居民金融资产持有越分散（赫芬达指数越低），那么银行经营效率会越高，而且无论是简单OLS回归还是面板数据随机效应模型都支持这个结论；银行的规模越大，其经营效率也越高，表明我国四大国有商业银行在1991—2005年有明显的规模效应；而银行资产负债率越高，银行的经营效率也越高，表明负债有利于银行的经营。表24报告的是居民现金持有比例与银行经营效率之间的关系。从计量检验结果来看，居民现金资产占整个金融资产的比例越低，那么银行的经营效率会越高；而且从表25来看，居民现金存款持有比例越低，银行的经营效率也越高。这都表明，当居民将其金融资产大部分用

于投资，且大部分用于银行存款之外的投资的时候，会给银行带来经营上的压力，迫使银行改善经营管理，提高经营效率。

表 23　　居民金融资产持有赫芬达指数与银行经营效率

解释变量	OLS		Random Effect	
	tfp	tfp	tfp	tfp
finassindex	-1.1100	-0.7618	-1.1100	-0.7618
	(10.57)***	(4.05)***	(8.99)***	(3.82)***
lndeposite		0.0455		0.0455
		(3.02)***		(2.70)***
debtcap		0.0773		0.0773
		(2.59)**		(1.66)*
interest		-0.0207		-0.0207
		(0.49)		(0.38)
Constant	1.7510	0.6873	1.7510	0.6873
	(19.15)***	(1.75)*	(17.21)***	(1.70)*
Observations	60	60	60	60
R - squared	0.57	0.62		

注：*significant at 10%；**significant at 5%；***significant at 1%。

表 24　　居民现金持有比例与银行经营效率

解释变量	OLS		Fixed Effect	
	tfp	tfp	tfp	tfp
cash	-1.6239	-1.1144	-1.6239	-0.8294
	(10.53)***	(5.50)***	(9.66)***	(4.34)***
lndeposite		0.0461		0.0791
		(4.10)***		(4.97)***
debtcap		0.0365		0.0068
		(1.37)		(0.17)
interest		-0.0486		0.0484
		(1.21)		(1.04)
Constant	1.0543	0.2561	1.0543	-0.2982
	(52.78)***	(1.18)	(44.99)***	(1.01)
Observations	60	60	60	60
R - squared	0.60	0.69	0.63	0.78

注：*significant at 10%；**significant at 5%；***significant at 1%。

表 25　　居民现金存款持有比例与银行经营效率

	OLS		Random Effect	
	tfp	tfp	tfp	tfp
cashdep	-1.9407	-1.2985	-1.9407	-1.2985
	(10.27)***	(3.84)***	(8.83)***	(3.72)***
lndeposite		0.0471		0.0471
		(3.08)***		(2.80)***
debtcap		0.0771		0.0771
		(2.57)**		(1.64)
interest		-0.0237		-0.0237
		(0.56)		(0.44)
Constant	2.5923	1.2110	2.5923	1.2110
	(14.74)***	(2.26)**	(13.06)***	(2.26)**
Observations	60	60	60	60
R-squared	0.56	0.62		

注：* significant at 10%；** significant at 5%；*** significant at 1%。

三、居民金融资产结构与货币政策有效性

本部分计量研究，我们选择货币供应量 M_2 以及地区生产总值（GDP）来检验货币与产出关系，进而对货币政策在河北省的有效性作出判断。表 26 报告的是对河北省国内生产总值（GDP）和货币供应量（M_2）序列的单位根检验结果。从序列检验结果来看，这两个变量都是一阶单整序列。居民持有金融资产多元化指数赫芬达指数（finassindex）、现金持有比例（cash）和现金存款持有比例（cashdep）也都是一阶单整的，也就是说这些变量序列一阶差分之后都是平稳序列。

表 27 报告的是对居民金融资产分布赫芬达指数与货币对策有效性检验的结果。从（1）式的回归结果可以发现，货币供应量的当期变化并不会对当期的地区生产总值的变化有显著影响，而上一期的货币供应量变化的影响却十分显著，也就是说货币政策（货币供应量的变化）对经济产出变化的影响有时滞效应；从（2）式的交互项 $\Delta M_2 \cdot finassetindex_t$ 的系数可以看出，居民持有金融资产赫芬达指数也不会对当期货币政策的效果有显著影响；从（3）式交互项 ΔM_2 · fi-

$nassetindex_t$ 的系数来看，当期的居民持有金融资产赫芬达指数会对上一期的货币政策效果有显著影响，而上一期的居民持有金融资产赫芬达指数的影响不显著。

表 28 报告的是居民持有现金资产比例与货币政策有效性之间的关系。从第（1）列的结果来看，还是上一期的货币供应量变化对当期的地区生产总值的变化有显著影响；从第（2）列的交互项系数可以看出，居民现金资产持有比例对当期货币供应量的产出效应有显著的影响；从第（3）列的结果来看，当期现金资产持有比例对上一期货币政策有效性有显著影响，而上一期的现金持有比例影响并不显著。

表 29 报告的是居民金融资产现金存款比例与货币政策有效性的计量检验结果。从第（1）列结果来看，依然支持上述结论，上一期的货币供应量变化才会对当期的产出水平变化有显著影响，表明货币政策是有明显时滞的；而当期的现金存款比例并不会对当期货币政策效果有显著影响；当期的现金存款持有比例对上一期货币政策效果有显著影响，而上一期的现金存款比例影响并不显著。

表 26　　单位根检验

变量	检验类型（C，T，L）	ADF 统计量	临界值（1%、5%、10%）		
GDP	（0，0，2）	2.1786	-2.7719	-1.9740	-1.6029
DGDP	（C，T，4）	-3.2677**	-3.7700	-3.1900	-2.8900
M_2	（0，0，2）	1.9588	-4.1220	-3.1449	-2.7138
DM_2	（C，T，1）	-4.3448***	-4.9923	-3.8753	-3.3883
Finassetindex	（0，0，1）	-1.6436	-2.7549	-1.9710	-1.6037
Dfinassetindex	（0，0，1）	-2.3337**	-2.7719	-1.9740	-1.6029
cash	（C，T，1）	-2.0250	-4.8864	-3.8290	-3.3630
Dcash	（0，0，1）	-2.4919**	-2.7719	-1.9740	-1.6029
cashdep	（0，0，1）	-1.5521	-2.7550	-1.9710	-1.6037
Dcashdep	（0，0，1）	-2.3945**	-2.7719	-1.9740	-1.6029

注：检验结果用 EViews6.0 软件计算得出。检验类型（C，T，L）分别表示单位根检验方程包含常数项、时间趋势和滞后阶段，0 表示无时间趋势或无常数项。D 表示差分算子。***、** 表示在 1%、5% 的显著水平上拒绝原假设。

表 27　　居民金融资产分布赫芬达指数与货币政策有效性

	△GDP	△GDP	△GDP
	(1)	(2)	(3)
$\triangle M_{2\,t}$	0.0573 (0.43)	-0.2947 (0.21)	0.0833 (0.71)
$\triangle M_{2\,t-1}$	0.5974 (3.44)***	0.6162 (2.78)**	0.6482 (0.44)
$\triangle M_2 \cdot finassetindex_t$		0.4543 (0.27)	
$\triangle M_{2\,t-1} \cdot finassetindex_t$			-8.5483 (1.72)*
$\triangle M_{2\,t-1} \cdot finassetindex_{t-1}$			8.2300 (1.50)
$\triangle finassetindex_t$	203.8105 (0.16)	87.2980 (0.06)	5 449.4079 (1.80)
Constant	145.1557 (1.63)	123.0556 (0.81)	230.8201 (2.36)*
R - squared	0.75	0.75	0.80

数据来源：《河北金融年鉴》、《河北经济年鉴》。***、**、*分别表示在1%、5%、10%水平显著。

表 28　　居民金融资产现金比例与货币政策有效性

	△GDP	△GDP	△GDP
	(1)	(2)	(3)
$\triangle M_{2\,t}$	0.0784 (0.46)	0.1547 (1.83)	-0.0375 (0.28)
$\triangle M_{2\,t-1}$	0.5884 (3.20)**	0.5933 (14.29)***	0.8530 (5.60)***
$\triangle M_2 \cdot Cash_t$		-5.7799 (3.10)**	
$\triangle M_{2\,t-1} \cdot Cash_t$			-19.6337 (2.09)*
$\triangle M_{2\,t-1} \cdot Cash_{t-1}$			13.7963 (1.30)
$\triangle Cash_t$	-631.0424 (0.43)	4 319.4364 (3.07)**	10 106.4290 (2.43)**
Constant	126.3113 (1.13)	641.1312 (5.37)***	557.3236 (4.42)***
R - squared	0.75	0.89	0.94

数据来源：《河北金融年鉴》、《河北经济年鉴》。***、**、*分别表示在1%、5%、10%水平显著。

表 29　　居民金融资产现金存款比例与货币政策有效性

	△GDP	△GDP	△GDP
	(1)	(2)	(3)
$\triangle M_{2\ t}$	0.0569	-0.6619	0.0861
	(0.42)	(0.25)	(0.75)
$\triangle M_{2\ t-1}$	0.5968	0.6167	0.8348
	(3.43)***	(2.76)**	(0.30)
$\triangle M_2 \cdot Cashdep_t$		0.8181	
		(0.27)	
$\triangle M_{2\ t-1} \cdot Cashdep_t$			-15.3240
			(1.84)*
$\triangle M_{2\ t-1} \cdot Cashdep_{t-1}$			14.8120
			(1.59)
$\triangle Cashdep_t$	228.6674	4.0100	9 848.4964
	(0.10)	(0.00)	(1.91)*
Constant	144.9985	122.9226	237.1737
	(1.63)	(0.82)	(2.49)**
	0.75	0.75	0.81

数据来源：《河北金融年鉴》、《河北经济年鉴》。***、**、*分别表示在1%、5%、10%水平显著。

四、居民金融资产持有结构与经济效率

（一）经济效率计算

本研究部分，使用的投入指标包含河北省逐年的劳动力和资本存量为投入指标。其中劳动力人数以统计年鉴上的从业人员度量；而资本存量取自统计年鉴上全社会每年的资本投入，按照通常的做法将其转化为存量，将1991年起始资本存量K_0定义为当年固定资产投资的10倍，然后按照$K_{t+1} = (1-\delta)K_t + I_{t+1}$的公式迭代求解，我们选取固定资产折旧率$\delta = 10\%$。我们采用1991—2005年的数据并将一年当做一个DMU决策单元。使用DEAP-XP软件计算得到的历年经济效率趋势如图3所示。从趋势图中可以看到，河北省的经济效率总体上呈上升趋势，不过在20世纪90年代后期有下降趋势，随后又开始上升。

对于经济效率，除了我们关注的居民金融资产结构的现金持有比例

(cash)、现金存款持有比例（cashdep）和赫芬达指数（finassetindex）三个指标之外，我们还控制了河北省地区生产总值（GDP)、河北省科技使用费用占地区生产总值比例（tech)、贸易开放度（tradeopen）和外资开放度（fdiopen)。为了便于计算弹性和减小误差，对于地区国内生产总值，我们取其对数形式（lnGDP)；对外贸易和外国直接投资对一国或地区（特别是发展中国家和地区）有技术溢出效应（Technology Spillover Effect）已被大量国际经济学文献所证实(Caves, 1974；Kokko, 1992；Chen, 1999；Liu, 1997)，基于研究传统，我们用河北省外贸总额除以地区国内生产总值来度量贸易开放度，用吸收外商直接投资总额除以地区国内生产总值来度量外资开放度。

在本部分计量方法的选择上，首先采用单位根检验对各变量进行平稳性研究，然后确定变量之间的长期协整关系，选用向量误差修正（VEC）模型，并通过脉冲响应函数和方差分解进一步分析居民金融结构与经济效率之间的短期关系。计量分析所使用的软件为 EViews6.0，所有数据来源为历年《河北统计年鉴》、《河北金融年鉴》。

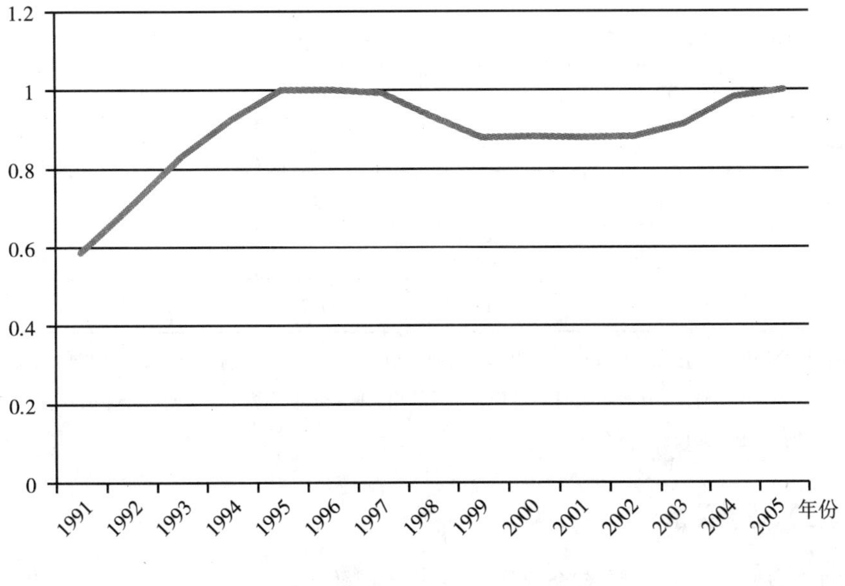

图 3　经济效率走势：基于数据包络方法的计算

（二）单位根检验

我们在进行协整分析之前有必要先进行变量的平稳性分析。我们采用 ADF (Augment Dikey – Fuller）方法来检验数据序列经济效率（tfp)、河北省国内生产总值的对数（lnGDP）、河北省每年科技经费使用（tech）、贸易开放度（tradeopen）和外资开放度（fdiopen）的平稳性，分别就每个变量的时间序列数据的水平和一阶差分（或二阶差分）形式进行检验，其中检验过程中滞后期的确定采用 AIC 最小准则，以保证残差值非自相关性。由检验结果表 30 可知，所有变量在 5% 置信水平上都是非平稳的，但变量的一阶差分序列至少在 5% 水平上是平稳的，即 tfp、lnGDP、tech、tradeopen、fdiopen、cash、cashdep 都是一阶单整过程。①

表 30　　单位根检验

变量	检验类型（C，T，L）	ADF 统计量	临界值（1%、5%、10%）		
tfp	（C，T，1）	-3.6131	-4.8864	-3.8290	-3.3630
Dtfp	（0，0，1）	-2.4951 **	-2.7719	-1.9740	-1.6029
lnGDP	（C，0，2）	-0.2376	-4.1220	-3.1449	-2.7138
DlnGDP	（C，0，7）	-7.9613 ***	-4.5826	-3.3210	-2.8014
tech	（C，T，5）	-1.9117	-5.5219	-4.1078	-3.5150
Dtech	（0，0，1）	-3.9606 ***	-2.7719	-1.9740	-1.6029
tradeopen	（C，T，2）	-2.7047	-4.9923	-3.8753	-3.3883
Dtradeopen	（0，0，1）	-3.7851 ***	-2.7719	-1.9740	-1.6029
fdiopen	（0，0，1）	-0.7685	-2.7719	-1.9740	-1.6029
Dfdiopen	（0，0，2）	-2.7474 **	-2.7922	-1.9777	-1.6021

注：检验结果用 EViews6.0 软件计算得出。检验类型（C，T，L）分别表示单位根检验方程包含常数项、时间趋势和滞后阶段，0 表示无时间趋势或无常数项。D 表示差分算子。***、** 表示在 1%、5% 的显著水平上拒绝原假设。

（三）协整关系估计

协整方程一：居民持有金融资产赫芬达指数

$$TFP = 2.1341 - 1.9891 finassetindex + 0.0032 tradeopen + 0.168704 fdiopen$$

$$(0.2355)\qquad(0.0017)\qquad(0.0148)\qquad(0.0609)$$

① 居民持有金融资产的赫芬达指数（finassetindex）、居民持有现金比例（cash）、居民持有现金存款比例（cashdep）都是一阶单整过程，具体检验结果见第 4 部分。

$+0.0565tech+u_i$

协整方程二：居民持有现金占金融资产比例

$$TFP=0.6543-1.8855cash+0.0016tradeopen+0.2243fdiopen+0.0745tech+u_i$$
$$(0.1875)\quad(0.0008)\quad(0.0084)\quad(0.0338)$$

协整方程三：居民持有现金存款总和占金融资产比例

$$TFP=3.5343-3.3576cashdep+0.0037tradeopen+0.1600fdiopen+0.0675tech+u_i$$
$$(0.3909)\quad(0.0016)\quad(0.0140)\quad(0.0571)$$

协整方程一表明居民持有金融资产多元化程度与地区经济效率之间存在长期稳定关系，且居民持有金融资产越多元化（finassindex 越小），那么地区的经济效率越高，表明随着中国和河北省地区金融市场的发展，居民拥有金融资产多元化程度不断提高，这有利于地区经济效率的提高。协整方程二表明居民持有现金比例也与地区经济效率之间有长期稳定关系，且居民持有现金比例越低，经济效率越高，意味着随着金融市场发展，居民投资渠道增加，持有现金比例意愿下降，有利于地区经济效率提高。协整方程三表明地区经济效率与居民持有现金存款比例有长期稳定关系，居民持有现金存款比例越低，那么地区经济效率会越高，意味着随着金融市场发展和投资渠道增加，居民不断增加对股票、债券、基金等金融资产的持有比例，这有利于提高居民资金的使用效率，进而提高地区经济效率。

（四）误差修正模型

Granger（1987）定理证明了协整与误差修正模型的必然联系。如果非平稳的变量之间存在着协整关系，那么必然可以建立误差修正模型（VEC）。由于误差修正模型可以有效地吸收时间序列模型和经典计量模型的优点并克服它们的缺点，因此得到广泛的应用。由表 31、表 32 和表 33 可以知道，VEC 模型的稳定性条件满足，自相关检验和正态性检验都能通过，不过从经济效率变量的误差修正系数来看，都是正值，表明河北省地区经济效率缺乏自我修正机制。

表 31　　VEC 模型整体效果检验及误差修正系数：finassetindex

滞后期	1	2	3	4	5	6	7	8
LM 统计量	23.32	32.34	31.82	31.08	20.49	25.38	18.00	23.67
P 值	0.56	0.15	0.16	0.19	0.72	0.44	0.84	0.54
J－B 正态性检验	χ^2（105）＝49.16　（P 值＝1.000）							
以 finassetindex 为因变量	误差修正系数＝0.2866（t 值＝4.6901）							

表 32 VEC 模型整体效果检验及误差修正系数：cash

滞后期	1	2	3	4	5	6	7	8
LM 统计量	18.91	19.03	21.37	38.21	18.69	17.76	22.67	32.06
P 值	0.80	0.80	0.67	0.04	0.81	0.85	0.60	0.16
J－B 正态性检验	χ^2（105）＝62.31（P 值＝0.9997）							
以 cash 为因变量	误差修正系数＝0.4733（t 值＝4.83）							

表 33 VEC 模型整体效果检验及误差修正系数：cashdep

滞后期	1	2	3	4	5	6	7	8
LM 统计量	23.65	32.42	30.43	30.36	21.82	24.52	17.52	23.09
P 值	0.54	0.15	0.21	0.21	0.65	0.47	0.86	0.57
J－B 正态性检验	χ^2（105）＝48.95（P 值＝1.000）							
以 cashdep 为因变量	误差修正系数＝0.3036（t 值＝4.59）							

（五）脉冲响应

脉冲响应函数可以用于衡量来自随机扰动项的一个标准差冲击对内生变量即期和远期取值的影响。图 4、图 5 和图 6 是基于 VEC 模型的脉冲响应曲线。从图中可以得知：当赫芬达指数出现一个标准差的正向冲击时，在短期内会带来经济效率的正向反映，不过这与长期的关系并不一致；当现金持有比例出现一个标准差的正向冲击时，在短期内经济效率会下降，这与它们之间的长期稳定

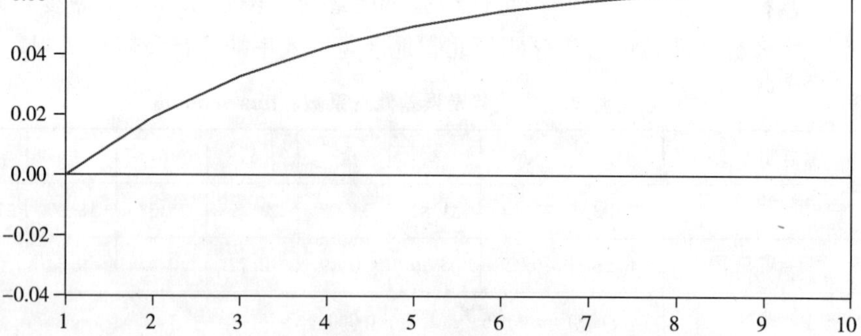

图 4 经济效率对居民持有金融资产赫芬达指数的脉冲响应

关系是一致的；当现金存款比例出现一个标准差的正向冲击时，会带来短期内经济效率增加，这与它们的长期稳定关系也是相反的。总的来说，在短期内，居民金融资产持有赫芬达指数、现金持有比例和现金存款持有比例的冲击给经济效率带来的影响与它们之间的长期稳定关系并不一致。

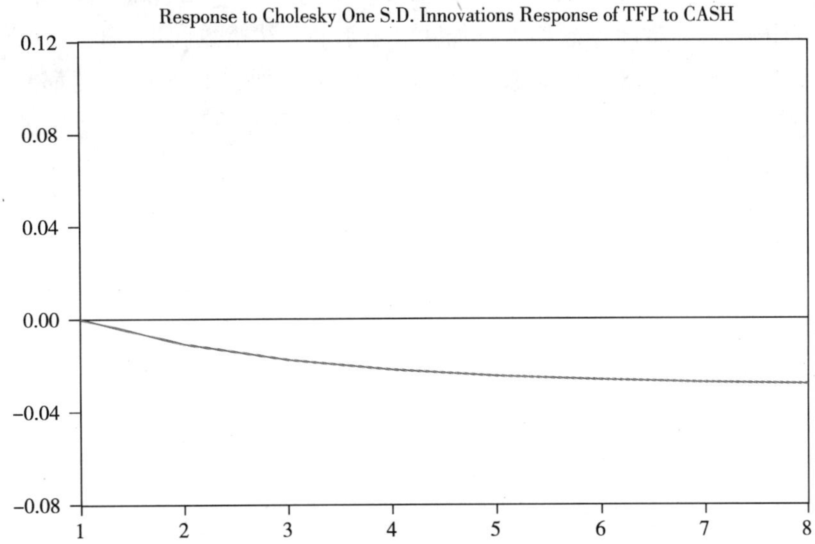

图 5　经济效率对居民持有现金比例的脉冲响应

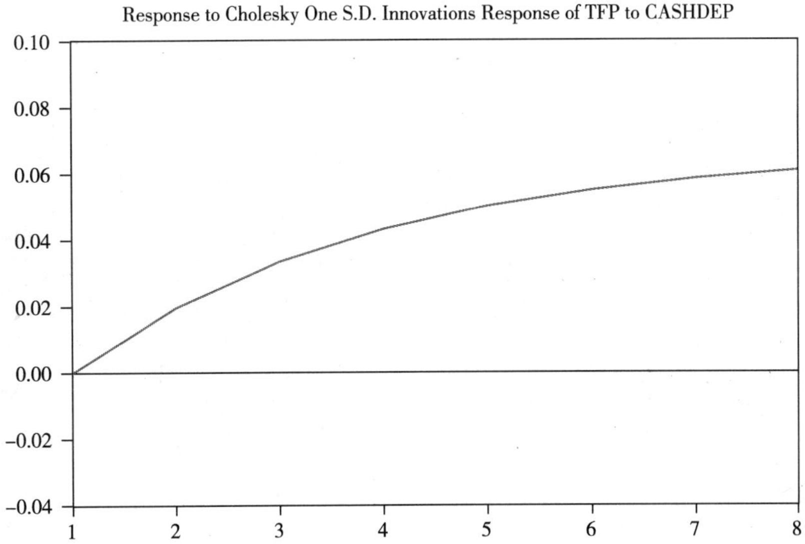

图 6　经济效率对居民持有现金存款比例的脉冲响应

（六）方差分解

表34、表35和表36分别报告的是对变量finassetindex、cash和cashdep的方差分解情况。可以看出居民金融资产持有赫芬达指数、现金持有比例和现金存款持有比例对经济效率的影响都会随着时期的增加而逐渐加重，不过现金存款持有比例对经济效率的短期影响程度要小于赫芬达指数和现金存款比例两种；贸易开放度、外资开放度和科技费用的投入对经济效率的影响程度都要低于金融资产持有赫芬达指数和现金存款比例的影响，不过外资对经济效率的影响程度要高于现金持有比例的影响。

表34　　finassetindex序列的方差分解

Period	TFP	finassetindex	tradeopen	fdiopen	tech
1	100.0000	0.0000	0.0000	0.0000	0.0000
2	89.6734	7.6448	0.9174	1.6370	0.1273
3	82.0220	13.3093	1.5971	2.8500	0.2217
4	77.1519	16.9146	2.0297	3.6220	0.2817
5	73.9410	19.2917	2.3150	4.1310	0.3213
6	71.7230	20.9337	2.5120	4.4827	0.3487
7	70.1283	22.1143	2.6537	4.7355	0.3683
8	68.9435	22.9914	2.7589	4.9233	0.3829

表35　　cash序列的方差分解

Period	TFP	cash	tradeopen	fdiopen	tech
1	100.0000	0.0000	0.0000	0.0000	0.0000
2	91.0545	2.1388	0.2160	6.3237	0.2670
3	85.9081	3.3692	0.3402	9.9618	0.4206
4	82.9545	4.0754	0.4115	12.0498	0.5088
5	81.1175	4.5146	0.4559	13.3484	0.5636
6	79.8989	4.8060	0.4853	14.2098	0.6000
7	79.0497	5.0090	0.5058	14.8102	0.6253
8	78.4342	5.1562	0.5206	15.2453	0.6437

表 36 **cashdep 序列的方差分解**

Period	TFP	cashdep	tradeopen	fdiopen	tech
1	100.0000	0.0000	0.0000	0.0000	0.0000
2	89.1929	7.8156	1.3195	1.4713	0.2007
3	81.2676	13.5470	2.2872	2.5503	0.3480
4	76.2611	17.1676	2.8985	3.2318	0.4409
5	72.9782	19.5418	3.2993	3.6788	0.5019
6	70.7198	21.1751	3.5750	3.9863	0.5439
7	69.1013	22.3455	3.7727	4.2066	0.5739
8	67.9021	23.2127	3.9191	4.3698	0.5962

五、研究结论

结论一：现阶段河北省居民金融资产还是以银行储蓄存款为主，以基金、股票、国债等其他金融资产为辅，而且居民的年龄、受教育水平、收入水平、拥有金融资产的额度和职业对居民持有的金融资产种类均有不同的影响。

结论二：四大国有商业银行河北省分行的经营效率自 20 世纪 90 年代以来，总体上呈现逐步上升的趋势。居民金融资产持有越分散，那么银行经营效率越高；居民手持现金比例和现金存款比例越低，银行经营效率也越高。

结论三：当期的货币供应量变化并不会对当期的产出有显著影响，而上一期的货币供应量对当期的产出有影响，表明货币政策有明显的滞后效应；居民当期金融资产持有集中度、现金持有比例和现金存款持有比例都对上一期的货币政策有效性有显著影响。

结论四：从长期来看，居民持有金融资产越多元化、现金持有比例和现金存款持有比例越低，会带来经济效率的提高；从短期来看，居民持有金融资产集中度和现金存款持有比例的冲击，会对经济效率有正向的影响，而现金持有比例的冲击是负向影响，而且居民持有金融资产多元化程度和现金存款持有比例的影响要大于现金持有比例。

（作者单位：中国人民银行石家庄中心支行原行长）

参考文献

［1］柴曼莹:《中国居民金融资产增长因素贡献率测算》，载《华南理工大学学报（社会科学版)》，2003（1）：63~67页。

［2］陈学彬，杨凌和方松:《货币政策效应的微观基础研究》，载《复旦大学学报》，2005（1）：42~54页。

［3］郭柯，王毅敏：《金融市场发展与货币政策有效性探析》，载《经济师》，2005（10）：80~81页。

［4］侯晓辉，张国平：《所有权、战略引资与中国商业银行的效率》，载《世界经济》，2008（5）：81~96页。

［5］《金融深化、信贷配置扭曲与经济效率》，载《武汉金融》，2004（5）：11~13页。

［6］李晓庆，刘湘斌:《我国商业银行效率测度及影响因素分析》，载《上海财经大学学报》，2005（8）：16~23页。

［7］李星华，谢沛善:《货币政策的有效性与金融资产结构优化》，载《广西经济管理干部学院学报》，2005（4）：34~37页。

［8］李星华:《货币政策的有效性与金融资产结构优化》，载《广西经济管理干部学院学报》，2005（10）：34~37页。

［9］骆榕炎:《城镇居民金融资产与不动产财富效应的比较分析》，载《数量经济与技术经济研究》，2007（11）：56~65页。

［10］马卫锋，王春峰:《中国金融发展与经济效率的分析：1978—2002》，载《财贸研究》，2005（2）：46~54页。

［11］裴平，熊鹏和朱永利：《经济开放度对中国货币政策有效性的影响：基于1985—2004年交叉数据的分析》，载《世界经济》，2006（5）：47~53页。

关于扩大河北省企业债券发行规模的专题调查

陈启修

为推动河北省企业债券融资工作，2009 年 7 月，我们在对河北省各市拟发债企业全面摸底的基础上，先后赴廊坊、唐山、秦皇岛、邯郸、邢台、石家庄、张家口、承德 8 个市开展专题调研。其间，通过召开座谈会、到企业实地考察等方式，了解相关企业发行企业债券申报前期工作进展及存在的主要问题，宣传解释国家鼓励企业发债政策，指导企业有针对性地推进发债工作。

一、主要进展

2008 年初，经国务院同意，国家发展改革委印发了《关于推进企业债券市场发展，简化发行核准程序有关事项的通知》（发改财金［2008］7 号），对企业债券核准程序进行了简化和改革。10 月份，省发展改革委组织召开了全省企业债券工作座谈会，宣传国家企业债券相关政策，并邀请企业债券承销、评级机构专业人员讲解企业债券申报发行相关操作实务知识。年内有 1 家企业（峰峰集团）发行企业债券 10 亿元，有 4 家企业提出发债申请。

2009 年初，省发展改革委印发了《关于扩大企业债券融资规模　促进河北省经济增长的若干意见》（冀发改财金［2009］125 号）后，各市和有关部门迅速传达贯彻，组织专题座谈培训，积极筛选企业，协调落实发债条件，努力争取申请发债。同时，结合贯彻落实冀政［2009］33 号文件，各市开始整合城建资产，搭建融资平台，为城投企业申请发行债券做了大量工作，取得不同程度的进展。石家庄、秦皇岛两市成立了以常务副市长为组长、市发展改革委及有关部门负责人为成员的企业债券工作领导小组，协调解决有关问题。唐山市玉田县发展改革局还就组织中小企业发行集合债券做了一些摸底准备工作。

经过努力，2009 年上半年河北省企业债券发行工作取得重要进展。一是有 3 家企业成功发行企业债券 60 亿元（冀中能源集团、开滦集团、省建投各发行 20 亿元），约占全省直接融资总量的三分之一，超过河北省前三年发行企业债券规模的总和，有力地促进了重点项目建设，在保增长中发挥了积极作用。二是已申报待批的河北钢铁集团所属的唐钢集团 50 亿元、邯钢集团 20 亿元债券，有望在下半年获准发行。三是有16家企业开展发债前期工作，其中有8家企业有望年内提出发债申请，拟申请发债74.6亿元。这8家企业中，按发债管理程序分，省管企业1家，即省建投交通投资公司，拟申请发债20亿元；市管企业7家（含城投2家），包括石家庄城投、张家口通泰高速公路集团、承德四海科技实业集团、唐山港口投资公司、唐山城投、霸州前进钢铁、邢台晶牛微晶集团，拟申请发债54.6亿元。

二、存在的问题

河北省企业债券发行工作中还存在一些不容忽视的问题，主要表现在以下三个方面：

1. 省管企业发债较多，市管企业发债较少。2006年以来，河北省共有5家企业发行7只企业债券。其中：省管企业4家发行6只，市管企业只有唐山市冀东水泥股份公司1家企业发行1只。待批的两只债券也都是省管企业。

2. 开展发债前期工作的企业较多，但条件成熟的较少。在16家开展发债前期工作的企业中，有4家处于政策咨询阶段，4家企业尚未确定申报时间表；年内有可能申报的8家企业，也还需要做大量的准备工作。如唐山港口投资公司拟投资项目尚在国家发展改革委审批中，石家庄城投整合划入的市政土地及资产确权难度较大，唐山城投对被划入的部分企业审计受阻，需要市政府进一步协调。

3. 基础产业企业发债较多，基础设施投资企业发债较少。近几年，全国发行城投、交通类企业债券规模约占地方企业发债总规模的比重为70%，而河北省已发债和已提出发债申请企业主要集中在能源、原材料等基础产业。河北省交通、城投类企业均具备发行企业债券的基本条件，由于体制机制、资产整合等种种原因，致使前期工作进展不快，有的还没有发债意向。唐山、石家庄、秦皇岛、承德、邢台5市城投类投融资平台搭建工作虽然着手早，但进展不理想，其他市仅有想法，未见行动；省高速公路集团2008年已经组建，但发债工作尚无明显进展。河北省已经成为全国少数几个没有发行交通、城投债的省份之一。

河北省企业债券发行中存在的“三多三少”问题，应从两方面查找原因。客观方面，主要是市管企业规模较小，融资市场认可度低，券商积极性不高；2008年下半年以来信贷资金充裕，申贷程序简便，政府和银行鼓励放贷，基础设施项目贷款容易。主观方面，主要是有关部门和部分市对发债融资的优势认识不到位，不注重降低融资成本，发债主动性不强，特别是在城投、交通资产整合方面，主要领导决心不够大，推进不够快。

三、对策建议

在当前巩固经济企稳回升势头的关键时期，企业低成本融资的任务还相当艰巨。发展改革部门作为推进企业债券工作的主管部门，应进一步突出工作重点，加大推进力度，力争全省企业债券融资工作在保增长中发挥更大作用。

1. 进一步提高认识。发行企业债券是企业直接融资的重要方式，与银行贷款比具有三个显著特点。一是融资成本低。企业债券年利率一般低于同期银行贷款基准利率 1 个百分点左右，且可以将年利率锁定在整个使用期限内不变。2009 年冀中能源集团、开滦集团和省建投各发行 20 亿元的企业债券，均节省利息支出 1.6 亿元。二是使用期限长。企业债券的期限通常短的为 3 年，长的可达 20 年，有利于建设项目的融资。三是用途范围广。企业债券募集资金既可用于投资项目，也可用于收购产权（股权）、补充营运资金和归还银行贷款；既可作为项目借款，也可作为项目资本金使用。各级发展改革部门应当充分认识推动企业发债融资的重要性，抓住机遇，积极主动地向企业宣传国家发债政策和发债融资特点，按照胡春华省长 2009 年在全省领导干部会议上提出的“加强与债券承销机构、信用评级机构的沟通联系，扩大债券发行规模”的要求，把扩大企业债券融资规模作为进一步拓宽直接融资渠道和保增长、调结构的重要措施，列入议事日程，研究推进措施，加大工作力度。

2. 力争城投、交通企业发债尽快取得突破。城投类企业债券是在我国不允许地方发行市政债券的情况下，各地以城投公司为平台，财政承诺为保障，投资城市公共设施项目为目的，利用企业债券政策发行的“准市政债券”，是城市政府低成本筹集城建资金的重要融资渠道，也是近几年国家发展改革委支持发债的重点。河北省各设区市均具有较好的发债基础，各市发展改革委应将城投企业发债作为工作重点，按照市政府的工作部署，积极协调有关部门加快资产整合进程，加大财政支持力度，力争在 2009 年、2010 年两年由 11 个设区市全部实现申请发行城投债券。同时，我们将继续与有关部门加强沟通，加快省建投交通投资公司、高速公路集团公司、张家口通泰高速公路集团公司发债前期准备工作，力争尽快上报。

3. 积极培育发债后备资源。在切实抓好拟申请发债企业前期准备工作的基础上，各市要对本市重点企业进行一次全面梳理，对有可能达到发债基本条件的企业，包括城投、交通投资类企业进行重点培育，充实发债企业备选库。建议各市每年至少组织举办一期专题培训班或座谈会，邀请中介机构的专业人员讲解企业债券政策和业务知识，已发债企业介绍发债经验，对存在的问题及时给予协调指导，条件一旦具备即可组织申请材料，努力做到申报、发行、储备不断档。有条件的市也可以市或开发区为单位，在市政府支持下，组织筛选几家中小企业，参照深圳、中关村、大连的做法，探索发行集合债券。

4. 加强工作指导。省发展改革委将密切关注国家政策动向，通过组织召开座谈会、培训班等方式，指导和支持各市、各有关部门更好地把握、运用国家发债政策，交流发债工作经验，做好政策咨询服务，协调解决有关问题，努力扩大河北省企业债券发行规模，提高直接融资比重，在保增长、调结构中发挥积极作用。

（作者单位：河北省发展和改革委员会）

金融危机对地方外向型企业的影响及应对措施

张力生

由美国次贷危机引发的国际金融危机在全球范围内蔓延，欧美等发达国家市场需求急剧萎缩，世界经济普遍下滑。在我国沿海地区首先遭受了金融风暴的袭击后，危机对内地企业的不利影响正逐步显现。衡水市位于河北省的东南部，属于欠发达地区，受金融危机的影响，出口企业也面临着前所未有的困难。

一、出口全面下滑，外贸形势严峻

近年来衡水市出口不断发展。尤其是2007年下半年开始，衡水市出口出现了持续高速增长，单月同比增幅都在20%以上。截至2008年底月均同比增幅达到53.49%（如图1所示）。

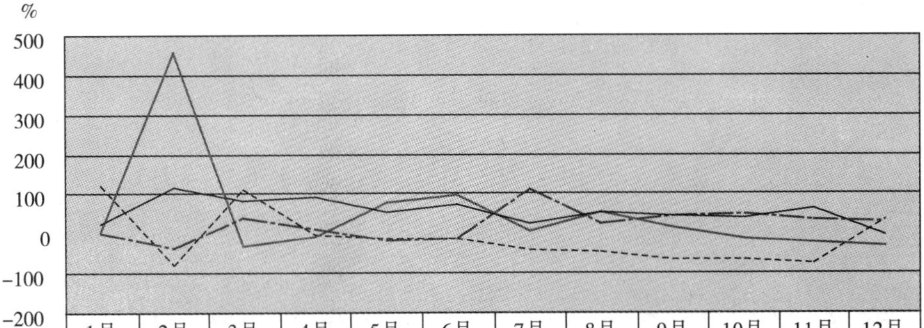

	1月	2月	3月	4月	5月	6月	7月	8月	9月	10月	11月	12月
2005年	122.84	-79.64	113.78	-4.622	-13.22	-11.34	-42.92	-48.85	-65.67	-66.22	-77.68	36.981
2006年	4.4874	455.29	-33.82	-7.24	76.312	95.934	7.5795	56.332	14.022	-14.63	-23.74	-31.98
2007年	3.7579	-37.21	40.84	11.141	-15.97	-14.78	109.36	27.374	45.546	48.145	35.098	29.307
2008年	26.905	116.45	83.715	90.372	55.882	71.442	23.091	55.368	44.085	37.872	64.967	-2.21

----- 2005年 —— 2006年 —·- 2007年 —— 2008年

图1 2005—2008年出口月度同比变动

自2008年12月开始，衡水市出口受金融危机影响逐步显现，当月出口较上年同期下降 2.21%。进入 2009 年出口降幅进一步扩大，单月降幅都在 20% 以上。前四个月全市出口额为 23 372 万美元，较 2008 年同期减少 6 904 万美元，降幅达 22.80%（如图 2 所示）。

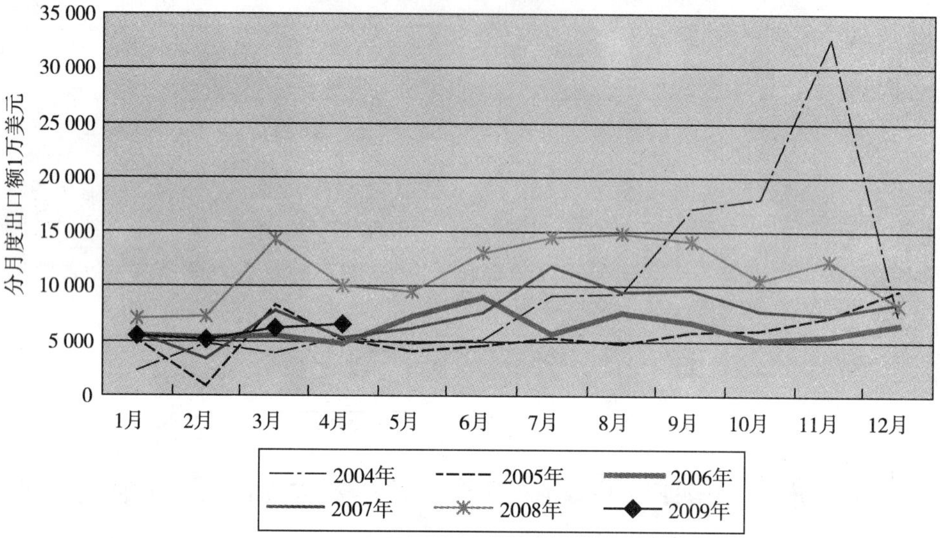

图 2　2004—2009 年月度出口额

衡水市外贸出口变动主要呈现以下特点：

（一）主要贸易市场出口下降，新兴市场发展看好

亚欧、北美洲是衡水市的主要对外贸易市场，2009 年 1 ~ 4 月对三大洲的出口普遍下降。其中对亚洲出口 8 267 万美元，同比下降 34.81%，占出口额的 35.37%；对欧洲出口 5 965 万美元，同比下降 32.14%，占出口额的 25.52%；对北美洲出口 4 194 万美元，同比下降 13.86%，占出口额的 17.94%。

在国际经济危机的不利影响下，衡水市对非洲、拉丁美洲、大洋洲的出口却保持增长态势。2009 年 1 ~ 4 月衡水市对上述三个地区出口额达到 4 945 万美元，占总出口额的 21.16%，同比增长 25.67%（如图 3 所示）。

（二）一般贸易出口好于加工贸易

2009 年前四个月衡水市一般贸易出口 21 660 万美元，占全市比重的 92.67%，同比下降 17.62%；加工贸易出口 1 711 万美元，占全市比重的 7.32%，同比下降 57.04%。

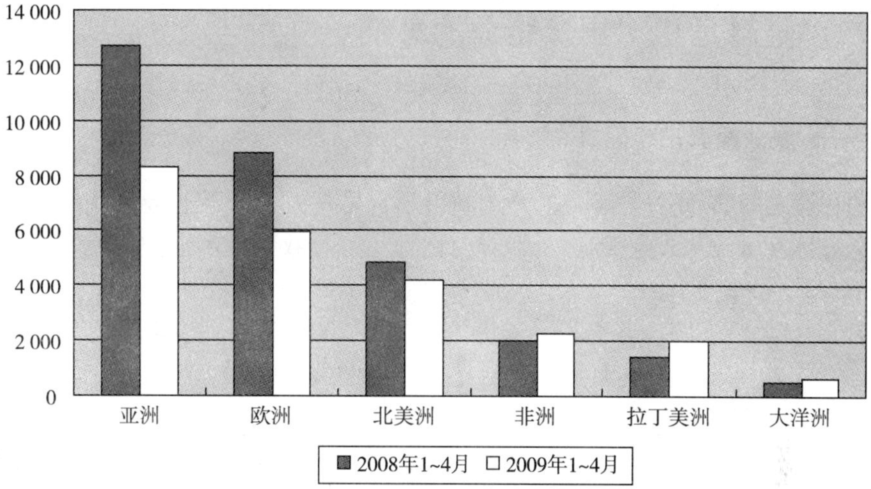

图3　衡水市分地区出口情况图

（三）主导行业出口下滑，皮毛行业出口增速显著

丝网、机电、化工是衡水的三大特色出口产业，在金融危机的影响下，出口连续数月下降。2009 年 1 ~ 4 月三大行业出口额为 16 749 万美元，同比下降 27. 52% 。皮毛及其制品出口成为衡水市对外贸易的亮点，2009 年 1 ~ 4 月出口达到 1 399 万美元，同比增长 364. 78% （如图 4 所示）。

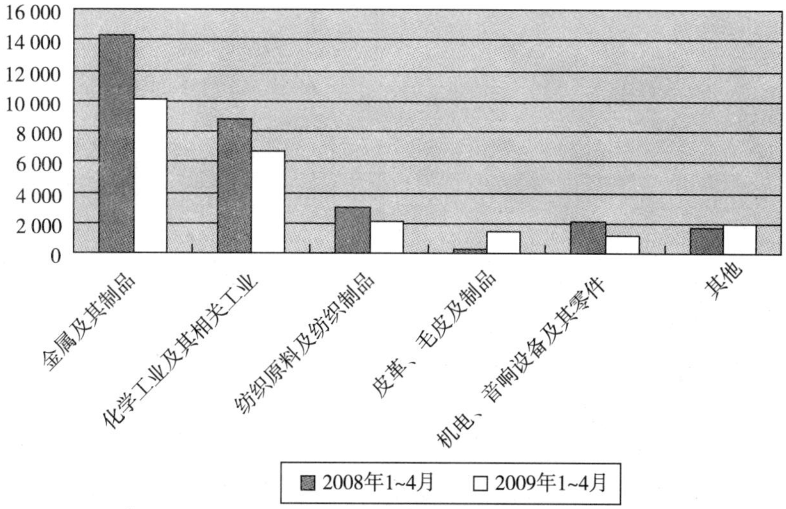

图4　衡水市分行业出口情况图

二、金融危机对出口企业的影响

（一）企业经营出现困难

金融危机一方面严重影响了企业的出口，另一方面导致企业国内销售出现下滑。衡水主要出口行业经营面临着内忧外患，导致企业利润空间缩窄、企业资金紧张。

1. 出口大幅下降。受国际金融危机影响，2009 年第一季度全市的特色产业——化工和丝网的出口大幅下降，且下降幅度在不断加大。占化工产品出口量较大的衡水东风化工厂和衡水冀衡化学有限责任公司，2009 年第一季度出口量分别较去年同期下降了 52.5% 和 29.25%，4 月份降幅更是分别达到了 96.45% 和 81.74%。丝网制品出口也大为减少。以出口额较大的河北捷通网业为例，2009 年第一季度较去年同期下降 68.75%，4 月份出口额较去年同期下降了 96.37%；而另一个占衡水市出口额较大的深州市宏利金属制品厂 2009 年第一季度较去年同期下降 47.32%，4 月份出口额较去年同期下降了 83.47%。出口额的大幅下滑给单一出口企业造成了致命打击。河北捷通网业历年企业出口占其全部销售的比例均在 97% 以上，其产品主要销往欧、美及亚洲市场。进入 2008 年下半年以来，受金融危机影响公司订单明显减少，产品积压销售不畅。该公司为减少损失，有多个车间停产并裁员，基本上处于停产半停产状态。

2. 销售收入减少。金融危机爆发后，境内需求大幅下滑，而衡水金属、化工、机械、纺织等主导产业生产的多为大型企业生产配套产品，附加值低、市场竞争力不强，企业销售收入大幅下降、生产经营萎缩，很多企业处于停产半停产状态。

2009 年第一季度全市产品销售收入较去年同期下降 0.3%。销售收入在前六位的行业中有五大行业存在销售收入下降的问题，其中有色金属冶炼及延压工业销售收入较去年同期下降 48.85%，机械、化工、纺织行业销售收入较去年同期分别下降 34.51%、12.43%、10.25%，企业普遍开工不足。

3. 经济效益下滑。在金融危机的不利影响下，为维持原有客户部分企业不得不大幅降价，导致大多数企业利润微薄，部分企业甚至出现亏损。

2009 年第一季度企业产品利润率下降 4.66%，远远大于销售收入下降幅度，其中金属、化工、机械、纺织四大行业利润率较去年同期分别下降 57.88%、38.02%、78.81% 和 45.70%。全市规模以上工业企业中，盈利不足 10 万元的企业 61 家，盈利 10 万 ~50 万元的 330 家，亏损企业 116 家。亏损企业较去年同期增加 15 家，亏损及微利企业占到全市规模以上企业总数的 59.37%。

4. 企业资金链紧张。受经济危机影响，衡水市部分行业客户出现了经营效益下滑、资金链紧张情况，加之部分客户的诚信意识、还款意识不强，出现了一些不良贷款。由于衡水企业间互保、连环担保现象比较严重，衡水源祥集团、衡水红星工贸等个别企业出现不良，影响了一大批优质担保企业也无法增加授信。各金融机构执行了较为严格的准入退出政策，不但对“两高”行业实行坚决退出，而且对纺织、化工等不良贷款率高的行业也实行信贷退出政策，使原本经营陷入困境的企业雪上加霜。

5. 货款回笼困难。由于进口国经济衰退，进口企业支付能力下降，出现支付困难，导致企业货款回笼周期延长。据企业反映，产品出口到货后不能及时收回货款。2008 年同期货物到港一周内即可收到货款，2009 年一个多月也收不到。金融危机导致出口企业应收坏账风险加大。一旦进口方流动资金紧张或者破产，出口企业则很可能无法按期足额收回货款，甚至收不回货款，形成呆坏账，给企业资金周转造成更大困难。

6. 汇兑损失增加。出口企业从拿到订单、组织生产到出口收汇需要一定时间，期间汇率变化难以预料。即使企业按时足额收回货款，也承担了较大的汇率波动损失。以冀衡集团为例，2008 年出口额增长 6.47%，但是汇兑损失上涨了 32.88%，汇兑损失占出口额的 1.53%。衡水出口企业普遍存在只要出口必然存在汇兑损失的局面。

随着金融危机的纵深发展，各国货币竞相贬值。2009 年第一季度，韩国、印度尼西亚、马来西亚、墨西哥货币对美元分别贬值 9.6%、5.4%、5.3% 和 2.7%，而人民币兑美元汇率基本稳定，实际有效汇率升值 2.58%。外国货币贬值不仅削弱了我国出口商品国际市场价格竞争力，而且加大了出口企业的汇兑损失。

（二）未来发展困难重重

国际经济危机造成了国外市场需求不旺，境外采购商多将长单改为短单、大单改为小单，导致企业订单数量大幅下降或没有订单。

从刚刚结束的第 105 届广交会的情况来看，本届广交会衡水市参展企业实际成交 419 万美元，只有不到三分之一的参展企业有实际成交额，较上届下降 53.5%；意向成交额 1 453 万美元，较上届下降 33.5%；订单价格与上届相比降幅在 20% 左右，表明今后一段时间企业出口形势依然严峻。

三、应对措施

金融危机对中国经济的滞后影响是长期而深远的。根据世界贸易组织最新预测，2009 年全球贸易额将下降 9%。在世界经济深陷泥潭的情况下，我国的外贸形势不容乐观。而国内刺激内需政策的出台及振兴产业规划的推出，国内部分地区及行业有回暖迹象。因而过度依赖出口的企业要注意发展内销、积极拓展新兴市场等，采取多项措施应对长期不利形势。

（一）着重发展内销，积极拓展外销

我国人口众多，有广阔的市场空间。近几年来，国家相继出台扩大内需的方针政策，2008 年国家推出 4 万亿元拉动内需政策和十大产业振兴规划。企业应该认识到中央决策的战略意义，通过内销来推动企业的发展，帮助企业摆脱困境。

出口企业应该及时调整出口市场结构，在力保老客户的前提下，努力寻求新的出口市场，走市场多元化战略，积极发展新客户，寻求新市场。企业应当努力开拓南亚、中东、中亚、南美、东欧等新兴经济体和发展中国家出口市场。由依赖欧美单一出口市场转为多元化布局，借助市场多元化减少危机的影响。

（二）提高生产效率，降低经营成本

企业提高应对风险的能力，最重要的是要提高产品的竞争力。在金融危机中，发达国家货币纷纷贬值。企业要抓住购进国外先进生产机械设备的机会，更新老化的生产线，提高出口产品的技术含量，增加出口产品附加值，提升劳动生产率和产品质量，为企业开发新型产品、开拓更广阔的市场奠定基础。同时企业要加强内部管理，在采购、生产、销售各个环节，建立更加严格的管理制度，加强对进口企业资信的采集和评估，采用出口信用保险，运用国内保理，降低货款回收风险，解决企业应收账款周转慢的问题。

（三）提供信贷支持，增强金融服务

金融机构应对企业的融资需求区别对待。对有发展潜力的企业加大资金支持力度，积极加大对国家产业政策支持的城市基础建设、铁路、公路、新能源等行业和丝网、工程橡胶等本地特色产业集团的信贷支持力度；对基本面较好，但暂时出现经营和财务困难的企业给予信贷支持，并尽量降低企业融资成本，积极扶持企业进行技术改造和产品升级。

同时，商业银行应大力营销现有的规避汇率风险的理财产品，利用自身行业优势，发挥专业特长，积极引导企业利用避险工具，缓解目前企业只要出口必然存在汇兑损失的局面。在企业面临困境的情况下，金融机构更要雪中送炭。

（四）加大政府支持力度

政府要加大对进出口骨干企业的帮扶力度，指导企业加强内部管理，挖掘内部潜力，对进行技术改造、新产品研发的企业予以重点支持，并在税收方面提供更多的优惠，并帮助企业积极拓展多元化的国际市场，分散经营风险，提供外经贸信息。商务部门要充分利用信息进出口网络平台，积极加强与企业间的信息互通，对所掌握的货款支付困难的国外企业进行网上披露，提示企业出口收汇风险，努力为企业排忧解难，解决企业经营中的实际问题。

（作者单位：中国人民银行衡水市中心支行）

实现沧州渤海新区跨越式发展的政策选择

陈国忠

2007 年，河北省人民政府正式批准成立沧州渤海新区，这是河北打造沿海经济社会发展强省战略的一项重要举措。渤海新区位于沧州东部、渤海湾穹顶，北靠天津滨海新区，南接山东滨州，东与胶东半岛、辽东半岛隔海相望，是“环渤海、环京津”双环区域的重要枢纽地带。规划区域（核心区、协作区）总面积 3 321 平方公里，核心区（港城区、中捷产业园区、临港化工园区、南大港产业园区）面积 830 平方公里，海岸线 130 公里，人口 12 万人。渤海新区将通过建设服务广阔腹地的现代化综合性大港——黄骅港、河北临港产业基地和现代化生态型滨海新城，打造河北经济社会发展新的“增长极”，建设沿海经济新的“隆起带”。自 2008 年以来，全区超亿元的重点在建、新开工、计划新开工以及前期（含谋划）项目共 34 个，总投资 2 300. 9 亿元。其中在建项目 7 个，投资 503. 7 亿元；新开工项目 7 个，投资 99. 7 亿元；计划新开工项目 5 个，投资 232. 5 亿元；前期（含谋划）项目 15 个，投资 1 465 亿元。石油化工、装备制造、电力能源、港口物流四大产业初具规模。渤海新区正朝着 3 000 万吨装备新材料、1 500 万吨炼油、1 000 万千瓦电、100 万吨 PVC、100 万吨二甲醚和 18 万吨 TDI 的目标迈进。

一、渤海新区的优势及发展现状

（一）发展优势

1. 自然资源丰富。一是土地资源。渤海新区拥有 712 平方公里非农用地，是中国东部沿海绝无仅有、面积最大、可用于工业建设的“处女地”。二是盐业资源。渤海新区盐田总面积 45 万亩，年产原盐 200 万吨，是全国三大原盐产地之一。三是海洋渔业资源。近海海洋生物 1 000 余种，梭子蟹和渤海对虾享誉海内外。四是地热资源。区内地热资源丰富，出水温度 58℃。五是油气资源。渤海新区附近有华北、大港两大油田，石油地质储量 15 亿吨，天然气 282 亿立方米。六是煤炭资源。山西、内蒙古等地的优质煤炭通过朔黄铁路，源源不断地运达黄骅港。

2. 交通网络密集。渤海新区内四条铁路（朔黄铁路、沧港铁路、黄万铁路及规划中的邯港铁路）、五条高速公路（石港高速、津汕高速、保港高速及规划中的邯港高速、已启动建设的沿海高速）以及307国道、205国道、海防公路等国道、省道干线，形成纵横交错的陆路交通网络，再加上黄骅港的海上航线，渤海新区将成为重要的区域性交通枢纽。

3. 港口功能拓展。目前，黄骅港是我国继秦皇岛港之后第二大煤炭输出港，现有煤炭码头3座、杂货码头1座、液体化学品码头1座，共有1万~10万吨级泊位10个。2008年，煤炭吞吐量达到7 925万吨，杂货113.2万吨。按照《黄骅港总体规划》，黄骅港将由单一的煤炭运输港升级为多功能综合性的现代化港口，形成以煤炭港区、散货港区、综合港区为主，河口港区为补充的总体格局。煤炭港区是“北煤南运”第二大通道的主要入海口；散货港区重点建设10万~20万吨级的大型专业化干散货、液体散货码头，以铁矿石、原油等大宗散货运输为主，满足临港工业和腹地大宗散货运输需求；综合港区重点建设10吨级以下的码头，以一般散货、集装箱、液体化工品运输为主，承担临港工业服务、腹地物资中转和综合物流服务；河口港区利用现有设施为本地生产、生活物资运输服务。2010年，黄骅港货物吞吐量将达到12 300万吨。

4. 腹地广阔。以黄骅港为龙头的渤海新区，以交通网络为基础的腹地可延伸至河北大部、鲁北、豫北、晋中南以及陕西、内蒙古、宁夏、甘肃等部分地区，覆盖40余个设区市，330多个县（市），涉及面积达80万~100万平方公里，区域人口1.4亿人，区域年国民生产总值（GDP）1.8万亿元。

（二）渤海新区的发展状况

1. 经济发展势头强劲，发展质量不断提高。2008年，新区国内生产总值为70亿元，同比增长40%，高于沧州全市经济增长率27个百分点。2008年，新区全部财政收入16.78亿元，同比增长44.6%，高于沧州全市增幅21.7个百分点，占沧州市全部财政收入的10.83%。直接利用外资2 861万美元，同比增长42.3%，占沧州市全部直接利用外资额的17.81%。固定资产投资115.65亿元，同比增长62.91%，高于全市增幅34.83个百分点。

2. 综合大港建设步伐加快。综合港区位于煤炭港区北部，规划海岸线31.9公里，逐步建设通用杂货、集装箱、矿石、油品等泊位，将形成3亿吨的吞吐能力。综合港区起步工程争取两年内完成包括防波堤、围堰、航道和8个7万吨码头泊位四个组成部分。到2010年下半年，将达到4 300万吨设计通货能力。按照立项与开工同步的原则，综合港区起步工程已于2008年8月19日开始施工。

河口港区5#、6#码头及V区码头群一期围埝工程项目，投资1亿元，已开工建设，2008年完成投资3 500万元；集装箱码头项目前期工作进展顺利，一期建设两个泊位，吞吐量120万~150万标准箱。

3. 基础设施进一步完善优化。按照“一港二路三水四电五配套”的建设思路，疏港路建设、高速和铁路建设、淡水供应工程、电力供应工程、功能配套设施建设等进展加快，渤海新区的投资环境不断改善。

（1）路网建设方面。一是加快疏港路建设。全长20.1公里的南疏港路，东段已完工，西段正在抓紧建设；全长21.6公里的中疏港路西段已基本完成，东段路基填筑已全部完成；东疏港路与中疏港路已对接合拢。二是加快高速和铁路建设。沧津沿海高速，控制性工程已开工；邯黄铁路，线形走向已确定，工程可行性报告已通过铁道部审查，正在抓紧全面开工前的准备工作。三是加快产业园区及城区道路建设。军盐路全线通车，12号路、化工1号路、通四路在建；中辛公路，正在进行拆迁，部分路段开工；投资7 000万元对307国道港区段进行工程改造。

（2）供水方面。滨港供水工程总投资约13.3亿元，总库容1.13亿立方米。一期工程开工在建，累计完成投资6 200万元，2009年底完成主体工程并试蓄水。

（3）海水淡化方面。日处理2万吨海水淡化装置已投入使用。日处理1.2万吨国产化海水淡化装置2009年上半年投入使用。

（4）电力供应方面。国华沧东电厂二期加快建设，华润热电项目加快前期推进。港区建成22万伏变电站一座，完成中兴大街等城区主要道路以及海防公路的部分高低压线路入地改造工程。

（5）功能配套方面。化工产业园区5万吨污水处理厂升级改造项目，国债申请文件已上报；港区10万吨污水处理厂项目已完成工程招标和初步设计，正在进行土地平整；法液空一期2万立方米工业气体项目已完工，二期6万立方米工业气体项目，2009年5月竣工；黄骅港液体化学品码头至中捷石化输油管线及库区工程，库区已基本完工，建成储存及消防罐19个；建筑面积6万平方米的“航运中心”已完成设计并准备开工。

4. 重大产业项目集群效应初显。通过招商引资，一批中央企业、全国500强乃至世界500强企业到渤海新区投资兴业或合作经营，形成了以“两电”、“三园”、“六化”11个大项目为支撑的电力能源、装备制造、石油化工等产业集群雏形。总投资370亿元的国华沧东电厂，一期2×60万千瓦亚临界燃煤发电机组已并网发电，二期2×66万千瓦超临界发电机组项目，3#和4#机组分别于2008年底和2009年第一季度并网发电，国华沧电三期4×100万千瓦超临界机组前期工作正在抓紧推进；投资30亿元的华润热电一期2×30万千瓦热电机组已经开工。总投资180亿元的中铁装备新材料工业园，一期年产200万吨钢工程已试生产，二期工程2009年4月投产；总投资200亿元的中钢滨海工业园，8万吨镍铁项目已开工，2009年6月建成投产；总投资150亿元的中信泰富特钢工业园，项目环评已结束，土地整理已完成围堤合拢。投资36.8亿元的12万吨/年己内酰胺系列项目已奠基；投资12亿元的沧州大化5万吨/年TDI项目，2008年底投产；40万吨/年PVC项目部分投产；投资16亿元的河北鑫泉焦化改扩建项目，进入部分设备安装阶段。以上项目全部建成投产后，年销售收入将超过3 000亿元，税收将达到120亿元，相当于2007年沧州全市的财政收入。

二、渤海新区发展面临的主要困难和问题

（一）缺少国家政策支持

与天津滨海新区和曹妃甸相比，渤海新区开发建设的支持政策较少。天津滨海新区和曹妃甸的开发建设都列入了国家“十一五”发展规划，纳入了国家整体发展战略。继上海浦东新区之后，天津滨海新区已成为第二个全国综合配套改革试验区，在企业改革、科技体制改革、涉外经济体制改革、土地管理体制改革、行政管理体制改革等十个方面享有“先行先试”的政策。渤海银行的成立、渤海产业投资基金的设立、东疆保税港区的设立等金融、财税方面的改革试点措施，促进了天津滨海新区的开发建设，提高了天津滨海新区的竞争力。曹妃甸也在争取列入国家综合配套改革试验区，单项试点——曹妃甸产业投资基金试点已获国家批准。而沧州渤海新区只是一个省级开发区，虽然享有省内在产业发展、基础设施建设、财政和税收、土地和海域等方面的倾斜政策，但缺少国家政策的支持。

（二）资金问题是制约渤海新区开发建设的瓶颈

受银行信贷管理制度的约束，新区内的银行业金融机构主要提供开户、存款、结算、汇兑等服务，对新区的开发建设很难提供信贷支持。为了解决渤海新区开发建设的资金问题，沧州建立完善了以市商业银行、市建设投资公司、渤海投资公司为主体的“一行两投”投融资体制机制，融资渠道有所拓宽，但仍不能满足新区开发建设的需要。截至2008年7月，通过“一行两投”累计融资仅4.15亿元，其中商业银行贷款1.08亿元，渤海融资公司融资3.07亿元，仅综合港区建设资金缺口就达120亿元。

（三）内外部发展环境不容乐观

一是受全球金融危机影响，中铁、中捷石化等钢铁、重化工项目效益下滑，一些外资项目如中信泰富投资计划延迟，引资和投资压力增大；二是环渤海地区加速崛起，省外的天津滨海新区、山东沿海城市，省内的唐山曹妃甸都在加快沿海经济发展，竞争压力进一步加大；三是在重点产业项目中，一部分尚处于推进期，一部分处于建设期，产业集群效应尚未充分彰显；四是基础设施还比较薄弱，自身筹资能力不足，还没有形成强大的产业支撑力；五是体制管理、机构设置尚未完善理顺，项目服务效率有待提高，改善民生、环境保护等方面还存在一些不容回避的矛盾和问题。

（四）管理、科技及专业技术人员缺口较大

渤海新区核心区人口密度小，每平方公里不到 145 人，仅为沧州全市平均人口密度（488 人）的 30%、河北省平均人口密度（365 人）的 40%，与其他沿海发达地区差距更大，且区内多数居民长期主要以从事海洋捕捞、海产品养殖及其他相关产业为生，工业生产技术水平和管理水平较低，不能满足和适应渤海新区开发建设对高级管理人员和专业技术人员等各类人才的需要。目前，仅神华港务公司、中铁公司、中钢公司等企业的用工缺口达到 3 万多人。

三、促进渤海新区发展的对策建议

（一）渤海新区开发建设要积极争取列入国家发展规划，得到国家政策支持

首先，要争取已在天津滨海新区等地取得经验的试点项目扩展延伸到渤海新区。其次，争取国家在金融改革和创新、土地管理、技术创新、产业链发展等方面的单项试点项目落户渤海新区。最后，积极争取将渤海新区的开发建设列入国家“十二五”发展规划，将全国综合配套改革试验区由天津滨海新区扩展到整个环渤海区域。

（二）积极开展融资方式创新，进一步拓宽融资渠道

建议积极争取产业投资基金试点，发挥产业投资基金杠杆作用，吸引各类资金向渤海新区聚集；对基础设施建设项目，可以让投资者入股，采取股权融资方式；对重大建设项目，争取列入国家发展规划、省发展规划、行业发展规划，采取项目融资方式；对重大建设项目或重点建设项目，可以借鉴“唐山港”

的做法，到资本市场（股票市场、债券市场）融资；借鉴深圳发展银行、上海浦东发展银行、天津渤海银行服务珠三角、长三角、天津滨海新区的经验，争取成立渤海发展银行，聚集区内企事业单位及城乡居民的闲散资金，投入新区的开发建设。

（三）加强循环经济发展，改善发展环境

认真贯彻落实科学发展观，坚持科学发展，以人为本，走循环发展之路。积极应对各种困难，加大新区企业上下游产业链项目招商力度，大力发展循环经济产业，提高企业抵御市场风险能力。一是做大做强石油化工产业链，加快推进海水淡化、浓盐水利用，粉煤灰、电石渣、钢渣开发新型建材，PVC、TDI液氯循环利用，临港化工氯碱循环利用，IGCC 新工艺等项目建设。加大钢铁产业下游加工项目招商力度，夯实吸纳产业平台，构建河北钢铁基地雏形。二是积极申报国家级循环经济示范区，最终把渤海新区打造成为中国北方乃至全国颇具特色的循环经济示范区。三是加强企业环保和安全管理，完善日常管理和应急机制，加大环保安全资金投入，加快相关基础设施建设，保持高压态势，逐步建立健全全区环保和安全电子网络监控系统。四是重点加强高耗能企业的监测、强化“双高”行业管理、加快节能改造和技术推广，力争达到节能减排目标。

（四）多渠道培育和引进各类人才，满足渤海新区开发建设对人才的需求

一是充分利用邻近京津的区位优势，引进京津等地智力资源，借助“外脑”对区域发展规划、港口建设、产业布局等内容进行研究、论证，使各项发展决策更加科学合理，更有利于可持续发展。二是创造条件，吸引各类高级管理人员、科技人员及高校毕业生来新区就业、创业，为渤海新区的长远发展聚集、培育、储备人才。三是对区内及腹地下岗职工和农村剩余劳动力有针对性地进行短期技术培训，为区内大中型企业输送高素质的产业工人，同时缓解区内及腹地的就业压力。

（作者单位：中国人民银行沧州市中心支行）

推进曹妃甸科学发展示范区建设的金融服务体系研究

徐守诚

曹妃甸工业区建设是我国“十一五”期间的重大建设项目，国务院批准的《曹妃甸循环经济示范区产业发展总体规划》确定功能定位为：中国能源、矿石等大宗货物的集疏港、新型工业化基地、商业性能源储备基地和国家循环经济示范区，将形成以现代港口物流、钢铁、化工和装备制造四大产业为主导，电力、海水淡化、建材、环保等关联产业循环配套，信息、金融、商贸、旅游等现代服务业协调发展的循环经济型产业体系。曹妃甸的开发建设以大码头、大钢铁、大化工、大电能等“四大”主导产业为核心，相关工业成组配套，三次产业协调发展。到“十一五”末，总建设项目69项，计划总投资2 506亿元，其中银行贷款1 564亿元，自筹资金942亿元。2008年工业区全年续建和新开工项目76项，项目总投资1 203亿元，年内计划完成投资400亿元。

曹妃甸科学发展示范区建设是一项系统工程，离不开金融的支持和配合。但相比工业区项目建设的快速发展，金融服务仍然存在一些问题需要解决，以适应工业区建设的资金和服务需求。

一、曹妃甸科学发展示范区金融服务体系建设现状

（一）机构网点建设速度快，分布较分散

到2008年6月末，在曹妃甸工业区设立分支机构的金融及保险机构共有7家，包括农行曹妃甸支行、中行曹妃甸支行、建行曹妃甸支行、交行曹妃甸支行、中信实业银行曹妃甸支行、唐海县曹妃甸农村信用社、中国人民财产保险公司河北省曹妃甸分公司。工商银行曹妃甸支行也正在积极筹备之中。人民银行和证券类机构尚无分支机构在曹妃甸设立。从已设立的7家金融及保险分支机构看，驻工业区的金融机构有建行、中行的两个一级支行、中行的一个分理处、农行的一个二级支行和一家农村信用社以及人保财险公司河北省曹妃甸分公司营业部，另外有农行、交行、中信3家商业银行的分支机构设在距曹妃甸

工业区 40 公里以外的唐海县城，人保财险公司河北省曹妃甸分公司机关设在距曹妃甸工业区 90 公里以外的唐山市区。由于曹妃甸工业区内金融机构较少，且由于曹妃甸论坛会址建设导致曹妃甸农村信用社于 2008 年 3 月歇业，因此，对曹妃甸工业区的金融服务主要依靠唐海县各金融机构。

（二）对曹妃甸工业区金融服务的业务种类比较齐全

唐海县和曹妃甸工业区各金融机构已开办人民币存、贷款、结算、外币储蓄、票据贴现、结售汇、外币兑换、银行卡、代理保险、代理基金、代理发行、代理兑付政府债券、代理收付款项、汇出汇款国际业务以及代发工资等各类金融业务。现金调运实行了社会化集中押运，保障了资金安全。资金结算实行实时汇划，保障了高效快捷，开通了电子银行业务，经营品种日趋齐全，服务功能日臻完善。人保财险公司开办了财产保险、工程保险、车辆保险以及交通强制保险等保险业务。到 2008 年 6 月末，人保财险公司河北省曹妃甸分公司营业部实现各类保费收入 1 600 万元。另外，唐海县各金融机构承担了对曹妃甸工业区绝大部分的信贷授信、现金供应、资金结算、外汇、银行卡、国库以及金融知识宣传咨询等业务。到 2008 年 6 月末，唐海县各金融机构累计现金投放 208 156 万元，同比多投放 87 707 万元；唐海县及曹妃甸工业区各金融机构对曹妃甸工业区信贷投放共计 124. 68 亿元，深入曹妃甸工业区进行金融知识宣传咨询 6 次。

（三）人民银行唐海县支行有效地履行了职责

由地域分布看，曹妃甸及紧邻的南堡油田距离市中心较远，因此大部分相关业务由人民银行唐海县支行代理。如自 2006 年 6 月以来，曹妃甸国库业务由人民银行唐海县支行代理。到 2008 年 6 月末，人民银行唐海县支行经理国家金库曹妃甸支库业务 6 000 笔，入库资金 3. 9 亿元。农行、中行、建行曹妃甸支行的清算业务也由人民银行唐海县支行代理，2007 年 7 月在人民银行唐海县支行设立了存款账户。随着曹妃甸工业区建设的逐渐推开以及相邻的南堡油田开发，相应的业务必然会继续大量涌入，人民银行唐海县支行的业务量也会随之逐步增大。

（四）对曹妃甸工业区的信贷投入较大，有力地支持了项目建设

自曹妃甸开发建设以来，引起了境内外银行业金融机构的极大关注，各机构纷纷采取多项措施加大营销力度，扩展市场份额。工行唐山分行加大曹妃甸项目推介力度，争取了总行特殊信贷政策支持；农行对曹妃甸项目主要采取开放“绿色通道”简化业务处理流程，提高审批效率；中行建立了《曹妃甸项目

总分行联动工作制度》，全面提升对曹妃甸项目群客户需求的服务效率，建立了重点客户授信发放绿色通道；建行对优质项目给予优惠政策，在保证风险可控的前提下，对部分大型集团客户投资的部分项目给予了利率下浮、信用放款等优惠；交行将曹妃甸工业区、上海浦东新区和天津滨海新区一起作为交总行重点支持的经济区域。此外，河北省农村信用合作联社与曹妃甸工业区签订了100亿元的社团贷款合作协议；唐山市城市商业银行与曹妃甸工业区签订了10亿元的贷款合作协议。

截至2008年6月底，曹妃甸工业区自开工以来已累计完成投资417.30亿元。其中辖内金融机构投放贷款额度为200.85亿元，占投资总额的48.13%。2008年上半年完成投资150.06亿元，完成了全年计划的43.4%。其中辖内金融机构投放贷款额度为67.03亿元，占投资总额的44.67%。2008年上半年投资按项目划分：首钢京唐公司钢铁厂90.51亿元，唐曹高速公路7.30亿元，唐港铁路有限公司“迁曹铁路”工程3.94亿元，煤码头起步3.71亿元，钢铁产业区北部围海造地工程2.37亿元，工业区东南海堤二期2.22亿元。

二、金融服务曹妃甸科学发展示范区建设存在的问题

（一）金融机构网点布局不尽合理

随着曹妃甸工业区开发建设速度不断加快，目前，在曹妃甸工业区的施工企业达45家，施工、运输、服务等各类人员达5.8万人。因此，金融业如何搞好金融服务，从而促进曹妃甸工业区开发建设，已经成为金融业面临的首要问题。但从目前情况看，对曹妃甸工业区的金融服务，无论是网点还是人员都难以到位。主要表现是网点布局不合理，截至2008年6月末，驻曹妃甸工业区的金融机构只有建行曹妃甸支行、中行曹妃甸支行及一个分理处、农行曹妃甸支行的一个二级支行，上述各金融机构的业务人员共计38人。由于网点和人员少，曹妃甸工业区有关单位和施工企业的绝大部分金融业务都要到距工业区40公里外的唐海县城办理。另外，驻曹妃甸工业区各金融机构的现金供应，需从90公里外的唐山市调运，最近的也要从唐海县城调运。因此，办理业务极为不便。

（二）业务竞争不利于银企双赢

各金融机构的信贷投放，有力地支持了曹妃甸工业区的开发建设。但各商业银行为了抢占市场，均向各企业开展了业务竞争，主动授信，并且利率优惠，

在基准利率的基础上下浮 10%。比如：农业银行向曹妃甸钢铁围海造地有限公司授信 8 亿元，企业实际使用 5 亿元；建设银行向该企业授信 7.8 亿元，企业实际使用 4.5 亿元；工商银行向该企业授信 2 亿元，企业实际使用 1.3 亿元。授信过度以及利率的下浮不利于银企双赢。

（三）当地人民银行职能缺失

由于曹妃甸工业区没有设立人民银行分支机构，中央银行对曹妃甸工业区金融机构的职能只能由人民银行唐海县支行来承担。从目前情况看，人民银行唐海县支行经理国家金库曹妃甸支库的各项业务，组织曹妃甸工业区金融机构的同城票据交换，对账户、结算进行管理，负责反洗钱工作。但外汇、现金、征信以及统计分析等业务尚未纳入人民银行当地分支机构的职责范围。

（四）金融知识的宣传咨询与金融业务的开展状况不匹配

为进一步搞好对曹妃甸工业区的金融服务，各金融机构积极拓展服务项目和丰富服务内容，比如网上银行业务、电子银行业务、代发工资、代理证券买卖、银行卡、外币兑换、外币储蓄、代理保险、代理基金等金融业务。业务开展比较快，但对金融业务知识的宣传咨询做得不够。由于驻工业区的机构和工作人员少，整天忙于业务仍显人员紧张，而驻唐海县城的各金融机构距离工业区又较远，因此，对组织金融知识的宣传咨询重视程度不够，次数较少。从 2006 年 7 月到 2007 年底，组织金融知识的宣传咨询只有 3 次。显然与金融业务的开展不匹配。

（五）保险、证券业务开展中存在的问题

曹妃甸港口及工业区项目的不断增多和相继完工，为保险和证券业务的开展提供了良好的环境和空间。但从目前情况看，工业区设立的保险机构只有人保财险公司一家，且保险金额和保费收入较小；而证券类尚无分支机构设立。这不利于曹妃甸建设基金的筹集。

（六）金融从业人员素质偏低

为适应曹妃甸工业区建设，各家金融机构将开展很多新业务，需要一些既掌握经济金融知识，又精通法律和计算机的专业人才。而目前基层商业银行员工文化层次较低，县域金融机构缺乏高素质的复合型金融人才。据调查，到 2008 年 6 月末，唐海县和曹妃甸工业区各金融机构共有员工 480 人，具有全日制本科学历的人员 40 人，占 8.3%；专科学历的 187 人，占 39%，这其中有

70%以上是通过成人教育取得，受过正规经济金融学历教育的人员占比极低；在全部金融从业人员中高级职称的只占0.3%，中级职称的占23.3%，初级职称的占45.72%，无职称人员占30.68%。从上述情况看，人员素质偏低，处理新业务的能力较差，将成为制约金融支持曹妃甸工业区建设的重要因素。

三、完善支持曹妃甸发展的金融服务体系的建议

（一）强化人民银行当地分支机构的职能

从目前情况看，虽然曹妃甸工业区各金融机构的同城票据清算以及账户和结算业务归人民银行唐海县支行管理，但仍有部分重要业务尚未纳入，如外汇、现金、征信以及统计分析等。为更好地协调和指导唐海县及曹妃甸工业区各金融机构搞好对工业区的金融服务，搞好唐海辖内各金融机构的货币信贷监测分析，搞好征信和调查统计分析，及时全面地掌握唐海县及曹妃甸工业区各金融机构对工业区的金融服务情况，建议单独设立比照工业区职能部门规划（副县级）的人民银行曹妃甸支行，以完善金融管理机构实现对曹妃甸工业区更好的金融服务。

（二）加大宣传力度，吸引各类金融机构到曹妃甸设立机构和开办各类金融业务

曹妃甸的开发建设投资之大、速度之快举世瞩目。而从目前曹妃甸银行业机构现状看，无论是机构数量，还是服务功能都不能满足需要，从机构看，目前只有唐山当地的工行、农行、中行、建行、交行、中信银行、农村信用社在此设立了分支机构，多数全国性股份制商业银行、允许跨区域经营的城市商业银行、外资银行、各类非银行金融机构尚未正式进驻。与投资规模、建设水平相近的天津滨海新区、宁波、大连、青岛等地相比，金融机构数量和服务功能相差甚远。从金融新产品和服务功能上看，现有机构大部分只能办理一些传统和基础业务，不利于曹妃甸的大规模开发建设。因此，建议加大股份制商业银行、非银行金融机构和外资银行来曹妃甸设立机构和发展业务的力度，使曹妃甸工业区能够尽快形成竞争充分、金融产品多样、服务功能完善、服务优良、充满活力的现代银行业组织机构体系。鉴于目前进驻的银行业金融机构全部为支行级及其以下级分支机构，且贷款规模巨大（如农行曹妃甸支行仅对首钢京唐钢铁厂一家企业授信额度就高达150亿元），却缺乏业务决策自主权，非常不便于与众多中央企业、省级单位和超大型建设项目承办单位进行平等沟通和全

方位开展业务合作。因此，建议各家银行的总行根据业务规模和发展需要，适时考虑曹妃甸现有机构升格问题，以便为该投资热点区域提供全方位优质高效的现代化金融服务，适时开展各类金融业务创新。

（三）引导金融机构合理有序竞争，实现资源优化配置

一是统筹规划，合理布局，避免一哄而起无序竞争。随着曹妃甸的大规模开发建设，申请到曹妃甸设立分支机构的银行业机构将越来越多。为维护金融秩序的稳定，避免各机构之间出现无序竞争，监管部门应提早动手，制定曹妃甸工业区银行业金融机构合理布局规划。规划中应立足曹妃甸工业区金融体系的逐步完善和金融服务水平的提升，采取经济布局和梯次设立的方针，逐步建立与曹妃甸大规模开发建设相匹配、相适应的金融业务发展体系。

二是建议尽快组织签订银团贷款合作公约，维护公平竞争，最大限度地实现银企双赢。为有效防范曹妃甸工业区贷款营销与投放过程中可能出现的无序竞争问题，要防止银行把下浮贷款利率作为吸引稳定优质客户的唯一方法，把自己本应得到的利益让渡给客户，无形中降低自身抗风险能力。银团贷款是指由获准经营贷款业务的多家贷款人依据同一贷款协议向同一借款人提供资金的一种贷款方式。大力推行银团贷款，可以实现银企双赢：对银行而言，首先，多家银行参与风险评估要实行所有参加行的最高信贷标准，在评审时会更加谨慎，更加全面，增强银团识别风险能力；其次，通过银团贷款可有效地分散信贷集中带来的风险；最后，由于多家银行共同参与，便于掌握企业特别是关联企业的开户情况、资金流向、盈利水平等信息，避免客户利用关联交易等手段实施信贷欺诈行为。对于企业客户而言，采用银团贷款方式可以省去与多家银行反复谈判，多次重复评估的麻烦，缩短筹资时间，降低筹资成本。可见，银团贷款对于推进银行机构的信贷文化建设、加强银行间的合作、防止银行间出现盲目竞争、防范银行贷款风险、维护金融市场秩序、保护银行权益等方面均具有重要意义。

三是建议成立唐山市银行业协会，完善行业自律组织体系，利用行业自律组织的监督约束机制维护同业公平竞争和正当合法权益，并争取中国银行业协会和河北省银行业协会的大力支持。签订曹妃甸工业区项目贷款合作协议，争取在贷款额度、期限、用途、利率、担保、还款比例和按项目用款进度发放贷款等方面，实行统一联合行动，促进信息互通和共享，加强横向联系与合作；对一家机构无力承贷的情况，适时组织银团贷款，合力支持大项目建设和保护金融债权，协调本息收回，降低营销成本，适当增加利息收入。

（四）合理配置和利用人力资源，提高员工队伍素质

一是建立健全科学合理的用人机制。结合人事制度和收入分配制度改革，建立起培养、激励、晋级等有机结合的新型育人用人机制，给各类人才创造宽松和谐的工作环境，以优惠的政策和条件吸引人才。二是加强岗位培训。着眼于挖掘现有资源潜力，结合业务发展的现实和未来需要，有针对性地对决策、管理和操作等不同层面的员工进行各类业务及技能培训，促使从业人员的业务素质全面提高。

（五）大力发展保险证券业

随着曹妃甸工业区开发建设速度不断加快，相关建设项目逐步完工，后续建设项目和建设人员不断增多。为确保建设项目的安全快速进行，为工业区建设人员提供保险服务，为积极筹措曹妃甸工业区建设基金，建议各商业财产保险、人寿保险公司以及证券类机构超前谋划，积极在曹妃甸工业区设立分支机构，为曹妃甸工业区快速和谐发展提供有利服务和保障。

（作者单位：中国人民银行唐山市中心支行）

后金融危机时期欠发达地区经济可持续发展策略探析

曹建强

一、世界经济进入后危机时期

2009年5月以来，一系列经济数据及分析报告显示世界经济已进入后危机时期。其主要特征表现为三点：一是危机的起源——金融体系已基本稳定。美国大型金融机构通过资本市场筹集到了新的资本金并获准归还政府注资，危机中世界各国纷纷执行宽松货币政策使得金融体系流动性充裕。二是经济下滑已经触底。经济合作与发展组织的数据显示，占全球国内生产总值（GDP）近四分之三的发达经济体，已在2009年4月触及谷底，针对30个经济体的综合指数4月上升0.5点，结束了21个月的下降，连续第二个月上升。三是危机后遗症仍然影响着消费信心。美国、欧共体失业人数2009年5月相继创出新高，第一季度美国家庭净资产总额环比缩水了1.33万亿美元，消费需求不足使经济复苏十分缓慢。

二、中国经济面临关键转折

中国作为危机波及国家，在一系列刺激政策作用下，通过投资和消费遏制了经济的下滑趋势，但受世界经济需求不足的影响，出口成为拖累经济上行的主要因素。2009年5月以来，国内经济虽然总体情况好转，但经济持续向好的基础并不稳固。目前，宏观调控层对未来经济趋势的判断，主要关注三个方面：

（一）关注投资驱动向消费驱动和出口驱动的转折

2009年1~5月我国城镇固定资产投资同比增长32.9%，是经济增长的主要驱动。但随着中央投资的逐步到位，地方财力不足威胁着投资的持续增长。消费和出口及时“接力”十分关键，但5月出口总值为887.58亿美元，同比下降了26.4%，上半年出口下滑20%以上已成定局。社会消费品零售总额虽然1~5

月同比增长15.0%，但主要靠政府推动。5月末人民银行储蓄调查问卷显示，仅有15.1%的城镇居民选择“更多地消费”，比上季度下降14.6个百分点，降至历史最低。

（二）关注政府投资驱动向民间投资驱动的转变

财政不可能成为投资的长期驱动力，其只能在特殊时期发挥引导、启动作用，最终目标是激活民间投资，4万亿元投资的目标是启动16万亿元的民间投资。但资料显示，到2009年4月末，我国非国有投资连续3个月低于国有投资，政府投资在整个固定资产投资中的比例越来越大。

（三）关注投资增长向工业增长的传递

工业仍然是我国经济的主体，投资驱动的目标主要是工业。从理论上讲，投资增长必然伴随着工业的增长。但我国32.9%的固定资产投资，工业增加值仅增长8.9%，相差较大。专家分析有两个原因，一是投资主要消耗的是出口下滑产生的富裕产能，企业正在去库存化；二是投资消耗的是进口产品。

三、张家口市经济如何应对关键转折

张家口市的经济具有自己的特点，但总体上与全国的形势相同，也面临着或即将面临着重要的转变。如果处理好这些关键环节，将使张家口市经济变危机为机遇，实现跨越。

（一）投资将是张家口市较长时期内的主要经济驱动工具

张家口市的经济结构决定了其短期内很难实现投资驱动向出口和消费驱动的转变。在无法确定世界经济复苏时间长短的情况下，必须做好至少2年的投资项目储备。近1~2年，必须首先抓好投资，以投资保增长，以投资促进经济结构的调整。原因如下：

1. 出口在张家口市整体经济中占比较小。张家口市出口主要集中在钢铁、农药、皮毛等行业，数值变化主要受宣钢的影响。近期张家口市皮毛、农药化工的出口出现回暖迹象，但宣钢出口的大幅下滑使得1~5月整体出口下降57.4%。把握了宣钢的出口趋势就把握了全市的出口形势。2008年全市出口总值约占规模以上大中型工业企业销售收入的4%。将出口作为张家口市经济的主要推动力量，在当前形势下不具备操作性。

2. 消费对张家口市经济影响较小。张家口市经济结构主要以重工业为主，轻工业占比较小，所以消费的增长对张家口市经济影响相对较小。从2009年1~5月情况看，张家口市消费增长同比放缓。5月社会消费品零售总额同比增长16.9%，同比少增5.1个百分点，1~5月同比少增1.7个百分点。城镇居民消费支出增速下降，农民人均现金支出同比为负增长。消费增长放缓主要是就业压力和收入增速下降造成。第一季度城镇居民人均可支配收入增速同比下降1.5个百分点，农民人均现金收入同比下降2.7个百分点。在当前形势下，短期内无法使城乡居民收入大幅增长，所以消费难以作为张家口市经济的主要推动力量。

3. 投资对张家口经济具有重要意义。第一，投资是张家口度过金融危机的手段，这与我国当前的政策是一致的。第二，投资是张家口度过危机的最佳手段。张家口市属于重工业城市和资源型城市，投资（特别是基础设施投资）对其的拉动作用最为直接、有效，可以使张家口市率先走出危机，获得发展先机。第三，投资是张家口改变经济结构的手段。张家口市产业结构升级问题很早就提出来了，但苦于地方财力有限，难以实施大规模的改变。金融危机给我们提供了一个难得的政策机遇。我们通过这次大规模的投资浪潮，通过投资项目的调整，可以有效地改变张家口市的产业结构，为未来经济快速发展奠定基础。

（二）推动民间投资是保证张家口市经济长期发展的关键

投资不仅拉动当前经济增长，而且决定着今后的产业结构，所以我们不仅要重视投资的数量，更要重视投资的结构。政府投资不论是数量增长的可持续性，还是对未来产业结构的影响，都存在一些问题，推动民间投资应该是当前工作的重点。

1. 地方财力影响政府投资的持续增长。企业利润下滑以及各项保增长措施使得财政收入不断下降，财政支出快速上升，地方财力难以保证政府投资持续增长。张家口市2009年1~5月财政收入同比下降9.3%，财政支出同比增长35.2%。财政资金不足，导致政府投资项目资本金不足，银行贷款难以及时跟进。虽然我们在整合存量资产、开展信贷创新方面想了一些办法，但仍然不能改变资本金不足的现状。

2. 政府投资结构单一影响经济后续发展。政府职能决定了其投资一般集中在公共基础设施建设方面，如道路、城建等，多属于非生产性投资。据对2009年1~5月张家口市亿元以上项目统计，投资道路和城建的占总投资的41%。如果考虑即将开工的张涿高速和城际铁路项目，则占比更大。但张家口市经济的最终发展还是要依靠实实在在的生产活动。以高速公路建设为例，公路建成后，只有足够多的车辆通过才能收回投资，产生效益，而车辆通过多少，最终由当地的经济繁荣程度决定，也就是由生产性投资决定。民间投资是生产性投资的主体，是否能有效扩大民间投资占比影响深远。

3. 推动民间投资要数量与结构并重。推动民间投资既要数量，保证投资对GDP的拉动力，更要注重结构，现在的投资结构就是以后的产业结构。从2009年1~5月情况看，张家口亿元以上生产性投资主要集中在能源行业，约占生产性投资的60%，电力行业在数量上成为拉动GDP的主要力量。从结构上看，除能源行业占比60%外，矿产品、制造等行业总投资约占生产性投资的10%，以乳制品行业为主的农业投资也占到10%的比重。这种投资结构决定着张家口市四大主导工业产业的地位将继续巩固，但轻重工业比例失衡、产业失衡的问题需要进一步解决。1~5月旅游行业和农业都有接近10%的投资占比，这是一个好的信号。下一步应引导对类似产业的投资，使张家口市经济摆脱对重工业的过度依赖。

（三）提高投资对工业生产的拉动力是当前的紧迫任务

工业效益决定财政收入，财政收入决定持续投资能力，所以推动工业发展是当前的紧迫任务。而不同的投资项目对当地工业经济的拉动作用是不同的。要提高拉动力，需要我们对投资项目进行具体分析并在政策上进行配合。

1. 张家口市主要投资项目的拉动力比较。张家口市投资项目主要集中在高速公路、风电和房地产三个行业。据对部分项目的典型调查，房地产拉动作用最强，高速公路拉动作用强于风电项目。房地产项目的投资除少数建材购自外地，投资基本全部流入当地企业。高速公路投资主要拉动水泥、钢材、砂石料等工业企业，投资支出包括人工（10%~15%）、钢材（10%~20%）和路面（65%~80%），其中70%以上的投资流入当地工业企业。风电项目投资主要集中在设备投资上，一般风机占65%，风叶占15%，杆占20%。目前，仅有杆在本地采购，电机和风叶多从外地采购，即风电项目仅有20%的投资流入当地工业企业，且受国家税收政策调整，风电企业减免税收期很长，对财政收入的贡献下降。

2. 投资政策需有所侧重。从2009年1~5月情况看，煤炭、铁矿石和钢铁销售下滑、生产下降是拖累工业增长和效益提升的主要问题。其中，煤炭是受安全问题和出口大幅下滑的影响，通过本市投资无法带动。钢铁和铁矿石主要是受出口下滑和进口冲击的双重影响，特别是钢铁销售下降直接影响了对铁矿石原料的需求，但钢铁的需求是可以通过投资带动的，需要政策进行倾斜。近期国家明确政府投资采购中，国内产品必须占一定比例以上，部分省市在本地投资采购中也有优先使用本地产品的潜规则。张家口市可以通过一些鼓励措施，推动投资项目优先使用本地钢材产品。

3. 推动房地产投资的健康发展。我国2009年初地产市场“小阳春”是房价下跌后刚性需求的一次释放。2009年1~5月，全国商品房销售同比增长45.3%，这刺激了开发商的信心。5月全国房地产开发景气指数为95.94，连续两个月保持回升。1~5月全国完成房地产开发投资同比增长6.8%，增幅比1~4月提高1.9个百分点。住房价格下降趋势减缓。5月，新建住房销售价格同比下降1.3%，降幅比上月缩小0.4个百分点，环比上涨0.7%。但开发商涨价及虚假购房事件频繁曝光后，部分地区房屋销售出现了价升量跌的行情，国家准备开征物业税的消息也在一定程度上抑制了投资性购房。预计下半年如果房价继续上升，又会形成开发商与消费者的对峙局面。

从张家口市的情况看，由于拆迁力度加大，同时住房贷款出台优惠政策，因此住房需求明显上涨。2009年1~5月房地产投资大幅增长，同比增幅达到62.8%。从销售看，1~5月全市住房消费贷款新增7.8亿元，同比上涨52.6%。考虑到首付比例下调的因素，推测住房销售同比约上涨40%。

虽然从贷款数据看销售增长，但我们认为当前面临的主要问题还是销售问题。由于房屋价格没有明显的下滑，而且舆论环境对房价下行的预期较多，所以消费者多处于观望态度。据对贷款发放较多的金融机构调查，2009年新增贷款主要是2008年不符合信贷要求的项目，2009年由于贷款条件下降，所以才集中放款，因此销售增长有存量释放的因素。此外，从金融机构发放房地产开发贷款的情况也可以看出，一般金融机构对房地产开发企业发放住房贷款，通常也会承担该开发项目的个人按揭贷款。2008年房地产开发贷款新增2亿元，同比多增1.9倍，但2009年1~5月的个人住房消费贷款仅同比多增52%，二者相差较大，说明期房预售情况并不理想。此外，从目前市场上房地产商大做广告，建筑商出售抵工程款的住房等情况也可以预测房地产销售不佳，房地产商资金吃紧的情况。

为应对当前由于价格问题导致的销售不畅，需要从房地产投资环节就开始进行调控。可以从两个方面入手，一是增加经济适用房比例。虽然从土地收益及开发商角度看利润有所下降，但是从政府的角度看，房屋销售增加所带动的装修、家具、电器等后续产业发展不容小视。目前房地产开发环节对利润的过高要求使得整个产业链条的利润都无法实现。如果从政策上降低开发环节利润，而在后续环节将利润补回应该是更好的选择。二是尝试使用多种开发方式。例如新闻媒体报道，邯郸在城中村改造中引入了合作建房的一些做法，使得拆迁速度加快。政府与百姓都满意的做法就值得在部分项目中借鉴。

（作者单位：中国人民银行张家口市中心支行）

金融危机对京津冀外商直接投资企业影响的调查

王治洪

由美国次贷危机引发的金融危机席卷全球，并开始逐步影响实体经济。京津冀作为环渤海经济隆起带，金融危机的影响也在进一步凸显。由于外商直接投资企业与世界经济的关联度较高，其所受影响更为强烈，主要表现在市场前景看淡、企业融资困难、效益下滑、企业投资意愿和能力下降等方面。为了解国际金融危机下京津冀区域外商直接投资企业（以下简称外商直投企业）的生产经营现状、金融危机对企业的影响程度、企业如何采取有效措施化“危”为“机”等问题，我们选取京津冀的近千家外商直投企业，发放《国际金融危机对外商直接投资企业影响情况调查表》400 份，收回有效问卷 326 份（所涉及企业下称样本企业），调查覆盖面达 40%。

本次调查，样本企业涵盖京津冀区域。其中北京区域 68 家，占比 21%；天津 92 家，占比 28%；河北省 166 家，占比为 51%；涉及钢铁、电子通信、软件、房地产、石油化工、五金机电、管道装备制造、纺织服装、食品加工等产业。既有出口企业和内销企业，也有跨国大企业和中小企业，且兼顾京津冀经济隆起带上发展迅速的部分中小城市，涵盖范围广泛。如本次在河北省沧州市选取的 30 家样本企业，充分代表了中小城市外商直投企业当前的生存现状和未来发展趋势，具有较强的代表性。

一、京津冀外商直投企业受国际金融危机影响呈现新特点

（一）外商直投企业数量及投资额大幅下降，金融危机对投资的影响愈加明显

受国际金融危机的影响，外商直接投资热情下降，新设外商直投企业数量、注册资本、直接投资金额、资本金结汇均呈减少趋势。

一是新设外商直投企业数量大幅度下降。

自 2008 年 10 月以来，京津冀新设外商直投企业数量逐渐减少，甚至有些地

区没有新设外商直投企业。据调查，北京市[①]2009 年第一季度，新批外商投资企业 314 家，同比减少 38.9%；1～5 月，新批外商投资企业 578 家，同比减少 32%。天津市[②]2009 年第一季度，新设企业家数 95 家，同比减少 50.0%；1～5 月，新设外资企业 155 家，同比减少 48%。河北省[③]2009 年第一季度，办理 39 家外商投资企业外汇登记核准业务，同比下降 27.27%；河北省沧州市 2009 年第一季度没有 1 家外商直投企业注册成立，外汇登记为零，而 2008 年同期为 17 家。

二是外商直投企业投资规模直线下滑，资金流入创近几年新低。

以河北省为例，2007 年全省外商直接投资出资额同比增长 57.45%，2008 年前三个季度同比增长 82.57%。但自 2008 年 10 月以来已连续六个月同比呈现负增长，第四季度同比下降 50.17%。2009 年第一季度外商直接投资出资额为 1.97 亿美元，同比下降 75.80%，季环比下降 56.50%。而且外资到位率低，外资流入近于停滞。如 2009 年第一季度，河北沧州辖区外资实际流入 227.9 万美元，同比下降 81.87%；承德市外商直接投资流入 355 万美元，同比减少 74%，环比减少 48%。再以天津市为例，2009 年第一季度，在津外商直接投资出资额累计为 7 亿美元，同比减少 65.0%。同时，投资规模萎缩，大企业不断减少。2009 年 1～5 月，注册资本在 1 000 万美元以上的新设外资企业仅有 26 家，注册资本 6.6 亿美元。与 2008 年同期相比，分别减少 58 家和 33.2 亿美元，减幅分别为 69% 和 83%。

三是外商直投企业注册资本金减少，但部分地区成为吸引外资的洼地。

近期以来，外商直投企业减资意愿增强。2009 年第一季度，天津市新设企业注册资本金 6.1 亿美元，同比减少 80.6%。河北省外商直投企业新增注册资本同比下降 27.95%，其中，新增外方注册资本同比下降 22.40%。

从外资流入地区分布看，部分地区成为吸引外资的洼地。据对河北省的调查显示，2009 年第一季度，外资流入近九成集中在石家庄、唐山、张家口、秦皇岛地区。2009 年第一季度，外商直接投资出资额占比前三位的地区依次为石家庄 30.56%，唐山 16.26%，张家口 14.35%。与 2008 年同期相比，外资流入区域变化较大，2008 年居前三位的保定、秦皇岛、廊坊地区 2009 年都未跻身全省前三位。大项目的引进，导致外资流入区域的改变。

四是结汇意愿强烈，撤资动向加重。

---

① 文中北京市数据来源于北京商务网站。

② 文中天津市数据来源于中国人民银行天津分行有关资料。

③ 文中河北省数据来源于中国人民银行石家庄中心支行有关资料。

调查显示，一些2008年设立的外商直投企业资本金到位推迟。由于已临近或超过合同期限，加上世界主要流通货币持续走低，为规避汇率风险和应付大额筹办费用及日常开支的需要，多选择在资本金到位的第一时间结汇。同时，2009年以来，调查地区有多家外商直投企业办理了或准备办理减资、转内资业务。据调查，第一季度，河北省外商直投企业撤资556.64万美元，同比增长2.22%。外商撤资的原因主要有：企业自身经营发展战略需要，统筹考虑国内经营管理，合理配置国内外资源，进行股权转让等。例如，河北某管件有限公司办理了180万美元的减资业务申请，河北某服装有限公司提出了200万美元减资的申请，沧州某养殖有限公司提出了108万美元转内资的申请等。

（二）出口明显下滑，外商直投企业所受影响强烈

2009年以来，金融危机对京津冀进出口的影响日益明显，尤其是对天津市、河北省出口影响越来越大。据统计，天津市1~3月，外贸出口呈现持续下滑态势（见图1），单月出口分别为21.4亿美元、21.9亿美元、24.5亿美元，同比下降30.6%、24.7%和27.1%。

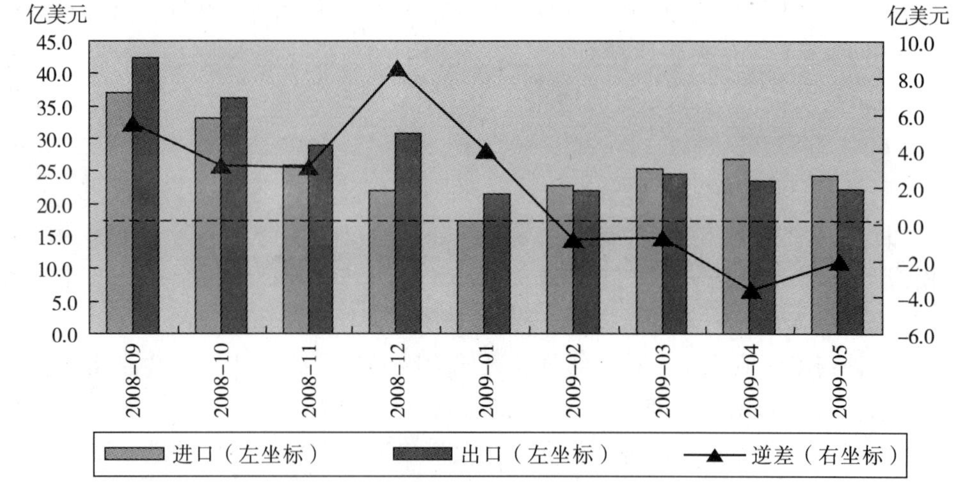

图1 2008年9月至2009年5月天津市外贸进出口情况图

大型跨国公司出口持续下滑带动全市出口总量的下降，尤其是大型电子信息类跨国公司，如三星系列企业、摩托罗拉等出口下降（见表1），直接导致天津市2009年第一季度对外贸易出现五年来首次下降。电子信息业主要是以产业链低端的加工类贸易（见表2）为主，2008年天津市加工贸易出口占全市出口的51.48%。由于电子信息产品具有较大需求弹性，再加上加工贸易具有两头在外

的特点，国外市场需求萎缩，使天津电子信息产业出口受到严重冲击，直接影响了天津整体对外贸易的发展。

表1　　天津市出口企业前10名情况　　单位：亿美元

	2008年			2009年1~2月		
排名	企业名称	出口额	同比%	企业名称	出口额	同比%
1	三星通信	31.24	-16.5	三星通信	4.01	-25.8
2	摩托罗拉	25.95	-29.5	乐金电子	1.94	-6.5
3	中海石油	19.66	138.1	摩托罗拉	1.71	-66.9
4	飞思卡尔	16.97	-3.2	飞思卡尔	1.60	-50.0
5	乐金电子	14.05	7.7	中海石油	1.59	118.2
6	天津钢管	10.27	118.1	天津钢管	1.50	11.0
7	三星电子显示器	9.68	4.0	三星高新电机	0.83	68.3
8	天津钢铁	7.57	110.0	三星电子	0.72	0.4
9	三星电子	7.26	7.1	三星电子显示器	0.67	-63.7
10	三星光电子	6.35	9.7	三星光电子	0.63	4.2

资料来源：天津市商务运行信息月报。

表2　　天津市加工贸易出口前10名企业　　单位：亿美元

	2008年			2009年1~2月		
排名	企业名称	出口额	同比%	企业名称	出口额	同比%
1	三星通信	31.09	-16.80	三星通信	3.96	-26.60
2	摩托罗拉	25.17	-30.90	乐金电子	1.91	-6.70
3	飞思卡尔	16.97	-3.20	摩托罗拉	1.61	-67.90
4	乐金电子	13.74	6.50	飞思卡尔	1.60	-50.00
5	三星电子显示器	9.66	4.60	三星高新电机	0.83	68.30
6	三星电子	7.22	7.00	三星电子	0.72	0.50
7	三星光电子	6.16	8.40	三星电子显示器	0.67	-63.70
8	三星高新电机	4.87	75.50	三星光电子	0.60	3.10
9	三星视界移动	3.80	5.30	三星电机	0.27	-25.70
10	通广三星	3.46		三星视界移动	0.24	-55.30

资料来源：天津市商务运行信息月报。

通过对河北省的调查显示，2009年4月，河北省出口额12.22亿美元，同比下降37.1%。影响开始波及中小城市。如河北省沧州市，2009年1月、2月出口同比增长大幅回落，至3月出口首次出现负增长，当月全市出口8 409万美元，同比下降25.64%，并拉动整个第一季度出口出现下降，呈现大幅跳水之势。据统计，外商直接投资企业进出口总额的下降额占全部企业进出口下降额的70%以上。显然，国际金融危机对外商直投企业的影响更加强烈。

（三）应付外商利润锐减，外商直投企业利润汇出呈增长态势

自2008年下半年以来，金融危机从金融领域逐渐扩散到实体经济，外商直投企业所受影响愈加明显，主要表现为应付外商利润锐减，外商直投企业利润集中汇出。在调查样本企业中，出口企业多为劳动密集型，出口产品档次低，利润空间十分狭小，消化和承受危机的能力较差。受国际金融危机、汇率等多重因素的影响，外商获取利润急剧减少。如河北省沧州市的30家样本企业，至2009年5月底，应付外商利润累计为 –57.6 万元（具体收益见图2）。同时，外商直投企业对利润处置具有完全自主性，可自由选择利润分配汇出、转增资本、留存境内投资等处置方式。受危机影响，多数企业不实行转增资本，选择利润再投的企业几乎为零，直接投资利润汇出有所上升。据调查，2009年第一季度，天津市外商投资企业利润汇出达6.77亿美元，同比增加0.89亿美元，增幅15.1%；保税区某公司购汇4 271.32万美元向境外股东支付历年累计的外方未分配利润，该公司此次要求购汇支付累计到2007年底的未分配利润人民币2.92亿元（其中2006年度为人民币7 200万元，2007年度为人民币2.2亿元）；摩

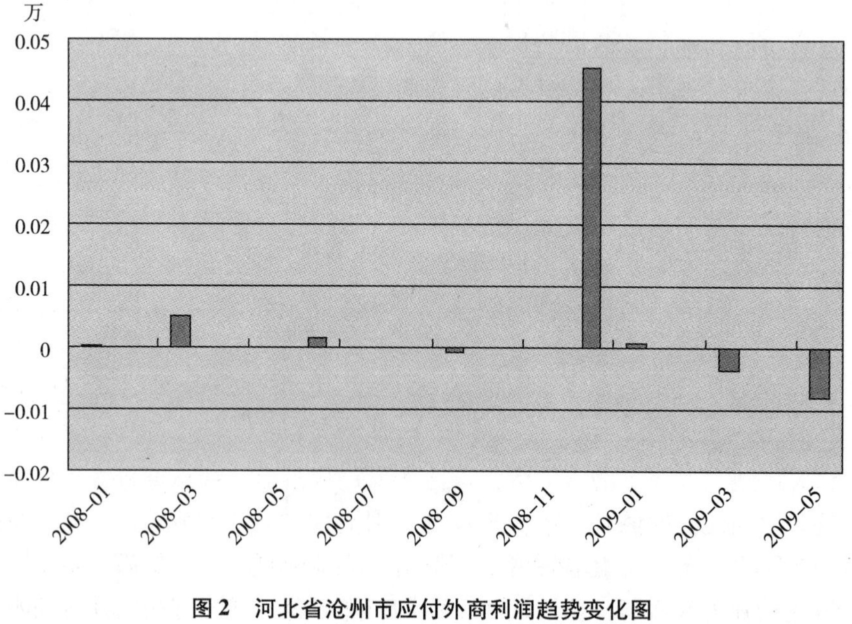

图2 河北省沧州市应付外商利润趋势变化图

托罗拉（中国）电子有限公司2004年至2008年累计向境外汇出利润40亿美元，特别是2008年汇出巨额利润14.48亿美元，占近年汇出利润的36.2%。河北省唐山市外汇管理局在对辖区21家外商投资企业进行专项检查中，发现部分企业也存在对以往年度外方利润进行集中汇出的现象。外资企业利润为企业直接投资所得，什么时候汇出、汇出多少由企业自由定夺，因而成为跨境资金掉头的主要渠道，也是外资企业通过合理渠道抽逃资金主要渠道。

（四）订单减少，原材料价格波动剧烈，企业业绩出现回落

受国际经济衰退和市场需求萎缩影响，国外进口商接单更加谨慎、挑剔，条件更加苛刻；即使订单有成，也多数大单变小单、长单变短单，出口签约十分困难。据天津市外汇管理局调查，截至2009年2月末，被调查企业中有62%的企业出口订单同比下降10%以上，50%以上企业遭遇订单被取消的情况。出口前100名企业中有46家出口下降，一般贸易和加工贸易出口前50名企业分别有20家和26家出口下降，外资企业、国有企业和民营企业出口前50名企业分别有27家、27家和19家出口下降。大型跨国公司出口持续下滑带动全市出口总量的下降。居全市出口前10位的摩托罗拉、飞思卡尔半导体和三星电子显示器有限公司出口降幅达66.9%、50.0%和63.7%。

再从原材料价格变化情况来看，2008年上半年原材料价格暴涨，第三季度开始直线下降，目前一直在低位徘徊，当前原材料价格仅为2008年上半年价格的60%。由于金融危机时期订单普遍采用短单、小单方式，订单议价普遍以时点原材料价格为准，造成前期原材料库存高的企业生产成本远高于产品价格，从而形成了出口成品价格与原高价时期的库存原材料价格倒挂现象，占压资金严重，库存消化困难，部分企业特别是以钢材为原料的生产企业形成亏损，亏损金额达数十万到上千万元，企业一时难以弥补，生产经营面临困境。如：河北省河间利德瀛不锈钢餐具公司受原材料价格因素影响，当前的出口基本不赚钱，加之盲目扩大生产规模造成资金贷款占压过大，企业运转非常困难。

由于订单减少和原材料价格波动的双重压力，金融危机又造成国际市场需求下降，从而使出口竞争更加激烈，企业业绩大幅回落。一方面，一些企业为保住出口份额，不得不采取压价竞销的方法，从而使利润减少。为鼓励出口，国家在危机后连续两次调高了部分商品的出口退税。然而这一信息很快被外商获悉，并以此为由挤压出口价格，有的甚至是货到后又提出降价，迫使企业就范，使企业因提高退税而增加的效益被分割蚕食。另一方面，虽然大部分原材料特别是钢铁等基础材料大幅降价，使出口成本降低，效益提高，但由于金融危机造成对五金制品需求萎缩，出口价格一降再降，加上有些国外客商乘机压

价，使出口利润不增反降，有的已到了微利甚至亏损边缘。

（五）企业开工不足，就业人数不断减少

受订单减少和利润下滑影响，外商直投企业特别是一些出口生产企业不得不采取减员停产措施。据对河北省沧州市30家样本企业的调查结果显示，样本企业中，仅有6家目前能满负荷运转，占比仅为20%；开工率90%不足100%的企业2家；开工率80%不足90%的企业3家；开工率70%不足80%的企业5家；开工率60%不足70%的企业4家；开工率50%不足60%的企业4家；开工率50%以下完全停产的企业3家；3家企业季节性停产。开工不足直接导致企业减员。据了解，沧州市30家样本企业增减相抵后实际减员617人，占样本企业员工总数的13.67%。

（六）出口退税率有所上升，但出口退税额不升反降，出口风险加大

为了应对此次世界性金融危机对我国出口企业的影响，国家分两批先后上调6 000余种商品的出口退税率。但大部分企业由于受出口订单减少、开工不足、收汇困难、资金短缺等因素的影响，退税额却不升反降。以沧州市不锈钢餐具业为例。该行业是当前最为困难的行业。金融危机之前，该行业的利润几乎完全依赖出口退税，也正因为如此，使得该行业受危机的影响程度颇深。数据显示，2007年7月以前不锈钢餐具出口退税率为13%，而后来改为5%，2009年4月又改为7%，以利德瀛为首的河间等地10余家不锈钢餐具生产企业纯利减少20%以上。加之金融危机的双重打击，导致一半以上的此类企业处于停产状态。利德瀛与海兴海达两家龙头企业也只能是苦苦经营、勉强维持。

金融危机造成国际贸易竞争更加激烈，贸易环境更加恶劣。外商无理由违反合同，在不向进口商说明违约原因（如商品出现质量问题等）的情况下，既不退单，也不提货、不付款，要求降价，甚至出现诈骗，使出口风险增大，企业为此蒙受重大损失，这已成为当前影响企业出口的一大难题。据沧州外汇管理局调查，自2008年下半年至2009年5月，沧州市遭遇外商无理由合同违约而导致逾期不能收汇现象日益严重。除已移交外汇监察部门查处的48家企业600余万美元外，全市累计未收汇企业已达131家，金额1 416万美元。

二、外商直投企业所受影响原因分析

（一）企业投资意愿减弱，资金回笼意识强烈

外商对未来经济走势缺乏信心，尚未投资的企业持观望、保守态度，已投

资建厂的企业也不急于扩大生产规模，资金回笼意识强烈，以期最佳时机或经济明显回暖时再追加投资。

（二）受现行政策限制，企业清算退出、回笼资金

2008 年 1 月 1 日起生效的新《中华人民共和国企业所得税法》取消了外国投资者从外商投资企业分回利润免征企业所得税的优惠政策，改为征收 10% 的预提所得税。2008 年 1 月 1 日之前外商投资企业形成的累积未分配利润，在 2008 年以后分配给外国投资者的，免征企业所得税；2008 年及以后年度外商投资企业新增利润分配给外国投资者的，依法缴纳企业所得税。受此影响，外商投资企业利润汇出大幅增加。同时，为改进外商投资企业外汇管理，规范企业资本金结汇使用，国家外汇管理局于 2008 年 8 月底出台了汇综发［2008］142 号文件，对外商投资企业资本金结汇用途等作出严格规定，对无实体经营的“壳公司”资本金流入并结汇用于新设企业等起到了很好的阻截作用。

据天津外汇管理局反映，受现行政策影响，2009 年 1 ~ 5 月，天津市共有 8 家企业办理清算，其中 1 家企业属于到期正常清算，其余 7 家均为提前清算。如，建维城市建设开发（天津）有限公司系 2008 年 6 月成立的外商独资企业，该企业资本金到位后打算结汇进行境内股权收购，变相进入房地产行业。汇综发［2008］142 号文件严格规定该类企业资本金结汇不得进行境内股权投资。同时，2008 年下半年以来人民币不断升值，企业未能如期获利回报，并承担了由于美元汇率下滑而带来的经济损失，促使企业通过清算使资金回笼另寻投资渠道成为必然选择。

（三）受国际、国内经济形势影响，境外母公司缺乏资金，外商投资信心和投资能力受到影响

随着全球性金融危机的蔓延，国际经济运行的不确定因素增加，整个国际经济形势不容乐观，很多外商投资企业的境外母公司出现资金链断裂，经营难以为继，要求其国外子公司汇回利润，甚至要求将多年的利润集中汇回，以解决资金紧张问题。外商的投资信心和投资能力受到影响，利润再投资或转增资的步调放缓，利润汇出呈现上升趋势，外方股东以转股方式撤资避免投资风险。如天津鼎丰金业置地有限公司系 2005 年成立的中外合资企业。受国内经济环境变化影响，房地产市场发生了急剧变化，外方根据经营策略及商业考虑将其持有企业全部股权转让中方股东。以转股方式撤资，一是为避免可能存在的投资风险，二是可以尽快回笼资金，寻找更佳投资领域。

（四）企业投资项目未能按期完成，为避免无谓损失，企业先行减资以寻求更佳投资时机

据对天津市样本企业的调查显示，复星科技（天津）有限公司成立的主要目的是收购天津市某大型国有钢铁企业部分股权，对国有企业进行重组。在重组过程中，国有钢铁公司与另一家收购公司违约，造成重组项目谈判未果。复星科技（天津）有限公司自2008年1月汇入资本金后始终没有结汇。其间美元汇率一直走低，考虑到目前资产重组项目无法达成一致、未来美元汇率预期难以确定的情况，为规避汇率变动带来更大损失，减少财务费用，企业先行减资以寻求更佳投资时机。

三、对外商直投企业在金融危机中寻求商机的建议

每一轮经济萎缩，都孕育着新一轮的经济扩张。危机面前，只要善于运用逆向思维，“反弹琵琶”，抢抓机遇，就能够实现企业的复苏、繁荣。

（一）创新思路，调整策略

在金融危机影响下的国际市场竞争，进一步加快了企业和产品的重新洗牌。各类外商直投企业要根据当前国际市场需求的新特点、新趋势和自身产品受影响程度，以应对金融危机为目标，改造传统产业，推进技术创新，加快结构调整，积极开发新的出口产品，努力打造品牌产品特别是名牌产品出口，以提升国际市场竞争力为核心，努力增强产品国际议价能力，逐步争取自主定价权，提高售价和附加值，增加出口利润。如调研中发现，在企业普遍受金融危机严重影响的形势下，华斯实业集团河北亚通毛皮制品有限公司等具有自主知识产权和品牌的企业（华斯产品获中国驰名商标称号）受影响程度相对较小，且具有出口定价权和行业话语权，值得出口企业效仿。

（二）降低出口成本，争取利润空间

各种困难和不利因素造成出口成本上涨，利润严重缩水，是企业反映强烈的矛盾焦点。面对当前各种困难，如何最大限度地争取利润空间，以解企业生存发展之忧，成为金融危机下外商直投企业急需破解的难点和首要问题。为此，在坚持企业内部节约挖潜传统做法的同时，要着力探索新途径、新方法。其中，加强与外商的沟通联系，千方百计提高出口产品价格，让客户分担困难，是最直接、最有效的方法。要注意借助银行、出口信保等方面的力量，关注汇率变

动，探索多币种结算方式；灵活运用各种金融工具，规避汇率风险；加快出口变现，减少应收外汇账款占用；确保资金运转安全、快速、节俭。要把开展多种形式的对外、对内贸易，作为增加效益、化解困难的手段。当前国家为鼓励进口出台了相关扶持政策，企业应通过扩大进口，在缓解国内资源瓶颈制约的同时，获取利润，“以进养出”。

（三）危中求机，提高企业核心技术

在市场形势好的时候，企业没有精力进行装备升级和技术改造，优化出口结构，实现产品提档提质。经济金融稳定时期，仅通过扩大中低端产品的产能，进行重复低水平建设，就可以获得丰厚的利润，但到金融危机的时候就陷入了困境，设备由四班三运转到开一班，直至停产歇业，关键就是没有先进的装备和核心技术。金融危机爆发后，国家出台了鼓励自主创新和宽松的货币政策，企业可以利用积蓄资金或贷款上装备，抓技改，研发高端产品，增强核心竞争力。

（四）培育增长亮点，增强发展后劲

应当结合本地实际，加强招商引资政策引导，增强企业投资信心。经济增长预期降低和资本市场持续调整，使得外商直接投资意愿下降。如何吸引新的外资及留住现有的外资，并充分利用好外资，显得尤为重要。应对当前困难，既要加强防御，更要主动进攻。这就要求地方政府调整出口结构，要以增强国际市场竞争力为核心集中力量建设一批高起点、高水平的出口商品基地，使之成为本地外贸稳定的支撑点和增长点。外商直投企业在积极应对当前困难的同时，从拉动地方经济出发，进一步培育出口亮点，做大出口规模，不断增强可持续发展后劲。

（五）各方联手，共创环境

当前在外商直投企业遭遇因金融危机引发的空前严重困难之际，急需各有关部门和有关方面同心协力、各尽其责，为之松绑解困，创造宽松环境。因此，金融部门要真正落实适度从宽的货币信贷政策，认真研究解决中小企业资金瓶颈问题，支持企业间通过商会成立担保公司，建立担保平台并实现企业互保，解决融资难的问题；税务部门要加快出口退税速度，积极向上级呼吁减免企业出口税负，进一步提高出口退税率；商务主管部门要加大调研力度，做好信息服务，大力推进电子商务，加快出口信保，确保出口收汇安全；要建立健全并充分发挥行业商（协）会联系企业的桥梁纽带作用，增强行业内部的凝聚力和应对困难挑战的整体合力，从企业开拓国际市场资金、高新技术产品出口研发、出口激励等方面多给外贸出口企业提供政策性实质性支持。

（作者单位：中国人民银行石家庄中心支行）

河北省民间金融与民营经济发展研究

一、理论简要回顾

对金融发展与经济增长关系的系统性论述最早见于戈德史密斯（Goldsmith，R. W.，1969）的著作《金融结构与金融发展》。戈德史密斯认为“金融领域中，金融结构与金融发展对经济增长的影响如果不是唯一最重要的问题，也是最重要的问题之一”。但直到20世纪90年代，更多的经济学家才从金融的角度来探讨金融发展和经济增长的关系，形成了金融发展理论。

最早的金融发展理论是从金融结构的角度来分析金融的发展，把金融发展分为银行主导型和市场主导型两类金融发展模式。之后，Merton（1989，1993），Merton和Bodie（1995）提出了所谓的金融“功能观点”，认为应该放弃从金融机构的角度分析金融的方法。Merton和Bodie（1995）认为，金融体系应该具备六大功能：清算交易、动员储蓄、提供信息、配置资本、风险管理以及解决激励问题。Oldfield和Santomero（1997）也认为金融体系发挥的功能具有相当的稳定性，金融服务本身比起提供这些服务的金融机构要稳定得多。金融机构的功能要优于金融机构的组织结构，金融机构自身在不断地演化和发展，但是金融服务本身即金融功能并没有太明显的变化。La Porta，Lopez - de - Silanes，Shleifer和Vishny（1997，1998，1999，2000，简称LLSV）认为，应该放弃银行主导型和市场主导型的研究思路，而代之以从法律和制度背景对金融发展与经济发展的影响作为合适的研究思路，即所谓的法律制度论。此种研究思路传承了金融功能观，强调金融服务的可得性和质量，认为金融体系是由市场主导还是银行主导并不重要。LLSV等人认为，要实现一国金融的发展，关键就在于要建立一个良好的法律体系，以有效地保护投资者的权利。Roe（1994）指出，政治因素在不同国家法律和监管体系的发展以及公司治理结构中起着极为重要的作用。近年来，许多经济学家又开始注意到非正式制度安排如文化、信用以及道德等私人秩序在金融发展中的作用。Guiso，Sapienza和Zingales（2000）具体分析了信用与金融发展之间的关系。他们的研究表明，在市场主体之间存在高信任度的地区，企业更容易获得信贷，金融发展水平较高。民间金融的存在就反映了私人秩序在金融发展中的作用。

二、河北省民营经济发展状况及其发展瓶颈

（一）民营经济发展状况

近年来，河北省民营经济发展整体上呈现出稳步快速发展的趋势，并在全省经济发展中占据了重要地位。从指标上看，民营经济生产总值在全省中的比重连续三年超过了50%，占稳省内经济的半壁江山；纳税收入占全省财政收入的比重也在2008年突破50%，达到了54.8%，出口额也达到了60.7%，展示出民营经济对省内经济发展的巨大贡献。

另外，民营经济营业收入和利润也稳步增长，吸纳就业人数也在连年递增。民营经济在发展中实现经济效益和社会效益的双丰收（见表1）。

表1　　河北省民营经济发展状况表

各项指标	2006年末	2007年末	2008年末
民营经济单位数（万个）	189.6	191.4	194.5
其中：民营企业（万个）	16.6	15.2	—
个体工商户（万个）	172.9	176.2	—
完成增加值（亿元）	6 175.5	7 437.3	8 565.6
占全省生产总值的比重	53.2%	53.6%	52.9%
税金（亿元）	557	757.9	997.9
占全省财政收入总量的比重	45.5%	49.6%	54.8%
出口总额（亿美元）	63.6	93.7	145.8
占全省出口总额的比重	49.5%	55.1%	60.7%
吸纳就业人数（万人）	1 382.9	1 437.1	1 491.7
营业收入（亿元）	23 396.3	29 285.2	35 727.9
利润（亿元）	2 246	3 791.3	4 246.2

数据来源：河北经济年鉴，个别数据为计算得出。

（二）民营经济的发展瓶颈

河北省民营经济发展的主要瓶颈是资金。调查显示，民营企业资金需求主

要为三个方面：一是项目建设启动阶段资金需求，多数企业项目建设初期筹资困难；二是新项目建成进入正常运作后的流动资金需求；三是对贷款的及时性要求很高的季节性资金需求。民营企业资金需求总量很大，但民营经济的融资渠道并不畅通。由于资本市场融资门槛较高，河北省绝大部分的民营企业尚未将直接融资作为一个资金来源渠道。民营企业的另一融资渠道是借贷。但由于民营企业具有单户需求量小的特点，以及自身条件与金融部门的贷款要求不相符，或金融部门的放贷规模难以满足民营企业的要求，致使民营企业投资资金来自金融部门贷款不足两成。据统计，2007 年全省民营企业完成投资的金融机构贷款为 300.4 亿元，仅占全部民营企业固定资产投入的 10.4%。① 在这种情况下，为了发展，民营经济就转而求助于民间借贷。

三、河北省民间金融发展状况及其变化特征

（一）民间金融的发展状况

民间金融是民营经济主体为满足融资需求，自发开展和形成的游离于政府金融监管之外的非官方资金融通活动和组织。就目前状况来看，河北省民间金融还主要限于简单的借贷融资，所以本文中民间金融等同于民间借贷。

近年来，河北省民间借贷规模逐步增加。调查数据显示，2008 年民间借贷额较 2007 年增幅明显：样本企业②贷款发生额增幅为 29.77%，贷款余额增幅为 47.48%（见表 2）。2008 年下半年是国内经济形势的转折点，同时也是民间借贷规模变化的分水岭。2007 年和 2008 年上半年民间借贷相对活跃，借贷规模呈上升态势；2008 年下半年特别是 8 月以后借贷减少，呈现出下降的趋势。主要原因是奥运会之前，国内经济形势很好，企业订单很多，资金普遍偏紧，民间借贷也较多。奥运会后，国内经济受国际金融危机的影响开始显现，很多中小企业关闭或处于停产半停产状态，即使正常经营的企业投资也更加谨慎，导致对资金的需求下降，民间借贷规模也随之下降。2009 年年初，随着国家宏观政策刺激效果显现，经济企稳并有回暖迹象，民间借贷规模也趋于回升。

① 据统计，目前全国中小企业获得的贷款只占 10% 至 15% 左右，享受政府补贴的只有 5%。资料来源：程瑞华：《为中小企业解困政策见效尚需时日》，载《金融时报》，2009-04-16（05）。

② 样本采自 2009 年 2 月河北省民间融资状况调查。

表2　　河北省民间借贷规模估算表

各项指标	2006 年	2007 年	2008 年
借贷余额（亿元）	3 200	5 168	7 622
余额增幅	—	61.5%	47.48%
借贷发生额（亿元）	17 582	22 251	28 875
发生额增幅	—	26.56%	29.77%

注：2006 年、2007 年为估算数字①，2008 年为根据增幅推算得出。

（二）民间金融的变化特征

1. 出现规模化甚至市场化的趋势。随着省内民营经济单位的增加，及单个企业的壮大发展，民营企业的资金需求在上升，导致民间借贷的规模和参与人数都在增加。有些村子的村级民间金融市场已露出雏形；供求双方多是在一个村子中，形成一个“借贷小市场”。

2. 资金资本化趋势明显。近年来的跟踪调查表明，城乡居民民间借贷的目的从满足应急消费为主逐渐转向以谋利为主，说明资金的资本性、资产性越来越明显。在这种条件下，民间融资实现了民间剩余资金再投资的一个功能。

3. 长期化、专业化趋势。前几年民间借贷期限较短，主要是临时性的小规模的资金，来源也不稳定。现在借贷资金来源稳定，可以长期使用，出现了较大规模的专门用于借贷的资金。而一部分企业和个体户自始至终就以民间借贷的形式负债经营，通过滚动借贷，保持一定规模的民间负债，从而获得充足的资金实现企业和事业的正常经营发展，成为这种民间资金的需求者。

4. 有规范化、阳光化运作的要求。一是民间放贷行为比以往理性、规范。由于违约发生后不好催收、追讨，所以放贷人的贷前调查比以往更细致，除了人情之外，还考虑借款方的还款能力。如果借款人没有偿还能力，则不考虑放贷或减少放贷额。二是交易契约更规范。过去仅凭关系或口头承诺一张白条即可成交，现在则更多的是采取签约立据并有中间保证人。虽然部分中间保证人并不能起到担保作用，但由于形式规范和第三方的介入，民间融资的运作大大规范了。三是当省内出台小额贷款公司试点指导意见时，许多民营企业争相申请成为试点，表明民间金融渴望阳光化，渴望规范化，渴望受到法律承认和保护的愿望。这一切都说明，民间金融的发展需要法制的支持。

① 数据采自 2008 年 4 月河北省民间融资状况调查。

四、河北省民间金融与民营经济发展关系分析

（一）金融相关比率（FIR）分析

对于金融发展与经济增长的关系，金融发展理论的创使人戈德史密斯选择了金融相关比率（FIR）作为主要的分析工具：

$$FIR = F/WT$$

其中，F 代表金融活动量，WT 代表经济活动总量。

借用这一分析工具，我们得出 2006—2008 年的民间金融与民营经济的金融相关比率 FIR 分别为 0.5、0.7 和 0.89。该数据呈现逐年递增的趋势，这说明民间金融对民营经济发展的渗透能力增强，影响越来越大，说明民间金融的发展水平不断提升的同时民营经济也在持续发展。河北省民间金融的主要形式包括个人和企业直接借贷、企业集资、典当行、担保公司、小额贷款公司贷款等多种形式。县域中存在多种形式的民间金融，客观上给没有投资机会的储蓄者创造了投资机会，推动了县域民营经济的发展。有的民间金融甚至突破了间接融资的形式，表现为储蓄者（投资者）与需求方面对面的借贷形式。

（二）民间金融支持民营经济发展的分析

1. 企业发展阶段不同，民间金融的作用各有不同。众所周知，绝大多数私营、个体等民营企业是靠民间借贷筹资成立的，所以民间借贷在企业发展初期的作用巨大。此时的借贷普遍以股东集资或企业职工集资的方式来完成。当企业处于成长阶段，季节性的需求、流动资金需求成为民营企业的主要资金需求。此时民间金融因其手续简便，操作时间较短，对保证物要求不太严格而成为支持民营经济发展的主力军。当企业进入壮大成熟阶段后，由于企业的实力上升，财务逐步规范，逐渐成为银行客户，民间借贷的作用就逐步减小，主要满足应急性金融支付需求。如省内廊坊霸州市有一万多家个体私营企业，对霸州市财政贡献率达到 90% 以上，它们的大量临时性资金的需求多是靠民间借贷来支持。

2. 民间借贷在其信任半径内支持民营经济的发展。信任半径是 Fukuyama 1995 年提出来的概念，指人们乐意把信任扩展到的范围的大小。半径的大小取决于一个社会的文化、风俗习惯及社会发展水平，如以家庭、地域、社团、性别等为界。民间借贷信任半径就是民间借贷愿意把信任扩展到的范围的大小，即金融服务范围的大小。

当前，河北省民间金融作为较原始的金融状态，具有非常明显的信任半径，

即借贷行为发生在某一集中区域。如石家庄市赞皇县于底村，整个村里民营经济很发达，而且企业从起步，到壮大、成熟，基本全靠民间借贷。2007—2008年民间借贷高峰期时，该村一家较大规模的民营企业的民间借贷就可以达到2 000万元。村内企业的借贷规模与期限完全由借贷双方协定，几十万到几百万元的很多，而且借贷来源基本全在本村。再如藁城屯头村，也是全村人都参与民间借贷，大家互相支持生产，互相借贷，整个村子就形成民间借贷的信任半径。在这个半径内，借贷双方彼此了解和相互信任，贷款的道德风险降至最低，即使出现短期的不能按期归还的情况，双方往往也能够妥善地自行解决，很少造成纠纷。理论上讲，这是无限循环博弈的过程，借款人受到舆论和道德观念等无形约束，还款意愿强烈，几乎不会存在欺诈和恶意违约行为。

（三）民营经济发展对民间金融的反作用

1. 民营经济的发达程度使得民间金融发展要求有差异。省内经济发达的市、县，民间资本规模大，发展也较规范，有进一步提升认可度、阳光化、规范化的要求，即质变的要求，如转为贷款公司、担保公司、小额贷款公司等。经济欠发达市、县，民营经济少，人们对金融的理解不深入，对民间借贷存在不信任看法，尤其存在“有多少钱干多少事”、“民间借贷不保险”、“银行贷不来款就自己慢慢发展”的传统思想。因此民间融资较少，融资也多是用于基本生活，一般不要利息。

2. 民营经济的“工农二元化”对民间借贷的影响。典型调查中发现，从事工业生产的民营经济对民间借贷的接受程度较高，从事农业生产的民营经济对民间借贷的接受程度较低。农业生产龙头有的享受国家优惠政策，有的从信用社贷款，普遍认为民间借贷利率高、成本高，企业不能接受。但是某个以工业生产为主的村子就普遍存在全村都参与民间借贷的情况。

五、河北省民间金融与民营经济发展的建议

（一）发展民间金融，解决民营经济发展瓶颈

1. 民营企业和大银行的信息不对称决定民营经济发展要依赖民间借贷。林毅夫（2001）提出，我国大银行占据太多的金融资源和太大的市场份额。但由于大银行与民营企业存在信息不对称，导致银行通过信贷配给来限制民营企业贷款。事实上，大银行的信贷管理机制并不适用于对民营企业的贷款管理。2008年次贷危机后我国政府要求各大银行增加对中小企业的贷款。尽管各大商

业银行也纷纷成立了中小企业部，但从贷款的实际投放来看，中小企业依然难以得到贷款支持。这主要源于对中小企业（主要是民营企业）的贷款管理与对大企业大项目的贷款管理是完全不同的，现有的银行贷款管理机制是完全针对大企业大项目制定的。

2. 民间金融适合民营经济发展的需求。民间金融有着明显的特征：一是社区化。民间金融活动主要发生于社区或村落，是基于一定的地缘、血缘关系成立的。二是人物信息透明化。借贷双方交易活动建立在信息充分掌握的基础之上，经济行为在一定程度上已经人格化。三是分散性、普遍性。民间金融广泛存在于城乡经济活动中，交易的频率高，金额小，分布广泛。民间金融的这些特征使得它非常适合支持广泛存在的普遍规模较小而众多的民营企业。至2009年5月末，河北省县域贷款余额为3 966.34亿元，比年初仅增641亿元。县域贷款余额占全部贷款余额比重为33.24%，而县域GDP占全省GDP的比重达到近60%。二者相差甚多，正说明民间金融对民营经济的作用巨大。

（二）民间金融发展建议

1. 从制度建设上规范民间金融发展。在国家没有出台关于民间金融的正式文件的背景下，河北省政府可以尝试制定省内民间金融管理试行条例或尝试引入民间的行业协会进行规范和自律。

在条例的制定中，尽可能地涵盖民间金融涉及的问题，如民间融资的投向有违国家产业政策的问题等。同时要注重新条例与已有条例的衔接问题。如对于既有银行贷款又有民间借贷的民营企业，一旦发生经营危机，需要清偿债务时，民营企业会优先偿付民间借贷，风险就会转嫁给银行。这种问题在条例中应明确规定处理方法。

2. 在机构建设上鼓励民间金融阳光化。中国并不缺少大银行，但缺少贴近基层的中小金融机构，特别缺少根植于农村的微型金融组织。[①] 目前河北省公开的民间金融组织有小额贷款公司、担保公司、典当行、农村互助合作社组织。从2008年12月底的调查情况看，全省有小额贷款公司101家，注册资金达到60.6亿元；担保公司、典当行数量不多，其中也有一些转为了小额贷款公司；农村互助合作社组织也仅有个别地区有，而且规模小。这些公开的民间金融组织的规模在省内庞大的民间金融规模中只占一小部分，大部分的民间借贷仍在地下运行。与其如此，不如理顺关系，给民营经济介入正规金融的渠道，允许

---

① 《当前中国农村金融发展存在的主要问题——中国农村金融服务报告第四部分》，中国人民银行农村金融服务研究小组。

其成为贴近基层的中小金融机构，弥补基层金融机构的空缺，成为多层次金融体系中的一支新生力量。

3. 在市场建设上促进民间金融发展。目前，民间金融主要以借贷的方式存在，是一个分散的参与人员众多的无形市场。这与证券市场场外交易市场（OTC）① 有很多相似之处。OTC 的主要特点：一是分散、无形，即无固定、集中交易场所；二是组织方式采取做市商制，由投资者直接与证券商进行交易，证券商是交易的直接参与者，又是市场组织者；三是交易参与者众多；四是以议价方式进行，是一对一的交易方式；五是交易对象即证券种类众多；六是管理宽松。而民间借贷不仅是一个无形的分散的市场，而且也是一个参与人员很多、由资金需求双方直接议价达成借贷的市场，也是由许多资金需求者和所有者来组织的市场，这些组织者也可以看做是市场的做市商。所以我们可以借鉴场外交易市场（OTC），为民间借贷这种自发的金融行为建立一个较小规模的市场。它既可以是一个社区或村级市场，也可以是几个社区或村子的联合市场。在这个市场中，资金所有者可以公开地以做市商的身份来组织这个无形的市场，资金的供给和需求都可以到这个市场来交易。这样不仅可以满足民营经济发展需要，也可以将民间金融纳入有序管理，尽管这种管理是松散、宽松的管理。

课题组主持人：张辰辰

课题组成员：王建国　韩清河　谢瑞芬

执笔人：谢瑞芬

（作者单位：中国人民银行石家庄中心支行金融研究处课题组）

---

① OTC（Over the Counter）是指在交易所之外由证券买卖双方当面议价成交的市场，它没有固定的集中的交易场所，是分散的无形的市场，由许多各自独立经营证券业务的机构分别进行交易，并且主要利用电话、电报、传真和计算机网络联系成交。

宏观经济震荡对河北省中小企业的影响

张广君

由美国次贷危机引发的金融危机波及整个世界，并迅速向实体经济蔓延。受金融危机的冲击，我国宏观经济运行呈现了物价低位运行、外贸出口严重下滑的发展态势，维系近十年高速发展经济的态势被改变。宏观经济形势的发展变化，使正在发展中的河北省中小企业面临着严峻挑战，同时也带来了一定的发展机遇。如何化“危”为机，变“危”为机，出色地做好又好又快发展河北省中小企业这篇文章，是一项十分紧迫和长期的任务。

一、河北省中小企业基本情况

近年来，河北省中小企业不断发展壮大，日益成为河北省经济社会发展的主要支撑。

（一）数量众多，成为实现就业及社会稳定的基础保障者

到2008年末，河北省中小企业户数达到16.7万户，注册资本3 193.2亿元，从业人员达到651.2万人。中小企业尽管在规模、资金、技术、市场占有率等方面与大企业无法相比，但数量众多，且多属于劳动密集型企业，在保证就业及维护社会稳定方面发挥着不可替代的作用。

（二）实力渐强，成为提升区域综合实力和促进经济发展的重要力量

2008年末，河北省中小企业实现工业增加值3 572.9亿元，占全省工业增加值的58.5%；销售收入14 061.2亿元，占全省企业销售总收入的62.9%；实现利润936.9亿元，占全省企业利润的72.6%；上缴税金411.2亿元，占全省企业上缴税金的49.3%。中小企业的稳步发展对河北省经济发展和综合实力的提高发挥着越来越重要的作用。

表1　2006—2008年河北省中小企业主要经济指标　单位：亿元、%

项目	2006年	占全省比	2007年	占全省比	2008年	占全省比
工业增加值	2 140.99	56.11	28 899.39	62.68	3 572.92	58.47
销售收入	7 687.14	59.08	10 228.79	59.88	14 061.17	62.92
实现利润	558.25	62.86	753.01	60.33	936.9	72.56
上缴税金	238.98	41.4	331.97	46.21	411.24	49.31

（三）经营灵活，成为激发社会活力及满足多样化社会需求的重要推动者

中小企业适应市场和满足市场的能力很强，是许多国家和地区创造经济奇迹的重要因素之一。中小企业生产经营活跃，市场敏感度高，能够及时了解市场需求，并及时开发适销对路的产品。据调查，河北省65%的发明专利和80%以上的新产品开发都是由中小企业完成的。

（四）整体水平仍然较低，生存发展的持续性较弱

改革开放以来，虽然河北省中小企业有了长足的发展，但整体水平仍然较低，产业结构不合理，行业规模小、集中度不高，科技含量少、产品附加值低，企业市场竞争力不强。中小企业也多处于小规模、低附加值、粗放经营的初级阶段，重工业、高耗能、高污染企业比重偏大，承受政策调整及市场波动的能力较差，生存发展的持续性较弱。

二、宏观经济震荡对河北省中小企业的影响

由于中小企业规模较小、抗风险能力弱，金融危机引发的宏观经济震荡对中小企业的冲击较大。2009年第一季度，河北省中小企业实现营业收入2 693.1亿元，同比增长12.9%，比上年全年增速下降了9个百分点；上缴税金91.25亿元，同比增长8.9%，远远低于上年全年23.9%的增速。具体影响体现在以下几个方面：

（一）市场萎缩，开工不足

由于内需不足，外贸下滑，企业市场萎缩，开工不足。据调查，到2009年2月初，以中小企业为主的河北省民营企业中，停产、半停产企业分别为13 393家和14 444家，分别占全部民营企业的8%和8.65%，主要涉及钢铁、冶金、采矿、建材、食品、化工、机械、农副产品、服装纺织、电线电缆、铸造等行

业。保定市纺织服装业停产、半停产企业分别达170家和600家，承德市304家矿山企业中有141家停产。石家庄华莹玻璃制品有限公司是一家外向型民营企业，由于出口订单严重减少，2008年以来公司生产不断萎缩。公司订单由2008年第三季度签订6 615万元缩减到2009年第一季度3 458万元，下降47.72%。公司由原来的6座电熔炉缩减到现在的3座电熔炉，生产能力由年产38 000吨入库玻璃缩减到年产25 000吨入库玻璃，降幅达34.2%。

（二）效益下滑，亏损增加

受市场萎缩和物价下行双重挤压，中小企业效益下滑，亏损增加。据调查，2009年第一季度末，河北省规模以上中小企业10 926家，其中亏损企业达2 383家，同比增长40.51%。亏损企业亏损额达17.6亿元，同比增长72.54%。

外向型企业效益受到影响较大。承德市承德富豪制衣有限公司、路源服装有限公司2008年实现出口450万美元、450万美元，分别增长18.5%和442%，均实现了较大幅度的增长，利润却同比下降54.3%和37.5%。石家庄华莹玻璃制品有限公司2008年第三季度利润为600万元，第四季度利润下降到200万元，2009年第一季度利润仅为80万元，三个季度利润下降幅度达86.7%。

（三）就业形势严峻

受宏观经济震荡影响，河北省部分中小企业减产、限产，甚至停产，用工人数减少，就业形势严峻。据调查，到2009年2月底，河北省停产民营企业13 393家，涉及就业人员442 769人，占全部民营企业从业人员的6.8%；半停产民营企业14 444家，涉及就业人员287 350人，占4.4%。全省停产、半停产民营企业涉及就业人员达730 119人，占全部民营企业从业人员的11.2%。

（四）中小企业融资难问题依然难以改变

在宏观经济震荡、前景不明确的背景下，尽管国家制定并实施了积极的财政政策和适度宽松的货币政策，但贷款大部分都投向了基础设施建设领域和大企业、大集团。中小企业由于受宏观经济震荡冲击较大，企业景气指数较低，更难获得银行贷款支持，使本来融资渠道就十分狭窄的中小企业面临更大的融资压力。石家庄市鹏辉纺织有限公司目前8万锭仅有流动资金2 400万元。按一般规模纺织企业正常生产经营1万锭需流动资金1 000万元计算，该企业流动资金缺口约5 600万元。石家庄柏奇化工有限公司主要生产销售头孢类、心脑血管医药中间体。为了调整产品结构，适应市场变化，做好产品和技术的储备、升级换代，目前正在进行生物酶法生产7－氨基－3－氢头孢烷酸新型头孢母核高技术产业化示范工程项目的建设，截至2009年第一季度末资金缺口5 000万元。承德富豪制衣有限公司是一家外向型民营纺织企业。该公司不断拓展海外客户，培养自主品牌，订单不断增加，效益一直较好。由于受金融危机影响，国外客户回款慢，流动资金紧张，资金需求为1 000万元。该公司生产设备无法抵押，房地产因价格低迷，贷款银行仅折500万元抵押，资金缺口约500万元。

三、扶持河北省中小企业健康发展的对策建议

宏观经济震荡对河北省中小企业的发展造成了一定影响，但同时也带来了一些发展机遇。国家为应对金融危机的影响，出台了一系列保增长、扩内需的政策措施。同时，宏观经济的震荡有利于促进骨干优势行业企业的兼并重组，做大做强优势产业；有利于淘汰产能落后行业中的劣质企业，促进各项生产要素向新兴产业、高新技术产业和现代服务业转移，实现产业结构、经济结构的调整优化；有利于吸收、引进国内外先进技术对传统产业进行改造，促进产品、产业升级换代。这些都给河北省中小企业提供了更广阔的发展空间。

（一）认真贯彻落实《中小企业促进法》和《河北省中小企业促进条例》，支持、促进中小企业健康发展

一是要以科学发展观为指导，全面认真地贯彻落实《中小企业促进法》、《河北省中小企业促进条例》，以及国家为保增长、扩内需出台的一系列宏观调控政策，确保国家以及地方政府对中小企业的各项扶持政策落实到位。二是要加强省内区域间产业的规划和协调指导，在产业布局上避免资源的浪费和中小企业间的恶性、无序竞争，实现中小企业的健康发展和区域间经济的协调发展。三是要积极为中小企业发展提供创业辅导平台、融资担保平台、人才培训平台、信息网络平台、技术支持平台、信用管理平台、对外开放平台和法律服务平台，为中小企业的健康发展提供全方位的服务。

（二）多措并举，优化中小企业发展环境

一是对不利于中小企业发展的各项政策、收费等进行清理，确实解决中小企业发展中的政策制约等问题。二是整合现有担保资源，进一步壮大担保资金实力。同时，积极探索建立政策型、互助合作型、商业型等多种组织形式的担保机构和担保组织，为中小企业发展提供融资支持。三是加快中小企业投资公司建设步伐，加大对创新型、高科技型中小企业以及有市场、有效益、发展前景良好的中小企业的资金支持。

（三）抓住时机，乘势而上，推动中小企业的兼并重组、技术改造和技术创新

河北省与其他沿海省市相比，经济外向度较低，受金融危机的影响和冲击相对较小，因此，应抓住国家扩大内需的有利时机，推动中小企业的兼并重组、技术改造和技术创新。一是支持、引导钢铁等骨干优势行业的中小企业进行兼并重组，做大做强骨干优势企业，提高企业的竞争力。二是充分利用国际消费市场低迷的时机，积极引进国内外资本，对河北省传统产业进行技术改造。同时，积极推动省内中小企业进行技术创新，培养自主品牌。三是大力支持电子信息、生物工程等高科技型中小企业和现代服务业中小企业的发展，实现经济结构的调整优化和第三产业的快速发展，不断提高河北省第三产业的比重。

（四）多管齐下，切实解决中小企业融资难问题

一是推动中小企业信用标准化培植，加强信贷产品创新，破解中小企业融资难题。中小企业的信用标准化培植应在地方政府的主导下，由人民银行推动全部银行业金融机构共同参与培植。通过培植使满足了一定条件但还未达到银行信贷准入标准的中小企业提升信用程度，跨过信贷准入门槛。同时，各银行业金融机构应针对中小企业资金需求小、周转快、期限短的特点，加强信贷产品创新，不断满足中小企业合理的资金需求。二是建议成立全国性的中小企业商业银行，专门为中小企业办理融资理财服务。三是加快中小企业创业板的建设步伐，支持符合条件的中小企业直接上市融资。四是发挥债券市场的融资功能，支持符合条件的发行中小企业集合债融资。

（作者单位：中国人民银行石家庄中心支行）

金融危机对区域工业企业影响的典型调查

赵继放

2009年，由美国次贷危机引发的国际金融危机正向实体经济蔓延，对中国内陆地区企业造成的冲击也逐渐显现。为了解金融危机对沧州市工业企业的影响，我们选取辖区47家工业企业（以下简称样本企业）进行了调查。截至2009年4月底，全市规模以上工业增加值完成134.9亿元，比去年同期增长4.2%，但增幅比去年同期回落9.17个百分点。全市规模以上工业亏损企业比去年同期增加32家。调查显示，金融危机对沧州辖区外贸出口型企业影响大，内向型企业影响小；对劳动密集型企业影响大，对高新技术企业影响小；国家出台优惠政策重点支持的行业回暖快，产能过剩、高污染行业复苏慢。

一、沧州市样本工业企业运行现状

经对47家样本企业2009年1~4月统计分析，企业开工率100%的24家，占比51.06%；从业人员同比减少2 826人，减少企业23家，占比48.93%；工业产值同比减少10 488.39万元，减少企业28家，占比59.57%；销售收入同比减少5 190.6万元，减少企业30家，占比63.82%；利润总额同比减少3 032.2万元，减少企业25家，占比53.19%；订单同比减少10 221万元，减少企业35家，74.46%；应付账款同比减少3 230.5万元；应收账款同比增加8 364万元；银行借款同比增加14 236.3万元；资金缺口同比增加6 670万元。

47家样本企业涉及8大主导行业，生产经营情况为：

1. 石油化工行业影响较重。1~4月全市石油化工行业完成增加值45亿元，同比下降15.2%。其中原油开采及原油加工完成38.8亿元，同比下降14.7%；化工行业完成6.8亿元，同比下降21.8亿元%。6家样本企业中，5家利润同比减少。

2. 机械制造业普遍受到冲击。7家样本企业中，6家企业亏损，亏损额4 784万元，同比增加4 880万元，在停产企业中占比最大。

3. 纺织和服装加工业影响严重。7家样本企业中，5家利润下滑。青县益华毛衫有限公司利润同比减少80.8%。

4. 建材行业得益于国家重点工程投入力度加大，基本未受影响。2009 年 1～4 月，7 家样本企业 6 家实现盈利，只有 1 家亏损。受国家拉动内需的利好影响，建筑扣件产业出现产销两旺的良好形势，产品供不应求。

5. 五金制品业影响不大。6 家样本企业，5 家实现盈利。南皮国华五金制品有限公司订单增加 560 万元。

6. 铸造企业影响轻微。3 家企业全部实现盈利，2 家企业利润同比增加，1 家企业利润减少 10%。

7. 食品加工企业经营基本正常。由于食品加工企业产品主要是内销，受国家拉动内需，刺激消费政策影响，3 家样本企业 1～4 月全部实现盈利，利润全部呈增长态势，增幅均在 50% 以上。

8. 汽车配件、装具产业已强势反弹。汽车配件、装具产业受国家燃油税改革、购车附加费用降低、汽车下乡等政策影响，2008 年第四季度回暖，2009 年已进入快速发展阶段。如泊头市富镇 124 家汽车配件装具企业订单 2009 年 1～4 月与去年同期相比增加近 50%，各企业均处于满负荷生产状态，与哈飞、昌河、上海大众、时风集团等建立了合作关系，发展势头强劲。

二、金融危机对沧州工业企业的影响

（一）企业从业人员减少、开工率低、产值下降、利润滑坡严重

国际金融危机爆发以来，沧州市工业企业订单减少 30%～50%，造成部分企业开工不足，处于停产和半停产状态。特别是有自营出口权和间接出口产品的外向型企业受冲击最大，订单普遍减少，最多的达 80%。如任丘市京东橡胶有限公司、泊头宏业机械制造有限公司、东光不锈钢制品有限公司从业人员 2009 年 1～4 月均比 2008 年同期出现不同程度的减少；开工率均只在 60%～70%；工业产值 2009 年 1～4 月比 2008 年同期分别减少 499 万元、2 117 万元、21 万元，分别下降了 43%、36.42%、11.3%；实现利润 2009 年 1～4 月比 2008 年同期出现不同程度的下降。河北京丰电力设备有限公司主要为电厂生产封闭母线、阻波器等设备。2008 年下半年由于电厂新建、维修工程减少，直接导致订单减少、销售下滑。2008 年开工率最低时达到 60%，2009 年 4 月才达到 70%，4 月末订单仅有 1 000 米封闭母线，不得不停止部分生产线。2009 年 4 月销售收入仅为 4 625 万元，同比减少 5 469 万元。

（二）国际市场需求下降，企业产品出口严重受阻，订单大幅度减少，销售收入下降

受金融危机的影响，企业不敢再做长期生意，订单合同日趋短期化。即使签订长期合同，也要考虑价格、汇率等诸多因素，否则宁可不做。如华油抽油机有限公司、泊头宏业机械制造有限公司、任丘市津联玻纤有限公司 2009 年 1～4 月订单分别比去年同期减少 2 655 万元、1 944 万元、1 043 万元，分别下降了 35.64%、29.3%、28.6%。据企业负责人反映，缘于订单的大幅减少，企业不敢订长期合同，大单子换成小单子做。同时由于原材料价格频繁波动，成本难以锁定，造成签单困难。部分国外需求商宁可损失违约金也不愿履行合同。国内主要出口企业市场回归，加剧了国内市场竞争，部分企业尤其是以出口为主的企业产品销售量大幅下滑。如华油抽油机有限公司销售收入比去年同期减少 2 655 万元，下降 36.64%；泊头宏业机械制造有限公司销售收入比去年同期减少 1 944 万元，下降 29.3%；任丘市京东橡胶销售收入比去年同期减少 1 042 万元，下降 28%；河北华北石油荣盛机械制造有限公司销售收入比去年同期减少 8 825 万元，下降 49% 等。华北石油荣盛机械制造有限公司 2008 年出口创汇 6 700 万美元，2009 年第一季度该企业没有接到一张出口订单，被迫将 2009 年出口计划压缩为 3 300 万美元，仅为 2008 年出口额的 50% 左右，生产计划也仅为 2008 年的 70%。

（三）石油化工行业波及面大、影响较重

受内需不足和国际金融危机影响，基本化工原料供求关系已经发生变化，市场需求不足、价格回落、产量下降。石化行业发展的不利因素正在逐渐增加和充分暴露出来。部分化工企业因下游需求减少、销售困难导致减产，甚至停产。据企业反映，2008 年 10 月上旬，基本化工原料“三酸两碱”中的硝酸、硫酸价格降幅惊人。浓硝酸市场主流价格以 4 100～4 200 元/吨陡降至 1 700～1 800 元/吨，每吨回落了 2 400 元；硫酸价格由 2008 年 8 月的 2 400 元/吨，10 月上旬下降到 400 元/吨，月下降幅度达 166.7%。钢铁业、房地产、建筑业、汽车工业下滑也已经波及石油化工行业。如涂料（油漆）、颜料、聚氯乙烯树脂、橡胶轮胎外胎（轮胎外胎）等产品产量在 2008 年 9 月都出现了两位数的负增长。其中聚氯乙烯树脂与 8 月相比产量下降达 53.27%。

受国际原油产量削减、价格持续走低、石油产业利润下降等影响，石油类的相关产业受到的影响明显加剧。华北油田钻井设备生产基地作为重要的出口基地，其钻机配件、抽油机、防喷器等石油设备在出口产品中占比较大，受影响最深，导致辖内出口急剧下降，石油类企业出口出现锐减。

（四）原材料价格的大幅波动，加大了企业生产经营难度

受原材料价格暴涨暴跌因素的影响，2008 年国内市场大幅震荡。据调查显示，库存积压形成亏损严重。尤其是钢管生产企业，库存量相对较大，价格剧烈波动。钢材最高达到将近 6 000 元/吨，现在的价格已经跌破 3 500 元/吨。钢管企业亏损现象较为严重，对产业前途感到渺茫。加之受市场需求影响，企业产品价格波动具有一定的滞后性。波动时产品价格降幅高于原材料价格降幅，而涨幅却远小于原材料价格涨幅，企业经济效益走好还需时日。如沧州中铁装备制造材料有限公司由于在试生产前期购入的铁矿粉、焦炭等原材料较多，价格较高，在试生产期原材料及产成品价格大幅下滑，致使该公司生产的产成品积压。河北炼化华雨沥青制品有限公司库存原料油 3 000 吨左右，因价格下跌，致使该公司损失在 600 万元左右。

（五）民营企业对国际国内形势变化缺乏足够的准备

企业没有预见到金融危机的严重性而导致主观判断失误。多数企业经营者没有想到危机会来得这么快，这么严重，造成国内外市场原材料价格在奥运会前一路飙升，然后一落千丈，使企业难以招架。据了解，河间市 3 家样本企业在市场上升期均因误判和受“买涨不买跌”的影响，储备了铜、铝、铁、锡等原料。当价格直线跳水时，资产转眼“灰飞烟灭”，瞬间被“蒸发”掉，企业信心受创。鉴于经济形势的不确定性，受影响企业还处于观望和等待阶段。企业生产经营心态谨慎，民间投资意愿有所下降。按企业老板的说法正处于“休眠”状态。

（六）回款拖延导致流动资金紧张，资金短缺制约企业发展

受金融危机影响，大部分企业拖延应付款，导致资金回笼困难，应收账款增加，流动资金紧张，从而影响企业的正常生产与经营。国家为应对金融危机，虽采取了适度宽松的货币政策，但企业由于固定资产少、信誉度低、不能提供担保等原因仍然很难在银行得到贷款支持。如泊头市工业区 2009 年 3 月末全区规模企业应收账款净额约为 4 亿元，同比增长 21.2%；产品库存约 1.3 亿元，增长 19%。两项资金占用达约 5.3 亿元。

（七）汇率因素导致产品价格下跌，对产成品的出口产生不利影响

人民币汇率的上升，使出口企业直接遭受出口收入转化成人民币时的汇兑损失。从合同签单到几个月后的结汇，链条拉长，同时还造成尚未收回的外汇账款和必须履行的在手合同产生相应幅度的损失，给应收外汇账款多的企业带来较大压力。应收外汇账款越多，企业结汇时损失越大。但工厂的工资及各种成本还是人民币结算，没有减少。所以在不能涨价的情况下，只能减少成本。

三、应对当前金融危机的政策建议

沧州市工业经济在2008年下半年受到较大冲击后，2009年以来有逐步回暖的发展势头，但经济发展在国内、国际的大背景下仍存在很大的不确定性。为确保全市工业企业保持平稳较快发展，提出以下政策建议：

（一）完善政府服务体系，帮助企业渡过难关

一是建立政府领导、部门帮扶企业制度。对重点企业实行对口帮扶制度，定期深入企业，了解生产经营情况，帮助企业解决各种难题，为企业创造宽松的发展环境。二是建立项目审批综合服务中心，简化行政审批手续，提高行政服务效率。三是鼓励企业进行技术改造和创新。政府有关部门要发挥政策合力，加强政策的协调，在技改扩建项目手续办理上，真正为企业排忧解难，让企业有更多的精力去搞好生产经营。

（二）多措并举，着力解决中小企业资金短缺难题

资金是企业的“血液”，确保企业资金需求是帮助企业抵御经济危机冲击最根本的措施。一是建立多元化的信贷担保机制。加快建立县域中小企业担保有限公司或企业担保中心，解决企业因抵押担保品不足或不能提供有效担保而无法从银行取得贷款的问题。二是完善企业贷款评估体系。政府协调房产、土地、工商、物价等相关职能部门明确贷款额度的收费标准，解决因收费过高而增加企业财务成本的问题。三是加大对企业的信贷支持力度，最大限度地帮助企业解决资金难题。根据各金融机构政策支持的差异性，合理调配银行资源，把信贷政策效应发挥到最大化。四是鼓励企业通过股权融资等方式吸纳社会资金参与企业经营，解决企业资金难题。

（三）调整产业结构，推进企业优化升级

金融危机既是挑战，也是企业发展的机遇。首先，要依靠市场这只“无形之手”，辅之以妥善的退出机制，逐步淘汰高耗能、高污染、低附加值生产企业，实现企业发展方式的转变。其次，立足国内需求，依托产品和技术创新，

创造新的增长点，开拓新兴市场。最后，在原材料采购、财务管理等方面开展挖潜，控制生产成本，以差异化、个性化产品占领市场。

（四）加强行业合作与管理，引导企业有序竞争

加快行业协会建设，充分发挥行业协会的作用和产业优势，加大对各产业的价格指导，避免同类企业在市场上竞相压价的恶性竞争。引导企业改变低价格的竞争模式，合理测算成本，制定成交价格，统一企业在内外市场上报价。

（作者单位：中国人民银行沧州市中心支行）

钢铁资源地区实现经济成功转型的路径探索

王洪斌

唐山北部钢铁资源地区经济成功转型事关全市乃至河北省全面、科学、可持续发展的大局。全面落实科学发展观，节约资源保护环境已成为我国经济社会发展的指导思想。努力实现钢铁资源地区成功转型，确保其经济持续健康发展具有重要的现实意义。唐山市北部迁安、遵化、迁西3县（市）以钢铁资源为主要特征的经济模式，很具有代表性。为此，对钢铁及相关产业长期可持续发展面临的问题进行了调查。

一、3县（市）经济发展基本情况及主要特点

1. 3县（市）在全市经济发展中地位突出。从2005年起3县（市）全部进入全国百强县行列，2006年迁安、遵化、迁西分别居全国百强县第31位、第48位和第95位，在河北省十强县市中分别排在第1位、第3位和第5位。2007年3县（市）国内生产总值合计913.87亿元，占唐山市的32.9%，占河北省的6.6%；规模以上工业增加值364.97亿元，占唐山市的32.4%，占河北省的7.9%。地方财政收入90.9亿元，占唐山市的27.5%，占河北省的6%。上述情况表明，目前北部山区3县（市）能否持续健康发展对全市乃至全省的总体发展都具有重要影响。

2. 钢铁资源型发展特征明显。一是钢铁产量快速增长，在全市、全省所占份额显著提高。调查表明，3县（市）钢产量由“十五”初的130.4万吨增长到2007年的2 163.9万吨，分别占唐山市的42.2%和河北省的20.2%，占全国的1/23，占比呈不断提高趋势。二是钢铁行业对地方经济发展举足轻重。据调查，2007年3县（市）钢铁行业总产值占当年工业总产值近40%，钢铁产品出口占全部出口额的一半，钢铁行业利税占当地全部财政收入的60%以上。钢铁及相关行业成为当地支柱产业，对地方经济的支撑作用明显。3县（市）均逐步发展成为在河北乃至华北地区有一定影响的重要钢铁生产基地。三是钢铁行业就业人数占比高，钢铁业兴衰对地方社会稳定影响较大。2007年3县（市）钢铁行业职工人数合计为73 628人，钢铁及相关行业从业人员占全部从业人员

的比例分别达到30.2%、32.3%和41.8%，大大超过行业职工占就业总人数15%的地方主导产业标准。1/3左右职工就业于钢铁及相关行业，钢铁业稳健发展对地方经济社会稳定的重要性不言而喻。

二、钢铁资源地区经济持续跨越发展面临的问题和挑战

1. 资源可用数量有限，很难长期可持续发展。统计数据表明，3县（市）现有铁矿石资源近年消耗进度加快。按照2007年平均开采量推算，现有铁矿石资源仅可有效开采20年到30年。同时该地铁矿平均品位只有30.28%，低于世界平均品位12.2个百分点，并且在探明的全部铁矿资源中，贫矿、难采、难选矿占比27%以上。从全市总体情况看，铁矿石已经不能完全自给自足，1/3以上的铁矿石需求量依靠外购满足。从水电供应情况看，由于3县（市）位于华北平原东北部山区和半山区，淡水资源总体紧张，加之90%以上选矿企业没有循环水再利用设备，水资源浪费严重。据调查，3县（市）选矿企业每选一吨铁精粉，要消耗水3吨左右，高出正常用水量50%，个别企业甚至达到5~6吨，水资源浪费现象严重。据对某县重点调查，随着钢铁业迅速发展，该县能源、水电消耗增长过快。规模以上工业企业能耗总量是2001年的2.55倍，年均增长20.6%，电力消耗是2001年的3.21倍，年均增长26.3%。该县电力消耗的90%以上需要从域外调入，供电紧张趋势日益严峻。

2. 铁矿采选水平低下，资源浪费严重。据调查，3县（市）铁矿石回采率只有60%~70%，铁矿资源没有得到充分利用，浪费问题一定程度存在。深入调查分析表明，造成这种现象的原因归结起来主要有：一是采选业建设布局不合理，盲目建设现象较为严重，规模经济性难以发挥。采矿企业方面，3县（市）年产矿石40万吨以下企业占76.5%，年产矿石150万吨以上企业仅占7.4%；选矿企业方面，年处理铁矿石7.5万吨以下企业占78%，而年处理铁矿石30万吨以上企业仅占1.6%。二是采矿设备落后，影响资源利用效率。由于大多数采矿企业仍采用20世纪90年代的采矿设备，大型、新型设备少，开采自动化程度低，加上受操作人员技术技能限制，钻井超过300米后采矿十分困难。一般采矿企业200米以下铁矿石就很难有效开采，部分资源浪费。三是部分矿区存在破坏性开采现象。2006年以来铁矿开采基本实行招投标制，由中标者按招标合同规定时间开采，开采时间最长5年，最短1年。中标者大都急于在最短时间内收回投资，相当一些采矿企业铁矿石开采中重富矿轻贫矿现象严重，个别采矿区甚至存在破坏性开采情况。

3. 环境破坏问题比较突出，增大社会发展成本。受开采技术以及矿藏分布

特点的影响，土地资源浪费现象存在，环境破坏问题也比较突出。调查地区铁矿石以露天开采为主，占比在80%左右。由于露天开采需要将矿石蕴藏区所在地耕田、树木、山顶植被等表面岩层全部采剥后才能开采，开采的废矿也要占据大量土地堆放，据测算露天开采每开采1平方公里矿区，一般3平方公里土地树木或山顶植被要遭到一定程度破坏。据对某县重点调查，该县铁矿采选点曾一度发展到1 000多家，且相当一部分属无证经营。少数铁矿企业受高额利益趋动乱采滥挖，短期行为严重。尾矿基本上都是简单沉淀后排入河流或山谷，使部分山体植被遭到严重破坏，水土流失、河流污染，严重影响生态环境建设和经济可持续发展。

4. 钢铁加工企业调整整合任务艰巨。一是钢铁企业经营规模普遍偏小，部分属于淘汰压缩企业。按照国家产业政策，2010年全市要淘汰落后钢铁产能1 500万吨左右，2007年底全市钢铁冶炼企业应压缩到10家以内。据调查，仅3县（市）就有钢铁生产企业11家，企业平均钢铁产量150万吨左右。除4家企业生产规模相对较大外，其他企业年生产能力均在100万吨以下，属整合压缩之列；同时已经整合的一些钢铁企业仅停留在形式上的合并、企业数量的减少上，单纯为了完成数量削减任务，没有完全按照市场规律实现资产和生产能力的深度整合。二是优质钢材占比低，市场竞争能力差。3县（市）地方钢铁企业钢铁产品中普通型线材、窄带钢等一般档次产品占钢材总产量的70%以上，而高档次的钢材品种不多。钢铁企业扩建、新建钢材品种，大部分仍然是线材、棒材、热轧窄带钢等生产能力相对过剩产品。在国家大幅下调钢铁产品出口退税，国内市场竞争日益激烈的形势下，企业经营前景堪忧。

5. 中小钢铁企业存量信贷资金风险增加。由于近年钢铁业行情较好，基层金融机构受短期利益驱动，争相把贷款营销目标转向钢铁行业，金融企业向钢铁及相关资源行业贷款增加，钢铁等资源行业贷款占比有所增长。据统计调查3县（市）钢铁资源行业存量贷款占比达40%以上，比2001年末高出8个百分点。2007年3县（市）近1/3新增贷款投放到钢铁等资源型相关行业，占比达到31%。部分基层金融机构存量贷款全部或大部分集中于一家或几家钢铁企业，银行经营好坏过分依赖于钢铁及相关行业。虽然短期内提高了自身盈利能力，但贷款行业过度集中，既违背了银行分散经营的原则，而且在国家逐步加大对中小钢铁企业淘汰压缩力度的情况下，钢铁企业存量贷款风险加大。调查表明，对小铁矿、小选矿企业信贷投入量较大的银行机构以农村信用社、城市商业银行等地方金融机构为主。一旦形势发生变化，其对当地经济金融稳定造成的潜在和现实不良影响更应引起重视。

6. 钢铁行业总体经营面临新的困难。2008年，钢铁行业一方面面临着全球经济发展放缓，钢铁需求相应降低以及铁矿石进口价格大幅上涨等国际市场供需方面的挑战。据统计，2007 年底，河北市进口铁矿石到岸价最高达到每吨 190 美元，平均到岸价每吨 125.3 美元，上涨趋势明显。2008 年国际市场铁矿石进口价格上涨 65%，由此影响吨钢成本上升 300 元到 400 元人民币。而钢材价格已在高位运行，在国际市场需求相对疲软的情况下，钢材价格继续上涨的空间有限。另一方面钢铁行业发展又面临着国内宏观调控趋紧的多重压力。具体表现在：一是煤炭、电力、焦炭以及运输等方面钢铁上游产业仍有较大涨价冲动，增大钢铁企业经营难度。二是随着国家资源税、排污费征收管理力度加大，以及受工人工资增长预期增加等方面因素影响，企业生产成本上升压力增大，利润空间受到挤压。三是国家取消或降低对钢铁初级产品出口退税，甚至加征出口关税措施逐步落实，钢铁产品出口将受到较大程度抑制。国内市场竞争进一步加剧，中小钢铁企业发展受到的冲击较大。

7. 从紧货币政策的实施，增大中小钢铁企业融资难度。从紧货币信贷政策对中小金融机构资金头寸，对县以下地区可用金融资源总量，以及处于产业低端弱势市场主体资金可得性及资金价格的影响突出。从紧货币政策形势下各商业银行会首先减少对钢铁等资源相关行业中小企业贷款，而这些资金相对密集的中小企业主要依靠银行贷款间接融资，贷款投放减少甚至逐步压缩对其影响非常突出。

三、实现钢铁资源地区可持续发展的对策建议

1. 科学合理开发利用钢铁资源，杜绝资源浪费现象。一是加强对铁矿资源开采的规划监管。对具有一定规模矿体搞好科学合理采矿方案设计，加强资源开采监管；监督采矿企业严格按照设计方案开采，最大限度地避免资源浪费．二是严把市场准入关。提高新选矿企业准入门槛，制止对铁矿资源乱采滥挖现象；采用市场、行政等多种手段淘汰工艺落后、规模较小选矿企业，卡死不符合国家产业政策的项目。三是采用差别电价、水价等调控手段，支持优势企业发展，限制淘汰落后产能。对于限期整改的项目和装备，到期不能达标的，按照淘汰项目进行处理。四是鼓励采选企业采用新工艺、先进设备。政府有关部门应积极帮助采选企业引进先进选矿设备，支持有条件企业对选矿技术设备进行更新换代，提高选矿回收率，大力节水节能，集约利用土地，合理开发和保护矿产、海洋等资源，不断提高资源的综合利用水平，使经济发展与资源承载能力相适应。

2. 加大环境保护力度，大力发展循环经济，打造绿色钢铁产业。一是对企

业新上环保设备，采用新技术、新工艺综合利用尾矿等方面在税费征收、折旧提取等方面给予一定优惠，鼓励企业加大环保投入，引导钢铁企业强化环保意识；大力推广高炉和转炉的煤气回收利用、煤气与蒸汽联合循环发电、高炉余热发电，提高能源和资源的回收利用效率。二是加大环保检查和执法力度，加强对重点污染企业的监测和违规行为登记。政府各有关部门相互协调、密切配合加大对污染企业的惩治力度。银行系统要充分利用企业征信系统查询功能，对环境污染企业禁止发放贷款。增大破坏环境企业的社会成本，构筑环保长效机制。三是利用高新技术和先进适用技术改造传统产业，支持企业装备改造，逐步实现设备大型化、工艺连续化、生产节约化。增强企业自主创新能力，鼓励企业清洁生产。开发利用尾矿生产建材产品项目，如利用尾矿砂生产微晶玻璃、瓷砖、草坪砖、空心砖等，努力消化钢铁采选加工过程产生的废弃物，最大限度地控制污染源。

3. 加快对钢铁行业整合步伐，积极延伸产业链条。一是严格落实国家产业政策。对于规模小、工艺装备落后、产品档次低、高耗能高污染企业依法予以关停。二是加大现有钢铁企业的整合重组力度。按照年产能400万吨以上标准，重点推进以产权为纽带的整合模式，采用合并、兼并、收购、参股、合资等多种方式，组建多层次、宽范围、跨区域的企业集团，实现钢铁企业以高技术含量、高附加值为基础的紧密联合。三是调整产品结构，延伸产业链条，按照国际钢铁产业发展趋势，发展特色优势产品。大力发展特色板带材，重点开发生产超薄热轧板带、热轧合金板、冷轧板、镀锌板、中厚板等特色产品，提高特色板带材比重，保持建筑用材优势，着力开发市场潜力大、附加值高的产品，大力发展金属制品业，延伸钢铁产业链。四是依托首钢、唐钢，以首钢整体搬迁曹妃甸为契机，借助首钢、唐钢的资金、技术、人才等优势，配套发展相关优势产业，带动地方钢铁企业发展壮大，整合做强钢铁产业。

4. 加快发展非钢产业。一是利用先进技术对传统产业进行改造和提升，促进非钢产业发展。二是向制造业深加工延伸，大力发展装备制造、船舶制造、汽车零配件等钢铁深加工优势产业。三是积极发展替代产业、接续产业，以发展先进制造业和医药产业、农产品加工业为重点，促进产业接替，创造条件大力发展现代生物医药、合成材料、新型建材、精细化工、电子通信等发展前景好、附加值高的优势产业。四是大力发展第三产业，重点发展生产性服务业，加快发展旅游、金融保险、现代物流为代表的新型高端现代服务业，提高第三产业在经济总量中的份额，促进服务业现代化，努力实现钢铁资源地区发展模式的转型升级。五是做强做优第一产业，利用钢铁资源产业积累的雄厚资金实力，发展现代农业，加强农业生产基地建设。

5. 优化信贷结构，努力化解钢铁业存量信贷风险。一是进一步严格贷款调查、审批、发放手续，加强催收、活化、保全等贷后管理工作，严格执行国家货币信贷政策，最大限度地防范钢铁业经营风险。二是充分关注国家出台各项宏观调控政策，研究相关产业政策出台对钢铁企业经营造成的影响，做好监测和分析反馈，提前做好关停企业贷款清收，及时防范钢铁企业存量信贷风险。三是在认真落实国家从紧货币信贷政策同时，结合地方发展实际，加大信贷营销力度，大力发展个人信贷业务，搞好对地方有发展前景优势行业企业的信贷支持，避免“一刀切”，最大限度地降低存量信贷资产清收对地方经济金融稳定的影响。四是实行多元化经营，拓宽中间业务等增收渠道，分散信贷风险。五是建立钢铁产业发展基金，用于企业整合和关闭落后产能过程中的资金补偿和利益调节，最大限度地降低调控整合可能带来的不确定性风险，确保钢铁行业总体稳定运行。

6. 增加对钢铁资源县（市）“三农”信贷投入，增强其经济发展的可持续性。建立和完善农业发展银行、国有商业银行、农村信用社、邮政储蓄银行以及其他银行业金融机构共同支农的新机制，引导信贷资金向农业领域、涉农产业回流，适当提高资源县（式）农业贷款的增长速度。具体措施包括：大力支持农业发展银行扩大对农业产业化龙头企业、农副产品生产基地和新农村基础设施建设的信贷投入，充分发挥其基础和导向作用；切实稳步推进农村信用社改革，充分发挥其支农主力军地位，创造条件鼓励资源县（市）农村信用联社组建农村商业银行，更好地为当地经济发展提供优质金融服务；支持国有商业银行健全完善在资源县（市）的分支机构体系，资金运用适当向优势涉农企业倾斜；鼓励唐山市商业银行在资源县（市）设立分支机构，并规定其吸收资金的一定比例必须用于支持当地“三农”经济的发展；支持各类资本在农村设立信用担保机构，解决农户、涉农中小企业贷款难问题；创造条件大力发展民营银行、小额贷款公司等新型农村投融资机构，规范农村社会资金的合理有序流动，为资源县（市）现代农业的长期可持续发展提供可靠的资金保证等。

（作者单位：中国人民银行唐山市中心支行）

京津冀区域经济金融协调发展研究

杨　明

一、京津冀区域面临重大的历史机遇

从经济发展经验来看，世界上最发达地区都是以城市带为核心的区域经济一体化形式存在的。如以波士顿和华盛顿为核心的美国东北部城市带，以多伦多、芝加哥为核心的加拿大和美国之间的大湖城市带，以东京为核心的从东京、横滨到大阪的日本城市带，以伦敦为核心的从伦敦到曼彻斯特的英国城市带和以阿姆斯特丹、鲁尔区、巴黎为核心的西北欧城市带，等等。我国经济的发展也充分验证了这一点。我国目前已初步形成了以上海为中心的长江三角洲经济圈，以广州、深圳为中心的珠江三角洲经济圈，以北京、天津为中心的京津冀经济圈。这三大经济圈的国内生产总值约占全国总量的40%，利用外资约占80%，出口贸易额约占70%。这些地区已成为支撑全国经济的主要增长极和带动我国经济发展的强大引擎。

总体上看，京津冀地区具有区域整体协调发展的良好基础。京津冀区域有两个直辖市。北京是我国的首都，具有政治、金融、信息、高科技产业等优势；天津市在港口物流方面发展空间巨大，滨海新区将成为拉动京津冀新的增长极；河北是重工业和农业大省，是两大直辖市的产业结构的必要补充和“菜篮子”生产基地。从港口与海岸线的分布、自然资源、科技资源、人力资源等方面来看，其综合优势均超过长江三角洲和珠江三角洲。随着世界经济重心向亚太地区的转移和我国生产力布局调整由南向北的推移，京津冀地区以其独有的政治文化优势、区位优势、雄厚的工业基础、先进的技术装备和强大的研发能力等特质，成为21世纪中国最具发展潜力和活力的经济增长中心之一。

二、京津冀区域经济、金融发展存在的主要问题

从“长三角”、“珠三角”发展过程来看，随着项目、技术、资金合作机会增多，经济圈内部已出现打破地区分割、形成以利益为纽带、追求区域间资源

的重新配置和整合。相比之下，京津冀区域城市发展长期各自为政，没有共同的发展目标和战略规划，缺乏以利益为核心的长期合作机制，经济活跃度不高，造成整个区域经济发展滞后，与“长三角”和“珠三角”的差距拉大。

（一）行政分割明显，区域内部发展水平不均衡

由于长期以来京津冀地区之间行政区域划分的割裂，区域经济统一度低。表现为区域总体发展状态不均衡，京津大城市与河北中小型城市之间、城乡之间，经济发展水平存在相当大的差距。城镇布局结构不尽合理，内部经济联系不强，京津冀都市圈内部没有形成有序的梯度。

首先，北京、天津的综合实力最强，成为区域发展的“高地”，其余城市的经济实力相对薄弱。一方面，北京和天津经济发展水平较高，但仍处于以极化效应为主的阶段，辐射和扩散能力有限，资金、技术、人才继续向京津两个发达城市集中。另一方面，由于京津周边缺乏具有一定发展水平的中小城市区域依托，京津的资金、技术得不到有效衔接而出现经济“断层”。而京津两大城市发展规模的急剧扩张也进一步弱化了其对周边地区的辐射效应，形成“强者更强，弱者更弱”的局面。从经济总量来看，河北的人均 GDP 只有北京的四分之一，天津的三分之一，显示河北经济和京津相比差距较大。

目前，京津冀在城乡基础设施建设、人力资源的开发、教育发展水平等方面差距较大。据了解，国际大都市北京和天津周围，环绕着 32 个贫困县（约 1 065 万人口），3 798 个贫困村，其中有 272. 6 万贫困人口（含低收入人口，贫困标准为625 元/年，低收入标准为825 元/年）。这32 个贫困县全部位于河北省境内，面积 8. 3 万平方公里。巨大的经济落差，使经济落后地区不仅个人收入偏低、群众生活困难，而且城镇建设、基础设施和基础产业等发展所需的资金严重短缺，并进一步加剧了发展的不平衡，使落后地区的经济发展陷入了一种恶性循环之中。

（二）城市间协作度低，还存在体制、机制、观念等方面的障碍，导致共同发展的局面无法形成

京津冀地区内各市依据行政区划独立发展自己的产业，在城市之间、城乡之间的竞争意识强于合作意识，整体经济没有形成合力。主要表现为区域内部产业布局交叉，经济结构欠佳，活跃度不足，联合观念淡薄。虽然市场经济并不排除竞争的合理性，但是在与“长三角”、“珠三角”的对比中明显显现出协作程度低，发展不成体系的特点。该区域内存在多方面的竞争，包括水资源、产业项目、基础设施、港口客户等，整个地区间还没有形成良好的分工协作

体系。

京津冀地区行政区划意识比较强，以区域为全局进行产业结构调整和资源整合的机制尚未形成。各城市未形成有机的产业体系，产业间联系不密切。比如，北京市研发能力较强，但研发成果其他城市难以承接，地缘优势未能充分发挥。北京、天津竞相发展汽车产业，但河北却无能力为之生产零部件。北京、天津及其他城市在产业结构上存在趋同现象，同质化竞争比较突出。产业链不全或残缺，难以形成有效互动的区域主导产业链。从京津唐高速公路沿线来看，已自然形成了一条高新技术产业带，但园区之间上下游产业联系很少，尚未构成有效的产业价值链。

从所有制结构分析，区域内部存在如下情况：一是国有经济比重过高。由于历史的原因，京津冀政府对资源的控制力强、对企业的干预大，导致经济的市场化程度降低。二是京津冀都市圈内的私营和民营经济力量相对较为薄弱，跨行政区域的行业集聚和整合较为少见。产生这种现象主要有两个原因：首先，京津冀地区背靠首都，从历史来看，就一直是行政力量特别强的地区。“珠三角”发展主要是善于利用国外资金，“长三角”是靠内部民间的力量来推动。而环渤海地区的资源主要被政府控制着，发展要靠政府的行政手段。其次，该区域过去经济的发展，很大一部分是靠国家批准投资建设的大项目来推动，这个过程实际上又强化了政府推动经济发展的作用。

（三）城市体系不健全，区域性基础设施网络尚未形成

京津冀区域尚未形成城市相互连接、空间布局与功能结构协调发展的城镇网络体系，京津两个核心城市周边缺乏具有一定发展水平的中小城市作为区域依托。尚未形成区域统一市场，影响资金、技术、人才、信息等要素跨区域流动，能够为企业提供配套的服务不多，企业生态环境较差。区域性基础设施网络和生态环境容量对区域经济一体化进程的约束作用还很明显，特别是在一些区域性港口、机场、跨地区高速公路和城际快速通道建设中，缺乏必要的统筹安排。京津冀都市圈自然生态条件总体较差，水资源相对缺乏，生态环境比较脆弱。京津冀都市圈多年平均水资源量仅占全国的3.6%，人均水资源是长江三角洲的1/2，不足珠江三角洲和全国的1/5，远低于国际公认的1 000立方米的警戒线。从总体上看，京津冀都市圈生态环境质量仍在下降。主要表现在植被退化、水土流失、湖泊富营养化、土壤盐碱化、河流淤积、赤潮频发、土地沙化和沙尘暴等方面。

（四）金融业在各城市间发展不平衡

作为合作区域“龙头”，北京发展经济金融的集聚优势无可替代，金融中央监管机构“一行三会”（中国人民银行、证监会、保监会、银监会）和四大国有商业银行总部均设在北京。北京聚集了中国50%～60%的金融资产，是全国性金融监管和信息发布中心。“十五”期间，北京金融业对GDP的贡献率达到14%，甚至超过了上海。天津自1997年被国务院称为“北方重要的经济中心”时起，通过其所特有的突出区位优势和开放条件，逐步成为了中央银行北方大区行的所在地。

河北的金融机构设置和集中程度相对较弱，这与区域经济发展、城市化水平、产业结构的限制有关系。2005年，河北省的存款余额首次超过一万亿元，但是贷款余额只有6 000多亿元，缺口中有很大一部分是用于了支持北京的经济建设。

与成熟的市场经济体相比，京津冀区域的金融市场、金融机构、金融产品等还没有构成一个种类、数量足够丰富的完整的服务链或网络，已有的机构、市场或产品，也存在功能定位不够清晰、资源配置效率不高的问题。

三、制约区域经济、金融发展的深层次原因

同“长三角”、“珠三角”比较，京津冀地区无论在政治地位、经济基础、人文地理、资源数量均不逊色，“联而不合，启而未动”这是京津冀区域协作多年来存在的问题。京津冀地区所以落后的主要原因可以总结为两点：一是区域内市场运作的体制尚不成熟。虽然传统计划体制已经在相当大的范围内被打破，但政府指导产业发展方向、调整产业结构、决定资源配置为主线的发展思路仍在延续，市场配置生产资料的机制仍未发展完善，尚属于从属位置。这种“强政府，弱市场”现象，一方面导致的各地市管理层为完成上级的政绩考核指标，在缺乏论证和合理统筹的前提下，着手于相近类型的产业建设，造成区域内重复建设较为突出，相互之间竞争激烈，产业结构分布不合理，给国民经济造成整体上的浪费。另一方面区域内部城市之间缺乏对水、能源、矿产资源的统一管理，造成污染、环境破坏较为严重，合作意识远没有树立起来。所以，要想实现京津冀地区一体化，首要的是打破传统计划体制下的旧观念的“壁垒”，充分发挥市场的力量。二是同“长三角”、“珠三角”比较，国外资本和民间资本的规模和介入程度不够，产业发展背后的金融资本来源较为单一，外资企业、私营企业、民营企业发展不够活跃，外向型经济发展不足。形成这种现象的原

因既同计划经济过渡来的强政府有密切关系，又和当地的人文观念和企业市场经营意识息息相关。资本来源的多样化首先会活跃当地经济，使产业链衔接更为合理；其次以股份制形式的经济实体的发展会优化法人治理结构。

四、京津冀发展战略构想

从目前的发展来看，京津冀地区经济合作取得了一定成效，但关键问题是还存在体制、机制、观念等方面的障碍，应重点予以突破。

（一）京津冀地区经济发展首先应坚持市场主导、政府推动的原则

其核心是政府转变观念，弱化政府配置资源的功能，发挥政府服务经济、构建和谐社会的职能。政府的工作重心应转为提供社会保障、对企业政策支持、加强经济信息服务和以政府名义组织的国内外的经济贸易交流，减少行政性的指令，逐步消除体制上和观念上的障碍，构建有利于区域经济整合的体制和运行、协调机制。对一些大型的项目建设，应吸收一定比例的社会资金介入，促进资金和管理结构的市场化。积极引导和支持区域内行业及企业间的经贸、技术合作，共同举办京津冀一体化论坛、经贸合作洽谈及招商引资等活动。通过企业之间的交易活动或联合行动，形成区域内的资源整合与市场再造活动，建立符合市场经济和世贸组织规则要求的运行机制，这是实现京津冀经济一体化内生机制最大的动力。

（二）建立京津冀发展和改革部门定期协商制度，加强信息沟通，研究地区经济发展中的重大问题并提出对策建议，积极发挥组织协调作用

尽快建立京津冀省长、市长高层定期联席会议制度，议定合作重大事项，制定促进共同发展的地区政策和措施。借鉴长江三角洲和珠江三角洲经验，应尽快建立多层面组织协调机制联合设立协调机构，落实省长、市长联席会议确定的任务。在平等互利、优势互补、统筹协调、多元发展的基础上循序推进，逐步形成良性互动、竞争合作的区域发展格局。

（三）启动京津冀区域发展总体规划和重点专项规划的编制工作，统筹协调区域发展中的城镇体系和基础设施建设、产业布局、资源开发利用、生态环境保护等相关问题

共同构建区域统一市场体系，消除壁垒，扩大相互开放，创造平等有序的竞争环境，推动生产要素的自由流动，促进产业合理分工。

"真正有效的城市规划是区域规划"。京津冀都市圈重点发展一轴、两核、三区。优先发展"一轴"是指重点推进京津唐高速公路沿线高新技术产业带的建设。协调发展"两核"是指北京发展为以知识经济为方向、高新技术产业为先导、现代制造业为支撑、现代服务业为重点，具有综合功能的国际化大都市；天津发展为以外向型经济为方向，以现代制造业为重点的国际港湾、商贸中心和加工制造业基地。发挥京津在区域的优势协同作用。加快建设"三区"是指与北京"两轴、两带、多中心"城市空间新格局相呼应，实现产业发展的空间对接。京津唐产业区对接能源、制造业；京津保产业区对接石化、汽车和都市型工业的产业升级；京张承生态产业区对接生态、旅游和能源产业。

（四）加强基础设施建设，选择易于突破的领域开展合作

联合开展港口、公路、铁路、机场等交通设施建设，逐步构筑联系各地的快速交通通道，形成现代化区域交通体系。重点增加京、津、石、唐之间的城际列车和飞机班次，保证包括北京、秦皇岛、张家口、承德、保定等城市旅游城市的高速公路网畅通无阻。在首都第二机场选址时，建议在京唐秦之间靠近北京的方向确定场址。随着首都第二机场建成，将会以机场为中心形成对周边区域的经济辐射，促进人员和物流的集聚和发展。同时，随着唐山地区油气田的发现和首钢的迁入，唐山市将会成为全国经济强市。加强对唐山的支持力度，有利于强化区域北部经济力量，形成以点带面的效果。区域内各城市之间应联合开展区域水资源保护与合理利用、重大生态建设和环境保护项目，实现矿山、水、森林、草地等自然资源有序的开发利用，以保证经济可持续发展。

（五）鼓励多种形式的资本介入经济发展建设，支持区域外的资本对内进行跨区域的并购、重组

由于资本具有逐利性的特点，在经济发展中资本必然寻找投资的机会和渠道。政府在逐步完善社会保障体制的基础上，应鼓励各种形式的资本参与经济发展，对中小资本、境外资本提供市场准入、信贷倾斜、税务优惠、信息咨询等全方位的服务，使中小资本、境外资本发展成为主流经济的重要的补充，成为产业衔接的润滑剂，促进经济全面繁荣。支持区域间资本的合作、并购、重组，强化在科技、物流、农业等重点行业的合作。通过跨区域的资本交流，使经营良好企业的管理能力和资金实力得到加强，濒临破产的、经营困难的企业应利用重组机会尽快盘活现有资金存量。

五、加强区域金融合作建议

金融是区域经济协调发展的“第一推动力”，是区域经济合作的重要纽带。金融服务经济的关键是要完善金融市场体系以充分提高资金配置的效率，更好地发挥金融在区域资源流动和产业合作分工中配置导向和市场调节作用。同时，区域经济的发展，也给金融服务提供广阔的舞台或巨大的市场。

（一）强化金融合作意识，完善多层次的金融合作协调机制

区域内各城市应在中央银行协调下，联合银监局、政策性银行和各商业银行建立区域金融联席会议制度，定期或不定期召开金融合作发展会议。联席会议主要负责如下事项：谋划区域金融支持和经济增长的合作机制，共同制定区域发展战略。促进金融政策与区域产业政策的协调配合，健全区域发展的协调、磋商机制。负责解决区域经济金融发展中的矛盾，加强在信息资源开发利用、地区金融组织体系和区域经济服务体系的交流与合作，打破经济金融资源利用壁垒，推动经济金融一体化发展。

（二）强力打造一个高效快捷的资金运转体系，使之成为区域经济发展的动力

加快资金结算周转速度，提高结算资金使用效率，是提高社会资金使用效益的重要保证。一方面大力推广同城票据清算系统，抓紧建设现代化支付清算系统，为推进区域经济发展提供快速、高效、安全的资金清算服务。另一方面牵头组织、协调有关部门为金融机构提供信息交流平台和基础公共网络，加快以网络银行、电子商务、移动银行、自助银行等创新金融产品为代表的电子银行系统的发展。

（三）适应经济发展不同层次、性质的资金需求，采用多元化的金融支持形式

一是对区域内急待发展的电力、能源、机场、港口、路桥建设等重大基础设施建设项目和生态工程建设，可考虑采取开发性金融形式，通过寻求国家政策扶持和商业性金融相结合的方式提供金融服务。比如天津滨海新区开发、首都机场和唐山曹妃甸的建设，这些项目势必为京津冀的物流合作开辟新天地。二是重视民营经济的发展支持新农村建设，对于欠发达地区金融服务不足的问题，要因地制宜地创新金融服务形式，保证对中小企业和农户服务质量。

（四）加强金融生态建设，优化区域投融资环境

营造良好的金融生态环境，一是要进一步改善金融政策环境和经营环境，

正确把握运用金融规律，以政府为主导，大力加强诚信建设，打击逃废债务行为，形成诚实守信的良好社会信用环境，以利于更广泛和多元化地吸纳本外地社会资金，为区域经济发展增添新鲜血液。二是进一步规范企业改制行为，提高透明度和协调性，依法加强金融部门维权，减少风险资产损失。三是加快社会保障体系建设，增强现有信贷担保机构实力，组建适应地区经济发展的新型担保机构、贷款风险担保基金，提高区域整体信用能力。四是发展和完善征信公司、资信评级机构等信用体系，加快企业征信体系和个人征信体系的建设，做好农村信用区、信用村（镇）、信用户的建设，努力净化经济金融活动赖以生存发展的土壤环境。五是中央银行要进一步明确角色定位，当好政府的助手参谋，加强与地方政府和有关部门的沟通，大力宣传建设良好金融生态的重要意义，形成建设良好金融生态的合力，促进地区金融生态环境不断改善。

（五）鼓励金融机构开发和占领市场，继续支持金融机构跨省（区）开展业务合作和股权合作

为适应区域间良性互动和协调发展要求，一是要推进金融机构市场化改革，鼓励金融机构根据自身资金实力、对市场的认识和判断去开发新的信贷领域和市场。二是鼓励金融机构适应异地开展业务的需要，在异地设置分支机构，利用其熟悉本异地情况的优势，更好地为生产要素的区域间流动提供金融和信息服务，以在积极推动区域经济金融协调发展的过程中实现银企共赢。要利用好各省（区）地方性金融机构的“壳资源”，引导和支持境内外战略投资者对地方性金融机构进行重组、改造，增强区域金融体系的整体竞争能力和抗风险能力。

（六）资本市场是支持区域经济发展的重要一环

资本市场是市场经济条件下配制资本要素的主渠道和基本方式。资本市场的活跃程度，直接关系到一个产业和一个区域经济发展的进程。应充分利用资本市场的作用，通过资本运作，深化投融资体制和企业改组、改制等项改革。支持前景良好的大型企业和具有核心技术的中小企业通过资本市场上市。对具有核心技术的优势企业应作为重点，通过资本市场融通资金，使资本市场成为企业发展壮大的“起跳板”。强化货币市场融资、海外上市、中介服务、项目推介、债券发行、基金管理、国际合作、招商引资等方面的工作，促进区域新型产业基地的形成。

（作者单位：中国人民银行秦皇岛市中心支行）

关于促进河北省创业投资发展的政策建议

吴 鹏

一、创业投资的概念、运作和特点

（一）创业投资的概念

创业投资，又称创业风险投资或风险投资。经国务院批准，国家发展改革委等十部委2005年11月15日联合发布的《创业投资企业管理暂行办法》中，对创业投资的概念进行了如下界定：

创业投资是指向创业企业进行股权投资，以期所投资创业企业发育成熟或相对成熟后，主要通过股权转让获得资本增值收益的投资方式。

创业企业是指在我国境内注册设立的处于创建或重建过程中的、未在公开市场上市的成长性企业。从事创业投资的企业组织即是创业投资企业。

（二）创业投资的运作过程

创业投资过程可以划分为三个阶段。

第一阶段：创业投资基金的筹措。创业投资基金只能通过私募方式筹措。其资金来源主要有如下几种：个人资金；金融机构资金；政府引导资金；大公司资金；其他资金或基金等。

第二阶段：创业投资基金的投资运作。这一阶段是创业投资的核心，所选项目成长性的高低直接影响整个创业投资的未来收益。因此，在这一阶段，创业投资者将采用严格的投资决策程序和科学的决策方法，遴选目标创业企业（项目），同时还积极参与创业企业的管理和监督创业企业的运作。

第三阶段：创业投资基金的退出。创业投资退出是获得高额回报的主要方式。创业投资的主要收益方式有：

1. 证券市场。通过创业企业股票上市后套现。

2. 兼并、收购。由其他投资者收购创业企业的股权。

3. 企业内部回购。由创业企业的创业者或管理人员，回购创业资本的股权。

其中通过证券市场退出是最为有效的收益实现方式。

（三）创业投资的主要特征

1. 创业投资是一种高风险、高回报的投资。创业投资主要投向创业过程中的中小企业，这些企业都面临较大的市场风险、技术风险、资金风险和财务风险，尤其是市场风险，其失败的概率远高于已经发展到一定程度的传统企业。但相比其他发展成熟企业，创业投资投入的企业或项目一旦获得成功，可以取得传统企业数十倍甚至上百倍的收益，因此仍能吸引投资者进行投资。

2. 创业投资是一种权益投资。创业投资企业一般以股权、准股权或具有附带条件的债权形式向创业企业投资，而不是以普通借贷资金的形式投资企业。因此创业投资的着眼点并不在于所投创业企业当前的盈利情况，而更看重其发展前景和资产增值，以便能通过上市或出售股权而获得高额回报。

3. 创业投资是一种专业投资。创业投资机构不仅向创业企业提供资金，而且还要为其提供经营管理、市场开拓等多方面的服务，帮助创业企业对管理团队进行重构，以新的机制和现代企业制度规范处于创业阶段的企业，使创业企业快速扩张，从而达到实现创业投资资本增值的目的。

4. 创业投资是一种中长期投资。创业投资企业对创业企业进行投资，目的是为了在创业企业成熟后将创业投资变现，进而获得巨大收益。而创业企业成熟并达到公开上市的要求，或者形成一定的规模、有其他投资者购买，或者创业企业要回购，至少需要 3 ~ 5 年时间，长的可能要 7 ~ 10 年或更长时间。

5. 创业投资是一种周期性的投资。从创业投资资金流转的整个过程来看，创业投资具有明显的周期性。在创业投资基金存续期间，通过投入一个项目—退出—再投入另一项目—再退出，直至基金清算，实现创业投资基金的不断增值。

二、发展创业投资的重要意义

（一）加速技术产业化进程，有利于提高技术进步对经济增长贡献率

一项新技术从它的诞生到形成产业化，一般都需要巨额投资，且技术风险和市场风险非常高，使一般投资者望而却步。而创业投资由于资金分散募集，投资分散组合，加之其独特的运作方式和管理模式，可以有效地规避风险，获得高额回报，使其敢于涉足新技术产业化进程，能够加速高新技术转化为生产力，促进技术进步。据研究，20 世纪 60 年代以后，美国经济增长有 70% 是依靠

技术进步获得的，这在很大程度上得益于创业投资的快速发展。受创业资本支持的企业，平均投入的研发（R&D）资金大大高于一般企业，从而带动了美国全社会的 R&D 投入水平的上升，大大提高了美国经济增长的科技含量。

（二）培育新兴产业，有利于促进产业结构优化升级

创业投资支持的都是一些处于成长期的高成长性产业，其中多数是高新技术产业，在具有巨大风险的同时也伴有超额利益回报。随着这些产业逐渐成熟壮大，风险逐渐降低，此时一般资本就会大规模进入，超额利润随之逐渐消失。在这样的背景下，创业投资就会撤出，瞄准下一个具有较大发展潜力的领域，以便继续获取高额利润。伴随一个又一个这样的过程，创业投资推动了产业结构不断升级。发达国家从 20 世纪 60 年代的新型半导体行业，到 70 年代的生物技术和个人电脑，再到 80 年代的工作站和网络产业，直至 90 年代的互联网商业化以及由此引发的电信产业变革，一系列产业演变和技术升级都与创业投资的介入有着很大的关联。创业投资不仅关注新兴产业，也十分关注传统产业升级改造。英国、德国都有相当比例的创业投资与传统企业改造有关。

（三）促进自主创业，有利于提升区域经济发展的综合竞争力

在当今的知识经济时代，即使资源的丰富或者金钱的充足，都不能必然使一个国家变得强盛，唯独具有源源不断的创新能力以及高新技术的产品和产业，才是一个国家综合国力竞争的焦点和富强的体现。创业投资本身就是与自主创新联系在一起的，通过创业资本的投入，促进了创业企业自主创业进程。发展核心技术和高新技术产业是提升区域竞争力的有效途径，仅靠政府资金投入远不能满足需要，必须要大力发展创业投资，通过创业投资聚合社会资本投向高新技术企业，加速高新技术产业化步伐，直接有助于提高综合竞争力。

（四）营造创业氛围，有利于形成创新文化和创新型企业家精神

大力发展创业投资，有助于在全社会营造一种鼓励创业创新的气氛，提高自主创新的能力和速度。在创业投资的带动下，一批中小企业不断发展壮大为超级大公司，一批企业家得以成长。在这种发展过程中，更创造了一种崇尚创新创业的企业家精神。具有创新精神的企业家，是推动技术创新的重要力量，能够将科学和发明由潜在的生产力转变成为现实的生产力，使企业进入良性的发展周期。正是在创新商业文化中，与创业投资相伴而生的美国硅谷才孕育了一大批世界知名的品牌和企业家。

（五）拓宽融资渠道，有利于缓解中小企业融资难

融资难是世界各国中小企业发展面临的共性问题，而中小企业又恰恰是经济发展和就业的市场主体。因此，必须要拓展融资渠道，增加对中小企业投资。与其他资本相比，创业资本一开始就是向中小企业倾斜的。特别是处于创立或成长时期的中小企业，是创业投资的重点。大力发展创业投资，不但有利于促进技术进步和产业升级，而且能够缓解中小企业融资难的问题。

三、我国创业投资发展现状

（一）发展现状

我国创业投资起步于20世纪80年代，其主要标志是1985年9月国务院批准成立的第一家创业投资机构——中国新技术创业投资公司。1996—2000年是创业投资企业和业务快速发展时期。由于创业板证券市场等配套措施没有出台，再加上国际大环境的负面影响，2001—2004年创业投资处于发展低潮期。随着2005年《创业投资企业管理暂行办法》等一系列扶持政策颁布，创业投资又呈现规范发展势头。截至2008年底，全国已在国家和省两级发展改革部门备案的创业投资企业共有297家。河北省已备案创业投资企业13家，注册资本总额17亿元，运作创业投资资金8.5亿元。

（二）政策环境

国家十分重视创业投资发展，出台了一系列优惠扶持政策，为创业投资快速、健康、有序发展提供了良好的政策环境。《中共中央关于制定国民经济和社会发展第十一个五年规划的建议》、《中共中央　国务院关于实施科技规划纲要增强自主创新能力的决定》、经全国人大批准的《国民经济和社会发展第十一个五年规划纲要》、《国务院关于投资体制改革的决定》、国务院印发的《国家中长期科学和技术发展规划纲要（2006—2020）》、《国务院关于实施〈国家中长期科学和技术发展规划纲要（2006—2020）〉若干配套政策的通知》等都明确提出了支持创业投资发展的要求，并将发展创业投资作为建设创新型国家的重要举措进行推动。

经国务院2005年9月7日批准，国家发展改革委等十部委于2005年11月15日联合颁布了《创业投资企业管理暂行办法》，对创业投资企业的设立、规范运作和监督管理进行了规范，作出了政策扶持的原则规定。2007年3月16日修

订的企业所得税法和2007年12月6日修订的企业所得税实施条例中明确了创业投资的税收优惠政策。2007年2月7日，财政部、国家税务总局发布了《关于促进创业投资企业发展有关税收政策的通知》。2009年4月30日，国家税务总局出台了《关于实施创业投资企业所得税优惠问题的通知》。2007年7月6日，财政部、科技部印发了《科技型中小企业创业投资引导基金管理暂行办法》，设立了第一个部门或行业创业投资引导基金。2008年10月18日，国务院办公厅转发了国家发展改革委等部门《关于创业投资引导基金规范设立与运作的指导意见》。2009年3月31日，证监会出台了《首次公开发行股票并在创业板上市管理暂行办法》。可以说当前及今后一段时期是创业投资企业发展的重大机遇期。

（三）存在问题

从全国创业投资发展情况来看，河北省创业投资发展整体上较为落后，主要表现是起步晚、速度慢、规模小。制约河北省创业投资发展的因素较多。从国家层面上来看，一是法律体系不健全。目前创业投资方面仅有一部部门规章，即《创业投资企业管理暂行办法》，没有专门的创业投资行业法律，创业投资资本供给、运作和退出均缺乏相关法律法规的支撑和约束。二是扶持政策不协调。由于长期以来创业投资行业主管部门不明确，部门之间甚至部门内部沟通协调的机制尚未建立，政策互不衔接的状况尚未转变。三是创业投资退出渠道尚不通畅。创业板市场建立步伐缓慢，产权交易市场条块分割，信息通道阻塞，使创业投资企业难以在公开市场上实现最大收益。从河北省来看，一是思想观念落后，对发展创业投资的重要性认识不足。二是对社会创业投资机构引导支持力度不够。三是创业投资专业人才缺乏等等。

四、促进河北省创业投资发展的政策建议

（一）转变观念，提高认识

创业投资作为支持创业的投资制度创新，支持处于创业期的中小企业特别是高新技术企业的创业活动，有利于促进包括技术创新在内的各类创业活动，推进创新型经济的发展和创新型国家和创新型社会的建设，推动经济增长和就业的扩大，促进整体竞争力。各级政府和各有关部门应当充分认识发展创业投资的重要性，进一步更新发展理念，把促进创业投资列入重要议事日程，制定相关政策，解决有关问题，鼓励开拓创新，激发创业活力，营造全民创业的社

会氛围，推动河北省沿海经济社会发展强省建设。

（二）加快培育创业投资企业

认真贯彻实施国家各项优惠政策措施，大力支持河北省现有的创业投资企业开拓业务，规范发展，做大做强。鼓励民间资本、外来资本到河北省设立或参与设立创业投资企业，包括创业投资管理顾问机构。引进社会投资主体，加快国有创业投资企业改革改制，建立现代企业制度，形成多元化创业投资主体，实现政府引导和市场机制的有机结合，市场化、规范化运作。

（三）加快设立创业投资引导基金

近年来，为了促进本地区创业投资加快发展，全国已有北京、天津、吉林、陕西、山东、内蒙古等省市安排财政资金设立了总规模达10亿元的本级政府创业投资引导基金，其他省份也都在积极研究设立本级引导基金。鉴于河北省目前财力紧张，应当按照省领导要求，尽快将已设立的科技型创业投资引导基金规范改造为省级创业投资引导基金，随着财政状况的好转，逐步做大。各设区市和有条件的开发区也可以结合本地实际，研究设立本级创业投资引导基金。通过政府引导基金，引导社会资金参与设立创业投资企业，引导创业投资企业主要投资于创业初期的中小企业。

（四）建立健全创业投资退出机制

国内创业板市场即将开始运行，河北省应当加大创业企业上市的筛选、培育力度，支持符合条件的企业加快上市步伐，实现创业投资的最大收益。同时应当积极发展与规范现有各类产权交易市场，拓展产权交易种类和范围，加强与周边省份产权交易市场的沟通与联系，参与建立区域性产权交易市场的研究和探索，使河北省产权交易项目能够有更多的买方和更大的市场。

（五）加强创业投资企业的引导和监管

按照《创业投资企业管理暂行办法》的要求，的对尚未纳入备案管理的创业投资企业，积极指导其规范运作、管理，尽早纳入备案范围；已经纳入备案管理的，要对其投资运作加强指导、监督和检查，确保其投资运作合规、国家各项扶持政策落实到位。同时要防范非法集资事件的发生。

（六）建立促进创业投资发展的协调机制

省政府已经明确省发展改革委负责牵头推进全省创业投资企业发展。由于创业投资工作涉及财政、科技、工信、商务等多个政府部门，建议建立由省发展改革委牵头的促进全省创业投资发展的协调工作机制，在拟定相关地方性法规、规章和政策措施过程中，加强协调联动，形成工作合力，避免各自为政，各行其是；通过召开工作座谈会，研究相关政策，解决有关问题；定期发布相关信息，为创业投资企业提供政策指导和投资指引；组织有关人员进行业务培训，提高从业人员素质和运作管理水平；及早研究建立创业投资行业自律组织；支持发展为创业投资企业提供服务的中介组织等。

（作者单位：河北省发展和改革委员会）

产业结构调整对金融稳定的影响

高新立

产业结构是指各产业的构成及各产业之间的联系和比例关系，是由国家（地区）的自然资源、经济制度、科技发展水平、人民生活习惯等多种因素决定的，是经济技术长期发展的结果，是国民经济结构最重要的组成部分。在经济金融一体化的今天，产业结构的变动会直接影响社会产品结构状况，影响社会总供给和总需求平衡，从而会对金融中介、金融市场以及市场基础设施都有一定的影响。本文对河北省衡水、廊坊、保定、张家口、秦皇岛5市的产业结构变动情况进行分析，围绕产业结构调整对金融稳定的影响，进行了专题调研。

一、产业结构调整的现状

（一）基本情况

建立合理的产业结构，是保持国民经济协调发展，提高社会效益的客观需要，也是世界新技术革命对产业结构变化的要求。近年来，河北省加大产业结构调整力度，有效地推动全省经济又好又快地发展。据统计，2006年上述5市完成生产总值3 504亿元，其中第一产业561亿元，第二产业1 698亿元，第三产业1 245亿元，第二、第三产业占比相对高且发达。从产业结构占比和增长幅度来看，第三产业占比最大、增幅最快，结构日趋合理。龙头企业大量涌现，主导产业初显端倪，产业集中趋势明显。

（二）产业发展前景

目前，各市根据自身特色，不断调整和完善自身产业结构。如廊坊市依托京津冀一体化的优势，初步形成了一些规模较大、成长强劲产业，电子信息、汽车零部件、金属制品等产业有加快发展趋势。目前，在全国市场范围内，纺织、石油加工炼焦及核燃料加工、化学原料及化学制品、非金属矿物制品、黑色金属冶炼及压延加工、金属制品、通用设备制造、交通运输设备制造、通信设备计算机及其他电子设备、食品加工与制造、家具制造、医药制造业等产业具有较大的市场规模和发展前途。保定市培育壮大主导产业，叫响“保定制造”，紧紧围绕经济结构调整这条主线，突出产业结构优化升级这个重点，壮大产业支撑，努力构筑“3+4”产业格局，即着力发展汽车及零部件、新能源及能源设备制造、纺织服装三大战略支撑产业，打造“华北轻型汽车城”、“保定中国电谷”和“华北纺织服装加工基地”。到2006年底，全市共创省级以上名牌产品47个，涌现出长城汽车、乐凯胶卷、风帆蓄电池、田野皮卡、三利毛线、比琦衬衣等一批名牌产品和三利集团、巨力集团等一大批知名品牌。

二、产业结构调整过程中存在的问题

5市产业结构调整虽然取得了长足进展并势头良好，但无论在产业规模上，还是在产业质量上，都面临着加快发展的艰巨任务，特别是在产业发展中存在着一些明显不足，需要尽快加以转变。

（一）部分产业迅速膨胀，兴衰周期较短

如衡水市某县电线电缆、油漆化工、棉麻纺织、奶牛养殖、辣椒种植、红枣栽培等产业在政府推动、银行支持下，各地一哄而上，短短两三年内迅速形成以八大集团为代表的产业集群。但由于配套政策、经营管理、产品研发、市场疲软等方面因素，不到两三年时间，相关产业极度萎缩。

（二）产业发展较早，知名品牌较少

衡水市大营素有“天下裘都”之称，皮毛业发展由来已久。但与国内皮毛业发展较晚的浙江海宁、河北辛集等相比，与意大利等西欧国家相比，生产工艺落后，产品颜色样式落伍，技术含量较低，缺少自己的名牌。枣强县玻璃钢产业起步早、规模大，在全国具有一定的知名度和影响力，与河南沁阳、江苏武进并称“全国三大玻璃钢生产基地”，素有“南有武进、北有枣强”之称。但大多数企业没有自己叫得响的品牌，缺乏自己的拳头产品，没有形成与上海良机、江苏海鸥等相媲美的在国内、国际具有一定影响力的知名品牌，名特优新和高科技、高附加值的产品较少，缺乏市场竞争力。

（三）产业规模较大，龙头企业较少

以枣强县玻璃钢产业为例。尽管该县加大对玻璃钢行业的投入，涌现出天联等一批大型企业。全县玻璃钢总产量10万吨，约占全国总产量的10%，但在企业规模、科技水平、工艺设备、厂容厂貌等方面与外地先进企业相比，还有

一定差距，还没有形成代表枣强玻璃钢工业形象，能够发挥带动和辐射作用的大型龙头企业。集团化、集约化、规模化水平较低，影响了大合同、大业务及高精尖制造项目合同的签订。

（四）部分产业处于“夕阳”，发展后劲不足

部分地市的主导产业如皮毛、玻璃钢、机械制造，产品能源消耗大、环境污染严重、附加值低的行业，不属于国家鼓励发展的产业。原来对皮毛行业实行的出口退税政策，2007 年开始取消；玻璃钢产业如果相应的环境污染问题得不到有效治理，将有可能被取缔；机械制造多属于加工服务，缺乏高新技术支持。

三、产业结构调整对金融稳定的影响

影响金融稳定的主要因素是信贷资金风险大小和收益的高低。经济决定金融，合理的产业结构，有利于促进经济又好又快地发展，确保金融稳定；不合理的产业结构，不利于经济又好又快地发展，进而影响金融稳定。产业结构调整对金融稳定影响主要体现在以下几个方面：

（一）产业结构单一，信贷风险高度集中

由于资金的逐利作用，信贷资金呈现出向主导产业、重点产业集中，这在一定程度上助长了某些产业的固定资产投资增长过快。同时，贷款集中风险也会随之增大，对金融稳定造成一定的影响。以皮毛业为例，衡水市枣强县全县直接或间接用于皮毛业信贷投入占全部新增贷款的 80% 左右。年初各项存款大幅下降，现金大量投入；年终存款大量增加，现金大量回笼，为金融机构带来收益的同时，也积聚了金融风险。大营皮毛业涉税案被查出以来，一些贷款企业被查封，一些企业法人外逃，致使银行贷款无法收回，造成不可挽回的损失。截至 2007 年 8 月底，廊坊市各项贷款中超过 20 亿元的行业为制造业、房地产业、批发和零售业、电力燃气水的生产供应业、建筑业。这五大行业贷款合计 341 亿元，占廊坊市金融机构各项贷款余额的 58. 74 %。由于这五大行业都具有周期性行业特征，对宏观调控政策的敏感性较强，特别是国家利率、汇率政策的调整对行业影响较大，贷款向这类行业集中容易形成不良资产。

（二）产业发展“昙花一现”，银行资金损失惨重

20 世纪八九十年代，衡水市某县电线电缆、棉花纺织、油漆化工等产业迅速发展，一些项目匆匆上马，银行加大信贷资金投入，个别项目未来得及投产就下马。河北旭日集团盲目扩张，导致资金链断裂，致使数亿元银行资金不良，教训极为深刻。在近年的“环保风暴”中，保定某县被关停的小企业多达数百家，大多已被断水、断电，收回营业执照，恢复生产已无可能。据不完全统计，截至2008年6月底，该县已被关停涉污企业578家，其中137家企业被彻底取缔。被关停的578家企业涉及银行和信用社贷款2.58亿元，占全县6月底各项贷款余额的13.56%。

（三）产业无名牌支撑，信贷资金风险加大

如一些玻璃钢贷款企业，无自己的知名品牌，一方面不利于提高自己的竞争能力，业务难以拓展；另一方面，致使个别企业生产经营过程中存在短期行为，或偷工减料，或盗用他人商标等，增加了经营的不确定性，加大了信贷资金风险。

（四）产业无龙头带动，信贷资源配置受阻

目前，各商业银行实行集约化经营，实行严格内部评级授信管理，贷款门槛比较高，产业发展缺乏龙头企业，影响企业本身信用等级评定，难以取得银行贷款支持。银行信贷资金向上转移，不利于产业发展，不利于银行收益提高。

（五）产业无政策强力支持，信贷资金安全系数下降

产业政策是通过鼓励、限制或禁止某些产业、产品和技术的发展，合理配置、利用资源，优化经济结构的经济政策。产业结构受政策因素影响较大，凡是符合国家相关政策的，发展相对较快，反之，发展较慢甚至被淘汰。对一些夕阳产业，如果国家政策调整，相关产业被限制，贷款企业被停产整顿甚至被取缔，银行信贷资金就会因为国家政策原因造成不可挽回的损失。因此，如果是国家产业政策限制、禁止的产业、产品和技术，虽然从近期看市场、效益等问题不大，但从长远看，因国家经济政策不支持、环境污染严重、质量不符合国家标准、原材料和能源消耗高、生产能力严重过剩、工艺技术落后等原因，其发展前景不容乐观，信贷资金投入的安全性则没有保障。

四、促进产业结构调整维护金融稳定的建议

金融是现代经济的核心，经济是金融的命脉，因此金融要积极支持产业结构的调整。产业结构的调整也要保证产业结构合理发展，以结构调整为主线，

把企业做大规模、做强产业、做长链条、做宽市场，不断提高特色经济整体实力；大力发展市场前景广阔的产业，创品牌、拓市场，抓龙头、扩规模，提高市场竞争力和抗风险能力的同时，照顾金融的健康发展。

1. 政府应以科学发展观为指导，谋划可持续发展，打造绿色产业链，通过引进符合本地特色的新型产业，并通过政策优惠或行政协调争取银行的支持，促进经济健康发展。地方政府在决心进行产业结构调整的同时，应根据当地的实际，适当考虑对金融稳定可能造成的冲击，统筹兼顾，全盘考虑。要积极扩大企业单体规模，提高企业市场竞争能力，提高产业集中度，扩大优势产业布局，积极发展金融等新兴服务业。

2. 人民银行要积极贯彻落实稳健的货币政策，促进辖区经济发展。进一步加大货币政策宣传力度，增强社会各界的金融意识。充分发挥窗口指导作用，引导金融机构调整和优化信贷结构，促进产业结构调整。根据信贷政策的总要求，在分析掌握当地经济发展情况的基础上，向金融机构提出符合实际的信贷指导意见。加强对重点行业和基础产业的信贷监测，建立信贷风险预警体系，对盲目投资、低水平重复建设等作出风险提示，督促金融机构加强信贷管理，防范信贷风险。

3. 各金融机构要认真贯彻落实国家产业结构调整政策，坚持区别对待、有保有压的信贷原则，合理配置信贷资源。要在合理控制信贷投放规模和进度的基础上，严格限制对高耗能、高污染及生产能力过剩行业中落后产能和工艺的信贷投入，防止盲目投资和低水平重复建设。要加强对辖区产业结构的研究，提高信贷资源的配置效率，促进辖区产业结构的调整和经济增长方式的转变。

4. 要正确处理好五个关系。一是要正确处理好单一突破与多元发展的关系。要立足本地实际，在努力做大做强优势产业的同时，力争发展多个优势产业，培养多个经济增长点，做到既有“一枝独秀”，又有“春色满园”。银行要根据产业发展需要，将信贷资金适当分散投入，避免垒大户。二是要正确处理中央利益与地方利益的关系。产业结构要符合国家的政策，要符合本地实际情况，只有这样才能实现地方利益与中央利益的一致，实现更好更快地发展。银行要根据国家货币信贷政策、产业政策要求和信贷风险提示，审慎发放贷款。三是要正确处理眼前利益与长远利益的关系。要注意选择有市场、有效益、有潜力的产业重点培育，立足长远，扎实推进，切忌盲目跟风，脱离实际。银行既要锦上添花，更要雪中送炭，注意发现和培养自己的优质客户。四是要正确处理夯实基础与创立名牌的关系。要在选准优势产业的基础上，增强名牌意识，加大创新工作力度，力争创优质名牌，生产拳头产品。银行要加大对具有知名品牌产品企业的信贷资金支持力度，帮助其进行技术改造和技术创新，提高信贷资金效益。五是要正确处理产业集群与龙头带动的关系。要鼓励企业做大做强，依法稳健经营，增强诚信意识，责任意识，带动产业发展。银行要对龙头企业，进行重点扶植和帮助，在评级授信方面予以照顾，加大关联企业支持力度，有效分散贷款风险，确保信贷资金安全。

（作者单位：中国人民银行石家庄中心支行）

河北省经济与金融协调发展状况调查思考

范文武

经济与金融协调发展是经济正常运行和可持续发展的基础条件，是落实科学发展观的必然要求。金融作为现代经济的核心，发挥着促进经济发展的重要作用。本文通过对河北省经济和金融业发展状况的调查分析，认真评判了当前河北省经济与金融业协调发展中潜在的问题，提出了进一步发展全省经济金融事业、提升经济与金融契合度、促进经济金融良性互动的措施建议。

一、河北省经济与金融发展现状

（一）河北省经济发展概况

近年来，河北省经济保持了持续平稳较快的增长，经济总量在全国的排名不断提高，生产总值稳步增长，成为全国经济大省之一。2007 年，河北省实现生产总值达 13 863.5 亿元，居全国第 6 位，比上年增长 12.9%，高于全国平均增速 1.5 个百分点，大多数年份增长速度高于全国同期水平，连续 5 年实现两位数增长。

总体上看，河北省经济增长呈现如下特点：一是经济增长的波动较小，稳定性增强。二是经济结构不断得到优化，农业基础地位进一步巩固，工业支柱产业支撑作用继续加强，第三产业发展步伐明显加快。三是“三驾马车”拉动增长格局呈现积极变化，消费需求稳步增强，外需拉力略有提高，投资需求仍然旺盛。四是经济运行质量进一步提高，财政收入稳步增长，企业直接融资大幅提升，工业经济效益继续增加。主要产业具体情况是：

1. 农业发展情况。河北省是农业大省，是全国粮棉油主产区之一，2007 年粮食总产量达 2 762 万吨，居全国第 8 位。多种农产品产量位居全国前列。同时河北省又是农业人口大省，农村人口占 75% 左右。但随着工业及第三产业的快速发展，农业在河北省 GDP 中的占比呈现缓慢下降趋势。2007 年河北省第一产业增长速度为 1993 年以来的最低水平，第一产业的产值占 GDP 的比重也由 2000 年的 16.2% 下降到 9.89%。

2. 工业发展情况。河北省有雄厚的工业基础，是全国钢铁业大省，重工业发达，轻工业发展较为缓慢，工业产业结构偏重。2007 年，河北省全部工业增加值完成6 566. 8 亿元，比上年增长 15. 3%。重化工业形成了比较优势，而其他产业整体竞争力不高。以重化工业为主的产业结构，对资源能源的依赖程度较高。2007 年河北省六大高耗能行业产值增速快于河北省平均发展水平 1. 4 个百分点。随着经济的多年快速增长，资源紧张的矛盾日益凸显，经济进一步发展将面临资源、环境方面的压力。

3. 第三产业发展情况。近年来，河北省第三产业快速增长，对经济增长的贡献显著提高。2007 年，第三产业增加值 4 639 亿元，同比增长 14. 6%，为 1996 年以来最快增速，也是自 2002 年以来首次超过第二产业；对经济增长的贡献率为 38%，同比提高 2. 3 个百分点，拉动河北省经济增长 4. 9 个百分点。

（二）河北省金融发展概况

金融发挥了促进经济发展的重要作用。与全省经济持续快速发展相适应，全省金融事业也取得了长足发展。

1. 金融业服务体系不断完善。金融机构分布不断优化，金融服务体系不断完善，服务水平不断提高，现已建立起初具竞争活力的金融组织体系，金融机构门类齐全。截至 2007 年底，全省共有 2 家政策性银行、5 家国有商业银行、5 家股份制商业银行，资产总额 11 013 亿元；有 163 家城市商业银行、农村信用社县联社、城市信用社等地方法人金融机构，资产总额 4 374 亿元。近几年，证券业、保险业发展迅猛，发展规模、经济效益和社会效益得到全面提高。截至 2007 年底，河北省辖区有证券公司 1 家，证券营业部 62 家，证券服务部 61 家；省级保险公司分支机构达到 33 家，居全国第一梯队，各级保险分支机构 3 071 家。

2. 银行业金融机构业务发展迅速。近年来，河北省银行业金融机构各项存款增长稳定，贷款增长态势良好，满足了经济发展的信贷资金需求。金融机构在支持经济发展的同时也取得了较好的经营效益。到 2007 末，河北省银行业金融机构本外币存款余额 14 474. 28 亿元，比年初增加 1 794. 85 亿元，增长 14. 15%；本外币贷款余额 8 486. 48 亿元，比年初增加 1 009. 83 亿元，增长 13. 51%；2007 年实现本外币账面利润 145 亿元，同比多增 62 亿元。

3. 金融市场业务稳步发展。截至 2007 年底河北省加入全国同业拆借中心的成员 23 家，有交易业务的网下金融机构 25 家，总体运行健康平稳。其中，票据市场受政策影响较大，活跃态势减缓。累计签发的商业汇票同比减少 9. 18%，累计办理的票据贴现较上年减少 14. 04%；同业拆借市场交投平淡，较上年减少

60%；银行间债券市场回购交易总量6 070.72亿元，较上年增涨11.2%；黄金市场和外汇市场交易量也大幅提升。

4. 金融改革成效显著。河北省各国有商业银行近年来锐意改革，积极进取，业务和盈利水平在全国排在前列。地方金融机构改革稳步推进，以央行票据资金支持为中心内容的农村信用社改革取得明显成果。全省城市商业银行体系初步建立。通过改革，包括农村信用社、地方商业银行在内的地方法人金融机构法人治理趋于完善，抵御风险能力增强，资产质量进一步好转，经营规模不断壮大，盈利能力大幅提高。多年来，地方性金融机构大力支持中小企业和民营经济的发展，为促进地方经济建设作出了积极贡献。

5. 保险业快速发展。近几年，河北保险业继续保持较快的发展态势，发展规模和速度在全国均处于领先地位，成为河北省发展速度最快、发展潜力最大的行业之一，为全省经济发展起到了保驾护航的积极作用。行业实力不断加强，资产规模占金融业全部资产的比例大幅提升，发展速度已超越银行业。原保险保费收入快速增长，2007年达332.25亿元，超过全国平均增幅6个百分点，大大高于同期河北省国民生产总值的增速。原保险保费收入继续位居全国第八，财产险业务与人身险业务原保险保费收入基本保持同速增长。资产实力不断壮大；2007年底，河北保险业总资产达到632亿元，同比增长19.29%，高于河北省GDP增幅7个百分点。

二、河北省经济与金融协调发展中存在的问题

近年来，河北省经济与金融的协调性不断增强，金融对经济发展的引导和支持作用不断加大。但总体看，河北省金融业的发展规模与河北经济大省的地位仍不相称，全省金融业发展明显滞后。2007年，河北省金融业增加值占GDP的比重为2.24%，与经济发达省份相比比重偏低。同时，金融对经济的促进作用还不尽发挥，金融与经济发展的契合度仍需进一步提高。

（一）金融机构多元化程度不高

尽管河北省已建立起适应经济发展的金融组织体系，但到2007年底，全省还没有省级商业银行；全国12家股份制商业银行中只有4家入驻河北省；外资金融机构仍是空白；证券公司和期货经纪公司发展缓慢，分别只有1家。金融机构多元化程度不高，金融业务竞争力欠缺。

（二）银行业信贷资金运用率降低

近几年，河北省银行业存贷差持续扩大，存贷比由2002年的73.5%下降到2007年的58.63%。从全国范围看，经济较发达的省份存贷比例一般较高。如北京、江苏、山东和天津四省市2007年存贷比分别高达80.97%、86.28%、81.44%和78.16%。河北省与发达省份相差十几个百分点，在全国也属于偏低的水平。河北省作为存差地区，银行信贷资金并不缺少。尽管如此，在河北省以银行信贷为主的间接融资仍是主要融资方式，资本市场直接融资及短期融资券债务融资有限，融资方式不活跃。

（三）金融在产业结构升级中的作用不尽发挥

从国内外先进地区的经验看，包括金融业在内的第三产业的快速发展，有助于促进经济协调发展。河北省第三产业占GDP的比重自1991年达到35%以后，至今总是在33%左右徘徊，与全国平均水平相比低6个百分点。现阶段，河北省经济存在的主要问题仍是经济结构不够合理，增长方式粗放，第三产业发展相对滞后，第二产业发展路径单一，投资仍是拉动经济增长的主要动力，特别是“两高一剩”及“两高一资”企业占用了大量信贷资源，制约了金融发挥支持产业结构调整和升级的作用。

（四）中小企业融资渠道不畅

目前，河北省中小企业占比已经接近80%。全省中小企业在扩大就业、推动技术创新、调整经济结构、增加财政税收、维护社会稳定方面越来越发挥了突出的作用，是地方经济发展的重要力量。但中小企业的发展壮大同样遭遇融资难的瓶颈。中小企业融资的显著特点是信息不对称，易伴生信贷市场道德风险。商业银行为降低道德风险，必须加大审查监督的力度。而中小企业贷款额度少、频次多的特点使商业银行的审查监督成本和潜在收益不对称，必然降低了它们在中小企业贷款方面的积极性。银行贷款作为中小企业融资的主要渠道并不通畅。

（五）金融支持社会主义新农村建设未“聚焦”

近年来，国有商业银行信贷支持“三农”经济发挥的作用逐步萎缩，支持新农村建设的金融机构主体为农村信用社、农业发展银行和农业银行3家。在实际操作中，农业银行实际上也已退出了农村服务领域。同样，由于体制及市场定位等诸多原因，农业发展银行的资金投向只侧重于粮棉油收购企业。实际上，在农村领域，只有农村信用社一家金融机构在服务“三农”，发挥着服务农村经济、支持中小企业发展的主力军的作用。但由于农村信用社人员相对缺乏，难以满足农户信用贷款和联保贷款进一步扩展的要求。同时，农村信用环境在部分地区依然较差，社会信用担保机构不健全，农村信贷资金使用效率低下，已影响到金融机构信贷投放的积极性。

（六）金融生态环境亟待改善

金融司法环境还不尽如人意，部分金融债权得不到保障，企业逃废金融债务现象时有发生，浪费了大量信贷资源；信用中介机构体系不完善，且一些机构运作不规范，没能架构起银企合作的桥梁；诚实守信还远未深入到社会各个层面，社会信用体系建设步履艰难；社会公众对金融知识了解不够，金融风险意识较差。

三、促进河北省经济与金融协调发展的建议

金融是现代经济的核心，与经济发展极为密切，金融与经济如何协调发展问题是经济健康快速发展中着力解决的问题。经济发展离不开金融支持，同时，只有经济持续发展了，金融才有了做大做强的条件。解决此问题，政府和金融部门必须着眼经济与金融双方互为互动，采取措施提高经济与金融的协调性，逐步提升经济与金融的契合度。为此，提出以下促进河北省经济与金融协调发展的建议：

（一）优化增长方式，促进经济金融均衡协调发展

经济持续快速发展，靠的是主导产业的支撑和优势产业的拉动。要按照河北省的产业政策积极加快产业结构调整。政府、银行、企业三方面互相配合，形成合力，共同推进河北省形成以现代农业为基础，优势工业为主导、发达服务业为依托的产业发展格局。特别是工业要围绕节能减排加大结构调整。银行信贷要坚决压减直至退出“两高一剩”、“两高一资”领域，助推全省工业经济增长方式的转变。金融机构要结合信贷政策，优化信贷资源配置，存量调强，增量调优，积极支持全省产业结构调整升级。

（二）积极推动中小企业融资工作

相关部门要进一步提高对中小企业发展对地方经济发展重要性的认识，引导中小企业提高自身经营素质，培植良好信誉，树立社会形象；地方政府有责

任推动中小企业信用担保体系建设，财政可对担保贷款业务实行风险补偿政策、业务手续费补贴及奖励政策，畅通金融机构与中小企业之间的融资渠道；要逐步建立多元化金融体系，支持创新性融资组织设立和发展，努力吸引外部金融机构来河北省设立分支机构，鼓励具备条件的中小企业借助债务融资工具进行融资，多措并举，为中小企业融资创造条件。

（三）大力推动金融支持新农村建设工作

积极培育农村金融服务体系。农业发展银行要发挥支农政策性导向作用；各级农村信用社和农业银行要继续发挥支农主力军和支柱作用，加强和改善“三农”服务；国有商业银行和各股份制商业银行要发挥支农的重要补充作用，细化市场目标，创新金融产品，大力支持县域经济发展，特别是县域中小企业的发展。大力加快村镇银行、贷款公司、小额贷款组织的建设，为“三农”融资提供有力的信贷支持。

（四）大力改善金融生态环境，促进经济金融协调发展

金融生态环境是金融业生存和发展所依赖的基础。好的金融生态环境能提升金融活力，从而在区域经济金融协调发展中发挥积极的促进作用。各级政府领导应进一步增强对金融工作重要性的认识，采取积极方式支持和鼓励金融工作。要把优化金融生态环境作为促进经济发展的切入点，规范行政执法行为，大力维护金融债权，完善社会信用体系建设，加强会计与审计监督服务，推进中小企业信用担保体系建设，从实处着手，全方位改善金融业生存发展的外部环境，为河北省金融经济协调发展提供良好的金融生态环境。

（作者单位：中国人民银行秦皇岛市中心支行）

金融改革篇

河北省小额贷款公司发展现状调查及政策建议

刘通午

2006年8月，首家小额贷款公司在霸州市成立，开创了河北省新时期私营金融组织的先河。2007年河北省出台《关于开展小额贷款组织试点工作的意见》后，小额贷款公司更如雨后春笋，在全省全面开花，迅速发展，一定程度上缓解了县域经济和中小企业的融资难题，促进了河北省金融服务体系的多元化。为此，中国人民银行石家庄中心支行对全省小额贷款公司发展情况进行了调查，并就推动小额贷款公司发展、加强监管、控制风险以促其长期健康、可持续发展等问题提出了具体措施和建议。

一、河北省小额贷款公司发展现状及特点

本文研究的小额贷款公司是指由自然人、企业法人与其他社会组织投资设立，不吸收公众存款，经营小额贷款业务的有限责任公司或股份有限公司。截至2008年10月末，河北省（除秦皇岛市外）10个市已注册成立124家小额贷款公司（其中有4家未开展业务），地区覆盖率99%，注册资本总额达到49.5亿元。累放贷款42.4亿元，6 699笔；累收贷款32.0亿元，6 348笔；贷款余额21.2亿元。贷款主要支持农户、个体工商户和小企业。利率区间为6%～29%，累计实现利润5 635.7万元（见表1）。主要发展特点：

表1　河北省各市小额贷款公司经营基本概况

地区名称	注册机构数	开业机构数	累计注册资本数（万元）	累放数		累收数		贷款余额（万元）	营业利润（万元）	利率区间（%）
				笔数	金额（万元）	笔数	金额（万元）			
保定	4	4	16 500	668	22 669.00	364	9 916.00	12 753.00	517.40	(9.4, 26.6)
承德	1	1	2 000	128	2 264.20	6	265.00	1 999.20	0	(21.6, 25.2)
衡水	9	5	19 400	83	8 470.00	34	5 497.00	2 973.00	197.99	(10, 28)
邢台	2	2	10 000	469	6 009.00	298	3 979.00	2 030.00	74.16	(10.5, 28.8)
邯郸	2	2	10 000	111	9 580.00	23	6 325.00	1 835.00	147.60	(10, 24)

续表

地区名称	注册机构数	开业机构数	累计注册资本数（万元）	累放数		累收数		贷款余额（万元）	营业利润（万元）	利率区间（%）
				笔数	金额（万元）	笔数	金额（万元）			
廊坊	44	44	203 493	3 918	295 660. 00	5 056	219 468. 00	114 953. 00	2 316. 68	
唐山	22	22	124 000	824	117 544. 87	355	65 036. 34	52 508. 50	2 128. 41	(6, 29)
沧州	1	1	5 000	13	551. 00	5	103. 00	448. 00	-14. 00	15
张家口	15	15	46 000	472	25 714. 00	207	9 293. 00	16 421. 00	267. 49	(2. 4, 2. 6)
石家庄	24	24	156 000	13	5 830. 00	0	0. 00	5 830. 00	0. 00	(9, 19. 8)
合计	124	120	592 393	6 699	494 292. 07	6 348	319 882. 34	211 750. 70	5 635. 73	—

（一）应势而生，顺势发展

河北省属农业大省，乡村人口占比59. 75%，高于全国的平均水平。农业在河北经济中占有重要地位。截至2007年底，全省第一产业占比13. 2%，占GDP的比重3. 9%，分别高于全国11. 3%和3. 6%的比例。另外，近年来河北省中小企业发展比较快。截至2007年底，全省中小企业182万余家。由于近年来国家实行从紧的货币政策，金融机构可用资金规模逐步萎缩，存贷比例直线下降，2002年到2007年五年来，下降了15个百分点。县域经济和中小企业融资日益困难，能与银行有信贷关系的县域经济和中小企业不到10%。面对如此广阔的市场和强烈的资金需求，小额贷款公司的推出恰逢其时，成为“三农”和中小企业的及时雨，得以在河北各市迅速发展、壮大，公司数量和服务覆盖面不断扩大。2006—2008年，小额贷款公司的数量分别增加了33家和85家，增长15. 5倍和2. 4倍；服务覆盖面分别扩大35. 6%和53. 5%。

（二）分三阶段，呈三状态

两年多来，河北省小额贷款公司从谨慎试点到全面推开，经历了曲折的发展历程。主要分为三个阶段：一是尝试探索阶段，始自2006年8月霸州万利通公司试水到2007年7月河北省以四部门名义制定《关于开展小额贷款组织试点工作的意见》之前，此阶段仅有廊坊、保定、唐山等市开展试点，呈现各市自行试点、自由发展，游离于监管之外的状态。二是全面启动阶段。始自试点意见出台到2008年10月省政府《关于小额贷款公司试点工作的实施意见》出台前。此阶段河北省试点工作全面启动，除秦皇岛市外其他各市均有试点，呈现形式多样、迅速发展、明确政府监管的态势。三是规范发展阶段。实施意见出台后，新公司设立门槛提高，原有公司重新审批，新成立公司迅速减少，呈现审批趋于严格，管理逐步规范的态势。各阶段设立公司数量分别为10家、88家、22家，今后随着设立门槛的提高和审批程序的严格，新公司设立速度将逐步放缓（见图1）。

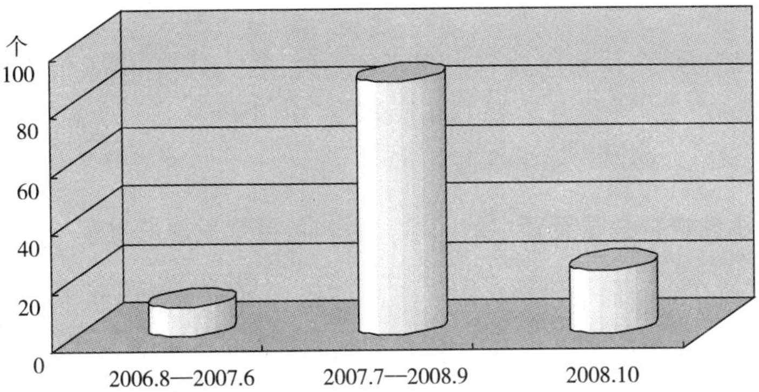

图1　各阶段设立机构对比图

（三）业务初具规模，发展比较规范

小额贷款公司主要发放短期流动资金贷款，经营灵活，手续简便，在一定程度上弥补了正规金融机构的不足，成为向“三农”和小企业提供贷款支持的有效载体。截至2008年10月末，全省120家公司累计发放的贷款占2007年银行贷款的比重为0.01%。另外这些公司的经营比较规范，公司由私人经营，可以充分利用地缘优势、客户优势、定价优势进行营销和放款，注重控制风险，目前全省尚未形成一笔不良贷款。坚持只贷不存、以自有资金发放贷款和不向黄赌毒等非法经营放款等。

（四）经营模式多样，贷款方式灵活

全省小额贷款公司的经营模式多元化，归纳起来主要有三种：第一种以中小企业为主要支持对象，填补正规金融机构的空白，贷款办理快捷，利率较高；第二种是面向中低收入群体提供小额信用贷款产品的金融服务公司，例如“薪”贷业务，贷款不需要抵押，额度与工资有关，融资成本高于银行抵押贷款；第三种以集团客户为主要支持对象，为龙头企业的中小客户提供贷款，因对客户资信状况和资金实力等较熟悉，融资手续简化，方便快捷。它们针对不同的客

户采取不同的贷款方式，可信用，可担保，可抵押质押，看好的项目即可办理手续，客户一般在当天、最多二三天得到贷款，有效地满足了农户和微型企业的“短、平、快”资金需求。

二、河北省小额贷款公司发展中面临的问题及风险隐患

尽管小额贷款公司在河北省得到了较快发展，一定程度上促进了弱势群体经济的发展，产生了一定的经济和社会效益，但由于它是一个新兴的金融组织，还存在一些缺陷，隐藏一定的风险：

（一）小额贷款公司经营中的问题，影响可持续发展的进程

一是高利息率增加了违约风险。小额贷款公司利率区间基本控制在18%～23%，高于农村信用社利率，低于高利贷利率（20%～30%）。由于缺乏必要的贷款利率定价机制，过高的利率不仅会增加客户的融资成本，一旦超过它们的承受能力，还会增加违约风险，严重时会造成小额贷款公司违规收贷、暴力收贷等社会问题。

二是风险拨备不足，影响可持续发展。小额贷款公司不允许吸储，规模较小，仅靠自有资金放贷。出于利益考虑，它们的资金链条一般绷得很紧，风险拨备几乎没有或严重不足，抵御风险的能力不强。一旦资金周转出现问题，不仅影响可持续发展，还可能引发乱拆借、乱集资、高息揽储等问题，重蹈农村合作基金会的覆辙，最终引发社会问题。

三是从业人员准入门槛较低，存在操作风险隐患。金融业是高风险行业，特殊行业对从业人员的要求相对较高。而小额贷款公司人员较少，一般十几个人，素质普遍不高，从高级管理人员到经办人员精通或从事过金融业务的少之甚少，人员构成存在家族式等问题，重要岗位缺少必要的监督制约机制，存在一定的操作风险。

（二）监管跟不上发展的步伐，影响可持续发展的质量

由于小额贷款公司的经营坚持自负盈亏和风险自担等原则，客观上造成了疏于监管或是监管缺失的局面。随着小额贷款公司的迅速发展和规模扩大，监管与发展不相协调的问题变得日益突出。

一是监管制度不完善。从法律层面看，还没有关于小额贷款公司的相关法律规定，其地位、组织性质尚不明确。从规范性文件层面看，银监会和人民银行出台的《关于小额贷款公司试点的指导意见》和省政府办公厅《关于小额贷

款公司试点工作的实施意见》也在单个股东出资比例等方面有不一致之处，影响实际操作。另外从具体管理制度办法层面看，按照公司法组建的小额贷款公司其内部管理架构、经营流程、风险控制、管理章程、违规处罚等方面均没有具体有效的监督办法和管理制度。上述三个层面的监管制度均落后于小额贷款公司的发展，亟待从维护金融稳定的角度出台统一的监管制度和办法，促进小额贷款公司的规范健康发展。

二是监管主体不明确。目前从各市的小额贷款公司试点情况看，由于业务发展不平衡，各市的监管主体和监管模式多种多样，既有政府牵头成立行业协会管理的，也有金融办直接管理，甚至也有个别管理流于形式，呈“无政府”状态的。尽管河北省明确了由各县（市、区）的试点工作领导小组办公室负责监管工作，各县（市、区）也组建了相应组织机构，但大部分县市没有具体的监管主体，各项监管工作不能落到实处。

三是监管经验不足。即便全省各县（市、区）试点工作领导小组办公室和金融办作为专门的监管部门，其监管力量和监管经验也显得不足，特别是对小额贷款机构的贷款风险管理、损失拨备、贷款风险集中度、关联交易、资产流动性、内部控制等专业监管和审慎监管方面更显经验不足，无法开展必要的现场监管和非现场监管。

（三）法人治理结构的不完善，是影响持续健康发展的根源

金融组织与一般企业相比有其特殊性，但小额贷款公司是按照《公司法》设立的金融组织，因此它在法人治理结构方面与其他金融机构相比存在明显的缺陷。首先，法人治理的目标过于单一，应兼顾贷款人等相关利益方的利益；其次，决策、执行和监督间的约束和制衡机制未建立；再次，对资本充足率、资产负债比例等风险管理没有明确规定等，都制约着小额贷款公司的健康持续发展。

三、促进小额贷款公司长期健康发展的措施及建议

2008 年下半年，在应对全球金融风暴、国家实行适度宽松的货币政策和大力支持新农村建设、中小企业发展的背景下，小额贷款公司应充分发挥为正规金融机构拾遗补阙的作用，在确保自身健康发展的同时，更好地为“三农”和中小企业提供资金需求和快捷服务。为此，就深入贯彻落实科学发展观，积极扶持和规范引导小额贷款公司经营、促其长期健康、可持续发展，提出如下政策建议：

（一）发挥政府的主导作用，做到扶持引导和监督管理相结合

首先，各级政府应发挥好主导作用，制定切实可行的发展规划，保证小额贷款公司健康有序发展。要明确管理部门和监管主体，明确监管重点，在设置“不吸存、不集资、不放高利贷”三条警界线的基础上，做好对小额贷款公司的风险管理、内部控制、资产质量、资产损失准备充足率、关联交易等方面的持续、动态监管，防范信贷风险和经营风险。其次，加强风险监测和评估，重点监测小额贷款公司的财务、经营、融资等信息。再次，应按照属地原则，明确各级政府在风险处置中的职责，建立相应的风险处置预案，提高各级政府综合管理风险的能力。最后，应继续优化金融生态环境，除在税费等方面提供优惠政策外，还应加快构建多层次的中小企业担保平台和政策性商业保险机制、小额贷款风险补偿机制等，切实解决小额贷款的担保和风险补偿等问题。

（二）发挥监管部门的优势作用，做到政策引导和风险防范相结合

人民银行应加强对小额贷款公司的业务指导和培训，并在信用征信体系建设等方面提供必要的金融服务。一是强化政策引导和窗口指导作用，合理引导贷款投向，加强利率、资金流向的跟踪监测，有效规避经营风险。二是尽快健全信贷征信系统，将小额贷款公司纳入信贷征信系统，定期收集和更新其借款人、贷款金额、贷款担保和贷款偿还等业务信息。三是加强人员培训和金融安全教育，联合监管部门为小额贷款公司提供必要的金融业务培训，提高高管人员和经办人员素质，并加强金融安全教育，防止洗钱、非法集资、乱拆借等金融违法犯罪活动的出现。

银监部门应发挥监管优势，在小额贷款公司的市场准入、退出和业务监管中发挥应有的作用。应充分利用已有的比较完善的金融机构风险监测评估和预警系统给予小额贷款公司及监管部门必要的指导和提示，防止贷款风险。

（三）发挥小额贷款公司主体作用，做到开拓创新与规范管理相结合

一是建立健全利率定价机制。探索建立合理的利率定价机制，要确定基准利率，区分不同信用等级或风险程度的顾客确定不同水平的利率，从而寻求一个相对合理的贷款利率，使其既符合市场规律，具有市场竞争力，同时又兼顾客户利益，减少违约风险。

二是多措并举，提高抗风险能力。小额贷款公司应着眼未来，处理好利润留成和风险损失准备的关系，自觉增加风险拨备，提高抗风险能力。同时可通过创新贷款品种和方式，利用职工单位、村委会、龙头企业、担保公司等多方

力量共同经营贷款支持的项目，联合防范和控制贷款风险。

三是提高从业人员整体素质。要严格从业人员的专业知识要求，高管人员和经办人员应持证上岗。开展多种形式的业务培训和职业操守教育，培养造就一支思想过硬、精通业务、善于管理的员工队伍，从根本上减少操作风险。

四是健全法人治理结构。健全的法人治理结构是破解小额贷款公司发展瓶颈的关键，也是实现小额贷款公司可持续发展的核心。要树立为利益各关系方服务的治理目标，进一步完善股东、董事、监事和经理之间的权责利约束激励机制和制衡机制，制定稳健有效的议事规则、决策程序和内审制度等，建立完善的资产管理和风险评估机制，提高法人治理的有效性。

（四）发挥政策指引作用，做到协调统一与因地制宜相结合

一是法律地位和监管标准做到协调统一。首先应从法律层面对小额贷款公司的性质给予统一明确的界定。其次，应从小额贷款公司的市场准入、经营运作、市场退出、违规处罚等方面制定统一的行业监管程序和监管标准，使同类公司在同一起跑线竞争，确保行业规则的合理、公平、公正。

二是各地实施细则和操作尺度应尝试因地制宜。对于具体的试点细则和操作尺度应根据当地的经济发展状况适当调整，不应“一刀切”。例如不同地区可实行不同的准入门槛，注册资本可尝试分期到位；利率政策是否可以分高中低几个档次，甚至经济发达地区可参照农村信用社上不封顶；单笔贷款比例也应视经济发展情况适当调整，既要满足经济较发达地区微型企业的短期、较大额的资金需求，也要防止欠发达地区贷款集中等问题。

（作者单位：中国人民银行石家庄中心支行）

我国股指期货的套利策略

陈 新

引言

作为我国金融期货市场首个产品的沪深300 指数期货合约即将推出，这对我国资本市场的意义重大。对于股票市场（股指期货的现货市场），股指期货将为广大股票市场投资者提供对冲系统性风险的有力工具，从而改变投资者对于股票大盘整体下跌无可奈何的状况。对于期货市场，股指期货将提升我国期货市场的整体层次和行业竞争力。随着我国股指期货上市的脚步越来越近，沪深300 指数期货的仿真交易也正在如火如荼进行之中。

指数套利有利于避免股指期货与股票现货价格的严重脱离，促进交易股票市场和股指期货市场平衡发展，提高市场的流动性。但指数套利也同样存在一定的风险，如复制指数时会存在跟踪误差，其他还有利率风险、股息风险与交易风险等，如股指期货套利要求股指期货和股票买卖同步进行，任何时间上的偏差都会造成意料不到的损失。

国内的专家和学者对股指期货的研究也是如火如荼。目前，市场监管部门、券商、期货经纪公司、证券交易所、期货交易所以及社会、高校研究机构和专家学者等，都对我国开设股指期货交易的有关问题进行了广泛深入的研究和探讨。从开始的我国要不要开设股指期货交易的争论，到今天的我国应如何推出股指期货交易的方案设计和对策研究，取得了大量的研究成果，并且将在近期推出。在许多关键问题上也达成了共识，当然还有一些具体细节上存在不同看法。在研究中，发现许多专家、学者以及专业投资机构开始着手研究股指期货的投资策略。

国内对股指期货的研究主要集中在我国推出股指期货的可行性，推出股指期货合约设计，推出股指期货的风险控制等方面。在现有相关股指期货的著作中有些涉及套利，但仅限于理论层面。

本文将市场中性资产管理理念和观点运用于资产管理，在零风险的前提下，实现投资回报的最大化；经典金融理论在中国市场的本土化升华，将套利理论用于沪深300股指期货。

首先，论文系统研究了股指期货的套利交易基本概念，提出股指期货套利的可行性。其次，论文重点研究了股指期货套利中的核心技术，如ETF现货替代技术、跨期套利等。ETF现货替代技术解决了现货交易效率问题，使投资者能够准确把握稍纵即逝的套利机会；跨期套利实现了实际套利利润与理论锁定利润的完全一致。最后，通过论述股指期货风险管理策略，可以有效地防范在套利过程中所能遇到的风险，有助于投资者更好地把握套利机会。

一、套利概述

（一）套利的概念

套利是指利用相关市场或相关合约之间的差价变化，在相关市场或相关合约上进行交易方向相反的交易，以期价差发生有利变化而获利的交易行为。如果利用期货市场和现货市场之间的差价进行套利行为，称为期现套利。如果利用期货市场上不同合约之间的价差进行的套利行为，成为价差交易。这一交易方式丰富了期货投机交易的内容。

（二）套利与普通投机交易的区别

套利与普通投机交易的区别主要体现在：

普通投机交易只是利用单一期货合约价格的上下波动赚取利润，而套利是从不同的两个期货合约彼此之间或不同市场之间的相对价格差异套取利润。普通投机者关心和研究的是单一合约或不同市场之间的涨跌，而套利者关心和研究的则是不同合约之间或不同市场之间的价差。

普通投机交易在一段时间内只作买或卖，而套利是在同一时间在不同合约之间或不同市场之间进行相反方向的交易，同时扮演多头和空头的双重角色。

（三）套利的特点

1. 风险较小。一般来说，进行套利时，由于所买卖的对象是同类商品，所以价格在运动方向上是一致的，盈亏会在很大程度上被抵消。因此，套利可以为避免价格剧烈波动而引起的损失提供某种保护，其承担的风险较单方向的普通投机交易小。

2. 成本较低。一般来说，套利包含了两笔交易，并且这两笔交易是同时发生的。为了鼓励不同期货合约间的套利，国外的交易所规定套利的佣金支出比一个单盘交易的佣金费用要高，但又不及一个回合单盘交易的两倍。同时，由于套利的风险较小，保证金的收取小于单纯投机交易，大大节省了资金的占用。所以，套利交易的成本较低。

（四）套利的作用

1. 套利行为有助于价格发现功能的有效发挥。由于影响期货市场价格和现货市场价格的因素存在一定的差异，套利者就会时刻注意市场动向，发现不正常的价格关系，利用不同期货合约价格之间的差价变化或者期货市场与现货市场之间的价格变化，随时进行套利。他们的交易结果则客观上使期货市场的各种价格关系趋于正常，促进市场公平价格的形成。

2. 套利行为有助于市场流动性的提高。套利行为的存在增大了期货市场的交易量，承担了价格变动的风险，摆脱了市场垄断，提高了期货交易的活跃程度，保证了交易者的正常进出和套期保值的顺利实现，有效地降低了市场风险，促进了交易的流畅化和价格的理性化，起到了市场润滑剂和减震剂的作用。

二、我国股指期货套利的可行性与建议

（一）股指期货仿真交易价格和基差分析

我使用中金所股指期货仿真交易的数据对期现货之间的基差进行分析。总体看来，仿真交易体现出基差较大，投资者不够理性等特征。可以着重分析价格、成交量和基差等几个指标的变化情况。

沪深300指数与期货合约走势概述

我选用沪深300指数（以下称现货指数）和股指期货连续合约的1分钟价格进行分析，样本期间为2007年10月30日至2008年1月31日。从现货指数与股指期货连续合约的价格走势可以看出，股指期货与现货指数的运行方向基本相同，而且股指期货绝大部分都在现货指数的上方，反映了投资者普遍看涨的心理预期。同时，由于股指期货是在到期日现金交割的，股指期货合约价格会在交割日收敛于现货指数。

仿真数据基差分析

仿真过程中很显著的一个特点就是基差比较大，因此有必要对仿真交易的基差进行分析。

1. 研究方法。我首先分析连续合约的基差与成交量和持仓量的关系，然后分析每天各个时段的基差走势，目的是考察投资者的行为是否存在时段性。把

每个交易日分成若干个时段，例如10分钟，计算每间隔10分钟的统计分布值，然后计算样本空间各个交易日的统计分布值。

2. 仿真交易数据实证分析。

连续合约基差分析

仿真交易中，不论是远月合约还是当月合约，基差率都相当大，每个月的基差随着交割日的来临，逐渐收敛，如图1所示。远月合约基差较近月合约更大。2008年1月16日IF0802、IF0803和IF0806的基差分别达到583.13点、779.13点和851.13点，基差率分别达到24.77%、33.10%和36.16%。说明投资者在进行交易的时候，根本不考虑期货的理论价格，只根据自己对股指未来走势的判断，进行方向性投机交易。这为套利交易提供了丰富的土壤。

仿真交易的成交量呈递减趋势，在临近2008年1月末的时候交易量逐渐萎缩。持仓量也逐渐变小。

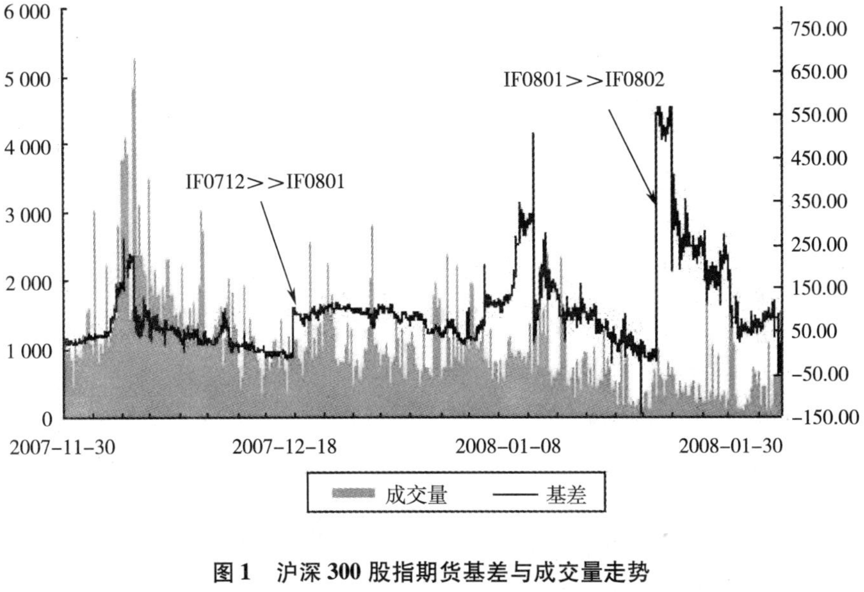

图1 沪深300股指期货基差与成交量走势

分合约基差分析

对每个合约日内基差按每10分钟的时段进行统计分布，然后对样本空间2007年10月30日至2008年1月31日取算术平均值，得出日间的平均基差与成交量之间的关系，如图2所示。通过分析，对分合约的基差和成交量有如下特点：

IF0802、IF0803和IF0806三个合约，开盘之后基差都迅速扩大，基差波动达150点至250点。

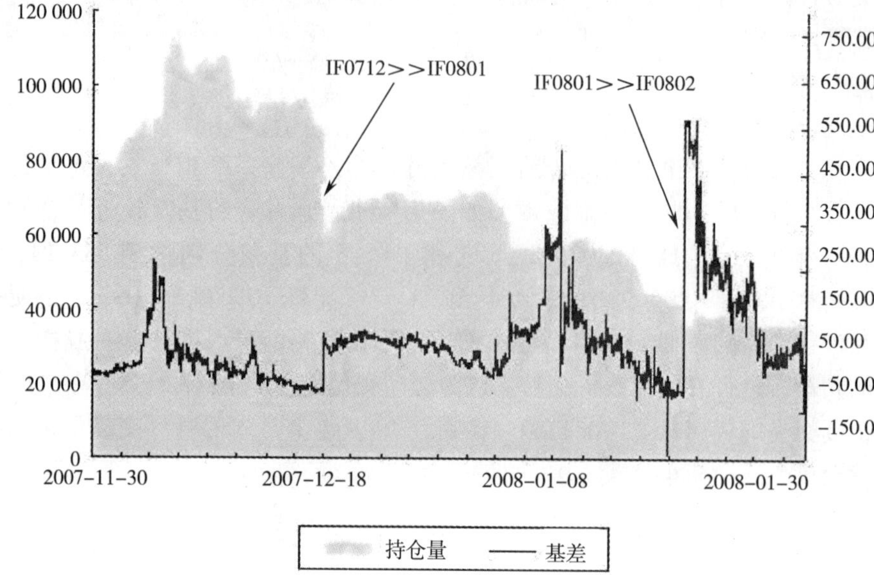

图 2 沪深 300 股指期货基差与持仓量走势

IF0802、IF0803 和 IF0806 三个合约之间的拟合性比较好，可能存在合约间的套利力量。

日内基差都呈现出递减的趋势，在每个交易日基差的总体走势是下降的。

IF0712～IF0806 合约日间每 10 分钟段的成交量均值不断减小。

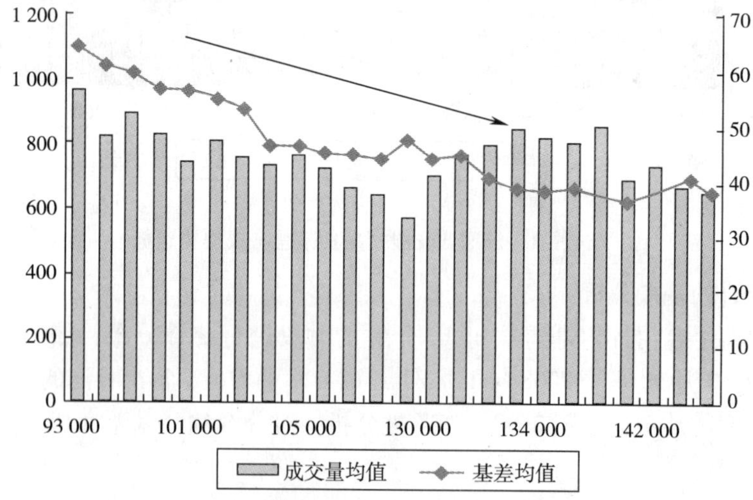

图 3 IF0712 合约日间基差均值与成交量均值

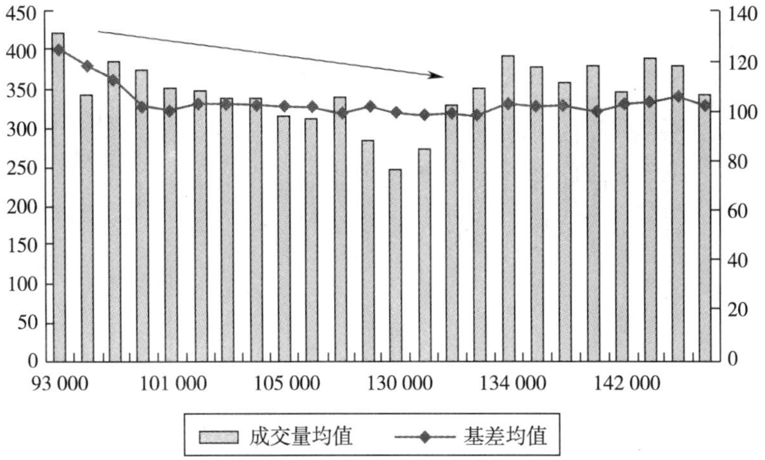

图 4　IF0801 合约日间基差均值与成交量均值

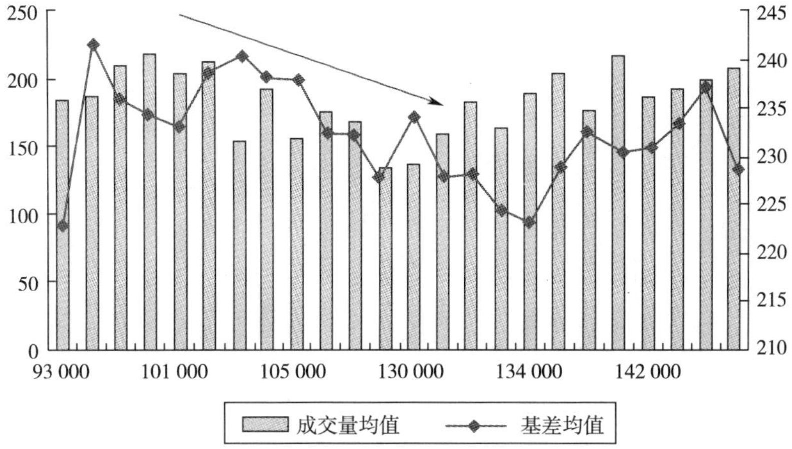

图 5　IF0802 合约日间基差均值与成交量均值

（二）结论与建议

通过对连续合约以及分合约的分析，并考察了基差与成交量、持仓量之间的关系，得出以下结论：

总体上，近月合约的价格高于季月合约价格，远期合约定价区间更广阔。套利机会大量存在：出现套利机会的频率约为 90%，而另 3 个合约出现套利机会的频率达到了 100%。因此我国股指期货套利的可行性是值得肯定的。

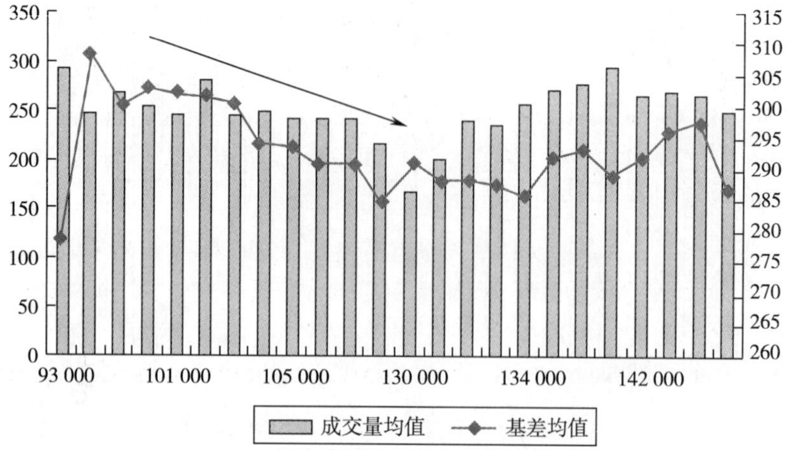

图 6　IF0803 合约日间基差均值与成交量均值

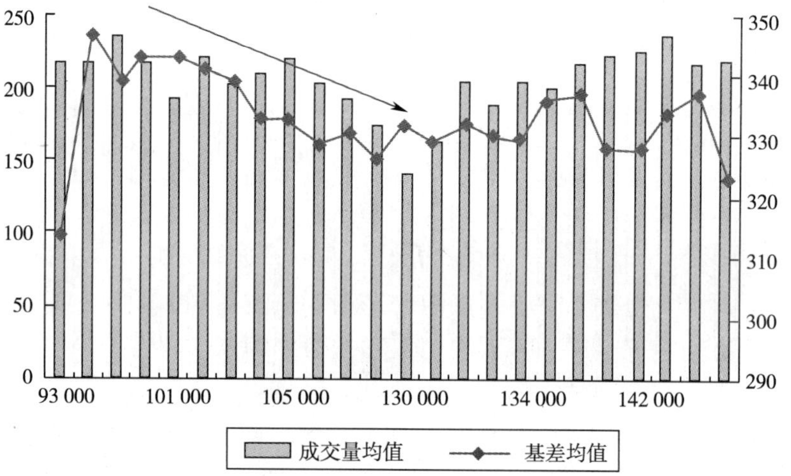

图 7　IF0806 合约日间基差均值与成交量均值

但是由于股指期货仿真交易不能进行套利，我提出以下几点建议：

1. 仿真交易中基差过大。股指期货在绝大部分的时间内高于现货价格，也就是正基差。但在 2008 年 1 月中下旬负基差较多，并且基差较大。例如 2008 年 1 月 16 日 IF0802、IF0803 和 IF0806 的基差分别达到 583. 13 点、779. 13 点和 851. 13 点。另外一个特点是指数上涨阶段基差增大，指数下跌基差变小。

2. 市场投机力量较多。仿真交易中套利力量的缺乏，投机力量占据了主导地位，使得基差偏离正常范围。通过对几个合约的波动性的分析，可以发现在

2008 年 1 月 10 日和 2008 年 1 月 16 日波动率增大 5 ~ 10 倍。

3. 正反馈效应显著。由于市场投机占据主导地位，使得众多的投机交易具有了一定的趋同性，削弱了市场基本面对预期价格的影响。在仿真交易过程中，投机者往往在价格上升时买进，价格下跌时卖出。也就是说，当市场一旦形成某种趋势，投机力量将市场行情推向了纵深发展，这会导致投机行为的正反馈效应。

三、我国股指期货套利的种类和方法

国际上通常将股指期货套利分为：跨期套利、跨市套利和跨品种套利。但在我国现阶段，股指期货品种只有沪深 300 股指期货这一个，所以无法实现跨品种套利；在国际衍生品市场上也没有推出其他的以沪深 300 指数为标的的股指期货，所以跨市套利也不能进行。根据我国金融衍生品市场现状，可以将股指期货套利分为：跨期套利和期现套利。

（一）跨期套利

跨期套利是指利用同一交易所的同种商品但不同交割月份的期货合约的价差进行的套利交易。具体来说，就是在同一交易所买入或卖出某一交割月的某种商品期货合约的同时，卖出或买入另一交割月的同一商品的期货合约，以期在有利时机将两种期货合约对冲平仓的交易。例如，在中金所买入 3 月份的沪深 300 股指期货的同时卖出 7 月份的沪深 300 股指期货，期望未来在有利价位卖出 3 月份沪深 300 股指期货同时买入 7 月份沪深 300 股指期货平仓获利。这种套利形式是套利中最为常见的一种。

要做好跨期套利，首先必须对不同交割月份的价格关系有清楚地了解。沪深 300 股指期货有四个交割月份的合约，其中离现货月份较近称为近期合约，离现货月份较远称为远期合约。如图 8 所示。

前面已经说过跨期套利可分为两种类型：一是买进套利，二是卖出套利。假如拟在 IF0803 与 IF0806 两个合约间进行跨期套利。

那么依据仿真交易 3 月份、6 月份的收盘价为样本进行价差分析。图 9 数据采用 2007 年 10 月 23 日至 2008 年 3 月 1 日，共 86 个交易日。实线代表 IF0803 合约仿真交易收盘价，虚线代表 IF0806 合约仿真交易合约收盘价。

可以发现，6 月合约的价格在很多时候都是高于 3 月合约的，这是因为远期期货合约价格是市场对于远期合约价格的一种预期，比如 3 月合约就是市场对于沪深 300 指数在 3 月合约最后交割日时的指数点位的一种预期。在牛势市场预

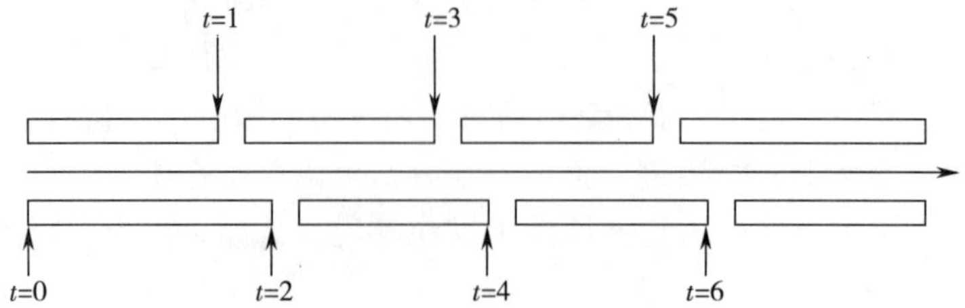

图 8　沪深 300 股指期货跨期套利示意图

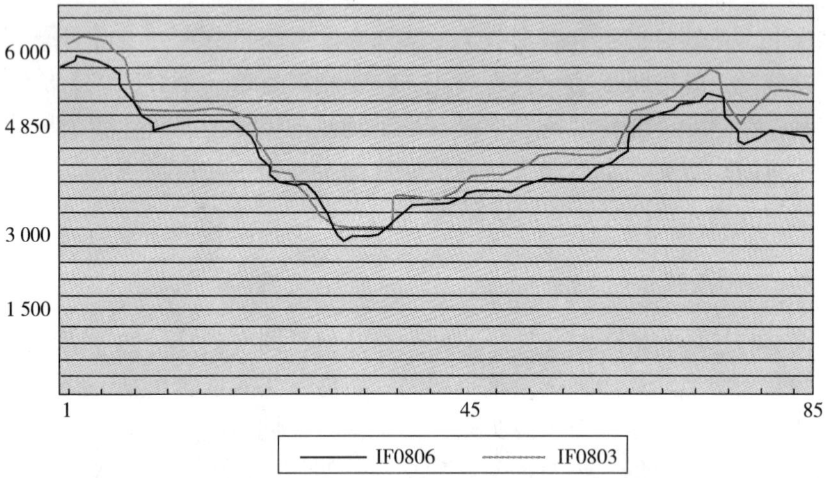

图 9　沪深 300 股指期货 3 月、6 月合约走势图

期中，6 月合约的价格在多数情况下是要高于 3 月的。如果发现 3 月合约价格还更高则是绝佳套利机会的出现。可以用 6 月合约的收盘价减去 3 月合约的收盘价，如图 10 所示。

以 6 月合约价格减 3 月合约价格可以发现有两天的值是负的，这样就是绝佳套利机会的出现。以第一次机会为例，当天 3 月合约 3 633 点，6 月合约 3 579 点。以高的一边减去低的一边，价差为 54。但是预期 3 月合约价格理论上应当是要低于 6 月合约的，相反的 6 月合约价格理论上也是要高于 3 月合约的，也即预期 3 月合约价格会趋于下跌，6 月合约价格趋于上涨，也即预期价差将缩小。（3 月合约价格减去 6 月合约价格）。这时可作卖出套利，卖出 3 月合约而买入 6 月合约。果然到第二天，价差由原来的 54 缩小到 –31.6。3 月合约价格为 3 556，6 月合约价格为 3 587.6。第二天把两合约平仓掉就净赚 95.6 点，盈利 28 680 元（95.6 × 300）。类似地第二次机会出现也可以操作。

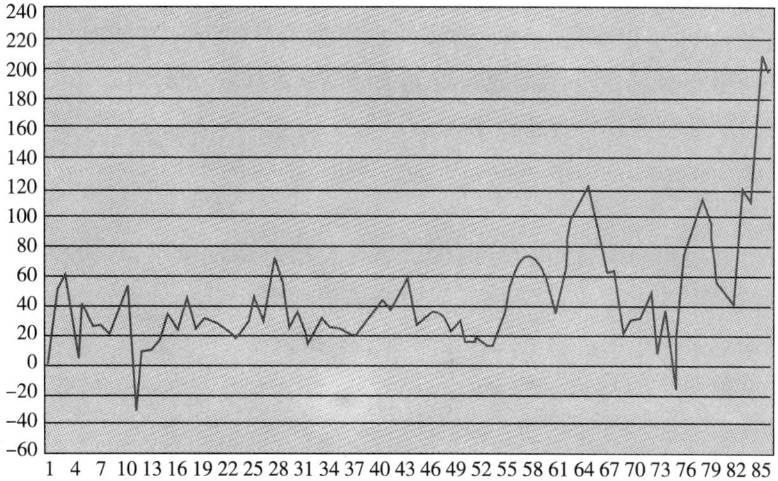

图 10　沪深 300 股指期货 3 月、6 月合约价格差走势图

从上述看，可以抛开那两天数值为负的不管。那么既然 6 月合约价格应当高于 3 月合约价格，那么这种差价维持在一个什么样的位置才是比较合理的呢？

从图 10 来看，这种差价水平一般都维持在 50 一线以下。当这种差价高于 50 时一般差价要回归正常水平。当差价大大地大于 50 时套利机会也就开始涌现，这样可以发现在 2 月 28 日的差价水平偏高，当天达到 211 点的高位。因此认为这种差价水平不是正常，是偏高的，应当会回落，也即预期价差会缩小。做卖出套利，卖出 6 月合约，买入 3 月合约，果然第二天价差缩小至 193. 1 点，盈利 17. 9 点。在这个时候认为价差还会缩小仍可以持仓不变，至价差缩得足够小时再平仓获利出局。

从图 10 来看，虽然价差为正但是如果这种正值过于小，即这种正值大大地小于 50 的话可以认为这种偏离值会增大，也即价差会增大，这时可做买入套利。以 2008 年 1 月 8 日为例，这天 3 月合约价格为 4 403. 7，6 月合约价格为 4 418. 7，价差为 15。因此认为这种价差水平是偏小的，于是买入价格较高的合约，卖出价格较低的合约，即买 6 月合约，卖 3 月合约。至 2008 年 1 月 11 日，价差变为 58；这时把两个合约平仓，盈利 43 点。

以上讲了一下跨期套利的一般方法。值得注意的是：（1）对大势的正确判断非常重要。像上面所举的例子，如果处于熊市中 6 月合约价格低于 3 月合约价格是很正常的，这时如果看到 6 月合约低于 3 月合约便做卖出套利则是危险的。（2）对于价差水平多少能合理，多少又不合理的判断问题。上例中所说的合理水平大概是 50 点位，20 点位以下说明价差水平偏低。这两个数字都是依据以往交易的情况，依据统计得出的，没有严密的科学性。像在上例中有人也可以认为价差处于60水平以下是合理，60水平以上是不合理的。还有就是我选取的仿真交易日期毕竟有限，可能不能很好地发现正常的价差的水平。在这里我仅以此例说明跨期套利的原理和基本方法。

（二）期现套利

期现套利是指当期货市场与现货市场在价格差距发生不合理变化时，交易者就会在两个市场进行反向交易，从而利用价差变化获利的行为。期现套利有助于保持期货市场和现货市场之间的合理的价格关系。

由于股指期货的现货是指数，指数不能进行交易。所以现货必须用股票、衍生工具等来实现。

这里我将介绍 ETFs 于股指期货的套利

理论上讲，可以通过计算期货合约的远期价格 $F = S \times exp[(r-d)(T-t)]$ 来得到远期合约与现货或者远期合约之间的合理价差。

其中，F 为期货合约在时间 t 时的价值，S 为指数现货在时间 t 时的价值，r 为无风险利率，d 为股息，T 为期货合约到期时间（年），t 为现在的时间。

再考虑持有成本，从而得到一个无套利区间，即当远期合约与现货或者远期合约之间不能套利的价差范围。当价差超过无套利区间时，便可实施套利。

例如，2007年12月4日沪深300股指为4 781，设股息 $d=2.6\%$，利率 $r=6\%$，那么2007年12月14日的远期价格 $F=4\ 781 \times exp\ [(0.06-0.026)\times 10/365] \approx 1\ 782.66$。

假设借贷利率差为 $\Delta r=1\%$，这个利率差其实是套利的机会成本；期货合约的交易双边手续费为0.2个指数点；市场冲击成本0.2个指数点；股票交易双边手续费及市场冲击成本为1%，那么折算成指数点：

借贷利率差成本为 $4\ 781\times 1\% \times 10/365 \approx 1.31$ 点；

股票交易双边手续费及市场冲击成本 $4\ 781\times 1\% \approx 47.81$ 点；

期货交易双边手续费及市场冲击成本为0.4点；

合计持有成本 $TC=1.31+47.81+0.4=49.52$ 点。

前面已经求得2007年12月14日期指合约的合理价格为4 782.66点，那么：

套利区间上界为 $4\ 782.66+49.52=4\ 832.18$ 点；

套利区间下界为 $4\ 782.66-49.52=4\ 733.14$ 点；

无套利区间为 [4 733.14，4 832.18]。

也就是说，当期指在4 832.18点以上时进行正向套利或者在4 733.14点以下进行反向套利才会盈利，而且涨得越高正向套利越安全，跌得越深反向套利越安全。

1. 历史数据的分析。下面根据沪深300股指期货仿真交易开始以来得到的数据来考察沪深300股指期货交易实际存在的套利机会。

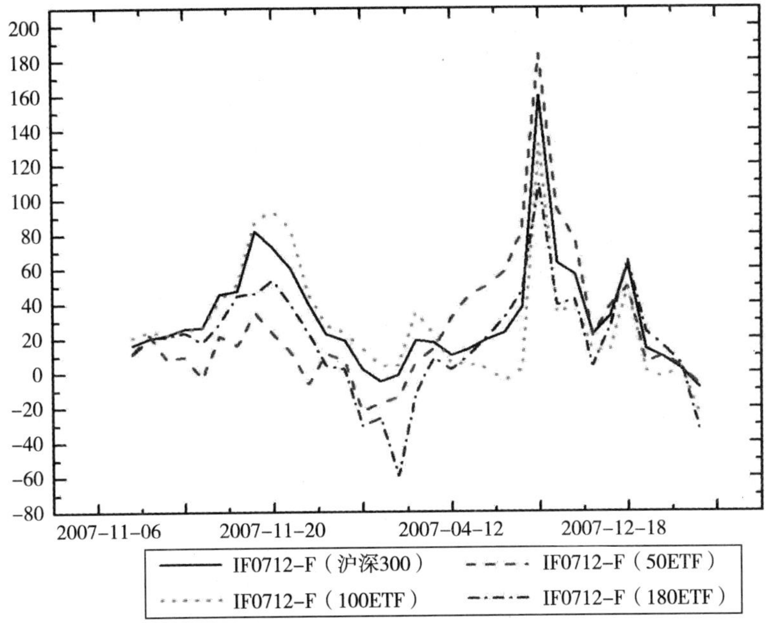

图11　远期价格与现货50ETF，100ETF，180ETF价差，没有扣除持有成本

从图11中很容易看出IF0712与现货的价差达到160点以上，即使扣除持有成本50点，仍然有可观的110点左右的利润。

2. 套利时机的选择。除了大的机构投资者采用程序化交易之外，对于一般投资者来说，都存在一个套利时机的选择问题。依据前述套利的基本原理，在 $F > S \times exp[(r-d)(T-t)]$ 时，套利者可以卖出期货买进现货，在期货到期日结算则可获取套利利润。

此外，由于短期内市场上还没有标的相同的ETF和股指期货产品，投资者只能在沪深300指数期货和现有的ETF产品之间进行跨品种期现套利。在这种情况下，投资者不妨利用股指期货与欲投资的ETF之间的价差来选择套利时机。通常情况下，基差（现货价格与期货价格的差）应在一定的范围内波动。当基差超出这一范围时，可认为存在套利机会。同样，当股指期货与ETF之间的价差超出正常范围时，也是套利头寸建仓的理想时机。

四、股指期货套利风险管理

套利的特点之一就是风险相对较低，但是低风险并不代表没有风险。股指期货套利也存在相应的风险。沪深300指数期货作为我国期货市场清理整顿以来上市的首只金融期货产品，其运行是否成功将对我国金融期货市场的发展产生深远的影响。因此，加强对股指期货交易风险的研究非常重要。

（一）股指期货套利交易中的风险类型

股指期货套利涉及的主要风险有期货合约定价风险、市场风险、流动性风险、模型风险、经营操作风险、政策性风险六类。从各类风险的性质上划分，期货合约定价风险、市场风险、流动性风险、政策性风险属于系统性风险，模型风险和经营操作风险属于非系统性风险。

（二）股指期货套利交易风险的控制

投资者可以从资金管理、操作策略、保持交易的计划性这几方面进行风险的控制。

1. 资金管理。投资者对资金管理的把握主要是考虑两方面的因素：一是考虑自身的风险承受能力，二是投资项目本身特征所决定的最佳投资规模。投资者自身风险承受能力取决于投资者自身的资金实力。对于个人投资者而言，尤其要控制进入期货市场的资金规模。因为，投资机构能够通过融资渠道获得资金，在期货合约价格出现不利的短期调整时，利用再融资资金来追加保证金，以避免被爆仓。而个人投资者因为在融资方面的劣势，无法在市场走势不利时进行及时补仓或追加保证金，很容易在市场运行的轨道上被清理出局。因此，个人投资者尤其要控制自己的资金规模，即使在造成重大亏损的情况下，也能使进行期货交易的资金总量在能够承受的范围内。

2. 通过操作策略控制风险。投资的大多数风险是伴随着市场行为而产生的。决策中的判断失误、项目计划中考虑不周，都是投资者业务风险形成的主要因素。因此，除了建立严密的制度以外，加强对市场运行规律的研究，保证业务运作的科学性，也是投资者风险控制工作中的重要一环。

（1）把握决策方向的正确性。从投资的最终绩效看，决策初期对市场基本政策形势判断的正确性是首要的决定条件。随着沪深300股指期货的推出，我国期货市场上有了一些显著的变化：一是随着金融衍生品的推出，政策倾向对市场的影响将有所削弱，市场本身的运行规律发挥越来越大的作用。二是随着我国经济地位的不断提升，其市场化和国际化程度也不断提高，使得期货市场不仅受到国内各方面因素的影响，还受到国际因素的影响。

（2）保持决策的动态调整。在不少的投资决策过程中，往往是最初阶段的酝酿时间很长，而后来觉得时间紧迫时，常常忽略后续的一个或数个决策环节而直接作出决定。这样，表面上经过了长时间的考虑，但由于缺乏关键的全面论证，导致项目在实行过程中产生顾此失彼的结果。保持决策的动态调整，重要的是在战略上要保持领先。交易之前，做投资策略时，一定对股市进行深入分析，并且在交易中如果发生偏离预计的情况时，及时进行策略调整。

3. 保持交易的计划性。在进行投资之前，必须制订好交易计划，避免盲目操作。交易计划应包括：当前的趋势及后市演变分析；入市基点、交易量及盈利目标；市场突变或判断失误时，能承受的风险值及止损目标。应该注意的问题是：首先，分析市场趋势要跟着大势走，避免逆势而为。其次，制定了具体交易计划后就要坚决执行，优柔寡断会导致交易失败。最后，也是最关键的，就是市场突变或判断失误时，要根据风险承受能力坚决止损。

五、结论

作为我国金融期货市场首只产品的沪深300指数期货合约即将推出，这对我国资本市场的意义重大。对于股票市场（股指期货的现货市场），股指期货将为广大股票市场投资者提供对冲系统性风险的有力工具，从而改变投资者对于股票大盘整体下跌无可奈何的状况。对于期货市场，股指期货将提升我国期货市场的整体层次和行业竞争力。股指期货推出后，我国期货市场作为金融市场重要组成部门的定位将真正落实，市场参与者的大幅扩容和大量资金的流入将给期货市场带来一次难得的发展机遇。

沪深300股指期货套利机会是客观存在的，股指期货套利交易就是一种值得研究的新型盈利模式。股指期货开展股指期货套利交易对于恢复扭曲的市场价格关系、抑制过度投机和增强市场流动性都有着重要的作用。在世界成熟的金融期货市场上，套利和套期保值、投机一样，是市场的一个重要组成部分。

我国的沪深300股指期货套利交易成本等方面，仍需要完善和补充。如套利交易的交易成本应该有别于投机，设为单向成本等。

金融衍生产品能被市场高效合理地定价是市场健康发展的必要条件，而高效的套利机制和足够的套利力量是达到这一目标的保证。

（作者单位：中国光大银行石家庄分行）

浅谈寿险营销队伍的发展与稳定

赵旭光

十年营销，使许多寿险公司从小走到大，从弱走到强。各家各级公司的办公环境得到了改善，高管人员的待遇得到了提高，公司的社会影响得到了加强。但是，这些年来我们的发展究竟给保险营销员带来了什么？特别是与公司共同奋斗了五年、八年，甚至十年的保险营销员，真正通过做保险营销来改善自己身份地位的全国能有多少？仅有的几位，根本构不成对这一从业群体的积极影响。目前保险营销员是“增长性返贫”，保费增长并没有惠及销售人员。物价翻了好几番，佣金比例一直没涨，而且展业中的公关成本越来越大。除了业绩优秀的大单高手能拿点业务推动奖励以外，大多数人并没有在经济收入上有更大的改善。就拿河北来讲，有三分之一以上的人每月收入不足 300 元，还达不到当地低保的水平。为什么我们增人难，留人难，增好员更难的问题越来越突出，关键是保险营销员的薪酬福利待遇没有上去，行业社会地位没有上去，缺乏归属感、认同感和自豪感。截至 2008 年底，河北省考取代理资格证的保险营销员有 30 万人，但留存的仅为 13 万人，留存率不足 43%。

当前，中国正处在一个保险市场非常繁荣的时代，当然也是一个保险人才极度匮乏的时代。不管是业内还是同业，也不管是新公司还是老公司，制约当前营销业务发展的瓶颈因素，归根到底还是一个人员队伍问题。一是新人增长缓慢，二是队伍稳定困难，三是素质提升有限。所以一些新成立的寿险公司，就开始怀疑营销机制的合理性、适应性，不断探索新的营销管理模式。从目前的情况了解到，没有哪一家公司取得突破性的进展并取得了比营销机制更好的实际效果，包括员工制。十年来的实践经验告诉我们，营销机制是稳定队伍、提高业绩的制胜法宝。问题是我们在推行过程中，忽视了随着社会经济的发展，人们观念的改变，需要不断对其进行创新和完善。我们不能拿刚引进营销时的增员市场来对待今天的增员市场。依靠企业关停并转，产生大量的下岗职工，来充实我们的营销队伍。那时所增人员不是因为素质低而被企业淘汰的，而是因为企业破产、一时找不到合适的工作，才来到新兴的保险行业。大部分人综合素质优秀、客户群体丰富、生活阅历合适。一时间稳定了队伍，促进了营销保险业务的快速发展。据了解，目前留存 8 年以上的营销员有 80% 以上都是来自下岗职工。

然而，今天的增员市场，已经没有那么多适合作保险营销的优秀失业者供我们选择。随着社会经济的快速发展，就业趋势明显好转。我们目前所增到的人员不是刚毕业的学生，就是剩余劳动力，要么就是家庭的守护者。素质相对较低，潜在客户较少。出勤没保证，提升没空间，发展没市场，留存没把握。究竟有多少是从其他行业被我们新兴的保险业吸引过来的？不能说没有，但与营销刚起步时相比，相差太远。没有高素质的人员增进来，就永远也不会有营销员队伍的不断改善。营销机制及与其配套的管理办法，仍然是当前保持保险营销员队伍稳定与提高的有效手段。与其说现行的营销机制具有一定的局限性，不如反思一下我们在推行这一机制的过程中，是不是忽略了以下几个方面的问题：一是随着管理制度的逐步完善，忽视了感情激励的作用，致使管理层与员工的距离越来越远，积极性得不到充分的调动和发挥。二是过分强调“二八”定律，忽视了中国多数居民“不患寡而患不均”的心理障碍，团队意识的物质基础就是共同富裕的问题。三是依赖“高奖励带来高业绩”的办法，把加大奖励力度作为发展业务的强心剂，忽视了高薪只是短期内人才资源市场供求关系的一种体现，而福利则体现了企业对员工的长期承诺。四是仍然依靠传统的队伍发展模式，通过不断加大增员奖励和提高新人待遇促进增员，忽视了保险营销员整体社会地位的提升和增员市场的创新和培育。这些都是经验主义的一种表现，不是我们的营销机制不好，而是我们一些管理人员的思想僵化，看不到新形势下的新情况，不敢求新求变，缺乏大胆创新的能力和水平。一谈到销售队伍建设，就是增员提素质，根本就体会不到当前保险营销员的实际收入在相对下降。老人都不想干了，新人还能来吗？仅仅依靠提高现有人员素质来维持每年百分之十几的增长幅度，困难相当大，可能性非常小。当前我们要应对的不仅仅是来自同业的竞争和满足自身发展的需要，而是要来自行政执法经济和其他营销（传销）行业的发展。政府越来越重视社会保障问题，政策层出不穷，什么责任险、计生系列保险、农村合作医疗等，都在与寿险争夺市场。“安利”、“完美”等类似传销组织发展势头越来越旺，正在与寿险争夺人才。因此，我们在企业发展的战略定位上最好能体现提高人才竞争和市场竞争两种能力。保险是一种需求导向性产品，需要保险营销员主动推销。公司的实力再强、影响再大，也不会像商场一样，客户主动上门来买我们的产品。何况营销业务在各家寿险公司的重要作用，更决定了我们经营的重点还在销售队伍的建设上。要想保持营销员队伍的稳定和提高，必须走“福利增员、制度激励、培训创效、文化强司”之路。必须加大营销员的福利政策，提高营销员的社会地位，增强营销员的职业自豪感，创造增员留人的良好环境。这些年来，我们感到保险营销员队伍的稳定与提高一直是各家寿险公司急需破解的一道难题，关键是我们忽视了企业是经济生产、员工生活的场所，更为重要的是员工实现自我、成就自我的场所。企业的目标是企业成长和员工发展双重目标的统一。如果单纯考虑企业的经济利益和社会影响而不尊重员工的个人成长，那只是一个不成熟的企业，优秀的员工迟早会毁约而愤然离去。让员工、客户同自己一起成长的企业，才有可能成为一个成功的企业。这里的成长是指个人社会价值与企业一起提升，经济利益与企业一起提高。因此，在新形势下，保持营销员队伍的稳定与提高，笔者认为应该采取以下策略：

一、明确营销员身份，尊重营销员合法地位

关于保险营销员的职业定位，虽然我国的法规没有明确界定，但并不能说明其存在的不合理，应该受到被边缘化的待遇，只能说明中国法律的缺失。既非个体工商户，又非《保险法》意义上的个人保险代理人，也非与保险公司签订劳动合同的聘用员工。既有雇员的特征，又有非雇员的特征。这些模糊不清的说法或者是规定，造成了保险营销员承担的税负较重，与类似职业的基金、话费套餐、房产合同推销员等人员相比，身份地位相同，服务对象一致，推销产品类似。但这部分人免交营业税，而且个人所得税的起征点也远远低于保险营销员。正因为这样，作为依靠保险营销员成长起来的保险公司，理应成为保险营销员切身利益的忠实代表。虽然不能以聘用员工对待解决社会基本养老、医疗问题，但完全有可能依据国家现行政策去积极组织争取；虽不能解决营业税免除和个税起争点偏高问题，但可以主动向当地政府及保险监管部门去不断反映。《保险法》规定的委托代理关系不能改变，施行多年的营销机制不能怀疑。唯一需要改变的是我们对保险营销员的态度和感情。无论目前就保险营销员法定身份有何争论，作为保险公司都要旗帜鲜明地喊出：“保险营销员就是我们的员工”，保险营销员有权力分享公司的发展成果，有资格要求公司协助解决社会福利保障问题。在保险营销员的合法地位上，法律、法规可以边缘化，但保险公司不能，必须态度明确，他们虽不是真正意义上的员工，但起码要想办法以员工方式去对待。因为保险营销员是保险公司发展的重要依托，是销售力量的核心组成部分。

二、提高营销员福利，改善营销员生存状况

目前保险营销员的个人收入主要来自佣金、手续费和绩效奖励、管理津贴。

在福利方面也就是保险公司按业绩分类所提供的商业养老和医疗保险，至于节假日物品和职业着装也多以业绩多少作为发放的前提条件，始终让保险营销员感到，保险公司时刻与他们谈条件、讲价钱。业绩好的不以为然，业绩差的感到公司缺乏人情味。长此下去，激励的作用起不到，队伍的稳定还受到影响。这种办法在营销初创之时，或新人团队可以起到一定的作用。但相对成熟的营销团队和保险营销员，主要还是靠文化士气、靠《保险营销员管理办法》拉动业绩的增长。实践证明，公平的福利计划可以稳定团队，透明的考核制度可以提升业绩。薪酬可以有多有少，因为人的能力有大有小，对公司的贡献有高有低。但是在福利面前，必须做到人人平等。这是对一名考核合格保险营销员的承认。这样才能使其有归属感，使其认为自己是公司的员工。福利不在多少，哪怕是一支牙膏，如果能够做到考核合格营销员与单位的最高领导一样，这个营业单位的凝聚力、战斗力、竞争力肯定会相当强。只要依据《保险营销员管理办法》规划好每个人的发展目标，业绩不催自上。为什么增员有困难，提高素质人才更困难？主要是保险从业人员的社会地位从根本上没有提高起来，原因是单位福利和社会福利始终没有得到解决。一方面是公司初创时期资金困难，另一方面是公司实力增强而忽视了这一问题。其实，保险营销员并不在乎公司给多少，而在乎公司是否关心。就拿社会基本养老和基本医疗来讲，依据现行国家有关政策，完全可以以灵活就业人员的身份由公司集中办理，只不过需要在人员管理部门设一个类似劳动服务公司的工作岗位，人事档案可以不管，只负责建立社保档案和社保关系转移。但遗憾的是，全国没有哪一家公司能够这么做。全国的农民很快就要普及社保，而我们的保险营销员还不能得到这方面的保障，应该说值得我们重视。商业养老保险再好，也代替不了社保。因为商业保险相对特定人群来讲，不具有普遍性，事实上不是每个人都有经济能力依靠商业保险养老。何况社保是国家政策下的大众福利，人人都想终生追求的安全保障。如果我们能让保险营销员逢年过节有礼品、一年四季有劳保、春夏秋冬有服装、养老医疗有社保，具有白领阶层一样的地位，有公务员一样的福利，有个体户一样的收入，有执法人员一样的着装，不相信我们会增不到高素质的营销员，不相信没有其他行业的人放弃现有的工作而加盟保险公司，不相信应往届大学毕业生宁可选择挣三、五百元钱从事营销员一样的工作，而不选择我们保险事业。只要把草种绿，把水蓄足，牛羊不赶自来。

三、关心营销员成长，创新营销员管理模式

目前保险营销员的管理主要是依靠《保险营销员管理办法》，其成长是受法

定程序约束的，应该说激励作用很大，培养造就了一大批保险营销和管理人才。这一点在平安保险公司体现得比较明显，原因是该公司推行的是营销一体化战略。但作为国有公司，营销体制与直销体制共存，统一于一个机构领导之下，虽然也实行费用预算管理，可实际上还是保费核算制。当保险营销员发展到一定程度的时候，大多数都体现出强烈的政治诉求。不是想继续发展团队、做大业务、挣大钱，而是想当行政经理、挣年薪，谋求政治地位。一旦因能力有限，不能胜任工作被免职，造成有团队不能回，有官不能当，除了跳槽，就是转行。公司有损失，个人有代价，行业有影响。面对这种情况，必须创新营销员的管理模式，寻找一条有利于营销员成长的最佳途径。依笔者之见，一是推行营销业务垂直管理，以省级为单位，实行资源共享。单独核算，统一考核，彻底实行营销一体化战略。杜绝营销员主管与其他岗位人员的交流，从上到下严格按《保险营销员管理办法》进行管理和考核，使每一个保险营销员都集中精力发展业务，壮大组织，增加收入，提高水平。二是鼓励营销团队经营实体，以个人集资的方式，与农村乡（镇）村政府或城市建筑、旅游等行业协会共同投资，建立保险代理有限责任公司，一方面可以充分利用对方的人才和行政优势，另一方面可以有效占领对方的客户市场，同时也满足了营销员经营经济实体的心理愿望。这是一个“三赢”的举措，也是由目前的委托代理制向合作经营制转变的一个初探，前景非常看好。三是推行营销员福利计划。在现行的《保险营销员管理办法》中，明确保险营销员的福利待遇标准和自律公约条款，做到恩威并重。恩不施无以立威，威不施无以治世。只要《保险营销员管理办法》考核达标，并遵守自律公约，各项福利上下一致，不允许和保费业绩、增员任务相挂钩，最大限度地增强保险营销员单位归属感和职业自豪感，为保险业的不断成长营造良好的社会环境。至于业务的发展主要是依靠各种企划激励和文化氛围的推动。四是要积极探索兼职营销员队伍建设。从目前的增员市场和社会情况看，这是一条迟早需要探讨的保险营销之路。国情决定的展业方式具有一定的局限性。这就决定我们在增员甄选过程中，其身后的潜在客户是最值得重视的一个主要因素。兼职人员文化素质较高，客户市场较好，具有一定的发展潜力。关键是如何进行考核管理。可以针对这些人专门制定基本法或管理规定，也可以按不同的兴趣和爱好，以俱乐部的形式将这些人组织起来，定期活动，寓教于乐，乐在营销。

（作者单位：中国人寿保险股份有限公司河北省分公司）

实现保险公司价值可持续增长的经营管理模式探析

崔顺心

由美国次贷危机引发的金融危机波及全球，给中国保险业带来一次重大考验，不少企业首当其冲，经营管理严重受挫，暴露出在业务发展、内控管理、人力资源管理及财务管理等方面的问题。

面对这一严峻形势，中国太平洋人寿保险河北省分公司践行科学发展观，按照太平洋保险“内含价值持续增长”的长期发展战略，努力打造具有河北特色的企业运行机制和经营管理模式，通过绩效管理牵引和资源配置，以优化经营管理模式为切入点，进一步引导核心业务发展，优化业务结构，实现科学发展，积极应对金融危机。

截至2009年8月31日，中国太平洋人寿保险河北省分公司全辖累计实现规模保费28.95亿元，按照太平洋寿险总公司标准保费统计口径，折合标准保费24.53亿元，同比增长48.77%。按照中国保监会标准保费统计口径，折合标准保费5.97亿元，同比增长39.02%。规模保费、标准保费在系统内排名全国第三位，标准保费特别是核心业务步入高速增长的良性发展轨道。

一、遵循寿险发展规律，优化经营管理模式

目前，根据太平洋寿险总公司优化经营管理模式的工作部署，分公司采取的是“条块结合，责权利统一”，条线纵向管理与中支机构横向经营相结合的矩阵式经营管理模式。即：分公司各业务管理部门对本条线业务费用进行管控，并对条线经营成果负责；中心支公司主要负责本地市场拓展及公司日常运营，在分公司全面预算管理范围内，对本机构预算执行情况及经营结果负责。

河北省分公司管理模式实施关键点是：权责利对等，充分赋予条、块在经营管理中一定的管理和资源配置权利并与其利益挂钩，是充分发挥矩阵式管理作用的关键；各种配套措施、管理办法的建立和完善，是管理模式有效落实的保障；预算管理集中和人力资源管理集中是各项管理措施顺利执行的根本。纵横交错的管理模式能同时发挥条和块的管理作用，且条、块互相牵制，使分公

司利益最大化。分公司集中管控的大类费用分权至各管理条线，权责利对等，能充分调动条线的管理积极性、资源配置的合理性及专业化程度提升，各类费用成本能够得到有效的控制。分公司对机构和条线分别核定收支考核指标，与各类人员薪酬挂钩，能确保条线收支目标达成的同时机构整体目标达成。

在财务资源配置方面：采用全面财务预算完全控制方式，即分公司对中支机构费用政策采用可用费用率、全口径费用支出考核的方式。分公司以总公司费用政策为蓝本，对中心支公司下达分险种、分缴费年限的财务可用费用率，以年度收支预算为基础，按照责权利相统一的原则在分支机构间和各条线间合理分配费用资源，调动各机构和各条线的能动性，强化分公司的集中调控性。关键点是编制支出预算的公开、公正、量化、透明。在资源配置中，坚持“四重原则”即“重点渠道、重点网点、重点人员、重点投入”，引导机构深化资源投入意愿，提高管理成本的产出率。“四重”的核心就是差异化的管理思想，要求管理者在日常工作和长短期发展拟定上正视发展差异化、地区差异化以及客户资源精细化开发等因素。将差异化的管理方式和投入作为效益产能，实现业务渠道和各级机构的长期健康发展。

在人力资源管理方面：河北分公司实行了人力资源的组织架构、队伍建设、薪酬管理、合同管理等方面的集中管理。统一了全辖的组织架构，实现全辖统一的架构、岗位设置，理顺了管理职能；实现了人员招聘的完全集中；规范了全省劳动用工合同，实现了全员劳动合同的契约化管理。

注重抓好各级干部和骨干队伍培训，特别是抓好三、四级机构班子和干部队伍建设。针对干部骨干队伍出现的新情况、新问题，首先是注重抓好干部骨干队伍的稳定工作。针对市场竞争、同业挖角、人心浮躁等因素造成的队伍不稳问题，加强人力资源管理与挖潜，立足现有干部骨干队伍抓稳定、抓提升，创造拴心留人的环境，增加公司核心竞争力和凝聚力。其次是狠抓干部员工素质的培养，做好各层级骨干的培训工作。坚持每周一次的日常培训制度，举办各种专业培训班。实施全辖内勤干部员工全员公共课目和专业课目的学习考试；出台政策、鼓励在职学历及非学历教育，全面提升干部员工的素质。最后是突出抓好中心支公司班子建设和营销服务部经理的培养。配齐配强中支班子和营销服务部经理，强化一把手的协调、统筹能力和分管总的专业管理能力，发挥班子的整体合力，用其所长，优势互补。培养一批能力较强的营销服务部经理上岗，拉动四级机构达标晋级。

为保证公司经营策略、关键业绩指标以及绩效考核制度的结合，从而保证分公司经营思路和方向的正确性，分公司推进高目标、高标准、严考核、高收入的绩效文化建设，在绩效考核制度中体现公司的关键业绩指标导向，通过指标的权重突出中心工作，绩效考核与关键业绩指标紧密结合，且与经营管理模式保持一致，体现条块结合的矩阵式管理。

二、提升公司销售能力，推动价值可持续增长

科学发展观第一要义是发展。实现公司价值持续增长，提升销售能力是首要必备条件。提升销售能力，必须坚持以人为本，加强销售团队建设；进一步加强业务管理团队建设，通过学习、培训、传承、考评、交流、考察等多种形式，提升管理团队专业化程度和综合管理素质。

营销渠道围绕人力提升和机构晋级两大主线，推动营销业务优化发展。在人力发展方面：牢固树立“增员就是生产力，是基础工作的基础”的理念，坚持“扩大进口，降低出口”的增员原则。在扩大进口方面，将《保险营销员管理办法》作为推动人力成长的核心政策，利用新人政策和人才引进政策，以及阶段性的增员竞赛，强力推动人力发展；在降低出口方面，以《保险营销员管理办法》为依据做好各层级人员的职业生涯规划；将基础管理和基础训练落到实处，从新人岗前培训入手，规范新人培训课程，全面落实衔接训练，持续提升主管的辅导能力，不断提高业务员的留存率；关注两个月开单率、三个月转正率和六个月留存率。在推动县级机构成长方面：结合总公司《机构达标晋级管理办法》，贯彻落实《营销服务管理办法》，推动机构成长。各中支差异化地制定县域机构达标晋级目标，按季度追踪目标进度；深入落实以“4 +4”为核心的基础管理和基础培训，不断提高留存率；加强团队文化建设，打造有凝聚力、有精神追求的团队。加强县级服务部经理的培养，落实“提升型”和“卓越型”以上机构副职的配备；加强组训的培养与考核。“4 +4”基础管理系统是营销团队基础管理的核心。在推动“4 +4”基础管理系统方面：首先强化了组织方面的建设，将后 4 的建设（营销服务部管理办法、专、兼讲管理办法、组训管理办法）放在首位，对前 4 的推动起到了助推器的作用。衔接训练在各营销服务部全面展开，并不断总结完善。活动量管理系统以蓝海业务部为基础，以所在营销服务部为试点总结经验，逐步推广。我司唐山中支开发了管理层的活动量管理工具“两表”，提升了活动率，使管理更加清晰、具体化，效果显著。要求在个险管理层坚持使用日统计表、月统计表，以此积累团队数据、掌控团队状况、运用数据管理团队。增募系统与会议系统在已执行的基础上总结与完善。在产品方面：实行差异化、有层次的产品策略，大力发展分红险和传统险。不同客户差异化产品策略，分红险面向中高收入客户，传统险面向低收入客户以及其他客户的产品组合。不同业务员差异化产品策略，3 个月以内的新

人或正式业务员以下职级人员应以销售传统险为主。

在努力提升营销渠道销售能力的同时，河北省分公司在直销、银保和续收渠道对核心业务的销售能力提升丝毫不放松：

直销渠道坚持以效益为导向，把有效益的意外险保费规模增长作为主要目标，进一步实施结构优化和调整直销业务结构。在意外险发展方面，立足与政府部门的协作，发展上规模、高效益、来源稳定的意外险渠道，进一步做好对老渠道挖潜工作，加强新渠道的研究开发力度和中小企业客户的开发和积累。加强短期险业务取得成本控制，规范市场行为，努力降低违规经营风险。在健康险发展方面，大力发展第三方管理业务。根据各地实际，确定目标市场，特别是县区市场，取得业务，增强影响力，赢得效益。在企业年金发展方面，对重点市场和重点企业全力做好开拓和达成。按照大项目部运作模式，整合分公司和中心支公司的资源，全程跟踪和实施。不断加强分公司团线队伍建设，实现高效指导、管理和服务。

银保渠道以核心业务推动为抓手，按照银保业务规模保费适度增长、期缴业务高速发展的业务经营思路，实现银保渠道经营效益与市场份额的双赢。继续坚持"规模保费摊薄固定成本，结构优化实现费用贡献"的长期发展战略，不断提升渠道内涵价值和市场份额。以核心业务平台稳步提升为重点，在确保年度预算达成基础上积极改变机构间核心业务发展差距过大现象；坚持"四重"政策，在渠道维护保持良好氛围的基础上，积极推进银保新合作模式的发展；重申银保客户资源稀缺性和持续发展的经营效益观，加大对满期给付客户及现有客户存量开发的力度，提高经营效益；平衡市、县业务发展占比，在确保机构市场份额和地位的基础上，不断挖掘和巩固银保条线渠道资源及客户资源。加强后援综合管理力度，提升专业化管理能力，提高后援管理效率；加强费用管控，严密测算银保业务的综合成本，合理支出，确保实现分公司下达的费用贡献目标；继续重点关注绩优网点、绩优人力，不断提高两者占比；在落实基础管理工作的持续经营中，提升队伍人均产能、加强队伍稳定性，锻造高忠诚度、高素质、高产能、高绩效银行保险客户经理队伍。

续收渠道持续提升续收 KPI 指标，深入推进续收体系转型，提升渠道价值。持续提升续收指标达成，加大新保拓展力度，细化分解作业动作，从降低退保率、提升续收率、细化管理动作、提升队伍服务行销技能等方面开展工作。加大政策牵引，将 13/25 月继续率与首、续期管理人员考核挂钩，并细化客户服务室主任 KPI 指标的分解考核。建立服务前置机制。针对 5 万以上保单制定提前回访政策，实现个续联动。做好应缴后的维护管理动作。通过细化基础管理手段，加强队伍培训、开展业务竞赛，提高对首轮提醒、上门提醒、失效预警、失效回访环节的执行力，拉动指标提升。逐步实现与银联的合作，拓宽合作渠道，加快实现邮政省级代扣操作。积极探索短信、移动 POS 交费等电子化催收、缴费工具，提升续收效率，降低成本，控制风险。加强企划督导，提升队伍素质，深化和推进存量客户激活项目，充分运用、盘活河北省分公司发展过程中积累下来的存量客户资源。

为进一步提升销售能力，根据集团公司、总公司部署，河北省分公司大力推动产、寿险交叉销售，从组织架构、队伍建设、销售管理等方面入手，利用各自网点优势，实现共赢，保障企业可持续发展。

三、完善内控体系，提高风险防范能力

在 2009 年全保会上，吴定富主席提出了“防风险，调结构，稳增长”的工作要求，把防风险放在了首位，可见风险对公司业务发展、经营管理、品牌建设所带来的影响是非常巨大和深远的。为此分公司在抓发展的同时，还十分注重抓内控制度建设和风险防范，采取措施，努力将风险降低至最小。

在队伍建设方面：实现中心支公司合规与风险管理员全派驻。重新确认了各管理部室兼职合规与风险管理员，中心支公司各部室相应确定了兼职合规与风险管理员，进一步明确工作职责，基本形成了专兼职相互配合的合规与风险管理组织架构，形成专兼配合、纵横交叉的合规管理体系。

在风险识别与评估方面：针对 2008 年度“操作风险控制与自我评估”工作中剩余风险级别在“显著”以上（含）的，根据降低风险行动计划跟踪整改情况，按季度向总公司风险管理部上报风险监控情况。认真落实总公司《操作风险管理办法》，第四季度按照有关操作风险管理的规章制度组织、协调、监督分公司各部门和辖内中心支公司开展年度“操作风险控制与自我评估”工作，梳理关键风险点，为 2010 年操作风险管理打下基础。

在控制活动方面：继续严格执行总公司《合规手册——销售分册》，落实各销售条线《保险营销员管理办法》，加强合规培训和宣导；在目前财务、业务系统还没有实现无缝对接的情况下，进一步提高操作人员的责任心和专业技能，降低业务操作的差错率，提高工作效率。加强数据的核对工作，保证财务业务数据的一致性。并积极向总公司反映系统存在的问题和日常核算、管理的需求，力争早日实现财务、业务系统的无缝对接。

在信息与沟通方面：建立畅通的信息资源渠道，定期对信息岗位人员进行培训，强化信息报送的及时性，确保公司经理层及时、准确了解业务信息、管理信息、重要风险信息。

在监督方面：加强教育培训，落实《合规责任人管理办法》及《合规手册》，对各责任人的履职情况进行监督检查。做好内控评估，监督缺陷的整改。认真落实总公司《合规管理事项督办制度》，强化各条线的合规工作职责，堵塞内控漏洞。继续开展对辖属支公司、营销服务部的现场检查。做好反洗钱日常工作和治理商业贿赂专项工作。

（作者单位：中国太平洋人寿保险股份有限公司河北省分公司）

保险企业的核心竞争力研究

程康平

随着我国保险市场的不断开放和保险公司数量的增加以及保险行业资本的累积，保险业的竞争程度不断升级，简单的跑马圈地和产品推陈出新，甚至是公司管理体系、治理结构的改变都无法成为决定性力量使某一家保险公司在竞争激烈的市场上赢得优势。随着保险深度和保险密度的延伸，保险业作为市场经济制度的重要组成部分，制约保险市场发展的因素不断增加，也更加复杂，使我们不得不站在新的角度，重新审视保险业面临的机遇与挑战，借鉴先进的理论和经验，更系统、更科学地思考关于保险企业的核心竞争力问题。

1990 年 Hamel 及 Prahalad 提出：核心竞争力“是组织中的积累性学识，特别是关于如何协调不同的生产技能和有机结合多种技术的学识”。核心竞争力是属于组织共有的学识，而不属于个人或业务单元专有；核心竞争力是技术、技能协调和整合的结果，这种整合需要管理的介入，通过有计划的市场调研、技术研发、生产过程的控制、有效营销体系和方法，确保向市场提供有竞争力的产品；突出了核心竞争力构成要素的技术性。以笔者在保险业多年从事管理工作经验看，保险企业核心竞争力同样如此，也有行业差异性。

一、保险企业核心竞争力的界定

保险企业有着与一般企业不同的特征。由于保险商品无法申请专利，同时监管机关要求保险产品的相关信息要公开和透明，因此，竞争对手的模仿非常便利，在保险业以新产品为手段构建核心竞争力是不可靠的。因此，保险产品与服务的竞争更多地体现为“品牌”的竞争。笔者认为保险企业的核心竞争力应表现在以下五个方面：强大的品牌塑造能力；适应市场细分的、定价定位合适的产品开发能力；完备的市场拓展体系与能力；灵活的市场反映和风险防范、控制、处理能力；强大的资金运用和增值能力。保险公司的核心竞争力是指保险公司具有明显竞争优势、扩展应用潜力和竞争对手难以模仿的整合各种资源的能力。

二、保险企业核心竞争力的来源

认识企业核心竞争力的来源，对于帮助企业培养和增强自身的核心竞争力无疑有着巨大的价值。西方学者的研究认为，就一般企业而言，企业核心竞争力主要来源于学习能力与战略的灵活性，技术管理能力，人力资源管理能力。

学习型企业能够快速地获取、创造和转移知识，并能针对新形势和新知识迅速调整自己的行为和战略。学习型企业不是一夜之间就创造出来的，它需要在企业内形成鼓励学习的环境，并消除一切影响思想交流的障碍。从长远来看，学习能力与战略灵活性作为企业的核心竞争能力，最终体现为企业能比竞争对手更快地学习、更迅速地通过学习调整自己。

技术是关乎企业增长和获取业绩的一个重要变量，如果一个企业能够获取到可以用更低的成本、以更高的效率完成企业活动的技术，企业就拥有了竞争优势。成功的技术管理需要特殊的技能、知识和经验的积累，更需要能整合企业的技术资源、使其发挥最大效用的企业内部管理体系。保险企业的技术核心就是营销力建设。

人力资源是企业最核心的资源。作为企业核心竞争力来源的人力资源管理，更强调把个人动机与企业目标有效结合的管理能力、建立一个善于学习的员工团队的能力、维持一个能有效应变的管理团队的能力。具体到保险企业，保险企业的核心竞争力来源分为外部来源与内部来源。外部来源包括市场结构、产业竞争程度、产业政策和保险需求；内部来源则包括制度、人力资本、非人力资本、管理、技术、企业文化、信息化和保险产品等。由于外部来源具有不确定性，因此保险企业应主要从内部来源考虑增强自身竞争力。

三、保险企业核心竞争力的作用

核心竞争力是企业独有的、不易被模仿的持续竞争优势，也是企业综合实力的反映。从经济学角度来看，核心竞争力的终极目标是创造更多的消费者需求，为股东带来更多的收益，实现企业价值的最大化。从核心竞争力的自身角度来看，企业实现这一最终目标的主要路径反映在以下三个方面：一是核心竞争力使得企业更关注自身的根本优势，因为只有不易被他人模仿和学习的核心竞争力才能给企业带来持续的竞争优势。二是核心竞争力对企业的扩张起着战略指导作用，企业选择专业化还是多元化的发展战略，很大程度上取决于企业核心竞争力的结构与大小。三是核心竞争力对企业学习能力和创新能力有着较高的要求，要使企业核心竞争力始终保持动态成长就必须建立起相应的富有活力的学习机制和创新机制。

对保险业来说，随着保险业入世保护期的全面结束，特别是经历了国际金融危机的洗礼，我国保险业将面临全面开放的新形势，核心竞争力对保险企业也将具备更为重要的功能。第一，随着中国保险市场对外开放进程的加快，市场主体不断增加，从市场分工的角度来看，分工将不断细化，最终将迫使保险企业修理“枝蔓”，强化“主干”，以主干的竞争力优势即核心竞争力强化或巩固自身的市场地位。第二，保险企业为了保持和巩固自身的市场定位，必须集中全力，调动所有的资本资源、社会资源和人力资源来强化自身最具优势的特色——核心竞争力。第三，核心竞争力将引导新的经营理念，即企业最重要的不是过分关注市场份额，而是关注市场价值；不再强调垂直一体化，而是强调产品研发与保险服务提供的内部化、销售的外部化。总体来看，后金融危机时代，保险企业之间的竞争将主要呈现为核心竞争力的竞争。

四、保险企业核心竞争力的评价

国际上对企业核心竞争力的评价方法有多种方法。保险企业是一种提供金融商品特殊服务的企业。鉴于保险企业在经营中存在的很多特殊性质，在研究其价值实现的关键环节——分支机构的过程中，更要注意评价方法的选择。因子分析方法对于研究分支机构层面的竞争力具有得天独厚的优势：首先，因子分析方法可以引入很多变量，这对于经营琐碎的分支机构来说可以更加全面地考察其竞争力的影响因素。其次，因子分析的强项是通过降维达到分类和排名，这样可以将分支机构需要考虑的几十项因素简化为几项因素，便于抓住主要矛盾。再者，因子分析方法在同一系统内进行排名和比较。最后，作为一种科学有效的方法，因子分析法可以更好地实现系统内鼓励与惩罚的实施。

表 1　　保险公司分支机构竞争力评估因子分析指标表

一级指标	二级指标	计算公式
规模实力	总保费绝对市场份额	分公司保费/地区保费合计
	总保费相对市场份额	分公司保费/当地份额最高的竞争对手保费
	个险渠道绝对、相对市场份额	个险渠道保费收入/地区个险渠道保费总和；个险渠道保费收入/当地份额最高的竞争对手个险渠道保费
	团体直销渠道绝对、相对市场份额	参考上条
	首年期交保费收入绝对、相对市场份额	参考上条
	续期保费收入绝对、相对市场份额	参考上条

续表

一级指标	二级指标	计算公式
持续发展能力	首年期交保费收入占比	首年期交保费/首年保费
	续期保费收入占比	续期保费/总保费
	个险渠道首年保费收入占比	个险渠道首年保费/首年保费
营销能力	组训与个人代理人数比	组训/代理人数
	代理人人均每月首年保费	个险渠道首年保费/个人代理人数/12
	代理人人均每月期交产能	个险渠道首年期交保费/个人代理人数/12
	代理人人均每月首年可提佣金	个人代理人渠道首年佣金/个人代理人数/12
	讲师与个人代理人数比	讲师/代理人数
内部管理能力	员工人均标准保费收入	标准保费收入/员工人数
	退保率	退保金/（长险保费收入+上年长险责任准备金）
	综合费用率	营业费用/保费收入
	续收率	本年续期保费/（上年首年期交保费+上年续期保费－满期的续期保费）
	非销售人员与销售人员数比例	非销售人员/销售人员数
创费创利能力	可提费用增长率	本年可提费用/去年可提费用
	人均创费	短险利润/员工人数
	人均创利	可用费用/员工人数

五、保险企业核心竞争力的培育与提升

核心竞争力的培育与提升是企业战略的重心。培育与提升保险企业的核心竞争力是一个系统工程，也需要一个过程，特别需要从品牌、产品、销售、风险管理、资金运作等方面着手。

从企业内部来看，对保险企业而言，加强创新能力建设是培育和提升其核心竞争力的重要举措。保险企业的创新能力包括理念创新、制度创新、产品创新、服务创新、资金运用创新、销售渠道创新等方面。此外，保险企业的人力资源管理、公司治理结构、企业文化对培育和提升核心竞争力也具有十分重要的意义。

从外部环境来看，完善市场环境、加强监管体系建设也有助于保险企业构建和加强自身的核心竞争力。政府应从保险市场的进出制度、保险业税收政策、保险投资政策以及保险服务贸易政策四个方面调整保险产业政策，为保险公司

提高核心竞争力创造条件。就保险中介市场发展与保险企业核心竞争力之间的关系而言，发达的保险中介市场对保险公司核心竞争力的培育与提升具有重要作用，因而监管机构应从发展中介市场体系的角度出发，完善中介市场监管制度。

保险企业作为专业经营风险的企业，其利润来源包括承保业务和投资业务两个方面。作为中国的保险企业，还面临市场规模迅速发展、市场主体不断增加、市场竞争并不充分、市场体系有待完善等外部环境。保险业务的特性、保险企业经营的特征及保险市场的结构都会对我国保险企业的核心竞争力产生深远的影响。

（作者单位：泰康人寿保险股份有限公司河北省分公司）

国有商业银行改革与县域金融资源合理配置实证分析

卢　钦

县域经济是国民经济的重要组成部分，是连接城乡经济的重要桥梁和纽带。作为县域经济的核心——县域金融对县域经济的发展发挥着重要的推动作用。近几年来，随着金融体制改革的进一步深化，曾在县域金融中担当主角的国有商业银行逐步淡出，使县域经济的发展面临着前所未有的资金困难。人行邯郸市中心支行为探索县域金融资源配置的优化、加大国有商业银行对县域经济发展的支持力度、统筹城乡协调发展的新路子，就此展开调查，提出了商业银行金融资源回流农村的大胆设想，供参阅。

一、国有银行资金逆向流动加剧县域资金的供求失衡

金融体制改革在促使国有商业银行业务迅猛发展的同时，由于经济体制、社会信用以及法制环境等一些深层次的制约因素没有及时解决，也给国有商业银行带来了巨大的金融风险，致使国有商业银行尤其是基层行大面积亏损。2000 年，邯郸市县域国有商业银行分支机构不良贷款已达到 35.5 亿元，占全部贷款的 46.1%，占全部金融机构不良贷款 44.9%。为转变经营困境，提高经营效益，“十五”期间，国有商业银行开始由粗放经营向集约化经营转变。这一阶段，县域商业银行的存款持续攀升，贷款则低幅增长，尤其是直接支农的中小企业贷款、农业贷款余额总体下降，金融资源逐步脱离农村，银行资金开始向大城市、大企业、大项目、大园区集中。

（一）国有商业银行对农村经济的支持力度减弱

1. 机构、人员大量撤并，金融服务功能弱化。2000—2005 年，邯郸市十四个县共撤销支行级的银行机构 4 个，县级机构下设的分理处共撤销 5 个，农业银行营业所 47 个，储蓄所 117 个。人员缩减了 35%。各县各行大多只有一个机构，顶多“一托一”（一个营业部和一个储蓄所），且机构集中分布在县城所在地，乡镇以下基本上没有营业网点。撤并造成企业结算渠道不畅，居民存取款

困难。

2. 县域商业银行存贷差高位波动，有限的农村金融资源持续倾斜城市建设。2000 年至 2005 年，邯郸市 14 县工行、农行、中行、建行存贷差由 372 420 万元扩大到 994 835 万元，增长了 167%；而存贷比则由 65.75% 下降到 49.22%。商业银行吸收的农村资金大量上划、转移。

3. 农村贷款增幅低于城市贷款增幅，金融资源配置倾斜。邯郸市投放县及县以下的贷款（剔除特大型企业贷款和由于不正常因素造成的临时贷款）2000 年和 2005 年增长率分别是 8.03% 和 -1.11%，同期商业银行投放到城市的贷款增长率为 12.28% 和 5.29%。农村贷款增幅小于城市贷款，商业银行资金运用重点转向了城市领域。

4. 贷款增长幅度落后于经济增长幅度，对农村经济发展不能同步促动。以邯郸市东部 10 个重点农业县为例。2000 年至 2005 年，剔除核销因素，东部 10 县国有商业银行共新增贷款 5 522 万元，年均增长幅度为 0.3%。同期，10 县的地区生产总值和固定资产投资年均增长幅度为 13.4% 和 21.2%。商业银行贷款余额占全县贷款总余额的比例也逐年降低，商业银行对经济的促进作用明显减弱。

（二）制约金融资源留存农村的主要因素

一是县域经济低质、低效。县域经济以农业和中小型民营经济组织为主。目前状况是农业规模化、产业化程度比较低，农产品初级产品居多，深加工不够，产业链比较短。多数企业经营粗放，品牌效应不明显，市场竞争力不强。

二是民营企业先天不足。不少民营企业并未真正构建起良好的信用理念和制度安排，缺乏完善的法人治理结构，财务资料不全、数据失真、信息失实问题严重，抵押物不足，经营粗放，技术落后，设备陈旧。

三是比较效益偏低。由于农户贷款笔数多、额度小，借款人分散，贷款评估、审查和监测交易成本高，加之农民贷款受不确定因素影响大，风险高，大大影响了商业银行向农民发放贷款的积极性。

四是金融生态环境差。相当部分的地方政府和企业从自身利益出发，借改制之机逃废银行债务，给银行资产保全带来极大的风险，贷款损失严重。银行依法收贷执行困难，胜诉案件难以执行到位。加上社会信用体系建设目前还处在起始阶段，银行缺乏对企业信用状况的完整记录，导致对企业失信行为难以进行有效的监督。

国有商业银行资金的逆向流动，使有限的农村金融服务更加短缺，拉大了城乡差距，同时也使自身的业务领域、盈利水平以及对农村的影响力受到局限。

县域经济的发展仍然需要商业银行的大力支持，而随着县域经济环境的逐步好转，目前也具备了和商业银行实现双赢的物质基础。

二、县域经济持续发展为商业银行资本提供了巨大的寻利空间

近几年，连续几个中央“一号”文件体现了中央发展农村经济的决心，同时为商业银行支持县域经济发展明确了政策依据。县域经济的持续发展客观上也为商业银行拓展县域业务提供了巨大的寻利空间。

（一）农村金融环境持续改善，为商业银行投身县域经济建设提供了适合的环境

近几年，邯郸市各级政府加大了经济软环境的治理力度，依法从政意识增强，行政干预减少，保护投资者利益、惩处偷逃税款和银行债务已成为政府行使职责的主要任务。2006 年 10 月，河北省政府下发了《河北省金融生态环境建设规划纲要》，各市政府也结合实际制定了具体的实施意见，金融生态环境建设步入法制化轨道。同时，随着企业信用信息基础数据库和个人信用信息数据库的建立和完善，城乡居民的法律意识、信用观念也在增强，为商业银行经营农村金融业务消除了信用之忧。

（二）新农村建设给商业银行提供了良好的发展机遇

中央把建设社会主义新农村列入国家发展的头等大事，给予农村、农业、农民优惠的政策，农村市场广阔，经济结构有了很大调整。新型的农产品，农字龙头企业、生产基地不断增加，农村城市化建设的速度加快，县域经济发展势头强劲。“十一五”规划中，邯郸辖内各县安排重点项目 1 000 余个，共计划投资 1 500 亿元。其中，农字龙头企业 90 个，谋划生产基地 40 个。县域国有企业通过改制转换了经营机制，加上不同规模、不同类型的民营私营企业迅速崛起，这给商业银行增加县域投资奠定了良好的物质基础。“十五”末年，邯郸所辖 14 县的生产总值、固定资产投资和财政收入分别达到 709. 9 亿元、277. 7 亿元和 50. 7 亿元，比“九五”末年分别增长了 142%、176% 和 229%，占同期全市的比重也达到了 61. 3%、56. 7% 和 41. 9%。预计“十一五”期间生产总值的平均发展速度将达到 16%。

同时，随着中央“多予、少取、放活”方针的落实，公共财政覆盖农村的范围不断扩大。“十一五”期间，河北省将投资 63 亿元规划改造中低产田 786

万亩，进行生态综合治理30万亩，扶持有偿项目150个，参股经营项目25个，贷款贴息项目50个。伴随财政对“三农”不断投入，农业产业化、规模化经营将会形成巨大的金融需求。

（三）经过资产核销、剥离，基层行拓展县域金融业务有了新的转机和能力

在县域经济快速发展的同时，国有商业银行改革步伐也在加快，历史遗留问题得到有效解决。据对邯郸市永年县调查，2000—2005年，县内国有商业银行已剥离、划转、核销不良贷款7.6亿元。除农业银行外，其他三家银行已甩掉包袱，资产质量明显好转，2004年实现扭亏为盈，2006年上半年盈利额大幅度增长，半年盈利额超过了2005年全年盈利额。其中发展较快的中国银行永年支行，存款业务增长迅速。2006年上半年各项存款增长占商业银行存款增长的37.8%，企事业存款占商业银行存款增长的69.9%。盈利额也大幅度增长，2006年半年盈利额是2005年全年盈利额的5.6倍。利润的变化，有力地证明了县域经济仍然是国有商业银行经营效益的增长点。

（四）商业银行具备支持农村经济发展所迫切需要的多功能金融服务优势

当前农村对金融服务有多样化需求。除贷款需求外，快速便捷的存取款业务、银行卡业务、外汇结算业务、投资理财服务等方面的需求越来越大。农业发展银行受业务局限，服务功能较少。农村信用社虽然是提供“三农”金融服务的主渠道，但是受人员素质、结算方式，办事效率、代办站撤销等影响，无法满足整个农村对金融服务的多种需求。由于规模小，农村发展所需的大量建设资金，农村信用社更是难以独立支撑。据对临漳县调查，“十一五”期间，临漳县计划每年增加投资20个亿，到2010年生产总值要较2005年翻一番。但2005年全县金融机构各项存款才212 147万元，农村信用社仅114 570万元。农村信用社的现有实力只能满足农村小额农贷资金需求，而对县域农业产业化龙头企业、中小企业以及大中型骨干项目建设所需资金根本无力参与。而商业银行不仅有丰富的资金管理经验和风险控制能力，而且还有足够的资金实力，能为农业产业化龙头企业以及大型骨干项目的建设提供有力支撑。

三、促进商业银行金融资源向农村回流的政策设计

总体思路：国有银行作为独立的经济实体，其商业化运作必然导致资金在满足安全性和流动性的同时，最大限度地实现盈利。在当前我国农村金融市场正在培育和形成阶段，市场机制尚不健全，纯市场化配置资源方式会发生扭曲。

同样，依靠行政手段强制资金流向更会导致金融资源的大量浪费和价格僵化。本文认为，市场经济下，金融资产的逐利本性是导致城乡之间金融资源配置不合理的主要原因，同时也是均衡金融资源配置的有效手段。利用资本的逐利本性，政府创造条件，综合运用利率、税收杠杆和财政手段，提高农村对银行资金的吸引力，是解决目前国有银行商业化经营与农村金融服务供给不足矛盾的有效选择。

（一）为多余的资金寻找出路

仅2005年，邯郸县域商业银行的存贷差就为99.5亿元，大量从农村吸纳来的存款以上存资金的方式转移到城市。单纯依靠行政手段，强制规定存款或新增存款的一定比例留在本地，虽然不失为解决农村资源短缺的一条途径，但可能会引起贷款需求户的道德风险或导致资源浪费。依靠经济杠杆，提高银行资金的收益，让银行资金自愿留在当地。

设计之一：制定优惠利率，激励商业银行将资金批发给当地的农村信用社或政策性银行。可采取发行金融债券的方式吸纳商业银行资金，债券的收益率要等同于或略高于银行上存资金平均利率。考虑到农村信用社和农业发展银行的承受能力，高于同业拆借利率的部分用地方财政贴息的方式弥补。根据地方财政的承受能力，每年匡算一个农村信用社和农业发展银行的债券发行规模下发给两家金融机构。

设计之二：发挥中央银行的作用，吸存商业银行的部分存款建立中小企业再贷款和支农再贷款基金。吸纳存款的利率也要等同于或略高于银行同业资金拆借利率，吸纳利率与发放中小企业再贷款利率的利差部分由中央财政弥补。

（二）弱化竞争，重构县域国有商业银行布局

农村经济基础相对薄弱，规模以上企业数量不多。通过调查，邯郸辖区国有商业银行普遍存在粥多僧少的窘境。合理布局，适当减少竞争，提升银行资金上存的机会成本，有利于提高县域经济对银行信贷资金的吸引能力。机构的设置要体现科学发展观思想，银行业监督管理部门通过对某特定县域的资源、中小企业数量、经营规模、社会经济效益及经济发展潜力等指标的考察，再依据各商业银行金融资源的供给能力，测算出当地设立金融机构的数量和规模，通过人为减少机构的数量和规模，使当地的机构总量和规模处于一种不饱和状态。原则上经济一般或欠发达的县域，商业银行机构不超过两家，并确保各商业银行都能够占有适当的市场份额。

（三）运用财政税收政策，弥补商业银行发放支农贷款的亏损

一是建立农业贷款亏损补贴制度。农业天然的弱质性，必然会把自然灾害风险、市场风险和政策风险转嫁到为其提供贷款的金融机构身上。因此，应建立风险补偿机制，按照中央、地方分担原则，对商业银行在经营中遇到的风险损失予以弥补。

二是建立税收优惠机制。发挥税收、价格等经济杠杆的作用，通过税收等优惠政策，引导商业银行增加对农业的信贷投入。国家在减、免农业税的同时，建议逐步减、免农村金融机构经营农业贷款等业务的营业税、所得税，鼓励农村金融机构发放贷款。

三是加快农业保险等保障性制度的建设，用以弥补因自然灾害或市场变化造成的信贷资金损失，从而降低信贷资金的风险度。农业保险应以政策性保险为主，通过政府支持的方式办理农业保险，组建农业保险公司。

（四）鼓励商业银行进行业务创新和管理创新

商业银行要保持其持续竞争力，创新是一个重要条件。推动其持续发展的创新包括业务创新和管理创新两方面。县域银行机构要主动克服因循守旧的思想，加大金融创新力度，大力发展中间业务，积极开办票据承兑、贴现、理财咨询等业务，增强金融服务功能的辐射性和吸引力；管理上要构建新型的商业银行内部考核机制。商业银行在业绩考核上要区别开城市行和农村行，要探索有别于城市行的考核标准，在贷款收回率、贷款风险率、不良贷款呆滞率、信用评级、人均利润率、风险贷款追究制等指标上要测算出一套新的考核数值，既能充分调动农村行人员积极性，又能很好贯彻落实部门经营策略；政府相关职能部门要指导国有商业银行调整对县域经济的经营策略。要从单纯压缩网点数量、上收信贷管理权限转向优化机构布局、实行差别授权授信制度，通过异地贷款、银团贷款等方式增加对县域特色产业和优质企业的信贷投放。

（五）地方政府应致力于改善金融生态环境，优化县域经济环境

一是进一步营造良好的信用环境，积极协调司法部门配合金融机构搞好不良贷款的清收工作。要切实规范企业改制行为，确保银行债权的落实。加强社会信用体系建设，增强全社会信用意识。要结合创建金融安全区，广泛开展创建信用企业、信用乡镇、信用村和信用农户活动，加大对守信企业的信贷倾斜。

二是要依托优势资源，着眼于提升县域经济的规模、质量和水平，促进县域经济的结构调整。要提高县域工业发展水平，培育中小企业和支柱产业，做

大产业规模，大力支持服务业，建立现代物流体系，大力推动民营经济发展，构筑以民营经济为主体的发展格局，促进县域经济的协调均衡发展。

三是完善农村抵押担保制度，破解由于抵押担保难而引发的融资瓶颈。推行集体建设用地使用权流转，完善农村集体建设用地使用权流转市场，开展农村土地使用权抵押贷款，探索建立统一便捷的农村动产抵押登记体系。

四是牵头建立适应银行增加对中小企业信贷投入的担保体系，让中间机构为中小企业融资提供便捷的服务。

（作者单位：中国人民银行邯郸市中心支行）

论农村信用社以县为单位法人格局长期稳定的必要性

邵仁姿

随着农村信用社改革不断深入，农村信用社在整个农村金融体系中的地位正在加强和巩固。从机构性质上看，主体是合作性质和单一法人体制。也有人提出农村信用社整体上向以省为单位的商业银行体制发展。本文以邢台市①为例，分析当前农村信用社统一法人体制为主体的组织框架和管理体制存在的合理性和必然性以及改变目前格局的局限性，论证农村信用社以县为单位法人格局长期稳定必要性，探讨农村信用社发展方向的定位。

一、农村信用社保持以县为单位法人格局有其合理性和必然性

在农村信用社改革问题上，国家的政策是灵活和明确的，有四种模式可供选择，即组建农村商业银行、农村合作银行、统一法人及乡镇信用社、两级法人。但从目前农村信用社产权模式改革情况看，以县为单位的统一法人体制成为信用社发展的主流。据中国人民银行统计显示，截至 2006 年 6 月末，全国农村信用社共有三万多家。其中：组建银行类机构 80 家，主要集中在江苏、浙江等经济较发达、商业化程度较高的地区；组建以县（市）为单位统一法人机构 584 家。

随着改革的不断深入，目前农村信用社基本形成了“两级行业管理、一级法人、两级经营”的组织构架（见图 1）。“两级行业管理”，即省联社和省联社各地市派出机构两级管理；“一级法人、两级经营”，即以县为单位的统一法人和乡镇农村信用社及其分支经营机构。形成了“自主经营、银监会监管、地方

---

① 河北省邢台市是一个经济欠发达的农业市，辖 17 个县（市）。2007 年 6 月末国内生产总值 407.7 亿元，增长 13.2%。其中：第一产业增加值 49 亿元，占全市生产总值的 12%。农业人口 538 万人，占全市人口的 80.3%；财政收入 41 亿元，其中：地方一般预算收入 15.3 亿元；农民人均收入 2 166 元，约为城市居民的 41.7%。本文调查范围为邢台市 16 个县（市）（不包括邢台县，简称邢台市农村）。

省级政府负责”的三位一体管理体制（见图2）。

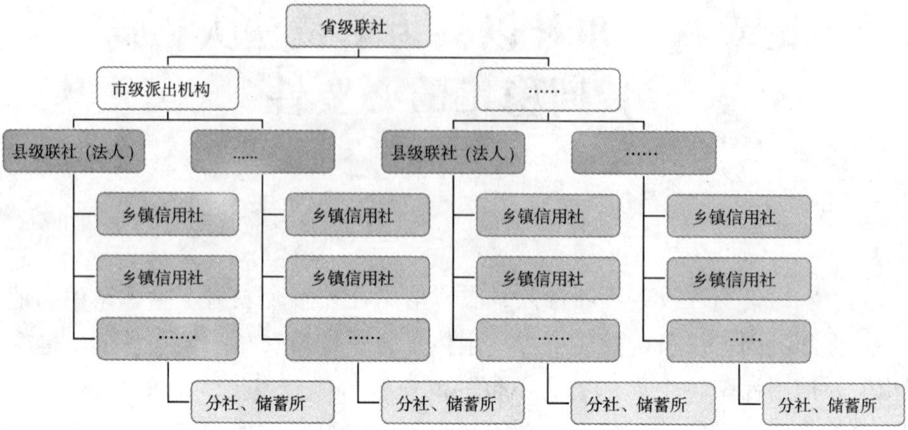

图1　统一法人农村信用社组织框架图

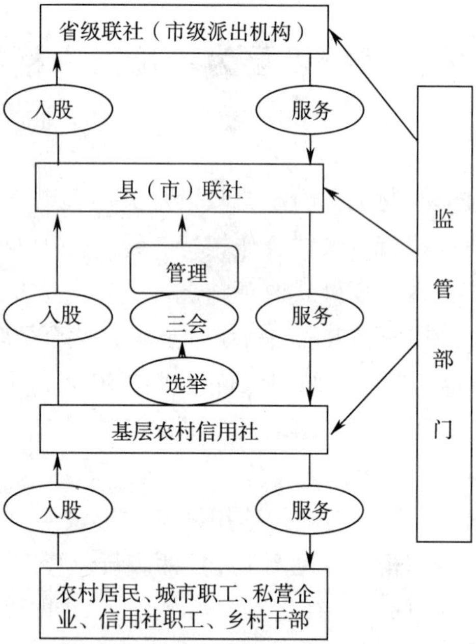

图2　农村信用社管理体制框架图

从目前的组织构架和管理体制特点看，农村信用社以县为单位的法人格局有其合理性和必然性，成为巩固目前改革成果、充分发挥服务“三农”职能的必然选择。

（一）目前农村信用社以县为单位组织框架的合理性

突出表现在以下四个“相适应”：

1. 营业机构设置与农村行政区划和自然村落格局相适应。农村信用社点多、面广，遍布广大农村地区各乡镇和部分行政村。以邢台市为例，从 2007 年 6 月末，该市农村所辖 16 个县（市）、147 个乡（镇）、4 470 个行政村的县域金融机构营业网点分布情况（见表 1）可以看出，农村信用社基层网点的分布与目前农村行政区划设置和自然村落格局最接近，适应目前农村行政区划和自然村落对金融服务的需求。而该市所有支行级的国有商业银行的绝大部分营业网点全部集中在县城及以上，形成了对广大农村地区金融服务的断层。

表 1　县域金融机构网点分布表

2007 年 6 月 30 日　单位：家

区域设置	农村信用社	农行	工行	建行	中行	农发行	邮政储蓄	合计
县城	98	48	31	26	21	16	34	274
乡镇	249	28	2	3	2		30	314
行政村	118							118
合计	465	76	33	29	23	16	64	706

2. 以县为单位的法人格局与发展合作性质的社区性金融机构定位相适应。广大农村地区幅员辽阔。以邢台市为例，该市农村总面积 10 274 平方公里，占总人口 80% 以上的农业人口集中在乡镇和农村。目前乡镇和村落以及生活在农村地区的广大居民是形成社区的基本元素。随着农村经济不断发展壮大，对社区的金融服务的需求越来越广泛，客观上需要农村金融机构覆盖和业务覆盖。目前统一法人体制的农村信用社是支持农村金融服务需求的最直接力量（见表 2），身在其中，最适宜发展合作性质的社区性金融机构。

表 2　农村区域金融机构网点覆盖情况

截至日期：2007 年 6 月 30 日

一、行政设置	
1. 地域面积（平方公里）	10 274
其中：县城面积	1 300
农村地区面积	8 974
2. 人口（万人）	575
其中：农业人口（万人）	505
城镇人口（万人）	70

续表

二、金融机构网点	县城		乡镇、行政村	
	网点总数	覆盖率	网点总数	覆盖率
金融机构网点总计	274	19.85	432	4.81
1. 农村信用社	98	7.54	367	4.09
2. 其他金融机构网点合计	176	13.54	65	0.72
其中：农行	48	3.69	28	0.31
工行	31	2.38	2	0.02
建行	26	2.00	3	0.03
中行	21	1.62	2	0.02
农发行	16	1.23	—	—
邮政储蓄	34	2.62	30	0.33

3. 农村信用社与服务“三农”的农村类金融机构市场定位相适应。目前农村信用社有服务于“三农”的完整市场定位，况且主要经营机构和业务量集中在各乡镇和部分村落（见表3），必将成为直接面向“三农”、服务“三农”的主要力量。

表3　　农村信用社网点分布情况

截至日期：2007年6月30日　　单位：家

营业网点	县城	乡镇	行政村	合计
网点合计	98	249	118	465
其中：联社	16			16
信用社	41	178	17	236
分社	36	69	100	205
储蓄所	5	2	1	8

4. 以县为单位法人格局与提高管理水平和服务效率相适应。农村信用社的组织架构特征是点多、面广、人多且人员素质相对低下的一个庞大的机构，以县为单位的法人格局是提高管理水平和服务效率的最有效组织形式。

（二）保持以县为单位法人格局成为巩固改革成果、支持“三农”发展的必然选择

目前农村信用社改革已经取得阶段性成果，以统一法人体制和合作性质为主体的农村信用社，整体功能优势得以充分发挥，资金实力进一步增强，服务“三农”的职能作用进一步凸显，支农能力和服务水平得到整体提升。继续巩固这些改革成果对于促进信用社稳健发展、促进“三农”和农村经济发展、维护金融稳定尤为重要，坚持以县为单位法人格局长期稳定是其必然选择。

1. 法人治理结构初步形成，内部管理逐步得到加强。以邢台市为例，自2004年9月份开始实施改革以来，已取得了阶段性成果。表现在：完成了股本金筹集，进一步明晰了产权，股权结构进一步优化（见表4）。按照有关规定和程序召开了股东选举大会，依法选举和聘任产生新的理事会、监事会成员及高级管理层，构建了新的法人治理结构。重新修订、完善了各项内控制度，建立了薪酬、员工录用、绩效考核、干部竞聘以及末位淘汰制度，强化了内部审计和贷款风险责任制。农村信用社经营机制开始转换，内部管理逐步得到加强。

表4　　农村信用社股本金结构情况

2007年6月30日

股本金余额（亿元）	自然人股（%）	法人股（%）	投资股（%）	资格股（%）
26.4	98.8	1.2	28.6	71.4

2. 信用社经营有了质的飞跃，发展后劲进一步增强。一是资金实力大幅提高。2007年6月末，邢台市农村信用社资本充足率达21%，比2002年末增加61个百分点，抗风险能力明显增强。二是资产质量不断改善。2007年6月末，邢台市农村信用社不良贷款余额26亿元，比2002年下降32.3亿元；不良贷款率21.6%，下降44.8个百分点，降幅达67.4%。三是盈利能力逐步提高。2006年，邢台市农村信用社实现利润总额3 601万元，利润同比增幅346.4%；资产利润率0.5%，比2002年提高1.8个百分点。发展后劲逐步增强。

3. 服务“三农”的作用和地位进一步凸显，服务功能进一步增强。以邢台市为例，2007年6月末，该市农村信用社存款余额195亿元，占整个县域金融机构存款余额的33%。各项贷款余额120.3亿元，占比38%。农村信用社在农村金融市场中，存、贷款市场份额均居首位（见图3、图4、图5、图6）。以

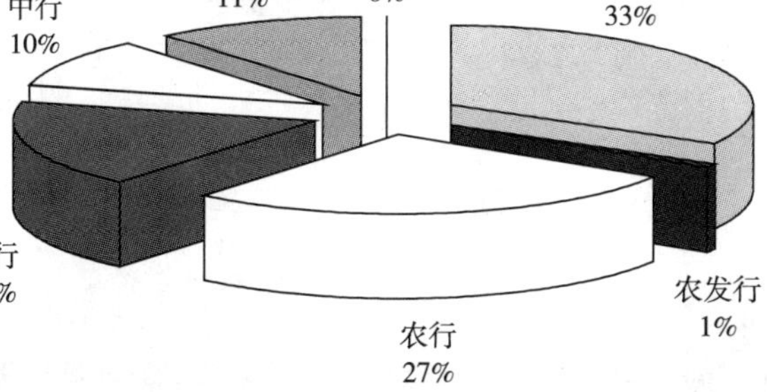

图3　2007年6月30日县域各项存款余额市场份额占比情况

“三大系统”为依托，农村信用社的结算网络逐渐成熟。

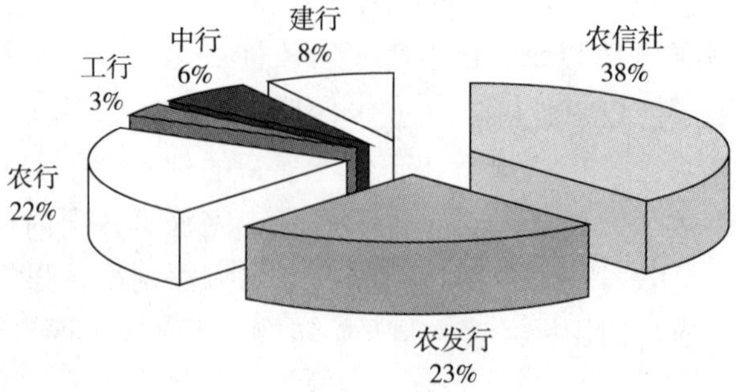

图4　2007年6月30日县域各项贷款余额市场份额占比情况

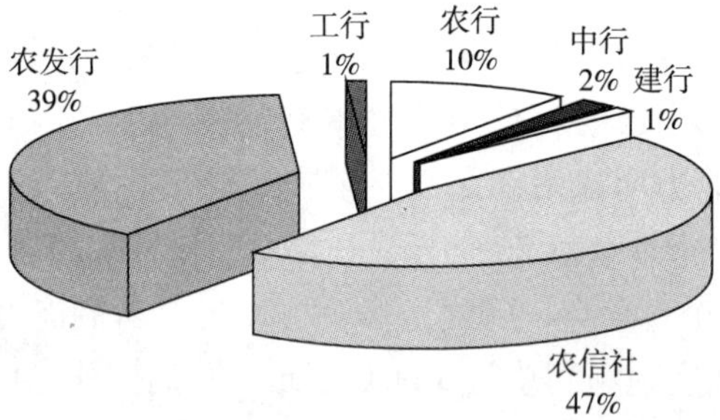

图5　2007年6月30日涉农贷款余额市场份额占比情况

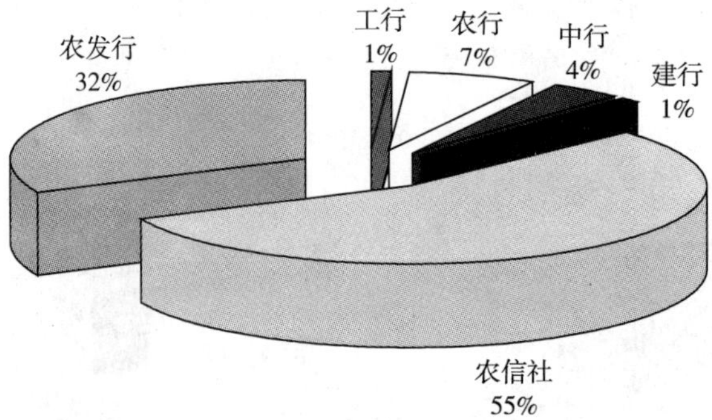

图6　2007年6月30日县域金融机构涉农贷款累计投放情况

二、改变农村信用社以县为单位法人格局的局限性

局限性表现在以下几个方面：

（一）欠发达地区农村信用社商业银行化改造难度较大

1. 股权结构和股权设置达不到条件。农村信用社股金来源具有广泛性，自然人股占绝大比例，单笔额度小且过于分散。信用社股东大部分为广大农民，其较为关心的是红利的分配，储户化趋势明显，缺乏真正参与经营管理的意识和能力，还没有形成真正意义上的股东。如进行商业银行改造，意味着股权设置和股权结构的重新洗牌，股东数量的彻底精选。因此，从目前的现状来看，农村信用社不具备组建商业银行的条件，仍应坚持合作性的改革方向。

2. 不良贷款占比高，清收、处置难。改造成商业银行，对不良贷款比例要求很高，目前全国大部分地区农村信用社不良贷款率仍处在较高的比例。以邢台市为例，该市农村信用社 2007 年 6 月末不良贷款率（四级分类标准，考虑票据置换因素）为 21.6%。如果考虑不良贷款真实性和按照五级分类标准，则不良贷款比例更高。况且随着改革的不断深入和信用社清收力度的不断加大，大部分已经能收尽收。目前农村信用社不良贷款中大部分为双呆贷款，清收处置难度大。要想组建成真正的商业银行，时间长、成本高、风险大，短期内难以改造成功。

3. 历年亏损严重，消化难、包袱重。农村信用社的改革虽用专项央行票据置换了资不抵债额的 50%，但由于农村信用社历史问题较多，亏损包袱还相当沉重。以邢台市为例，2006 年末，该市农村信用社尚有历年亏损挂账 14.6 亿元。当年利润总额 0.4 亿元，盈余金额为 1 亿元。如果按照利润 50% 弥补历年亏损，则至少需要 20 多年的时间，仅仅依靠信用社自身消化非常困难。

（二）组建省级商业银行易造成市场定位偏离，支农服务断档

1. 对基层管理难度大，成本高。以河北省为例，河北省辖 11 个设区市、157 个县（市、区）、1 968 个乡镇。河北省农村信用社系统目前共有以县为单位的农村商业银行 3 家、统一法人信用社 147 家、两级法人信用社 7 家，共有营业网点约 3 500 多家。如果组建以省为单位的农村商业银行，县级联社变为分支机构，这么庞大的网络机构，在管理上环节多、难度大、成本高、效率低。

2. 易造成基层网点收缩，不利于社区性金融机构定位的形成。农村信用社进行商业银行改造后，管理层将按照商业银行的经营原则和运行机制，考虑市

场、成本、效益和自身发展，必然将精力放在打造精品网点上，处于偏远、落后、效益较低的乡镇机构网点难免被裁撤，造成基层网点收缩，不利于社区性金融机构市场定位的形成。以国有商业银行为例，邢台市四家国有商业银行从2001年至2006年共撤并分支机构214家，其中：撤并股级支行、分理处15家，撤并储蓄所199家。至2007年6月末，四家商业银行在乡镇的网点仅35家，大部分营业网点撤出基层乡镇，形成对广大农村地区金融服务的断层。

3. 易造成农村资金加速外流，不利于农村金融体系改革和农村信用社服务"三农"市场定位的形成。近年来，国有商业银行流出资金逐年递增，部分农村资金通过上存系统内资金等方式从农村流向城市。以邢台市为例，该市四家国有商业银行2001年至2006年分别形成农村资金净流出45亿元、65.9亿元、71.4亿元、90.1亿元、119.8亿元、150亿元。如果农村信用社进行商业银行改造，成立省级农村商业银行，信贷资金管理模式的"逐利性"，势必会造成农村信用社像商业银行一样，县（市）资金大量向相对发达区域、优势行业和企业流动，加速农村资金外流，直接影响到农村金融体系改革的总体目标和农村信用社服务"三农"的市场定位。

4. 易形成基层机构权限上收，不利于对"三农"和县域经济的支持。以省为单位组建商业银行后，要彻底改变目前以县为单位的统一法人格局，建立分支机构体系，意味着其管理框架实行分支行制，基层联社作为其分支机构，将不再承担"自主经营、自负盈亏、自担风险"的责任，经营权、人事权、财产权将全部由省行掌握。而省行的管理层面对这么庞大的管理网络，将按照商业银行的管理模式，实行扁平化管理，缩短管理链条，上收基层行权限，不可能充分考虑到各地区经济发展差别及区域特色，这就会降低基层机构自主经营和产品创新积极性，不利于"三农"和县域经济发展。同时，各基层机构的工作精力将主要放在应付上级的考核指标，而不注重自身长远发展。

（三）独立发展新的合作机构易加剧农村存款市场的竞争，带来潜在风险

农村信用社如以省为单位统一改造成商业银行后，部分信贷业务及网点相继撤出部分乡镇和农村。农村地区必然要独立发展新的合作机构，填补对"三农"服务的空白。但如果大规模发展这些小型的合作机构，将给农村商业银行带来巨大的冲击和挑战，不利于农村商业银行经营发展。

1. 给农村信用社市场竞争形成巨大压力。目前农村信用社资产负债规模较大，在存、贷款市场份额中占有很大比例，而支撑负债规模扩张的是广大农村地区农民的储蓄存款。以邢台市为例，据不完全统计，该市农村信用社80%以上的存款均来源于各乡镇。如果进行商业银行改造后，部分网点和业务相继从

基层乡镇撤离，新发展的小型合作机构由于规模小、机制新、发展快，存款业务深入各乡镇和村庄，给农村信用社的存款市场带来严重冲击，使农村信用社不但面临巨大的存款市场竞争压力，而且也存在巨大的潜在风险。

2. 目前的监管体制不适应。目前，各县（市）监管办事处监管人员仅三到四人，监管力量薄弱。如果大规模成立小型的合作机构，广泛分布于各个乡镇甚至农村，规模小、风险大，目前的基层监管力量以及监管人员的监管能力和素质都难以适应，给监管工作带来挑战。再者，目前金融机构市场退出机制和存款保险机制还没建立。如果大面积发展独立的合作机构，一旦出现问题，风险处置成本大，还存在诸多法律障碍。

三、改革建议

（一）以立法形式明确农村信用社以县为单位法人格局的地位，保持长期稳定

坚持以县为单位的法人格局长期稳定，有利于农村信用社面向农村，更好履行服务“三农”的职能；有利于农村信用社更好地为县域经济尤其是中小企业提供金融服务；有利于社区性金融机构市场定位；有利于竞争性农村金融服务体系的形成。因此，要以立法形式明确农村信用社产权组织模式要坚持以县为单位的合作性质为主体，按照“立足社区，面向‘三农’”的总体思路，尽快促进社区性金融机构市场定位的形成，使农村信用社充分利用与农村、农民关系密切，网点多，联系广，政策灵活等优势，进一步发挥支持“三农”的职能作用。

（二）进一步理顺省级联社的管理职能，改变农村信用社“民有资本官营化”现象

目前，省级联社直接掌握各县（市）联社的人事任命权，与信用社高级管理层应由社员大会选举产生相矛盾，而且强化了对基层联社经营的行政干预，形成“民有资本官营化”现象。同时，省联社营业部门吸收各地的剩余资金办理资金上存业务，已形成资金外流的一个管道。在资金投放方面也表现出与地方政府的默契性，资金投向大行业、大企业的定位有所表现。这些都不利于信用社法人治理结构的建立和农村信用社市场定位的形成。建议进一步理顺省级联社的职能，将省级联社真正建成一个行业主管部门，本身不搞任何经营，不干涉基层联社的自主经营，充分发挥其管理、协调、指导、服务的作用，还权于县级联社社员代表大会，实现真正意义上的“产权明晰”，促进农村信用社以

县为单位的法人格局的优势充分发挥作用并保持长期稳定。

（三）继续完善农村金融体系框架，创新农村信用社体制模式

积极推进农村金融体系改革，引入竞争机制，尽快推进农发行、农行以及邮政储蓄机构改革，逐步形成以农村信用社、农行、农发行为主，其他机构为辅，功能优势互补的农村金融体系框架，实现支农的最大效应，以促进农村信用社社区性金融机构市场定位的形成。同时，探索建立由统一法人农村信用社控股的农村村镇银行。鼓励由民营、个体资本建立农村村镇银行，由当地农村信用社控股。村镇银行具有法人地位，自主经营，自担风险，独立开展经营活动。由统一法人农村信用社控股，充分增强了村镇银行的竞争能力、抗风险能力和经营决策能力。农村信用社通过控股村镇银行，也在一定程度上提高了其市场竞争力和金融服务水平，其服务“三农”和支持新农村建设的作用会进一步深化。

（作者单位：中国人民银行邢台市中心支行）

农业发展银行基层行经营现状及改革方向研究

李　庆

农业发展银行是直属国务院领导的国有政策性银行，是国家金融支农体系的重要组成部分。自成立以来，在落实党和国家“三农”政策，提高粮食综合生产能力，促进社会主义新农村建设，支持地方经济发展方面作出了重要贡献。但在当前市场经济条件下，农业发展银行（以下简称农发行）如何确定改革方向，加快改革步伐，如何在竞争中生存，成为我们积极探索的重点问题，为此，我们对农业发展银行保定辖内部分支行的业务发展情况和今后的改革方向进行了专题调研。

一、农发行的发展历程

农发行大致经历了三个阶段，一是 1994 年分设时，除履行收购资金供应和管理的基本职责外，还承担了信贷扶贫、支持农业开发及支持农业基本建设、技术改造的任务。二是从 1998 年 3 月开始，农发行按照国务院的要求将开发、扶贫等专项贷款划转到了商业银行，只承担粮棉油收购资金的供应和管理工作，专司粮棉收购和调销业务。三是 2004 年 7 月，国务院第 57 次常务会议决定农发行可以办理商业性贷款业务。从此农发行的业务职能发生了重大调整，支农范围不断拓宽。在认真贯彻落实国家粮食政策，做好粮食购销传统业务的同时，抢抓业务范围不断拓展的机遇，积极发展商业性业务。目前，农发行支农范围已经涵盖全市基础设施建设、纺织、药材加工、科技开发、畜牧、养殖、粮食深加工等行业。

二、农发行保定市分行近几年的发展状况

（一）基本情况

中国农业发展银行保定市分行成立于 1994 年，辖属 19 个支行、3 个办事处、1 个营业部，共 23 个营业单位。全辖在职职工 475 人。主要发放粮棉油购

销储备加工、农林牧副渔业产业化龙头企业、农村基础设施建设、农业综合开发贷款和代理保险等业务。随着金融体制改革的深入，农发行的业务经营范围发生了较大变化，支农范围进一步拓宽。

截至2008年4月末，农发行保定市分行各项存款余额为47 439万元，比年初增加3 365万元。其中：企业单位存款余额为42 670万元，比年初增加1 334万元；其他存款余额为4 769万元，比年初增加2 031万元。各项贷款余额为429 673万元，比年初增加9 070万元。政策性贷款320 741万元，比年初减少40 713万元，占74.65%，比年初下降了11.29个百分点；准政策性贷款56 463万元，比年初增加了34 024万元，占比13.14%，比年初增长了7.81个百分点；商业性贷款52 469万元，比年初增加了15 759万元，占比12.21%，比年初增加了3.48个百分点。

（二）改革现状

随着金融体制改革的不断深入，农发行保定市分行相应进行了内部制度改革，主要突出在以下几个方面：

一是由传统的封闭管理的单一经营模式，转到支持整个农业发展的轨道上。由单一支持粮棉油收购、储备业务，逐步形成以粮棉油收购贷款业务为主体，以支持农副产品生产加工和以支持农业和农村发展为两翼，以中间业务为补充的多方位、宽领域的支农格局。经营业绩取得重大跨越，可持续发展能力显著提高，各项经营指标均发生了历史性变化。截至2008年4月末，账面盈利1 155万元，同比增加2 298万元；资产利润率0.26%，同比提高0.54个百分点；收入成本率23.9%，同比提高23.41个百分点；人均利润2.41万元，同比减亏4.7万元；人均中间业务收入1 704元，同比增加1 228元。

二是按照打造现代银行的要求，全面深化内部改革，现代银行框架体系初步建立，具备了进一步发挥骨干和支柱作用的条件。先后出台涉及四十多个方面的改革举措，建章立制，完善组织机构体系，完成内设机构整合，打造二级分行经营管理基础平台，强化县级支行业务经营职能，建立分支机构动态管理机制，优化基层机构布局。

三是业务指标随着工作模式的转变而发生了变化，对落实国家的“保本微利、走可持续发展的路子”的指导意见进行了很好的诠释。指标由原来的库贷挂钩过渡到目前的“不良贷款下降、不良贷款占比、存款、利润、中间业务、资产利润率、收入成本率”等。

四是客户由以前的法定到现在涵盖所有的农业行业及涉农行业。信贷政策也是由以前纯粹的政策性管理转向比照商业性管理，把目前的贷款分为了政策性、准政策性、商业性几大类。开展信用评级，按照通用企业财务指标对企业进行内部授信管理；按照以风险评价为中心的原则落实贷款“三查”；上收贷款的审批权限，实行了前后台分离的模式。

三、存在的主要问题

（一）政策性包袱重，发展空间受到局限

信贷资产结构不合理，挂账占用贷款比重高，盘活不良贷款难。信贷资金自给能力低，自我平衡和自我发展能力不强。据调查农发行保定市分行截至2008年4月末政策性贷款余额为32亿万元，其中，停息挂账贷款17.8亿元。挂账贷款占比过大一定程度上影响了资金的流动性。又因为资金来源渠道有限，受资金实力的严重制约，使商业性贷款业务发展受限。

（二）客户群体先天不足

农发行的政策性因素决定开户企业不可能同商业银行那样拥有大量的客户群，客户群体相对比较单一。目前，在粮棉主产区纳入农发行业务范围的企业，特别是政策性贷款承贷企业大多改革改制不彻底、不到位，商业性贷款对象大多原始积累历程短，自有资金缺乏，抗风险能力弱，企业的资信等级普遍不高。农发行业务拓展缺乏有效载体，业务经营面临两难选择，贷款营销难。所支持的粮棉油产业化龙头企业仍相对集中在粮油产品粗加工上，农业产业化发展起点不高、品牌不精、龙头不强。一些好的企业商业银行早已介入，一些风险较大的企业商业银行不愿介入。

（三）主营业务的开展存在一定困难

由于粮食企业正处于改制阶段，大部分企业改制还未到位，人员分流未妥善安置，产权制度不明晰，改制手续缺乏相应法律支持，因此不符合准政策性贷款的发放标准。据调查，我市作为主营业务的准政策性贷款目前处于停滞阶段。

（四）票据贴现等业务空白，中间业务发展缓慢

自2006年4月农发行扩大业务范围以来，虽然可以办理银行承兑汇票、委托收款、托收承付、票据贴现等业务，但据调查，到2008年3月末，农发行保定市分行只有徐水、满城两支行首次办理贴现业务共9笔、120万元，实现了贴

现业务“零”突破。辖内其他20个县支行一直未办理银行承兑汇票和票据贴现业务，除存款、贷款、代理保险以外的其他业务基本处于停滞状态，中间业务发展缓慢。

（五）与新业务发展相适应的相关管理制度相对滞后

开办商业性贷款业务后，农发行的商业性信贷操作和内控制度建设明显滞后于业务发展。由于信贷人员长期从事发放粮棉油等政策性贷款，对商业性贷款的风险分析、处理能力差，管理运作方式存在诸多弊端，尚未完全建立起一整套完整的商业化贷款风险预警机制和贷款监测办法，客观上存在一定的潜在风险隐患。

（六）激励机制不足

在贷款责任落实上，实行“谁放、谁管、谁收回”的终身追究制。贷款审批需按权限层层审批，营销人员不具有贷款最终权力，而各级管理行的贷款审批相应承担的风险却不明确，形成权责不清的状况，直接影响了员工的工作积极性。

（七）人员老龄化，员工整体素质偏低

据调查，农发行保定市分行从业人员平均年龄42岁，人员相对老龄化，适应性和应变能力差，不能适应新形势发展需要。人员素质跟不上业务的创新和发展，缺乏从事现代金融业务所必备的基础知识和业务技能，更缺乏懂管理、懂业务等高素质的复合式信贷管理人员。

四、农业发展银行基层行的改革方向

（一）以政策性业务为主，以商业性业务为辅，统筹考虑传统业务与新业务发展

在现有的资金实力与经营管理条件下，盲目拓展业务范围，主营业务会受到严重冲击。农发行按照近期发展战略规划，加大支农投放，改善金融服务，坚持把支持粮食生产和粮食流通作为首要的政策性任务。我国农业和农村经济发展始终面临保证粮食安全和增加农民收入的双重任务。建设社会主义新农村，首先是发展现代农业，促进粮食生产稳定发展和农民持续增收。因此，支持粮食生产和粮食流通仍是农发行首要的政策性任务。

（二）调整信贷投向，扩大“三农”贷款的投入份额

一是支持农村资源的综合开发，支持农村资源特别是特色农产品开发利用，把资源优势转化为经济优势，持续稳定地增加农民收入。二是支持扩大畜牧、养殖等劳动密集型农业产业的发展，为农产品基地建设、专业市场建设和畜牧业建设提供融资，促进农业产业结构调整和产业化发展。三是支持农业中小企业发展，不断加大对涉农中小企业的信贷支持力度。四是支持农村基础设施建设。根据国家产业政策，发放农村基础设施建设中长期贷款，支持农村基础设施建设。五是支持农业新产品和新技术的推广与应用，支持农业科技创新和农业科技成果转化，引导传统农业向现代农业转变。

（三）加强管理创新，为“三农”提供方便、快捷的金融服务

首先，要改进贷款管理方式，以适应和符合新的贷款业务、新的贷款客户的经营特点和要求。其次，要实施技术创新。紧紧贴近新农村建设的金融要求，广泛应用现代科技，加快电子化建设步伐，以技术创新促进业务与管理创新。最后，对农发行出台特殊政策，兼顾贷款的社会性与收益性。

（四）相关对策及建议

1. 转变营销观念，拓宽发展思路。一要具有适者生存的危机感，增强加快业务发展的紧迫感。二要强化营销意识和服务意识，对客户提供主动上门的贴心化服务。三要拓宽发展思路。根据业务范围，努力挖掘本地区优质客户资源。在贷款项目上坚持大小兼顾，小项目要支持做大，大项目要支持做强，逐步发展一批自己的黄金客户。不仅仅局限于企业贷款，还要放眼于农村基础设施建设，及时跟进项目资金政府有配套、贷款本息有保障、社会效益大的项目。

2. 明确信贷支农政策，完善信贷管理机制。农发行应在立足农业发展上做文章，同农村信用社和邮政储蓄银行一道，成为支农的主力军。这就要求农发行适当降低贷款门槛，简化贷款审批手续，有选择、有重点地支持当地优势主导产业，特别是重点支持有规模、有效益的重点龙头企业。要选择一定数量资产负债率低、信用等级较高、经营规模较大、有市场前景的龙头企业，作为营销与维护的重点。农发行掌握相关情况后，应适时制定相应的行业信贷政策，规范业务发展，防范信贷风险。

3. 实施“一行一策”，明确发展定位。针对各地经济发展不平衡的特点，要坚持实行信贷营销差异化政策，坚持“一行一策”，确保协调发展。粮油主产区的支行，要切实做好政策性业务这一大头，并适当加大商业性贷款业务的比重。

经济发展较快的城区行，要突出项目资源丰富、企业规模大、上档次的特点，把主要精力放在大项目的攻关、巩固和发展上。经济相对落后又非粮油主产地的山区支行，要根据当地农产品特色，加大对特色产业的支持力度。

4. 建立健全商业性贷款的各项管理制度。农发行应借鉴当前商业化金融机构的先进经验，根据自身特点，建立完善信贷准入机制、预警机制、风险补偿机制、信贷监管机制、责任驱动机制、贷款发放与管理的评价机制，不断提高信贷管理能力和水平。

5. 优化金融服务，提高服务效能。一是在信贷准入上要从实际情况出发，不搞“一刀切”。项目调查既要研究行业发展趋势，又要区别个体现象，做到因企制宜。二是不断完善结算服务功能，为企业提供方便快捷的结算服务。三是开拓思路，积极探索新的业务品种。在政策允许的范围内，加大中间业务的开发力度，逐步提高综合服务水平和能力。

6. 完善相关激励机制，促进业务快速发展。一是责权利相互平衡的信贷管理机制。如县支行目前只有贷款项目的申报和贷后管理职责，贷款的调查和审批权集中在上级主管行，导致一些县级支行“宁防风险不愿发展”。二是贷款审批机制。目前农发行部分贷款审批权集中在省分行乃至总行，中间环节多，报批时间长。建议区别项目风险、项目类别，将贷款审批权限适当下放。三是经营激励机制。对信贷营销不积极，由此引发年末亏损的基层行，要实行“业务不上职务下”，以增强基层行发展业务的压力和动力。

7. 完善教育培训机制，提高员工业务素质。根据基层行业务发展实际和人力资源现状，适当考虑增员指标，吸收新鲜“血液”。并加大业务培训力度，建立有效的业务培训机制，制订培训计划和考核奖惩措施，激发员工学习业务知识和技能的积极性，提高基层行信贷人员的营销和服务能力。

（作者单位：中国人民银行保定市中心支行）

当前农村信用社金融创新中的问题及建议

万重山

金融创新是金融机构为适应经济发展要求，在制度安排、金融工具、金融产品等方面所进行的创新活动。近年来，廊坊市农村信用社广泛开展金融创新活动，以创新促业务，以创新求发展，取得了良好的经济和社会效益。为进一步推动农村金融创新，人民银行廊坊市中心支行对辖内农村信用社的金融创新情况进行了调研。

一、农村信用社金融创新现状

近年来，按照国家统一部署，在人民银行的大力支持下，廊坊市农村信用社改革体制、改善管理、改进服务，积极进行金融创新，各项工作取得明显成效，在支持“三农”经济发展方面发挥了重要作用。截至2009年8月末，廊坊市农村信用社各项存款余额为370.08亿元，比年初增加84.4亿元，增长29.68%；各项贷款余额为235.08亿元，比年初增加43.39亿元，增长22.63%；利润总额从2006年末的3.36亿元提高到2008年末的4.45亿元，增长了1.09亿元。

（一）实行分配制度改革，建立绩效考核机制

近年来，廊坊市农村信用社不断完善劳动分配制度，建立了绩效考核机制，将原有工资分为岗位工资和绩效工资两部分，从吸收存款、营销贷款、不良贷款清收、中间业务收入、综合费率等方面进行考核，并结合岗位职责确定绩效工资，真实体现了“按劳分配、多劳多得”的原则，有力地调动了职工积极性，为各项工作的开展奠定了良好基础。

（二）注重效益管理，改革信贷管理和风险管理机制

一是根据业务发展需要，适时调整部门设置，细化部门职能，确保各项工作任务的落实。2006年成立了资产管理办公室，负责不良贷款管理、责任认定和清收工作；2007年针对跨区域大额贷款增多的情况，成立大客户部，负责贷

款500万元以上大客户的信贷业务；2008年成立小客户部，负责基层社上报的授信、贷款资料的审查；2009年将业务科更名为风险控制部，负责数据统计分析，对潜在贷款风险进行预测评估等。通过调整部门设置和细化职能，强化了信用社信贷管理能力，为有效防范信贷风险提供了保障。

二是规范贷款流程，加强环节控制和管理。严把贷前调查、贷中审查、贷后检查关。按照贷款申请、贷前调查、抵（质）押物评估、贷款审查、贷款审批、签订借款合同、抵（质）押物登记、质物止付及移交、保险、填制凭证、发放贷款的程序办理贷款；对已发放的贷款，认真做好跟踪管理和检查，有效防范风险。

三是强化风险管理，建立风险管理机制。针对农村信用社的客户主体是农户、各类中小企业，承贷能力普遍较弱、财务信息不健全的特点，建立一套有利于贷款风险控制的贷前审核、贷后监督管理制度。不断完善信息获取渠道，充分发挥基层信贷员的信息收集作用，做好贷前审核；建立起适合自身经营环境和业务特点的风险监测体系，将风险管理规范化，制度化，加强事前预防和事中监测，降低风险发生概率；加强了内部管理，完善了贷后监督机制。

四是实行制度约束，严格责任追究。首先建立起主责任人制度，强化责任意识，促使主责任人认真履行职责，切实为提高信贷资产质量、防范和化解融资风险负责；其次是严格责任追究，对主责任人和信贷人员实行离任审计，并要求信贷监审人员经常开展检查，严肃查处违章违纪人员，对工作不负责的监审人员实行连带责任追究。

（三）创新信贷产品，多层次服务农村经济

针对农业和农村经济特点，农村信用社先后创新推出了农民工返乡创业贷款、会员企业联保贷款、园区开发贷款、优质客户贷款、最高额抵押贷款和农村住房贷款等，对农村经济的发展起到了极大促进作用。

（四）创新金融服务方式，助推农村信用社健康发展

一是实行贷款“直通车”。对信用良好的客户，根据“一次授信、随用随贷、总额控制、周转使用”的原则，在授信期间和授信额度之内由联社信贷部门直接办理手续，方便客户。二是采取灵活的利率定价机制。根据不同期限、用途和信用程度分别确定不同的利率，并且和职工绩效挂钩，既满足了客户需求，也调动了员工工作积极性。三是创新贷款营销方式。各县农村信用社结合当地实际开展贷款营销活动，激发市场需求，主动为农民提供适销对路的金融产品，以优质的服务扩大市场占有份额，赢得最大经济和社会效益。四是采取

集约化经营方式。摒弃粗放经营、规模扩张等传统做法，合理撤并经营网点，减少机构和人员开支。

二、金融创新取得的效果

（一）极大地调动了员工工作积极性

近年来，农村信用社全面实行绩效考核制度，奖优罚劣，充分调动了员工的工作积极性，提高了工作效率。在人员逐年减少的情况下，信用社各项业务没有受到影响，各项业务均得到全面发展，行业竞争力不断增强。2006—2008 年三年间，全市信用社公司类贷款客户、个人贷款客户分别新增 567 户、18 040 户。

（二）信贷资产质量进一步提高

截至 2009 年 8 月末，全市信用社不良贷款余额由 2006 年末的 33.63 亿元下降至目前 25.91 亿元，下降了 7.72 亿元，降幅 22.96%；不良贷款率由 2006 年末的 26.67% 下降至目前的 11.02%，下降了 15.65 个百分点，信贷资产质量明显提高。

（三）有效防范了信贷风险

通过落实责任追究制，信用社各项业务经营目标顺利实现，有效地防范了信贷风险。

（四）市场份额明显加大

2006—2008 年间，廊坊市农村信用社存款额增长了 100.82 亿元，平均增幅为 24.31%；贷款额增长了 65.64 亿元，平均增幅为 23.32%。截至 2009 年 8 月末，存款余额为 370.08 亿元，占全市金融机构存款总额的 23.94%，比年初增加 84.4 亿元，超过 2008 年全年存款增量 26.81 亿元；贷款余额为 235.08 亿元，占全市金融机构贷款总额的 24.34%，比年初增加 43.39 亿元，超过 2008 年全年贷款增量 17.17 亿元。

三、金融创新过程中存在的问题

（一）自主创新意识不强

受自身素质和传统思想影响，信用社职工思想偏于保守，业务开拓能力差，也缺乏现代商业银行管理经验，金融自主创新意识不强，难以适应新形势下的业务发展需要。

（二）配套政策难以落实到位

农村金融产品创新是一项系统工程，涉及多个政府职能部门，需要统一协调、规划。但目前政府部门政策扶持和风险规避机制相对滞后，未能在风险补偿、融资中介担保、农业保险等方面为创新提供支持，且政、银、企协调联动存在障碍，增加了金融创新难度，影响了金融服务领域的延伸，使创新受到约束。

（三）信用体系有待完善

目前，人民银行个人信用信息基础数据库还没有覆盖农村信用社系统。因此，信用社在办理个人贷款时很难准确掌握借款人信息。加上信用社胜诉案件执行难，债权得不到有效保障，严重影响了信用社的资产质量和信贷投放积极性。

四、进一步做好金融创新工作的政策建议

（一）创新经营理念，转变服务方式

客户是农村信用社生存的基础。随着经济多元化趋势加剧，客户需求也趋于多样化、个性化。因此，信用社要大力开展市场营销活动，通过建立高水平的专业营销队伍，全面营销金融产品和服务，扩大和培育客户资源。另一方面，要积极转变服务方式，向服务手段信息化、服务形式多样化、服务层次多元化发展，不断为客户提供最佳服务。

（二）积极打造良好的金融创新环境

农村信用社要树立科学的人才观，加强人才队伍建设。一方面要努力构建吸引人才、培养人才的机制，引进文化素质高和专业能力强的人才，同时加强对现有从业人员的素质培训；另一方面要引入人才竞争机制，实行优胜劣汰，全方位推进人才的优化组合，进一步提高员工的综合素质和创新能力。

政府部门和人民银行要加大对县级金融生态环境建设的考核力度，把支持农村金融产品和服务方式创新工作纳入考核内容。对积极进行农村金融产品创新、涉农贷款增加较多、风险控制较好的金融机构给予适当奖励。人民银行和

监管部门进一步发挥对金融创新的引领和推动作用，加强农村征信体系建设，改善农村信用文化环境，促进农村金融创新业务的健康发展。

（三）放宽创新权限，丰富创新品种

省、市级联社应适当下放金融业务创新权限，在风险可控的前提下，允许县域农村信用社自主开办信贷服务新品种，对个别品种可单独考核。对于金融创新取得突出效果的，要及时加以总结推广，提高金融创新的积极性。

信用社要根据农村经济多元化的实际情况，开拓贷款业务新品种并使其多样化，以适应各类客户的不同需求。一是可根据业务实际，结合已推出的小额信用贷款、建房贷款、联保贷款、助学贷款、农机具贷款、经商贷款等贷款品种建立贷款超市，满足多样化的贷款需求，为客户提供便捷的融资服务。二是大力开展中间业务创新，增加中间业务收入。加快网上银行、电话银行、信用借记卡、代客理财、对外担保等新的金融产品的开发。三是积极开展负债业务创新。信用社要结合实际，加快存款服务的多样化建设，吸收农村闲散资金，结合农业的季节性特点，积极揽储。四是积极探索与其他金融机构、企业的合作，实现多赢。

（作者单位：中国人民银行廊坊市中心支行）

农业银行服务“三农”组织架构研究

李福德

2007年全国金融工作会议明确提出农业银行“面向‘三农’、整体改制、商业运作、择机上市”的改革总原则。面向“三农”的市场定位，实施“蓝海战略”是农业银行经营方略的又一次战略调整。在现代商业银行制度下设计服务“三农”的组织架构是实现这一经营目标战略转变的关键。

一、农业银行服务“三农”组织架构现状

（一）组织架构定义

组织架构（Organizational Structure）是指，对于工作任务如何进行分工、分组和协调合作，是一个多元素的结构模式。每个企业内部的架构（层系）管理系统即为该企业的组织架构。架构的特点是多层串联、同层元素并联和元素金字塔结构。一个架构内部不同层次的组合及不同层次内部元素的不同组合就形成了企业内部组织架构的不同模式。为使效率最大化，一个组织架构有多少层次才是最优，层次内部元素如何组合才是最优——形成了研究组织架构最优模式的最优层系理论。组织结构分为：直线型、职能型、直线—职能型、事业部型、矩阵型、网络型及其他混合模式。

（二）农业银行服务“三农”组织架构现状

农业银行的组织架构实行的是总分行制直线—职能型模式。直线—职能制，也叫生产区域制，或直线参谋制。我国绝大多数企业都采用这种组织结构形式。这种组织结构形式是把企业管理机构和人员分为两类：一类是直线领导机构和人员，按命令统一原则对各级组织行使指挥权；另一类是职能机构和人员，按专业化原则，从事组织的各项职能管理工作。直线领导机构和人员在自己的职责范围内有一定的决定权和对所属下级的指挥权，并对自己部门的工作负全部责任。而职能机构和人员，则是直线指挥人员的参谋，不能对直接部门发号施令，只能进行业务指导。这种组织架构的优点是：既保证了企业管理体系的集

中统一，又可以在各级行政负责人的领导下，充分发挥各专业管理机构的作用。其缺点是：职能部门之间的协作和配合性较差，职能部门的许多工作要直接向上层领导报告请示才能处理，这一方面加重了上层领导的工作负担，另一方面也造成办事效率低。在这种架构体制下，农业银行总行根据业务分工设置若干职能部门，行使一定的管理权；省以下按照行政区划设置省、市、县分支机构，县以下还保留一些营业所。实行业务条条管理，客户块块管理的“一级管理、分级经营”管理体制，管理权高度集中到总行，经营权、决策权集中在总行、省行。当前，农业银行“服务‘三农’”的组织架构与之相适应，也是这种模式，即在总行、省、市、县分别设置职能型的“服务‘三农’”的职能部门。这种块块分割、行政分权式的组织架构，对于农业银行完成国家赋予的“服务‘三农’”任务，实现“面向‘三农’”是不适应的。存在的主要问题：

一是管理方式不适应。第一，这种组织架构模式由总行、省级分行管理众多的分支机构，管理半径过大，机制缺乏活力，业务运行速度慢，决策效率低下。如农业生产贷款、农副产品收购贷款具有很强的时令性，贷款层层审批时间漫长，等到贷款批下来很可能已经误了农时、错过了农副产品收购季节，客户已经不需要贷款了。第二，高度集权的管理方式，授权、授信额度过小，不适应“三农”点多、面广、单笔业务小的特点。第三，责、权、利不清。按职能设置的部门，不具备独立的人事和财务支配权，不利于调动职工的工作积极性。

二是市场定位不适应。虽然农业银行提出“面向‘三农’”，但以“三农”客户为中心的营销理念欠缺，没有把“三农”作为主要的客户群体，业务开拓的重心还是放在与其他三家国有商业银行争夺中心城市市场、争夺大客户上。截至 2007 年 9 月，农业银行河北省分行农业产业化龙头企业贷款余额为 28.4 亿元，仅占其全部贷款余额的 2.1%。

三是经营理念不适应。粗放式经营，没有形成以效益为中心。虽然农业银行服务“三农”的部门叫事业部，但以“三农”事业部为单元的成本和效益会计核算体系没有建立，绩效考核存在“大锅饭”的状况，员工竞争意识不强，特别是县域支行只是在客户经理部中设“三农”事业组，根本就不能单独考核。

四是人员、机构设置不适应。农业银行在 20 世纪 90 年代第一次战略转型时，在进军城市、裁撤规模小、效益差的农村机构、减员增效的方针指导下，舍弃了服务“三农”的经营目标，大规模的裁撤县以下营业机构，缩减人员，服务农村、农业、农户的功能基本丧失，目前的组织架构已经不能实现“面向‘三农’”的市场定位原则。仅河北省范围内的农业银行县以下营业所 2000 年以来就撤销了 961 家，目前仅剩 117 家，平均 16.8 个乡镇有一个营业所。包括县域支行仅有232个直接服务"三农"的机构，人员不足万人，全省138个县（包括县级市）平均每个县1.6个。农业银行的业务只能辐射到县城、营业所所在地周围区域30公里范围内的三四个乡镇，辐射面仅及乡镇的40%左右。像承德、张家口地域辽阔的地区，服务的面不及20%。由于人员少，只能选择一些较大的客户提供信贷服务，很难顾及到广大的农村、农户。截至2007年9月，农业银行河北省分行农户贷款余额为60.6亿元，仅占其全部贷款余额的4.5%。根据《河北省金融统计月报》的资料，2007年末河北省农业贷款余额为33.6亿元，占全部农业贷款的2.3%。

二、农业银行服务"三农"的组织架构选择

（一）设计农业银行服务"三农"的组织架构应考虑的因素

构造农业银行服务"三农"组织架构的目的，是为了实现其面向"三农"的经营目标，要从战略定位、经营管理者及员工、经营（市场）环境、风险控制、资源配置、信息共享、业务流程等因素出发。我们特将农业银行服务"三农"的业务、客户、目标市场、规模、经营管理体制作如下定位：

业务定位：农业银行服务"三农"的业务定位为面向"新三农"，即面向新农村、新农业、新农民。支持"新'三农'"和县域经济发展，并以农民生产生活、农村中小企业、现代农业、农村基础设施和小城镇建设等方面的金融服务需求为主要服务领域。

客户定位：农业银行服务的新农民以农村种植大户、养殖大户、农村个体经营户、农村个体工商户、农村小企业主为主体；新农业以农业产业化龙头企业、农业产业化基地为主体；新农村以兴修农村基础设施企业、服务小城镇建设的房地产开发、交通、电力等企业、社会主义新农村建设为主体。

目标市场定位：农业银行服务"三农"的目标市场选择，按行政区域划分为县城城区、县城城郊、营业所所在（辖）集镇内及所辖村以及设区市的以农业为主的郊区；按经济区域划分为农产品加工园区、农村商贸园区、农村特色种植园区、农村特色养殖园区。

规模定位：农业银行服务"三农"的市场规模，按照当地的经济发展状况和经济发展规划因地制宜确定。《中国农业银行服务"三农"总体实施方案》提出，三年内，农业银行对农业产业化龙头企业和基地的服务覆盖面达到50%以上、对全国千强镇的支持面达到50%以上、直接对农户的信贷服务覆盖面达到30%以上、惠农卡发卡量达到1亿张以上。

经营管理体制定位：农业银行服务“三农”业务，可实行总行一级法人的体制下，单独管理、单独核算、自负盈亏的经营管理体制。以经营业绩为中心目标，注重对经营成果的绩效考核，员工实行绩效工资制，调动员工开拓市场、发展客户的积极性。

（二）农业银行服务“三农”组织架构模式选择的基本原则

以客户为中心，增强营销功能；实行专业化管理，提高服务的质量与效率；强化内部控制，完善风险管理体系；注重以人为本，实施绩效考评；实行商业化运作，实现效益最大化。

（三）农业银行服务“三农”组织架构模式选择

综合农业银行服务“三农”的组织架构的设计的影响因素和组织架构选择的基本原则，农业银行服务“三农”组织架构应该选择事业部型。

事业部型组织架构最早是由美国通用汽车公司总裁斯隆于 1924 年提出的，故有“斯隆模型”之称，也叫“联邦分权化”，是一种高度（层）集权下的分权管理体制。它适用于规模庞大，品种繁多，技术复杂的大型企业，是国外较大的联合公司所采用的一种组织形式，近几年我国一些大型企业集团或公司也引进了这种组织结构形式。事业部制是分级管理 、分级核算、自负盈亏的一种形式，即一个公司按地区或按产品类别分成若干个事业部，从产品的设计、原料采购、成本核算、产品制造，一直到产品销售，均由事业部及所属工厂负责，实行单独核算，独立经营，公司总部只保留人事决策、预算控制和监督大权，并通过利润等指标对事业部进行控制。也有的事业部只负责指挥和组织生产，不负责采购和销售，实行生产和供销分立，但这种事业部正在被产品事业部所取代。还有的事业部则按区域来划分。

相对于其他类型组织架构，事业部制对于实施多元化发展的大型企业具有更多的优势：一是可以使公司最高层摆脱日常行政事务，集中精力进行战略决策。二是有利于发挥组织人力资源的潜力，培养综合性高级管理人才。三是有利于绩效管理和进行合理的资源配置。四是有利于专业化生产和提高市场反应能力。五是有利于各业务部门之间进行协调、合作及提高决策效率。

三、农业银行服务“三农”组织架构的具体运作

农业银行事业部型服务“三农”组织架构模式要经过一定时间在内、外部条件成熟时才能够形成。并且这个模式还应该是动态的，在实践中不断完善，

不断优化，使农业银行完成服务“三农”的战略目标。

（一）再造农业银行“三农”组织架构

首先，农业银行总部设立决策机构，即董事会层面设立“三农”金融发展委员会，高管层面成立“三农”事业部管理委员会及其办事机构。在农业银行总行“三农”事业部管理委员会下设立“三农”事业部。农业银行总行“三农”金融发展委员会和“三农”事业部管理委员会作为服务“三农”的最高决策机构，主要做好“三农”政策研究、战略规划、制度创新、业务发展和系统建设等方面的工作。为了能为“三农”提供广泛的金融服务，在“三农”事业部下设立“三农”对公业务部、个人业务部、“三农”政策法规部、惠农卡业务部等职能部门，作为服务“三农”的前台业务部门。同时，设立“三农”会计核算、信贷管理、风险管理、绩效考核、人力资源等后台支持系统。其次，在省级、市级分行设立“三农”事业部。将分布在农村和县域的 2 048 个支行、1.24 万个网点整体纳入“三农”事业部管理架构，作为服务“三农”的经营单元。省级、市级分行“三农”事业部实行垂直管理，单独考核、独立核算。为了提高效率、减少层级，县级服务“三农”的经营单元直接由省级“三农”事业部垂直管理。省及以下“三农”事业部实行单独核算、单独考核，真正做到重心下沉。省、市、县级“三农”事业部作为服务“三农”的具体执行部门，根据市场细分、客户分层、功能分区及以客户为中心的原则，设立专业的事业部，如对公业务事业部、个人业务事业部、电子银行事业部、惠农卡事业部、信息服务事业部等，分别负责相关产品的开发、营销、管理等工作。

（二）重塑农业银行县域及以下机构职能

根据国家将县域经济整体纳入“三农”的范围的战略规划，逐步将农业银行县域及以下机构整体并入“三农”业务管理体系内，全部承担服务“三农”的职能。农业银行县域及以下机构对“三农”的金融服务应该推行客户经理制，选择直线型管理模式。由客户经理全权负责对目标客户的金融产品营销，建立对客户经理的绩效考核的奖惩机制。

（三）建立区域性服务“三农”的体系

按照现代银行组织架构的主流模式，随着农业银行股份制改革深入，在条件成熟时按照经济区域设置区域的农业银行服务“三农”的事业部，统筹区域服务“三农”业务的发展。

（四）加快农业银行服务“三农”机构战略布局

针对农业银行县域以下机构少、业务覆盖面小、不适应党和国家赋予农业银行服务“三农”使命，未成为“三农”金融服务主体地位的状况，加快农业银行县域以下机构战略布局是当前农业银行的紧迫任务。根据成本效益原则，在经济较发达的集镇设立营业所，或由农业银行控股组建独立法人的股份制村镇银行、小额贷款组织等。

（五）充实服务“三农”的人员

针对人员少的状况，反聘内退离岗人员作为客户经理。2000 年以来，在减员增效的思想指导下，农业银行大量的 40 岁左右的人员办理了内退。这些人员经验丰富，事业心强，特别是营业所的内退人员具有丰富的农村金融工作经验，聘请他们从事服务“三农”有成本低、人脉丰的优势，可以很快的提高服务“三农”的水平。

（六）创新工作思路，为“三农”提供快捷的金融服务

一是在县域开办小企业简式快速贷款业务。针对农业银行授权、授信管理的现状，对有房产抵押能力、经济效益、社会效益好的小企业，扩大县域机构的授权额度，简化审批环节，提高信贷支持的时效性。二是向基层单位派驻信贷独立审批人，给予独立审批人充分授权，加快贷款的审批速度。三是开办惠农卡授信业务，持卡农户可在授信额度内周转使用贷款。四是开办“三农”课堂，向农户宣讲金融服务知识。五是采取“组合担保 + 个体私营户型”、“实体担保 + 个体私营户型”等多种担保运作模式，解决县域中小企业及农户贷款担保问题。

（作者单位：中国人民银行承德市中心支行）

农业银行河北省分行股份制改革进展及成效

文洪武

农业银行河北省分行实施股份制改革以来，坚持改革与管理并重，重点突出完善公司治理机制建设，在公司治理架构、风险内控机制、业务和管理流程、人力资源管理机制、财务会计制度等方面发生了重大变化，经营机制的转变在经营管理中显示出了积极成效。但在发展中存在全面风险管理体系建设不到位，中间业务创新项目有待丰富和完善，农户诚信风险难以有效控制，农户贷款担保难等问题。

一、整合内部资源，完善组织结构，全面提升整体改制

（一）建立公司治理机制，实现股份制管理

农业银行河北省分行自股份制改革之初，严格按照股份制公司管理要求，设立了股东大会、董事会、监事会，聘任了高级管理层。严格依照有关法律法规及公司章程，完善了农行公司治理制度和相关工作规则，明确公司治理主体的职责权限，确保各方诚信尽责、勤勉履职，逐步建立独立运作、密切配合、相互制衡、有效监督的现代商业银行公司治理机制。

（二）完善内部机构设置，提高运转效率

农业银行河北省分行根据改制后的市场定位和经营理念的转变，将内设部门重新进行整合，划分成包括“三农”业务、对公业务、个人业务、风险管理、资金计财、科技产品、行政支持在内的七大板块。

表1　　农业银行河北省分行改制前后机构内部设置对比

业务类型	改制前机构设置	改制后机构设置
“三农”业务	无	“三农”对公业务部、“三农”个人金融部
对公业务	信贷管理部、客户经理部	公司业务部、小企业业务部（含国际业务）
个人业务		个人金融部、信用卡中心

续表

业务类型	改制前机构设置	改制后机构设置
风险管理	无	信贷管理部、“三农”风险监控中心、“三农”信贷管理中心、资产处置部
资金计财	计划财务部	财务会计部、“三农”考核中心、“三农”会计核算中心
科技/产品	无	信息技术管理部、运营管理部
行政支持	综合办公室、监察保卫部	党委办公室、党委组织部、党委宣传部、机关党委、纪委办公室、团委、综合管理部、人力资源部、“三农”人力资源管理中心、监察部、安全保卫部、工会工作委员会办公室
直属单位	无	委托资产处置经营部、现金管理中心、会计监控系统处置中心、对账中心、滞后复核中心、会计主管管理中心、营业部

相比较改制前而言，农业银行河北省分行在机构设置方面更加突出业务主营方向，各部门职责范围的划分更加清晰，有利于机构运转效率的提高，特别是针对“三农”业务单独设立部门，更加凸显了该行立足农村、服务“三农”的经营优势，有利于进一步做大做强主营业务，从而形成品牌效应。

（三）加强内控管理，完善风险管理制度

为进一步完善公司治理结构，强化内部控制机制建设，提高风险防范能力，农业银行河北省分行从制度建设、管理体系、风险监查等多方面，加强合规管理。一是加强制度流程化和后台集中化建设。全面推行了临柜业务操作规程，完成了信贷、保卫等五大类非柜面业务操作流程的规范。对账中心等“四大中心”建设得到深化，实现了现金管理中心的硬件达标和制度完善，会计监控系统集中版开始运行，指纹认证系统全面上线。二是加大风险管理力度。健全风险管理体系，建立内控合规体制，完善风险提示制度及风险报告、提示、监测和预警等机制管理手段。三是加强风险监查与防控。内控制度建设、风险管理组织体系建立、风险监查的开展，提高了全行的安全责任意识和风险防范能力，有效地规避了各类风险案件的发生，对于股改后农业银行的平稳健康发展起到了重要的推动和促进作用。

（四）优化资源配置，提高工作效率

农业银行河北省分行根据股份制改革要求，进行了组织架构调整。按照岗位制约和满足业务需要的原则，充实一线营业网点人员配备，精减机关本部人数安排。对于涉及职责变动的部门，按照“人随业务走”的原则在部门间进行

调整。一是提高人员管理效率，二是保障员工福利待遇，三是增强薪酬管理科学性，四是优化岗位设置及管理。通过对人力资源的优化配置和科学管理，进一步提高了业务经营和管理效率，增强了组织协作能力，有利于业务流程的流转顺畅，提高员工意识、规范员工行为，增强企业凝聚力和向心力，促进核心竞争力的进一步提升。

二、转变经营模式，推动商业化运作，经营状况明显好转

（一）转变经营理念，提高服务意识

自股份制改革以来，农业银行河北省分行以股改十六字方针为原则，坚持“面向‘三农’、城乡联动、综合经营，致力于为最广大客户群体提供优质金融服务，成为国际一流商业银行”的战略部署，一改过去片面抓“大”项目，和其他国有银行抢大企业的盲动经营思路，加快推进经营转型，实施精细化管理，努力打造支持农业生产，发展农村经济，服务农民需求的“农”家银行。

（二）优化信贷业务流程，提高信贷资产质量

农业银行河北省分行根据新修订的信贷规则，对信贷业务的基本流程进行了调整，按照业务类别设计了包括统一授信基本流程、统一授信项下用信基本流程、固定资产贷款基本流程、特事特办业务等基本业务流程，并遵循“审贷分离、权限制约、权责对称、清晰高效”的原则，进一步明确了客户信用等级评定基本流程、低风险信贷业务流程及变更信贷审批方案的流程等。

（三）各项业务快速发展，经营状况明显好转

在积极贯彻推进股份制改革进程中，农业银行河北省分行多措并举，积极营销，紧抓重点项目，扩展基础业务范围，各项业务取得了较快发展。各项存款快速增长，各项贷款投放力度加大，投放结构更趋合理，中间业务收入保持较快增长速度，经营效益得到稳步提升。

改制后，农业银行河北省分行各项业务呈现以下几个特点：一是各项存款快速增长，储蓄存款稳步增长，市场份额逐步回升，对公存款同比大幅增加。二是各项贷款保持了较快增长势头，公司类贷款增速明显，实体贷款增势平稳，投向重点突出，个人贷款不断增加，个人住房贷款投放速度加快。三是或有资产总量大幅提高，银行承兑汇票占比较大。四是不良贷款实现持续“双降”，资

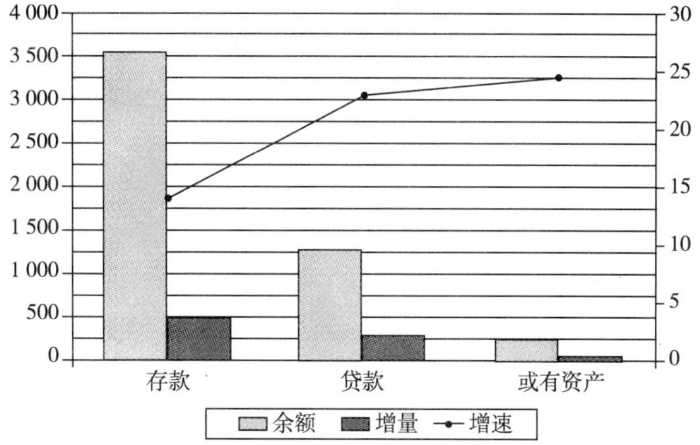

图 1　2009 年农业银行河北省分行主要业务发展状况

产质量不断提高。五是中间业务收入扭转颓势，实现快速增长。六是账面利润稳步提升，抗风险能力不断增强。

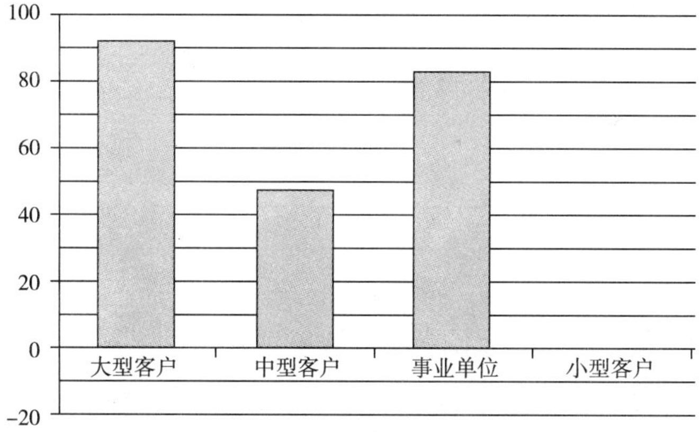

图 2　2009 年农业银行河北省分行贷款增速较快企业类型

（四）不良贷款实现“双降”，历史包袱得到进一步化解

农业银行改制的一个重点方面，就是剥离不良资产，减轻历史包袱。2009 年前三个季度，农业银行河北省分行信用风险得到了较好控制；不良贷款实现了“双降”。截至第三季度末，该行不良贷款余额为 33. 11 亿元，较年初下降 10. 71 亿元，不良贷款占比 2. 58%。

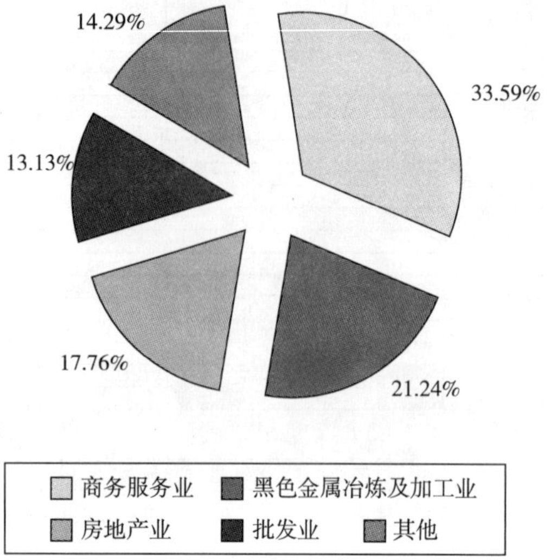

图 3　2009 年农业银行河北省分行新增贷款重点行业投向

表 2　　农业银行河北省分行不良贷款明细表

数据分类	余额（亿元）	占比（%）
不良贷款	33.11	—
其中：次级贷款	10.99	33.21
可疑贷款	21.5	64.92
损失贷款	0.62	1.87

不良贷款实现“双降”的主要原因是：不良贷款的清收和处置力度加大以及新增贷款收益的不断增加，抵减了不良贷款的总量和比重。2009 年前三个季度，累计清收不良贷款本金 6.96 亿元，形态回调 2.6 亿元。不良贷款剥离后，农业银行河北省分行辖属各支行都解除了因不良贷款率过高而受到的信贷投放权限限制，实现了信贷业务经营的充分授权，加快了该行信贷资产业务的发展步伐。

三、立足面向“三农”市场定位，建立服务“三农”长效机制

2009 年以来，根据总行“三农”金融部改革的总体部署和具体要求，农业银行河北省分行在承德、张家口、唐山和沧州四个分行开展了“三农”金融部

改革试点工作。按照“边界清晰、治理高效、核算准确、保障有力”的原则，建立起“三农”金融部一级的权责利相结合的经营管理体系。目前，改革试点工作取得了阶段性成果。

（一）成立“三农”金融部，为“三农”业务发展提供体制保障

农业银行河北省分行成立了“三农”金融部管理委员会，统筹推进全行“三农”金融服务工作，协调解决“三农”金融部制改革发展中的重大问题，落实总行有关“三农”业务发展的各项决策。省分行成立了“三农”金融事业部河北省分部，作为全省“三农”金融部系统管理的机构，负责对辖内“三农”业务和事业部建设的系统指导、业务规划、绩效考核、产品研发和风险管理。“三农”金融分部下辖农村产业金融部、农户金融部两个专业部门，以及“三农”核算与考评、信贷管理、风险管理、人力资源管理、资本与资金管理等五个支持中心，为“三农”金融部提供支持保障服务。四个试点市分行比照省分行“三农”金融分部设立管理委员会和组织架构。试点分行的全部县域支行改造为“三农”金融部的经营单元。

（二）划分了“三农”金融部的业务边界

“三农”金融部客户营销、维护和管理事权的划分，原则上以地域为界，注册地或居住地在县域的客户由“三农”金融部管理。县域大型客户由城市板块提出直管客户名录，城市大中型涉农客户由“三农”金融部提出直管客户名录，发挥各自专业优势，分别牵头营销管理。跨越城乡的集团性大型客户、垂直管理的系统性客户实行名单管理，由城市板块公司、机构、房地产等部门牵头营销开发和统一管理，“三农”金融部负责上述各类客户的县域端的功能落地和客户关系维护，上述各类客户在县域的贷款反映在当地县支行。根据业务管理边界划分要求，省分行已经对 2 220 个存量法人客户拉列了名单，初步划分了归口管理部门。

（三）对“三农”金融部实施单独核算

一是建立单独核算体系。“三农”金融部经营单元作为单独的会计核算主体，账务设置自成体系，完整反映县域支行各项资产、负债和经营管理的指标情况。“三农”金融分部的业务收入、资本成本、资金成本、资产减值成本、服务成本和管理成本，按照管理会计方法进行成本、收入归集与分摊。各个核算主体之间的业务和资金往来、共同的成本和收入，按照总行统一定价、往来方合约定价、市场价格等方法确定转移价格进行核算和分摊。通过财务核算系统自动生成完整的分部会计报告。

二是单独下达“三农”金融部综合经营计划。依据全行发展战略和“三农”及县域业务发展规划，总行单独编制、下达了“三农”金融部2009年度包括经济资本计划、业务计划、信贷计划、财务计划（预算）和风险计划等在内的综合经营计划。省分行据此将各类计划的经营目标和管理要求分解下达至各市分行，其中增量贷款计划为人民币115亿元。截至11月20日人民币贷款比年初增加127.5亿元，完成率高达111%。

三是加大“三农”金融部财务资源配置。对“三农”金融部单独安排费用预算，适度提高“三农”业务发展费用率。建立“基础费用+激励费用+战略费用”的“三农”金融部费用配置机制。单独安排“三农”金融部的资本性支出。单独制定“三农”金融部固定资产投入计划，适度降低“三农”金融部骨干网点建设的准入标准，加大“三农”金融部电子化建设的投入力度。实施倾斜性的工资资源配置政策，单独核定“三农”金融部工资总额，优先保障“三农”和县域业务发展战略需要。

（四）构建“三农”信贷制度架构，丰富完善“三农”产品体系

按照低平台、短流程、高效率、能控险的原则，推行决策重心下沉的“三农”和县域信贷业务经营模式，建立健全适应“三农”和县域业务特点的信贷政策制度。目前，农业银行河北省分行初步构建了有别于城市业务的制度架构，先后制定出台了一系列“三农”信贷制度，涉及“三农”信贷管理基本规程、“三农”客户评级、授信、授权、担保、风险分类等各个方面，做到了“三农”客户“进得来、贷得到、贷得快”。惠农卡、惠农信用卡和农户小额贷款等农户金融业务是服务“三农”的重要手段和途径。一年来，农业银行河北省分行“两卡一户”工作成绩显著。截至11月20日，全省新发放惠农卡86.7万张，向14.8万户农户授信45亿元，农户小额贷款余额33.5亿元。

（五）实施有效的风险管理

加强风险管理是“三农”业务有效发展、推进“三农”金融部改革的重要保障。在积极开展“三农”和县域业务的同时将风险控制在可承受范围内，做到业务增长与风险控制相适应，风险与收益相匹配，确保实现“三农”和县域业务服务到位、风险可控、发展可持续。一是实行风险垂直管理制，“三农”金融部经营单元风险管理机构（岗）接受上级风险管理部门垂直管理、向其报告的同时，向“三农”金融部经营单元汇报。二是实施风险经理派驻制，省分行制定了风险经理派驻方案，向22个县支行派驻了首批风险经理。三是建立风险

管理的正向激励和刚性约束机制，对农户小额贷款实施了“三包一挂”制度。合理设定了风险容忍度，对正常范围内的风险损失实行尽职免责，对超出容忍度的风险采取严格的管控措施。

（六）建立正向激励机制，加强“三农”业务绩效管理

一是对各行的“三农”业务进行单独考核，考核结果与各分行领导班子绩效挂钩。二是对惠农卡、惠农信用卡、农户小额贷款等业务实行单独计价，提高奖励力度。三是加大电子机具、交通工具、网点改造、办公用品等业务费用配置和固定资产投入，优先满足“三农”业务发展需要。四是加强业务培训，提高“三农”人员业务水平和操作技能。省分行直接组织了4期“三农”业务培训班，参训人员达到650人次。各市分行也多次开展了各类培训班。

总之，面向“三农”市场定位的明确，扭转了过去只注重发展城市业务，忽视广大县域市场空间的战略思路。通过加大对“三农”主营业务的投入力度，深层次挖掘农村潜力市场，开发适销对路的惠农金融产品，提高产品创新力度，形成上下联动、互为支持的营销机制，提升营销服务水平，建立起一整套服务“三农”的长效机制。

四、改革进程中存在的问题

（一）支农工作任重道远

一是农户诚信风险难以有效控制。农户个人诚信是防范贷款风险的第一要素。农户一般无固定收入，还款能力难以量化评估，所以贷前调查只能靠经办人员经验或通过走访信息来进行，难免出现判断不准确的问题。二是农户贷款担保难问题仍未根本解决。虽然多户联保模式一定程度上缓解了农户担保难问题，但是难以支撑业务规模的不断扩大。三是在调动经办人员放贷积极性与落实责任追究机制上难求平衡点。随着贷款规模的不断扩张，加之“三农”领域的不确定因素多，农户贷款一旦出现风险，经办人员即存在被责任追究的可能性，从而影响了经办人员的放贷积极性。

（二）全面风险管理体系建设还不到位

目前机构内部各个层面仍不同程度地存在执行力不到位的问题，在合规经营、内控建设和基础管理等方面存在着很多薄弱环节。风险防范的资源整合、制度流程优化和工作方式创新等方面还有较大差距。风险管理人员素质还需进一步提升。

（三）中间业务创新项目有待丰富和完善

中间业务产品创新空间受到一定限制，有的创新产品技术含量较低，且缺乏统一的产品创新规划，表现为业务创新多集中在支付结算等传统的附加值较低的中间业务上，缺乏市场竞争力；对客户需求、市场变动的反应不快，个性化创新能力不强，中间业务产品创新具有一定的盲目性等。

五、加强和改进农业银行发展进程的建议

（一）进一步提高服务“三农”意识，加快“三农”业务发展步伐

随着城乡一体化的不断发展，农民收入的不断增加，农村市场的金融需求将迅速成长，农村金融服务的内涵将日益丰富。因此，作为在服务“三农”方面有独特优势的农业银行，应坚定市场定位，充分发挥自身的比较优势，深入挖掘支持“三农”发展的巨大市场潜力，为服务“三农”作出应有贡献。一是采取有效措施与相关担保机构积极进行协调沟通，多方面畅通合作渠道，丰富对农户贷款的担保方式。二是积极探索有效担保模式。积极取得地方政府和相关部门的支持，协调政府成立专业性担保机构、建立农户小额贷款风险补偿基金和不同主体出资的风险代偿基金。三是积极发展“三农”对公业务，积极介入符合条件的城镇化项目，加快县域优质法人贷款的有效投放。

（二）完善风险防控体系建设，确保资金流通的安全

积极探索建立不同于城市标准的“三农”业务风险管理体系。制定“三农”和县域客户的授信评价制度，完善农村抵押担保机制，加强贷后管理与监督，健全风险监测手段和补偿机制。初步形成一套“三农”业务风险防控模式：用恰当的准入标准识别风险，合理的市场定价规避风险，严密的管理控制风险，科学的技术预报风险，有效的担保转移风险，足额的拨备补偿风险，及时的核销消化风险，确保银行资金的安全高效运转。

（三）加强客户信用风险的排查力度，严格控制存量风险

根据客户近期及历史交易习惯，分类梳理客户风险等级，对辖内受宏观经济影响较大的重点行业、不良占比较高的重点区域以及所有法人客户，进行风险排查。对于法人客户要重点排查本年度内新发放资本金的到位及使用、抵质押物品的保全以及有无违反限制性条款等情况；对于个人客户要重点排查贷款

用途的真实性，是否存在个人住房贷款假按揭等情况。针对排查过程中所发现的各类问题，要及时采取措施进行改正。根据最新的风险评估状况，及时调整客户信用等级和授信限额，合理控制授信敞口，防止银行资金的损失。

（四）创新金融产品，丰富服务内涵

为适应“三农”客户多元化、多层次的金融需求，针对农户、中小企业和产业化龙头企业和专业合作组织等推出的一系列特色产品和服务，建立快速反应、及时更新、满足需求的配套金融产品，帮助农民解决贷款难的问题。一是从信贷资金需求方面去创新，二是从资金周转周期方面去创新，三是从农村基础设施方面去创新。

（五）进一步加强内控管理

一是努力提升全员合规意识。坚持以科学发展观为指导，努力实现内控管理与业务发展两方面的合理布局，实现各项业务的协调可持续发展。二是加强全面风险体系建设，整合内部资源，形成风险防范合力。三是坚持从严治行，对违规违纪行为严惩不贷。四是加强各业务条线的系统管，提升员工业务素质和法纪意识。五是加强重点环节风险防控的管理，在对全行风险管理全面分析的基础上，制定全行加强风险防控工作的时间表，逐项推进重点业务环节的规范管理，夯实管理基础。

（作者单位：中国人民银行石家庄中心支行）

区域金融综合经营及产品创新情况典型调查

高天放

金融业综合经营又称混业经营，是指银行业、证券业、保险业可以跨业经营的金融制度。与之相对应的是，银行业、证券业和保险业分业经营的制度。综合经营与分业经营相比，综合经营具有节约交易成本、分散金融风险和获得协同效应等优势。目前我国借助金融控股公司等形式稳步推进金融业综合经营试点，发展综合类、衍生类金融业务，有利于提高金融企业的经营能力和竞争实力。

邯郸市辖内目前有国有商业银行 4 家，农业发展银行、邮政储蓄银行、邯郸市商业银行股份有限公司、交通银行股份有限公司邯郸分行各 1 家，另有 17 家农村信用联社。截至 2008 年底，金融机构各项存款余额为 14 747 503 万元，比年初增加 2 893 962 万元。其中储蓄存款余额为 10 220 326 万元，比年初增加 2 181 912 万元。金融机构各项贷款余额为 8 521 021 万元，比年初增加 1 316 109 万元；所有者权益 372 075 万元，比年初增加 70 465 万元；当年结益 205 517 万元，同比多增 13 496 万元，增长 3.7%。

一、金融创新产品应适应市场的需求

（一）普通客户对金融创新的需求

金融业务创新必须满足于市场需求，而市场需求存在巨大的差异性。金融业务创新固然在尽可能满足不同客户的不同需求，但首先必须贴近大众化客户需求，满足民众最现实的和潜在的金融服务需求。目前邯郸金融业已推出 50 多种金融产品，但与大众化社会需求间仍然存在明显差距。如银行卡业务，在调查中许多客户提出：银行卡便于携带，可以自助服务、能随时随地查询、取款。但一卡只对应一个账户，日常生活中缴手机费、水电费、煤气费、还贷款和购物消费等往往需要不同的卡，于是又滋生出多卡、多折、多密码的烦恼。大家都希望通过金融业务创新实现一卡多账户和一卡多用：即以活期存款账户为主账户，关联多个本外币定活期存款、人民币零存整取、通知存款和个人贷款子账户，所有的账户均凭卡和同一密码进行操作，以解决广大客户因卡多、折多、密码多引发的诸多不便。理财是银行为客户提供的重要服务内容之一，邯郸目前真正开办和接受这种服务的只是4家国有商业银行，这不仅仅是一个主动提供服务的问题，关键还要通过金融产品创新来推动业务发展。调查中，许多事业成功人士和拥有闲置资金的客户反映：他们为事务繁忙无暇打理资金或财务，金融知识相对缺乏，希望银行提供更高收益的理财组合、设计理财方案等，满足其资金对增值的需求。如活期超额能否自动转存定期，以获得较高的利息收益，如何便捷地将银行账户富余资金引入银行间债券、开放式基金等投资市场，实现资金的保值、增值等。

（二）中小企业对金融创新的需求

据对邯郸市调查，作为银行主要客户的中小企业，普遍反映对金融创新最大的需求是在获取贷款方面简化手续，开办自助贷款服务。许多企业提出，尽管他们已获授信，也有有效资产作抵押或质押，但在实际操作中，受银行制度制约，办理业务手续仍十分烦琐，贷款常常不能及时到位，由此而失去了许多商机。他们提出：能否在核定的一定比例的贷款额度内，中小企业在有效期限内根据资金需要随时使用该贷款额度，不必再逐笔办理烦琐的贷款手续。做到一次申请，循环使用，并通过ATM、POS机、电子银行、网上银行等自助化设备，保证24小时内随时随地获取资金，以能满足中、低端客户短期融资的需求，较好地解决中小企业贷款难的问题。

（三）地域经济对金融创新的需求

邯郸市是农业大市，解决“三农”问题、推行“一主三化”是当前经济发展的战略问题。金融创新面向“三农”无疑存在许多需求，如何通过提供金融服务帮助农业生产，尤其是多种经营由家庭式、零散化向产业化、标准化、集约化转型。“公司+基地+农户”等是农业生产的一大特殊的组织方式，而银行要为这种模式开发出适宜的金融创新产品。此次调查中普遍反映希望银行业金融机构为支持新农村建设提供创新的金融新产品。

二、金融创新的现状及存在的问题

（一）信贷业务品种不全，缺少品牌

比如面向中小企业的资产类产品，目前只有流动资金贷款、项目贷款、农

村电网贷款、扶贫贷款、承兑汇票、贴现、担保函、信用证等，由于门槛过高，手续复杂，这些产品多数并不适应中小企业贷款需求具有笔数多、金额小、频率高的特点。近年来为了防范经营风险，在没有更科学有效办法的情况下，银行要求中小企业贷款要提供抵押和担保，作为偿还贷款的第二资金来源。但是大部分中小企业规模小，自有资产少，难以提供所需的合法、有效的抵押和担保，并且办理一笔抵押贷款，要承担相当高的综合费用，所以部分中小企业只好望而却步。因此面向资金总量少、需求频繁、时效性强的中小企业融资需求而开发出相关新产品难以取得实质性进展。

（二）银行卡过多过滥

目前，银行卡品种名目繁多，有贵宾卡、VIP 卡、借记卡、准贷记卡、贷记卡，有信用卡、储蓄卡、一卡通等。各种银行卡的功能不尽相同，不仅百姓不明白，有些银行员工也不是很清楚该产品的用途。

（三）银行创新产品的宣传不够

目前，银行缺少一种广告意识和商业运作技巧，许多金融新业务只注重通过客户经理向一个一个的原有客户推销，却不善于运用广告、营销等覆盖面广泛的沟通手段。走遍邯郸大街小巷，到处都是移动、联通、服装、化妆品、烟酒等广告宣传，很少见到银行产品的宣传。不要说采取员工名片、公交车、户外墙报、展报和橱窗等形式上进行宣传，就是自身所占据的黄金广告位也未充分利用。如何形成动静结合、声形组合、大小结合的立体广告网络是当前金融创新的一大突出问题。

（四）银行自身的技术力量决定了形成金融品牌的困难

创新金融产品，无论是在技术上，人力上、还在是法律上、市场实践上都有很高的要求。而邯郸市目前缺少开发新产品的专业人才，尤其是开发电脑软件技术人才。往往新的金融创新产品都是上级推广下来的，自主研发的金融创新产品凤毛麟角。

（五）金融业务创新的市场环境尚未形成

目前，邯郸市还没有外资股份制银行进入，而银行品牌竞争观念又比较淡漠。过去二十多年间，我国银行发展的过程，很大程度上是一个银行复制的过程。在金融产品上也是一样，银行提供的产品和服务大同小异，缺乏个性化特点，其业务开展大多还是依靠网点的扩张和任务来完成，真正靠新产品竞争的极少，没有真正形成金融创新的压力和紧迫感。

三、金融业务创新建议

（一）支付需求类产品

1. 整合卡资源。合并银行借记卡与贷记卡的基本功能，使银行卡集多储种、多渠道结算、多种代收代付业务、银证通、银保通、卡消费、卡信用贷款、卡透支等业务用途于一身，实现以卡为媒的资产、负债、中间业务的产品功能的有效改良，实现真正意义上的一卡通。

2. 完善电子银行服务体系。完善电话银行、网上银行、企业银行、自助银行功能，扩大自助银行覆盖面；研发手机银行，通过移动通信网络将客户的移动电话与银行连接，为客户提供金融理财、转账、缴费、转账支付和无线 POS 机等功能，实现通过手机界面直接完成各种金融服务；探索互动电视银行和可视手机银行。

3. 快速推出漫游汇划。目前，银行开办有汇兑、全国电子汇兑、通汇宝等结算类金融产品，这些产品基本能够满足各类客户异地款项结算的需要。为了使客户的异地款项结算更方便，银行应尽快推出漫游汇划新品种。通过这类产品，保证客户可以从任一个网点汇出款项，任何一个网点凭本人有效身份证件及预留密码兑付，做到“人到哪，款到哪，款随人走”。

4. 推广现金管理系统。银行现金管理系统是面向企业客户开发的金融产品，此系统横跨贷款、投资理财、信息服务等产品，具有到账通知、电子支付、对公客户活期存款账户透支、票据买入、信息查询、异地通存、支出限额管理、现金调拨归集等多种功能，并可以根据客户的需求进行调拨，为其量身定做个性化的系统，帮助客户实现高效、安全、便捷的资金管理。

（二）融资需求类产品

1. 创新中小企业融资业务品种。探索推广机器设备按揭贷款、仓单抵押、应收账款质押、承诺贷款、创业贷款、商铺租赁专项贷款、收购兼并专项贷款、包贷包收贷款。对经营、效益、潜力和信用特别好的企业，在做了足额有效保证前提下，尝试“客户综合授信”，为其确定一个实实在在的融资额度，使其在额度内能够随时获得所需贷款、银行承兑汇票和其他融资，一次性签订融资合同，循环使用，甚至还可以允许其在一定额度内办理“存款账户透支业务”。适应中小企业资金分期回流的特点，开办整贷零偿贷款，通过一次性贷款分期偿还的办法，减轻中小企业还款负担。针对中小企业财务信息不透明、不利于监测的特点，可为中小企业就好的项目或产品办理封闭贷款业务。

2. 创新贷款保证方式。突破传统的担保方式的限制，接受土地使用权、个人信用作为担保；接受自然人为中小企业提供的以财产或权利为抵押的担保。同时，针对邯郸市经济实际情况，对贷款的担保和保证方式要灵活多样，对抵押性贷款融资，其融资比例应低于其他经济发达地区的平均水平。

3. 创新贷款管理手段。一是创新信用等级评定办法。改变使用统一的信用等级评定标准的状况，制定符合邯郸市中小企业金融实际现状的信用等级标准。二是创新业务流程。根据银行的决策水平、管理水平及所在地的企业融资规模，分层次划定融资审批权限，减少贷款审批环节，提高服务效率。在信贷客户分类、信用等级评定、统一授信方面增加基层行审批权限。

（三）理财需求类产品

1. 集合投资理财产品。适时推出有实质性内涵和生命力的投资理财产品，包括定期存款、协定存款、智能存款、通知存款等人民币存款产品，外汇定期存款、结构性存款、通知存款、外汇掉期存款等外汇存款产品，债市通、长期外汇债券投资、人民币开放式基金投资、短期外汇票据投资、外债投资等本外币投资产品。

2. 加强财务顾问服务。实实在在地开办信息服务、经营管理顾问、投融资顾问、理财顾问、投资银行顾问等专项服务。根据邯郸市中小企业的需求，为中小企业的财务管理、投融资、兼并与收购、资产及债务重组、制定发展战略等活动提供咨询、分析、方案设计等服务，以促进“强位弱势”群体实现更加快速有效地发展。

（作者单位：中国人民银行邯郸市中心支行）

农业银行基层行经营管理与发展战略研究

霍东升

国务院总理温家宝在2007年全国金融工作会议上明确了农业银行要“面向‘三农’”、整体改制、商业运作、择机上市”的改革原则，并提出农业银行要发挥农村金融的骨干和支柱作用，为农业银行确立独具特色的面向“三农”的市场定位和发展战略指明了方向。但从目前农业银行的经营发展现状看，与面向“三农”的市场定位和发展战略还有差距。近些年来，农业银行为实现利益最大化，不断撤并营业网点，缩减从业人员，集中贷款审批权，造成基层行信贷业务不断萎缩。如何改善经营管理现状，把经营重点转向“三农”、中小民营企业，实现发展目标成为当前的首要任务，笔者就此问题进行专题调查并进行简析。

一、基层行业务经营管理状况及主要特点（以农行保定市分行数据为例）

1. 存款保持快速增长势头，市场份额提升，竞争力增强。统计数据显示，农行保定市分行各项存款一直保持了稳定的增长态势。2003年至2006年，各项存款分别增长17.71%、22.21%、15.63%、22.31%，同业市场份额（工行、农行、中行、建行四家国有商业银行保定市分行）分别为21.43%、22.97%、22.8%、16.46%。农行保定市分行存款的市场占有份额一直保持稳定状态。

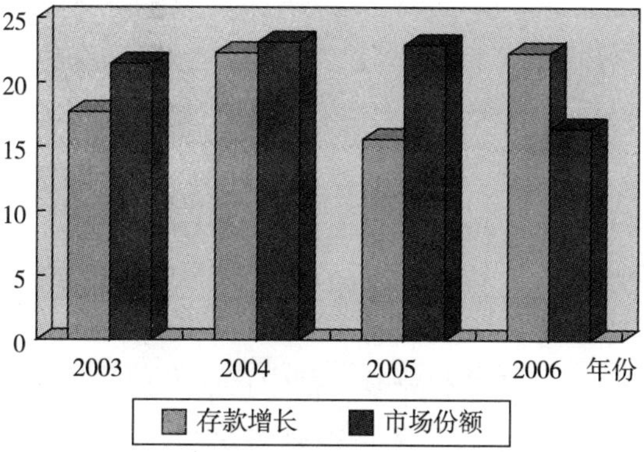

图1 保定农行存款及占比情况

2. 贷款向大城市、大客户、优质客户以及经济强县特色产业集中，忽略了农村中小企业的发展。近年来，由于利益驱动，农行保定市分行将有限的资金集中投放于市区盈利能力强的优势产业和优质客户。以2006年为例，农行保定市分行信贷投放主要集中在高速公路、房地产开发和新能源建设等重点行业。其中保沧高速5.5亿元，占全年贷款累计发放的12.9%；张石高速5亿元，占全年累放的11.8%；天威保变2.64亿元，占全年累放的6.2%。全年投放高速公路、房地产开发和新能源建设累计23.8亿元，占全年累放的56.1%。而对私营企业及个体贷款下降了13 246万元，下降20%；对个人消费贷款下降了23.2%。

3. 县域信贷投放缩减，农村资金大量外流。由于管理体制的原因，县支行的信贷业务几乎成为空白。2006年，农行保定市分行新增贷款112 762万元，新增存款435 060万元，新增存贷比仅25.9%。其中县级行2006年新增存款289 068万元，贷款下降2 001万元，呈负增长。资金流向大中城市。

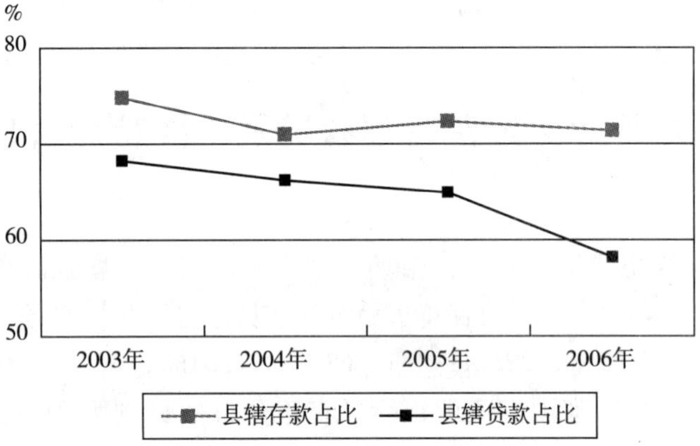

图2　农行保定市各县支行存贷款占比情况

4. 中间业务异军突起，发展迅猛，业务收入增长迅速。2006年，农行保定市分行实现账面利润9 255万元，剔除消化历史包袱5 515万元后，实现经营利润1 4770万元，同比增长629万元。在各项收入中，中间业务收入增长迅速。全年中间业务收入8 246万元，同比增加2 466万元，增长42.6%，占经营利润的55.8%和账面利润的89.1%。银行卡发卡量每年递增。2006年全年累计发卡118.6万张，较年初增长30.8万张，同比增长10.57万张。从中不难看出，中间业务发展已逐步加快，在支行业务经营中正在发挥着越来越重要的作用。

5. 内控制度进一步完善，风险得到有效控制。近年来，农行保定市分行在加强合规管理、防范风险方面做了大量工作。在会计制度方面，实行了三位一

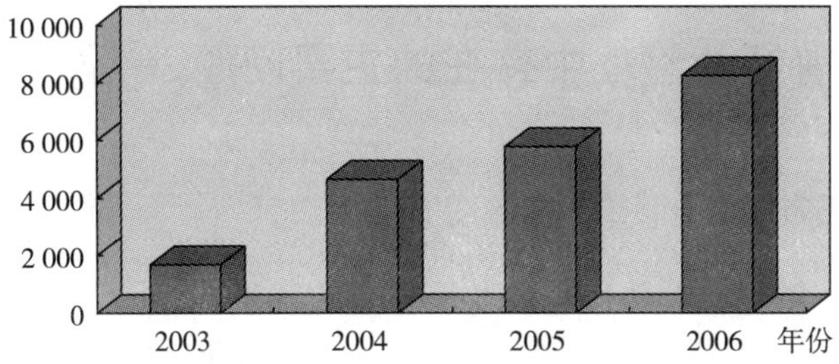

图3　农业银行保定市分行中间业务收入变化情况

体的防范网络，即对每个网点实行会计主管委派制，集中复核制，设立了在线监控系统；同时定期召开例会，对自查及上级行查出的问题通报改正情况，有效地控制了会计核算系统风险。

二、农业银行服务“三农”市场的优势

（一）部分国有商业银行逐步退出县域市场，为农业银行提供了更广阔的发展空间

截止到2006年末，工行、中行、建行分别有3家、1家、5家撤出县域市场，留下了较大的业务发展空间，为农业银行开发县域农村市场提供了便利。农业银行成为唯一在所有县域都有分支机构的大型商业银行，拥有最多的营业网点，最大的从业人员队伍，覆盖面最广的电子化网络，最广泛的客户群体，功能全面的业务产品体系和先进的科技支持系统。在服务县域经济方面具有市场、资金、网络和专业等方面的独特优势。这些都为农业银行实施服务“三农”的发展战略提供了机遇。

（二）社会主义新农村建设为农业银行服务“三农”提供了发展契机

随着社会主义新农村建设的逐步深入，以区域化布局、标准化管理、专业化生产和产业化经营为特征的现代农业发展加快。县域经济发展空间广阔，基础设施建设力度加大，第二、第三产业日益繁荣，中小企业异军突起，农村居民收入稳步增长，农民投资和消费能力日益增强。现代农业和县域经济的发展，必然产生对金融服务的旺盛需求。因此农业银行在县域的有效发展空间将会日益拓宽。

三、目前经营管理中存在的主要问题

（一）缺乏市场细分，农村市场份额缩减

20 世纪 90 年代，农业银行实施“城乡结合部”发展战略。2000 年以来，四大国有商业银行相继调整经营战略，其贷款向大城市、大规模企业集中，收缩县域信贷市场。在这种背景下，农业银行的市场定位和经营策略发生了重大变化，出于追求效益的目的，大规模收缩经营网点，压缩基层经营机构。据统计，我市 2006 年撤并城乡低效益营业网点 75 个，影响存款 10 亿元。竞争的视角也从农村转向城市，把大片农村市场拱手让与农村信用社。结果城区业务没有高效、稳定的市场群体，农村市场又丧失了基本阵地。

（二）内控制度有待完善

目前虽然农业银行建立、健全了覆盖所有部门和岗位的内控制度，但在实际工作中，仍存在一定问题。一是上级行不同部门之间规定不衔接不协调，基层行执行难度大。如上级行人事部门规定县支行机关工作人员控制总数，而会计、保卫等部门规定最低人员数，按这些部门规定配置人员将超过机关控制总数。二是风险防范意识不到位。长期以来形成的一些与新的规定不一致的习惯做法还没有消除。三是合规经营意识观念淡薄。没有把规章制度的执行变成每个人自觉的行动，执行制度流于形式，有章不循的现象时有发生。四是思想重视不够，问题整改不到位。不管是内部还是外部审查出的问题，不能从思想上引起高度重视。

（三）信贷管理体制不能适应县域经济发展要求

一是基层银行贷款审批权限上收。近几年，农业银行加强风险防范，强化法人统一管理，注重资产的效益性和安全性，导致信贷资金、管理权限和信贷投向集中。贷款审批权限集中于总行和省分行，市、县级行权限很小。据了解，市、县级法人客户贷款全部由省分行审批授信，县支行只有 50 万元以下的个人生产经营贷款的审批权。信贷审批高度集中造成贷款的审批时间过长。贷款权的高度集中与中小企业贷款时效性强的特点不相适应，贷款手续的烦琐与中小企业贷款急需的矛盾比较突出。

二是缺乏科学的信贷营销机制。为防范贷款风险，农业银行建立了严格的信贷约束机制，实行贷款终身责任制，贷款零风险管理，而激励机制力度很小，

造成权利与责任不对等，影响了信贷人员的积极性。据调查，目前信贷人员普遍感到放贷压力太大，若贷款不能按期收回造成损失，就要面临下岗清收的风险，造成信贷人员消极放贷。

三是信用等级评估体系缺乏差别性。小企业客户评级标准除注册资本和资产规模比企业客户标准低外，全部按照企业客户标准执行，加大了中小企业的融资难度。

四是贷款条件严格、门槛高。农业银行对法人类贷款的首要条件是资产在4 000万元以上、信用等级在AA级以上的企业才可上报省分行，经分行审核授信后发放贷款。即使是审批权下放的个人生产经营贷款，也必须是以县城、大集镇繁华地段国有出让土地上的住房、门店等房产作抵押，因此业务发展受到很大制约。

（四）沉淀贷款多，影响对县域经济的投入

2000年，农业银行不良资产的剥离，减轻了历史包袱，但目前仍有部分不良资产没有剥离。由于这些资产大部分是政策性因素造成的（如扶贫贷款等），不少企业早已倒闭、破产，有的根本找不到踪影，致使资产质量下降。有关资料显示，2002～2006年，农业银行政策性贷款分别为54 987万元、62 796万元、64 192万元、62 572万元、60 244万元，不良贷款率分别为42.28%、36.09%、39.29%、73.47%、90.54%，造成不良贷款和历年亏损额比较大。为了减少经营成本，提高盈利，农业银行把有限的资金投入到收益较高的大中城市、大中型企业和优势行业，直接影响了对县域经济的投入，尤其是对“三农”的资金投入。

（五）组织结构缺乏科学性

目前，农业银行实行的五级金字塔形组织架构，即总行—省分行—地（市）分行—县支行—分理处。这种类型的组织架构在运行中暴露出一些弊端，主要表现在：管理职能分散，管理层次较多，管理成本较大，对市场反应敏感度较低；基层网点业务职能单一；人力资源配置分散，经营风险点较多；职能部门设置不能以客户为中心，缺乏现代营销服务理念。

（六）金融产品不能满足基层需要，基层行缺乏创新人才

农业银行是一级法人制，金融产品一般由总行统一研制开发，再向大城市和农村市场统一推行。由于城乡差异性的存在，无论从客户观念和经济发展程度等方面来看，农村市场接受新的金融产品较慢，有的难以被客户理解，推行起来存在很大阻力。因此，县支行新产品发展速度慢，市场占有份额低。而基层行一方面缺乏金融产品创新人才，另一方面在没有得到上级行授权的情况下，创新产品很难得到承认和推广，也使基层行对金融产品创新缺乏热情。

四、相关建议及农业银行发展战略的研究

战略的制定对农业银行的发展至关重要。根据调查，我们认为研究发展战略，需要立足农业银行所依存的现实经济环境和农业银行的客观实际。一是在确保资产安全前提下，追求效益最大化。二是明确市场定位，立足“三农”，兼顾城市，实现城乡联动。三是改变服务理念，面向“三农”创新业务品种。

（一）根据县域经济特点，合理细分农村市场

基层行要及时全面掌握县域经济社会发展状况，重要产业、特色经济，骨干企业、骨干客户的详细状况，以当地经济发展为依托，找准区域定位，抢占丰厚的金融资源和业务发展的制高点。要农村业务与城市业务并举、个人业务与公司业务并举、自营业务与代理业务并举，确立巩固自身县域商业银行的主渠道地位。

（二）调整信贷投向，采取有别于其他商业银行的信贷管理方法，充分体现农业银行特色

要把面向“三农”，服务县域作为农业银行的立足点，根据自身经营管理条件，当地资源条件、国家产业政策、把好市场准入关口，做到重点突出，分类指导。一是实施“立足县域，辐射城乡”战略，主要面向“三农”产业链条和县域经济产业链条上的优质项目和优质客户。二是龙头产业带动战略，坚持农、工、商兼营的原则，以推进产业化和集团化为路径，重点支持市场优势明显的农业产业化龙头企业。三是继续实施小额信贷战略，加大小额信贷的投放力度，支持农民的种养业。四是改进信贷管理模式，适度下放贷款审批权限。根据分支机构的信贷管理水平、风险控制能力和当地经济发展状况，科学合理地确定基层行信贷管理权限，建立具体差别性的等级评估体系，降低中小企业贷款门槛。出台适度的考核制度，提高信贷营销人员的积极性。

（三）轻装上阵，加快股份制改革

一是将政策性业务整体划转至农业发展银行经营。这块业务的存量很大、质量很差，增量部分很难完全按照市场化要求操作。而划归农业发展银行则可

以在很大程度上缓解国家近几年对农业银行资金扶持的压力，也是业务归属的必然要求。二是尽快出台加速处置农业银行不良资产的各项优惠政策。

（四）围绕“三农”需求，面向“三农”开发金融产品

随着新农村建设和县域经济的发展，“三农”对金融的需求呈现出新特点和新趋势。农业银行服务“三农”必须与时俱进，根据自身特点和优势，按照风险管理和分类指导原则优选重点产业、行业和客户，提供资产负债和中间业务一揽子金融服务。同时要增强自主创新能力，研究开发综合化、集成化、清晰化和套餐化的金融产品，为县域客户提供全方位的金融服务。在推进现代农业建设、推动农村经济发展和促进农民增收的同时，努力实现自身的良性发展和价值最大化，处理好提高自身效益与支持经济社会发展的关系。

（五）立足“三农”，兼顾城市，实现城乡联动

随着改革进程的加快，农业银行的市场定位发生了重大变化，竞争的视角不再局限于农村市场，而是在支持农村经济发展的同时，逐步向城市市场渗透，从城乡经济全局出发，统筹规划，合理配置资源，把支持农村经济的发展与支持城市的发展结合起来，实现“城乡联动”，在实现城乡一体化进程中充分发挥自身的作用。

（六）整合人员和业务，强化机构管理职能

一是省分行主要制定全省的经营战略、业务政策和业务标准，配置财务和人力资源，负责重要授信业务审批以及新产品研发。二是强化地（市）分行的管理职能。省分行应该扩大授信权限，给地（市）分行充分的经营自主权，把支行业务集中到分行，强化分行的管理职能。三是强化县支行的经营职能。把县支行作为一个经营网点，减少其管理职能，给予县支行部分信贷权限。要尽快完善农村营业所的基础建设，招聘充实人员。可以在存款资源比较丰富的乡村设立业务代办站，依托农业银行先进的计算机网络平台，高效的电子化服务来拓展农村市场。

（七）从细微之处着手，完善相关内控制度，建立科学的考核体系

首先建立健全岗位责任制和内控管理制度，加强有效防范和控制金融风险，为各项业务的开展提供制度保障。其次根据不同经济区域特点，结合农业银行的业务特征和工作实际，对基层行制定不同的考核指标，建立科学的业务指标考核体系。加强对内控制度执行情况的监督检查，及时发现处理违规行为。最后优化业务流程，提高营销效率。针对信贷业务审批环节过多，办理时间较长，按照“严授信、宽用信”的要求，适当增加对基层行的转授权，缩短决策链条，提高决策效率。改进信贷业务流程，提高对优良中小企业客户和优质个人客户的服务水平。

（作者单位：中国人民银行保定市中心支行）

当前小额贷款公司运行效果评价和问题探讨

卜燕华

2006 年 8 月 28 日，霸州市万利通小额贷款公司在当地政府的推动下试水成功后，廊坊市辖区小额信贷公司作为新型的农村金融组织，在各级政府的推助下，得到迅速发展，在支持地方经济发展方面发挥了重要的作用。其特点体现在：第一，弥补了正规金融的不足，体现了广覆盖，多渠道的农村金融改革要求。第二，效率高，速度快，适应了中小企业贷款要得急、期限短、频率高、数额小的融资需求。第三，重诚信，不重程序，为促进全社会信用体系建设发挥了积极作用。

一、廊坊小额贷款公司运行的基本情况

截至 2009 年 7 月末，廊坊市 41 家小额贷款公司注册资金 24.3 亿元，累放贷款 83 亿元，累计支持县域中小企业及农户 5 956 户。7 月末贷款余额为 21.5 亿元，占廊坊市全部贷款的 2.3%。

从 41 家小额贷款公司的运行情况看，主要有 3 种模式：

1. “万利通”模式。以中小企业为主要支持对象，填补正规金融对中小企业支持的空档。万利通小额贷款公司位于霸州市胜芳镇，该镇有中小企业 4 000 多家。这些为数众多的中小企业，形成了以家具制造、金属制品、线缆制造为主的完整的产业链，占霸州市经济总量的 40%。但受资金缺乏困扰，许多产品有市场、竞争力强、有良好发展前景的企业，发展受到制约。由于受到国有商业银行高门槛的限制，这些中小企业的应急资金需求很难得到满足。万利通小额贷款公司 2009 年上半年累计发放贷款 4.9 亿元，相当于 1 亿元注册资金在半年的时间里转了近 5 圈。万利通小额贷款公司在利率的执行上，对一般贷款执行年利率 15%，但对贷款不到 10 天的客户，执行 18% 的利率。据当地到万利通贷款的企业主反映，因其贷款办理快捷，能够帮助企业抓住商机，赚到钱，18% 的利率也可以接受。类似模式的有中邦、琨博、鑫利、同安等小额贷款公司。

2. “中安信业”模式。中安信业三河分公司于 2007 年 3 月正式成立，提供

的业务产品分为面向三河市微小企业主的“头家贷”和面向工薪一族的“中安薪贷”。只要是年满20周岁的自然人，均可凭身份证明、住址证明及收入证明申请无抵押、无担保的个人信用贷款，贷款额度最高为人民币10万元。如资料提供齐全，一天之内即可放款。公司的贷款产品、申请条件与操作流程高度标准化、规范化。三河分公司在填补当地融资服务市场空白的同时也促进了三河市的就业，并为三河的经济发展作出了自己的贡献。三河分公司在当地招收员工19人，基本都是当地各大院校的毕业生。随着业务的发展，三河分公司仍将继续在当地招收员工，促进当地就业。中安信业三河分公司自2007年3月成立以来，运行情况良好。中安信业三河分公司凭借“快速简便，亲切友好”的服务特点，得到了三河市各个阶层的广泛认可和支持。截至2009年6月末，三河分公司共接待客户咨询3 200余人次，成交客户800多笔，累计放款金额2 457.6万元，平均每笔贷款3.1万元。三河分公司不仅为三河人提供融资服务，也为三河市的外来务工者提供贷款，有效地推动了三河市和谐社会的构建。中安信业三河分公司在经营期间，得到了三河市委、市政府的大力支持。

3.“友联”模式。以集团客户为主要支持对象，为龙头企业相关产业链上的中小客户提供融资服务。友联小额贷款公司，注册资金1亿元，出资人张国新、马瑞阳均是三河兴达集团的股东。该公司于2007年3月10日开业。到2009年6月末，友联小额贷款公司已累放贷款395笔，2.1亿元。其支持的对象以兴达集团的中小客户为主。据了解，兴达集团下辖房地产、建筑、服务业十余个子公司，其日常业务往来的中小客户200多个。这些中小企业与兴达集团有多年的业务往来，他们的资信状况，资金实力兴达集团都比较熟悉。因此，在为这些企业融资时，可以做到方便快捷。类似模式的有汇欣、华泰、润成等小额贷款公司。

二、廊坊小额贷款公司的作用及运行效果

1. 优化资源配置的功能。小额贷款公司的活动区域小，借款人与贷款人之间存在着千丝万缕的联系。借款人事前对贷款人及其资金用途有较为详细地了解，贷中和贷后有不同程度的持续动态跟踪，可以利用地缘、血缘等关系对贷款的使用进行监督，并选择一个风险和收益相对合理的项目给予资金支持，并对资金运用中可能出现的风险进行一定程度的控制。这样，一方面使自己的资金运用得当，一方面培养和挖掘有潜力的企业尽快成长。

2. 促进县域经济发展作用明显。近年来，县域经济蓬勃发展，尤其是非公有制经济已经成为县域经济发展的主导力量。在正规金融顾及不到的中小企业、

个体户及小型种养加工等项目上，小额信贷公司与正规金融形成了互补关系。以霸州市为例。2004 年以来，霸州市的民营经济对地方发展的贡献度均达到 85% 以上。据测算，霸州市中小企业的融资缺口每年均在 10 亿元以上。从霸州万利通小额贷款公司成立以来的经营状况来看，其中投向个体工商企业的贷款占到 73%，有效地缓解了部分个体工商企业及农户的资金需求压力，促进了县域私营企业及“三农”的发展，产生了良好的社会及经济效益。

3. 简便的审批手续，弥补了国有商业银行和信用社对短期资金急需者不能及时发放贷款的空缺，为资金暂时周转困难的公司解了燃眉之急，起到了“四两拨千斤”的作用。从金融服务层面看，金融机构烦琐的信贷手续使许多个体私营企业丧失了很多良好的商机，快捷的民间融资恰好弥补了这一缺憾。目前，各国有金融机构放一笔贷款需要经过资产评估、评级、授信等手续，还要经过县、市、省三级层层审核把关，一个企业从申请到取得贷款最少需要 3 个月的时间。即使是手续相对简便的农村信用社也需要半个月的时间。面对瞬息万变的市场和如此长时间的等待，小额贷款公司将成为成长性企业的必然选择。如有的小企业有时候资金短缺就是十来天的事，钱要得不多，但时间急，周期又短，到银行不可能如愿以偿得到贷款，为此失去了很多商机。有了象万利通这样的小额贷款公司，这样的问题迎刃而解。如某金属有限公司经销铝锭生意，了解到铝锭市场价格上涨的情况，急需购进铝锭 30 吨，但货款差 100 万元。这种情况到任何一家金融机构都无法当天取得贷款支持。万利通公司调查属实，当即给予 100 万元贷款支持，结果一夜之间，企业盈利 5 万元。

4. 有助于规范和引导民间融资朝着健康的方向发展。受多种因素的影响，我国民间借贷日趋活跃，特别是在经济较为发达的地区，民间借贷已经成为普遍现象。小额信贷公司的成立使部分隐性的民间借贷浮出水面，加之规定了其贷款利率最高限，因此可以有效防止民间借贷的高利贷现象，同时也可以减少纠纷，保持社会稳定。这种由民间资本发起的“只贷不存”的微型金融组织，是有效解决微小企业和农户融资难的有益尝试。

5. 小额信贷公司的放贷模式有助于社会诚信体系建设。小额信贷公司完全用市场机制从事金融活动，其在形成和发展的过程中，集中体现在以信用关系为基础，以充分利用市场机制为导向，方便、快捷、服务灵活和动态的跟踪、监督等方面。诚信是企业的生命线。万利通的贷款可以使不能得到银行贷款支持的企业得以成长壮大，逐步积累信用，在达到一定规模后，及时进入国有商业银行信用评估体系，顺利得到银行支持。在有银行贷款的企业出现还贷和再生产资金矛盾时，小额信贷公司及时补缺，起到企业“信用接力棒”的作用。

三、关于小额贷款公司目前发展的几个问题探讨

（一）重新审核登记问题

作为全国非试点省份的先头兵，廊坊市的小额贷款公司发展受到全国的关注，先后有全国十几个城市的政府、人民银行基层行组团来廊坊考察取经。《金融时报》等有关新闻媒体也多次进行了正面报道。但2008年10月23日冀政［2008］95号《河北省人民政府关于小额贷款公司试点工作的实施意见》出台后，在全省范围内对小额贷款公司进行了重新审核登记。和其他兄弟省份相比，河北省政府的95号文的限制性条款更趋严格，导致廊坊市50家小额贷款公司，符合条件的只有33家。严格的限制条款也引发了一些问题。一是那些开展业务的未能通过审核登记的小额贷款公司的去留问题，贷款收回问题如何解决，95号文没有明确说法。而据对此类小额贷款公司的调查座谈，有部分机构对95号文的政策表示不理解，并表示如果不能保住小额贷款公司的招牌，不排除再以民间融资的形式从事资金借贷行为。二是注册资金上限问题。95号文明确规定，试点期间，小额贷款公司的注册资本上限为1亿元。但廊坊市辖润成小额贷款公司之前的注册资金已经达到3亿元，且90%已放了贷款。润成小额贷款公司反映，几个股东自己的钱，拿出来发放贷款，支持县域经济发展，既无社会风险，又能切实对地方经济发挥支持作用，为什么要限制在1亿元以内，表示不理解。据了解，河北省的实施意见是在参照了浙江省意见基础上制定的，但浙江省的上限为2亿元。三是股东限制问题。文件规定，主投资人持有股份不得超过注册资本的20%，其他单个股东及其关联股东不超过10%。也就是说，股东人数不能少于9个。多数小额贷款公司反映，这样的规定不利于小额贷款公司经营，理由是买卖好做，伙计难搭。而如果八九个人都想说了算，那么放一笔贷款可能会长时间没办法决策，则小额贷款公司唯一胜于正规金融机构的灵活性也将丧失。我们认为，省政府出台95号文的初衷是防范风险，但从实际调研的情况看，效果不是很好。

（二）小额贷款公司的有效监管问题

目前小额信贷公司的建立缺乏相关的法律依据，国家尚未出台针对小额贷款公司的管理办法，各省的情况也不尽一致。而政府部门监管，又有两大障碍：一是管理人员对金融业务并不熟悉，造成外行管内行的尴尬局面。二是没有现成的人员队伍，重新搭班子建队伍又会遇到编制等一系列问题。

（三）小额贷款公司的未来发展和地位问题

一是后续资金严重不足。由于我市私营、民营企业众多，对小额贷款的需求量很大。目前，小额贷款公司资金来源方式单一，后续资金严重不足，难以扩大贷款覆盖面，进而影响其应有作用的充分发挥。二是小额贷款公司的身份问题。目前，小额贷款公司尚未正式纳入金融体系，其实际作用与当前身份很不相符。随着银监会《村镇银行管理暂行规定》和《贷款公司管理暂行规定》的出台，小额贷款公司与村镇银行相比存在很大的不对等。一是村镇银行机构设立有法可依，身份明确。二是村镇银行市场准入门槛更低。三是村镇银行可以吸收公众存款。这三大优势使得今后村镇银行可能对小额贷款公司的发展造成巨大冲击。

（四）在业务运作过程中，正规金融系统的金融基础设施不能惠及小额贷款公司，制约了小额贷款公司业务的发展

小额贷款公司面对的是农村金融市场，单独开发客户信用数据库的成本太高。目前，所有试点地方都还没有把小额贷款公司接入人民银行的征信系统，导致小额贷款公司难以利用现有的信用信息资源来防范贷款风险。另外，小额贷款公司暂时还不能利用小额支付清算系统，使得部分汇款业务的准入形同虚设。

（五）对有关政策的认识问题

关于小额贷款公司的政策性文件，目前只有 2 个。一个是《关于村镇银行、贷款公司、农村资金互助社、小额贷款公司有关政策的通知》（银发［2008］127 号），其中对存款准备金、存贷款利率、支付清算、会计、金融统计和监管报表、征信、现金和风险监管等八个方面都作出了规定，但可操作性差，也没有实施细则。对违反有关规定的行为如何处理，也没有明确规定，实际上使该制度的执行流于形式，无法执行。另一个文件是《关于小额贷款公司试点的指导意见》（银监发［2008］23 号）。这个文件中的规定在实际执行中出现若干问题。一是“小额贷款公司股东需符合法定人数规定”，要求小额贷款公司单一自然人、企业法人、其他社会组织及其关联方持有的股份，不得超过注册资本总额的 10%。股东分散，谁说了也不算，在实际执行中，问题很多。二是对小额贷款公司的监督管理，只提到了省政府能明确一个主管部门负责对小额贷款公司的监督管理，并愿意承担风险处置责任的，方可开展试点。但对如何监管，没有实施细则。廊坊在实际执行中，只是由政府金融办委托人民银行进行监管。

但人民银行监管又缺少法律依据，感觉无从下手，管理难度很大。

四、几点建议

1. 小额贷款公司只贷不存，更需要政策支持和法律保障。针对小额贷款公司法律定位模糊、筹建程序缺乏法律依据的现实，建议相关地区考虑出台小额贷款公司试点的地方性条例，降低小额贷款公司的法律风险。

2. 加大对小额贷款公司的扶持力度。小额贷款公司为弱势群体提供贷款服务，对社会、经济的发展具有很强的促进功能。因此政府和相关部门要加大对小额贷款公司的扶持力度，如提供税收优惠、允许小额贷款公司接入征信系统和支付清算系统等，推动小额贷款公司的可持续发展。

3. 适当拓宽小额贷款公司融资渠道。从弥补正规金融不足，切实发展农村金融的角度出发，是否考虑在小额贷款公司业务发展逐步成熟后，开放其负债业务，实现“两条腿”走路。

4. 从金融稳定角度出发，人民银行应积极介入对小额贷款公司的监管。不能怕承担管理风险和责任，因为，如果小额贷款公司出现风险问题，最终还是要人民银行来解决。建议人民银行总行尽快出台相应的规章，从金融稳定角度考虑，对小额贷款公司、典当行、农村资金互助社等从事金融业务的非金融组织制定约束性条款，设定检查、处罚权限，切实做到防患于未然。

（作者单位：中国人民银行廊坊市中心支行）

关于河北省政策性农业保险发展状况的调研报告

陈　芳

为进一步加大新农村建设的支持力度，自2007年以来，国家陆续推出了“政府主导、商业运作、农民自愿”的政策性农业保险业务。政策性农业保险业务的开办在提高农牧业的抗御风险能力，确保农业社会稳定和服务社会主义新农村建设等方面发挥着越来越重要的作用。但在实际运作过程中还存在诸多制约因素，不利于政策性农业保险作用的充分发挥。为此，人民银行石家庄中心支行组织开展了河北省政策性农业保险业务开展情况调研。现将调查情况报告如下：

一、河北省政策性农业保险发展现状及存在的问题

河北省自2007年8月开办政策性农业保险业务。经过两年的快速发展，到2009年8月，河北省有2家保险机构在全省11个地市近70个县市相继开办了能繁母猪、奶牛两个养殖业，小麦、玉米和棉花三个种植业共五个保险品种的政策性农业保险业务，累计实现政策性农业保险保费收入10.6亿元，累计赔款支出4.86亿元。政策性农业保险一跃成为财产保险业务第三大险种。

河北省是种植业和养殖业大省，也是自然灾害多发的省份。政策性农业保险业务的发展有效地化解了农业生产风险，在促进河北省农业经济发展，服务新农村建设中发挥了积极作用。但从河北省开办政策性农业保险业务两年来的情况看，河北省政策性农业保险业务发展面临一些问题，对河北省政策性农业保险业务的长期健康发展形成一定的影响。

（一）承保机构及保险险种较少，保险覆盖面不够宽

目前，河北省农村保险业仍处于发展的初创阶段，政策性农业保险收费低、风险大、回报率低的特性，使保险机构涉足意愿不强。河北省37家保险机构中仅有2家开办了政策性农业保险业务，很难担负起全省政策性农业保险的重任。目前政策性农业保险业务只开办了5个保险品种，险种远远不能满足农村需要。从地域和承保面上看，政策性农业保险的覆盖面也不够宽。全省130家县市只有约70家县市开办

了政策性农业保险业务，覆盖面仅为53%，承保数占比仅在60%左右。

（二）发展速度虽然较快，但业务规模偏小

政策性农业保险开办两年来取得了快速发展，业务规模逐年攀升。但总体来看业务规模尚小，政策性农业保险保费收入占全部保费收入的比例较低，不足1%，且低于全国的平均水平。2007年、2008年和2009年上半年，河北省政策性农业保险业务保费收入占全部保险收入的比例分别为0.31%、0.41%、0.98%，低于全国0.76%、1.13%和1.16%的水平。

（三）赔付额逐年上升，承保机构经营负担加重

2007年政策性农业保险赔付额为542.81万元，占全部保费收入比例仅5.52%；2008年赔付额达20 624.29万元，占保费收入的比例上升到44.7%；到2009年8月，赔付额已高达27 429万元，占保费收入比例达54.9%，其中畜牧业政策性农业保险赔付额占全部保费收入的比例高达93.74%。高额的赔款使保险公司不堪重负，这对保险机构开办政策性农业保险业务的积极性形成重创。

（四）业务呈现萎缩迹象，发展后劲不足

由于政策性农业保险开展困难较大，且亏损严重，保险机构的积极性受挫。河北省政策性农业保险呈现萎缩迹象，其中尤以畜牧业保险业务下降明显。如保定辖区中国人寿保险公司2008年畜牧类保险承保27万头，2009年1~8月仅承保7.1万头，下降73.7%。，承保数占比由2008年的45%下降到2009年12%。

（五）政策性农业保险潜在需求巨大，支农作用有待进一步提高

目前，河北省政策性农业保险的承保覆盖面尚不足50%，政策性农业保险需求潜力巨大且还有很大的发展空间。2009年上半年，河北省新增涉农贷款629.6亿元，而政策性农业保险赔付额只有2.7亿元。另一方面是河北省农村建设急需大量的资金支持，另一方面是政策性农业保险的作用尚没有得到充分的发挥。

二、制约政策性农业保险业务发展的主要因素

（一）风险大，赔付率高，承保机构亏损严重，开展政策性农业保险的积极性受挫

农业生产具有投入多、收益低、周期长、季节性的特点，风灾、雹灾、瘟

疫等自然灾害既不可预测又不能有效预防，牲畜重大疾病的爆发也具有很强的偶然性和不可预期性，这是保险机构无法回避的风险，也是造成政策性农业保险赔付率居高不下的主要原因。据调查，保定市某保险机构2008年政策性农业保险综合赔付率高达111.6%。2009年，个别县畜牧保险赔付率达227.5%。入不敷出的经营格局困扰着政策性农业保险业务的发展前景，使承保机构对农业保险事业的发展失去信心。

（二）农民诚信意识较差，道德风险案件时有发生

由于政策性农业保险的投保群体大部分是农民，他们缺乏对政策性农业保险的认知，诚信意识淡薄，骗保、套保、假保真赔等行为时有发生，大大增加了保险机构的赔付支出。如能繁母猪的死亡率一般在2%～3%，但实际出险率已达到6%左右。

（三）宣传力度不够，农民参保意识薄弱，承保率偏低

目前，河北省政策性农业保险承保面偏低，一般在60%左右；种植业保险的承保面更低，仅在20%左右。由于政策性农业保险的补偿职能还没有真正地凸显出来，加之对政策性农业保险业务的宣传力度不够，农民对政策性农业保险的基本常识了解不深，对于政策性农业保险在新农村建设中的地位、作用、意义认识不足，主动参保意识非常薄弱，积极性不高。

（四）财政资金到位迟滞，加重了保险机构的经营负担

按照规定，政策性农业保险保费额在参保农户承担20%的基础上，各级财政承担80%。但在实际执行中，财政实拨资金迟迟不能到位，保险公司只能先垫付资金理赔，等待年末财政资金到位后再进行账务处理。大量的资金垫付在应收账款科目核算，既违反了会计准则和财经纪律，又给承保机构绩效考核增加了难度。财政补贴资金的这种管理体制在相当程度上挫伤了承保机构大规模开办政策性农业保险业务的积极性，客观上对日益兴起的新农村建设带来了负效应。

（五）政府主导作用隐形化，增加了政策性农业保险业务开展的难度

政策性农业保险业务发挥作用的主角应由政府承担。但从目前看，政府的主导作用没有充分发挥，导致农业、农机、畜牧、气象等有关部门配合乏力，没有从根本上形成政策性农业保险服务一盘棋思想，承保机构单兵作战已成必然。据调查，开办政策性农业保险业务的承保机构从业人员一般在2～3人，且未设专职人员，加之缺乏相关的技术鉴定知识，勘察地域跨度较大等因素的影响，完成从入保到赔付的全过程，没有当地政府及农牧局、技术站、农业局等部门的有效配合，使定损难度加大且赔付时间延长。

（六）政策性农业保险法律约束力软化，成为制约政策性农业保险快速发展的“瓶颈”

政策性农业保险作为政府支持农业的一项政策性工具，需要立法保障。目前政策性农业保险法律法规尚未出台，地方政府也没有相应的政策性农业保险管理条例，政策性农业保险经营中的诸多问题陷入法律真空。政策性农业保险经营缺乏法律依据和法律保护，成为制约政策性农业保险快速发展的“瓶颈”。

三、促进政策性农业保险长期发展的对策建议

（一）加大政策性农业保险业务的宣传力度，为政策性农业保险发展创造良好的发展环境

采取多种形式加大对政策性农业保险的宣传力度，提高农民对政策性农业保险的认知水平和保险意识，积极引导农民提高参保积极性，最大限度地提高政策性农业保险覆盖面，促进政策性农业保险业务的规模化发展，将国家惠农政策辐射到千家万户。同时，要加强对农民诚信意识的教育，降低政策性农业保险道德风险损失，为政策性农业保险发展创造良好的发展环境。

（二）不断开发新型政策性农业保险险种，以适应新农村建设的需要

保险机构要根据农业生产的特点，结合政策性农业保险业务发展实际，加强政策性农业保险产品开发能力，开发适合“三农”的保险产品，满足“三农”的多元化需求，使政策性农业保险服务覆盖农业生产、农村发展和农民生活的全过程。在适应新农村建设的同时，也有效地促进政策性农业保险业务的发展。

（三）加强政府组织领导，打破保险主体单打独斗的业务发展局面

政策性农业保险是社会化的系统工程，需要政府的组织领导，相关部门的协调合作，才能更有效地推动政策性农业保险的发展。因此，应建立由政府牵头，农业、财政、保险等部门参加的政策性农业保险协调机制，共同研究解决政策性农业保险业务中的问题，采取分工负责，部门联运的模式，推动政策性农业保险的发展。

（四）协调财政部门统一和简化财政保费补贴资金划拨程序，实行财政补贴资金统筹使用

对财政保费补贴资金实行“年初预拨、对口划拨、统筹使用、年终清算”的方式，进一步简化补贴资金划拨程序，加快保费补贴资金结算速度，提高财政资金的使用效率。

（五）加快政策性农业保险立法进程，完善相关制度，为政策性农业保险健康发展提供法律保障

要加快政策性农业保险法律体系建设。通过立法，对政策性农业保险的性质、保障范围、经营原则、承保范围、保险费率、政策性业务与商业性业务的界定、经营主体的组织形式、参与主体、收益主体以及相关的权利和义务等作出明确规定，为政策性农业保险业务健康发展提供法律保障。

（六）建立政策性农业保险巨灾分散机制，提高对重大自然灾害和事故的抵御能力

政策性农业保险经营风险高，分保渠道狭窄，巨灾风险保障体系尚未建立，一旦发生大灾损失，对保险公司的经营及财务稳定将产生严重影响。因此，要建立政策性农业保险的再保险制度，开辟政策合理、途径多样的政策性农业保险分保渠道，以满足政策性农业保险分散风险的要求。建立财政支持的农业巨灾保险基金，增强抵御农业巨灾风险的能力。从政策性农业保险业务利润中按比例提取一部分，建立政策性农业保险风险准备金，以备重大灾害的补偿。

（作者单位：中国人民银行石家庄中心支行）

河北省农村信用社改革成效调查与思考

杨辉平

农村信用社作为我国金融体系的重要组成部分，是我国农村金融的主力军和联系广大农民的金融纽带。经过50年来的发展，农村信用社对地方经济的发展发挥了重要作用。农村信用社经过若干次的改革，特别是1997年农村信用社改革以来，自身发展改革也取得了明显成效。但随着农村经济和农村金融体制需求的发展，农村信用社的产权不清晰、治理结构不完善等深层次矛盾不断显现，历史包袱沉重，管理体制不顺，造成资产质量差，使相当多的农村信用社陷入了经营困境，一定程度上影响了农村信用社自身的发展，特别是服务“三农”作用的发挥。

为使农村信用社改革取得根本性突破，党中央、国务院在2002年下发了《中共中央、国务院关于进一步加强金融监管、深化金融企业改革，促进金融业健康发展的若干意见》（中发［2002］5号）。2003年6月，国务院下发了《国务院关于深化农村信用社改革试点方案的通知》（国发［2003］15号），通知要求要进一步深化农村信用社改革。要以邓小平理论和“三个代表”重要思想为指导，以服务农业、农村和农民为宗旨，按照“明晰产权关系，强化约束机制，增强服务功能，国家适当扶持，地方政府负责”的总体要求，加快农村信用社的产权制度和管理体制改革，把农村信用社逐步办成农民、农村工商业和各类经济组织入股，为农民、农业和农村经济发展服务的社区性地方金融机构，充分发挥农村信用社农村金融主力军和联系农民的金融纽带作用，更好地支持农村经济结构调整，促进城乡经济协调发展。2004年8月17日，国务院办公厅下发了《国务院办公厅关于进一步深化农村信用社改革试点的意见》（国办发［2004］66号）将河北省纳入进一步深化农村信用社改革的试点地区。2005年，河北省农村信用社交由省政府管理，从此深化河北省农村信用社改革开始。

一、农村信用社改革取得显著成效

按照《国务院办公厅关于进一步深化农村信用社改革试点的意见》（国办发［2004］66号），人民银行、地方政府连续出台了一系列的扶持措施，减轻了农村信用社经营压力，积极推动其改革。一是央行票据支持。截至2008年末，已兑付央行票据191.1亿元。二是地方政府政策扶持，出台了拨付保值储蓄贴补息、退还所得税、政府捐赠等一系列扶持政策。随着这些政策的逐步落实，为进一步减轻信用社经营压力，促进信用社逐步步入良性发展轨道发挥了一定的作用。河北省农村信用社经过3年的改革，已经发展成为河北省规模最大、营业网点最多、支农力度最大的地方金融主力军。

（一）推动产权制度改革，法人治理日臻完善

按照优化股权结构，投资主体多元化的原则，河北省148家县级联社实现了统一法人，占比95.48%；南皮农村商业银行、石家庄汇融合作银行、沧州城郊合作银行获准开业。改革人事、劳动用工、薪酬分配制度，并建立健全内控制度；不断完善法人治理结构，建立和健全了社员代表大会、理事会、监事会和高级管理层的“三会一层”管理体系，并在经营过程中其功能和作用得到了有效发挥，初步形成了决策、执行和监督相互制衡的机制，激励和约束相结合的经营机制初步建立。

（二）经营规模不断扩大

随着农村信用社改革的不断深化，经营格局逐步得到改善。截至2008年末，河北省农村合作金融机构资产总计4 822.35亿元，比年初增加984.55亿元，增长25.65%；负债总计4 639.89亿元，比年初增加969.03亿元，增长26.4%；所有者权益182.46亿元，较年初增加15.52亿元，增长9.3%。

（三）资本充足率大幅提高，抗风险能力明显增强

自2005年改革试点以来，随着管理体制、法人治理结构的完善，信用社在社会上的形象和影响力大大提升。截至2008年末，河北省农村合作金融机构股本总额220.25亿元，其中资格股108.12亿元，投资股112.13亿元，投资股占比较年初提高了11.64个百分点。资本充足率较年初提高了2.78个百分点。抗风险能力明显增强。

（四）资产质量有了明显提高

2008年末，不良贷款余额为597.04亿元，比年初增加10.12亿元；不良贷款率为27.66%，比年初下降3.52个百分点。资产质量得到明显改善。

（五）财务状况逐渐得到好转

2008 年度，全省农村信用社效益状况持续好转。拨备前利润达到 50.89 亿元，同比增长 7.69 亿元，增幅 17.8%；资产收益率达到 5.01%，比上年同期提高 0.39 个百分点。

（六）存贷款业务迈上新台阶

截至 2008 年末，河北省农村信用社联社各项存款余额为 3 496.78 亿元，较年初增加 599.11 亿元；各项贷款余额为 2 158.39 亿元，比年初增加 276.35 亿元。

（七）内控制度不断完善

2005 年改革试点以来，建立了涵盖各项业务、各个岗位、各个环节的内控管理制度、岗位职责和操作规程，实行了委派会计制，加强了对重点岗位、重点管理人员和业务人员的培训、监督和管理。

（八）防案控险呈现新局面

河北省农村信用社改革以来，各种案件不断下降，特别是百万元以上案件数量降幅明显，涉案金额大幅度减少。2009 年以来，农村信用社发现了 4 起案件，涉案金额 1 112.89 万元。与 2008 年同期比，案件数量减少了 3 起，涉案金额减少 21 681.98 万元，案件数量减少 43%，涉案金额下降 95%。其中百万元以上案件 2 起，同比减少 4 起；涉案金额 1 046.39 万元，同比减少 21 715.45 万元；百万元以上案件数量同比减少 67%，涉案金额下降 95% 。

（九）科技建设实现新飞越

河北省农村信用社联社科技部和财务会计部密切合作，完成了全省信用社网络线路改造、全省联网和通存通兑工作，实现了全省网点终端及外设、网络设备改造和综合业务系统的成功切换，河北省综合业务系统成功上线、运行，支付结算水平和工作效率大幅度提升。

（十）支农力度不断加强

河北省农村信用社紧紧按照《国务院办公厅关于进一步深化农村信用社改革试点的意见》的要求，积极改进金融服务，坚持“三农”的服务方向，积极寻找“三农”优质客户，加大对“三农”的信贷资金投入。截至 2008 年 9 月末，农户贷款余额为 816.98 亿元，比年初增加 45.5 亿元；农业贷款余额为

1 026.6 亿元，占全省全部金融机构农业贷款市场份额的 64.3%，比年初增加 72.5 亿元，占全省新增农业贷款的 54.1%。有力地支持了河北省新农村建设，促进了农业增效、农民增收和农村经济发展。

二、存在的问题

在充分肯定改革取得明显成效的同时，还必须看到存在的一些问题，有待通过继续深化改革、加快创新来解决。

（一）金融产品少，业务品种和服务方式单一

长期以来农村信用社都是在粗放经营模式下运作，既没有产品研发，又缺少必要的技术投入，与现代商业银行的差距不断拉大，金融服务的理念、金融服务质量和效率远不能适应农村经济发展和农民多元化的金融服务需求。盈利方式渠道单一，贷款利息收入仍是实现利润增长的主要来源。贷款利息收入总额为 168.42 亿元，占总收入的 76.96%；中间业务收入占比较低。

（二）股本金存在潜在的不稳定因素

农村信用社股本金结构失衡，资格股比例过大，资格股占比达到 49%，并且绝大部分是分散的社员入股。按照中国银监会银监发［2004］23 号文件规定，资格股在一定条件下可以退股。虽然目前问题没有显现，但随着时间的推移，入股时间满三年后，社员就可以自愿退股，进而冲击股金稳定性，削弱农村信用社抗风险能力，对今后的经营造成不利的影响。

（三）经营方式与商业银行趋同化，偏离农村信用社经营宗旨

从最近几年农村信用社业务发展现状来看，农村信用社的经营方式逐步呈现与商业银行趋同化现象，追逐大客户，贷款期限结构长期化，服务“三农”特色不明显，农村市场业务呈现萎缩趋势。以河北省为例，截至 2008 年 9 月末，全省农户小额信用贷款和农户联保贷款余额分别为 51.3 亿元、44.3 亿元，占全部贷款的比重仅 4.4%。在这期间我省农村信用社还全面撤销了农村信用社代办站，农村金融网点存在大量真空，农民能享受到的有限的金融服务也变成空白。

（四）大法人管理小法人，县级农村信用社法人地位不能得到有效体现，折射出县级农村信用社法人治理结构处于“形似”而非“神似”阶段

随着各项改革措施的推进，农村信用社在人民银行和银监会的监督指导下

逐步建立并完善了以社员代表大会、理事会、监事会、高级管理层为主体的"三会一层"法人治理结构。但从高级管理层的产生和任命程序来看，背离了合作制原则要求。高管层不是经社员代表大会民主选举产生，而是由上级行业管理部门任命，并定期轮换，绝大部分高管层人员还都是异地任职，无形中存在非社员决策农村信用社联社的经营管理问题。在业务开展上，县级联社必须绝对服从上级行业管理部门。对上级行业管理部门负责，法人治理结构的实质可见一斑。

（五）在夹缝中生存和发展的困境更加突出

在可用资金富余的情况下，农村信用社仍然存在"贷款难"和"难贷款"的矛盾，影响其经营成果继续扩大。到2008年末，河北省农村信用社存贷比仅为61.73%。据调查，近几年来，农村信用社的富余资金在逐年增加，但在资金运用方面又面对许多诸如农业的弱质产业特点，严格的贷款责任追究制度，农村经济基础薄弱，金融生态环境不佳等因素影响。一方面农村信用社有大量的富余资金，另一方面地方经济发展又有大量的资金需求，但农村信用社放款等于找死。不放款又等于等死。致使农村信用社存在"贷款难"和"难贷款"的矛盾。

（六）化解历史包袱、改善资产质量的难度仍然较大

由于农村信用社长期以来形成的经营粗放、管理薄弱的状况没有根本转变，虽然通过资金支持、优质资产置换等方式来化解农村信用社联社的历史包袱，但由于资金支持工作的基期数据未经清产核资进行确认，再加上信用社系统长期存在资产质量不真实问题，仍有很大一部分历史问题没有彻底解决，并且其清收难度更大。据调查，截至2008年末，不良贷款占比仍高达27.66%。河北省农村合作金融机构拨备余额为108.4亿元，拨备缺口较年初减少22.63亿元，仍高达207.75亿元，拨备缺口远未弥补，提足拨备后的实际亏损大，风险抵补能力处于较低水平。化解不良贷款仍是当前乃至今后相当长时期的一个重要任务。

（七）承办部分政策性业务，但政策性风险补尚机制尚需完善

农村信用社是按照"自主经营，自我约束，自我发展，自担风险"的要求进行管理的。由于政策性风险补偿难以到位，其在执行政策性的信贷业务方面不积极，政策性信贷政策执行难，不利于和谐社会的发展。例如，由农村信用社承办的农村地区的生源地助学贷款，由于政府补贴措施迟迟不到位，办理的越多，农村信用社的亏损越大，打击了农村信用社办理生源地助学贷款的积极性。

（八）结算渠道不畅，增强中间业务难

从资金来源上看，农村信用社主要是靠吸收农户存款。多年来，农村信用社结算渠道不畅，和商业银行的结算渠道相比还有很大的距离。改革后一直强调发展代收保费、代收费、代发工资等中间业务，但是因经营管理体制和员工素质等多重因素，收效甚微。资产多元化不够，中间业务有待进一步拓展。

三、建议

（一）以人为本，规范风险控制体系

提高人力资源管理水平，建立科学的激励约束机制。要树立人力资源是第一资源的理念，通过有效手段最大限度地发掘人才、培养人才，加快人才队伍建设，拓宽人才引进渠道，加强员工教育培训投资，提高员工的整体素质。在经营过程中，要遵循规避风险原则，树立风险管理意识。通过风险分析，避免从事高风险业务。要不断完善风险管理体系，加大风险管理力度，健全和完善内部控制制度，及时修补和完善存在的制度漏洞，并采取有效措施保证制度能够得到严格执行，从而将风险降到最低限度。

（二）政府部门应积极作为，努力化解农村信用社“贷款难”和“难贷款”的矛盾

一是加快农业产业化、规模化经营。要提高农业劳动生产率和平均利润率，不可能依靠家庭为单位的小农经济模式来实现，必须加快农业产业化进程，提升生产单位层次和规模。要发挥政府引导作用，积极推广农村经济合作组织、农业龙头化企业等规模化生产方式，形成经济聚合作用。一方面降低金融资金的交易成本，消除农民信贷畏难情绪；另一方面，降低信贷风险，提高其贷款积极性。最终实现将分散的、无效的金融需求，转化为规模的、有效的金融需求。

二是加大农业基础设施建设和科技推广力度，推进传统农业向现代农业转化。当前河北省农村正处于传统农业向现代农业转化的关键和瓶颈阶段，突破这个阶段必须提供充分的资金支持。但农业基础设施建设、产业结构升级的资金投入具有公共产品和准公共产品的性质，投资周期长、收益低。虽然长期看有利于农村金融的整体发展，但现实中这些贷款需求却无法满足商业金融的信贷标准。这一领域要发挥政府资金的杠杆作用和政策性金融引导作用，通过财

政投资、政策性金融信贷和商业金融的合作形式来实现。

三是完善政策，鼓励和引导农村信用社加大支农投入。农业的弱质产业特点，使得为农村经济主体提供贷款潜在的风险大，这是信用社层面上无法解决的问题。国家应当出台降低支农贷款风险的政策措施，加快推进农村征信系统建设，完善抵押担保制度，发展多种形式的担保组织，鼓励农信社增加对“三农”信贷投放。通过大力发展农业保险、再保险，进一步完善农产品期货市场，实施保护价收购等多种手段，切实降低农业生产风险；通过推广农村合作医疗，健全农村养老保障制度，降低农民生活风险。降低农村生产生活的不确定性，发展适合农村的担保机构和担保方式，解决农村的担保问题等，有效地降低农村信用社的信贷风险，为农村信用社的信贷投入提供风险保障，增强其支农贷款投入积极性。

（三）进一步完善财税政策，加大对农村信用社的政策支持

农业经济的“弱质性”特征决定了不能只有“无形的手”自发调节农村经济市场，财税等方面的政策支持可以降低农村信用社经营成本，使其能够在纯商业金融模式下不能支持的信贷领域发挥作用。这种方式在国际上也是一种通行的做法。2004 年以来的农村信用社改革过程中，国家在化解农村信用社历史包袱的同时，在财政补贴和税收减免政策等方面也采取了相应的措施，并在促进农村信用社加快改革发展，进一步加大支农力度方面取得突出效果。要在此基础上，进一步发挥财税政策、货币政策、市场准入政策的作用，构建扶持有力、导向明确、激励有效、协调配套的政策扶持体系，逐步形成引导农村信用社提高支农主动性和积极性的长效机制。

（四）适应形势要求，探索新的信贷管理制度和运行机制

一是要改进贷款管理方式。如适当提高农户小额信用贷款的授信额度；适当扩大农村信用社信贷授权；实行差别利率，对贷款量大、信用好的客户，可适当利率优惠；简化不必要的贷款手续，提高信贷工作效率。二是建立健全内部经营机制与激励机制。在建立贷款责任追究制的同时，应当逐步建立更为科学、责权利相结合的贷款激励机制，将贷款面、贷款额、收息率和不良贷款下降等指标纳入农村信用社考核的重要内容，将信贷员的经济收入与贷款效益挂钩，促使信贷人员主动营销贷款。三是制定农户大额贷款管理办法。根据产业农业的生产规模、周期需要，在保证信贷资金安全的前提下，尽量满足产业化生产和涉农企业、产业大户的资金需求。农村信用社在自负盈亏、自担风险和市场化原则下进行小企业贷款制度创新和产品创新。对符合条件、有市场、有

效益、有信用的小企业，采取授信贷款或保证贷款的方式，提供快捷便利的信贷服务。

（五）拓展资产运用渠道，实现资产多元化

加快由单纯经营信贷业务向资产多元化的转变。对有效益、资金需求量大的民营企业、农村龙头企业，农村信用社可优先信贷支持，满足企业的合理资金需求。省级联社应加强对市、县级联社富余资金的资金调剂，适当提高资金调剂利率，既为资金富余的基层联社找到解决出路，提高经营效益，又能帮助资金短缺的基层联社解决支农资金不足的矛盾。在风险防范的前提下，省级联社应加强行业指导和咨询，通过组织资金拆借、购买国债、创新信贷品种，拓展资金营运外延。如大力拓展票据贴现与转贴现业务，积极稳妥地推出合同（订单）质押、优质动产权利（如优质应收贷款、收费权、仓单、提单）质押等新的贷款方式。开拓多种资产运用渠道，帮助基层联社提高资金使用效益。

（六）加快产权制度和机制转换，优化农村信用社发展环境

巩固和发展农村信用社改革成果，进一步完善治理结构和经营机制，形成一套符合市场化需要的、有效的约束和激励机制，激发农村信用社的内在经营活力。深化农村信用社产权制度改革，把农村信用社逐步办成为农民、农业和农村经济发展服务的社区性地方金融机构。在现有市（县）联社一级法人的基础上，待条件成熟后组建农村合作银行。在“三会”人员的组成上，考虑吸收一些熟悉农村金融的非员工社员，提高“三会”的民主决策能力。在股金结构上，建议根据区域经济发展实际，实行股权适当集中，鼓励民营企业、农业龙头企业和有实力农村个体户入大股，允许经营管理者提高入股额，逐步培养一批大股东社员，增强股东关注农村信用社发展的责任感，提高其参与农村信用社管理的积极性。

（七）在统一法人框架下进一步完善农村信用联社与基层社的经营管理机制，有效解决体制上形似而神不似的问题

农村信用联社、基层信用社主任的任命应由上级任命逐步过渡到由社员代表大会选举任命，要使经营者真正对社员（股东）承担起经营目标责任，千方百计采取措施去努力实现增收和降低经营成本，使其经营管理同社员的经济利益联系在一起。

（八）加快征信体系的建设，优化农村信用环境

一是加快企业和个人征信系统建设，采集尚未与金融机构发生贷款关系的企业和个人的信息建立信用档案，为农村信用社进行信贷决策提供重要依据，帮助信用社筛选出不合格的借款人和进行风险控制。二是深化“信用户、信用村、信用乡（镇）”创建活动。按照“政府引导、人民银行指导、农村信用社主导，各金融机构参与”的工作思路，政府、人民银行、相关机构大力搞好宣传，营造浓厚的创建氛围，充分调动农村信用社参与的积极性，让更多的农户、农村和乡（镇）参与到信用户、信用村、信用乡（镇）的建设工作中来，让更多的农户、农村和乡（镇）得到实惠，促进农民增收，促进农村信用社自身业务的发展。三是加大打击逃废农村信用社债务的行为力度。有效地维护金融债权，大大降低农村信用社面临的违约风险，也会进一步促进农村信用社对当地的信贷支持，促进金融支持和经济发展的良好互动。

（作者单位：中国人民银行石家庄中心支行）

浅谈寿险营销制度的变革

杨敏哲

保险业作为现代金融体系的“三驾马车”之一，其经济补偿、资本融通和社会管理功能，为经济社会的全面发展起到重要作用。新中国的保险业与祖国同生共长。特别改革开放三十年来，保险业主动置身国家改革开放的时代潮流，逐步探索出一条具有行业特色的跨越式发展道路。我国寿险业的快速发展是在20世纪90年代初期，美国友邦保险公司将寿险营销制度引入中国上海之后，这一寿险营销制度以无比强大生命力迅速发展，并不断实现本土化，逐步衍生了今天这样一支260万人的庞大营销队伍。1996年《中华人民共和国保险法》颁布之后，寿险公司如雨后春笋遍地发芽，截至2009年底，我国寿险公司达到70余家，寿险营销在整个保险业发展过程中发挥着举足轻重的作用，寿险营销也成为各家寿险公司的核心销售渠道。同时我们不得不承认，伴随行业的快速发展，寿险营销制度面临新的挑战。如何改革和完善寿险营销制度是保险业下一步发展的核心问题之一。

一、现行寿险营销制度的主要成果

现代寿险营销制度即保险代理人制度，正是这一制度确立了现代保险公司群雄分立的格局，改变了许多保险人的生活。我国目前的寿险营销队伍的基本状况是：营销员以个体劳动者的身份与一家保险公司签订代理协议，只销售这一家公司的保单。保险公司负责分支机构的管理，招聘、培训其营销员，并提供职场、办公用品、设备等，营销员不是保险公司的雇员。代理人在代理权限内所产生的任何民事或刑事责任，如因误导销售给客户带来的损失，保险公司负直接和连带责任。现代代理人营销制度的特点在于其开放性和竞争性，报酬与业绩挂钩，多劳多得，业绩考核，能够充分挖掘个人潜能，体现个人价值。在这种激励机制的砥砺之下，先后培养了大批保险人才，也为保险业创造了许多如今人们耳熟能详的新概念。如今，最早投身寿险营销队伍并坚持至今的这部分人中，许多已经成为销售激励与管理领域的专家，多年积累的才能为他们在保险业内外开创了施展本领的广阔天地。他们中的一部分人也开始回馈社会，捐资社会公益事业，树立了保险队伍的良好形象。最为重要的是，广大的寿险营销员是我国保险市场的拓荒者和布道者。由于大量保险代理人的辛勤工作，使越来越多的人了解了什么是保险，保险基本知识、保险的意义与功能等符合现代生活的保险观念在整个社会上越来越普及。中国保险业有今天这样的快速发展，260万寿险营销员功不可没。

二、现行寿险营销制度存在的问题

目前我国的寿险营销制度处于转型和过渡的阶段。经过十几年的高速扩张，寿险营销制度走到了一个十字路口。不容置疑，这一制度仍具有极强的生命力，但也逐渐暴露出一些问题。如果这些问题得不到妥善解决，将会对寿险营销制度的长远发展产生消极影响。

（一）寿险营销面临人力发展困境且经营效率低下

增员困难，但寿险营销队伍的整体规模仍将保持平稳。低成本、高效率是许多保险公司采用寿险营销制度的初衷。由于保险主体增加，竞争加剧，保险营销员的身价也水涨船高。总体来看，由于国内人力资源丰富，增员成本的攀升幅度将受到限制，从而使营销队伍规模的变动产生动态的“蓄水池”效应。虽然不断有人脱离，但也不断有新人加入。目前看寿险队伍整体上仍将平稳发展，但在未来会出现一系列的问题。特别是农村保险市场的开拓大多也运用代理人营销体制。由于农村市场的特殊性，大浪淘沙的营销代理人选择是对农村市场的一种毒害，脱落的营销员对市场的不良影响巨大。

（二）专业水平参差不齐

在庞大的保险个人代理人队伍中确实不乏精英人才。但从整体上看，人员素质普遍偏低。除职业道德素质外，集中体现于专业水平低下，展业主要靠关系，大多习惯于销售简单易卖的产品，真正通过从客户需求分析、风险管理入手进行个性化保险方案设计促成契约的不多，而且也不能适应复杂的新型产品的销售，从而制约了行业的可持续性发展。

（三）诚信缺失与社会认同度低

保险个人代理人的诚信缺失集中表现在由于急功近利而不择手段地招揽业务，如诱导误导客户、不如实告知、夸大保险责任或保险投资回报、重销售轻服务、不履行承诺和伙同客户骗保骗赔、挪用侵占保费等，从而给保险公司和客户造成直接或间接损失，损害保险行业形象，并给保险个人代理人职业群体带来很大负面影响。造成其社会认同度低，在有关职业尊重度社会调查排名中趋于末位，成为不太受社会尊重的职业群体之一。

（四）队伍极不稳定，寿险营销员将出现分流

保险个人代理人流失分几种情况：一是淘汰率高，尤其是新入行的保险个人代理人因不适应工作性质而自动离开；另一种是主动跳槽或保险公司之间互相“挖墙脚”。队伍的不稳定直接带来了降低客户服务水准，增加保险公司增员、培训和保单维护成本，并增加了客户对保险行业的不信任感等负面影响。还有一些寿险营销员出于创业激情，脱离原来所在的保险公司，投身于保险专业中介机构，自己做老板或股东。

（五）代理人营销体制的成本优势不再

在该体制发展初期，正逢市场大举开拓，寿险公司仅按业绩支付佣金，不提供底薪及保障和福利，并且只需投入职场和少量的管理人员来管理代理人队伍。随着市场增员难度和竞争度的增加，寿险公司开始对新人提供底薪和法规规定的各种奖金和津贴，开始对代理人提供不同程度的福利和保障，营销激励活动成本越来越高，职场装修越来越豪华，新公司、新机构的“挖墙脚”费用成倍增加。所有这些均使得保险公司的费用急剧上升，保险营销制度下的综合费用不断攀升。

（六）法律责任追究乏力

从法律上来讲，个人代理人与保险公司是一种明确的委托代理关系，通过委托协议确认双方的权利和义务。但一旦发生营销员严重误导、欺诈客户的情况时，保险公司却往营销员身上推，借口营销员不是公司的员工而不承担法律责任，消费者的正当权益得不到有力的保护。此外，保险代理人与寿险公司的关系不再是简单的代理关系，各大公司在采用代理人营销体制伊始，均以双方单纯的代理关系为优势，认为寿险公司无须为其代理人的过错承担法律责任。然而，随着代理人违规行为的增多，事实证明，双方关系并非简单的无责代理关系。保险公司因其从代理人行为上获得利益，而要对代理人的责任承担相应的义务。

三、寿险营销制度存在问题的原因分析

（一）现行保险监管体系对保险个人代理人的监管存在漏洞

目前对保险个人代理人还未制定出专门的监管规章，也就是说，保险个人

代理人虽被纳入了保险营销中介的法规监管体系，但因没有独立的具体的监管制度，对保险个人代理人的资格要求、类型、组织归属或职业生涯、经营规则、社会保障、法律责任没有清晰的规定，从而导致了其“边缘人”的尴尬地位：保险代理人受保险公司各级机构的日常活动管理，类似于保险公司员工制管理，需接受保险公司的考勤、培训、考核评估，并享有一定的保险保障福利。但实际上与保险公司只是平等的委托—代理关系，因此福利保障并不受《中华人民共和国劳动法》强制保障。模糊的法律身份又导致保险个人代理人职业生涯定位的模糊，在社会上遭遇公众错误认知的尴尬，比如就有公众把保险个人代理人混同于非法传销人员。法规监管空洞、角色定位含糊、职业前景模糊、社会保障缺失是导致保险个人代理人诚信缺失、急功近利的深层原因。

（二）保险公司在发展初级阶段实施粗放的营销策略

基于对我国的保险市场发展处于初级阶段的认知，大多数保险公司开展个人营销运用人海战术，考核奖励以保费论英雄，这种策略确实适应保险发展的初级阶段，为保险公司快速地进行资产积累、扩大市场份额发挥了重要作用，但也留下了长期隐患。比如因代理人员准入门槛低使得保险个人代理人队伍素质良莠不齐，降低了保险个人代理人职业群体的社会地位；“以保费论英雄”导致了保险个人代理人不当的销售行为，并给保险公司留下了大量隐患。

（三）保险公司的佣金制度具有注重短期利益诱导性

寿险公司给保险个人代理人的首年佣金比例一般在20%～35%，此后逐年锐减，续期佣金一般只能获得5%～10%，通常五年后就不再享有保单佣金。现行的佣金制度具有明显的短期利益倾向。这种佣金制度使保险个人代理人对收入根本没有安全感，看重的只是首期佣金。加上续保奖比例偏低，保单继续率考核不严格，业务品质制度执行不力等原因，于是大量保险代理人只关注新单促成，导致不当销售、劣质保单和高流失率甚至返佣等一系列问题。

四、寿险营销制度改革的路径选择

研究现代营销体系，我们不难发现更多改革、创新还是在营销技术层面的广挖深掏，在培训、鼓劲、话术、展业以致增员等诸多环节上的深耕细作，而恰恰在营销体制的创新发展上所做的努力是不足的。技术含义的不断放大必然将服务到人、理念到人的人本思想压缩至极限。理念的背道而驰自然就衍生出了现实操作中的诸多弊症，而代理人便不幸成为了这诸多病症的实现载体。寿险营销中代理人制的问题即是如此，问题的关键不是在“人”上，而在“制”上。“制”有问题，对其进行改造、改善、创新就成为理所应当的必然选择。

（一）健全多元销售渠道，加快发展专业中介机构

建立多元的销售渠道是市场经济发展的必然要求，也是促进保险市场健康发展的基本条件。专业代理公司和专业经纪公司在寿险业发达国家是重要的寿险营销渠道。专业中介机构在我国有所发展，但专业化的优势并没发挥出来，在一定程度上限制了寿险营销的发展。2010 年 1 月华康代理成为第一家全国牌照保险代理公司，我国保险中介进入新的阶段。借鉴发达国家的经验，从政策上扶持并促成中介机构快速发展，完善多元营销体制。保险公司应该积极探索适合自己产品开发、产品促销的营销渠道；同时，结合现代营销技术，积极开辟电话销售、网上销售、职域开拓、银行代销、邮政代销、团个交叉等渠道。

（二）专属代理公司制

这是类似美国总代理人制的一种营销体制。基本做法是将现有营销队伍分离出去，成立专门的专属代理公司运营，从而明确代理人的组织关系，利于保险公司降低营销成本，实现专业化经营。目前国内的个别保险公司已在部分城市开展了相关试点，尚无成功经验可循。而此体制对于专属代理公司的业务管理和后援运作系统有着较高要求，否则将难以提供给客户全方位高品质的服务。此外，由于管理成本的增加，营销员的提成比例会有所降低，其展业积极性会受到新的考验。

（三）佣金制度改革

在保持佣金总量不变的前提下，降低首期和前几年佣金支付比例，相应提高后续佣金支付比例，延长后续佣金的发放年限，并结合考核营销员的业务退保率、投诉率，发放后续佣金，抑制营销人员的短期行为，建立符合现代保险企业发展的佣金制度将是引导营销队伍转型的最直接途径，也是保险业深化转型，建立保险企业核心竞争力的必由之路。

（四）整顿营销队伍，走专业化经营之路

要提高营销队伍整体素质，打造新世纪营销队伍的形象，促使个人代理由低水平的推销型向专业顾问型转变。严把营销员的入口关，适当提高参考人员的文化条件，增加考试内容的技术含量，严格考试、录用制度。加强从业期间的后续业务培训，帮助营销员不断学习保险、法律和金融等方面专业知识，适

时更新知识结构。建立资格年检制度，进行年度综合素质考核，对不合格者取消代理人从业资格。

（五）试点建立员工制度

这是针对现有代理人无职业归属感问题的最根本改造。目前一些保险公司的做法基本上是对日本保险企业员工制及我国台湾地区寿险收展制的借鉴。此种做法明确了营销人员的法律地位和劳动关系，保障了营销员的合法员工权益，从一定程度上解决了当前营销体制的一些根本问题。其缺点是员工薪金成本和高额培训费用的压力，风险较大，难以保证应达的利润。因此，目前各公司在此方面的试点尚不普遍，大多数仍处于观望阶段。

（六）建立全方位监督监管体系

通过强化监管措施，约束营销员不良执业行为。加强职业道德教育，订立营销员职业道德和执业规范，让广大营销人员自觉做到自律自强，自觉规范执业行为，做到诚实守信、文明服务。充分发挥行业协会的作用，在保险行业协会内部成立个人代理人专业管理委员会，建立营销员档案信息。建立举报、投诉制度，发挥社会监督的作用。加强监管处罚力度，保险监管部门对个人代理人的违规行为，应及时查处。

总之，伴随我国的市场经济体制建设进一步完善和保险市场全面开放，客户的消费行为越来越成熟，保险需求趋于多元化、个性化。另一方面保险公司由过去的粗放经营开始转型为集约经营，注重规模与效益、速度与质量的均衡发展，保险营销渠道呈现多元化发展与创新趋势，因此寿险营销制度改革的每个方向都有其特殊的目的性和适应性。加之，国内保险市场存在着地域、消费者和经营主体等多方位的广泛性和差异性。因此，多元化、差异化、专业化的寿险营销体制才是适应我国保险业国情和未来发展的正确选择。

（作者单位：泰康人寿保险股份有限公司河北分公司）

风险监测篇

河北省银行业现状、问题与发展

郭锦洲

为进一步了解河北省银行业发展现状，理清制约其发展的主要问题，确定持续快速发展的目标和途径，使河北银行业与地方经济发展相协调，支持沿海经济社会强省建设目标的实现，我们对河北省银行业近年来的发展情况进行了调查。

一、河北省银行业发展成就显著

2003 年以来，全省银行业组织体系进一步健全，经营管理日益科学，改革步伐不断加快，创新能力不断提高，资产规模加速扩张，盈利能力持续增强，已经到了跨越发展的关键时期。

（一）组织体系进一步健全，改革不断深化

截至 2008 年 6 月末，全省共有各类银行业分支机构 9 986 家，初步形成了由政策性银行、国有商业银行、股份制商业银行、邮政储蓄银行、城市商业银行、城市信用社、农村商业银行、农村合作银行、村镇银行、农村信用社、企业集团财务公司、金融租赁公司、信托投资公司、金融资产管理公司办事处等多类别、多层次、多功能的银行业组织体系。银行业改革有了新进展。工行、中行、建行、交行四家国有大型银行在冀机构相继完成股份制改造，农业银行的股份制改革正在有序进行。政策性银行商业化改革正按既定方案逐步实施。邮政储蓄银行各级分支机构相继开业。城市信用社 2008 年底前全部改制为城市商业银行。河北省城市商业银行合作组织的建立，为跨区域发展、联合发展奠定了基础。以县（市、区）为单位的农村信用社统一法人社体制普遍建立。截至 2008 年 6 月末，有 114 家统一法人社累计获得央行专项票据兑付资金 152. 23 亿元，农村信用社股本金达到 218. 15 亿元，整体实力和抗风险能力明显增强。农村商业银行、农村合作银行、村镇银行、农村资金互助社、专业贷款公司都在加快发展。

（二）经营管理日益现代化，资产规模加速扩张

随着改革的深化和国际战略投资者的引入，以及国际化先进监管标准的引导，国有银行、股份制银行在资本结构优化基础上，按照国际良好银行标准，实施了差异化、个性化的战略目标规划，实施了组织架构、业务流程、产品结构、业绩考核、分配制度、风险控制等方面的优化逻辑，事业部制、流程银行、扁平化管理、网络银行、账务大集中等项工作全面推进，目前从经营理念、组织架构、技术手段、产品特色、营销策略等都已基本达到了和国际水平接轨。地方城市法人银行机构，通过引进战略投资者，达到了引资、引智、引技、引产品、引管理的目的，经营管理水平持续提升。农村信用社省联社的建立使行业管理得到加强，特别是随着农村商业银行、农村合作银行组建步伐的加快，农村法人机构的现代化、规范化也将快速推进。经营理念的现代化、管理水平的持续提升使我省银行业规模迅速扩张。截至 2008 年 6 月末，全省银行业机构资产规模达到 17 738. 27 亿元，比 2003 年末增加 8 515. 49 亿元，增长 92. 33%。其中贷款余额达到 9 243. 38 亿元，比 2003 年末增加 3 470. 8 亿元，增长 60. 13%。负债总额达到 17 302. 57 亿元，比 2003 年末增加 7 937. 55 亿元，增长 84. 76%。其中存款余额达到 16 505. 47 亿元，比 2003 年末增加 8 379. 83 亿元，增长 103. 13%。

（三）创新能力不断增强，对经济支撑能力持续提升

随着经营理念的转变，各银行业机构求新求异、创新发展意识不断增强，管理创新、产品创新、服务创新能力成为衡量综合竞争力的一个重要标志。各银行业机构在发展过程中，市场定位逐步确定。国有银行依托自身雄厚的资金实力和管理水平，把大企业、大项目、大行业作为自己的重点目标和支持对象。截至 2008 年 6 月末，全省主要银行业机构共有大客户 1 276 户，贷款余额 4 180. 01亿元，占全省同期贷款余额的 49. 08%，占到全部贷款的 68. 61%。其中对钢铁、道路运输等重点行业的贷款占到全部大客户贷款的 49. 67%。以股份制银行和城市法人银行业机构为主体的中小银行机构把小企业、市民作为主要服务对象，重点予以支持，投放贷款近千亿元。以农村信用社为主体的农村银行机构，重点支持县域经济和“三农”。截至 2008 年 6 月末，全省银行业机构涉农贷款余额为 3 332. 19 亿元，较 2003 年末增加 1 681. 6 亿元，增长了近 1. 02 倍，有效地支持了社会主义新农村建设。各银行业机构积极做好小企业金融服务工作，建立了定价、核算、审批、激励约束、培训等机制，创新信贷产品，简化审批程序，有力地支持了小企业发展。截至 2008 年 6 月末，已与 148 813

家小企业建立了授信关系，表内外授信余额 984.87 亿元。

（四）风险管理能力不断增强，经营指标持续优化

内控健全工作使风险管理能力不断增强。内控机制包含内控环境建设和业务流程控制两个方面。目前，我省各家银行业机构一方面通过制定全面和良好的政策、建立实施政策的适当程序和流程、完善员工行为准则、明确授权责任和级别、完善内部审计制度、落实强制休假政策等措施，有效改善了内控环境；另一方面随着适用性和风险暴露政策的落实、客户尽职调查政策和程序的完善、高效管理信息系统（MIS）的建立、资金转移操作流程的规范，风险得到了有效控制，从而使经营指标持续优化。2007 年末，全省银行业机构当年实现账面利润 145.05 亿元，比 2003 年增加 154.96 亿元；中间业务收入 46.33 亿元，占营业收入的比重为 10.76%，比 2003 年高出 5.44 个百分点；不良贷款余额为 1 368.26亿元，比 2003 年末减少 244.43 亿元（其中城市法人银行为四级分类），不良贷款率为 16.13%，比 2003 年末下降 12.15 个百分点。2007 年末城市法人银行机构，平均资本充足率 7.52%，比 2003 年提高 23.97 个百分点；不良贷款余额（五级分类）15.13 亿元，比 2003 年末（四级分类）减少 57.33 亿元；不良贷款率为 2.91%，比 2003 年下降 22.71 个百分点；当年实现账面利润 8.15 亿元，比 2003 年增加 7.17 亿元，增长 7.32 倍；资产利润率为 0.59%，比 2003 年增长 0.41 个百分点；资本回报率 16.03%，比 2003 年增长 10.24 个百分点；拨备充足率 106.25%，比 2003 年增长 98.25 个百分点；拨备覆盖率 62.46%，比 2003 年增长 61.49 个百分点。2007 年末，农村信用社资本充足率（五级分类）为 -3.79%，比 2003 年（四级分类）增长 19.87%；当年实现账面利润 27.96 亿元，比 2003 年增加 31.5 亿元；中间业务收入占比为 0.75%，比 2003 年上升 0.03 个百分点；不良贷款余额（五级分类）595.33 亿元，比 2003 年末（四级分类）增加 61.70 亿元；不良贷款率 31.45%，比 2003 年末下降 7.98 个百分点。

二、河北省银行业问题依然突出

目前，全省银行业存在着金融主体和中介要素不健全，金融创新与发展缺乏活力，银行业发展滞后于经济发展，银行业发展空白和断层地带较多等问题，与建设沿海经济社会发展强省的要求不适应，对经济发展形成了瓶颈制约。

（一）组织体系不健全，金融布局不均衡问题突出

我省银行业组织体系建设相对滞后，与相邻的山东、河南相比还存在较大差距。一是机构类型少。至 2008 年 6 月末，除政策性银行和国有商业银行外，仅有光大银行、中信银行、华夏银行、民生银行 4 家全国性股份制商业银行在冀设有分支机构，非银行金融机构仅有 3 家，没有 1 家外资银行和本省省级股份制商业银行。二是机构数量少。特别是在全国性股份制商业银行、邮政储蓄银行和农村合作金融机构设立方面差距较大。2008 年 6 月末，股份制商业银行分支机构数量比河南少 50 个，比山东少 317 个，网点数量与山东省相比为 1∶9；服务“三农”的农村合作金融机构、邮政储蓄银行的各级机构共 6 252 家，而河南、山东分别达 8 002 家、7 958 家，相差都在千家以上。三是机构分布失衡。首先，城乡布局不合理。其中五家国有大型银行有半数以上的分支机构在城区范围内，县域范围内网点占比少且呈下降趋势。其次，地区间分布不均衡。银行业机构多集中在省会城市和经济较发达的市级城市。2008 年 6 月末，以重工业为主的石家庄、唐山、保定、邯郸 4 个省辖市的银行业机构数量占到全省的 49.8%，而衡水、承德、秦皇岛 3 个省辖市银行业机构仅占 17.2%。县以下人口占比为 80.76%，存款占比为 46.29%，贷款占比为 39.29%，机构占比约为 73.6%，而万人均机构数量仅约为 1.3 个，万人均贷款仅为 0.59 亿元。至 2008 年 6 月末，全省无银行业机构的乡镇还有 64 个。

（二）行业竞争不充分，存款空余量大

从市场份额情况看，国有银行一头独大，占据了全省存贷款市场的主要份额。2008 年 6 月末，政策性银行和国有商业银行各项存款占全省的 67.31%，各项贷款占全省的 66.21%。从中间业务发展水平看，业务创新能力尚显不足，收入结构没有得到优化。2008 年 6 月末，全省银行业机构实现中间业务收入 31.3 亿元，仅占营业收入的 12.07%，低出全国平均水平 1.45 个百分点。从资产负债管理情况看，存贷差逐年扩大，存款转化为实体经济可用资金能力较弱。2008 年 6 月末，全省银行业存差为 7 262.17 亿元，比周边的山东、河南分别高出 1 836.36 亿元、3 259.26 亿元；存贷比为 56%，分别比山东、河南低 22.62 个和 16.27 个百分点，低于全国平均水平 16.67 个百分点。

（三）运行质量、经营效益相对较低

运行质量不高是制约全省银行业发展的重要瓶颈，也是影响外部形象的一个重要方面。2008 年 6 月末，全省银行业金融机构不良贷款余额为 1 326.61 亿

元，占全国的5.84%；不良贷款率14.36%，高出全国平均水平6.94个百分点。国有商业银行不良贷款率10.83%，高出全国平均水平3.63个百分点；股份制商业银行不良贷款率为1.89%，高出全国平均水平0.24个百分点；城市法人银行机构不良贷款率为2.65%，低于全国平均水平0.15个百分点；农村法人合作金融机构不良贷款率为28.31%，高出全国农村信用社平均水平6.82个百分点。2007年末，全省银行业金融机构实现账面利润145.05亿元，位居全国第11位；资产利润率为0.98%，高出全国平均水平0.06个百分点。城市法人银行机构资本利润率为13.96%，低于全国城市商业银行平均水平2.04个百分点；农村信用社资本利润率为13.99%，高出全国农村信用社平均水平2.33个百分点，拨备充足率虽高于全国平均水平2.76个百分点，但仅为27.16%。根据2008年中国商业银行竞争力评价报告，全国112家城商行排位情况为：承德第28位、张家口第48位、廊坊第50位、沧州第57位、石家庄第104位、唐山第106位、秦皇岛第110位（邢台、保定、邯郸、衡水未参加排名）。2007年河北五家国有商业银行分行在全国综合经营指标排位情况为：工商银行第28位，农业银行B类第6位，中国银行第二组第3位，建设银行第10位，交通银行第14位。

（四）银行业服务滞后，与兄弟省份相比存在差距

河北省是一个经济大省，经济总量居全国第六位。2008年上半年全省GDP增长11.8%，高出全国1.7个百分点。但与周边省份比较，银行业指标无论总量和人均，差距都很大，银行业服务比较滞后，有效信贷投入、金融机构数量等与全省经济发展状况出现较大反差。2008年6月末，全省银行业各项主要指标的排位处于全国中游位置，但存贷款增速均低于全国平均水平。从总量上看，存款余额居全国第9位，比山东低3个位次；贷款余额居全国第11位，比山东低5个位次，比河南低2个位次；主要银行业机构资产总额居全国第9位，比山东低3个位次。从增速看，存款增速居全国第8位，略高于河南、山东；但贷款增速居全国第23位，比山东低0.93个百分点，比全国平均增速低0.9个百分点。从人均情况看，人均存款比山东低3 388.53元，人均贷款比山东低8 127.59元，人均利润比山东低303.77元。从机构数量看，2007年末全省银行业机构数量比河南少254家，比山东少2 760家。除上述情况外，银行业机构在经营管理、市场营销、金融产品、业务创新能力等方面也存在较大差距。

（五）信贷结构不尽合理，小企业金融服务和支农力度不足

一是中长期贷款占比大。2008年6月末，全省银行业机构中长期贷款余额为4 468.33亿元，占全部贷款的48.34%，高出短期贷款2.16个百分点；其中当年新增536.91亿元，占全部增量的70.8%，高出短期贷款46.91个百分点。这不仅使企业流动资金紧张，若长期贷款短用又增加了企业利息负担，也使银行风险管控难度加大。二是票据融资总量小。2008年6月末，全省银行业机构票据融资余额440.16亿元，仅占贷款总量的4.76%，既影响资产的流动性，也减弱了资金运用效率。三是中小企业贷款严重不足。2008年6月末，对小企业贷款余额为944.06亿元，仅占全部贷款10.21%，与中小企业增加值占比52.3%很不相适应。四是农业贷款明显不足。2008年6月末农业贷款余额为1 746.66亿元，占全部贷款的18.90%；当年新增110.19亿元，也仅占到全部增量的14.53%。全省银行业建立授信关系的中小企业客户为14.88万个，仅占全省中小企业数量的7.96%。

（六）地方法人银行机构问题突出，发展缓慢

一是城市法人银行机构竞争力不强。全省11家城市法人银行机构，法人治理不健全且有效性差，内部控制和风险管理薄弱，队伍整体素质低，创新发展意识不强，潜在风险较大。2007年，全国11家城市商业银行资本充足率不达标，河北占3家（石家庄、唐山、秦皇岛）；《银行家》2008年中国商业银行竞争力评价报告中，全国112家城市商业银行综合竞争力排名石家庄列104位，唐山列106位，秦皇岛列110位；盈利弱的银行35家，石家庄、唐山、秦皇岛3家在列。2008年6月末，全省11家城市法人银行机构实现利润6.59亿元，占全省银行业机构的4.84%；资产利润率为1.18%、中间业务收入比率为1.95%、存贷比为59.15%，分别低于全国同类机构平均水平0.15个百分点、2.11个百分点、4.8个百分点；资本充足率为7.88%，低于全国同类机构平均水平3.43个百分点；不良资产率为2.32%，高出全国同类机构平均水平0.39个百分点；拨备覆盖率为77.07%，低于全国同类机构平均水平8.26个百分点。二是农村合作金融机构问题突出，经营效益不佳，风险隐患大，发展困难重重。首先，法人治理结构不完善。省联社高管人员一直缺位，职责边界不清，制衡机制不健全。其次，资本充足率低，资产质量差，经营效率不佳，潜在风险隐患大。2008年6月末，资格股占总股本的60.89%，资本充足率为-1.96%，低于标准值9.96个百分点；拨备缺口225.17亿元，拨备覆盖率仅为16.84%；不良贷款率28.31%，高出核心监管指标13.31个百分点；历年损失挂账80.34亿元；管理不到位，案件频发；2007年综合评级中63%的县级联社被评为五级以下。最后，产品开发能力不足，服务功能不全，电子业务落后，制约了其进一步发展。三是法人银行机构专家型人才严重缺乏，现代企业管理理念淡薄。对地方法人银行机构高管人员学历情况的调查显示，仅有12.56%的高管人员第一

学历为大专以上，有 5.89% 的为初中及以下，中专及高中的占比较多；有 44.97% 的高管人员最高学历为本科以上，其中硕士以上人数仅占 3.22%；有 57.78% 的高管人员所学专业为金融、会计、财政、统计等经济类专业，其中金融专业占 41.24%。从管理理念、管理方式到组织架构和职位设置等，行政管理色彩浓厚。

（七）合规文化建设缺位，管理水平整体偏低

河北银行业合规文化建设尚未形成氛围，对法规和内部制度的组织学习教育缺乏，对职工遵法守规、尽职尽责观念强化不够，重业务、轻思想，重发展、轻内控，疏于管理，疏于严格监督，对监管部门的意见重视不够，落实不到位，内部制度执行不到位，人情大于制度、关系高于规章、信任代替监督等问题突出，从而造成职工思想麻痹，法规意识、风险意识、监督意识淡薄，违法违规现象普遍存在而不重视，大案频发而不能有效控制。2005 年以来，全省共发生案件 116 起，涉案金额 8.60 亿元。特别是 2007 年 4 月发生的邯郸农业银行金库被盗案和保定高阳农村信用社 1.5 亿元违法贷款案震惊全国，社会影响较大。2008 年以来，农村信用社又新发生 5 起案件。兴隆县孤山子信用社职工李玉军侵占资金案涉案金额达 2 387.65 万元；唐山城市商业银行迁安支行行长杜铁营挪用库款 762 万元，挪用代企业保管银行承兑汇票 8 314 万元。这都暴露出一些银行业机构高级管理人员风险意识差，管理水平低，合规文化建设的严重缺位。这不仅导致河北省银行业对外形象受损，也影响了有关银行业机构总部对河北省的信用评级和授信，对省外银行业机构入驻也造成负面影响。

（八）经营环境不优化，制约银行发展

一是东部区位、中部水平的发展状况还没有根本改变，经济结构不合理，发展方式粗放，整体开放水平不高等，压缩了银行业发展空间。二是法律环境欠佳，银行业机构维权较难。特别是在资产保全维权方面存在着诉讼难、胜诉难、执行难。据不完全统计，2004 年以来，各家银行业机构诉讼案件 232 974 起，标的金额 708.06 亿元。其中胜诉 203 873 起，标的 536.41 亿元。执行 40 996起，占 20.10%，收回资金 100.86 亿元，占 18.80%。一些行政执法部门到银行业机构乱检查、乱罚款的问题经常出现。三是社会诚信体系建设滞后，社会信用环境欠佳，恶意逃废银行债务严重。不少企业主诚信观念淡薄，偷漏税款、借改制悬空银行债务现象时有发生，恶化了银企关系和社会信用环境，削弱了银行业对地方经济发展的支持力度。四是社会中介评估体系不完善，权威的信用评估机构发展缓慢。有的会计师事务所、审计师事务所、资信评估机

构、拍卖公司等中介服务公司不能严格遵守执业准则，为了自身利益提供虚假不实信息，或高估企业资产，形成信用风险隐患。

三、河北省银行业加快发展的思路

根据河北省银行业发展状况，针对目前存在的突出问题，为促进全省银行业持续健康发展，从而更好地支持沿海经济社会强省建设，提出如下工作思路：

（一）制定金融产业战略规划，明确发展目标

要把金融作为支柱产业同其他产业一样对待，在制定经济社会发展规划时，同时制定与之相适应的金融产业发展规划，明确金融产业发展的目标、方式、途径和措施。经济发展到什么阶段，金融业服务需求什么，怎样做到有效供给。如经济发展的资金需求是多少，需多少资本市场融资，需多少银行贷款，需多少社会融资等，做到超前统筹规划，安排到位，以保证经济金融的协调发展。

就银行业而言，一是充分发挥国有大银行（包括政策性银行）在支持大行业、大企业、大项目上的作用。国有大银行因其资金实力雄厚、管理经验丰富、产品特色明显、服务功能强大，要按照有所为有所不为、有进有退的原则，锁定大行业、大企业、大项目，优化客户结构，培育有价值的相对稳定的客户群体，把资源向优质客户倾斜。二是发挥股份制银行的衔接作用，配合大银行支持大企业、大行业、大项目，同时重点服务中小企业，发挥衔接互补作用。三是充分发挥城市商业银行为中小企业、居民生活、市政建设服务的作用。城市商业银行要找准自身定位，突出作为“中小银行”、“市民银行”和“政府银行”的特点，发挥网点集中、产品多样、决策快捷、服务灵活的优势，将资金向居民和中小企业倾斜。四是充分发挥农村合作金融机构和邮储银行在县域经济和“三农”服务上的作用。农村合作金融机构要立足农村，面向农业，服务农民，真正发挥支农主力军的作用；邮储银行要发挥网络优势，改革运营模式，将从农民手中吸收的存款返还农村，用于支持县域经济发展。五是充分发挥非银行金融机构的补充及融资平台作用。信托公司要做成金融机构中的专业理财机构和专业资产管理机构，设计开发与私募投资特质相吻合的信托产品，探索适合信托产品的销售手段，为高端客户提供理财服务；企业集团财务公司要立足服务集团企业发展，进行业务规模和产品结构的提升与拓展，充分发挥集团公司资金池功能作用，同时要通过企业债券的发行，为企业集团的发展筹集资金；金融租赁公司要盯住大制造商、大投资项目、大的产权交易、大的房地产和开发区招商等，不断扩大投融资规模。

（二）完善银行业组织体系，优化银行业机构布局

1. 实施“引银入冀”工程，增加竞争主体。成立由省政府牵头、各相关部门及银监局参加的工作小组，拟定符合河北省实际的优惠政策，加强与全国性股份制商业银行的接洽沟通。在已筹建上海浦发银行分行的基础上，加快引进招商银行、兴业银行的工作，争取尽快引进外资银行来河北设立分支机构，形成主体多元、竞争充分、充满生机和活力的银行业组织体系。

2. 优化银行机构布局，扩大服务覆盖面。针对河北省银行业机构大多集中在省会和省辖市，县以下机构逐年萎缩的状况，引导国有大银行和股份制商业银行，根据经济发展和城市化水平的提升，将机构由省会城市向省辖市延伸，由城市中心向新城区延伸，由中心城市向经济发达的县（市）延伸。鼓励城市商业银行到县域设立分支机构，加快城市商业银行机构下延。促进农村新型机构发展，加快成立村镇银行工作，争取每个县市设立一家村镇银行，缓解县域金融服务不充分的状况。

3. 大力推动非银行金融机构发展。全省现有非银行金融机构 3 家。其中，渤海信托公司被海航集团收购，仅为本集团公司开展融资业务；华药财务公司资金集中管理程度不高，不良贷款率超标；金融租赁公司受资本金规模影响，大型设备的租赁业务受到制约。为此，要在风险可控前提下，引导现有非银行金融机构按照有关规章制度，科学定位，创新业务，稳健经营，不断提升经营管理水平和市场竞争力，努力实现持续、安全、科学发展。另外，在银监会重点支持的军工、电网电力、石油石化、电信、煤炭、民航、航运七大行业中，选择符合条件的大型企业集团设立财务公司；吸引符合条件的省外大型信托公司来冀设立分支机构；引导省内汽车产业与非银行金融机构结合，试点设立汽车金融公司等。

（三）做大做强城市法人银行，提升对区域经济的支撑能力

河北省银行业金融机构要实现由“引进来”到“走出去”的战略性转变，突破口就在城市法人银行。中国银监会规定，城市商业银行评级达到三级，可在本省跨区域设立机构；评级达到二级或主要经营指标达到现有全国性股份制银行平均水平，可跨省设置机构。就河北省情况看，2007 年末，11 家城市商业银行（城市信用社）评级结果为三级 6 家、四级 3 家、五级 2 家。评级低的主要原因是资本充足率不达标，要全部达到三级标准还存在一定差距，全部达到二级标准差距更大。综合评级石家庄市商业银行为四级、唐山市商业银行为五级，要组建为全国性股份制银行，工作难度很大。

目前重点做好以下工作：一是进一步完善城市商业银行公司治理，实现从“形似”到“神似”的过渡，建立起一整套科学、完善、符合现代企业要求的经营管理体制与机制。二是确保各城市商业银行资本充足率达标。力争各家行按照银监会要求，资本充足率2008年达到8%、2009年达到10%、2010年达到12%。据测算，要达到此要求标准，城市商业银行资本金2008年需增加0.8亿元，2009年需增加26.7亿元，2010年需增加60.8亿元（按加权风险资产年度递增20%测算）。三是加快衡水市城市信用社改制为城市商业银行的步伐，完成全省城市信用社全部改制成为城市商业银行工作；将晋州市周家庄农工商信用合作社改制为农村资金互助社。四是加快引进战略投资者，引进规模大、实力强、管理水平高的上市企业或境外金融机构作为战略投资人，通过引资，达到引技术、引管理、引产品、引人才的目的。在此基础上，提升石家庄、唐山市商业银行的综合素质，争取三年内达到二级行标准，实现推荐上市和更名工作。五是坚持公开招聘高管人员，实行专业人才管理，改变目前城市商业银行高管人员大多由地方党委选任的状况。要按照“三公”原则在全社会招揽高端人才，建立健全高管人员考核评价机制，建立以薪酬为核心的激励约束机制，努力打造思想解放、管理科学、精于经营、勤勉尽责、业绩突出的高素质管理团队。

（四）加快推进农村法人银行建设，增强服务“三农”主力军地位

尽管农业发展银行、农业银行、邮政储蓄银行都承担着支持农村经济发展的责任，但农村信用社作为支农主力军的地位短期内不会改变。因此，加快推进农村信用社改革，完善农村法人银行体制，是实现强农富农和社会主义新农村建设的重要举措。当前，我省农村法人银行机构还存在一些问题：一是产权不明晰，利益主体不明确，法人治理不完善，内控机制不健全，活力不足。二是“官办”色彩浓厚。从省里到县乡，高管人员都过于看重行政级别，淡化了企业经营观念。三是高管人员整体素质偏低，科学决策能力不强，经营管理水平不高，创新动力不足。四是各自为政，整体作用发挥不够。五是信息渠道不畅，产品开发成本高。六是历史包袱沉重，潜在风险大。另外社区型、民营机构缺乏。为此，要采取有效措施，加快农村银行类金融机构发展规划步伐。要进一步深化农村金融改革，积极引入新型农村金融机构，形成形式多样、功能完备、各有特色、优势互补、服务到位、充满活力、多层次广覆盖可持续的农村金融体系。

1. 要加快农村银行业金融机构发展规划，明确发展方向和目标。一是拓宽政策性银行支农渠道。农业发展银行要完善功能定位和运作机制，扩大政策性业务范围，大力开展有政策指导、资本约束、与“三农”相关的业务，突出加

大对农业综合开发、农村基础设施建设等中长期项目的金融支持，真正成为政策性金融服务“三农”的骨干和支柱；国家开发银行要结合商业化转型，积极探索支持“三农”的新途径和新方式，加大对农村地区中长期项目的金融服务。二是强化商业银行支农社会责任。农业银行要稳步推进股份制改革，加快经营机制转换，充分利用在县域的资金、网络和专业等方面优势，加大对县域经济发展的支持力度，努力成为商业金融服务“三农”的支柱和骨干；邮储银行要加快建立符合“三农”需求特点的零售业务体系，积极扩大涉农业务范围，促进邮储资金回流农村。三是在坚持股份制改革总体方向的前提下，按照因地制宜、区别对待的原则，采取市场化手段，稳步推进农村信用社向现代金融企业过渡。对已经成立的农村商业银行督促其建立健全资本约束机制和补充机制，鼓励引进境内外合格战略投资者，支持符合条件的农村商业银行上市融资，拓展融资渠道。

2. 要加快农村信用社改革，提升整体素质。一是全面完成一级法人社组建工作，2009 年底前，剩余的 4 家县级联社全部完成一级法人社组建。二是加快县级农村商业银行建设，消化历史包袱，实现质的飞跃。按照逐步规范、循序渐进的原则，加快农村信用社和农村合作银行股份制改造步伐。对符合条件的机构，鼓励其一步到位改造为股份制机构；对不符合条件的，要通过差别分红比例，简化股权转换审批手续等方式，引导其稳步提高投资股比例。三是符合条件的以省辖市为单位，组建农村商业银行，保留各县级法人地位，实行两级法人制。四是完成省级农村商业银行组建，实行三级法人制。坚持做实县域、服务“三农”的原则，在充分尊重法人意愿的前提下，采取市场化方式，构建以资本为纽带、以股权为联结、以章程为约束的新型三级组织架构。既提升农村商业银行经营管理水平，有效防控风险，又能加强对“三农”的服务功能。

3. 要加快推进新型农村金融机构建设。认真总结村镇银行和资金互助社的试点经验，在政策允许的情况下，积极争取在每个县都设立一家村镇银行，在经济发达的乡或村建立资金互助社，鼓励和引导银行业机构到县乡设立专业贷款公司。要对新型农村金融机构实施“严监管”政策，重点加强资产质量、资本充足率等主要风险指标和支农服务方向的监管。对少数偏离服务方向、指标触及监管“黄线”的机构，及时果断采取监管措施。

（五）发展非银行金融机构，发挥其特殊功能

非银行业金融机构是银行业组织体系的重要组成部分。要力争把非银行业金融机构办成功能完善、特色突出、治理良好、风险可控的专业性金融机构，充分发挥其融资平台作用，为经济发展提供融资补充。

1. 信托公司。通过科学定位、防险创新，促其盈利模式有较大改变，真正体现信托原理，充分发挥信托功能，发展成为面向合格投资者、主要提供资产管理等服务的专业理财机构。按照新办法进行改革创新，通过多种渠道积极筹集社会资金，开拓专属业务领域，广泛发掘市场机会，提升市场的综合竞争力，既为广大信托投资者创造丰厚投资收益，又为地方经济发展提供强大动力。

2. 财务公司。在科学定位的基础上，根据市场发展程度不断完善功能，使其发展成为支持企业集团健康发展、为企业集团提供资金集中管理和财务管理服务的专业化非银行金融机构。要做成集团公司的五个中心，即结算中心、融资中心、资本运作中心、咨询服务中心和理财服务中心，并以此为目标，进行业务规模和品种结构的提升与拓展，实现集团公司资金的全面集中。同时，在风险可控的前提下开展业务创新，不断提升财务公司的经营管理水平和市场竞争力。

3. 金融租赁公司。积极探索符合国际惯例、适合国内市场环境的金融租赁行业发展模式，使其发展成为企业技术更新、设备改造提供专业化融资服务、具有较大创新能力的非银行金融机构。要积极引进战略投资者，转变经营理念和经营模式，探索与商业银行进行战略合作，实施租赁债权和设备产权的证券化等，为大制造商、大投资项目、大产权交易、大房地产和开发区招商提供融资租赁业务。

（六）营造良好环境，支持银行业发展

1. 加强信用环境建设。各级政府部门要充分认识改善金融生态环境对增加信贷投入、促进经济可持续发展的重要战略意义，主动超前地改善金融生态环境，积极打造金融安全区，形成资金聚集的“洼地效应”。一是加快征信体系建设。由地方政府牵头，整合各类信用管理资源，建立金融、工商、税务、公安等部门联网的覆盖全省、资源共享、信息完备、使用便捷的企业和个人征信系统。二是建立失信惩戒机制。严厉打击逃废金融债务的行为，对纵容、包庇逃废金融债务行为追究相关责任。三是通过各种新闻媒体大力宣传“守信光荣、失信可耻”，在全社会营造一种诚实守信的良好社会风气，增强居民和企业诚信意识，积极营造良好社会信用环境。

2. 加强法律环境建设。各级政府部门应从长远的、战略的高度，转变观念，抛弃眼前利益，把打击逃避银行债务行为当做改善金融投资环境的大事来抓，协调有关部门，着力解决金融债权案件立案难、胜诉难的问题。改善司法环境，加大执法力度，党政、司法部门联动，定期集中解决金融债权追讨案件执行难的问题。明确权力界限，减少政府部门的直接干预，遏制工商、税务等有权部

门的行政执法乱作为行为，为金融业提供宽松的发展环境。

3. 搭建银企沟通平台。省政府要立足建设沿海经济社会发展强省，积极引导企业加快产业结构调整，提高核心竞争力，培育一批具有明显优势的企业群体；积极引进战略投资者，整合人才、政策、机制、资金、市场等各方面的资源，做大做强具有比较优势和市场前景的重大项目；引导企业转变经济增长方式，节约资源、降低成本，保持健康可持续发展能力。在此基础上，通过组织洽谈会和区域合作等形式，加强银行与企业、项目的衔接，引导银行加大信贷投入。

4. 建立科学的激励政策。省政府应出台鼓励金融产业发展的优惠政策措施，包括对新设立的银行业法人机构和全国性股份制商业银行、外资银行等各类金融分支机构，给予一次性资金补助。对作出突出贡献的银行业机构及相关有功人员，给予精神和物质奖励。要树立现代人力资源管理理念，完善人才引进机制，吸引更多的高层次金融管理人才进入河北、扎根河北、服务河北，不断提升河北金融发展水平。要突出人本管理，在引进人才的子女上学、家属工作安排、住房安置等方面提供便利。要深化人力资源配置机制改革，为想干事的人创造机会，能干事的人提供岗位，干成事的人给予地位，为金融战略性人才成长创造良好环境。

（作者单位：中国银行业监督管理委员会河北监管局）

关于河北保险业防范风险实现可持续快速发展的思考

吕　宙

一、近10年来河北保险业改革发展情况

近年来，河北保险业深入贯彻落实科学发展观，深刻把握新起点、新阶段的保险业发展规律，市场规模快速扩张，保险产品日益丰富，服务经济社会发展的功能作用发挥更加充分，开始迈入一个健康快速发展的新阶段。

（一）保险市场快速发展

业务规模连续跃上新台阶。全省保费收入从2000年的56.55亿元增长到2008年的480.59亿元。业务规模8年翻四番多，年均增速达30.67%，增速居全国各省市前茅，是全省服务业中增长最快的行业之一。保费规模跻身全国大省行列。

市场体系不断完善。截至2008年底，省级保险分公司由2000年的4家增加到目前的35家，保险公司分支机构由328家增加到3 371家，保险专业中介法人机构从无到有发展到98家，保险兼业代理机构达3 075家，城乡保险服务网点近万个。保险从业人员近20万人。保险产品种类日益丰富。全省保险产品达到3 000余个，地域性、差异化产品的数量大大增加。

保险企业经营实力明显增强。辖内绝大多数公司保持了较好的经营效益，在全国各自系统内名列前茅，全行业效益水平一直在全国保险大省中位居前列。全省保险业总资产从2000年底的85.81亿元增长到2008年底的795.86亿元，8年增长了8.27倍。各公司风险准备金提取充足，资产负债匹配日益合理。

与经济社会发展的关系更加密切。保险深度（保费收入与GDP之比）从2000年的1.12%增长到2008年的2.97%，提高了1.65倍；保险密度（人均保费收入）从2000年的83.39元/人增长到2008年的689.91元/人，提高了7.27倍。据测算，河北保险业的影响力系数在第三产业34个部门中排名第4位，保

险业增加值占全省生产总值的0.1%左右，对GDP增长的平均贡献率达0.3%。

（二）保险改革创新效果显著

产品创新力度不断加大。积极推出差异化、区域化产品，满足社会多方面、多层次的保险需求。近年来，开发了被征地农民保险、蔬菜生产设施保险、农村干部保险、外来务工人员人身意外伤害保险、大额补充医疗保险、中小企业财产保险、家政雇主责任险、农村简易人身保险等险种。

销售模式和渠道不断创新。推进以中介代理为标志的营销体制创新，以银行保险为标志的销售渠道创新，积极开办网上营销、电话营销，摸索出开拓农村保险市场的“保险村”模式等。

保险服务不断改进。保险公司不断强化服务意识，创新服务方式，丰富服务内涵，提供销售、理赔全程优质服务，把理赔服务放到与销售服务同样重要的位置。克服重保费、轻服务，重销售、轻理赔的经营观念，把服务渗透到保险消费的各个环节，切实提高服务品质和效率。如采取信函、电话、网络、媒体、面访等多种手段，不断完善保险咨询、保单查询、保单保全、预约投保、收费付费和报案理赔等基础服务。有的公司还建立了“一站式”、综合柜员式等服务方式。还有的公司通过举办客户服务节、建立短信客户服务系统、推行全年无休服务制度等形式，为客户提供优质保险服务。

（三）保险监管不断加强

河北保监局成立以来，创新监管思维，适应新形势、新要求；创新监管手段和监管方式，加强市场监控，打击违法违规行为，防范和化解风险；着力构建企业内控、行业自律、政府监管、社会监督四位一体的风险防范体系，营造了良好市场环境。加强行业社团建设，推动行业自律。全行业推进诚信建设，提升行业信誉。河北保险市场平稳运行，无重大突发群体性事件和重大违法违规案件，没有大起大落，保持了健康发展态势。

加强制度建设，发挥制度在风险防范方面的基础性作用。下发一系列规范性文件，防范保险公司违规经营风险。如下发《河北省财产保险公司大额投标业务管理办法》，明确了事前报告和事后核查制度，要求各产险公司据此建立健全大额投标业务管理办法，通过提前介入，检查投标业务的合规性，规范市场秩序；下发《关于规范开展学生平安保险的通知》，规范保险公司经营学平险行为，维护广大学生的利益和学校的教学秩序；下发《关于禁止借助行政手段进行不正当竞争的通知》，要求公司遵循公平竞争的原则，纠正行业不正当竞争行为；下发《关于加强单证管理有关问题的通知》，要求公司加强发票、收据等重要单证的管理，严禁重复开具保费发票、以保费收据客户联以外的联次或以白条收取保费的行为；下发《关于加强对银行邮政等兼业代理保险业务管理的通知》，规范保险公司与银邮代理机构手续费支付行为，切实防止商业贿赂，有效防范金融风险；下发《关于进一步加强人身保险新型产品销售管理的通知》，要求公司加强新型产品销售队伍的管理和信息披露管理，完善回访制度。同时，推行了人身保险投保提示制度，明确规定各保险公司、各保险中介机构必须在本系统的各分支机构网点及代理网点（包括银行邮政兼业代理网点）、网站显著位置公示、张贴“投保提示”，对保险合同保险责任、除外责任、免赔额或免赔率、退保扣除等重要风险点进行有效提示，并进一步明确投保提示时间，确保投保人对“投保提示”上签字确认时间不晚于投保书的签字时间，增强投保人的维权意识，防范化解销售误导风险。

加大检查力度，发挥现场检查在风险防范方面的警示作用。坚持“积极主动、突出重点”的监管理念，密切关注市场运行中的风险苗头。强化“三个结合”，将现场检查与非现场分析紧密结合、将现场检查与调研工作紧密结合、将现场检查与促公司内控建设紧密结合，切实加大现场检查力度，严惩各类违法违规行为，有效防范违规经营风险。2008 年，全年共开展现场检查 135 次，实施行政处罚 43 次。其中，对机构罚款 10 家次，对机构警告 1 家次，责令停止接收新业务 1 家次，吊销许可证 1 家，警告 13 人次，责令撤换 17 人次。通过加大检查力度，各类违法违规问题得到了有效遏制，维护了保险市场的良好秩序。

强化非现场监管，建立动态风险预警机制。综合运用报表分析、风险评估、指标监测等多种非现场监管手段，在公司治理、内部控制、偿付能力、合规经营、财务管理以及信息化管控等方面，全面系统梳理保险公司风险点和重点管控环节。建立市场信息定期报送制度，包括月度/季度分析报表制度、分红保险满期给付周报制度、投资型产品销售管理情况月报制度、市场动态信息周报制度、在售产品报告制度、退保情况周报制度等，密切关注市场变化。在广泛收集非现场监管信息的基础上，对保险公司分支机构潜在风险水平和风险管理能力进行了评价，查找各公司潜在风险和风险管理薄弱环节，并对每家公司确定了综合风险等级。根据风险等级确定的分类监管计划开展日常监管工作，并在日常监管工作中不断修订完善各公司风险等级状况，建立动态的风险预警机制。

（四）保险业服务经济社会发展的领域不断拓宽

全省保险业积极适应经济社会发展和人民生活水平提高对保险需求的不断增长，坚持经济效益和社会责任并重，努力拓展服务领域，积极发挥保险的功能和作用。保险的“经济助推器”和“社会稳定器”效应有效发挥。

保障经济稳定运行。2000 年至 2008 年，河北辖内各保险公司共支付赔款及给付 479.21 亿元。截至 2008 年底承担风险保额 5.54 万亿元，8 年增加了 10 倍多，为自然灾害和事故灾难及时提供赔付，保证企业正常生产经营，保证重大项目正常建设，也保证了人民群众安定生活。特别是在火灾、矿难、交通事故、自然灾害等重大灾害事故方面，发挥了为政府排忧、为百姓解难的积极作用。

服务社会主义新农村建设。在全省 173 个县市区都设有支公司或保险营销服务部，在部分重点乡镇设立了保险业务代办点，开办了种养业保险和农民人身意外伤害保险、养老保险、健康保险等险种。政策性农业保险覆盖范围进一步扩大，涵盖了能繁母猪、小麦、玉米和棉花等。2008 年，全省农业保险实现累计原保险保费收入 4.7 亿元，同比增长 354.49%（赔付 2.22 亿元）。其他涉农保险，如新农合参合农民大额医疗保险、新简易人身两全保险、被征地农民养老保险、农村干部保险等业务均得到较快发展。保险业进一步发挥了服务社会主义新农村建设的积极作用。

提高社会保障水平。越来越多的个人、家庭和企业通过商业保险解决养老和医疗保障问题，人身保险保障的规模和范围越来越大。通过给付与赔款的方式，保障人民群众长期稳定生活和生命健康。至 2008 年底，各保险机构参与 80 余家企业的年金管理，企业缴费近 11 亿元，涉及参保人数 7 万多人。积极参与城镇职工、居民补充医疗保险管理工作。新农合大额补充医疗保险在石家庄市逐步推广。积极推进计划生育保险试点工作。2008 年全年承保人数近 16 万人，保险金额达 16 亿元以上。截至 2008 年底，各寿险公司累计提存寿险责任准备金 933.25 亿元，长期健康险责任准备金 33.62 亿元，人身保障度达到 42 296.20 元，为人民群众储备了养老健康基金，成为河北省养老保障体系的重要组成部分。

促进社会管理机制完善。积极为经济体制改革与发展、医疗保险制度改革、大项目建设等提供配套保险服务；积极参与平安河北建设，与省公安消防部门联合推动火灾公众责任保险，与有关部门联合推动医疗责任保险、安全生产领域责任保险、校方责任保险、旅行社责任保险等；与公安交管部门联合制定道路交通事故管理快速处理办法，成立了省会和设区市“交通事故快速处理保险理赔服务中心”，大大提高了交通事故处置和理赔效率。保险业在化解社会纠纷、分担政府责任等方面发挥了积极作用。

维护社会安全稳定。保险业协助政府积极应对突发事件和公共安全事故。在震惊全国的河北“3·16”爆炸案、辛集烟花爆炸案、沙河“11·20”特大矿难和南方冰雪灾害、汶川大地震等多起自然灾害和重大事故中，保险业以快速理赔和优质服务参与灾害救助，帮助企业迅速恢复生产，为社会稳定作出了积极贡献。

二、当前制约河北保险业发展的突出问题

近年来，河北保险业为促进经济发展和维护社会稳定作出了较大贡献，但随着保险业快速发展，也存在一些比较突出的问题。

（一）保险业发展方式粗放

近年来，河北保险业一直在快速发展的通道中运行，但其发展仍然是粗放型的。一些公司片面追求业务规模，忽视业务质量，忽视经营效益，主要依靠铺设机构、增加人员、扩大投入等“跑马圈地”的外延式发展，成本高、投入大、盈利能力不强。一些公司重短期扩张轻长远发展，不重视诚信、追求短期利益、对保险资源实行破坏性开发。一些公司重销售轻服务，重展业轻理赔，上级公司对下级公司的管控力度不够，误导、欺骗客户时有发生。

（二）业务结构不合理

财产保险业务发展主要依赖车险业务，2008 年车险业务收入在全部产险公司业务中占比高达 80.92%。人身险业务发展过度依赖投资型产品、银行代理销售渠道。2008 年投资型产品业务收入在全部寿险公司业务收入的占比高达 81.35%，银行代理业务收入在全部寿险公司业务收入的占比高达 55.60%。对单一业务产品、单一销售渠道的过度依赖，增加了行业经营风险，影响了行业整体盈利能力。

（三）服务水平不高

保险产品和保险服务的自主创新能力不强。保险产品数量虽多，但同质性很高，适销对路产品不多，一些重要领域的保险服务还是空白点，基层保险机构和人员的创新潜能未得到有效发挥。保险覆盖面不宽，补充养老保险、健康保险、涉农保险、教育保险等对加快经济社会发展和建设小康社会具有重要作用的保险业务发展仍不够快，保险赔付对经济发展和社会进步的总体作用相对较小。

（四）人员素质有待提高

保险机构数量快速增加，从业人员队伍不断壮大，但保险诚信经营理念尚

未真正贯彻于整个经营过程、深入所有从业人员，极少数人员职业操守和职业道德欠缺，保险市场中的弄虚作假和欺诈误导行为时有发生，展业理赔“两张脸”的现象仍然存在，行业自律深度和广度不够。保险行业诚信建设亟待加强，诚信形象有待提高。

三、今后一段时间河北保险业发展的政策取向

目前保险业发展进入了新起点新阶段，新挑战新困难不断涌现。但与此同时，新机遇和新的有利条件也为保险业进一步发展提供了更为广阔的空间。保险业要不断深入学习实践科学发展观，坚定信心，抓住机遇，应对挑战，突出重点，加快发展，更好服务经济社会发展大局。

（一）深入落实科学发展观，切实转变发展方式

发展是硬道理，只有行业发展强大了，才能更加充分发挥保险各项功能作用，才能更好地为经济社会发展服务。深入落实科学发展观，要求我们始终保持清醒的头脑，既要正视困难和挑战，又要看到有利条件，把握保险业快速发展的机遇。目前河北保险业发展总体形势良好。河北省政治安定、社会稳定、国民经济运行良好，经济政治体制改革不断深化，为保险业持续快速发展奠定了重要基础。2008 年以来，河北省委、省政府出台了一系列保增长、调结构、惠民生的重大政策措施，以基础设施建设加大投资，以投资带动内需，以改善民生扩大消费，这些都为保险业拓宽服务领域、更好服务经济社会发展提供了广阔舞台，也为保险业自身发展提供了难得机遇。经过多年发展，河北保险业市场体系日益完善，行业实力不断增强；保险公司管理机制不断完善，整个行业风险防范能力日益提高；保险监管机关严格履行职责，加强监管，保险市场秩序实现好转；各项促进保险业发展的政策法规不断出台，保险业发展的外部环境不断优化。总体而言，今后河北保险业将面临着极其难得的发展机遇，我们必须增强责任感和紧迫感，抓住机遇，转变发展方式，实现又好又快发展。

（二）服务经济社会，大力调整保险产业结构

大力发展农业保险，服务“三农”建设。河北保险业要根据农村改革发展的各项新部署新要求，继续大力发展农业保险，积极服务现代农业发展。要继续做好能繁母猪、奶牛、小麦、玉米、棉花等政策性农业保险，以专业化组织和龙头企业为载体为农业产业化发展提供保险服务。以政策性农业保险快速发展为契机，积极推动商业性农业保险发展，设计开发费率低廉、保障适度、适

合需求的农业保险产品，适应广大农户多层次的需要。要创新宣传形式，加大农业保险宣传力度，不断提高农户保险意识。要提高保险服务质量，加强承保理赔业务管理，确保各项惠农政策落到实处，让农户实实在在受益。要积极服务农村基础设施建设和农民增收，为重大生态工程、农田水利、农民生活设施提供保险服务，为农民转移就业和返乡创业提供保险保障。

大力发展责任保险，保障安全生产和社会稳定。保险业要密切配合全省保增长、调结构的经济发展要求，积极推动责任保险发展，进一步发挥保险的社会管理功能，促进经济社会稳定运行。要进一步做好交通事故强制责任保险工作，加强管理、改进服务。在煤炭、建筑等高风险行业和公众聚集场所，大力推进雇主责任险、火灾公众责任险、环境责任险等责任险业务，积极开展产品质量保险、食品药品安全保险、医疗责任保险，保障生产的顺利进行和人民群众的切身利益，进一步发挥保险在安全生产、产品质量保障、减轻政府负担、维护社会稳定中的重要作用。

大力发展养老、健康保险，服务和保障民生。作为社会保障体系的组成部分，保险业要积极发展养老、健康保险，参与基本养老和医疗保险管理，服务社会保障体系建设。要推动养老和健康保险专业化经营，加大产品创新力度，提高养老和健康保险服务水平。要发挥保险公司专业优势，积极参与企业年金运作，开展城镇职工补充医疗救助金保险项目，改善和提高各类企业员工的养老和健康保障水平。要坚持以人为本，不断总结推广新型农村合作医疗保险试点经验，缓解农民看病难问题。要不断拓宽保险服务领域，积极参与和开展农民工养老保险、农村养老保险、被征地农民养老保险等业务。在解决涉及群众利益的难点热点问题、维护社会稳定中充分发挥保险业的积极作用。

积极支持全省重点项目建设，为经济发展保驾护航。开发针对重大项目建设的一揽子组合产品，努力做到重点项目开工到哪里，保险服务就跟进到哪里。发展建工险和工程保险，为重大基础设施建设提供风险保障。积极发展出口信用保险，为扩大出口提供有力支持。

（三）改进服务，切实提高保险业社会信誉

加强诚信建设。研究保险公司服务质量评价体系，建立河北省保险公司服务质量评价办法，定期对各公司包括承保理赔全部环节在内的服务情况进行系统定量评价，并在行业内通报。建立保险业信息共享网络平台，理顺信息披露渠道，扩大披露范围和内容，实现保险业与社会信用信息资源共享。逐步建立健全由保险法律法规制度体系、保险市场监督体系和保险信用评价体系组成的保险信用体系。开展诚信教育，培育诚信文化，增加诚信意识，强化失信惩戒

机制，树立诚信形象，形成由监管机关监督指导、保险机构自觉遵守、行业协会自律协调、社会各界广泛参与的维护信用的合力。

加强队伍建设。以新《保险法》实施为契机，进一步加强法制教育；利用调研、检查、高管培训考试、考察谈话等方式，加大对从业人员的法规培训力度，切实提高保险行业人员队伍整体素质。加强高管人员管理，严格任职资格审核，完善高管考试制度，强化责任追究，提高高管人员依法合规经营意识。加强营销员队伍管理，完善营销员信息系统，指导河北省保险行业协会实现执业记录和诚信记录的全国联网和查询功能。加强保险监管队伍建设，不断提高监管干部业务能力水平，发挥积极性、创造性，不断完善监管方式手段，提高监管效率。

（四）加大监管力度，切实保护保险消费者利益

整合配置监管资源，改进监管方式，发挥监管合力，建立协调联动的同查同处机制，对相关联的违法违规行为，开展延伸检查，并案处罚；完善和创新监管手段，加强派驻监管组建设，充实人员，加强力量，不断推进对重点地区、重点公司和重点业务的分类监管工作；加强非现场监管，动态监测市场，切实抓好风险防范工作，对重点险种建立月报制度，全面推行风险提示函制度，密切关注非正常退保等市场异动情况；加强备案产品审核，防范新险种风险；规范并公开保险理赔程序，缩短理赔周期，简化理赔环节，提高理赔时效，建立行业服务质量评价制度，提高保险公司服务水平。

做好信访投诉工作，保护消费者利益。建立健全保险机构、行业协会、监管部门、仲裁机构等共同参与的行业大信访工作格局，以及与地方司法机关的协调联动机制，举全力防范化解各种矛盾纠纷和不稳定因素，提高保险行业处理突发事件能力。畅通信访渠道，建立针对合同纠纷、营销员管理问题的绿色通道。要求各保险机构不断改进服务方式，认真处置客户投诉事项，集中开展矛盾纠纷排查，综合运用各种手段和办法，有效化解潜在风险，妥善解决突出问题。尤其对重信重访、历史积案，要专题布置，明确责任时限，确保群众满意。

（五）营造良好发展环境，夯实行业发展基础

积极引导全社会理性客观地认识保险业，不断优化内外发展环境。一是要努力争取地方党委、政府对保险业的关注与支持，积极营造政府推动，政策支持发展的浓厚氛围，为保险业发展创造更加有利的政策环境和条件。二是以新《保险法》实施为契机，大力组织好宣传工作，加强保险消费者教育，普及风险

和保险知识，扩大保险业的社会影响。三是继续加强与新闻宣传部门的协调合作，主动邀请媒体进行监督，增强保险业经营活动的透明度，正面引导社会舆论导向，及时发现、妥善处理影响行业稳定的负面报道，为行业平稳健康发展营造和谐的社会环境。

（作者单位：中国保险监督管理委员会河北监管局）

对河北省银行机构个人理财产品的调查与思考

梅国辉

自2004年7月，中国银行河北省分行推出第一只外币个人理财产品以来，河北省银行机构个人理财业务发展迅速，已成为银行新的业务增长点，既带动了银行业务的创新、增加了中间业务收益，又分散了信贷风险。但2008年爆出的银行理财“零收益”、“负收益”事件，使投资者对银行理财质疑颇多，理财产品销售势头锐减，影响了理财业务的持续发展。为此中国人民银行石家庄中心支行组织开展了河北省银行机构个人理财产品调查，揭示了理财业务存在的问题和风险隐患，并就如何规范银行个人理财市场提出了建议。

一、河北省个人理财产品的发展现状及特点

本文关注的个人理财产品是指银行机构为个人客户提供的资产管理活动以及可能隐藏的风险隐患，按照客户收回本金、获取收益方式的不同，主要包括保本固定收益型、保本浮动收益型和非保本浮动收益型3种产品。截至2007年12月底，河北省除城市商业银行和农村信用社外，5家国有商业银行和4家股份制银行均开办了个人理财业务，累计发售个人理财产品911个，其中人民币和外币理财产品分别为426个、485个。销售额分别为184亿元和约51 783万美元（折合人民币37.8亿元），收益额分别为7 228.9万元和约102万美元（折合人民币745万元）。个人理财产品呈现如下特点：

（一）从产品结构看，人民币理财产品以浮动收益型为主，外币产品以低风险低收益的保证收益产品居多

截至2007年12月底，河北省累计发售浮动收益型人民币理财产品366个，占人民币理财产品总数的85.9%，销售额占人民币理财产品累计销售总额的89.7%。累计发售固定收益型外币理财产品377个，占外汇理财产品总数的77.7%，销售额占外币理财产品累计销售总额的69.7%。且人民币理财产品中高风险高收益品种呈增加态势。2005—2007年三年间，各行非保本浮动收益型

人民币产品从2种增加到159种，累计销售额增加了91倍。各行外币理财产品中保证收益型居多。4家股份制银行2005—2007年三年间，固定收益产品就从60种增加到117种，分别占各年销售外币产品总数的77%、88.2%和86%。各行保本浮动收益型产品2005—2007年销售额分别占各年外汇理财产品销售总额的76%、81.6%、73.5%（见图1、图2）。

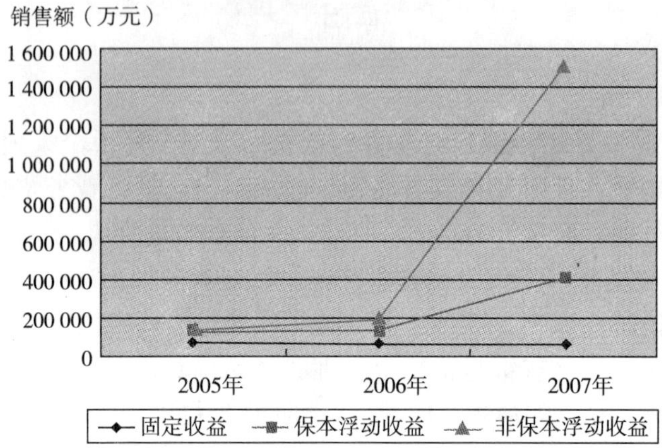

图1 河北省2005—2007年人民币理财产品分种类销售情况图

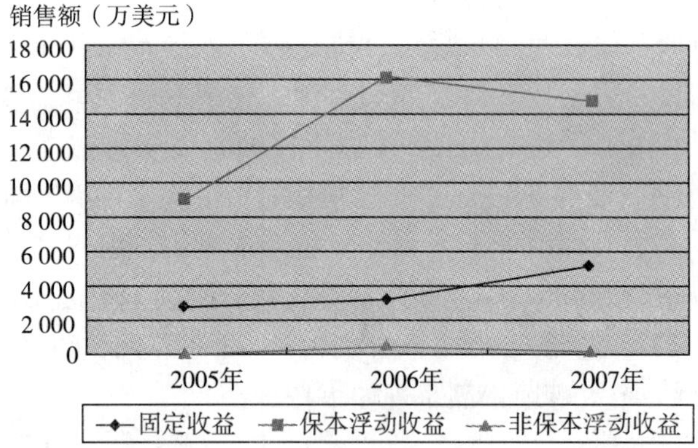

图2 河北省2005—2007年外汇理财产品分种类销售情况图

（二）从发展速度看，开办时间不长，2007年呈爆炸性增长

2004年，河北省开办个人理财业务的银行只有3家。2005年其他各行纷纷起步。随着2006年股市的迅速回暖特别是2007年的持续走强以及投资者投资意识的不断增强，各类理财产品应运而生并迅速发展。河北省主要银行业金融机

构人民币理财产品的销售额2006年比2005年增长了40%，而2007年比2006年大跃进式地增长了680%，其中非保本浮动型产品2007年比2006年爆炸式增长了16.8倍。

（三）从市场份额看，国有商业银行市场销售份额占比大，股份制银行发行品种花样多

截至2007年12月底，4家股份制银行累计发行人民币和外币理财产品分别为233个和299个，比5家国有商业银行分别多21%和61%。但由于营业网点和经营规模等原因，其销售总量不及国有商业银行。2006年、2007年，股份制银行人民币理财产品的销售额均为国有商业银行的一半左右。城市商业银行和农村信用社尚未开办理财业务。

（四）从客户构成看，中年客户和中高收入阶层占半数，其余客户分布比较分散

个人理财产品的客户群以35~50岁段的客户为最多，占全部客户的比例接近一半，且主要为个体商户、公务员、知识分子、教师和企业管理人员等收入稳定、抗风险能力较强的人群。其余客户涉及行业较广，年龄囊括青年和老年人等，其中相当部分为金融知识比较匮乏和抗风险能力较差的群体。

二、银行个人理财业务中存在的问题及风险隐患

（一）投资者的非理性追捧推波助澜了理财风险

在股市持续走强和银行的大力宣传下，投资者对高收益的盲目追求和对理财产品风险认识不足既推动了河北省理财市场的火暴，又积聚了一定风险。

一是部分投资者的心态和投资理念不够成熟，可能导致和放大风险。从客户构成分析，河北省个人理财客户中有近半数的人无论从年龄、家庭财产状况以及投资意识、投资能力、经验等方面都不完全具备理财条件，风险识别和判断能力较差。这些初级投资人往往只看到收益和超值回报，容易非理性地作出投资决定，用大部分积蓄甚至借钱买理财产品，一旦收益达不到预期甚至亏损时，会非常失望和恐慌，过度强调和夸大风险。

二是非专业投资者购买了高风险产品，导致投资风险。“零收益”和“负收益”事件主要发生在浮动收益、结构性产品中。2007年，河北省各银行人民币浮动收益产品的销售额占全年人民币理财产品销售额的96%，仅非保本浮动收

益产品就占到全年人民币理财产品销售额的73%（是2006年同类产品的16.8倍）。如此巨大的销售量背后不乏初次购买者和投资知识欠缺者的热情参与和追捧。这类浮动收益、结构性产品触发收益的前提条件很多，应该只适合于比较专业的投资者，但实际销售中有相当一部分是仅看重宣传的高收益的普通投资者。对于他们来说，即便银行销售时没有刻意误导并提醒了投资风险，仍可能不十分了解这类产品的限制条款内容，对这类产品收益的实现条件以及如何计算盈亏等问题也不甚清楚，最终不得不面临投资失败和本金损失的风险。

（二）银行在理财产品促销、管理和发展中的不规范行为潜藏着理财风险

尽管理财风险由投资者自担，但银行在理财产品的营销、管理以及发展中的不规范行为，也潜藏了一定风险。

一是浮动收益型理财产品的过快发展，积聚和隐藏了较大风险，对银行个人理财业务发展负面影响大。2007年是浮动收益型理财产品爆炸式增长的一年。如果到这类产品普遍到期的2008年股市继续处于上涨高峰期，银行承诺的收益很大程度上是有保障的，投资者追捧不足为奇。但2008年股市步入调整期并持续下跌，承诺收益变得没有保证，理财产品遭冷遇，使银行理财业务受到较大影响。

二是银行过分强调最高收益和预期收益，损害了银行信用。由于银行信誉比较高，个别银行不惜过度消耗银行信用换取销售业绩，在理财产品宣传和营销中过多地强调最高收益和预期年收益率等，使客户在未能全面了解理财产品性质和风险的情况下购买理财产品。而事实上这些理财产品达到最高收益和预期收益的概率很低，其结果是既损害了银行信用，又影响了理财业务的持续、健康发展。

三是核心风险揭示不充分，容易误导客户，有可能引发法律诉讼事件。由于对个人理财产品风险提示缺少具体的监管规定，部分银行在强调预期收益和最高收益，模糊实际收益与预期、最高收益差别的同时，往往淡化甚至回避收益实现的条件、产品核心风险以及存续期流动性是否受限等问题。据实地调查，河北省银行理财业务多数由基层网点的营销人员承担。在考核指标和收入挂钩的压力下，为了完成任务，个别销售人员不是根据客户投资目的和风险承受能力来确定产品组合，而是强调收益与好处。一旦客户购买了不适合自己的产品，提前赎回受限而最终收益不理想时，容易导致法律纠纷。

四是理财产品同质化程度大，致使市场竞争激烈，加剧了市场风险。调查发现，河北省各行推出的理财产品在投资策略、期限结构、收益结构等方面基本相近，缺乏差异化。从市场长期发展看，若产品的同质化问题不能解决，市

场竞争日趋激烈，使得银行相互降低条件争夺客户资源，理财业务环境恶化。

（三）监管法律的不完善和理财产品的跨市场性加大了理财风险管理的难度

尽管2005年9月和2007年7月，中国银监会先后颁布施行了《银行业金融机构个人理财业务管理暂行办法》《银行业金融机构个人理财业务风险管理指引》和《合格境内机构投资者境外证券投资管理试行办法》等制度办法，其间，监管部门还多次作出风险提示和政策调整，对银行理财行为加以规范。但就相关机构和业务的市场准入规定、产品宣传和营销的程序办法以及对违规高级管理人员的处罚条例等方面的法律法规尚未出台，一定程度上影响了监管效率和质量，使银行在开发、销售理财产品时有较大自由度，给不规范的理财行为以可乘之机，增加了理财风险发生的概率。同时，理财产品通常横跨几个行业和市场，增加了监管难度。个人理财产品横跨银行、信托、证券、保险、外汇等多个行业和市场。在当前金融业分业经营、分业监管的背景下，银行理财产品的交易和运作打通了资金流动的通道，为风险在各金融行业间和金融市场各子市场间传递和扩散提供了可能，增加了监管部门监控风险、管理风险的难度。

三、规范银行个人理财业务应采取的措施及建议

（一）加强投资者教育，逐步实现理性投资

投资必然有风险，购买理财产品的风险投资者要自行负担，因此投资者的投资心态、投资行为以及风险偏好等是关系个人理财市场是否健康发展的基础。

一是加强投资者教育，培养平和健康的投资心态和成熟理智的客户群体。应动员全社会力量，加强对投资者的金融安全和投资风险教育，特别要摒弃投机心理和跟风投资行为，努力培养一个财产状况适宜，投资意识、风险承受能力、投资经验乃至年龄比较成熟理智的客户群体，避免“羊群效应”。

二是提高投资者素质，做到理性投资和理财，提高风险识别和承受能力。投资不是赌博，投资者不能单纯依靠银行理财，自身更应自觉学习金融投资知识，掌握基本规律和投资技巧，做到专业化投资和理财。首先投资者要明确预期收益并不是承诺回报，有时实际收益远不及预期收益。不能只看银行宣传，而要事先研究产品并当面咨询银行理财师。其次要关注产品的期限与自己的资金需求时间有无冲突，能否提前赎回以及赎回费率等，主动规避流动性风险。另外，还要关注该产品类型是否适合自己，特别要关注结构型产品中挂钩产品的方向及其变化以及收益实现的条件、收益计算、获利的最大可能性等问题，

做到心中有数，增强风险识别和承受力。

（二）规范银行理财行为，避免理财业务大起大落

银行作为理财产品的具体设计和管理运作者，必须自觉承担起防范理财风险、保护投资者利益的社会责任。

一要加强人员管理和培训，全面提示核心风险。首先，银行要加强对营销人员的管理，建立科学的激励机制，使营销人员不以完成考核指标和销售任务为目标，真正以客户需求为中心，全面揭示核心风险，使客户买到适合自己的产品及组合。其次，要尽快改变理财顾问由销售人员兼任的现状，加快培养专业的理财队伍，使之具备丰富的操作经验和良好的职业操守，切实为客户提供专业化、个性化的资产管理服务，降低客户投资风险。

二要杜绝对收益和好处的过度宣传，增强银行信用。银行的对外宣传中，不应承诺预期收益率，不能宣传无条件承诺的高于同期储蓄存款利率的保证收益产品以及承诺或变相承诺除保证收益以外的任何可获得收益等，避免误导投资者。要让客户在冷静客观地了解产品特征及收益实现条件的基础上做出购买判断，规避银行和客户间的法律纠纷与冲突，增强银行信用。

三要加大创新力度，促进理财业务长期健康发展。银行应摒弃模仿复制产品、盲目抢占市场乃至无序竞争等短期行为，切实协调好固定收益与浮动收益产品的发展速度、发展规模、产品结构以及市场份额等关系，走自主创新、品牌定位、个性发展的路子，逐步实现产品差异化并有效分散理财风险，促进银行理财业务的良性健康发展。

（三）加强金融监管，促进理财业务健康发展

一要尽快建立健全个人理财产品法律法规，保证理财产品在规范透明的环境中运作。首先，应严格管理银行的营销宣传及信息披露等环节，从源头上防止误导和不实宣传。银行有义务向客户详细介绍产品销售程序、风险等级等内容，必须在严格的客户情况问卷调查基础上，对客户作出正确评价和风险偏好划分；然后，再有针对性地推荐产品、介绍情况，对老年人及初次理财人员要格外关注，同时对核心风险必须特别告知。明文规定银行只有严格履行了上述告知义务，产品运作亏损时，才能不承担任何法律责任。其次，应制定理财产品从市场准入、市场运作到市场退出的全过程管理规程，规定具体的风险警戒线和风险标准；应加强对高级管理人员的管理，严格界定从业资格、工作职责和义务、违法处罚等内容。再次，应制定现场检查办法，重点开展交易授权、岗位分离、营销宣传、内部管理等执行情况的检查，加大违法处罚力度，增加

违法违规成本，提高银行遵纪守法的自觉性。

二要探索建立金融监管协调机制，防范和化解跨市场风险。人民银行应会同监管部门建立金融监管协调机制，负责理财产品交易的全过程监督，加强信息共享与披露，特别加强跨市场、跨行业风险的监测评估、预警提示，为投资理财双方创造一个既有利于银行理财业务良性发展又有效保护投资者合法权益的良好的外部环境。

（作者单位：中国人民银行石家庄中心支行原副行长）

河北省上市公司经营状况调查研究

张文鑫

我们通过对河北省上市公司2006年以来的经营业绩加以对比，分析河北板块存在的问题，并提出相应建议，以期对提高河北省上市公司经营业绩，促进地方经济发展起到一定的推动作用。

一、河北省上市公司总体情况

截至2009年底，河北省有上市公司35家（比2008年底减少1家，当年新增博深工具上市，唐钢股份吸收合并邯钢股份和承德钒钛而减少2家公司），其中石家庄8家，保定6家，唐山6家，邯郸3家，沧州3家，承德2家，衡水1家，秦皇岛2家，廊坊2家，邢台1家，张家口1家。截至2009年底，河北上市公司家数占全国的2.02%；总股本218.77亿元，占全国的0.83%；总市值3 121.42亿元，占全国的1.08%。2009年1~9月，河北省上市公司实现主营业务收入1 381.28亿元，占全国的1.64%；净利润34.17亿元，占全国的0.43%。

二、河北省上市公司经营效益状况

（一）上市公司经营业绩变动较大

河北省上市公司2006年、2007年、2008年、2009年前三季度实现的净利润分别为-3.32亿元、83.82亿元、53.16亿元和34.17亿元，经营业绩波动较大。2006年，河北省有10家亏损公司。宝硕股份和沧州化工风险突爆，分别巨亏16.6亿元和16.3亿元，此外石炼化还发生行业结构性亏损16.1亿元，仅这三家公司合计就亏损49亿元。2007年，河北省上市公司经营状况处于较好水平，亏损公司仅3家，比上年减少7家。在主营业务收入增长的同时，主营业务成本得到有效控制，主营业务毛利率增幅达到33.66%；2008年，受全球金融危机的影响，从第四季度开始，河北省上市公司结束了2008年前三个季度的连续增长，业绩骤然下滑，导致全年增收未增利，整体经营业绩下滑。2009年，河北上市公司的业绩企稳回升，呈现出 V 形反转。2008 年第三季度、第四季度，2009 年第一季度、第二季度、第三季度的净利润分别为 25.05 亿元、-48.14 亿元、12.53 亿元、6.14 亿元和 15.27 亿元。

表 1　　河北省上市公司平均盈力能力指标变动情况表

项目	2006 年	2007 年	2008 年	2009 年 1～9 月
每股收益	-0.02	0.42	0.21	0.14
净资产收益率	-0.65%	13.16%	7.60%	4.39%

表 2　　河北省上市公司发展潜力情况表

项目	2006 年	2007 年	2008 年	2009 年 1～9 月
净利润增长率	-116.10%	2621.58%	-36.58%	-66.45%
主营收入增长率	14.46%	11.26%	28.88%	-15.01%
主营毛利率增长率	-1.43%	33.66%	-15.25%	-11.60%
净资产增长率	5.75%	24.46%	10.67%	11.28%

（二）重点企业经营状况

河北省 2009 年前三季度净利润超 5 亿元的上市公司有 5 家。其中新兴铸管实现净利润 8.10 亿元，在河北上市公司中居于首位。其他依次为金牛能源 7.56 亿元，冀东水泥 7.33 亿元，开滦股份 6.19 亿元，天威保变 5.16 亿元。7 家 ST 公司中，除 *ST 唐陶和 ST 大路 B 依靠债务重组收益盈利外，其他公司全部亏损。供热、钢铁行业受金融危机影响严重。东方热电巨亏 11.61 亿元；唐钢股份和邯郸钢铁净利润也大幅减少，降幅分别为 85.76% 和 50.81%。

三、上市公司经营状况分析

（一）河北省上市公司规模与全省经济总量规模不相称

2008 年，河北省国民生产总值实现 16 188.6 亿元，较上年增长 10.1%；2009 年上半年国民生产总值实现 7 513.6 亿元，增长 8.7%，高于全国 1.6 个百分点，排名全国第 6。但按照 2009 年底的上市公司家数排名，河北省以 35 家列第 14 位，远低于全国平均水平（56 家），而且已上市公司规模偏小，与全省经济发展不相称。

（二）河北省上市公司中传统行业占绝对比例，新兴行业比例偏低

一是河北省上市公司多数分布在冶金、能源、机械、纺织和建材等传统工业领域，交通、通信、科教、旅游、环保、信息等新兴行业几乎空白。二是河北省上市公司中，重工业、国有企业改制上市公司较多，民营、乡镇企业改制的上市公司虽有所突破，但缺乏高科技股。因此，这些上市公司虽然亏损股极少，资产质量较高，经营业绩也在全国处于中等水平，但总体来看业绩平平者居多，缺乏成长性强的高科技产业的带动，其盈利能力受到了限制。

（三）上市公司"强者恒强，弱者偏弱"，存在两极分化现象

2007 年、2008 年和 2009 年 1 ~9 月，河北盈利最多的 5 家公司净利润占全部公司净利润的比例分别为 64.94%、113.98% 和 100.47%。在河北省上市公司中，能源、冶金等行业在发展规模、财务状况等方面均存在较大的优势，而这两个行业都属于具有明显景气周期的行业。因此，河北省亟须发展其他行业的优质上市公司，以保持全省上市公司业绩的稳定增长。

（四）上市公司循环担保，引发财务危机

2006 年河北省部分上市公司连环互保形成的巨额担保圈，涉及违规担保额共约 39 亿元。处于担保圈核心公司为宝硕股份、沧州化工、东盛科技和河北宣工。除东盛科技外其余三家公司均为河北省上市公司。上市企业互保，使得那些原本互不关联的上市公司通过相互担保被连接在一起。由于采取保证担保方式，圈内一家企业出现资金断裂，就可能引发多米诺骨牌效应，共同爆发财务危机，影响企业生存。上述三家公司经政府帮助协调进行了重组，但目前经营仍未有大的起色。截至 2009 年 6 月底，河北省上市公司中有 6 家存在逾期担保 53 134.9 万元，这些逾期担保可能会给公司带来巨大的风险。

（五）上市公司规范运作意识不强，信息披露意识有待加强

公司治理特别是独立性方面存在较大缺陷，部分上市公司存在同业竞争和较多关联交易，不仅给规范运作带来隐患，并且直接影响利用资本市场融资。部分公司缺乏对投资者负责的理念，信息披露不及时、不完整，对市场的质疑反应较慢，存在不及时进行澄清的问题。

四、相关建议

（一）充分认识资本市场对经济发展的重要作用，借力资本市场推动全省经济的发展。

当前我国资本市场已迈上一个新的发展台阶，资本市场与国民经济的关联度不断增强，已经成为行业整合、优化资源配置的重要平台，在经济社会发展中的重要性和战略地位更加突出。建议全省各级政府和有关部门要充分认识资本市场对经济发展的重要作用，加强对资本市场的学习和研究，站在战略和全局的高度，着力推进资本市场发展，大力推进企业在资本市场上市融资，推进市场化并购重组，提高直接融资比重，改变融资结构不合理的现状。

（二）积极培育上市公司后备资源

一是贯彻落实省政府出台的支持企业上市融资的优惠政策，激发企业上市融资的积极性。二是加大对企业上市的工作支持力度，给企业上市提供便利条件，降低企业改制成本，减少企业上市障碍。三是建立上市资源储备库，加快企业股份制改造步伐，推动优势民营企业上市。四是加强对拟上市公司辅导工作的监管，把好资本市场入口关。

（三）加大政府支持力度，培育高新技术产业

河北省地处京津冀环渤海经济圈内，省内也不乏高校和科研机构，科研成果较多。因此，政府应鼓励第三产业企业的设立和逐步上市，在资金和政策上给予支持，大力推动知识经济、高新技术产业化的发展，加快高新技术产业的上市步伐。对于企业来讲，也应逐步加大在科技上的投入，将其行业领域内的高新技术应用于产品和业务中去；或与科研单位合作，将传统产品与新兴科技相结合，提高企业的绩效水平。

（四）继续推动上市公司并购重组

发挥资本市场优化配置资源的功能，推动上市公司通过并购重组做优做强。支持以整体上市和产业整合为目的的并购重组，推动绩差公司通过并购重组走出困境，推动高风险公司通过并购重组化解风险。

（五）加强对上市公司的监管

加强上市公司综合治理。相关部门应督促公司加强和规范内部控制，规范股东和实际控股人行为，健全董事会集体决策机制，做好信息披露工作，给投资者一个真实、透明的上市公司。要把保稳定作为证券工作的重中之重，严厉打击各类违法违规行为，加大对虚假陈述、内幕交易、操纵市场等违法行为的打击力度，进一步健全查处市场违法违规行为的快速反应机制，努力将市场风险消灭在萌芽状态，维护证券市场的正常秩序。

（六）宣传两大集团成功重组案例，重塑河北资本市场的形象

过去宝硕、沧化和宣工形成的河北担保圈，给河北资本市场带来了不利影响。因此，扭转河北资本市场的看法、重塑河北板块形象是十分必要的。河北钢铁和冀中能源两大集团的积极重组，一改过去抢救式的被动重组的局面，掀开了河北并购重组的新篇章。应该以此为契机，在各新闻媒体上加大正面宣传，主动展示河北上市公司风采。同时，相关市政府应加大风险处置力度，抓紧解决现有高风险公司存在的问题，防止出现新问题。

（作者单位：中国证券监督管理委员会河北监管局）

商业银行分支机构主动风险管理应用问题研究

常冰雁

自商业银行产生，风险就与之相伴、形影不离。随着银行业务的不断发展和市场竞争的加剧，银行业风险也呈现出复杂多变的特征。金融是现代经济的核心，银行业则是金融业的重要组成部分。随着人们对金融风险的重视和认识的加深，国际银行风险管理的内涵和理念不断深化，水平也在不断提高。中国是处于转型过程中的发展中国家，外部经济环境较为复杂，银行业发展还很不成熟，风险的表现形式更为特殊。特别是商业银行的分支结构，直接面对一线业务的具体运营，处于风险控制的最前端，这就对分支机构的风险管理提出了更高的要求。

一、主动风险管理理论概述

（一）主动风险管理概念

所谓“主动”，在《辞源》里显示有两层含义：一是能够造成有利局面，使事情按照自己的意图进行；二是自发或自觉地行动。前者是动作主体能力问题，是客观因素；后者是动作主体意愿问题，是主观因素。要实现主动风险管理的目标，就需要我们授信的每一环节既具备有效管理风险的能力，同时也具有自发化解风险的能动性。

商业银行的经营中面临着大量的风险因素，这些风险可以分成四个最基本的方面：流动性风险、市场风险、信用风险和操作风险。流动性风险指商业银行流动性状况及其波动性导致的风险，比如资产和债务的不匹配。市场风险是指商业银行因汇率和利率变化而面临的风险，一般通过累计外汇敞口头寸比例和利率风险敏感度衡量。信用风险是指债务人或交易对手未能履行合同所规定的义务或信用质量发生变化，影响金融产品价值，从而给债权人或金融产品持有人造成经济损失的风险，比如不良资产以及银行经营中产生的坏账、呆账。操作风险可以分为由人员、系统、流程和外部事件所引发的四类风险，并由此分为七种表现形式：内部欺诈，外部欺诈，聘用员工做法和工作场所安全性，客户、产品及业务做法，实物资产损坏，业务中断和系统失灵，交割及流程管理。由于商业银行在经营中面临着多种风险，为了保证商业银行经营的安全，在商业银行内部开展风险管理，制定一个健全的内控制度对于商业银行的经营是十分必要的。

商业银行主动风险管理的核心理念是：通过对外部投机风险（主要是市场风险和信用风险）的识别、测度、定价和处置，发现市场风险机会，为风险正确定价，提供风险管理服务，吸收、转移或对冲风险，以风险管理获取风险收益。与传统的商业银行风险管理明显不同的是，商业银行积极风险管理建立在坚实的理论基础和实体工具上。资产组合管理理论、资本资产定价模型和期权定价模型都是商业银行积极风险管理不可或缺的理论基石。商业银行积极风险管理的理论基础主要体现的是对风险的认识、定价和管理的思想。

商业银行分支机构在风险管理方面主要承担总行风险管理各项政策、措施的执行、落实工作，并在总行政策总体原则框架下，根据区域经济发展实际情况，自行制定并实施风险管理各项政策、措施，服务地方经济。从这一层面看，商业银行分支机构主动风险管理主要体现在两方面：一是主动研究、分析总行各项政策、措施，准确领会、把握总行政策意图并坚决贯彻执行。二是通过有效措施切实提高主动风险管理能力。

（二）商业银行风险管理在实践中的发展

1960 年以前，国际银行业只注重信用风险的管理，强调保持资产的流动性，通过资信评估、项目调查审批和减少信用放贷等手段和措施防范资产业务风险的发生。1960 年以后，商业银行从被动负债向主动负债转变，因此银行经营也极大地增大了不确定性，商业银行的风险管理重点转向负债风险的管理。布雷顿森林体系崩溃后，汇率、利率波动频繁，市场竞争激烈，单一的资产风险管理模式和单一的负债风险管理模式都不能保证银行安全性、流动性和盈利性的均衡，风险管理发展到资产负债风险管理阶段（AIM）。AIM 强调对资产、负债业务协调管理，通过资产、负债结构调整和偿还期对称，经营目标互相替代和资产分散实行风险控制。随着金融全球化、金融创新，银行间竞争日益激烈，影响银行业经营管理的风险因素层出不穷，完善的风险管理体系是必需的。银行在风险管理实践中发现，银行不能仅仅从某项业务某个部门考虑风险，而必须贯穿整个银行进行风险管理（ERM）。

二、我国商业银行分支机构风险管理的现状及存在的问题

近几年，我国几大国有商业银行都经历了股份制改造，基本建立和完善了现代企业制度，大幅度整合了业务流程，改革了信贷风险管理体系，大部分授信审批权限普遍上收总行或一级分行，经营管理趋于集约化、扁平化。在一级分行层面，较好地规范了授信决策、统一了授信政策。但同时授信业务操作与风险管理之间不对称的矛盾也暴露出来。绝大部分授信业务仍分散在各地市二级分行，而风险管理的审批、决策等重要资源却集中在总、分行，授信资产经营与管理中的信息不对称越来越突出。不良资产、新发生不良资产以及重大风险隐患大多集中在基层行，风险管理的短板集中在二级分行。强化二级分行风险管理意识，将总分行的风险管理理念、思路、措施贯彻落实下去，应是当前诸多金融机构风险管理工作一项很重要的内容。

目前我国商业银行分支机构风险管理存在的问题主要体现在以下五个方面：

（一）风险管理水平有待提高

目前，国有商业银行在风险管理意识、技术、能力和人员素质等各方面较之股份制改造以前有了长足的进步。但应该注意到，国有商业银行的风险管理水平与各行经营发展战略的要求，与外部监管和市场的要求，与巴塞尔新资本协议的要求都存在着一定差距，研究分析还不够深入透彻，管理工作还有很多不到位的地方，管理的前瞻性和精细化水平有待进一步提高。从宏观经济发展大背景看，外部经济环境变化幅度加大，经济运行呈现下行态势，行业、市场和客户的风险程度趋增。与往年相比，当前才是真正考验商业银行风险管理能力和风险管理水平的关键时期。从支持经营战略转型大背景看，商业银行传统的盈利模式需要加快转型，银行间同业竞争不断加剧，风险管理必须要满足和适应当前经营转型的需要，促进经营战略转型。从基础管理工作看，管理不到位影响授信审批的问题仍然存在，这不仅给授信审批带来较大被动，也导致有些金融机构部分大客户授信业务不能及时办理，影响客户的满意度和银行的综合收益。国有商业银行大部分二级分行信贷风险管理人员人手紧张，并忙于应付日常工作，无暇顾及风险管理知识的更新，管理手段单一，不熟悉、更不掌握国际先进的风险管理手段，对风险的识别、计量、检测和控制技术落后，满足不了风险管理工作需要。

（二）风险管理专业人才缺失

近年来，各国有银行资产规模持续扩张，风险管理的内涵和外延持续扩大，各行风险管理人力资源已经不能有效满足管理需要。信贷风险管理部门缺编、一人身兼数职情况普遍。由于内外多种因素影响，风险管理人员尤其是业务骨干流失严重，造成现有人员新手多，专业年限短，素质较高且风险管理经验丰富的人员严重不足，难以有效履行风险管理职能。

（三）分支机构与上级行之间存在信息不对称

风险管理条线内，上下级行之间沟通和信息交换不充分，部分金融机构一级分行风险管理部门在政策指导、项目评审、业务培训方面，为二级分行风险管理部门提供了大量的服务和支持，但对基层行的日常管理和业务操作，尚不能够完全掌握其薄弱环节和风险点。二级分行汇报工作多强调授信项目对发展的重要性，对风险隐患往往避重就轻。二级分行部门间协调不足，缺乏沟通的利益基点，谈及授信理直气壮强调营销的艰难，论及风险隐患蜻蜓点水，风险控制标准与业务发展理念统一性不强，“服务”业务发展和“服从”健康发展的关系处理不够妥当。

（四）银行业务发展与风险控制的矛盾

随着经营理念的转变，利润最大化已经成为商业银行追求的重要目标，加快授信业务发展仍是目前经营环境和技术条件下增加利润的主要途径。尤其在银行分支机构，授信业务对净收入的贡献率仍保持在60%～80%。争揽新客户、拓展新业务始终是基层行实现收入的主要手段和渠道。在基层行，业务发展往往重于风险管理，发展的压力传递到风险部门，致使风险管理处境尴尬。一方面，基层行风险管理部门作为基层行的内设部门，必须促进当地行的绩效进步，保持授信业务一定的发展速度。在区域经济资源有限的环境中，为应对激烈的同业竞争，对一些被各家银行所看好的项目，不得不降低授信条件，对必要的风险控制措施一再妥协，风险管理的刚性被软化，授信风险隐患逐步积累。另一方面，为控制信贷成本，上级行要求大力调整授信结构，主动退出一些风险已经显现而暂未暴露的不良企业。但这些本应该及早退出的客户却被基层行的短期利益所羁绊，在寻找到足够的新客户替代之前，得过且过，错过了规避风险的最佳时机。上级行对风险管理的要求、本行业务发展的需求，使二级分行的风险管理陷入进退两难的境地。

（五）整体与局部利益的协调有待进一步加强

在实际授信管理中，基层分支机构往往迫于业务发展压力，有时只顾局部利益，淡化上下一盘棋的大局，主动风险管理意识有待提高，被动管理和事后管理较多，风险控制和管理基本处于疲于应付状态。

三、国有商业银行分支机构风险管理对策与建议

（一）提高有效管理风险的能力

1. 提高风险管理的预见性、前瞻性。

（1）加强对宏观层面的经济形势把控。2007 年下半年爆发的次贷危机，给全球金融业和实体经济造成了巨大的损失，诸多投资银行或被收购，或申请破产，或业务转型，华尔街五大投资银行在半年的时间内全军覆没。在市场经济体制健全、法律完善、监管严格的欧美发达国家，众多历经百年风雨、资金实力雄厚的金融机构尚不能抵御此次金融海啸，甚至未做出任何预警和判断就瞬间倒下。金融风险、市场风险的突发性、复杂性和难以预见性客观上要求我国金融机构必须密切关注国际经济、金融领域的重大变化和突发事件，进一步提高对国际风险的敏感性、前瞻性判断和应对防范能力。要加强研究分析，对各种可能带来损失的因素加以判断，挖掘风险背后的深层次原因。要研究好政策动态，准确把握宏观政策、监管政策等的调整和变化，有效引导业务发展。

（2）加强对中观层面的资产组合研究。强化行业和市场授信指引。从地区、行业、客户群等多个组合层面分析各类风险，跟踪分析行业发展趋势、市场变化特点，及时分析、提示和预警风险。看清当前的市场环境和经济周期波动，把握行业运行趋势，认真研究宏观政策和行业波动对银行授信的影响，提高政策敏感性和应变力。在商业银行授信投向政策指导方针下，因地制宜，精耕细作，制定更具针对性的行业和区域授信策略。加大行业投放管理。要加大对重点支持行业的投放力度，积极支持市场前景好、成长性强的行业。对高污染、高耗能、资源性行业以及产能过剩、潜在过剩、受宏观调控影响大的行业，有保有压，适时调整客户结构。对未经环境影响评价审批和环保设施未通过验收的授信项目，一律不予受理。对于房地产行业以及对原材料价格、汇率等因素敏感的热点行业，适时开展压力测试，量化商业银行的风险程度。密切关注汇率变化和外贸政策对外向型企业授信风险的影响，密切跟踪次贷危机和国内宏观调控政策对房地产行业和个人住房按揭业务的影响。深入研究区域经济特点，

因地制宜开展差别化的风险管理，引导分支机构制定区域授信指引，配合业务部门优化信贷资源配置，将有限的信贷规模投入到效益高、风险水平低的地区。加大对经济环境好、业务拓展空间大、风险管理能力强地区的授信支持；控制对经济环境和金融生态环境欠佳、风险管理能力弱地区的授信投放。

加强集团客户风险监控预警管理。集团客户授信风险具有隐蔽性、突发性和传染性特点。因此，对集团客户的风险监控一方面需要金融机构主动做好集团客户信息收集、授信风险的监控和管理；另一方面，需要国内各银行加强协调和联动，确保对同一集团客户信息共享、措施一致、监控得力。对于授信规模大、资本运作频繁、家族式管理、治理机制不健全、信息不透明的集团客户，各金融机构要加强财务指标分析和预警，主动采取预期贷款监控、严控借新还旧等措施，加大对新发生不良贷款的控制管理力度，提高监控工作的针对性和时效性。

加强零售贷款资产质量管理。关注对个人贷款风险的监控，做细、做实零售贷款在行业和地区二维组合层面的监控与分析；根据经济周期和房地产市场变化情况，选取典型的零售贷款品种进行专项深度分析；对资产质量发生异常变动的产品和地区及时跟进管理。加强对关注类零售贷款的分析和跟踪，加大对基层机构零售贷款风险管理工作的检查和整改督促力度，继续落实零售贷款定期后评价制度，完善和落实零售贷款预警叫停机制。

（3）加强对微观层面的重点客户监控。公司客户授信风险监控工作，要以风险监控预警体系建设为重点，进一步完善风险监控手段和系统建设，工作重心逐步由事后控制向事前预警转移。梳理、整合重点客户监控、关注类贷款管理、大额高风险客户监控、重大风险事项报告等监控管理要求，完善客户监控预警方法、职责分工和管理流程。初步建立信息反馈机制，将客户预警结果运用于授信管理流程各环节。要加强对存量授信的管理，梳理、排查存量客户，强化多维度资产质量定期监控和分析。对具有潜在风险的正常类和关注类授信客户，逐户分类制定管理措施。对可能产生的风险，要及时提请业务部门引起注意，及时采取风险防范措施，必要时要迅速退出。关注环保违法企业名单，凡涉及银行授信的企业，要及时制定应对措施，督促其整改。对已经出现显性风险迹象的客户，要将管理责任落实到具体人员，提前制定防范和应对措施。加强对重点监控机构资产质量的动态监控和分析，进一步加大新发生不良贷款的控制管理力度。探索实施风险预警信息在业务部门、风险管理部门的交流共享和有效使用。进一步加强对新增风险的研究。要以客户为中心，密切了解跟踪客户潜在需求，及时跟踪分析新产品、新业务的风险特征。

国有商业银行分支机构可以通过“五个结合”，加强风险监控的主动性。一是资产质量监控与贷后管理相结合。贷后管理不应仅仅是公司业务部门的职责，各级风险管理部门也应切实履行对公司业务贷后管理的监督和后评价职责，使资产质量监控工作切实与贷后管理工作相结合。二是监控与风险预警相结合。对信用风险进行有效的预警是当前金融机构风险管理工作的热点和难点。适合的有效的风险预警体系需要各机构在工作中不断地摸索和实践。中国银行推出的授信客户财务指标触发预警系统在这方面做了有益的尝试，并取得了良好的效果。资产质量监控人员可以充分利用该系统的预警信息提高风险监控的针对性及准确性。对触发类客户直接列入重点监控客户名单，持续、动态分析客户生产经营的各类情况，向客户经理提出相关监控建议和要求。三是监控与授信项目尽责审查、评审相结合。当前，国有商业银行公司类授信业务的审批主要集中在总行和一级分行，通过授信评审及尽责审查（信贷审批）工作可以集中识别、分析和控制公司客户信用风险，这为资产质量监控工作提供了良好的平台和信息资源。专职评委（专业审批人）和尽责审查员（信贷审批人员）都是授信项目风险控制的专家，对具体项目授信风险的识别、防范、控制有丰富的经验，可以为资产质量监控和贷后管理后评价提出积极的有效的建议。资产质量监控人员应充分利用尽责审查、授信评审对授信风险控制的重要作用，加强与授信项目尽责审查员、专职评委的沟通、交流；可以通过列席旁听项目评审会、借阅尽责审查报告、评审意见等方式，对重点关注、监控的存量年审项目、新增授信项目的各类风险点进行梳理，将相关风险防范建议和控制措施进一步细化到资产质量监控工作中，从而提高资产清分的主动性和准确性、重点客户动态监控的有效性和持续性以及贷后管理监督及后评价的目的性和针对性。四是资产质量监控与风险管理能力评价相结合。国有商业银行可以逐步推行对分支机构的风险管理能力评价，并将其作为提高主动风险管理的重要措施。各银行的一级分行可以通过制定对二级分行风险管理能力评价实施细则，切实将资产质量监控与风险管理能力评价结合起来，明确二级分行资产质量监控工作各岗位、各环节、所涉及的每位员工的具体职责、工作标准和要求，并进一步细化相关考核办法及奖惩措施。五是资产质量监控与政策执行、窗口指导相结合。资产质量监控作为风险管理工作的重要内容，必须与各项授信政策相结合，对不同类型客户采取不同的监控管理办法和措施，做到一户一策，因地制宜；根据风险监控及外部监管的实际需要，主动创新监控措施和管理方法；针对风险监控工作中存在的问题，主动优化业务流程和操作规范。另外，还应根据风险管理的实际需要主动制定、完善对公司业务部门、个人金融部门、资金业务部门以及金融机构部门的各类窗口指导政策，推进相关条线部门产品管理、贷后管理水平的提高。

2. 提高风险的控制化解能力。

（1）提高分散风险的能力。结合行业、地区、产品等授信政策的调研，做好集中性风险的分析，不断完善组合管理方法的运用。通过合理配置经济资本，有效引导高收益、低风险授信的投放，合理分散集中性授信风险。通过与其他银行组成银团贷款等方式，分散大客户集中性风险。

（2）提高转移风险的能力。通过第三方信用等各种担保形式，转移授信风险。要研究与省担保中心和各地专业担保公司的合作形式，发挥专业担保机构的作用。通过信贷保险等形式，将风险转移给承保人。要研究融信达等新产品业务风险，提高对跨市场风险的把握能力。

（3）提高规避风险的能力。对于不符合商业银行风险偏好的行业或项目，要缩小其风险限额，逐步降低风险暴露，甚至完全退出该领域。根据总行行业授信政策，积极淘汰行业内落后企业。在各授信管理环节中，要将国家产业政策、环保政策、土地政策和信贷政策作为风险管理的重要依据，主动规避和管理风险。在客户退出方面，要抓住结构调整机遇，加大工作力度，尤其要退出以前应退舍不得退和想退而退不出来的客户。

（4）提高补偿风险的能力。面对国内外宏微观经济环境的复杂性、多变性以及日益严格、完善的监管要求，银行风险管理人员要主动分析市场、分析政策、分析客户，坚持有保有压，把握好信贷投放节奏，加大对优质客户的支持力度。同时，要引导客户经理提高与客户谈判和沟通的技巧与能力，掌握贷款定价主动权，提升综合收益。具体而言：

一是运用利率杠杆提高风险定价能力。在当前监管要求下，随着商业银行不良资产拨备覆盖率的进一步提高，银行可以容忍的贷款违约率和风险从1%提高到了18%～20%。银行可以充分利用利率杠杆，按照高风险高收益的原则，对客户进行细分，采取不同的定价策略。商业银行应由被动接受利率管理，转向主动行使一定的定价权和利率风险管理职能。利率定价机制的建立和完善，既要考虑现实情况和自身特点，更要前瞻业务发展未来，保证顺应利率市场改革的逐步推进，提高利率定价水平和风险防范能力。

二是量化考核综合收益。为实现目标利润，银行普遍采取差别化服务原则，通过综合分析重点客户贡献率，在利率方面对重点优质客户给予一定程度的让利。但如果贷款利率下浮企业面太多，则银行贷款利息收入会相应减少。因此，考虑利率下浮客户的综合收益尤为重要。一般来讲，贷款定价要综合考虑经济发展水平及自身筹资成本、直接或间接费用、贷款的税负成本、贷款期限、贷款风险、贷款目标利润等因素，贷款利率至少应能补偿资金来源成本、银行服务性成本，并能获取适当的风险收益。如果客户提出利率下浮的要求，就应全面测算该客户在银行结算、存款等业务方面带来的综合收益，进行量化考核。这些收益主要包括贷款直接收益、中间业务收益、化解风险收益等。同时，贷款风险也存在存贷款利率变动幅度不一致，或利率变动引起存款流失或贷款提前还款及贷款逾期的风险。总体原则应掌握“低风险低收益，高风险高收益”的标准，可考虑对实行优惠利率贷款客户在贷款合同中对存款、结算业务作出一些限定性的条款，以保证银行获取正常的经营利润。

最终目的，商业银行要尽快建立以效益为中心的高效、协作的价格体系。作为业务部门，应每月进行一次分析，准确测算实行最后报价后可给银行贷款多少业务量和收益。监督客户存款、结算等业务变动情况，及时进行反馈，并要分层次对利率相关从业人员进行新技术、新知识和新技能的轮训，着手进行利率信息系统的开发，为收集、整理、分析基础数据，测算内部利率平均水平提供技术保障。风险管理或信贷审批部门要对每笔贷款利率下浮客户综合收益的客观性、准确性进行审查，形成银行内部对贷款利率定价一致意见，并形成银行内部整体互动局面。

三是创新金融产品服务。按照利率市场化的要求和资本市场发展的趋势，优质企业将会越来越多地通过直接融资来满足其资金需求。即使不通过发债融资，也会通过与银行博弈进行讨价还价。在这种博弈中，企业处于优势地位，而银行处于弱势地位。因此，在贷款利率定价方面，银行创新金融产品和服务，显得越来越关键。这就需要银行加快业务创新步伐，根据市场需要，持续调整，持续创新，完善利率定价制度设计，直到形成一个较为完整的体系。

四是加强经济资本管理。完善贷款定价体系。科学、合理的贷款定价体系还应涵盖并准确反映资本金成本。资本金的目标利润率不仅是贷款定价体系中的一个重要环节，也是商业银行防范信用风险的有效手段。巴塞尔新资本协议指出，资本作为银行抵御风险的最终保证，应在贷款及其他风险敞口上得到合理配置；其配置原则是将资本数额与其风险水平直接挂钩，通过强化经济资本对贷款定价的作用，可以有效提升风险管理的技术水平和精细化程度。如判定某笔贷款的非预期损失较高，则应配置较多的经济资本，以提高产品价格，促使该客户主动退出。

（二）打造过硬的风险人才队伍

1. 加强风险管理队伍专业化建设。金融机构要逐步推进公平、公正、公开的人才选拔机制和关键岗位人才库建设，加强对风险管理（信贷审批）人员的专业化开发、培养和管理。推进人才梯队的建设，要体现以人为本，用人所长，关爱人才，激励人才。通过完善用人机制，持续提高分支机构风险管理实力。

要逐步建立健全后备人才库，动态调整后备人才。对进入人才库的人员，要确定3~5年培养目标，切实将优秀的年轻人才选拔到重要岗位上来。要通过动态调整，不断吸收有志于风险管理工作的优秀员工，为人才的挖掘和才华施展提供空间、创造舞台。

2. 加强风险管理核心能力的培训。加强对分支机构风险管理（信贷审批）部门职工的业务知识、技能培训，实施计划培训战略。要完善培训制度，做到培训有计划、有考评、见效果，真正将培训工作落到实处；要通过知识考试，划分人员素质等级，激发全员学习的主动性，以不断提高适应市场变化的能力。结合分支机构人员结构特点，加强对技术人才有针对性地培训，做好专业技术人员职业生涯规划与指导，着力打造核心专业技术人员。推进关键岗位和业务流程标准化管理的培训力度，提高培训工作的针对性和有效性。推进授信管理条线内部认证考试制度，将业务培训、资格认证和职位规划结合起来，促进员工成为精通业务、熟悉基层的一专多能的复合型人才，将培养人才、储备人才和使用人才有机地结合起来。

3. 提高授信管理条线的职业吸引力。适当提高风险管理人员的技术级别，缩小与业务部门的收入差距；在分支机构的绩效链条中要能够体现风险管理工作的价值，充分调动分支机构风险管理工作人员的积极性和主观能动性，进而实现在有效控制风险的前提下理性、健康发展业务。

（三）搭建有效沟通的专业平台

1. 以科技解放人力，建立沟通的数据基础。准确数据是一切应用的基础。数据不准，监控预警也就无从谈起。要加大信贷新一代系统的梳理，清理和整合信息，确保系统数据的准确性、及时性和全面性。要加强监控预警系统应用，减少手工制表的工作量，把风险管理人员从枯燥的制表工作中解放出来，腾出更多的精力从事专业分析。要充分发挥主观能动性，在不突破总行各项制度框架的前提下，从实际出发，对风险监控方法和手段进行创新，积极落实和推进风险监控技术的运用。

2. 以机制搭建平台，建立沟通的有效平台。建立授信流程各环节的有效沟通机制，消除分歧，使各环节能够理解审批环节对授信政策的把握尺度。在有效防范和控制风险的前提下，引导业务部门营销符合各行风险偏好的客户和项目，确保授信决策更加贴近市场，进一步提高授信批复的可操作性。及时将分支机构重点授信项目存在的困难和问题向上级行汇报，通过条线寻求支援，得到各级授信管理（信贷审批）部门的理解和支持。

（四）开展机制创新，平衡发展与风险控制的矛盾

开展机制创新，实现风险偏好与风险理念的整体统一，重点在于实现授信各环节的政通、理通、心通、情通，达到理顺思想、化解隔阂、达成共识，发挥统一思路、协调步骤的能动性，保证良好的风险管控效果。推进风险管理和业务发展两个条线、一级分行和二级行两个层次间沟通协调的工作机制，通过条线内上政下行和二级分行相关部门间左右配合，达到事半功倍的工作效果。

目前，大部分国有商业银行风险管理的审批资源主要在总行、一级分行，而授信业务多在二级分行，管理与业务脱节，迫切需要上政下行，下情上达，紧密配合，进而以有序管理和信息畅通，实现风险偏好与风险理念的有机统一。疏通与二级分行风险管理（信贷审批）部门间的政令渠道，确保风险信息传递及时、有效，风险控制方向、手段、力度统一，是风险管控的关键。横向配合，是二级分行业务部门与风险部门间协调配合，实现营销理念、思路及措施与风险管理政策及规章制度间的相互匹配。其关键点和落脚点是如何正确对待业务发展与风险控制的矛盾问题，其目的是要发掘风险控制与业务发展的平衡点，形成统一的发展思路和授信标准，做到既能控风险，又能促发展，实现业务健康发展。二级分行风险管理部门要大力宣传和营销风险管理政策，积极支持业务发展，在业务发展中把握风险管理政策，争取业务部门的支持，促成业务发展遵循风险政策，保障授信资产进退有序、灵活运转。二级分行风险管理部门要主动征求和收集业务部门对授信政策的意见，及时反馈上级行风险管理部门，不断修订授信政策，保持授信政策的适用性和前瞻性，从而科学掌控风险空间，实现风险可控下的良性发展。

（作者单位：中国银行股份有限公司河北省分行）

关于对商业银行防范金融风险的探讨

韩光聚

全球经济金融危机爆发以来，世界各主要经济大国都受到二战以来最严重打击。由于我国加入世贸以来已经日益融入全球经济，并有相当高的外贸依存度，国际经济金融危机已越来越深地影响到我国的经济。与此同时，我国经过十几年的改革与发展已经初步形成了一个多层次和竞争有度的金融市场，但是也产生了诸如大银行内部控制松弛影响货币政策操作，银行资产质量下降和经营风险增大，金融犯罪不断发生等一系列的矛盾和问题。如何在内忧外患的情况下防范和化解金融风险是摆在我们面前的现实问题。

一、金融风险的客观性

金融单位的固有风险体现在金融风险的客观存在上。金融机构在经营过程中，由于决策失误、客观情况变化或其他原因使资金、财产、信誉有遭受损失的可能性，包括市场风险、信用风险、流动性风险、操作风险、合规风险。

金融风险往往会给社会经济秩序带来难以弥补的损害。一家金融机构发生风险所带来的后果，往往超过对其自身的影响。金融机构在具体的金融交易活动中出现的风险，有可能对该金融机构的生存构成威胁；具体的一家金融机构因经营不善而出现危机，有可能对整个金融体系的稳健运行构成威胁；一旦发生系统风险，金融体系运转失灵，必然会导致全社会经济秩序的混乱，甚至引发严重的政治危机。

二、金融风险的成因

（一）风险意识和法制观念淡薄是造成金融风险的重要原因

随着金融体制改革的不断深入，金融逐步走向市场化，金融风险问题也随之突出。然而，在人们的头脑中一些错误的观念仍根深蒂固。有人认为，办银行是只赚不赔，银行吸收存款、发放贷款，赚取利差，做的是无本生意，无风险；还有的认为银行的钱是国家的钱，亏了是亏国家的，银行亏损国家承担，国家绝不会让银行倒闭。企业负债率过高，抗风险能力较弱。目前，许多企业都背负着较高的资产负债率，并千方百计地逃避银行债务，向银行转嫁经营风险。一些银行经营者也同样缺乏风险意识，重业务拓展、轻风险防范，以为贷款放得越多越好，业务做得越大越好，盲目扩张业务，不惜血本揽储，置银行风险于不顾。这些都表明，风险意识和法制观念淡薄，不规范运作是引发金融风险的重要因素。

（二）商业银行经营缺乏审慎性是造成金融风险的潜在原因

目前，一些银行业金融机构经营活动中的不审慎行为明显增多，冲动放贷、粗放经营的倾向有所抬头，贷款高速投放积聚的风险隐患迅速增加。一些传统风险加速暴露，新的风险点不断出现。如项目资本金不实或不足风险、票据融资风险、贷款集中度风险和房地产市场风险等。

（三）风险防范机制不健全是造成金融风险的制度原因

主要表现在：一是城乡信用社、证券、信托等地方法人机构数量多、规模小、资金实力弱，风险防御能力弱。二是金融机构内部监督制约机制不健全。国有商业银行近两年在强化一级法人体制，健全内控机制和风险管理制度方面迈出了较大的步伐，推行了授权授信制度、审贷分离制度，实行垂直稽核体制，制定了经营管理等一系列禁令，但内控机制尚未健全，特别是前几年的金融混乱留有严重的后遗症。三是风险的补救机制尚未建立起来。我国还没有建立起存款保险制度，金融机构在市场上基本是只“进”不“出”，对存在的问题一般采取国家包下来的方式去化解。四是由于一些管理者认为发展市场经济就是放权搞活，把分支机构视为独立法人，加上管理混乱，使金融风险失控。五是随着金融业的发展以及大量金融业务的创新，特别是近年大量非银行金融机构的出现，而旧的管理制度被取消，但新的监管办法还没跟上，于是在内部控制中就出现了“真空”地带。这样，金融活动就会出现规范性不够、监督不力、过度竞争的情况，加大金融营运风险。

（四）银行内部管理和内控机制不健全是造成金融风险的内在原因

内部权力的相互制衡及相关岗位职责的互相制约是保证银行贷款质量，降低金融风险的坚实基础。但从目前金融机构经营管理情况看，缺乏科学、严密、有效的内部相互制约机制，包括贷款审批、发放、资金支付在内的一些金融业务活动。制度约束不严，有关人员有章不循，违规操作，执行制度不规范，成了产生金融风险的内部漏洞。而且，一些从业人员素质低下，管理工作跟不上，对金融风险的严重性认识不够，风险控制不健全。商业银行长期以来重展业，轻管理，有些规章制度形同虚设，为了追求本单位、本部门和小团体的利益，冒风险违规经营，加剧了金融风险。

（五）会计信息失真是导致金融风险产生的不利因素

企业会计信息失真的现象还相当普遍，这对金融机构产生一定的负面影响，主要表现在以下两点：

1. 不适当的信贷决策。因为银行在决定是否对企业发放贷款以及发放贷款的金额时，都要通过企业财务报告来了解企业的财务状况、偿债能力、盈利能力、现金流量以及资金需要量等，然后作出信贷决策。因此，企业虚假的会计信息会严重影响银行的判断决策，为日后贷款的收回留下隐患。

2. 信贷监督难以有效的施行。银行为了确保借款人按规定用途使用贷款，并保证信贷资金的安全完整，必须对借款企业进行信贷监督，这也需要通过报表的数据来了解贷出资金的周转及使用情况。如果会计信息失真必定会造成银行监督困难，增加了信贷风险。如美国的安然、世界通信等著名的公司因为财务造假被查出而被迫申请破产保护的案件中，众多与其有融资关系的银行受到牵连，这为各国的银行业敲响了警钟。

（六）银行内部合规风险管理体系的缺失是导致金融风险产生的原因之一

合规风险简单地说是银行做了不该做的事（违法、违规、违德等）而招致的风险或损失，银行自身行为的主导性比较明显。就中资商业银行而言，违规经营、道德风险是长期困扰和制约银行稳健发展的主要因素，根源就在于我国的银行业一直没有将违规视为风险管理的一项活动，更没有将合规作为一个重要的风险源来管理，长期以来合规一直不是银行重点关注的风险领域。近年来银行业金融机构案件频发中，有四个80%现象值得注意——80%的案件出在支行，80%的案件和支行“一把手”有关，内外勾结案件占80%，80%的案件是制度执行不到位造成的。

三、防范和化解金融风险的主要对策

2009年，在保增长、拉内需的政策环境下，商业银行加大了贷款投放的力度，在一定程度上弥补了净息差大幅收窄的负面作用。受宏观政策和经济走势等因素的综合作用，商业银行贷款增长与经济发展较为匹配。虽然2010年宏观经济政策应该是一个从宽松到逐步收紧的过程，但是预计 2010 年我国商业银行人民币贷款余额仍会有较高的增长，以贷款为主的生息资产仍将是驱动盈利增长的主要因素。因此 2010 年为商业银行发展提供了巨大的机遇，但是我们更应清楚地看到机遇背后的前所未有的挑战。这就要求我们要进一步加强防范和化解金融风险。

1. 加强信用风险管理。首先要加强行业分析和研究，密切关注国家产业政策的变化，及时调整信贷政策，防范有关行业信贷风险，对受政策影响比较大的行业和地区实行风险限额管理，如纺织、外贸等行业。其次加强贷款管理，从源头上控制信贷风险。如实施信贷前要认真仔细调查企业的经营状况和偿债能力，把握企业第一还款来源；根据企业风险增加与否，判断是否需要增加抵押物，是否需要调高抵押率等以增强第二还款来源；周密分析企业集团之间是否存在互相提供担保情况，防范企业或集团资金链断裂风险，维护和提高信贷资产质量。通过加强对企业财务报表的动态研究判断企业经营能力和偿债能力有否发生重大变化，实地察看贷款抵押物的保管情况和有无发生较大的价值变化，检查贷款用途有否违背原有贷款合同中的安排，综合以上情况分析企业违约风险的变化情况，采取诸如信贷退出、增加计提信贷资产减值损失、协商要求企业增加抵押、质押物品等措施降低违约风险。并且还要提高贷后检查的频度，以便尽早发现信贷风险点，及时防范果断处理。对于已经发生的不良贷款，应该加强催收管理。

2. 加强市场风险管理。首先，为了应对减少商业银行收益对存贷款利差的过度依赖，商业银行应注意发挥和培育人力资本、客户基础、协同销售、投资规模等方面的优势，加大在个贷、理财及其他中间业务上的金融创新步伐，抓住机遇，突出重点，打造中间业务品牌，并完善员工激励考核机制，努力形成发展中间业务的良性机制，强化营销，加快发展投资银行、财富管理、资产托管等非利息收入业务，提高非利息收入占比，促进银行经营水平的持续提高。其次，积极应对利率波动加大给商业银行的市场风险管理能力带来的压力，完善风险定价机制，提高风险定价能力，改变传统成本加成本定价法在计算贷款预期损失、非预期损失和预期收益率方面的不足。尝试把贷款预期损失与预期收益率的计算与借款人的信用等级相联系，建立能更好地反映信用风险的基本属性，实现贷款风险与收益相匹配的基于信用评级的风险定价模型。例如，在最近一次的个人住房信贷政策调整中，中央银行将裁量权交给银行但却要求商业银行制定相应的限制性条件，如根据借款人是否首次购房、是否自住用房、套型建筑面积是否符合普通住房规定以及借款人信用记录和还款能力等风险因素，对房贷利率在下限以上进行差别定价，其实质就是赋予金融机构更大的自主决策空间，努力引导商业银行根据借款人购房实际情况、信用记录及还款能力等风险因素、贷款合同约定条款来进行风险定价。商业银行应该对房地产贷款的风险因素进行重新的细致的识别，对借款企业进行信用评级以实现客户细分，建立基于信用评级的风险定价模型，完善模型所需数据库的建立，夯实模型的数据基础，提高模型的可靠性和准确性，以此完善房地产贷款定价机制。最后，加强货币资金市场研究，建立利率变动预测模型、提高利率变动预测的准确性，降低资金业务的风险并增加市场收益。

3. 加强流动性风险管理。商业银行一方面应提高流动性的日常管理水平，加强存贷款资金的流量监测和融入、融出资金的流量管理，加强头寸预测调度，制订应急预案，并注意均衡安排投资，以实现支付安全和较低的备付率水平，将流动性风险和效益有机结合。更重要的是尝试对未来可能出现的经济增长回落，准备金率，利率或汇率的调整，房价波动、股票市场波动等约束条件可能引发的流动性风险，进行预警性的压力测试以及情景分析、敏感性分析，以提高应对经济周期的能力。例如，可以设定如下情景因素：假设房价下跌、GDP降低、存款准备金率提高，综合考虑三个变量在不同极端变动幅度下对银行流动性的影响，尽早识别、预警风险，促使风险管理关口前移，尽早采取措施，综合运用风险转移、风险规避、风险补偿等不同手段降低风险。

4. 加强操作风险管理。密切关注和前三种风险相关的操作风险的发生，完善内控合规管理，确保业务运营安全。危机之中常常孕育机会，金融危机带来的机遇与挑战并存。一些企业的倒闭将推动我国经济结构调整的步伐，加快我国经济增长方式的转变，同时新产业和新盈利模式的出现，有助于商业银行开拓出新的业务空间。另外，在结构调整和产业转型的过程中必然会伴随银行坏账的产生。银行为了减少损失将尽可能进行更深入的研究、采取更积极的措施完善风险管理的体系，并对已有的风险管理体系进行更全面的审视，从而通过发现并解决风险管理中存在的问题，进一步增强自身的风险管理经验和能力，更好地促进持续稳健经营。

5. 加强合规风险管理。一是增强合规风险防范意识，树立牢固的合规经营理念，强化合规经营考核和对违规的处罚力度。二是充分发挥审计在防范金融风险中的作用，围绕防范金融风险突出审计的重点，针对容易引发风险环节和因素确定审计的重点。三是提高审计人员的素质，改进审计手段，增强金融审计揭示金融风险和促进防范金融风险的能力。四是加强金融部门内控制度建设，建立决策、执行、监督等相互制衡的管理体制。

（作者单位：中信银行石家庄分行）

浅析现阶段我国金融风险的特点及银行风险防范

田德明

金融是现代经济的核心，金融市场是市场经济体系的动脉，是市场配置资源的主要形式。由于金融业渗透到社会生活的各个领域，又是一个特殊的高风险行业，一旦金融机构出现危机很容易在整个金融体系中引起连锁反应，引发全局性、系统性的金融风波，从而导致经济秩序的混乱，甚至引发严重的政治经济危机。因此，金融体系的安全、高效、稳健运行，对经济全局的稳定和发展至关重要。深入研究金融风险形成的动因和防范措施，对于金融、经济各领域具有至关重要的意义。

一、金融风险的特殊性

第一，金融风险已成为影响最大的越来越集中的社会风险。由于金融资本经营的相对集中，其对实体经济的全面渗透乃至控制，使得金融部门成为现代市场经济中资源配置的核心。金融资本的流动可直接或间接影响甚至决定着人力资本、其他物质资本以及技术要素的流向与相互结合。金融资本效率对于生产力的形成和整个实体经济效率是至关重要的。与此同时，金融风险从初始阶段也具有高度集中的特点。

第二，金融风险具有广泛的播撒性。银行的风险损失或失败，不仅影响自身的生存和发展，更突出的是导致众多的储蓄者和投资者的损失或失败。其一，金融机构作为储蓄和投资的信用中介组织，它一头联结或聚集众多的储蓄者，是存款者的集中；另一头联结或聚集众多的投资者，是投资者的总代表。银行经营管理的失败，必然连锁造成众多储蓄者和投资者蒙受损失。其二，银行业不仅向社会提供信用中介服务，而且在很大程度上创造信用。在保证存款支取兑付的同时，通过贷款可以创造派生存款。因而，银行风险不仅具有原生存款和初始投资广泛的影响，而且还具有数量倍数扩散的效应。进而，把握银行风险特性，不仅要从金融单元层面上认识，还要从多元、多层面、全面系统上认识。

第三，金融风险的全球性特征越来越明显。在世界经济全球化的今天，金融资本的全球化是继农业革命、产业革命和信息革命之后的又一次革命性的变革。同时，互联网的运用克服了不同地区之间时差的障碍，使国际市场的交易一体化。在这种新经济的背景下，国际金融业全球化的发展也就成为必然，这种趋势既促进了国际金融的极大发展，也加大了金融风险的范围。随着全球范围内经济自由化、一体化进程的加快，以自由化、国际化、一体化以及证券化为特征的全球性金融变革趋势向各个国家的蔓延。金融风险的传导途径、传播速度，在更广层面、更深层次波及到各个经济主体，也使各国的经济体制、法律制度与监管能力在对这种趋势的反应中变得日益突出与重要。例如自 20 世纪 90 年代以来，1994 年墨西哥发生的金融危机，1995 年 12 月巴林银行的倒闭，1997 年发生的东南亚金融危机等，都对世界各国的经济发展造成了损失。2008 年下半年以来，由美国次贷危机引发的华尔街金融风暴，快速席卷整个国际金融市场，演变成全球性金融危机，世界经济出现明显下滑，进而使发达国家几乎整体陷入衰退。国际金融危机不仅严重影响到美、欧、日等发达国家的实体经济，也对我国实体经济产生了深远的影响。这充分说明了金融市场国际化、一体化的过程中，金融风险加剧。

二、金融风险来源

一是来自金融市场对外开放面临的风险。这主要体现在国际游资冲击和他国金融危机的波及。亚洲金融危机的爆发，使我们看到一些国家金融市场开放后，给国际炒家提供了可乘之机。受冲击的有经济发达国家，也有发展中国家。随着经济全球化的发展。资本在国际间流动的速度加快，这使得银行面临的市场环境日益复杂，国内金融环境也发生了变化，使我国银行同业间的影响日益加强，竞争加剧。因此，在这种经济环境下，我国银行目前也面临着如何控制风险、消除风险存在的隐患，增强银行整体竞争力的任务。

二是来自金融创新的风险。从 20 世纪 60 年代起，全球掀起了旨在摆脱金融压抑的金融创新浪潮。金融创新的不断发展提高了金融业的效率，导致金融深化和发展，但同时也在一定程度上增加了金融风险传播的速度和防范的难度。纵观国内外银行业，经营体制、管理模式、服务方式和产品的创新日新月异：从传统的分业经营到提供“一站式”综合服务的混业经营，从传统的资产负债管理到新兴的客户管理，从面对面的柜台服务到电子化远程服务，从单一的存贷款产品到为客户量身定制个性化和多样化的金融产品，创新活动一刻未曾停止，创新模式从产品主导向客户主导演变。在创新中求发展，已成为银行业走向成功的必由之路。经济金融改革使我国银行业从陈旧经营体制和管理模式的束缚中解放出来，在实现市场化经营的道路上不断迈进，金融创新已成为银行生存和发展的重要推动力。但是金融创新增进金融活力的同时，也提出了风险防范的新课题。

三是来自金融机构自身经营过程中的风险。包括市场风险、信用风险、管理风险、法律风险、操作风险、道德风险等。商业银行经营风险中，信用风险是非常重要的一种形式。信用风险是指债务人或交易对手未能履行金融工具的义务或信用质量发生变化，影响金融工具的价值，从而给债权人或金融工具持有人带来损失的风险，属于非系统风险。资产风险是金融机构的根本性风险。事实上，我国的金融风险突出表现在银行资产风险上，贷款逾期、呆滞呆账情况比较严重。例如，1998 年，国有商业银行不良贷款比例高达 24.71%。为应对这次全球金融危机，2008 年以来中央迅速出台了一系列扩大内需、保持经济增长的政策和措施。2009 年 8 月 9 日银监会正式通报了 2009 年上半年信贷情况，银行业金融机构新增本外币贷款 7.72 万亿元，同比增长 32.8%。巨量新增贷款，促进了国家整体宏观经济企稳向好，直接刺激了 2009 年上半年中国股市和楼市的飙涨，但同时不可避免的金融泡沫风险也在持续扩大。在当前我国货币政策宽松的情况下，坚持实质性合规经营，要积极防范信贷过程中产生的贷款挪用、资本金不实等风险。下一步应该进一步注意资产质量问题，防范因各类金融风险形成和积累造成金融不稳定。作为商业银行，做好每一笔贷款的“三查”工作，落实项目贷款资本金要求，确保信贷资金真正用于满足客户的生产建设、服务运营或消费需求至为关键。

三、我行在加强风险管理方面的做法

为防范和化解金融风险，维护整个金融体系的稳定，建立金融风险预警体系非常重要。从商业银行自身来看，商业银行以信用为经营基础，是最大的负债经营者。一旦发生风险，商业银行的资本金极易被侵蚀，有破产倒闭的危险。由于商业银行在整个社会经营活动中的中枢作用，商业银行的破产倒闭必然带来整个经济社会的动荡，造成不可估量的损失。因此，正如同金融风险的两方面来源一样，需要从外部、内部两方面入手，构建金融风险预警系统，通过预测风险和预控风险，把风险损失控制在最低限度，以稳定金融秩序。上海浦东发展银行石家庄分行成立于 2008 年 10 月。作为一家新建分行，我们面临着他行激烈的竞争和我们自身发展的压力，而我们自身还未经历因不良贷款带来的切肤之痛，很容易形成重营销、轻风险管理的倾向。如何在积极拓展市场、加大地方经济支持力度的同时，切实构建科学稳健的风险防控体系，实现可持续健康快速发展非常关键。面对2008年以来复杂多变的经济金融形势，我行在风险管理工作中也积极探索，实现了业务发展和风险管控两手抓、两手硬。

1. 深入研究国家宏观经济政策导向和经济形势，提升风险防范意识和水平。从提高风险管理意识出发，在营销人员中树立建设精品银行的意识，提高财务分析和市场分析的能力，着力选择抗风险能力强的优质客户；在产品经理层面提高新产品的掌握运用能力，协助客户经理设计与企业现金流、物流紧密结合的融资产品和以赚取中间业务收入为主导的金融服务方案，减少贷款的沉淀；在风险经理层面培养认真、严谨、审慎的工作作风，提高信贷审查的质量，把好风险关口。为了提高风险决策的科学性，我行注重密切关注当前经济金融形势的变化情况，以及对当地实体经济的影响，密切关注区域内出现的新情况、新问题、新矛盾，密切关注信贷业务可能出现的系统性、行业性、区域性风险，积极应对当前复杂形势。把风险管理的各项工作放在当前宏观形势大局中来思考，有效防范信用风险。针对我行的客户结构和贷款结构，2009年我们有针对性地开展钢铁、能源、交通、医药等我行贷款投放集中的重点行业的全面分析，从整体上把握行业风险度。为保证行业分析的高质量，我们借鉴他行的分析成果和社会专业机构的分析报告，并结合实地调查研究，力争信息资料来源的多元化。

2. 明确信贷业务市场定位，坚持科学发展。作为科学发展观在风险管理中的灵活运用，我行尽力从积极营销和适度风险把控两个方面寻求平衡。银行作为经营风险的特殊企业很难完全避免信贷风险，但如何在最小的风险敞口前提下取得最大的经济效益是风险管理工作者必须面对和着力解决的课题。为此，我们将投放重点放到国家重点工程和民生工程项目；煤炭、石油、天然气、电力等资源型行业中一定规模以上的优势企业；港口、码头、通信等垄断行业中的优势企业；工业、商业、流通等竞争行业中，主营业务突出的龙头企业；具有竞争力的中小企业贷款和个人住房按揭贷款。审慎对待受全球经济、金融危机影响较深的行业，特别是一般加工业，高耗能、高排放、资源消耗型（以下简称“两高一资”），产能过剩行业，两头在外、一头在外的代工型企业和外向型企业，防止低水平重复建设，确保信贷质量和我行的稳健经营。通过明晰的市场定位，为客户经理有选择地开展市场营销提供有借鉴意义的工作方向。在具体操作上坚持“有所为、有所不为”的市场准入原则，坚持“先点后面、先大后小”的信贷准入次序，有效促进我行信贷业务健康、快速发展。

3. 全面加强风险管理制度建设，提高我行风险管理水平。在建行初期，我行就确立了制度建行、规范发展的信贷风险管理思路，严格执行银监部门及总行相关要求，建立并完善各项规章制度，并严格执行审贷分离制度、贷款审批委员会制度、授信业务授权和转授权制度、贷后管理制度、贷款五级分类制度、贷款档案管理制度等，将授信风险控制分解、细化到授信的各个环节。制定了定期现场和非现场风险检查制度并配备专业人员具体实施，使我行在业务初始阶段就能做到合规操作、规范管理、全程控制。抓住总行半年验收检查的契机，对信贷风险制度、流程、操作等进行全面、细致的梳理，查遗补缺，进一步完善了分行的风险管理体系建设。

4. 加强贷后管理，有效防范管理风险。贷后管理是控制风险、防止不良贷款发生的重要一环，也是外部监管部门和全面风险管理的要求。我行及时对全行执行信贷政策、制度、规定、流程的情况和信贷资产质量状况组织现场和非现场检查，对检查中存在的问题，及时组织整改。在此基础上，加强日常的评级授信、资产风险分类等基础管理工作。通过扎实有效的基础管理工作，及时发现业务发展中存在的问题，纠正错误，有效防范授信风险。

截至2009年6月30日，我行贷款余额113.2亿元。由于贷款发放时间较短，各授信企业生产经营正常，贷款五级分类结果都为正常类，无次级类及以下不良贷款。下一步，我行将继续在人民银行和监管部门的正确指导下，坚持稳健经营和从严治行，加强风险管理，完善授信审查制度，在审慎防范金融风险的基础上，加大地方经济支持力度，打造河北省优秀的股份制商业银行。

（作者单位：上海浦东发展银行石家庄分行）

城商行对中小企业信用风险的防范与控制

杨书林

一、引言

2009年，在国家扶持中小企业的大背景下，以城市商业银行为代表的中小银行迎来了难得机遇。2009年上半年，银行新增贷款达到了7.37万亿元，增幅高达34.3%。从2008年至2009年上半年国内商业银行不良贷款得到了有效控制，不良率持续下降，从2008年的2.90%降低到了2009年的1.85%。不良率的有效控制，说明各城商行除了注重业务的迅速发展，也开始加强对风险的防控与管理。本文将针对城商行和中小企业的特点，阐述近年来城市商业银行对中小企业信用风险的监控和防范措施。

二、中小企业信用风险的内涵与特点

信用风险是金融市场最古老的风险之一，也是商业银行面临的最主要的风险。信用风险是指由于借款人或市场交易对手违约而导致的损失的可能性。收益与风险的不对称性、非系统性、数据稀缺性是信用风险的基本特征。

中小企业信用风险主要是指中小企业到期无力或不愿履约而给商业银行造成的或有损失。这种风险同时涵盖贷款到期前，由于中小企业本身的经营状况及外部环境的变化，使得中小企业还款的变数增大及对其内部信用评级的降低而带来的贷款价值波动的风险。

中小企业信用风险的特点，一是传递性。在企业交易活动中，交易一方的信用风险可能导致另一方的信用风险，而另一方的信用风险又可能导致第三方的信用风险，最终形成一个信用风险链。二是不确定性。风险本身就是一种不确定性，而中小企业信用风险由于受交易方的道德水平、经营能力、努力程度等主观性因素的影响，其不确定性就更大。三是累积性。由于信用风险具有传递性，一方的信用风险可能会扩散到关联各方，引起加总起来的信用风险迅速增大。四是隐蔽性。中小企业信用风险可以通过安排新的负债得到缓解，如借新债还旧债，使信用关系暂得以维持。这样就使企业信用风险在一定时期内难以显现出来。

中小企业一般规模较小，对外部环境的依存度较大，普遍存在经营管理水平低、财务制度不健全、信用等级偏低、治理结构不完善等问题，致使企业存续的变数较大，相应的违约率较高。

根据中小企业的以上特点，商业银行对中小企业贷款的态度一直处在两难境地：一方面中小企业对社会就业以及金融稳定具有重要意义，并且针对中小企业的利率较高；另一方面中小企业抗风险能力较弱，信用风险往往更高，如果银行对其信用风险的防控不到位，将可能面临很大的风险。

三、目前城商行对中小企业信用风险防范的模式

我国城商行主要面向中小企业，对中小企业信用风险的防范还处于初步阶段，风险防范工作在借鉴国内外一些先进银行的经验基础上结合本单位实际逐步建立起来，取得了一定的成果。

1. 建立了客户信用评级体系。目前城商行客户信用等级的评定主要采取专家判断法，即由贷款银行的信贷者对贷款人（中小企业）进行5C评价（品德、资本、还款能力、抵押、经营环境）。这种方法对客户的评价主要是依赖高级信贷人员和信贷专家自身的专业知识、技能和丰富经验，运用专业性分析模板，在分析评价各关键要素指标的基础上依据主观判断来综合评定信用风险的分析系统。

此外，一些较先进的城商行已经引进了信用评级模型，主要是根据过去的信息或数据决定企业的违约率，提升对中小企业客户信用评级的准确性、客观性。

2. 在信贷贷款的存续期内，建立了对信贷资产质量的五级分类制度。信贷资产风险分类是商业银行按照风险程度将信贷资产划分为不同档次的过程，其实质是根据债务人正常经营状况和担保状况，评价债权人及时、足额偿还的可能性。具体程序为：由客户经理按季度根据贷后管理的状况对信贷资产存在的质量状态做出正常、关注、次级、可疑、损失等状态的初步认定，再由风险管理部门对客户经理的初分结果进行调整、确认，界定信贷资产分类情况。

3. 建立了对中小企业信用风险的监测、汇报制度。各城商行的风险管理部门定期对中小企业客户进行风险监测、评估。对于可能发生风险的客户进行预警，该退出的作出相应的退出提示，以加强防范存量贷款风险。

4. 实行了审贷分离，分级授权的审批模式。建立了审批人队伍，审批工作有专人从事，从组织架构上保证了审批职责的履行。有相当一部分人员充实到了专职审批人队伍里，专门负责审批工作。

5. 成立了专门针对小企业特点的金融服务中心。一些城商行成立了专门针对小企业特点的金融机构，负责对小企业的信用风险管理。石家庄市商业银行在2009年7月28日成立了小企业金融服务中心，专门审批和办理小企业的贷款业务，是全国城商行第二家成立专类机构的。小企业金融服务中心对小企业信用风险从贷前、贷中及贷后管理上进行严格防范。在贷款调查时实行A角、B角双向调查制度，A角、B角在小企业贷款管理活动中独立行使调查权、建议权和报告撰写权。建立了科学、规范、运行高效的小企业贷款审批决策机制。小企业贷款由小企业金融服务中心的小企业审贷专业委员会审批，首席审贷官核批。严格贷后检查制度。小企业贷款的贷后管理内容包括信贷资金跟踪、贷后检查、风险预警、本息收回、档案管理、信息管理等。

总之，目前城商行的信用风险管理模式较之以前有了较大的进步，在对中小企业信用风险防范上取得了一定的成效。

四、城商行对中小企业信用风险防范存在的问题分析

以上论述了城商行在对中小企业信用风险防范中的一些成果，如风险管理工作的不断推进，信用评级、五级分类、风险监测等工作均已在商业银行内部实施，然而这些工作还主要体现为相互独立的单项工作，与银行的经营管理、业务流程的有机结合还有待完善，其作用效能的发挥也需进一步提高。具体分析如下：

1. 中小企业信用评级体系有待完善。目前国内城商行对中小企业信用评级主要采用的是打分法，这种评级体系主观性较强，带来的一个突出问题是对信用风险的评估缺乏一致性。同一笔信贷业务主要受到哪些风险因素的影响以及这些风险因素的重要程度有什么差异，不同的信贷人员由于其经验、习惯和偏好的差异，可能出现不同的风险评估结果，使信用评级的准确性受到影响。

2. 缺乏对客户信用风险的持续监管，不能动态反映不同行业、区域客户风险变化状况。目前城商行在战略上进行的是跨区域经营，面临着对不同区域、不同行业客户信用风险的监测问题。但首先在授信政策上还不能满足不同行业、区域客户的需求，依据其特点制定相适应的授信政策。在对客户信用风险监测上一般按五级分类情况对关注类以下的客户进行季度评估，并根据情况的程度再考虑进行现场检查，还不能够根据客户的实际特点进行持续性的风险监测。

此外，对于不同行业、区域的客户风险变化监测还相对滞后，未能根据其变化程度及时更新授信政策，为行业、区域客户提供适合特点的风险提示。

3. 风险预警效果不强。从风险预警机制看，国内已有一些商业银行通过定期发布信用风险预警信息推动预警机制的建立，但预警效果未得到很好的体现。预警分析与贷款的实际投放似乎相关性不强，二者未能较好地结合。预警信息源于不良资产的历史数据，在对增量信贷资产的投放上有一些参考作用，但较之动态有效的预警控制体系差距较远。

4. 审批科学化水平不高。从审批机制上看，信贷决策主要依赖主观经验，审批人员缺乏行业专家，审批科学化水平较低。审批决策人员主要是听从经办行客户经理的汇报，决策依据源于客户经理对客户的调查分析，受信息不对称的影响较大。审贷人员对风险偏好的把握程度不高，一方面会因为审批过严，造成一些潜在客户的流失，使营销人员的积极性受到影响；另一方面也可能因为审批放松，加大了银行的信用风险的防范。此外，审批流程的效率不高，往往一笔贷款会经历很长的审批过程。

5. 贷后管理薄弱。从贷后管理环节看，一方面由于市场信息的不对称，使银行很难把握企业的全部财务、经营信息，难以对放贷企业实行强有力的监督制约，贷后管理始终处于被动局面；另一方面客户经理对贷后管理流于形式，只是定期要企业提交一些报表，对企业的进一步分析和了解不够细致。

五、改进城商行对中小企业信用风险防范的建议

针对上述城商行对中小企业信用风险防范中存在的问题，提出以下相关建议：

（一）提高风险识别能力，完善中小企业客户评级和评价体系

针对中小企业投资主体和所有制结构多元化、财务报表可信度不高、主要经营者对企业有较强控制权等特点，对中小企业的等级评定和客户评价应根据实际情况，减少对企业正式财务报表、商业计划或各类书面文件等硬信息的过分依赖，必须注重现场调查和收集企业非财务信息和软信息，以尽可能减少信息不对称。必要时把借款企业和主要经营者家庭财产合二为一进行信用分析。

尽快建立起适应我国商业银行风险管理的评级模型，并通过历史数据进行测试和验证，以提高模型的精准度和敏感度，尤其不能简单盲目引进国外商业银行的评级模型。同时，在评级模型试用阶段，务必与专家判断相结合，对信贷资产的准入进行风险度量，避免形成较高的机会成本。此外，评级模型也应

随着我国经济发展和商业银行的经营管理变化作动态调整，以提高模型的实用性。

（二）信贷风险预警体系的建设与完善

"防微杜渐"、"防患于未然"依然是现代化风险管理的精髓所在。城商行应当构建信贷风险预警体系，并逐步完善。信贷风险预警体系的核心任务是对行业信贷风险、区域信贷风险、客户信贷风险、产品信贷风险等进行全方位的预警分析，以便提高贷前分析效率，改善贷中决策质量，优化贷后管理技术，为控制和降低信贷风险、保证不良贷款回收压缩计划的顺利实现创造有利条件。

预警制度可以考虑从以下几个方面进行建设和完善：一是城商行风险管理部门要制定全行信贷风险预警工作规划，确定需要重点监测预警的行业、区域、产品和客户群，组织各分行对特定目标进行信贷风险预警；建立风险预警制度及管理办法，对信贷风险分析工作进行指导、检查；负责对目标风险进行综合判断，并提出风险防范措施；负责公布全行系统性信贷风险的预警分析成果，发布重点行业、重点区域、重点客户和重点产品的风险预警报告；负责维护和更新风险预警的系统软件。二是建立一套完整和连续的风险预警数据库，包括与预警目标相关的宏观、中观的信贷决策信息和当地银行业务的信息资料，即较为微观的数据资料，并能通过计算机网络系统使数据能够进行充分交换，确保风险预警数据库得到定期更新，风险预警信号得到及时反馈。三是改进风险预警的分析方法和计量模型，改进计量分析工具。在处理定量指标时，可引入时间序列分析，使风险预警由静态分析转向动态分析。同时要提高定性分析质量，采用各种统计方法最大限度地抵消定性分析中的主观成分，使其能更好地对中小企业的信用风险进行预警。

（三）进一步加强信用风险信息系统建设

在金融全球化背景下，以及巴塞尔新资本协议框架下，城商行应当加强在风险管理技术上的建设，逐步建立起适应各行实际要求的信息技术，从而为风险的识别、计量提供技术支持。信息系统的开发需要具有前瞻性和连续性，使信息系统能够涵盖银行所有的业务活动，并具有准确性和一致性，为未来采用巴塞尔新资本协议中的内部评级法打下基础。

目前国内城商行需要按照巴塞尔新资本协议的要求，尽快建立并完善符合监管要求的数据库，并不断对其进行完善，为今后对信用风险进行量化做好前期准备，从而加速风险管理技术现代化进程。建立信息维护和整合部门，为信贷资产整体状况的披露、内部评级体系的建设、风险预警机制的形成做好数据准备。

（四）完善授信政策和授信审批流程

适应跨区域经营的战略要求，城商行要进一步完善各项授信政策，针对各行业、区域的特点，制定相适应的授信政策，满足将来城商行跨区域经营对中小企业信用风险的防范要求。

尽快建立授信限额管理系统，防范系统性和集中度风险，提高风险管理的前瞻性。根据银行自身的风险承受能力，以风险分散和利润贡献为基准，划分不同区城、行业、客户规模、币别、期限、品种、担保方式的信用资产组合，设置不同资产的风险警戒线，规避集中度风险。

优化授信审批流程，探索授信流程再造。逐步推行授信审批官制度。处理好风险与服务的关系，既要控制好风险，又要促进授信业务的发展，使城商行真正地实现均衡发展。

（五）加强贷后管理工作

明确贷后管理职责。信贷管理部门负责对贷后管理制度的执行情况进行检查、分析、考核，通过上、下级行，客户部门与信贷管理部门的相互监督制约，确保贷后管理制度的有效落实。

确定非现场和现场检查的贷后管理机制。非现场检查可以通过信息系统的支撑，实时对贷款情况进行检测监督；现场检查要建立对重点客户贷后管理制，根据客户的贷款额度、风险程度和管理难度确定重点管理客户，采取相应的管理措施。要明确各级别行和部门对贷款的管理，并确定相应的考核机制。

（六）培养从事信用风险防范的高素质人才队伍

信用风险的控制具有很强的系统性、专业性和政策性，从事这项工作的人员素质直接影响风险防范的质量和效率。一方面信用风险管理的人员不仅要熟悉信贷业务，更需要具有广博的学识和较强的分析能力。另一方面信贷人员队伍要稳定，分工要明确。因为对于风险的防范是需要进行持续性跟踪监测，需要根据国内外经济情况准确掌握一个行业、地区或客户的潜在风险因素。此外要加强风险管理人员的指导和培训工作，使其不断更新知识结构，掌握各种先进的风险计量技术，提高风险防范的能力和水平，满足时代发展要求。

（作者单位：河北银行股份有限公司）

金融控股公司存在的风险及控制对策

郎国章

一、问题的提出

金融控股公司是自20世纪90年代以来，西方资本主义国家中，尤其是英、美、日等金融大国实施金融制度创新的产物。国际三大金融监管机构——巴塞尔银行监管委员会、国际证券联合会、国际保险监管协会在1999年2月颁布的《对金融控股集团的监管原则》中指出，金融控股公司是在同一控制权下，完全或主要在银行业、证券业、保险业中至少两个不同的金融行业大规模提供服务的金融集团公司。其主要特点在于“集团混业、经营分业”，即金融控股公司是以金融业为主的企业联合体，它全资拥有或控股一些商业银行、证券公司、保险公司以及非金融实体等附属或子公司。这些下属公司都具有相关的营业执照，有独立的法人资格，可独立对外开展相关业务并承担相应民事责任。金融控股公司模式介于金融机构的混业经营和分业经营模式之间。我国目前实行的是分业经营、分业监管的金融体制。在市场经济尚不成熟、市场体制和机制尚不完善的情况下，这对保障金融安全有很强的现实意义。随着我国经济的发展和金融改革的进一步深化，国内企业对金融服务多样化的需求也日益增强，特别是面对加入世界贸易组织带来的挑战，无论是金融机构内部还是外部，都有业务拓展的需求。在目前分业经营的制度框架一时难以改变的情况下，通过金融控股公司这一组织形式，既能在一定程度上享受综合经营的好处，又能在金融业务之间形成防火墙，从而有效地控制风险。也就是说，金融控股公司这一制度设计的优势，除了达到规模经济外，还在现有的分业经营的法律框架内实现了混业经营，因此，金融控股公司是我国金融由分业经营向混业经营渐进转变的现实选择，是由金融分业向金融混业过渡的桥梁。

二、金融控股公司存在的风险

任何一项经济制度都是“双刃剑”，金融控股公司也不例外。金融控股公司通过资本的联系，进行了机构和业务的融合，能为企业提供全方位的金融服务，具有传统金融机构所没有的优势，但同时也增加了控股公司在资本结构、组织结构、业务结构上的复杂性，导致金融控股公司产生了很多新的风险。

（一）内部关联交易风险

金融控股公司关联交易是指作为关联方的母公司与子公司以及子公司之间的交易。金融控股公司产生的根本目的是通过利用公司内部结构和合作关系实现协同效应，降低运营成本、增加盈利、提高效率。因此，金融控股公司的建立本身就蕴涵着内部的关联交易。之所以有金融集团，除了概念和品牌上的意义外，还要有内部交易。否则，各种业务以法人形式独立经营便可，不必组成集团。否定了内部交易就是否定了可以得到的潜在效率，从而等于否定了金融集团。然而，这种交易如果超出一定的“度”，则会造成风险在公司内部传播，危及整个金融控股公司。关联交易导致的负面效应有两种，一是由于关联交易的存在，使母公司和子公司之间的经营状况相互影响，不同金融业务所引致的风险可能会在公司内部传递。在市场上，投资者和相关利益主体将经营多种金融业务的金融控股公司看做是一个整体，即便在集团内部子公司之间建立了“资金、法律防火墙”，也无法成为市场的“信心防火墙”。如果一个成员子公司经营不善或倒闭，就会造成“多米诺骨牌”效应，引发其他子公司的流动性困难或影响其他子公司的业务。二是公司的关联交易方可以运用行政力量撮合交易的进行，从而可能使交易价格、交易方式等在非竞争的条件下出现不公正，导致利益冲突的产生。如银行子公司可能通过关联证券子公司为其信用和业绩不好的客户发行债券，以抵偿无法收回的贷款。一般来说，金融控股公司的关联交易包括资金、产品和信息的相互划拨与传递，相互担保、抵押，为了避税或逃避监管目的相互转移利润等。

（二）资本重复计算的风险

金融控股公司具有“资本扩音器”功能。例如，母公司的资本通过投资控股对子公司拥有了支配权。如果母公司的负债资本和外部资本仍作为资本金，投向子公司，则形成了一种“双重财务杠杆”，一份外部资本被用了两次，在总公司和子公司的资产负债表中同时反映。但对子公司来说，该资本并不是真正意义上的股权资本，不具备实质上的抵御风险能力。如果子公司再将这部分资本投向其他子公司，则资本又被利用一次，造成财务杠杆过高、资本金重复计算。像一个“扩音器”一样，经过财务杠杆的作用，资本被扩大了许多倍。这有一个好处是在相同的经营规模上节约了资本的使用，但也存在夸大公司整体防御风险能力的弊端，影响集团整体财务安全。一个企业集团的全部资本可以分为来自集团外部投资者的资本和由于重复使用带来的资本。由于公司发生偿付困难时，只有来自集团外部的资本金才能抵补集团的整体风险，因此用同一笔资金来抵御多家子公司的风险，显然不合适。而且，资本金的重复计算也会造成子公司的报告利润和资本水平的夸大，整个金融控股公司的净资本（外部资本）低于所有子公司的资本之和。即使集团当中每个金融子公司都满足本行业的单一监管资本要求，但由于过高的财务杠杆，在集团水平上的资本可能是不足的。这样，公开信息的准确度将大打折扣，投资人和债务人无法从中准确判断所面临的风险。

（三）结构复杂化带来的内外部监管缺失的风险

金融控股公司下属机构交叉持股导致法人结构复杂化，集团规模大和跨国经营导致内部管理部门层次复杂化，集团业务涉及多种金融业务又使经营复杂化。这种状况，一方面加剧了信息不对称，使其透明度问题更加突出。另一方面也给管理者提出了挑战，可能引起集团董事、高级管理人员的内部管理风险。对金融控股公司的外部监管也涉及多个行业的监管机构，这些监管机构的监管目的、方法和重点各不相同。只要在不同的专业金融监管体系之间存在着差异，金融控股集团就可能会采取规避监管的行动，建立一种经营阻力、成本最小的组织模式。例如，使不受监管或监管程度较低的金融机构成为集团的控制主体。这些行为都会增加各专业金融监管当局在对相关金融机构进行监管过程中的困难。同时，即使每个监管主体能够有效控制各自监管对象的风险，但由于不同监管主体之间信息交换不畅，集团整体的风险状况也难以掌握，极易出现监管“真空”。

三、控制金融控股公司风险的对策建议

（一）建立严密的内部控制制度

相对于单一的金融机构来说，金融控股公司的内控制度更为复杂。它具有两重性，即母公司要形成一个监控集团整体风险的内控制度，同时还要监督各子公司建立起适合自身业务特点的内部控制制度。而且由于各个子公司处于同一个母公司的控制下，它们服从相同的利益，难免不会产生内部交易。因此，一个有效的金融控股公司的内控制度，必须能够控制由于内部交易而可能产生的风险传递。为此，金融控股公司必须披露自己的组织结构和重大的内部交易，特别是那些可能对集团财务带来不利影响的内部交易。应确立关联交易的原则并以列举的方式具体规定公司内部重大的、必须披露的关联交易事项及其最大限定金额

或量；金融控股公司的子公司必须对内部关联交易予以说明，对于超过限定额的关联交易，应上报接受专门审批；还应规定关联交易所必须履行的程序。此外，由于组织结构的内在原因，金融控股公司的业务容易集中于某一交易对手、地理区域、产业部门或金融市场等。金融控股公司必须向监管当局报告集团对风险集中进行确认、监控和管理的制度与政策，满足监管机构制定的对风险集中的限制标准。业务模块之间应该相互沟通和合作，以确信各个模块对集团内的风险集中所采取的监管行动是适应的。

（二）实行综合监管与分业监管相结合

对于金融控股公司的监管框架可以借鉴美国1999年颁布的《金融服务现代化法案》（以下简称《法案》）中的有关规定。该法案允许以金融控股公司的形式实现银行、证券、保险三大业务相互交叉、渗透和融合，这对传统的分业经营体制下的分业监管带来了巨大的冲击。为了确保金融监管的健全与有效，法案对金融监管框架也进行了大规模改革。FRB（联邦储备银行）继续作为最高的综合监管机构，实施对金融控股公司的监管；FRB必须与进行分业监管的机构互通信息，以加强综合监管与分业监管之间的密切联系与合作；对未来新开发的金融产品的监督归属进行划分，FRB负责金融商品的审定，SEC（证券交易委员会）负责证券商品的审定，州保险厅负责保险商品的审定。并且OCC（货币监理署）等银行监管机构、SEC和州保险厅分别对银行、证券、保险公司实施具体的分业监管，从而建立了综合监管与分业监管相结合的伞式监管模式。借鉴美国上述监管模式，建议我国在原有分业监管的基础上，把目前的监管联席会议制度提升到一种正式的综合监管制度安排：对银行、证券和保险监管中的有关重大问题进行研究；协调银行、证券、保险业务创新及监管问题；协调银行、证券、保险对外开放及监管政策；交流有关监管信息等。对金融控股公司进行综合监管，而对各下属不同金融业务领域的子公司则由各监管机构进行分行业监管。

（三）实施严格的资本充足率监管

在金融控股公司架构下，由于控股关系及不同金融部门资本要求和性质的差异，资本充足率考核和监管成为一个系统问题。不但要考虑控股公司及子公司在各自行业作为单一机构的资本充足率，还要将金融控股公司视做一个整体来考核。监管当局应在合并报表的基础上，运用适当方法剔除在整个集团层次上资本的重复计算和以债务投资的部分，准确计算出整个集团真实的自有资本金和对外负债，并对不同类型的金融集团制定出相应的资本充足要求。巴塞尔银行监管委员会提出了测量金融控股公司资本充足率的思想，并推荐了几种方法，如基础审慎法、基于风险的累积法和基于风险的扣减法等。监管者可结合集团类型及所获资料，恰当组合，灵活应用。

（四）建立金融机构信用评级体系和控股公司援助机制

中国分业监管体制的一大弊端是不能从整体上对金融机构的经营状况和风险程度进行总体监控和系统性评估，为此建议尽快制定出标准化的全国通用的信用评级指标体系。而援助机制的建立则使控股母公司成为其附属银行的“力量源泉”，随时准备在遇到支付危机时提供附加资本。但现在一家附属银行遇到问题，甚至申请破产，承担清偿存款者责任的是中央银行，而控股公司股东不会受到惩罚。

（五）加强对金融控股公司治理结构的引导

金融控股公司的治理结构涉及两个层次：一是控股公司的治理结构，二是经营性子公司的治理结构。治理的重点在于理顺母公司和子公司之间的关系，保障子公司的独立性，确立母子公司的权利、责任和义务，防止母公司超越权限干预子公司的业务等，保证整个金融控股公司的经营活动符合监管要求和法律。

（作者单位：渤海国际信托有限公司）

关于保险行业资金风险控制的探讨

王立群

随着保险行业公司业务的持续快速发展，业务收支规模日趋增大，系统内资金流量不断增加，对资金管理的要求越来越高，传统的资金管理模式将越来越不适应企业现代化发展的需要。如何将保费及给付资金快速、高效、安全归集到公司账户及支付给保险客户，如何有效地控制保险行业内部费用的合理支出，已经成为当前各家保险公司必须妥善解决的问题。

2008 年 11 月，中国保监会发布了《关于加强人身保险收付费相关环节风险管理的通知》。通知规定自 2009 年 3 月 1 日起，人身保险收付费要全面推行“零现金”制度，营销员代收保费现金单次不得超过 1 000 元。在保险行业资金风险控制的需求与保监会监管机制的要求双重背景下，新华人寿率先实施了零现金收付费制度，并取得了显著的成效。

一、零现金收付费环节的实现方式

零现金收付是指保险公司柜面以非现金的形式进行的业务收付行为。寿险公司零现金收付费的实现方式主要有银行代收、银行代理、POS 机刷卡、银行转账代扣代付、客户直接到银行缴纳现金获取现金解款单再到公司缴费、转账支票、汇款等。

1. 银行代收。银行柜面直接收取客户交付的保险费后凭银行打印有流水号及盖章的现金交款单，由客户本人或是委托业务员到保险公司柜面办理寿险新单交单或续期缴费手续；或者客户直接到与公司有代理协议的银行（邮政）交付新单或续期保费，缴费信息实时进入保险公司业务系统。该种方式缴费成功后，保费的缴费信息实时反映在业务系统中，缴费方式方便、及时、快捷、安全，为客户提供了应急缴费方式。

2. POS 机收费。客户直接到保险公司柜面通过 POS 机刷卡缴费，或是由业务员持移动 POS 机到客户家中收取保费，POS 机刷卡业务选择与银行或是银联合作均可。

3. 银行（联）、邮政转账代扣代付业务。保险公司与各银行（联）、邮政合作，签订保险代扣代付协议，实行保险业务自动转账批量代扣代付。转账代扣代付包括转账收费与转账付费两方面的内容。其中银行（联）、邮政转账收费就是通常所讲的银行（联）、邮政代扣，指投保人事先与保险公司订立《保险费自动转账付款授权书》，授权保险公司委托其指定的银行，或直接授权银行（联）、邮政自其指定的银行账户中，依保险合同约定的交费方式、交费标准和缴费期限，按期扣取保费，并划入保险公司在银行开设的保费收入账户的过程。银行（联）、邮政转账付费就是通常所说的银行（联）、邮政代付，是指保险公司与保险金受益人商定，按照合同约定的领取日期、领取标准、领取方式，将保险金通过银行转入受益人指定账户的过程。该方式可以为客户交费及领取保险金提供较大的方便。客户在授权后，续期业务缴费及领取保险金基本上可以不需要再往返保险公司办理手续。但不足之处在于：银行代扣数据账户多且资金分散于每家银行；数据传递不安全；时效差，影响出单速度，工作量大；代扣成功率较低。

4. 支票、汇票等其他收付费方式。客户或保险公司通过转账支票、汇款的方式交付保费，或是保险公司以现金（转账）支票、汇款的方式支付给客户保险金。

二、在业务收支、费用报销风险控制方面采取的措施

新华人寿在实施零现金收付费制度后，采取了更加严格、规范化的措施，因为零现金方式收支，资金会瞬间到账，如果没有一个规范严格的流程，可能会使资金无法收回或是引起不必要的被动。所以说，规范的流程可以辅助零现金收付快速高效地实施。具体如下：

1. 业务收支方面采取的措施。

（1）对于转账或是支票收取的保费，营销业务员将进账单交财务，并在保费合同上加盖转账收讫章；财务出纳岗在资金系统根据银行明细查询到账情况，如果到账，根据到账日期在业务系统做到账确认，生成保单。这就避免了因为保费未到账而出单的风险。

（2）对于支付银行代理手续费，一般是先要求银行开具发票，收到发票后，再转账支付手续费，以便手续费能及时记账。

（3）营销代理人员在离司时需要退单证保证金，将单证保证金收据附在支出凭证后面，填写支付申请汇款单，并在汇款单上填写营销代理人员的联系方式，以保证在支付失败后，能够尽快与其取得联系，保证单证保证金及时汇到代理人账户。

2. 日常费用报销方面采取的措施。

日常费用报销方面，全部实行非现金支付方式，并采取了严格规范的报销流程。

（1）除了签字手续完整外，分公司每个部门推荐一名协助核算员，由财务对其进行日常报销方面的培训后，负责本部门的日常报销金额核对、发票真伪鉴别，然后交财务再做二次的金额核对和发票真伪的鉴定，这样更能确保金额的准确无误和发票的真实可靠。

（2）对经理室的报销签字，采取分公司经理人的互签制度，以保证报销经济事项的真实性。

（3）出纳详细登记了员工的编号和开户行及账号的台账，以便在报销支付时避免由于手工输入错误引起的报销资金不能及时到账。

三、零现金收付费所不能控制的风险

虽然零现金收付费在防范风险方面有极大的优势，但是也存在一些问题有待解决。主要表现在以下方面：

1. 认识上和宣传工作不到位导致零现金收付费效率低。传统的保险业务操作中存在一定比例的现金收付费方式，并允许保险营销业务员收取客户保费资金后开具临时收款收据再到保险公司柜面进行缴费操作，或是由营销业务员领取客户的保险给付金送交客户。收付费零现金管理制度推行后，要求各寿险公司取消临时收款收据，业务员不能直接接触客户的保险业务资金，无形中给收付双方带来一定的不便。因此少数公司对零现金和取消暂收款收据的重要性认识不足，尤其是采取银行转账业务因银行扣款需要时间进而影响新单出单速度，部分单位及业务员在思想上还不能正确地理解与接受从原来的开具暂收收据并到客户手中收取现金交到公司柜面转变到首单不收款的方式；另一方面原来交单缴费全部委托业务员办理的部分客户也存在对保险公司推行零现金收付费管理制度的不理解，导致零现金收付费工作不能很好地落实到处。

2. 金融条件有待完善。从省级区域来看，中行、农行、工行、建行四大国有商业银行在城区均设有较为完善的银行网点，客户也基本上拥有银联卡并能通过宣传接受授权扣款、转账收款等结算方式。但是在广大农村地区，银行网点少，推行非现金收付，为客户提供多种结算服务选择存在困难。

3. 保险业务操作员素质有待提升。推行零现金收付费操作，保险业务各环节的操作准确性显得尤其重要。如业务各环节操作员对客户账号录入错误，将导致由于划款不成功使得新单无法正常及时转保、续期无法正常转为实收导致保单失效、保险金无法及时到达客户账户等问题。由于宣传不到位，部分客户投保或存折中保费资金少于应交保费的现象也导致扣款不成功致使合同无法转保生效。这些现象的存在给新契约和财务对账工作都将造成较大的被动。

四、有效提升零现金收付费的措施

对于零现金收付费存在的一些问题，必须要采取一定的措施加以改进，才能使零现金制度发挥最大的防控风险的能力。具体措施如下：

1. 积极加强银保合作，拓宽合作渠道。在目前开通的银行代扣代付、银行（邮政）代理的基础上，应继续下大力气加强银保合作，确保各银行（邮政）渠道的迅速畅通，并通过协议要求合作方提高代扣、代付服务质量，提升客户的满意度。根据河北省农村地域广、农村客户多的实际情况，加强与农业银行、农村信用社及邮政的合作进度十分必要，同时在与银联和各商业银行的合作上务必找准平衡点，以避免产生管理与业务发展的矛盾。

2. 加大对各渠道销售人员的宣导和培训。零现金收付费的推广关键在于客户对缴费方式的认可，而客户的认可很大程度上在于公司销售人员的宣传引导。因此，各级公司尤其是销售部门必须加强销售人员的培训宣导工作。要充分利用晨会时间或是专项时间做好零现金收付费的培训和宣导，将销售人员的代扣代付转账授权办理情况作为业绩及晋级考核内容，逐步转变保险销售人员的展业习惯，并以此为契机提升保险营销队伍的人均产能。

3. 加强操作管理，严格风险管理。省级公司应完善目前已下发的业务处理流程，有计划有步骤地做好柜面实务管理工作。各分公司应按照业务实务和相关指引，加强柜面培训和实务管理工作，规范操作，准确录入客户信息，确保系统内与客户授权相关信息准确，据实正确选择收付方式的准确性。实施零现金收付费在一定程度上减少了现金收付过称中发生的风险，但同时由于统一进行后台处理，将会使得资金风险更加集中，从而对后台操作风险管控提出了更高的要求。各分公司要在实施零现金收付费过程中对非现金收付方式下的风险加强防范，通过调配充实岗位人员，加强内部牵制，有效规避后台岗位的道德风险和操作风险。

4. 做好客户的管理工作。正确引导客户认可公司的零现金收付费工作，办理转账授权时尽可能收集客户手机号和联系电话，进一步加强客户信息收集工作，以提高短信发送成功率和回访率；要建立业务部门对扣款不成功客户及时向业务员反馈制度，以提高划款成功率；提高收费转账授权手续回访率。协助柜面保全人员核实账户所有人与投保人资料的一致性，确认账户余额是否大于保费，有效杜绝虚假账户和转账错误的发生。

五、小结

零现金收付费在资金风险控制方面建立了一道防火墙，能更有效地控制资金流动带来的风险。

1. 公司控制经营风险方面。

（1）实施零现金管理制度可以防范资金被贪污被挪用的风险。现金是流动性最强的资产，具有极强的诱惑力。不少企业高层管理人员都在费尽心思地去加强资金的内部控制制度，防范现金管理风险，堵塞管理漏洞。尽管如此，现金被贪被占被挪用的情况时常发生。企业实施零现金管理制度，从源头上杜绝了现金在员工、客户之间的流动，不仅使员工挪用贪污资金犯罪率降到零，也保障了资金安全完整，强化了企业资金内控管理，营造了企业良好的资金管理环境。

（2）从根本上防范了现金运送途中的风险。随着银行管理制度的改革，银行不再上门送现金。如果企业使用现金交易，则必然存在出纳存取现金途中被抢、被骗及假币等风险。

（3）提高了工作效率，减少了账目差错。传统的现金管理，每天要盘点现金，即浪费了人力也浪费了宝贵的时间，直接影响到收付款的速度。实施零现金制度，大大提高了工作效率及完全避免了收取假钞的风险。同时再经过与银行系统对账，大大降低了错误发生的概率。即使出现差错，也有据可查。

（4）有效遏制了非法转换资金的方式。当企业不再使用现金进行运作和交易，完全避免了洗钱之嫌。

2. 保险业务营销员道德风险方面。

资金控制和操作构成中产生的道德风险是寿险公司经营风险的一个重要方面。这类风险近几年发生的案例较多，主要表现在个别操作人员或是保险营销员违背职业道德、恶意将企业或是客户的保险资金转移、挪用。尽管大多数风险引发者都逃不了法律的制裁，但是给企业和保户带来的损失大多无法挽回，在很大程度上损害了寿险行业的形象，寿险公司这样的损失是无法估量的。实施零现金收付费交易，不允许业务员直接接触客户的保险资金，这在很大程度上有效防范和化解了业务营销员的道德风险，提升了公司依法合规经营水平及品牌形象，切实保护了资金的安全和保险利益。

零现金收付费的实施可以轻而易举地使长期困扰寿险企业的现金风险控制问题迎刃而解，且能在真正意义上贯彻保监会 2008 年 11 月发布的第 97 号文件

《关于加强人身保险收付费相关环节风险管理的通知》。新华保险率先实施通知的各项规定，并收到显著成效。资金的全国集中，可以和财务预算结合，实现资金和预算的联动，消除预算和资金脱节的弊病，防止机构无预算使用资金；还可以支持会计部将要实施的会计核算省级集中，不再考虑资金环节的问题。这两点将使保险资金使用的效率大大提高。而业务员贪污挪用保费风险、内勤手工篡改记账的风险都不会有发生的可能。截至2009年6月，新华保险公司的综合转账率为95.73%，高出同期保险行业内的80%的平均水平（不含POS机收费），同时也反映该公司现金收付费不足5%。综合转账率是非现金收付费方式在整个收付费业务中的比重。综合转账率越高，表示现金的使用量越少，现金收付费的风险越小，能够反映公司零现金的执行情况。零现金收付费是寿险及其他类保险公司在资金控制上发展的趋势。只有认真落实零现金收付费制度才能更好地控制风险，企业才能更健康、更快速的发展。

（作者单位：新华人寿保险股份有限公司河北分公司）

现行股票申购制度下跨市场资金流动实证分析

杨建奎

2006年6月中国证券监督管理委员会恢复新股发行以来，新股发行节奏明显加快。特别是2007年9月以来，随着建设银行、中国神华、中国石油等在境外上市的大盘股回归中国A股市场，单只新发行的股票投资人申购冻结资金和募集资金屡创新高。2007年10月30日，中石油发布公告，其新股发行共募集资金668亿元，申购冻结资金3.37万亿元，成为A股市场有史以来最大规模的首次公开发行冻结资金额。在全球资金流动性过剩的大背景下，巨额新股申购资金在资本一级市场、二级市场和货币市场之间的频繁流动，必将对金融市场产生重要影响。

一、现行股票资金申购制度的主要方式及资金来源构成

（一）现行新股发行的资金申购程序

1. 发行人及其主承销商应当在刊登首次公开发行股票招股意向书和发行公告后向询价对象进行推介和询价。询价分为初步询价和累计投标询价。

2. 发行人及其主承销商通过初步询价确定发行价格区间，在发行价格区间内通过累计投标询价确定发行价格。

3. 进行网上申购（发行价格区间上限）和网下申购（累计投标询问价），同时冻结资金。网下采取比例配售，网上采取摇号抽签方式配售。

4. 公布申购结果，同时资金解冻。

（二）申购资金的主要来源

1. 资本市场的存量资金，这部分资金主要在资本一二级市场之间流动。

2. 允许参与新股申购机构的自有资金，主要包括证券公司、信托公司、基金公司、保险公司、财务公司、QFII等机构的自有资金。

3. 来自货币市场的资金，主要包括国债市场融入的资金、同业拆借市场拆入的资金、银行贷款直接和间接流入的资金等。

二、新股发行的基本情况

A 股市场股权分置改革基本完成后，IPO（首次公开发行）开始加速。2007 年 1～10 月，A 股市场共有 95 家上市公司完成 IPO，募集资金总额达 3 795.92 亿元。其中发行规模在 10 亿份以上的有 9 只，发行规模 254.27 亿份，共募集资金 3 149.8 亿元，占总募集资金的 83%。这些企业在股票市场上受到资金的狂热追捧，均以较高价格溢价发行。其中中石油募集资金 668 亿元，冻结申购资金 3.37 万亿元，双双创下历史最高纪录。

表 1　　2007 年 1～10 月超 10 亿份 A 股 IPO 情况统计表

名称	发行规模（万份）	募集资金（亿元）	冻结资金（万亿元）	认购日期
兴业银行	100 100	159.96	1.16	2007.01.23
中国平安	115 000	388.7	1.1	2007.02.12
中信银行	230 193	133.51	1.2	2007.04.19
交通银行	319 035	252.04	1.45	2007.04.25
中国远洋	178 368	151.27	1.63	2007.06.18
北京银行	120 000	150	1.9	2007.09.11
建设银行	900 000	580.5	2.26	2007.09.17
中国神华	180 000	665.82	2.67	2007.09.25
中国石油	400 000	668	3.37	2007.10.26
合计	2 542 696	3149.8	16.74	

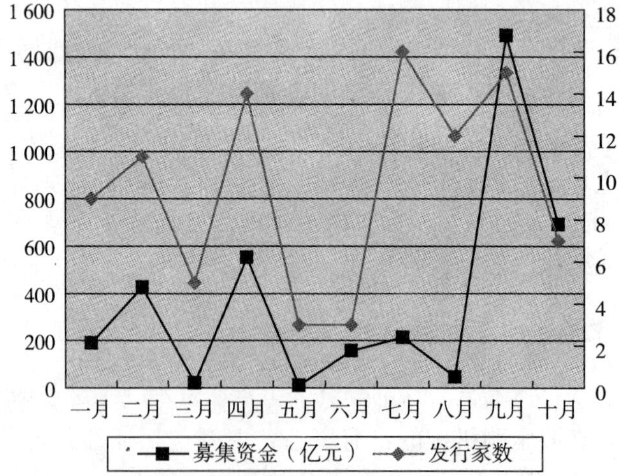

数据来源：中国证券会。

图 1　2007 年 1～10 月 IPO 发行家数和募集资金统计图

三、跨市场资金流动对金融市场的影响

在现行的新股申购制度下，投资者参加战略配售、网下配售以及网上发行时均需全额缴款。投资者为了获得理想的配售，通常需要缴纳更多款项。因此，券商、信托、基金、保险、社保基金、财务公司等机构投资者通过各种渠道从货币市场融入资金。目前从货币市场流入的资金已成为申购新股的最主要资金来源。以中国神华 IPO 为例，2007 年 9 月 25 日，中国神华新股发行冻结资金近 2.7 万亿元。网下配售冻结资金 7 359 亿元，其中仅保险公司、基金公司、证券公司三类机构网下申购资金就达 5 960 亿元，占到网下配售总冻结资金的 81%。同一日，银行间市场的短期资金价格水平也攀高点，7 天回购利率的加权平均利率自 1998 年 4 月以来首次突破 7% 关口，达到 7.1017%。如此大规模的申购资金对金融市场会产生一些负面影响。

（一）申购新股资金的大量需求造成货币市场利率短期内大幅波动，使得市场利率和市场资金供需状况失真

2007 年，货币市场利率受新股发行影响明显。新股发行筹资较多的 2 月、4 月、9 月、10 月，市场利率水平上升较快；而新股发行筹资较少的 5 月、6 月、8 月，市场利率明显下降（见图 2）。

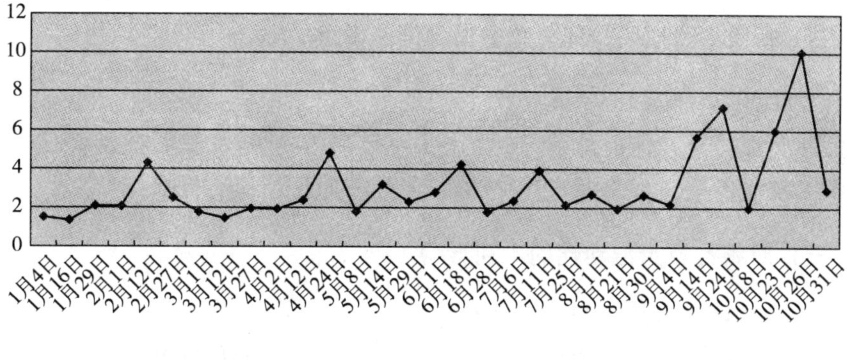

资料来源：www. chinabond. com. cn。

图 2　2007 年 1 ~ 7 月银行间债券市场质押式债券 7 天回购利率变动图

从短期利率走势看，这种影响更为明显。以中石油新股发行为例。根据中国货币网公布的信息，资金利率在中石油网上、网下申购期间达到顶点。其中，银行间隔夜和 7 天期回购利率分别触及 12% 和 17% 的历史新高点，再度刷新 9

月份创下的历史纪录。

10 月 30 日资金解冻后，银行间回购利率大幅滑落。其中，1 天回购加权平均利率大幅下跌了 591. 61 个基点至 2. 9171%，7 天回购加权利率下跌了 713. 97 个基点至 2. 9816%，14 天回购利率则暴跌了 1 116. 03 个基点至 3. 0303%。

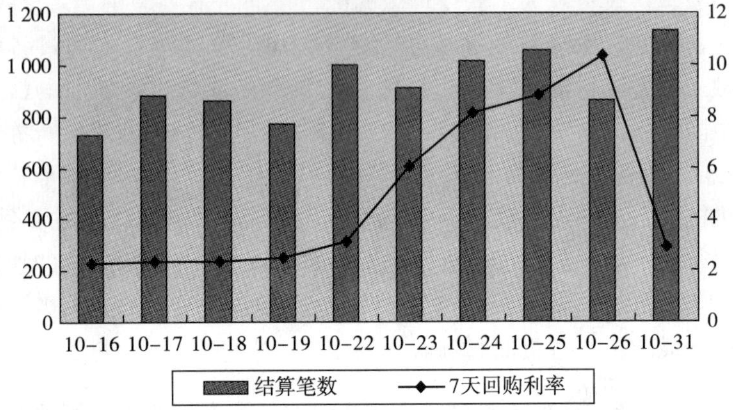

资料来源：www. chinabond. com. cm。

图 3　中石油发行前后货币市场利率变化情况

随着大盘股发行冻结资金不断创出新高，货币市场利率大幅波动的情况有愈演愈烈之势，长此下去既不利于中央银行准确判断市场利率和市场资金供需的真实状况，也不利于金融市场的稳健运行。

（二）新股申购期间，部分金融债券推迟发行

自 2007 年 9 月以来，因新股发行造成的资金紧张，以及随之而来的短期收益率急速上涨，对其他金融市场的运行产生了一定影响。如中石油 A 股发行期间，中国农业发展银行、国家开发银行推迟了当月发行债券的时间。

（三）对银行资金流动性的不利影响

1. 新股申购致使银行存款结构发生变化。定期存款活期化，长期存款短期化；储蓄存款减少，同业存款增加现象严重。这就导致资金的平均偿还期大大缩短，银行资金结构的不稳定性大大增加。根据中国人民银行上海总部发布的 2007 年 10 月上海市货币信贷运行报告，10 月份，上海市中资金融机构本外币各项存款减少 1 009. 4 亿元，同比多减 838. 5 亿元。其中中资金融机构人民币各项存款大幅减少 1 018. 5 亿元，同比多减 882. 4 亿元。当月，中资金融机构人民币同业存款新增 2 461. 8 亿元。其中证券公司存放客户交易结算资金增加 1 849. 5

亿元，结算公司存款增加475.1亿元，两者占同业存款增量的94.4%。

2. 加剧银行流动性风险。大规模的申购资金流动也造成了银行短期头寸的压力，特别是银行托管基金、集合理财产品的数额对银行短期头寸影响较大。从托管金额看，工商银行6 087亿元，建设银行3 710亿元，中国银行2 963亿元，农业银行2 426亿元，交通银行1 311亿元，其他银行皆少于500亿元。以基金托管比例做粗略推算，假设新股申购时，网上冻结12 000亿元，网下冻结4 000亿元，工商银行需准备资金头寸5 452亿元，建设银行需准备3 323亿元，中国银行需准备2 654亿元，农业银行需准备2 173亿元。这种资金大规模、无规律的快速流入、流出势必会增加银行负债管理的难度和流动性风险。

3. 新股申购的高回报率，引发部分信贷资金违规入市。在目前新股申购无风险、高收益的状况下，信贷资金违规入市有卷土重来之势。特别是一些企业利用关联交易、委托理财、票据贴现等途径将银行信贷资金变相投向资本市场。根据中国银监会发布的消息，2006年6月以来，招商银行上海东大名支行等6家银行向中国海运（集团）公司发放27亿元流动资金贷款中至少24亿元被中国海运（集团）公司直接或间接划至证券经营机构用于申购新股。中国银监会对8家银行分支机构给予了行政处罚。而这或许仅是问题的冰山一角。

四、政策建议

（一）进一步推进新股发行制度改革

自新股发行实施询价制度以来，我国市场IPO首日收益率已明显降低。但是考虑到海外成熟市场平均5%～15%首日收益率，目前A股发行定价机制仍有进一步调整的空间。

1. 缩短或取消网下配售股份锁定期。网下配售股份的锁定期增大了机构投资者的风险，提高了投资者要求的风险回报，减少了上市首日的可流通股本规模。借鉴海外市场的经验，应逐步缩短或取消网下配售股份的锁定期。这也将有利于询价机构更为合理地报价，平衡IPO公司上市首日股票的供求关系，从而降低较高的IPO首日收益率。

2. 采取定金缴款制度。我国可以借鉴国际市场惯例，并结合目前市场成熟程度实行申购比例缴款，例如20%左右的比例。一方面，实行按申购比例缴款有利于投资者按照实际需求进行申购，降低资金成本，从而更合理地定价；另一方面，可以缓解货币市场资金压力，避免市场利率的大幅波动。

3. 改善投资者结构，逐步扩大询价机构范围。我国目前询价机构约为200

家左右，其范围与规模相对于整个市场来讲较为狭窄。随着大盘蓝筹股不断回归 A 股市场，应加快专业机构投资者队伍建设，增加询价机构的数量，扩大参与询价机构的范围，使询价机构能够代表更多投资者的预期，使新股定价更为合理。

（二）适当引导货币市场资金流向

1. 加强监管层之间的沟通与协调。证监会在统筹考虑资本市场建设的前提下，选择适当的发行时机后，可预先与中央银行进行沟通，取得中央银行在货币投放上的支持，使得新股顺利发行；而中央银行可在短期公开市场操作上为新股申购时准备所需的短期流动性。

2. 回购交易量一般在资金申购当日的前 2 ~ 3 日出现较大的放量，因此银行应提前准备资金头寸应对大规模资金流动带来的影响。

3. 技术细节方面的调整也可以减少资金流动对货币市场的影响。因证券公司的来款账户与中国证券登记结算有限公司的收款账户可能在同一家银行，因此中国证券登记结算有限公司可采用匹配证券公司来款账户与收款账户的方法，使得银行在网上资金头寸仅动用记账头寸。另外，银行可以设立多个网下收款银行账户，以缓解大规模的资金流动对头寸带来的影响。

（三）采取多种手段，防止信贷资金违规流入股市

1. 加强人民银行、证监会和商业银行之间的协调与配合，形成对信贷资金流入股市进行监管的合力，从整体上防范信贷资金违规流入股市。

2. 充分利用银行信贷登记咨询系统及其他信息工具，监控借款人的所有借贷行为，防止出现借款人利用银行间信息传递不畅的缺陷，通过多方借款实现多头贷款。

3. 尽快制定对企业单位买卖股票的监管控制办法及实施细则，对企业特别是上市公司持有证券资产的数量实行比例限制，对其交易和投资收益加大征税力度。

4. 加强对贷款使用情况的检查，对于利用信贷资金违规进行新股申购的企业予以坚决查处。

（作者单位：中国人民银行承德市中心支行）

欠发达地区城市商业银行应对从紧货币政策经营策略的选择

肖德忠

一、张家口市商业银行经营概况

截至2008年3月末，张家口市商业银行所属支行（营业部）共32家，从业人员616人。基本经营情况如下：

1. 存款业务强势增长，市场份额逐年扩大。截至2008年3月末，张家口市商业银行各项存款余额80.7亿元，比年初增加15.2亿元，增幅为23.14%。其中，对公存款较年初增加11.5亿元，增幅28.66%；储蓄存款较年初增加3.7亿元，增幅12.6%。自2006年以来，张家口市商业银行吸收存款的市场份额逐年扩大，由2006年的7.1%，2007年的8.3%，提高到2008年的10.3%。

2. 资产质量不断提高。截至2008年3月末，张家口市商业银行资本净额5.7亿元，加权风险资产总额51.8亿元，资本充足率11%，同比增加2.27个百分点；不良贷款余额1.2亿元，不良贷款比例2.37%，比年初下降了0.42个百分点。

3. 中间业务稳步发展。近年来，张家口市商业银行不断培育中间业务新的增长点，对中间业务的考核机制日趋完善。中间业务以代发工资为龙头，代理公交IC卡充值、有线电视收费、其他代收代付等业务不断增加。截至2008年3月末，代发工资达到7.2万户，代发金额达到1.7亿元。

4. 盈利能力及抗风险能力显著增强。截至2008年3月末，张家口市商业银行资产总额达到89.1亿元，负债总额83.9亿元，所有者权益5.2亿元。通过强化管理，促进增收，降低成本，实现拨备前利润6 739万元，同比增长108.7%。2007年资本利润率为44.32%，资产利润率为2.16%，拨备覆盖率为76.7%。

二、从紧货币政策变动情况

（一）存款准备金率调整情况。我国中央银行制度建立以后，就实行了存款准备金制度。存款准备金制度建立初期，存款准备金包括法定准备金和支付准备金，是中央银行控制原专业银行创造存款货币、扩张信用能力，增强其资金清偿能力的一种政策工具。当时，为增强中央银行调控货币信贷能力，实行了较高的法定准备金率。1984 年规定的法定存款准备金率，企业存款为 20%，储蓄存款为 40%，农村存款为 25%。从 1985 年 1 月起，不分存款种类统一按存款余额的 10% 向人民银行缴存法定存款准备金。1987 年和 1988 年为适应紧缩货币信贷、制止通货膨胀的需要，分别上调 2 个和 1 个百分点，使法定存款准备金率达到 13%。针对原专业银行一度出现不能保证存款支付、汇款解付的问题，又于当年统一建立支付准备金制度。金融机构按规定在人民银行开设一般存款账户，要求原专业银行的支付准备金占各项存款总额的比例不能低于 5% ~7%。国有商业银行实行一级法人制度以后，商业银行总行统一调度内部资金，中国人民银行的各级机构对商业银行的法定准备金已不再分级控制。

1998 年以前，金融机构在中央银行的准备金存款不能用于支付和清算。1998 年 3 月，中国人民银行改革存款准备金制度，合并了法定准备金和超额准备金账户，实行统一利率，并将法定存款准备金率由 13% 下调到 8%，准备金存款账户超额部分的总量及分布由各金融机构自行确定；对各金融机构的法定存款准备金按法人统一考核。1999 年 11 月再次将法定存款准备金率由 8% 下调到 6%。

2003 年 9 月，为抑制货币信贷的过快增长，中央银行收缩货币供应，将除城乡信用社外的其他金融机构的法定存款准备金率由 6% 调至 7%。从 2003 年 9 月 21 日到 2008 年 5 月 20 日，为控制货币信贷总量的过快增长，缓解通货膨胀压力，中国人民银行连续 19 次上调存款准备金率，累计上调幅度达到 10.5%。（见历次存款准备金率调整情况图）

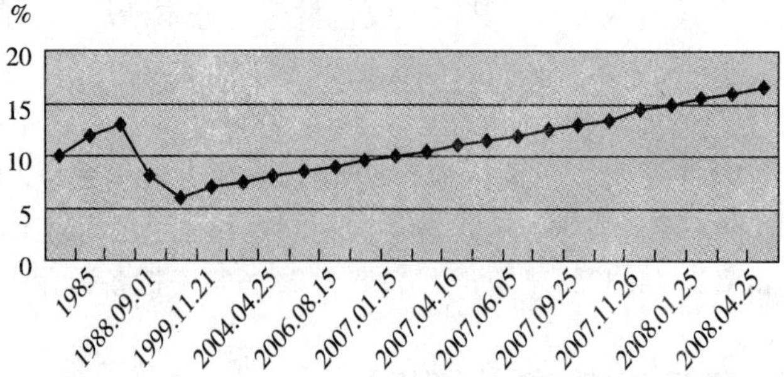

图 1　历次存款准备金率调整情况图

（二）存贷款基准利率调整情况。自 1971 年以来，伴随经济运行的周期性波动，我国存贷款利率大致经历了五个阶段。第一个阶段从 1971 年 1 月 1 日至 1989 年 2 月 1 日，存款利率由 0 调高到 11.34%，贷款利率由 5.04% 调高到 11.34%。第二个阶段从 1990 年 3 月 21 日至 1991 年 4 月 21 日，存款利率由 11.34% 调低至 7.56%，贷款利率由 10.08% 调低至 8.64%。第三个阶段从 1993 年 5 月 15 日至 1995 年 7 月 1 日，存款利率由 9.18% 调高到 10.98%，贷款利率由 9.36% 调高到 12.06%。第四个阶段从 1996 年 5 月 1 日至 2002 年 2 月 21 日，存款利率由 9.18% 调低至 1.98%，贷款利率由 10.98% 调低至 5.31%。第五个阶段从 2004 年 10 月 29 日至今，存贷款利率进入上升通道。

从 2003 年初开始，中国经济在加快发展的同时，出现了部分行业和地区盲目投资、货币信贷增长过快等现象。过高的投资增速，带动了货币信贷的投放，拉动了生产资料价格的上涨，形成通货膨胀的压力，并造成煤电油运的全面紧张。2004 年 10 月 28 日，中国人民银行宣布加息；紧接着于 2005 年 3 月调整个人住房贷款利率，实质上是对特定行业贷款利率的再一次提高。2006 年 4 月、8 月两次提高贷款利率，一次提高存款利率。进入 2007 年，中国人民银行调整存贷款利率的步伐加快，年内六次调高存贷款基准利率。自 2004 年 10 月以来，存款利率从 2.25% 调高到 4.14%，贷款利率由 5.58% 调高到 7.47%，存贷款基准利率均提高了 1.89 个百分点。（见历次存贷款基准利率调整情况图）

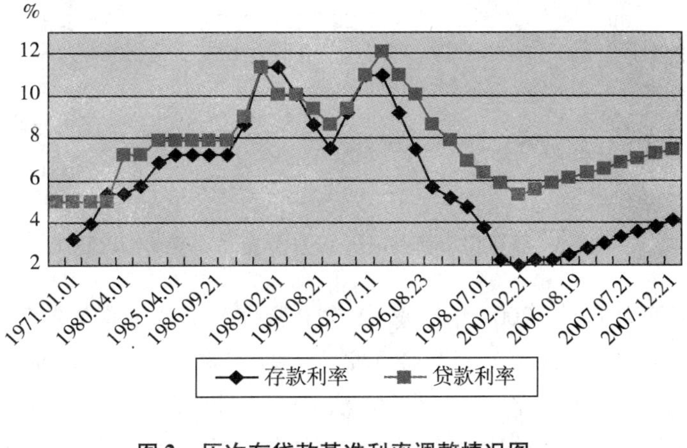

图 2　历次存贷款基准利率调整情况图

（三）指导性信贷规划实施情况。自 2007 年 10 月以来，为控制信贷投放过快增长，中国人民银行先后出台了《关于加强对地方中小金融机构贷款指导的意见》（银货［2007］16 号）和《关于加强对地方中小金融机构信贷指导有关事宜的补充通知》（银货政［2007］25 号），对金融机构信贷投放进行规划指导。

三、从紧货币政策对张家口市商业银行的影响

（一）上调存款准备金率对张家口市商业银行的影响

2007年中国人民银行10次上调存款准备金率，累计上调幅度达到5.5%，调整频率历史鲜有，货币政策从紧意图明显。截至2008年5月20日，2008年已4次上调存款准备金率，累计上调幅度达到2%。调整后，张家口市商业银行执行16.5%的存款准备金率，存款准备金率不断创历史新高。

1. 备付率呈现下降趋势，存在流动性风险隐患。截至2007年12月末，张家口市商业银行备付率4.4%，比年初下降4.33个百分点。2007年以来，随着存款准备金率不断上调，张家口市商业银行备付率总体呈下降趋势（见图3），虽然保持着一定的流动性水平，但存在着流动性风险隐患。随着2008年以来存款准备金率调整的力度和频率加大，流动性风险也随之加大。截至2008年6月末，张家口市商业银行备付率已降至1.5%左右。

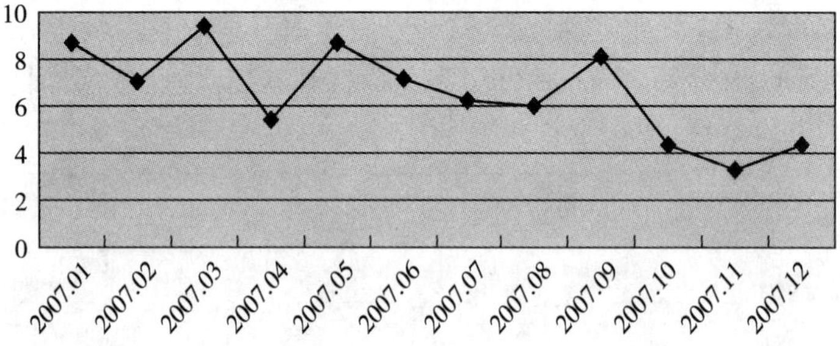

图3 张家口市商业银行2007年备付率变动情况图

2. 盈利能力下降。2007年以来14次上调存款准备金率累计7.5个百分点，张家口市商业银行累计被冻结资金5亿元，利差收入减少。目前，张家口市商业银行平均资产收益率为3.26%，法定存款准备金利率1.89%，利差为1.37%。2007年以来，张家口市商业银行因增加缴存法定存款准备金减少收益685万元。存款准备金率不断提高后，遇超额存款准备金不足时银行需要进行资产结构调整，收回部分债券或贷款，以增加准备金，进而将影响到银行盈利。另外，可用资金的减少导致银行失去低风险信贷投放、存放同业、购买国债等收益明显高于法定存款准备金利率收益水平的投资机会。

3. 资本充足率提高。存款准备金率连续上调，商业银行被动增加了存放中央银行准备金存款，提高了风险权重低的资产比例，降低了加权风险资产，促进了银行增加资本金，改善资产质量，提高资本充足率水平。截至 2008 年 3 月末，张家口市商业银行资本充足率 11.1%，同比增加了 2.27 个百分点。

（二）上调存贷款基准利率对张家口市商业银行的影响

1. 收益水平总体提高。近年来，张家口市商业银行活期存款的比例一直保持在 50% 左右，加之 2007 年以来存款基准利率上调未涉及活期存款利率，特别是 2007 年 12 月 21 日将活期存款利率由 0.81% 下调到 0.72%，下调 0.09 个百分点，导致商业银行平均筹资成本增幅低于存款基准利率上调幅度。截至 2008 年 3 月末，张家口市商业银行平均筹资成本率为 2.01%，同比提高 0.62 个百分点，2008 年第一季度因加息多支出 400 万元。与此同时，贷款基准利率的上调，提高了商业银行发放贷款的综合收益率。截至 2008 年 3 月末，张家口市商业银行平均收益率达到 8.09%，同比提高 1.18 个百分点；2008 年第一季度因加息多收入 885 万元。总体看来，张家口市商业银行 2008 年第一季度因加息增加收益 485 万元。

2. 票据市场价格持续走高。2007 年，张家口市商业银行累计贴现量 22.7 亿元，同比减少 3.5 亿元，下降了 13.47%。由于转贴现市场利率的持续走高，致使贴现票据流动性减弱。该行全年办理转贴现 8.7 亿元，转贴现比率仅为 38.2%，大部分票据都是到期后收回。贴现资金未能充分周转，票据融资业务增长放缓。

（三）指导性信贷规划对张家口市商业银行的影响

目前，贷款利息收入仍是张家口市商业银行的主要利润来源。2007 年，该行全部收入为 3.7 亿元，其中利息收入为 3.3 亿元，占全部收入的 89.19%。在指导性信贷规划政策约束下，信贷规模受到控制，存贷比下降，必然造成大量闲置资金，从而使得整体盈利能力下降。2007 年末，张家口市商业银行存款规模为 65.5 亿元，贷款规模为 41.9 亿元，存贷比为 63.97%。经测算，张家口市商业银行 2008 年全年贷款规划新增贷款将达到 15 亿元，加上 2007 年存量贷款 42 亿元，2008 年总的贷款规模将达到 57 亿元，预计存款规模达到 100 亿元，存贷比只有 57%，较上年下降 6.97 个百分点。如果按照 2007 年存贷比水平计算，张家口市商业银行因减少信贷投放而减少盈利 3 000 万元。

客户是城市商业银行赖以生存和发展的基础，紧缩的信贷政策不利于城市商业银行客户战略的实施。城市商业银行没有优势与国有银行或全国性股份制银行争抢大客户、大项目，只能通过优质的金融服务（主要是信贷资金服务）来维持、培养属于自己的客户群体，以建立稳定的业务经营基础。紧缩的信贷政策限制了信贷资金投放，不可避免地冲击了城市商业银行的客户基础，致使大量客户流失，影响到城市商业银行的业务经营和长足发展。

截至2007年末，张家口市商业银行信贷客户共有5 144户，比2006年减少了1 434户。到2008年3月末，信贷客户减少到4 986户，又比2007年末减少了227户。由于不能满足部分客户正常融资需求，导致部分客户流失。而张家口市商业银行2008年第一季度增加的贷款投放中，绝大部分资金用于对2007年压缩贷款的资金回补，新增客户的融资额不到1亿元。一部分老客户由于得不到信贷资金支持，纷纷清户转到其他金融机构进行存、贷、结算等业务。一大批潜在新客户由于得不到信贷资金支持，未能成为张家口市商业银行的客户群体。

四、应对从紧货币政策经营策略的探索

（一）加强资产流动性管理，保证资金流动性。城市商业银行要建立风险防范机制，加强应对市场风险和政策变化的能力。一是逐步建立以城市商业银行为主体，以所有者权益最大化为核心，以安全性、流动性和盈利性协调统一为宗旨的流动性管理机制，增强银行核心竞争力。二是搞好对资产流动性的预测和分析，逐步建立流动性风险预警系统，以便在日常业务管理中准确地监测流动性风险。一旦发现风险达到警戒性就及时发出预警，从而把流动性风险管理纳入科学、规范程序化轨道。三是建立流动性风险处置预案，提高避险能力。对可能发生的风险在限定时间内采取有效措施进行补救，尽量把风险控制在最小范围内。

（二）增强盈利能力，加大拨备提取，提高资本充足水平。在防范风险的前提下大力拓展各项业务，重点调整业务模式和盈利模式，多渠道提高盈利能力，同时要加强对无息资产管理，压缩无息资产占比，提高资产收益率，加大提取拨备力度，不断提高商行资本充足水平。

（三）开发中间业务，加大非利差收入。目前，从城市商业银行的经营方式以及获利能力来看，接近89%的利润来源仍然是发放贷款获得的利息收入，这与国际先进商业银行相比还有很大差距。应大力开发中间业务，加大非利差收入，培养中间业务创利能力，使其增加经营利润水平，缓解因存款准备金率上调带来的影响。

（四）城市商业银行应当改变原有的经营手段和竞争模式，走差异化经营道

路，培养出适合本行的核心竞争力。要逐步提高服务水平，扩大资金来源，提高盈利的可持续水平。特别是在信贷领域，城市商业银行还面临着降低不良贷款比率的任务，信贷总量扩张受限，贷款投向更加审慎。因此，对城市商业银行来讲，不但要获取更多的优质客户资源，更重要的是应当建立更为紧密的银企互动机制，加大力度挖掘和培养一部分具有潜质的中小企业，加大信贷和服务支持帮助这些企业成长，最终形成稳定的客户群体。

（五）继续深化城市商业银行改革，增强抗风险能力。一是引进合格战略投资者，努力提升管理水平和自主创新能力，提高资本充足率，进一步增强抗风险能力。二是优化金融资源配置，整合全省城市商业银行资源，积极探索建立全省统一法人的现代商业银行。

（作者单位：中国人民银行张家口市中心支行）

河北省担保公司运行状况及风险情况的调查

张军辉

近年来，在政府及有关部门的大力支持和推动下，以中小企业信用担保机构为主体的担保业保持了良好的发展势头，担保资金增加，服务领域不断拓展，运行质量有所提高，经济和社会效益显著，为中小企业实现资金与能源的合理配置，促进地方经济发展搭建了有效的融资平台。但在发展中还存在着管理不到位、银行业与担保业协作难、风险补偿机制不健全等问题，制约着担保业的发展。

一、河北省担保业发展现状及特点

（一）担保公司发展概况

河北省担保公司起步于1999年，2004年以前只有几家担保公司，2004年以后迅速发展。截至2009年5月末，全省共有在册担保机构311家，担保资本金总额87.5亿元。其中财政出资27.8亿元，政府部门出资2.45亿元，企业出资38.62亿元，个人集资18.63亿元。累计办理担保笔数25 475笔，累计担保总额269.66亿元，累计代偿金额0.48亿元。担保责任余额82.66亿元，占全省金融机构贷款总额的0.69%。担保基金放大倍数一般为资本金的1～5倍。收费标准差距较大。据对张家口调查数据显示：县区担保公司收费比例一般在2‰左右，市级担保公司收费比例在1%～8%之间，省级担保公司收费比例在2%～2.5%之间。

（二）担保公司的类型

按业务开展范围划分，担保公司一般分为企业信用担保、个人商业信用担保和下岗失业人员创业担保三种类型。中小企业局成立的中小企业担保公司和再就业局成立的下岗失业人员创业担保公司是在政府的主导下成立的，全部为财政和政府出资，属于事业单位；其他为企业或个人出资，属于企业（股份制）类型。各类担保公司基本上按照成立时的初衷从事各类担保业务，运作基本规范。政府出资的担保公司虽然有法人地位，但业务一般在主管部门的领导下进行。对于企业和个人出资的担保公司政府不进行干预。

（三）担保公司发展特点

一是覆盖省、市、县三级的中小企业信用担保体系基本形成。河北省担保公司经过近10年的发展，担保体系取得积极进展。在较短的时期内，全省中小企业担保机构从无到有，发展到目前省、市、县三级担保机构共311家，形成了覆盖省、市、县三级的中小企业信用担保体系。

二是在开办业务选择上实现了差别化竞争。目前河北省大部分担保机构能够针对不同的客户和业务需求开展业务，实现差别化竞争。如秦皇岛市的兴业投资担保公司主要开展工程担保和联保贷款的调查业务，民翼贷款担保公司开展下岗失业职工小额贷款担保业务，金泰担保公司开展银行信用卡担保业务等。由于这些担保机构经营管理规范，在其影响下，该市中小企业信用担保业务开展状况良好，彻底摆脱了担保机构创立初期业务委靡不振的状况。

三是内控制度健全，业务操作规范。各担保公司制定了相关的民主决策机制和议事规则，企业财务、劳动人事管理、员工培训和激励等制度，业务操作流程及风险控制措施，形成了一套完整的风险评价与防范体系。其中主要制度包括《担保业务操作程序及评审管理办法》、《风险管理办法》、《担保业务责任认定和追究办法》等。

二、银行业与担保业合作促进了地方经济发展

（一）支持地方特色、支柱产业发展，有效地解决了企业融资难

2008年，美国次贷危机引起世界金融风暴，广东、深圳等地大量的中小企业倒闭，严重影响了国内经济的发展和就业。在这种形势下，担保行业搭起了银行与企业对接平台，有效地解决了企业融资瓶颈，帮助企业顺利度过“寒冬”，促进了经济复苏。如河北福尔生物制药有限公司在获得贷款担保前，因没有流动资金已陷入停产境地。在担保公司提供累计1 000万元的贷款担保后，企业又重新步入了良性的发展轨道，2006—2009年5月累计实现销售收入40 688万元，实现利润5 658万元，已上缴税金3 658万元。冀东水泥有限责任公司由于流动资金不足，产能受到了限制，公司正式投产以来连续几年亏损。在连续三年担保公司为其提供总计1 800万元的贷款担保后，企业成功地完成了技改升级，效益大大提升，年均实现销售收入22 912万元，实现利润529万元，上缴

税金1 649万元。

（二）降低贷款风险，促进了银行业加大信贷投入的积极性

到担保公司申请贷款担保的大都是达不到商业银行抵押担保的要求，难以进入商业银行门槛的中小企业。而贴近中小企业的担保公司了解市场、了解企业，对银行掌握借款人情况提供了有益补充，既降低了贷款风险，又促进了银行业加大信贷投入。一是担保中心在为企业提供贷款担保时，要求企业提供反担保措施，并建立了企业法定代表人无限责任反担保承诺制度，既增强了企业法定代表人的信用意识，同时也为按期归还贷款本息提供了保障。二是商业银行与担保机构签订担保协议时，担保机构承担100%的风险责任。因此，在没有大的经济、金融波动发生的情况下，商业银行的风险为零。有担保公司提供担保，降低了贷款风险，在一定程度上促进了商业银行贷款投入的积极性。

（三）解决了部分中小企业贷款手续不完善等问题，满足银行信贷投放的需要

担保公司有效地解决了部分中小企业抵押、担保手续不完善等问题，满足了银行信贷投入的需要。如2008年，三河市宏达轧钢厂由于自有资金和有效抵押品不足，难以进入商业银行门槛，导致新建的带钢生产线无法投入生产。在获得1 000万元的担保贷款扶持后，企业步入了良性发展的轨道，当年新增产值24 500万元，新增纳税230万元。燕钢冷轧钢板有限公司由于自有资金不足，不符合商业银行放款标准，一直处于停产状态。在获得3 000万元的银行承兑汇票担保扶持后，企业重新恢复正常生产，年均实现销售收入2 885万元。这些担保，既为企业解决了燃眉之急，又满足了银行贷款投放的需要。

（四）激发了中小企业创业、创新的积极性，实现了较好的社会效益

河北省中小企业经过几年的资本积累，形成了一大批拥有相当量的固定资产、流动资金偏紧、迫切想发展而筹资无路的群体。国有商业银行的严格机制，将一些需要贷款的中小企业挡在了门外。担保贷款，像一场及时雨解决了企业的燃眉之急。在促进经济发展的同时也创造了大量就业岗位，优化了生产要素配置，带动了产业升级和经济结构调整，推动了体制创新和机制创新。截至2009年5月末，河北省311家担保机构已累计办理担保25 475笔，累计担保金额269.66亿元，担保责任余额达82.66亿元。张家口市42户担保机构已累计为企业和个人办理担保业务1 714笔，累计担保金额达5.57亿元，担保责任余额

1.049 亿元，累计增加就业机会 10 494 人次，增加销售收入 6.77 亿元，增加税收 0.33 亿元；廊坊市 31 家担保机构累计担保 1 034 笔，累计担保金额 38.3 亿元，担保责任余额 8.1 亿元，累计增加就业 23 935 人次，增加销售收入 57.5 亿元，增加税收 1.1 亿元；秦皇岛市 26 家担保机构累计担保 2 610 笔，累计担保金额 5.69 亿元，累计增加就业机会 5 650 人次，累计增加销售收入 4.52 亿元，累计增加税收 0.2 亿元。

（五）增强了企业管理者的社会责任感和回报社会的积极性

廊坊市中小企业中劳动密集型企业比例较高，就业成本低、容量大，创造了大量的新增就业岗位，极大地提高了农村工业水平，加快了农村剩余劳动力的转移速度，为逐步消除城乡二元经济结构、建设社会主义新农村奠定了物质基础。由于是政府出资的担保机构，企业家们都以取得政府信任、取得贷款为荣，激发了企业家回报社会的积极性。如长城医用设备公司为村里修通了柏油路，安装了路灯，绿化了街道，使该村成为当地第一个生态村。

三、制约担保公司发展的主要问题及风险隐患

（一）担保公司行业管理不到位，不利于担保公司规范、良性、健康发展

关于担保公司行业管理，《河北省中小企业促进条例》第八条规定："县级以上人民政府负责中小企业工作的行政部门应当推进中小企业信用担保体系建设，对中小企业信用担保机构实施监督管理，并会同有关部门落实国家和本省有关信用担保的优惠和扶持政策。"据此，省、市、县三级的担保机构均由当地的中小企业局负责，但如何进行监督管理至今没有制定详细实施细则。据调查，目前中小企业局对担保公司的管理仅能做到发文件统计资料，难以对担保公司及担保业务进行监督管理。

（二）国有商业银行积极性不高，与担保机构合作普遍持审慎态度，制约担保业的发展

受政策规定限制，担保机构与地方金融机构合作多，与国有商业银行合作少。按照银监会《关于银行业金融机构与担保机构开展合作风险提示的通知》要求，各担保机构注册资本应该在 1 亿元人民币以上，且必须为实缴资本才能与银行产生融资担保业务。鉴于我省大部分中小企业担保机构的规模远未达到这一要求，即使银行有接受信用担保服务的意愿，也无法开展合作。同时，国

有商业银行与担保机构合作普遍持审慎态度。特别是民营担保机构，国有商业银行主要是对其担保能力、资信状况、担保合法性、操作合规性等方面不信任，通常不愿给担保机构授信。另外，按照有关规定，专业担保公司成立时间必须超过3年，有3年完整的财务数据，才有可能进入商业银行信用评级授信门槛。由于商业银行授信难，影响了担保公司的业务发展。

（三）银行业与担保公司利益风险共担机制不健全，不利于长期合作发展

中小企业信用担保机构在与协作银行的合作中处于弱势地位。在担保风险的分担上，协作银行只要求权利而不愿承担义务，即要求担保机构承担100%的风险，而且要求的保证方式也是坚持有利于自身的保证方式，有违“平等互利、风险共担”的合作原则，严重影响了担保机构开展业务的积极性。国外信用担保机构一般承担80%的责任，这样避免风险过度集中于担保机构。而担保机构承担100%的风险责任，不利于发挥商业银行的激励作用，不利于双方长期的合作发展。

（四）担保公司规模偏小，资金少，缺乏发展后劲

以河北省某市为例，该市42家担保机构注册资金规模为48 772万元，平均注册资金仅为1 161万元，其中14家担保机构注册资金在600万元以下。据调查，有些担保机构实际足额到位的资金并不多；有些政府出资的担保资金，在注资后由于种种原因又调走、借用，甚至有的担保公司无法提供注册资金银行进账凭证。由于担保资金不足及管理存在漏洞，限制了担保业务的顺利拓展。

（五）担保公司业务发展不均衡，抗风险能力普遍较弱

据调查，河北省还有部分担保公司至今未开展业务。担保公司的主要收益来源为手续费。按照规定，担保机构可以通过收取担保额度1%～3%的佣金获得收益。但由于河北省大部分担保机构没有与银行签订担保合作协议，多数也未达到享受国家及省市风险补偿政策的条件，所以主要风险都集中在了担保机构自身。甚至部分担保机构的担保业务一旦发生代偿风险，就将是百分之百的代偿，而仅仅依靠担保收费和保证金利息收入是无法弥补的。

（六）中小企业信用担保机构复合型人才匮乏

从人员学历情况来看，大部分人员仅具备大专学历，具有中级及以上职称的人员占比不足一半。从人员从业经历来看，绝大多数仅具有公司财务从业经验，少部分人熟悉银行信贷业务和流程，极少数具有信用评估从业经验，复合

型人才极少，人才需求缺口将在相当长的一段时期内存在。

四、促进担保公司稳健发展的措施及建议

（一）强化对担保公司从业人员的素质培训，加强对担保公司的管理和指导

一是加强从业人员的业务培训，提高对国家宏观经济政策的分析判断能力。二是指导和督促担保机构加强内部管理，提高经营水平和防控风险能力。建立健全担保机构的信用评级，增强担保机构的公信力。根据实际情况对担保机构实行监督管理，全面掌握担保机构经营状况，及时跟踪指导。三是积极为担保机构做好服务工作。组织开展面向中小企业信用担保机构的信息咨询、经验交流、行业统计、权益保护、行业自律及对外交流等工作，切实推进担保机构自身建设和文化建设，促进担保机构持续健康发展。

（二）对担保公司进行整合规范，增强信用担保实力

参照小额贷款公司重新注册模式，对现有信用担保公司开展整合规范。对违规从事放贷业务、资本金规模太小无法从事担保业务、长期以来无法开展业务的担保公司，可根据情况分别处理，推动担保公司更快、更好地发展：收回营业执照，让其退出市场；引导规模小的担保公司重新组合，建立符合规模要求的担保公司；帮助规模较大、运作良好的担保公司继续完善各类规章制度，引进高素质人才，建立符合市场运作的法人治理结构，积极开拓业务范围，增强抗风险能力。

（三）完善担保机构法人治理结构，提高管理和经营水平

中小企业信用担保机构是独立的市场主体，一是要依照有关法律法规和现代企业制度的要求，完善法人治理结构和内部组织结构。实行政企分开、市场化运作、自主经营、自主决策、自担风险。二是要加强资本金管理，严格执行财政部《中小企业融资担保机构风险管理办法》，遵循安全性、流动性、盈利性原则运用资金。三是要加强内部管理，努力提高管理和经营水平。

（四）建立健全担保公司的风险补偿机制，壮大经营规模，提高抗风险能力

一是拓宽资本金补充渠道，多渠道扩大担保公司资金来源，壮大其规模。二是建立担保公司的风险补偿机制，按照其收入金额的一定比例定期提取风险准备金。同时建立政府补偿机制，采取政府财政预算资金注入增加资本金、优

惠税率、利润返还等方法，多方面提高担保机构风险防范能力。如2008年唐山市出台的全民创业行动配套措施中安排了中小企业担保机构风险补偿资金500万元，用于中小企业担保机构担保业务的风险补偿。

（五）建立和完善银行业与担保业利益风险共担机制，促进长期合作健康发展

继续做好银、保对接活动，积极促成银、保的良好合作氛围。在担保机构扩大自身规模、提高自身经营水平、完善自身法人治理机构的前提下，金融机构应积极接受中小企业信用担保机构的信用评级服务。对于达到监管部门管理要求的担保机构，要积极与之签订风险担保合作协议，建立银行、担保机构双方受益的合作机制。推动协作银行与担保机构按照平等互利、风险共担的原则开展业务。建立起利益风险共担、长期合作、互惠双赢的良好关系。

（作者单位：中国人民银行石家庄中心支行）

非法倒卖承兑汇票风险分析及防范策略

邵连奎

2009年以来，在对可疑交易线索反洗钱调查和案件协查中发现多起涉及银行承兑汇票的案例。突出表现为：借助银行承兑汇票非法吸收公众存款；公司企业出借账户，用于贴现银行承兑汇票从中谋利；出现众多倒买倒卖银行承兑汇票的黄牛。这对票据市场的发展带来了负面影响，对金融监管提出严峻挑战，亟须我们进一步关注和研究。

一、案情基本特征及分析

随着银行承兑汇票使用的日益广泛，所带来的风险也越来越大。在反洗钱调查和协查中，发现多起银行承兑汇票案，可大致分为三种类型：

（一）非法吸收公众存款

倒买倒卖银行承兑汇票以获高额利润为诱饵，非法吸收公众存款。以公众存款为保证金办理银行承兑汇票或在市场中购买银行承兑汇票，再以银行承兑汇票或返点的形式支付给投资人。此类情形往往是在货币信贷资金紧张，企业融资难的情况下，企业为取得资金支持，便通过地下票据市场用银行承兑汇票获取资金，而犯罪分子则利用票据买卖差价取得利润。一旦票据市场贴现利率走高，犯罪分子手中持有的票据只要出手，就会形成亏损，此时只能用后期投资人的资金支付给前期投资人。但这时候往往能给受害群众以投资安全的错觉，便拉来更多的亲戚、朋友一同投资，从而形成“庞氏骗局”中的金字塔结构，具有典型的拆东墙补西墙特点。因此，一旦资金链断裂，损失就会暴露出来，造成恶劣的社会影响。这种案件涉及面广，影响巨大。在调查中发现此类案件涉案群众达几百人之多，涉案金额45亿元人民币，已造成了近2亿元人民币的损失。

如犯罪嫌疑人A伙同B以购买银行承兑汇票可以获得高额利润为诱饵，吸引医药经销商等群众购买银行承兑汇票。A和B通过收取受害群众买票预付金，几天后再付给受害群众银行承兑汇票的形式，非法吸收公众存款5 000余万元人民币。其中，B 将 900 万元资金高息借给一家投资开发有限公司，780 万元被 A 以私人借贷的形式借给了另一家投资咨询公司副总经理，其余资金在买卖银行承兑汇票过程中损失殆尽。后期由于资金周转不灵，A 已经无法如期支付承诺的银行承兑汇票，遂伙同 B 伪造 8 张假银行承兑汇票欺骗受害群众，被受害群众识破后案发。

（二）“光票”包装

某些空壳公司或企业对有问题的“光票”进行包装，到承兑汇票贴现审查不严的银行进行贴现，实现投机套利。这类案件中典型的特征是犯罪分子账户交易频繁，业务量大。经调查，发现案件共涉及资金 38.75 亿元人民币。

如某商业银行内退员工 C 利用其控制的某物资批发站、某五交化商店、某物资有限公司、某贸易有限公司的账户，倒买倒卖银行承兑汇票。C 利用在银行中的关系网，从一些企业手中低价收购银行承兑汇票，以某物资批发站等公司的名义背书，然后将银行承兑汇票转手加价，倒卖给某外地行的票据业务人员，金融机构的票据业务人员将收购的承兑汇票验明真假后，通知其所属金融机构支付收购款（票据贴现款）给 C。某五交化商店账户频繁收到的大额汇款（自 2008 年 8 月 1 日至 12 月 31 日共收到大额汇款 483 笔，合计 10.11 亿元人民币），即为金融机构以当地企业名义汇给 C 的票据收购款（票据贴现款）。C 从企业手中收购银行承兑汇票时，如果资金不足，向 D 等人拆借，待收到票据贴现款后，再将本金和利息一并归还借款人。

（三）黄牛倒票

熟悉银行承兑汇票业务、掌握银行承兑汇票票源信息的人成为票据黄牛，通过买卖银行承兑汇票从中谋利。这些人一般没有正式职业，长期从事银行承兑汇票买卖，交易频繁且交易金额巨大，交易对手不固定，转账交易基本上通过网上银行进行。在调查的案件中，这种类型的案件累计交易 17 647 笔，涉及交易金额 189.8 亿元人民币。

如 E、F 二人共在某商业银行辖属分支机构先后开立 9 个个人结算账户，开户期间通过网上银行办理转账业务共计 13 747 笔，累计金额 122.9 亿元人民币；单笔业务 100 万元人民币以上交易共计 3 840 笔，累计金额 91 亿元人民币。经调查了解，二人从事票据买卖活动，主要通过网上银行、大额系统汇款、柜台转账等方式进行结算。交易对手以个人为主，大额系统汇款资金来源主要为外地某物资经销有限公司、某物资有限公司等。

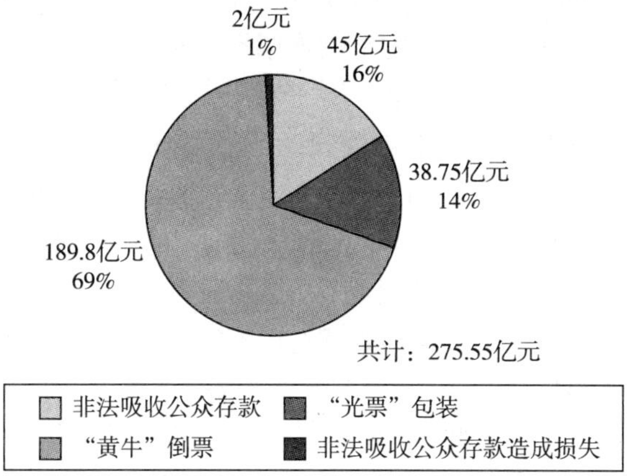

图1 三类案件涉案金额

二、成因分析

（一）商业银行在签发、贴现环节操作不规范是银行承兑汇票引发问题的关键因素

1. 签发环节。目前商业银行普遍将签发银行承兑汇票纳入企业授信总量管理，根据企业的信用评级不同，收取10%、30%、50%的保证金，对信用等级低或达不到信用评级标准的企业收取全额保证金。对于收取一定比例保证金签发银行承兑汇票的，出于信贷风险的考虑，各行均审查较严，要经过信贷、授信审批、风险控制等部门层层审核把关。对于收取全额保证金的，各行认为风险较小，列为低风险业务，有的行甚至不再将其纳入企业的授信额度，不用上级行授信部门审批，由签发行审核后即可签发。签发全额保证金银行承兑汇票，签发行既可完成存款考核指标，又可获得手续费收入。出于经营效益的考虑，各商业银行积极性较高，对贸易背景的真实性审查趋于放松，造成无真实贸易背景的银行承兑汇票被开出，扰乱了银行承兑汇票正常流转秩序。

2. 贴现环节。目前商业银行选择性贴现和额度控制，使银行承兑汇票贴现不能顺畅实现。据调查了解，作为票据市场重要参与者的四大国有商业银行，根据其总行的要求，只对四大国有商业银行、交通银行及个别规模较大、信誉较好的地方性商业银行签发的银行承兑汇票进行贴现，而对一般地方性商业银行、农村信用社签发的银行承兑汇票不办理贴现。同时，总行在贴现额度上实行总量动态控制，当持有某行银行承兑汇票达到控制额度时，将不能再办理该行的票据贴现。这些限制措施使持票企业因业务需要急需融资，又找不到贴现银行，只好寻找能为其办理贴现的个人或票据中介，以达到快速融资的目的。

根据《票据管理实施办法》的要求，贴现银行要对贴现票据的贸易背景真实性进行审查，要求申请企业提供合同及增值税发票。但这种审查只是形式上的审查，贴现银行无明确查询增值税发票真伪的渠道，关注的是银行承兑汇票本身的真伪。只要银行承兑汇票本身无问题，增值税发票、合同形式上符合要求，即可办理贴现。个别银行甚至默认某些经过包装的票据，使一些有问题的银行承兑汇票能够办理贴现，这样必然造成银行汇票贴现市场的混乱。

贴现利率的市场化，造成了无序竞争。票据市场的利率主要由市场资金供求决定。一般商业银行的贴现利率由其总行确定，分支机构可在下限符合要求的基础上，自由浮动。为了争抢票源，争取优质客户，有些商业银行会刻意降低贴现利率，甚至将贴现利率降到低于人民银行的再贴现利率，严重扰乱了正常的利率市场秩序。

（二）缺乏健全完善的票据市场，制约了企业票据融资，也为倒买倒卖票据带来投机套利空间

《票据法》规定，票据贴现的主体只有银行一家。贴现主体少而单一，缺乏专业机构经营票据贴现业务。贴现市场信息不对称，使得企业在持有票据急需融资时，不知在哪家银行能够办理贴现，造成有票无处贴的局面，致使一些企业或不法个人乘虚而入，倒买倒卖银行承兑汇票，实现投机套利，诱发了非法社会集资和金融犯罪案件，成为社会和金融秩序的不稳定因素。

（三）监督管理滞后，未能适应票据市场的快速发展

颁布于20世纪90年代末期的《票据法》、《票据管理实施办法》、《商业汇票承兑、贴现与再贴现管理暂行办法》、《支付结算办法》等法律、法规，对银行承兑汇票签发、承兑、贴现、再贴现作了明确规定。随着银行业监管机构与人民银行分设，支付结算业务监管职能划归银行业监管机构。银监部门出于防范银行风险的考虑，侧重审查银行票据签发、承兑、贴现过程的合规性，而对票据其他参与者和市场流通秩序较少关注，没有针对票据市场的发展及出现的问题制定新的规章制度，形成了监督管理落后于票据市场快速发展的现状。

（四）个别企业和个人在利益驱动下，助长银行承兑汇票的倒买倒卖活动

在票据市场日益活跃的今天，市场中出现了专门从事包装票据的生意。银行在办理票据贴现时，需要企业提供增值税发票、交易合同等资料。如果企业手中的票据本身存在瑕疵，比如没有真实贸易背景，或在票据背书环节关联关系、逻辑性不够强，这样的票据是不能办理贴现的。票据中间人则将这些问题票据进行包装，银行要什么资料，他们就能提供什么，以满足银行贴现要求，从中谋利。

《票据管理实施办法》要求，银行承兑汇票的使用，必须是在银行开立存款账户的法人以及其他组织。不允许自然人参与银行承兑汇票签发、背书转让、收款等票据行为。部分倒买倒卖银行承兑汇票的人员为了到期收取款项，就去租借单位账户办理收款，并付给一定的账户出租出借费用。

（五）银行承兑汇票的特点易被不法分子利用

银行承兑汇票具有无金额起点限制、风险低、期限短、周转快等特点，已逐渐被社会所认知，成为企业融资的重要手段。群众普遍认为银行具有较高的信誉，由银行开出的承兑汇票，必然具有稳定的保障，从心理上放松了警惕。同时也轻信了不法分子所描述的能够获得高额收益的谎言，因而投入大量资金来博取利润。不法分子正是利用了受害群众的这些心理，打起了银行承兑汇票的主意。

三、建议措施

（一）商业银行应加强内部管理，规范办理票据业务，提高风险防范能力

1. 加强业务管理。商业银行应在业务加快发展的同时，牢固树立风险防范优先的意识，严格遵守有关法律法规，规范操作，在业务受理、审批、签发、贴现等各环节、各流程要严格按照相关规章制度的要求执行，严格审核申请企业资信状况、贸易背景，对不具有真实贸易背景或不能确认具有真实贸易背景的银行承兑汇票，不予签发，将风险控制在业务初始环节。

2. 取消存款考核指标。建议各商业银行不再将承兑汇票保证金纳入存款考核指标，以保证基层员工更加注重对承兑汇票的真实性审核，从而降低风险系数。

3. 加大培训力度。商业银行应从思想和业务两方面加强对一线员工教育、培训，提高经办人员的法律意识、风险防范意识，防范银行工作人员与社会上票据倒买倒卖不法分子相互勾结，违规办理票据业务。

4. 强化合规审计。商业银行内部要加强银行承兑汇票业务的监督检查，强化对基层经办机构的指导，有效规避风险。

（二）进一步强化监管管理，促进商业银行有序竞争

人民银行、银监局应加强沟通协调，加大对银行承兑汇票业务的监督管理。

要充分发挥非现场监管和现场检查的作用，经常对商业银行的数据进行分析，变动异常的要进行深入检查，防范票据风险。发现弄虚作假等违规情况，要加大处罚力度。建立对票据违规行为的检查、通报、处罚、责任追究和市场退出机制，为票据业务的健康发展提供保障。完善企业征信系统中关于承兑汇票的相关功能，切实防范和化解票据业务风险；发现票据掮客和出租出借单位银行结算账户的线索，人民银行、银监局应会同公安、工商部门等进行调查核实，并进行严厉打击。

（三）建立健全规范化的票据市场，为企业实现票据融资创造有利条件

1. 放宽市场准入条件，扩大票据贴现市场主体，有计划有步骤地吸收更多不同类型金融机构、企业加入票据贴现市场，允许非银行金融机构购买商业汇票。使所有商业票据持有人进入市场，自由进行转让，充分发挥票据融资功能，促进票据市场健康有序发展。

2. 建立专业性票据专营机构推进票据贴现业务的专业化、规范化运作。要大力推行在商业银行系统内组建票据专营机构，专门经营商业承兑汇票和银行承兑汇票的贴现、转贴现、回购和向央行申请办理再贴现等票据交易业务，以发挥其专业性交易中介职能，提高市场效率，有效控制票据风险。

3. 适应票据市场迅速发展的需要，设立一个功能强大、信息丰富、使用便捷的票据市场网站，解决金融机构之间缺乏交流及信息不对称的问题，也可让市场参与者了解票据贴现市场的及时信息。

4. 尽快上线运行电子商业汇票系统，将各商业银行与企业纳入到系统中来，不仅能够解决银行承兑汇票真假识别问题，降低业务风险，同时可将票据背书、转让纳入监测范围，防止无贸易背景的票据倒买倒卖现象发生，规范票据流转秩序。

（四）增大宣传力度，发挥社会各界联动效应

首先，应加大票据知识宣传力度，通过媒体、宣传材料、窗口讲解等方式，广泛宣传《票据法》等相关知识，提高社会公众对票据欺诈行为的防范意识和警惕性，增强社会信用观念，形成抵制票据犯罪的社会基础。其次，工商、税务、公安等各部门要紧密配合，充分发挥国家强制机关的威慑作用，加大对票据犯罪的打击力度。

（作者单位：中国人民银行石家庄中心支行）

对河北省典当行经营发展及风险情况的调查

张海燕

一、河北省典当行业发展现状及特点

河北省典当行业起步于1992年，其间经过多次规范和整合，至2009年已经具备一定规模。到9月底，全省共有典当行132家，实际开业92家，实收注册资本14.1亿元，资产总额15.52亿元。共办理业务45 107笔，上缴税金2 421.3万元，实现净利润5 300万元。经营范围主要有质押典当业务、房地产抵押典当业务、限额内绝当物品的变卖、鉴定评估及咨询业务及依法批准的其他业务等。

作为短期融资的一种渠道，典当业具有方便、快捷、灵活的特点。它在满足个人及中小企业短期应急性融资需求，促进个体私营经济发展等方面发挥了积极作用。同时作为银行等融资主渠道的有益补充，对民间高利贷也具有一定的抑制作用，在积极支持和推动地方经济的发展方面发挥了应有的作用。从目前情况来看，河北省典当业的发展呈现以下几方面特征：

（一）抓住发展机遇，机构数量激增

近年来，河北省大力鼓励、支持和引导非公有经济的发展并出台各项政策措施，不断优化民营经济发展环境，全省民营经济呈现良好的发展态势。2008年民营经济实现增加值3 572.92亿元，同比增长23.2%；民营经济上缴税金411.25亿元，同比增长23.9%，占全省财政收入的比重达到22.8%。中小民营企业的迅速兴起，对社会资金特别是对短期资金的总需求量日益增大，为典当行业发展提供了广阔的空间，典当行如雨后春笋般迅猛发展，数量逐年递增。2002年新增8家、2003年新增11家、2004年新增16家、2005年到2009年年均新增20家左右。其中2008年新增典当行40家，同比增长43%；新增典当分支机构14家。

（二）地区分布与区域经济、个体私营经济活跃程度密切相关

河北省典当行业的分布、繁荣程度与经济的活跃、发达程度密切相关。唐

山、石家庄等经济相对发达的城市，典当行业的发展情况就比较好；而经济发展相对薄弱的衡水、沧州等市，典当行较少且生意也不红火。仅石家庄、唐山等两市的典当行数量就占到全省的三分之一，其资金周转期和典当总额均远远高于其他城市。

（三）服务对象倾向于中小企业

典当公司的服务对象主要是中小企业和个人，服务目标是满足其生产、经营或生活的急需。调查显示，河北省典当总额的70% ~75%投向了中小企业，中小企业已经把典当业作为辅助性融资的主要渠道；仅有典当总额的25% ~30%投向了个人。当金多用于盘活存量资产、应急货款、创业基金和支付农民工工资等方面，促进了中小企业的生产经营，维护了社会稳定。

（四）经营范围较为广泛，功能日益扩大

目前河北省典当行经营范围除传统当品（如黄金首饰、钻石饰品、高档名表、高档照相机、机动车以及生产资料）的质押典当外，还经营财产权利（如股票、国库券、债券、提单、专利权、著作权、经营权等）的质押典当以及房地产的抵押典当，业务范围比较广泛。典当除基本的融资功能外，目前还具有代保管、绝当品淘金等功能。

二、典当行经营中存在的问题及风险隐患

（一）典当行资金补充渠道单一，没有风险准备，抗风险能力较低

目前，河北省各典当行的运营都建立在自有资本金之上，资金的补充渠道也只限于增加注册资本。虽然《典当管理办法》明确规定，典当行可以从本市（地、州、盟）的商业银行获得规定比例的贷款，但实际操作难度较大，河北省至今未有一家典当行从商业银行获得过贷款，各商业银行也均没有向典当行授信的意愿。由于典当行业经营的是准金融业务，特别是其开展的以房地产、矿山等不动产抵押放款业务与银行的抵押贷款业务极为相似，一旦出现风险损失，由于典当行业不提取任何风险准备金，仅靠实有注册资本金来弥补风险损失。如果股东无能力及时对损失的资本金增资弥补，典当业更容易因为风险损失吞噬资本金而破产倒闭，势必影响其长期健康发展。

（二）典当业务过于集中，部分业务受限

尽管河北省典当业务涉及面很宽泛，但实际办理中主要集中在房地产抵押、机动车质押和财产权利质押几个品种。目前，河北省典当行受理业务中房地产抵押典当占全部业务的70%，机动车质押和财产权利质押典当占20%，其他业务仅为10%。特别是古董、字画等业务因河北省居民消费水平、消费观念以及鉴定估价和市场预测风险等因素发展较为缓慢。

（三）典当利率普遍较高，违约风险增加

《典当管理办法》规定：动产质押典当的月综合费率不得超过当金的42‰，房地产抵押典当的月综合费率不得超过当金的27‰，财产权利质押典当的月综合费率不得超过当金的24‰，典当当金利率应按人民银行公布的银行机构6个月期法定的贷款利率及典当期限折算后执行。目前30天当期综合费率和当金利率之和应在28.05‰～46.05‰之间。实际执行中，河北省典当行月平均当金利率及综合费率之和均高于规定利率上限。高利率不仅会增加客户的融资成本，而且一旦超过他们的承受能力，还会增加违约风险，严重时会造成典当公司违规收贷、暴力收贷等社会问题。

（四）内控薄弱，法人治理不完善，存在一定道德风险

典当行大多为私营机构，三分之一强的企业为家族式经营。其自身没有建立完整的内部控制约束机制和完备的法人治理结构，缺乏一套决策、执行、监督相互制衡的组织体系，存在家长制、个人决策等问题，缺乏必要的业务经营和财务制度，尚未建立风险评估和综合费率、利率定价机制等，容易滋生道德风险。

（五）从业人员综合素质不高，存在一定操作风险

现在典当行的经营规模和范围与过去相比有了质的飞跃，这对专业人员提出了更高的要求。但据调查，目前河北省典当行业从业人员业务素质参差不齐。河北省仅有为数不多的几家典当行面向社会公开招聘专科、本科毕业生，其平均年龄、知识结构、专业水平均比较高。但大部分典当行员工只经过商务部门和典当协会组织的从业培训，没有专业学历及专业技能，且多为公司股东、经营者熟识或介绍人员，远不能适应典当行发展的需要，存在一定的操作风险。

（六）典当行业潜在风险不容忽视

虽然就目前来看，典当行业不会形成系统性风险，更不会对金融稳定形成直接影响，但其存在的潜在风险却不能忽视。尽管典当行多为私营和合营机构，经营风险自担，但由于其开展的是准金融业务，属高风险行业。如果遇到政策环境或是市场环境突变，引发多个典当行倒闭，导致典当行业的多米诺骨牌效应，势必对区域金融稳定带来较大负面影响。

三、影响典当行发展的外部环境及风险隐患

作为高风险行业之一的典当行如果管理不当，就会产生很多风险问题和隐患。目前，由于存在典当行业属性不明确、监管法律不完善、业务监管不清晰等问题，对典当行的长期健康发展带来了一定影响。

（一）行业属性不明确，相应的监管法律不完善

尽管我们常把典当行业定义为“准金融”机构，但深究起来没有相应的法律依据。按照《典当行管理办法》第三条规定，典当行是指依照《典当行管理办法》设立的专门从事典当活动的企业法人，其组织形式与组织机构适用《中华人民共和国公司法》的有关规定。从字面表述看，典当行只是一般的企业而非金融企业，但其业务涉及资金的投放，又是典型的金融活动，因此，对典当行业的定性亟待重新研究和明确定义。

另外，行业监管法律不健全。目前典当行业经营和监管均依据《典当行管理办法》。仅靠《典当行管理办法》来调整当前的全部典当关系，存在一定局限性，亟待建立健全相关的法律法规。

（二）业务管理与执行政策监管脱节，增加了风险监管和处置难度

目前，典当行的市场准入、从业人员的审核、注册资本的验收、业务范围的划分、重要事项变更等均由商务部门办理，而人民银行以及银监部门因没有政策依据未将其纳入常规监测，客观上造成了典当行业务管理与金融政策执行间的脱节。一旦典当行执行金融政策出现偏差、引发风险，必将增加商务部门及时有效地处置和化解风险的难度。同时，由于商务部门金融业务监管人才及相应的专业知识比较缺乏，其监管频率、频次和范围、深度等均存在明显不足，一定程度上影响了监管质量和风险监测水平，不利于典当行风险防范和化解。

四、促进典当公司长期健康发展的对策建议

（一）加强典当行内控机制和从业人员综合素质，防范道德风险和操作风险

一是要建立健全内控机制，进一步完善股东、董事、监事和经理之间的权责利约束激励机制和制衡机制，制定稳健有效的议事规则、决策程序和内审制度等，既保持内部运行中的高效率，又能防止因权力过于集中而产生决策独裁化，实现典当行法人治理结构的健全完善。二是建议在典当行准入上设置实质性的专业人才门槛，将具备一定比例的专业人才设为典当公司设立的必备条件。三是建议加强对从业人员的教育培训力度，全面实施典当从业资格认证制度，广泛推行职业经理人制度，建立典当人才培养的长效机制，这样既能发挥经营管理人员和专业人员的积极性，又能实现财产所有者的充分监督。

（二）调整结构，拓展业务，切实加强典当行风险防控能力

一是典当行业应始终把风险防范工作放在首位，主动调整经营结构，控制房地产、财产权利等大额业务，收紧长线、扩大短线业务，提高资金的周转率，提高资产质量。二是完善费率定价机制，制定合理的费率和利率区间，吸引更多的中小企业和个人融资，降低违约风险，维护社会稳定。三是畅通资本金补充渠道，探索建立多层次的风险补偿机制，提高典当行抗风险能力。

（三）建立健全法律法规，促进典当行业健康发展

政府要加大对典当行业的立法，尽快出台相关法律法规，在法律层面上明确典当行的市场定位和业务支持重点。建立健全风险管理制度体系，制定统一规范的业务经营制度、财务管理制度和统计报表制度等。同时，完善业务监管条例和违规处罚条例，增加违规成本，促进典当行业的规范健康发展。

（四）加强业务监管和行业管理部门协调配合，实现协调监管

建立健全由商务厅、公安厅、人民银行和银行监管部门参加的金融稳定协调机制，加强监管业务交流，实现典当行经营发展和风险监测信息共享，共同防范和化解典当行业风险。同时，明确各部门职责，调动各部门力量，多措并举改善和规范典当市场秩序，努力营造宽松良好的外部环境，促进典当行业的长期健康发展。

（作者单位：中国人民银行石家庄中心支行）

经济繁荣周期中国有商业银行金融风险探析

张国坤

银行业是我国金融业的主体，国有商业银行居于银行业的主导地位，提高国有商业银行的整体实力和抗风险能力，对维护金融体系稳定具有重大意义。目前，我国国有商业银行改革取得突破性进展，整体实力和风险管理能力显著增强。但风险管理始终是现代银行业经营的核心内容，虽然我国经济多年保持快速发展，尚处于经济繁荣周期中，但由于目前我国经济发展面临的国内外环境更加复杂，世界经济增长减缓、金融市场动荡、贸易摩擦增多、各类要素成本持续上升、通货膨胀压力增大等因素叠加，经济金融发展的不确定性增大，因此，国有商业银行应坚持稳健经营和理性发展，特别要警惕市场风险上升问题。

一、改革后的国有商业银行风险管理水平不断提高

我国自2003年启动国有独资商业银行改革以来，国有商业银行防范金融风险能力和综合竞争力不断提高。我国国有商业银行从六年前技术上濒临破产的问题银行，转变为具有一定国际认知度的国有大型商业银行。

一是初步建立了相对规范的公司治理架构，股东会、董事会、监事会和管理层之间各司其职、有效制衡、协调运作的机制逐步形成。内部管理和内部控制建设逐步得到加强。从授信管理、风险监控、内部审计等部门入手，强化垂直运作管理，初步形成较为完善的操作风险和信用风险防范机制，金融风险管理能力不断增强。二是在保持国家绝对控股权的前提下，按照互利共赢的原则，引进战略投资者，在公司治理、风险管理、业务流程、企业文化等方面的合作不断深入，经营管理水平不断提高。三是通过上市，执行高标准的会计标准、监管标准、信息披露制度，增强了银行经营风险的监督和市场约束，提高了防范金融风险能力。

但风险管理始终是现代银行业经营的核心内容。结合当前宏观经济形势和银行风险管理现状，国有商业银行在当前经济繁荣周期中应高度关注市场风险。市场风险是指由利率、汇率、股票或商品价格变化引致的金融风险，是银行业

的重要风险之一，具有强烈的突发性和破坏性。1997 年的亚洲金融风暴，就因外汇风险引发利率和股票市场风险，给整个世界经济造成了巨大损失。市场风险管理是一个系统工程。经过了一系列风险事件的阵痛后，国际银行业市场风险管控意识从 20 世纪 90 年代开始逐步提升，各种风险管控的具体措施和模型逐渐完善，市场风险管控能力得到有效提升。

由于我国在过去计划经济体制下，利率、汇率和商品价格相对固定，中国的银行业没有深刻体会到这一风险。而当前，正如英国《银行家》所描述的“这是一个对金融服务业极富挑战性的时代，整个世界如此之大，以至于传统意义上的银行业已不复存在”。当前，我国银行业面临的经济社会环境日益复杂，经济改革向纵深推进，产业结构不断向高级化发展，对外开放力度加大，金融体制改革和利率市场化改革提速，国际市场上利率、汇率变化等带来的市场风险在不断上升，经济发展和市场变化的不确定性增强。特别是目前我国经济增长由偏快转为过热的趋势更为明显，贸易顺差过大、投资增长过快问题仍然突出；高耗能产业增长偏快，价格上涨压力持续加大。银行必须在复杂的经济环境中保持必要的理性，不断提高市场风险管理能力，才能在变数日益加大的经济环境中实现稳健发展。

二、国有商业银行市场风险上升的主要表现

（一）信贷扩张动力强劲且呈现投放节奏波动明显和集中度偏高的特点，导致市场风险不断积累，潜在的系统性风险上升

在计划经济体制下，资金需求方以国有企业为主体，银行信贷实行规模控制，因此，信贷资金的供需均是可控的。而随着市场经济体制改革的深入，市场主体日趋多元化，企业资金需求强烈，银行也成为自主经营的市场主体，信贷资金供需主要由市场进行调控。特别是近两年，国有商业银行通过注资和上市募集等方式积累了大量资本金，极大地提高了银行的放贷能力。由于股东回报压力和利润约束增强，加之市场资金需求强烈，国有商业银行信贷扩张动力强劲。2005 年到 2007 年，国有商业银行贷款新增额分别为 7 621 亿元、12 199 亿元和 13 055 亿元，分别占当年金融机构新增贷款的 32.4%、38.8% 和 37.5%。从贷款投放节奏和投向看，呈现两个特点：

一是贷款投放季节性波动强烈。1998 年以前，金融机构贷款增长呈现上半年少、下半年多的态势。上半年新增贷款占全年贷款的比重较低，大致在 30% ~40% 波动。这主要是由于当时货币政策实行贷款规模管理的直接调控方

式，商业银行往往在年底突击发放贷款，以扩大下一年贷款规模的基数。商业银行在利益最大化原则驱动下，大多采用“早投放，早收益”的经营理念。国有商业银行2003 年开始出现上半年多、下半年少的贷款投放模式，特别是集中在第一季度突击贷款。2003 年以来国有商业银行上半年新增贷款占比都在60%以上，2006 年甚至达到79%，其中仅第一季度就占近54%。2007 年上半年新增贷款2.5 万亿元，同比又多增3 681 亿元，投放仍然偏多。

二是贷款投向集中度偏高。2007 年以来，受国内能源供需形势缓解、一些地区实施优惠政策盲目招商引资以及高耗能行业利润提高等因素影响，高耗能行业生产加快增长，部分高耗能产品出口增长过快。2007 年国有商业银行中长期贷款投向基础设施行业、房地产业和制造业，特别是房地产开发和按揭贷款占比上升。中国银行2004 年至2007 年住房贷款占个人全部贷款的比重分别为68.49%、75.49 %、76.17 %、77.70 %。2007 年工商银行房地产开发贷款同比增长32.1%，住房消费贷款增长达30.7%。

适度、均衡的信贷扩张是支持经济发展的动力。而在我国社会融资体系中间接融资占绝对优势的环境下，银行贷款投放过快不仅加剧固定资产投资的过快增长，推动经济由过快向过热转变的趋势，还可能导致大量资金流向股市、房市等领域，推动资产价格快速上涨，加剧通货膨胀风险。银行上半年审贷偏松，而下半年收缩贷款，与实体经济部门有效需求不匹配，影响企业的业绩波动，加剧了市场失衡，增加了调控难度，从长期看，影响银行的资产质量。贷款向“热点”行业集中加剧了市场不确定性，虽然短期内银行信贷资产质量有所提高，但可能加快某些行业产能过剩。若经济金融形势或市场环境发生逆转，出现国家产业政策调整、资产价格下跌、企业效益下滑等风险，势必使金融机构面临巨大的市场风险，甚至可能引发系统性金融风险，而由此可能引发的市场风险的最终承担者仍是银行。

（二）存贷款期限错配严重，隐含巨大的市场风险

随着金融市场的发展特别是资本市场的活跃，我国居民、企业部门的资产选择行为和投资偏好发生了较为显著的改变，并进一步引起银行资产和负债期限结构发生变化。主要表现在商业银行资金来源短期化，资金运用长期化趋势明显，中长期贷款主要依靠短期资金来源支撑，存贷款期限错配问题日益突出，流动性风险和利率风险上升。我国国有商业银行人民币中长期贷款占比居高不下，2004 年以来一直超过监管要求的上限120%。2007 年工商银行年报显示，中长期贷款增长16.2%，占公司类贷款的61.3%；活期存款增势强劲，公司活期存款增长19.7%。国有商业银行利率敏感性正缺口扩大，尤其是五年以上的

长期利率风险正缺口迅速扩大。在利率上升周期中，扩大利率敏感性正缺口有利于银行提高利息收益，但也隐含巨大的利率风险。

国有商业银行存贷款期限错配隐含的市场风险需高度关注。在经济繁荣期，这种“短存长贷”的负面影响会被掩饰起来。而一旦经济陷入周期性低谷，实体经济效益下滑，银行经营失败的风险会放大，巨额长期贷款面临极大风险。尤其是在全球通货膨胀压力上升的情况下，如果市场利率水平和市场环境发生变化或出现逆转，金融机构将面临一定的流动性风险和利率风险，可能对中国的金融稳定造成冲击。

（三）产品定价能力难以适应利率市场化的要求，市场风险升级

由于我国利率市场化程度不高，银行定价能力较弱，加之市场的不确定性增大，银行不能根据市场变化采取灵活的定价方式覆盖金融风险。而随着利率市场化的推进，商业银行所处的经营环境也将发生改变。要从原来的规模竞争转向定价能力竞争，金融产品定价能力水平将在很大程度上决定金融机构风险管理能力。美国次贷危机就说明美国相关金融机构在其产品风险定价上出了严重问题。

但从目前的情况看，我国金融机构的定价能力还不能完全适应市场竞争的要求。一是过度的同质化市场竞争制约了风险定价的有效性。目前国内金融机构在产品设计和管理模式上都呈现同质化现象，导致市场高度竞争。金融机构难以有效地进行差别定价，这对定价机制有效发挥其作用产生了一定的制约。二是由于缺乏对长期历史数据的收集和分析，无法全面掌握不同客户和行业的详尽资料，直接影响了定价模型中风险溢价的测算，削弱了风险计量的科学性与准确性。

在利率市场化过程中，如果银行不提高产品定价能力，用“一刀切”的利率来对待不同类型的企业，金融产品就得不到合理定价，金融风险就不能完全覆盖。在利率管制条件下，贷款的高风险并不能带来相应的高收益。而随着利率市场化的深入，银行放贷蕴涵一定的道德风险，银行就有可能去冒险以获得高收益，而有些效益不好或信用不良的企业就有可能利用银行这种极端趋利心理申请高利率贷款。在利率上升的条件下，更加剧了这种“逆向选择”的风险，造成商业银行的市场风险上升。

（四）人民币汇率与国际市场资产价格的波动，使金融企业面临的汇率风险和市场风险加剧

2005 年人民币汇率形成机制改革以来，人民币汇率弹性增大。从宏观经济

层面看，人民币汇率形成机制改革促进了经济结构调整、产业优化升级和经济增长方式的转变，增强了宏观经济运行的灵活性。但由于我国商业银行缺乏汇率风险的管理经验，国内汇率风险和市场风险加剧。主要表现在三个方面：

一是人民币汇率波动加剧了商业银行外汇资产负债管理的难度。由于汇率波动是由时间差、地区差以及币种和期限结构不匹配等因素造成的，汇率的波动导致商业银行持有外汇头寸的价值发生变化，形成商业银行汇率风险。人民币持续升值预期使企业和居民持有外汇资产的意愿下降，商业银行结汇压力加大，外汇头寸急剧增加。汇率的波动导致外汇头寸的价值发生变化，形成汇率风险。有数据显示，截至2007年末的国有商业银行外汇净敞口共2 093.11亿元。2007年工行、中行、建行三大银行的汇兑净损失共计156.49亿元。

二是人民币汇率波动、国际资源价格高位运行以及国际贸易环境复杂等因素叠加，恶化了银行经营环境。特别是人民币持续升值对以出口型为主的行业的负面影响较大。同时，国际石油、铁矿石等国际原材料价格上升，增加了企业生产成本，降低了出口企业利润空间，导致国内企业效益下降，出口企业效益下滑，威胁银行资产质量。而国际贸易保护主义愈演愈烈，贸易大国间的贸易摩擦有所加剧，针对中国的反倾销调查大幅增加，贸易摩擦升级，出口所面临的国际环境日趋复杂，更加剧了出口企业效益的不确定性，加大了国有商业银行的市场风险。

三、国有商业银行防范市场风险的建议

为引导商业银行控制市场风险，防范系统性金融风险，中国人民银行实施适度从紧的货币政策，加强对商业银行的“窗口指导”和信贷政策引导，传达宏观调控意图，引导信贷结构优化，提示商业银行防范市场风险，加快利率和汇率管理体制改革。但更需要国有商业银行适应新的经营环境，进一步完善公司治理，切实转变经营机制，增强金融产品创新与定价能力，提高社会责任意识和风险管理意识，提升市场风险管理水平，实现稳健经营和理性发展。

（一）要树立防范市场风险的经营理念，增强对经济周期的预见能力

在传统经营观念影响下，我国商业银行基本上走的是规模扩大的道路，造成了风险的积累，最后不得不由国家来为巨额的不良资产埋单。改革后的商业银行成为独立的责任主体，将来的金融风险必须由其自身承担。我国经济最近几年高速发展，金融机构在对经济周期风险控制方面存在过分乐观的情况，多数机构没有应对经济周期风险的经验和能力。而随着经济发展和市场变化的不

确定性增大，国有商业银行应树立防范市场风险的经营理念，加强对宏观经济走势的研究，提高应对经济周期风险的能力，注重业务扩张和风险识别与控制能力相协调，将自身业务发展、风险防范与宏观调控目标有机结合起来，促进自身稳健运营。

（二）建立全面风险管理体系，提升市场风险管理水平

国有商业银行应建立全面风险管理体系，实现风险管理模式由以信用风险为重向信用风险、市场风险和操作风险并重转变，针对不同类型的风险，制定不同的风险管理措施。改造风险管理操作流程，规范内部控制和管理程序，加强对高风险业务的重点监控。完善定性分析和定量分析相结合的风险管理方法，提升风险管理手段的客观性和科学性。适应《巴塞尔新资本协议》的要求，建立合理的信息公开披露制度，形成监管约束与市场约束并重的风险管理机制。

（三）提高金融产品定价能力和利率风险管理水平，增强抵御市场风险的能力

银行提高市场风险的识别、衡量和控制能力，是抵御金融风险的根本途径，也是最为关键的核心竞争力。国有商业银行应明确自身市场定位，建立差异化市场细分战略，找准目标市场，在规模与效益中有所选择，在客户和产品中有所取舍，积极探索建立和完善风险定价机制和风险管理模型，提升金融产品定价能力，增强抵御市场风险的能力。特别是在利差为主要盈利来源的业务模式下，商业银行能够充分运用利率杠杆，对不同风险状况的客户进行准确定价，金融产品的市场风险才能得到覆盖。商业银行要对负债成本、资产盈利和市场利率的变动进行经常性的综合分析，在正确判断形势的前提下，推行利率缺口管理，及时调整资产负债比率，规避市场风险。

（四）加强汇率风险管理，提高汇率风险管理能力

密切关注受汇改影响比较大的传统出口优势型企业、国际化定价企业、进口替代行业的企业经营情况，适度调整信贷额度，降低经营风险。密切关注外汇存款变化趋势，主动调整外币信贷政策，有效控制外币贷款规模，调整外币资产结构，防范外币流动性风险。加快金融衍生产品创新，降低外币资产的汇率风险。加强对汇率改革的跟踪研究，高度关注国际国内金融市场变化情况，并根据政策调整和市场资金变化情况，对汇率调整的方向和力度进行预警，降低汇率风险。

（五）密切关注国家宏观政策，改进信贷管理和调节方式，切实履行社会责任

由于我国的商业银行一直处于垄断的经营地位，从责权利对等的角度，商业银行应当承担社会责任，而作为我国银行业主体的国有商业银行更应主动承担理应承担的社会责任，这也是维护市场经济公平性的基本原则。社会责任的评价标准不是简单的公益资助，当前“把紧信贷闸门”就是国家对商业银行履行社会责任投资一个最具概括性、最直观的要求。围绕国家宏观调控合理运用信贷杠杆，坚持“绿色信贷”、“均衡信贷”，落实“节能减排”，是商业银行承担其社会责任最根本、最重要的表现。国有商业银行应建立报告、预测机制，对经济增长趋势和异常变动及时作出反应。改进信贷计划管理和调节方式，做到按需求合理均衡安排贷款计划，使资金约束与资本约束、风险约束、回报约束相结合。

（六）加强公司治理，深化国际合作，增强银行经营行为市场约束力

目前，国有商业银行治理结构中的金融产权人格化虚置问题严重，出资者（国家）与经营者之间的委托代理关系以行政而非经济为纽带，经理层存在短期行为，经营目标多元化，在经营过程中存在非理性行为。应继续完善公司治理的组织架构，借鉴国内外银行业的先进理念，制定更加科学完善的绩效考核体系。防止利润目标过于短期化，减少具有时点性质的考核指标，全面反映持续的经营成果。应积极实施国际化经营战略，主动地参与国际金融市场，在“走出去”的过程中，充分认识到国际市场风险，在竞争中提高防范市场风险的能力。

（作者单位：中国人民银行石家庄中心支行）

河北省农村信用社金融风险问题的调查

冯　蕴

目前，河北省农村信用社改革在“明晰产权关系、强化约束机制、增强服务功能”等方面已经取得阶段性成果，以统一法人体制和合作性质为主体的农村信用社，整体功能优势得以充分发挥，资金实力进一步增强，支农能力和服务水平得到整体提升。但是由于历史、体制等原因，农村信用社在经营和管理中，还存在一些薄弱环节和高风险点，在发展上也面临着前所未有的竞争和挑战。如何加强和完善风险管理，成为当前农村信用社必须解决的课题。

一、基本情况

截至2007年6月末，河北省辖区农村信用社法人机构有省联社1家，市联社3家，县联社154家；从业人员37 810人；资产总额3 161.78亿元，负债2 998.39亿元，分别比年初增长9.23%和8.52%；各项存款余额2 815.12亿元，同比增长15.39%；各项贷款余额1 809.72亿元，同比增长17.67%，存贷比例为64.28%；不良贷款余额537.09亿元，比年初下降23.78亿元；不良占比29.68%，较年初下降了4.79个百分点；全辖实现盈余24.36亿元。

二、当前农村信用社面临的主要金融风险

（一）操作风险

随着电子化发展和新业务的开拓，原有的规章制度和内控手段已不能适应业务发展的需要。从农村信用社内部看，处于社会经济转型期、体制改革期员工思想裂变提速，职业操守和道德风险不断加大。表现在以下两个方面：

1. 领导决策失误或工作人员违规操作，使信贷资产遭受严重损失。如2007年5月26日，邢台市隆尧县大霍信用社尹村分社主任刘胜杰挪用存款案件被发现。刘胜杰在2004年、2005年，采用吸收存款不入账的办法，私自挪用客户资金6 663 837.37元用于账外放款，造成重大损失。2006年邯郸市某信用社领导

决策失误，向瑞远洗煤有限公司贷款800万元。由于该公司经营不善倒闭，贷款无法收回。2005年11月沧州市某信用社信贷员尹士友，以收贷不入账等方式侵占信用社资金案，涉及金额72.49万元。

2. 人为控制贷款形态或违规盘活不良贷款，造成正常贷款中含有大量不良，使信贷资产存在重大潜在风险。信用社改革以来，信用社采取了多种措施，投入了大量的人力物力，"盘活"了大量的陈旧贷款。从账面上看，贷款形态正常了，但实际上贷款占用形态不实，只不过被泡沫化了。如邯郸市某信用社贷款余额6 650万元，账面不良贷款余额1 836万元，不良贷款占比27.6%。而实际正常贷款中隐藏不良贷款高达2 929万元，其中2 922万元已经形成呆滞贷款，实际不良贷款占比高达71.56%。沧州市某县联社2007年6月末不良贷款余额36 867万元，不良贷款占比25%。而人民银行检查发现不良贷款未按规定进行账务调整，人为控制不良贷款余额，贷款占用形态反映不实，正常贷款中含有不良贷款25 316万元，实际不良贷款占比42.02%。如果再剔除贷款盘活时不符合规定的部分，不良贷款占比还将大幅上升，信贷资产质量未发生任何好转，为信用社的经营埋下重大隐患。

（二）法人治理结构转型风险

农村信用社的法人治理结构是在原有法人治理结构基础上进行改造完成的。现实行统一法人的县联社体制，仍然沿袭的是农村信用社原有产权结构特征，无法克服所有权主体现实缺位、权力约束机制无法保障、民主管理不到位、激励不兼容和信息双向传播不对称等矛盾。

1. 法人治理结构形成程序形式化。从当前实际现状来看，县级理事长、主任、监事长人选由逆程序产生，先钦定，后由社员大会选举产生，但实际仍然是委任制，县级联社法人所有权被剥夺，形成了体制上的风险。

2. "三会"制度未真正落实到位。"三会"制度形同虚设，职能得不到有效发挥。目前，农村信用社初步建立了"三会一层"和法人治理结构框架，表面上看似乎步入轨道，但是"形似"而"神不似"。在实际工作当中，"三会一层"的议事规则、工作制度不严谨，各自的工作任务和职责不够明确，社员代表大会、理事会、监事会及联社主任之间越位、缺位现象较为严重。理事会权力过大，而监事会不能独立行使职权，基本起不到应有的作用。而作为经营管理者主任、副主任被授权较小。

3. 民主管理流于形式。据调查，截至2007年6月末，河北省农村信用社股本金总额213.7亿元。其中自然人股206.3亿元，占比为96.54%；法人股7.4亿元，占比仅为3.46%。可见股本金结构不尽合理，存在法人股甚少，自然人股多的问题。由于单个自然人入股金额少，维权意识、民主管理意识淡薄，达不到法人治理结构要求的股东素质。他们往往只注重信用社是否给予贷款支持和股金红利，不关注信用社的经营和发展。

4. 形成“民有资本官营化”现象。目前，省级联社直接掌握各县（市）联社的人事任命权，与信用社高级管理层应由社员大会选举产生相矛盾，而且强化了对基层联社经营的行政干预，形成“民有资本官营化”现象。同时，省联社营业部门吸收各地的剩余资金办理资金上存业务，已形成资金外流的一个管道。在资金投放方面也表现出与地方政府的默契性，资金投向大行业、大企业。这些都不利于信用社法人治理结构的建立和农村信用社市场定位的形成。

（三）信用风险

目前社会征信体系正在建立和完善阶段，银行对个人和企业的资信情况掌握不够全面，银企信息不对称，银行间也未建立信息交流平台。特别是当前还有个别中小企业存在着财务信息失实和作假等严重问题，不但增大了银行调查成本，也使银行贷款安全性受到较大威胁，致使农村信用社不良贷款仍在高位徘徊。

1. 不良贷款占比高，清收、处置难。目前河北省大部分农村信用社不良贷款率较高。以邢台市为例，该市农村信用社 2006 年年末不良贷款率（四级分类标准，考虑票据置换因素）为 22.7%。如果考虑不良贷款真实性和按照五级分类标准，则不良贷款比例更高。随着改革的不断深入和信用社清收力度的不断加大，大部分已经能收尽收。目前农村信用社不良贷款中大部分为双呆贷款，清收处置难度大。

2. 历年亏损严重，消化难、包袱重。农村信用社在改革过程中虽然用专项央行票据置换了资不抵债额的 50%，但由于历史问题较多，亏损包袱还相当沉重。以邢台市为例，2006 年年末，该市农村信用社尚有历年亏损挂账 14.6 亿元。当年利润总额 0.4 亿元，盈余金额为 1 亿元。如果按照利润 50% 弥补历年亏损，则至少需要 20 多年的时间，仅仅依靠信用社自身消化非常困难。

3. 企业逃废银行债务严重。由于我国目前社会信用制度不健全，相应的法规、制度未全部建立，一些企业借改制重组之机，采取各种方式逃废银行债务。以沧州市为例，截至 2007 年 6 月末，175 户企业借改制重组之机逃废沧州市农村信用社债务，金额 13 197 万元。

（四）流动性风险

进入 2007 年以来，在物价上涨、消费价格指数上升等因素的影响下，居民更加倾向于将资金投向日趋活跃的证券市场和升值潜力较大的楼市。股市、楼市以及其他诸多市场的财富效应不断显现，居民储蓄分流仍在延续。针对较为明显的存款活期化倾向，应对银行负债结构变化带来的流动性风险予以高度关注。由于居民储蓄的减少和活期化趋势的加剧，将会加大储蓄存款的波动性，同时还会加大金融机构资金来源的不稳定性。此时如果大量增加中长期贷款，将会导致风险加剧，金融机构应重视和加强市场风险管理。以沧州市为例，截至2007年6月末，该市金融机构各项存款余额1 080.2亿元，比年初增加70.2亿元，同比少增加33亿元。其中储蓄存款783.2亿元，比年初增加43.1亿元，同比少增加6.2亿元；居民活期储蓄存款241.6亿元，比年初增加20.5亿元，同比多增加0.3亿元；中长期贷款186.7亿元，比年初增加17.2亿元，同比多增加2.9亿元。

（五）市场竞争风险

随着农村金融体制改革的不断深入，农村金融市场将逐步形成以农村信用社、农业银行、农业发展银行为主，其他机构为辅，功能优势互补的农村金融体系。目前农村信用社的存、贷款在市场份额中占比较大，而支撑负债规模扩张的是广大农村地区农民的储蓄存款。据邢台市调查，农村信用社80%以上的存款均来源于各乡镇。随着农村金融竞争机制的引入，势必对农村信用社的存款市场带来严重冲击，使农村信用社不但面临巨大的存款市场竞争压力，而且也存在经营上的潜在风险。

（六）河北省农村信用社全辖联网所潜在的风险

河北省联社为提高全辖结算速度，增强与国有银行竞争能力以及便于全面监督和管理，拟在全辖信用联社间进行联网。但也存在着一些问题，一是信用社投资加大，增加经营成本。据承德市调查，每个信用社将投入几百万元的入网费用，这对任何信用社都是一笔很重的投入，会给信用社的经营带来较大负担，全省农村信用社联网试运行时间一再推迟就考虑了这一点。二是由于农村信用社网络人才匮乏，技术水平有限，特别是基层信用社人才缺乏问题更为严重。如果操作不当，将造成严重损失。

三、农村信用社金融风险成因

（一）管理体制长期以来难以彻底理顺

农村信用社产权制度不明晰，法人治理结构不完善，内控制度难落实，必然导致农村信用社经营方向、管理方法的错位，产生一定的经营风险。当前管理体制不顺，法人治理结构不完善，仍是农村信用社风险产生的关键因素。

（二）从业人员素质低，缺乏有效的风险管理理念

一是由于历史的原因和信用社用工制度及人脉因素等方面的制约，农村信用社整体人员素质不高，业务操作和技能知识亟待更新。二是管理层风险理念淡薄，部分管理人员还存在严重的重经营、轻管理，重速度、轻质量的思想。

（三）缺乏系统有效的风险管理体系

农村信用社风险管理职责分散，缺乏独立有效的管理部门。操作风险由人员、系统、流程和外部事件四类因素引起，几乎涉及各个职能部门。不同类型的操作风险由不同的部门负责，这种分散管理的做法使得农村信用社系统缺乏统一的风险管理战略和策略。

（四）银行信贷结构不合理，贷款集中度明显

随着银行体制和机构改革的影响，银行为了防范风险，贷款审批更加严格。县域商业银行贷款权限上收，存款上存集中使用，大型企业是贷款增量的主要承载主体，县域中小企业及民营企业融资更加困难。

（五）社会信用环境差

一是社会信用观念淡薄，农民还贷意识差。特别是近几年贷款户贷款只借不还，社会信用环境恶化，更加助长了贷户的“赖贷”意识。二是有越来越多的邮政储蓄机构、各种保险加入到争夺农村资金这阵地。

四、对农村信用社金融风险管理的对策及建议

（一）提高风险认识，树立科学管理观

农村信用社要从观念上树立起科学的发展观。要正确处理好速度与质量的关系，发展与管理的关系，短期利益与长期利益的关系，股东利益、存款人利益与员工利益的关系。走以质量为前提，以规模为手段的安全运营、持续发展的内涵式发展模式。通过发展思路、发展模式的科学转型，树立正确的风险观，把风险管理作为经营管理的重心，提高整体抗风险能力。

（二）理顺管理体制，增强行业自律

进一步明确农村信用社的产权关系，实行出资者的所有权与法人财产权的分离；建立科学规范的法人治理结构，健全“三会”制度，制定和细化“三会”组织的议事规则和职责权限，真正发挥“三会”的实际作用；紧紧围绕“业务发展、效益提高、风险控制”三大目标，建立决策、执行、监督三系统相互制衡，激励和约束相结合的经营机制。

（三）完善金融风险的监测预警机制，提高金融风险识别效率和防范水平

按照国际银行业监管的要求，目前我国银行业的风险监管和审慎监管已逐步深入。信用社要与中央银行和银行监管部门定期沟通，建立监管信息交流共享机制和监管合作机制，通过认真分析研究金融运行情况和存在的问题，及时发出预警，并制定和实施防范金融突发事件的应急处置预案。在监测和预警过程中，特别是要加强对新的风险领域的关注和治理，建立起符合实际的信贷风险监测预警体系。同时，要积极开展调查、研究，探讨解决风险机构的救助办法。

（四）完善内控制度，落实各项规章制度

要不断完善规章制度，整合业务操作流程，严格职业操守，规范业务行为。内部审计监督制度是农村信用社内部控制的最后一道防线，是对控制的再控制。必须改革现有的内审体制，强化人员管理和制度建设，提高内审工作质量。严格监管，依法处罚。一是要加大现场检查的力度。针对检查出的问题，责令整改，把风险隐患消灭在萌芽状态。二是要加强非现场监管，充分利用金融稳定监测系统，建立科学的风险预警机制，及时向金融机构下达风险提示。

（五）树立以人为本理念，弱化道德风险

农村信用社实行的是联社、基层社的管理体制，点多面广，战线较长，信息传递慢，不管理人就容易形成内部人控制风险。农村信用社应尽快培育一支高素质、善管理的现代管理人才队伍，尽快培植具有自身特色的信合企业文化以激励和扶植人才。同时要进一步把好进人用人关，加强员工的素质教育和技能培训，提高员工的风险意识和风险识别能力，构筑农村信用社风险管理的长效机制。

（六）建立地方金融安全稳定的长效协调机制

建立金融监管部门与政府和信用社间的金融安全稳定协调机制，为更好地支持地方经济平稳协调发展，防范和化解系统性金融风险，共同维护地方金融秩序和金融稳定发挥积极的促进作用。首先，政府各部门必须明确本部门在金融稳定工作中的作用，积极协调制定风险防范和处置预案，保障信息渠道的畅通，形成合力，参与信用社金融稳定协调机制的建设。其次要积极发挥公检法等部门的保驾护航作用。信用社由于点多面广，业务涉及千家万户，金融风险处置中极易诱发社会事件。这就需要政法部门及时进驻现场，维持秩序，以消除社会事件隐患。最后，通过金融监管部门的预警和监测，可以对信用社金融风险早预警、早发现、早报告、早处置，及时进行化解。

（作者单位：中国人民银行石家庄中心支行）

河北省股民投资风险意识和风险承受能力问卷调查

侯晓阳

据中国证券登记结算有限公司月报显示，截至2007年5月底，河北省股民总数2 196 717户，新增A股账户417 908户，相当于2006年全省新增开户数的7倍。其中仅4月份新增的A股账户就达到115 475户，5月份新增126 000户，两个月新增开户数都分别达到了2006年全年开户数的2倍。由此可见，随着股票交易的异常火暴，河北省股民队伍在急速扩大。为全面了解河北省股民的构成、资金来源、投资心理、投资行为的理性程度以及抵御风险能力，笔者在全省范围内开展了股民及投资情况的问卷调查。调查显示，在股市火暴、基金热销及赚钱效应的推动下，河北省各阶层居民大量投身股市。其中存在的过度投机、投资结构不合理、盲目投资、非理性投资和风险意识淡薄、抵御风险能力薄弱等问题，应予以关注。

一、基本情况

此次抽样调查样本涉及全省11个地市，136个县（市），涵盖企事业单位工作人员、公务员、工人、农民、个体私营业主以及在校学生等社会各个行业、各个阶层。共发放问卷10 800份，收回10 589份，收回率达98.05%。

调查显示，近六成股民受过高等教育；月收入1 000～3 000元的股民最多，占被调查居民的52.3%；月收入1 000元以下的股民也占相当比重，为25.5%；收入较高且稳定的企事业单位人员、个体私营业主、公务员参与股市较多，占66.1%。（图1、图2、图3）

二、调查显示的可能影响金融和社会稳定的风险因素

（一）部分股民收入微薄，抗风险能力较弱

在接受调查的股民中，有3.6%的在校学生和其他人员群体中（占10.4%）

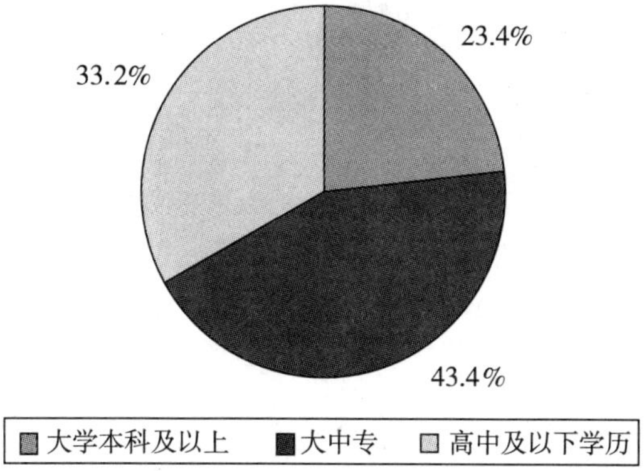

图 1　被调查人员学历情况

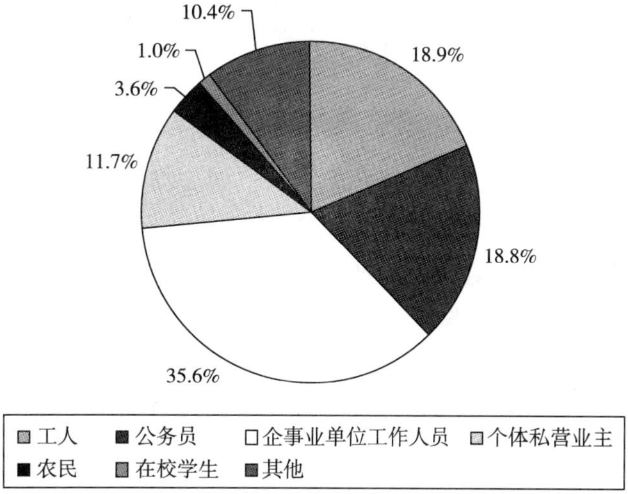

图 2　被调查人员从业情况

的离退休人员。他们或者没有独立的经济来源，或者靠有限的退休金维持生活，对投资风险的抵抗力和承受力比较弱。

（二）投机行为比较明显，市场风险加大

在回答投资动机问题时，选择“长期投资，实现投资多元化”的股民占 43%；选择“探索新的投资方式，寻求步入资本市场可能性”的股民占 20%；选择“追求高回报率，渴望一夜暴富”的股民高达 37%。那些选择“追求高回报率，渴望一夜暴富”的投机人群中，月收入 3 000 元以下的股民占近 80%。一旦股市的投机行为占据市场主流，极易导致股价大幅波动，形成市场风险。

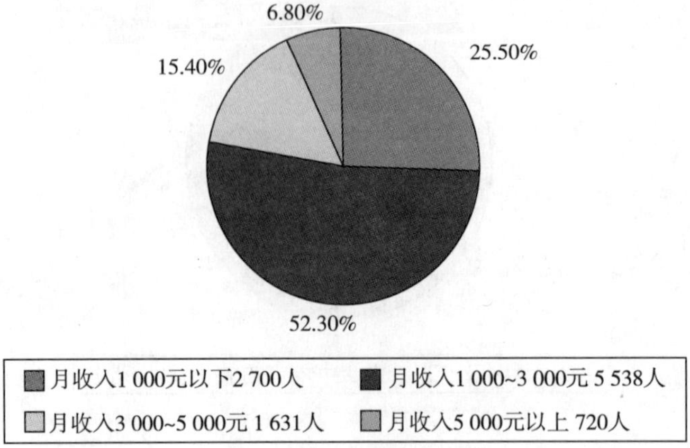

图3 被调查人员收入情况

如引导不当，可能会影响金融稳定和社会安定。

（三）投资结构不尽合理，弱势群体的非理性投资特征明显

调查中，股民投资股票的资金来源主要以储蓄存款和闲置资金为主的分别是5 623 人和3 230 人，分别占被调查人数的53. 1%和30. 5%。且闲置资金多数以储蓄存款形式存在，两者界限不明显，一定程度上反映出河北省储蓄资金被分流和市民投资理财观念的转变。值得关注的是被调查人员中有9. 1%的人以养老金、7. 3%的人以拆借资金进行股市投资，增加了金融机构的信贷风险和社会不安定因素。进入股市的资金占股民全部积蓄的比例以30%的为数最多，共3 749 人，占被调查人数的35. 4%；但仍有23. 3%的人拿出50% ~80%的积蓄、甚至有14. 2%的拿出全部积蓄用于炒股，这些用养老金和拆借资金炒股及投资比例过高的股民，心态急躁，往往以赌博心态入市，同时又是“输不起”的弱势群体，一旦股市暴跌，股票资产大幅缩水，可能导致倾家荡产，进而引发一系列社会问题。

（四）股民投资风险意识淡薄，缺乏自我保护能力

从涉足证券市场的时间看，1999 年以前入市的股民占19. 6%，2000—2004年之间占20. 4%，2005—2006 年占29. 1%，2007 年以后占30. 9%。六成股民是2006—2007 年股市走暖、股市“赚钱快”的信息带动下新入市的。他们没有经历过熊市的洗礼，大有初生牛犊不怕虎的气势。在被问及“对证券知识及相关法律法规了解程度”时，52. 6%的股民表示对证券基础知识不了解或知之甚少，

这些人投资风险意识和自我保护能力薄弱，可谓“无知者无畏”。在被问及“买卖股票的主要依据”时，听或看股评及通过他人推荐的占到49.70%，听小道消息的占21.2%，这种投资的盲目性无疑增加了投资风险。对股票买卖中造成的资金损失，只有70.8%的股民意识到应由个人承担；有15.9%和13.3%的股民认为应由政府和上市公司主管部门承担责任，占被调查人员的近三成。这些股民没有投资知识，没有风险和责任意识，一旦遭受大的资金损失，可能会从股市的狂热投机者转变为社会不稳定的制造者。

（五）股民对中国股市的未来走势普遍看好，但对“政策市”特征比较明显表示担忧

从股民对中国股市未来走势的判断上看，92.7%的人认为中国股市长期向好，认为一蹶不振持续低迷的仅为7.3%。由此可见社会公众对股票市场状况的基本评价是良好的、乐观的，对投资股市有较强的信心。但在被问及“可能引起股市大幅波动的风险因素”时，53.7%的股民认为以政策风险为主要因素；上市公司经营风险、市场风险次之，占29.6%和13.4%；最后是证券交易机构操作及技术风险，仅占3.3%。在被问及“目前制约中国股市逐步规范和走向成熟的主要因素”时，认为受政策影响最大的占32.5%；信息披露不规范、相关法律法规体系不健全和市场操纵次之，分别占22.6%、21.5%和12.7%；“老鼠仓”等内幕交易和证券欺诈行为分别占7.5%和3.2%。由此可见，股民对政策干预股市可能带来的风险比较忧虑。这种判断和忧虑易引起对政府的不满。一旦股市大幅波动或政策出台、宣传解释工作不到位，可能发生针对政府部门的群体事件，影响社会安定和秩序稳定。

三、防范和化解股市风险的政策建议

（一）加强对证券市场的监管，确保股市平稳健康发展

政府及相关监管部门要转变调控理念，改进监管手段，以市场化原则和市场监管手段为主调控市场，加强盘中风险提示，防止股市大幅波动；加强对上市公司的监管，规范信息披露制度，提高信息透明度；建立健全法律法规体系，打击市场操纵、证券欺诈和内幕交易等违法犯罪行为，切实保护股民的经济利益不受损害。

（二）加强对证券营业机构的监管，规范其经营行为

证券监管部门要加强对证券营业机构的管理，防止个别证券机构对股民“一夜暴富”的夸张宣传和进行轮番的股票讲座、股评推荐等活动，帮助股民树立风险意识，减少不必要的证券交易。同时，严防证券营业机构承诺客户证券买卖的收益或者赔偿、全权代理经纪业务客户操作、擅自发布误导信息等违规行为，降低股民投资的盲目性和冒险性。

（三）加强金融安全和投资风险教育，引导个人投资者理性投资

要动员全社会力量，通过报刊及电视广播等媒体，加强对广大个人投资者的金融证券、投资理财、法律法规和投资风险等知识的普及，帮助他们树立正确的储蓄、投资、消费观，增强其投资风险意识，提高其抵御风险和承受风险的能力。加强对新出台政策和调控措施的宣传解释，积极引导个人投资者学习新政策、新法规，做到知法懂法，遇到对国家政策的不实宣传、信息披露不真实以及证券欺诈等行为，能够自觉抵制并提高辨识力和自我保护能力。

（四）加强股票市场的风险监测，维护证券市场稳定

发挥金融稳定协调机制作用。人民银行要会同相关金融监管部门加强对河北省股票市场的风险监测、评估与预警，全面及时地了解和掌握证券市场的风险状况，特别关注可能影响金融稳定和社会稳定的风险隐患和苗头问题，及时进行风险提示，防患于未然。

（作者单位：中国人民银行石家庄中心支行）

农民专业合作社变相经营金融业务隐含的风险及规范建议

张延平

《中华人民共和国农民专业合作社法》规定：农民专业合作社是在农村家庭承包经营的基础上，同类农产品的生产经营或者同类农业生产经营服务的提供者、利用者，自愿联合，民主管理并在当地工商管理部门依法登记的互助性经济组织。邯郸市是全国建立农民专业合作社组织较早的地区之一。近年来农民专业合作社发展迅速，它延长了农业产业链条，盘活了农村市场流通，提高了农民组织化程度，增加了农民收入，促进了农村经济的发展。农民专业合作社在为入股农民带来一定便利和利益的同时，存在的潜在风险也不可小觑。

一、农民专业合作社发展的现状

目前，农民专业合作社演变为三种类型。第一类是能够按照《农民专业合作社法》有关规定组织同类农产品的生产经营者或服务者自愿联合、民主管理的互助组织。第二类是利用专业合作社的名义进行融资，供自身进行经商办公司用。第三类是以专业合作社的名义进行入股融资，另一部分资金用于其自身经商，另一部分用于发放贷款。

据不完全统计，全市以农民专业合作社和专业协会为主的农民专业合作组织已发展到2 000多家，其中经工商注册的组织500多家。专业合作组织多以农民入股的形式吸收农村资金，为入股农民提供贷款服务。以肥乡、魏县为例：肥乡2006年11月第一家合作社——肥乡县惠农农民专业合作社在肥乡镇赵寨村成立。经过2007年、2008年两年多时间发展，肥乡农民专业合作社已有81家，遍布肥乡9个乡镇，40多个自然村，以入股的形式吸收农民资金约1.3亿元。其中肥乡县城23家，占33%。魏县全县共成立了39家农民专业合作社。其中2008年成立20家，2009年成立19家，正在申请成立的有2家。从业人员1 590人。涉及种植、养殖、加工等多个行业，分布在全县各个乡镇。在9家专业合作社中，最大的一家专业合作社是魏县梨华果品农民专业合作社，成立于2008

年1月25日，是一家省级示范社，主要为社员提供鸭梨的加工、销售、生产资料的购买等服务，从业人员268人，注册资金96.85万元。

二、抽样调查情况

通过走访调查，肥乡7家社中有5家、魏县6家社中有2家从事金融业务。其特点是：高息揽储，一年期存款3.6%，人民银行基准利率为2.25%，高出1.35个百分点；发放贷款利率15%～18%，而人民银行的基准利率为5.31%，高出9.69～12.69个百分点，个别高达30%。这样的情况严重扰乱了农村的金融市场秩序，应引起高度关注。

三、农民专业合作社业务经营存在的问题

1. 部分农民专业合作社背离合作社的宗旨，以资金互助为名，行非法存贷款业务之实

调查发现部分农民专业合作社以资金互助为幌子，以入股名义变相吸收群众资金，违规向入股社员以外的农户提供信贷服务。一部分是为了争取国家的优惠政策，骗取财政补贴资金；另一部分是进行非法集资或变相吸收存款，非法从事金融业务，扰乱了正常的金融秩序。变相吸收存款的利率约为：一年期3.6%，二年期4.75%，三年期5.99%，对代办人员按0.8‰～1‰支付手续费；一年期贷款利率月息在12‰～15‰。每年农业部门都对农民专业合作社进行财政补贴。地方政府为了鼓励农民专业合作社快速发展，也对农民专业合作社出台了一些优惠政策，部分合作社利用国家的各项优惠政策套取补贴。

2. 缺乏必要的监管部门

农民专业合作社自成立以来就没有明确具体的监管部门，农牧局只负责对农民专业合作社进行业务指导。农民专业合作社只要在工商行政管理部门领取了营业执照就能营业。在没有必要的监管部门的情况下，农民专业合作社有可能重蹈农村合作基金会的覆辙。据反映，目前就有个别农民专业合作社以带资入社的名义进行筹集资金，违背了《中华人民共和国农民专业合作社法》的有关规定。

3. 部分农民专业合作社管理不规范，监督不到位，盲目发展

农民专业合作社组建程序简便，监督管理缺位。农民专业合作社的设立通常由几个或十几个参股人发起，仅仅到工商管理部门办理登记手续，到农工委备案后即可挂牌营业。配套的管理、内控制度均未健全完善，相应的管理部门

也未明确，形成一哄而上、管理滞后、无序竞争的局面。

四、造成的社会影响及风险隐患

1. 违法经营金融业务有可能引发群体性事件

一些农民专业合作社偏离了国家的政策方向，其经营发展趋势与当年的基金会如出一辙。如果任其发展下去，不去规范管理，一旦出现资金周转困难或负面影响，将造成群众挤提存款。因为专业合作社不属于金融机构，金融管理部门不会予以资金支持，支付困难肯定会影响到当地的金融稳定和社会稳定，引发一系列的社会问题，损害群众利益，严重者可能引发群体性事件。

2. 高息吸收存款发放贷款，严重扰乱了农村金融秩序

现在辖内各家金融机构实行贷款利率定价机制，而农民专业合作社违背其服务宗旨，变相进行高息揽储，并以较高息向社员以外的客户发放贷款，名为农民专业合作社，实为“地下钱庄”。在其业务经营的过程中，一旦某一资金链出现断裂后果不堪设想。

3. 部分农民专业合作社变相成为农村信用社的潜在竞争对手

不少农民专业合作社设在当地农村信用社附近，营业场所装修风格、颜色、名称字样与农村信用社相似，并向社会公开招聘入股代办人员，高薪吸引银行、信用社退休人员、撤销代办站人员，代办农民入股，扩大资金组织范围。农民专业合作社冲击着合法的金融机构——农村信用社。

五、农民专业合作社发展的建议

1. 强化规范引导。要认真贯彻执行《中国人民共和国农民专业合作社法》，规范其发展方向、经营范围，把农民专业合作社办成真正的专业互助合作社。

2. 明确监管部门。对农民专业合作社明确具体的监管部门，制定严格的监管措施，使农民专业合作社在依法规范的制度下运作，避免重蹈农村合作基金会的覆辙。

3. 农民专业合作社必须按照《中华人民共和国农民专业合作社法》规范业务经营，严把经营范围关，不得非法吸收存款、发放贷款和办理其他金融业务，规范农民专业合作社的经营市场，使农民专业合作社真正为新农村建设、为地方经济发展服务。

4. 加大服务和管理力度。应指导农民专业合作社加强内部管理，建立和完

善民主管理制度，帮助农民专业合作社完善章程。规范农民专业合作社运行机制，激发农民专业合作社发展活力。严厉打击非法经营金融业务、扰乱金融秩序行为，坚决取缔非法吸收存款、高息发放贷款的农民专业合作社。

（作者单位：中国人民银行邯郸市中心支行）

地方政府融资平台运行效果评估

田计军

国际金融危机发生以来，我国实行积极的财政政策和适度宽松的货币政策。为配合国家宏观调控政策的实施，各级地方政府利用政府融资平台，积极为各项投资筹集资金，为经济发展提供了强劲动力。同时，随着政府融资平台的融资规模不断扩大，融资平台的弊端日益暴露，融资平台运营中的各种风险逐渐显露。本文以邢台市为例，分析了政府融资平台的产生、运营模式以及邢台市融资平台发展的总体情况，着重对政府融资平台的作用以及存在的问题进行了分析评估，并提出了促进融资平台健康发展的相关建议。

一、导论

（一）政府融资平台的运营模式

政府融资平台是指政府出资组建的投融资公司。政府融资平台的任务就是为政府支持的特定项目筹集资金，以保证政府的各项规划和目标的完成。由于其很深的政府背景，再加上其投资的项目多是一些无经营收益的基础设施建设或公益项目，政府融资平台大部分的负债是由财政兜底的。从这个意义上讲，融资平台的债务就是政府的债务。

（二）政府融资平台的产生原因

根据制度经济学的观点，公共物品具有非竞争性和非排他性，因而公共物品由政府提供比由私人提供更有效率。然而政府提供公共物品面临着资金约束：在现有法律框架下，地方政府是不允许借款的，即使借款也不能跨年度。为规避法律，地方政府出资设立政府融资平台公司，由政府融资平台进行融资，以保证基础设施等公共物品的供给。政府融资平台实质是政府融资的载体。

二、邢台市政府融资平台的总体情况

据统计，截至2009年9月末，邢台市银行业金融机构共对19家政府融资平台提供贷款，贷款余额57.89亿元，较年初增加32.3亿元，融资平台贷款余额约占人民币贷款余额的9.0%。分机构来看，中国农业发展银行的贷款额度最大，余额达15.9亿元，占总贷款余额的27.5%；农村信用社额度最小，余额仅为0.45亿元，占总贷款余额的0.8%（见表1）。从融资平台的行政级别看，地市级融资平台9家，贷款余额51.6亿元，占全市融资平台贷款余额的89%；县（市）级融资平台10家，贷款余额6.29亿元，占全市融资平台贷款余额的11%（见图1）。从融资平台贷款期限看，多以中长期项目贷款为主，5年期以上的项目贷款余额达49.87亿元，占86.1%。从担保方式来看，信用贷款余额为3亿元，占比为5.2%；抵、质押贷款余额为3.27亿元，占比为5.6%；而各级财政担保贷款余额则高达51.62亿元，占比达89.2%（见图2）。

表1　　政府融资平台贷款情况表　　单位：亿元

	融资平台贷款余额	融资平台贷款累放
全部金融机构	57.8871	66.781
其中：工商银行	13.025	14.095
农业银行	2.39	2.85
中国银行	3.68	4.96
建设银行	3.3	3.3
中国农业发展银行	15.9	16.5
农村信用社	0.45	0.45
邢台市商业银行	6.8	8.58
国家开发银行	12.3421	16.046

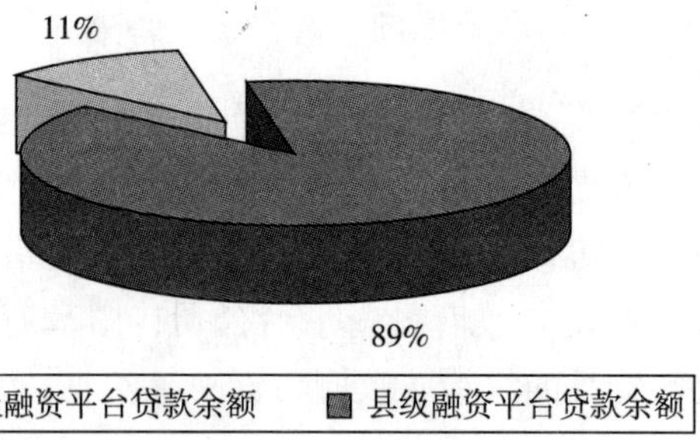

图1　市、县两级融资平台贷款情况示意图

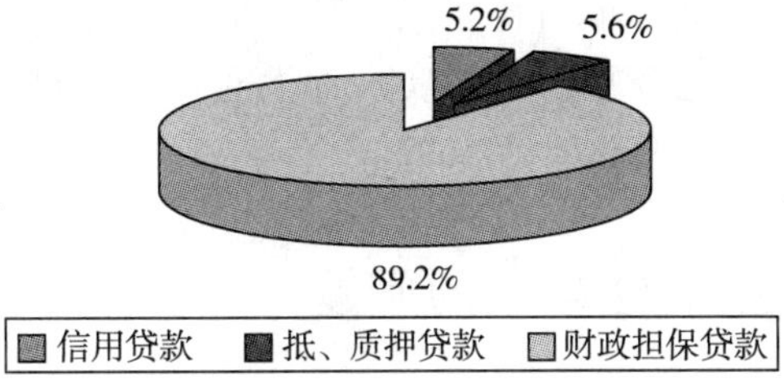

图 2 政府融资平台贷款担保方式示意图

总体来看，随着“三年大变样”工作的逐步推进，邢台市城市建设等基础设施项目迅速增加，政府融资平台贷款也呈现出迅速增长的态势，并呈现出以市级融资平台为主、贷款期限较长、多为财政担保的特点。

三、政府融资平台的作用

（一）较强的融资能力，可以为大型项目提供资金保证

政府融资平台可以凭借其较强的政府背景，利用政府信用，轻而易举地筹集到大量资金，这是普通企业，尤其是中小企业所无法比拟的。政府通过以未来的财政收入作担保，利用政府融资平台，可以获得大量资金进行路网改造、环境整治等大型项目建设，以此促进城市经济发展和改善居民生活质量。如邢台市七里河整治项目总投资将达 50 亿元，一期投入 30 亿元。目前该项目贷款规模已达 13.4 亿元，其中，中国农业发展银行向该项目投入 10 亿元信贷资金。

（二）有利于政府对经济进行有效干预

在经济处在下行周期时，与积极的财政政策和宽松的货币政策相配合，各级政府可以通过政府融资平台的融资能力开展大规模的基础设施建设，从而拉动需求，促进经济增长。如国际金融危机以来，邢台市经济受到很大影响。为实现“扩内需，保增长”的目标，邢台市加大了城市基础设施建设步伐。通过政府融资平台投入大量资金支持邢台市城区道路改建、城市拆迁改造以及城市基础设施建设等项目，从而实现了邢台市经济持续、较快增长。

（三）有利于推进经济结构调整，体现政府的产业政策

推进经济结构调整，单纯依靠市场的力量是无法完成的。特别是对于路桥建设、城市改造以及环境整治等公益项目而言，普通企业是没有涉足这些领域

的动力和能力的，因为这些项目普遍具有耗资大、周期长、收益低甚至无收益等特点。政府利用政府融资平台可以实现加大对这些基础设施项目、公益项目投入的目的，从而为相关产业的发展创造条件。

四、政府融资平台存在的问题

（一）政府信用的过度膨胀影响宏观政策的独立性

在经济衰退时期，地方政府利用政府融资平台进行大量融资，对促进经济增长的确作用巨大。但在经济过热时期，地方政府并不会大规模地压缩政府融资平台的扩张速度。因为地方政府的最优选择①是经济增长，而不是防通胀。另外，在经济形势由过冷转为过热时，一些在建项目不可能马上停工。因此，项目建设周期与经济周期的不匹配，也使得地方政府的投融资行为加剧了经济波动，影响到宏观政策的实施效果。

（二）负债规模大，偿债压力大

从邢台市近几年的财政收支情况（见表2）来看，邢台市财政收入的平均增长率约为20%，年均增长11亿元左右。但受国际金融危机影响，2009年邢台市财政收入1～5月为47.84亿元，1～7月为66.25亿元，1～9月为82.84亿元，增速逐季回落。预计2009年财政收入将难以超过110亿元。而根据邢台市融资平台贷款的调查情况，粗略估计融资平台的平均年还款额②（不包含利息）为12亿元。比较财政收入增幅、支出增幅与平均年还款额，不难看出，财政的还款压力已经很大。

表2　　邢台市历年财政收入与支出情况　　单位：亿元、%

年份	财政收入	同比增长	增幅	一般预算支出	增幅
2002	30.74	3.97	10.6	30.4	16.3
2003	35.5	4.76	15.5	35.7	17.6
2004	46.4	10.9	30.8	41.2	15.3
2005	60.06	13.66	29.3	51.88	26.0
2006	70.16	10.1	16.8	68.05	31.2
2007	85.16	15	21.4	83.33	22.4
2008	102.3	17.14	20.1	109.7	31.7

① 假设地方政府为追求利益最大化的经济人。

② 平均年还款额 = $M_1/N_1 + M_2/N_2 + \cdots\cdots$（M为贷款余额，N为贷款期限）。

从财政收入的来源分析，邢台市的财政收入主要依靠钢铁、煤炭、纺织、化工等传统产业和高污染产业，这些行业未来发展面临着政策的不确定性。在目前太阳能等新兴产业尚未形成规模的情况下，一旦发生政策风险，未来的财政收入增长将会受到影响，从而加剧财政的还款压力。

（三）融资渠道单一

受市场环境欠缺等因素的影响，目前情况下，邢台市政府融资平台的资金来源主要为传统的银行贷款。过度依靠银行贷款，既不利于融资平台扩大融资规模，又会对银行造成较大的信贷风险。

（四）存在诸多风险隐患

一是法律风险。我国《担保法》及财政部等五部委的相关文件明确规定，地方财政不得为银行贷款提供担保。因此，一旦出现违约风险，金融机构的权益很难得到法律保护。二是项目合规性风险。根据国务院和国家发展改革委的相关规定，政府类投资项目需要政府对项目前期立项、项目环境评价影响批复、项目可行性研究报告批复、项目土地批复，四项审批是项目合规的前提。从实际执行情况来看，地方政府为了加快投资进程，往往在项目行政审批不齐备或跨越审批权限审批项目的情况下进行项目建设，银行则默认政府的“隐性信用担保”，向项目投放信贷资金。三是融资平台经营管理风险。融资平台基本上都是国资及政府控股的公司，其经营理念、管理水平和投融资运作能力相对来讲要逊色一些。

（五）信息不对称，缺乏公共监督

由于较深的政府背景，政府融资平台往往不注重信息的披露，再加上政府融资平台的特殊性，其报表编制、财务指标等均不同于普通企业，使金融机构对贷款企业财务指标、经营收益、偿债能力等指标难以了解，难以对风险进行有效的管理和控制。同时，政府融资平台的运营缺乏利益约束机制和市场监督机制。因为政府融资平台实质上就是政府行为，既作为市场主体又是市场监督者的政府当然无法实现有效监督。由于地方财政没有将平台融资纳入政府预算管理，审计部门也无法对这部分融资行为进行监督。

五、建议

（一）合理控制融资规模，探索建立偿债基金

各级政府应切实按照财政的承受能力，制订出合理的融资计划。应加强对

政府融资平台各项经营指标的监测，确定合理的指标体系，坚决限制资产负债率过高的政府融资平台的融资行为。同时，建议地方各级财政部门以年度财政预算安排、财政结余资金等形式建立财政偿债基金，并将政府融资项目投资额及项目投资收益的一定比例划转入偿债基金，专项用于融资平台债务的偿还。

（二）培育多元化的融资渠道

各级政府及金融监管部门要逐步引导政府融资平台探索采用发行企业债、资产证券化、上市以及民间投资等多元化的融资方式，转变过度依靠银行贷款的融资模式；各融资平台公司要积极增加直接融资，减少间接融资；同时，各相关部门要积极为多元化融资培育健康的市场环境。

（三）多措并举，防范各类风险

一是进一步完善相关法律法规。国家应对地方政府的经济行为、经济权限、财政资金运用范围等问题进行充分研究和论证，尽快出台明确的法律规定。二是严格执行各项贷款审批制度。在对融资平台的贷款审批过程中，各金融机构要严格按照规定程序，对政府融资平台的各项批复或手续进行全面审查。为避免地方政府对贷款审批的干预，建议将政府融资平台贷款的审批权限上收至当地金融机构的上级部门。三是加大对政府融资平台经营管理人员的培训和教育力度，不断提高融资平台的经营管理水平。

（四）做好信息披露，加强各方监督

各级政府应深刻认识到政府融资平台可能带来的金融风险，着力加强政府融资平台的信息披露意识和风险防范意识，督促融资平台公司主动做好信息披露。应联合人民银行、银监局等金融监管部门加强对融资平台合规性经营的监督和检查；应探索将融资平台融资纳入预算内管理的模式，为加强对融资平台的监督和管理提供便利。

（作者单位：中国人民银行邢台市中心支行）

适度宽松信贷政策下的金融风险防范与控制

谷瑜洁

自2008年第四季度以来，国家为“保增长、促发展”实施了适度宽松的货币政策，辖内各金融机构认真贯彻落实中央金融工作会议精神，加大了金融对地方经济发展的信贷投放力度，金融机构信贷投放快速增长，更好地发挥了货币政策在促进经济增长中的积极作用。但随着宽松的信贷政策的进一步实施，金融机构的经营风险也随之扩大。如何有效防范和控制经营风险，保持信贷业务健康可持续发展，是金融机构值得探讨的重要课题。

一、基本情况

1. 信贷投放情况。截至2009年5月末，保定市全辖金融机构本外币贷款余额896.7亿元，比年初增加185.2亿元，同比多增151.1亿元。其中，人民币贷款余额895.4亿元，比年初增加185.6亿元，同比多增150.6亿元。增量在全省各地市中排名第三。

2. 信贷期限结构情况。从贷款期限看，中长期贷款占比较高。截至2009年5月末，金融机构中长期贷款430.1亿元，占贷款总额的48%。其中国有商业银行尤为明显。到5月末，国有商业银行中长期贷款余额330.9亿元，占全部贷款的71%；比年初增加62.3亿元，占新增贷款的53.7%。

3. 信贷投放行业。从贷款投放行业看，保定市各国有商业银行资金重点投向了交通、能源、房地产等重点行业。截至2009年5月末，保定市各金融机构向保定市道路开发中心累计发放贷款77.6亿元，贷款余额达111.6亿元。

二、需关注的风险

（一）关注授信政策松动后可能带来的道德风险和操作风险问题

自2008年第四季度以来，为应对国际金融危机的冲击，落实国务院扩大内需十项措施和金融促进经济发展三十条意见，各家银行业金融机构都加大了贷款营销力度。一些地方法人机构采取了下达贷款营销任务，制定贷款营销奖励办法等措施，贷款营销力度明显增强。但在贷款营销过程中，也出现了放松授信条件，放松对贷款使用情况监督管理等问题，使业务经营过程中的道德风险和操作风险增加，为贷款后期安全留下隐患。

（二）关注集中放贷可能造成的潜在风险

地方法人金融机构尤其是农村信用联社，尽管已经实行了集中授权管理、统一授信管理、审贷分离、分级审批、贷款管理责任制的信贷管理模式。但实际上，这一管理模式没有充分体现，部门之间、岗位之间普遍存在界限不清、职责不明现象，相应的考核管理机制没有和管理体系相匹配。在这一环境下，集中放贷可能留下风险隐患。如目前农村信用社联社已将大力发展小企业作为拓展业务的战略。实践表明，小企业数量虽多，但总体质量不高。在发展的小企业贷款户中，回报率不足5%的占据半数。考核目标为发展小企业的户数而非小企业的回报率，重数量不重质量。

（三）关注贷款高度集中引发的风险

2009年各金融机构积极响应市政府统一规划，集中资金支持市重点项目和重点工程，贷款进一步向大客户集中。资金重点投向了交通、能源、房地产等重点项目和重点企业，造成贷款扎堆，贷款集中风险日益突出。截至2009年5月末，金融机构向保定市道路开发中心、保定市市政建设集团等前十户企业累计发放贷款393.6亿元，贷款余额561.8亿元，占贷款总额的62.7%。其中保定市道路开发中心前5个月累放贷款77.6亿元，贷款余额111.6亿元，占贷款总额的12.5%。

（四）企业经营效益下滑、财务指标恶化引发的金融风险应予以关注

受世界经济危机的影响，国际市场原材料价格的上涨，企业成本加大，企业利润下降。部分企业出现生产经营压力加大、库存积压严重、运营资金趋紧、盈利水平下降等突出问题，企业财务风险进一步加大。偿还银行贷款压力加大，极易引发信贷风险。如市辖天马汽车、大迪等公司开工率明显不足，销售量锐减，偿贷压力开始显现。

（五）受全球金融危机影响，一些外向型企业因国际市场有效需求下降引发的信贷风险应予以关注

受国外需求下降、人民币升值、原材料上涨和劳动力成本上升等因素影响，

一些外向型企业外贸订单骤减。出口企业出现了增速减缓甚至停滞不前的状况，造成部分企业的资金链断裂。出口企业贷款将会面临巨大的风险。

（六）对国家限制企业形成的风险应予以高度关注

自2008年以来，国家对一些高耗能、高污染的企业实施限制措施。不符合国家产业政策、已列入国家产业政策中的限制类和淘汰的企业，由于得不到银行资金支持，生产受到较大影响，部分企业停工停产情况突出，造成原有贷款无法收回。因此各金融机构要积极寻求渠道，采取措施收回和保护已放贷款，加快信贷退出步伐。

（七）关注担保价值贬值引发的贷款风险

由于土地出让金收益下滑，导致大量以土地为抵押或以土地出让收入为主要还款来源的贷款出现担保不足或贬值。

三、建议

（一）认真执行国家的货币政策和信贷政策，注意把握信贷投放的规模

一方面要防止投放过多导致的通胀和泡沫出现；另一方面也要避免信贷投放不足导致其不足以抵御金融危机给我国经济带来的冲击。积极关注信贷资金的使用效率和信贷结构，将信贷政策与经济结构调整结合起来，进一步优化信贷结构，积极将资金投向出口业、农业以及新技术和新能源等行业和产业，建立信息平台，加强金融机构信息沟通，避免信贷过度集中在大客户上。

（二）实施差别化的信贷政策

一是要根据不同行业的风险情况，实施有针对性的信贷政策，优化配置资源，降低新业务的信贷风险。二是要根据不同地域的经济发展水平，实施区域差别化的信贷战略。三是要根据不同的客户群，实施客户差别化的信贷战略。加快建立和完善风险评级体系，对客户信用风险进行全面、科学的分析评价，提高风险识别和判断能力，为客户差异化战略的实施创造条件。四是要根据利润贡献状况，将客户划分为不同等级，实施差别化的金融服务。

（三）强化风险管理与内控措施

一是要完善和规范授信业务程序。各金融机构要进一步健全审贷分离制约

机制，做到职责分明、相互制约、协调发展。二是实行民主科学的授信决策。明确划分权责，建立健全内部自我约束和自我控制机制。三是要做到有章可循，规范运作，严格管理。

（四）优化信贷业务结构和担保结构

一是要继续优化信贷业务品种结构，均衡发展各贷款业务品种，加大或有资产业务的引导和办理力度。二是要优化贷款担保结构，大力办理抵（质）押担保贷款业务，提高抵（质）押担保贷款比重，努力化解和降低贷款整体风险。三是要优化贷款期限结构，合理确定短期贷款和中长期贷款的投放比率，优先发展零售资产业务。

（五）加强信用体系建设步伐，进一步完善征信系统，提高其使用效率，严厉打击逃废银行债务行为

（作者单位：中国人民银行保定市中心支行）

适度宽松信贷政策下企业融资环境典型调查

孙玉岭

2008 年 9 月初，中央银行明确规定，各银行业金融机构信贷规模在年初规模的基础上增长 10%，新增部分主要用于中小企业、“三农”和灾后重建等领域。11 月，中央银行全面放开贷款规划限制，支持银行业加大对中小企业的信贷支持。11 月 5 日国务院常务会议决定，将货币政策由“从紧”调整为“适度宽松”，以增加货币流动性，保持信贷资金投入的有效增长。相关部门还专门出台政策加大对中小企业的支持力度，试图缓解中小企业面临的资金紧张局面。因此，银行业贷款放量大增。2009 年 1 ~5 月全国信贷投放超过 2008 年全年水平，达到 5.8 万亿元，给企业改善融资环境、解决融资难问题带来了机遇。深入调查适度宽松货币政策下企业融资环境，对评估信贷政策运行效果具有重要意义。

一、基本情况

2009 年 1 ~6 月沧州市信贷投放一改近年来增长缓慢甚至下跌态势，贷款总量显著增长，新增贷款额余额 132.59 亿元。

（一）辖区全部金融机构贷款余额变动趋势明显上行

2007 年末、2008 年末、2009 年 6 月末比较如表 1 所示。

表 1　　沧州市贷款增减变化情况表　　单位：亿元

项目 \ 时间	2007 年末		2008 年末		2009 年 6 月末	
	余额	累放	余额	累放	余额	累放
全部贷款余额	471.06	458.84	505.92	500.44	638.51	427.55
票据融资	29.09	141.18	45.85	152.85	64.35	127.6
中长期贷款	195.43	106.04	239.93	95.42	317.46	108.64
短期贷款	245.56	209.85	219.45	248.14	256.61	189.52

从贷款期限结构看，中长期贷款增长较多，比年初增加 77.53 亿元，占贷

款增加额的58.48%；短期贷款增加37.16亿元，占贷款增加额的28.02%。到6月末，辖内任丘市金融机构贷款余额比年初增加5.5亿元。河间市增加2.2亿元，前6个月贷款累放已占2008年全年的53.30%。增长迅猛，在增量上，是1999年以来1~6月平均增量的2.78倍，创十年新高。黄骅辖区金融机构累计发放贷款39.4亿元，同比增长243.8%。吴桥县全辖金融机构贷款余额9.03亿元，比年初减少1 133万元。青县增加4.6亿元。

（二）企业资金缺口仍较大

如辖内任丘市45家企业资金缺口5.02亿元，河间市102家民营企业，资金需求量3.94亿元，吴桥县71家工商企业，总资金需求量为2.8亿元。其中，有流动资金需求的企业83家，资金需求3.42亿元，有固定资金需求的企业19家，资金需求4 560万元。资金缺口较大的行业分别是电线电缆、通信器材、汽车配件、棉花加工等行业。贷款满足率高的主要集中在规模型企业。小型企业满足率低，大部分不能获取贷款。主要企业融资情况如表2所示：

表2 **任丘市企业信贷资金供应情况典型调查表** 单位：万元、%

企业名称	所属行业	资金缺口	申请贷款额度	批准贷款额度	满足率
河北荣盛机械	机械制造	15 000	12 000	11 700	97.5
河北新华高压	电力设备	2 350	2 350	2 350	100
任丘桂圆居食品	食品生产	330	330	260	79
任丘诚建建安	建筑	1 950	1 950	1 900	97
任丘福海塑业	塑料制品	100	100	50	50
任丘万和摩配	交通设备	300	300	0	0

（三）银行新增贷款结构不均衡

以任丘为例，新增贷款主要投向市政工程、大型企业，中小型企业占比仅为21.24%。重点支持了任丘市裕华路改造工程8 000万元，长安道新建工程4 000万元；支持了荣盛公司、联塑市政等大型企业扩建。

表3 **任丘市银行业新增贷款投向结构表** 单位：万元、%

项目	金额	占比	备注
市政工程	15 000	27.31	
大型企业	21 700	39.5	
中小型企业	11 667	21.24	
农户	7 854	14.3	
消费贷款	-1 290	-2.35	
合计	54 931	100	

（四）民营融资机构活力渐显

作为银行业贷款的补充，县域民营担保公司、小额贷款公司方兴未艾，对中小企业发展的资金支持作用越来越大，初显其生命力。如截至2009年6月末，河间市信联担保有限公司已办理担保贷款611笔、累计发放贷款26 945万元，已为200多家企业和个人提供担保服务，有力地支持了当地保温材料、餐饮、汽车配件等行业的发展，满足了小企业短期资金需求，自开办以来从未发生过一笔代偿；河间市隆昌小额信贷有限公司2009年6月末贷款余额4 616万元，累计发放贷款5 259万元，对中小企业资金紧张的局面起到了一定的缓解作用。

二、适度宽松货币政策下，企业融资环境利好增加

（一）政策环境有利于企业融资

人民银行货币政策委员会2009年第一季度例会表示，下一阶段货币政策取向要认真落实适度宽松的货币政策，保持政策的连续性和稳定性；进一步理顺货币政策传导机制，保持银行体系流动性充裕，保证货币信贷总量满足经济发展需要。要继续优化信贷结构，加大对“三农”、中小企业等薄弱环节的金融支持，切实解决一些企业融资难问题。这给企业融资环境的改善带来了机遇。

（二）地方政府相继建立了激励机制

2009年初，任丘市政府、肃宁县政府制订了《金融机构支持地方经济发展奖励办法》，对贷款增长额度大，累放贷款占比高的机构予以重奖，为企业融资增加了动力。青县新农村办根据《青县金融机构信贷支持新农村建设奖励办法》，奖励农村信用社2.8万元，调动了金融机构支持县域经济发展的积极性。

（三）人民银行对货币政策的指导手段运用频繁

据了解，人民银行沧州辖内各县支行结合本地产业现状，均制定了本辖区金融支持地方经济发展指导意见；信贷投放专题研讨会、银企对接会、经济金融运行分析例会等组织频率加大，为企业融资搭建了平台。2009年4月，人民银行青县支行组织近百家中小企业参加的青县银企对接信息交流会，达成贷款意向1.5亿元，现场签订贷款意向9 400万元。截至2009年6月末签订意向的贷款全部到位，取得了明显效果。

（四）银行信贷产品创新，为企业融资敞开了大门

据调查，2008年以来，银行业加大了信贷产品创新步伐，辖内建设银行推出了“速贷通”、“成长之路”、“供应链贸易融资”等融资产品；信用社开办了“棉包抵押”、“存货质押”等产品；商业银行开发了“抵押循环”、“设备抵押”、“企业联保”、“应收账款质押”等贷款品种；中国银行开发了“汇利达”、“出口商品发票贴现”、“融信达”等产品。多元化的金融产品，为企业融资提供了可供选择的渠道。

（五）信贷规模增加，信贷营销力度加大，为企业融资带来了机会

据调查，国有商业银行信贷规模有所增加。如2008年11月，农业银行沧州市中心支行向任丘市支行下达了5 000万元的贴现任务，2009年又下达了3亿元的投放任务。基层行营销授信力度加大。建行华油支行新增评级授信客户11户，占总授信户数的52%；为任丘热电公司出具了贷款承诺书，对任丘污水处理厂出具了贷款意向书，为大广高速的施工单位设计了融资方案。任丘市农村信用社出台了《任丘联社贷款投放竞赛考核办法》，调动了基层社营销积极性。2009年新增授信企业124户，授信额度12 000万元；开展信贷调查、辅导企业150余家。工行河间市支行2009年6月获总行批准恢复2004年停办的中小企业贷款业务，单笔放款达1 000万元。农行对县域小企业的授信额度也放大到1 000万元，并推出了小企业简式快速放款方式，对单户信用总额200万元以内的小企业可直接授信和办理贷款业务。农村信用社贷款和授信审批权限单户最高达2 500万元，单笔最高达1 500万元。农行吴桥县支行在事隔15年之后于2009年4月发放了第一笔中小企业贷款200万元。

（六）部分银行成立了小企业贷款管理机构，努力构筑了小企业贷款绿色通道

2008年11月26日，国务院总理温家宝主持召开国务院常务会议，提出“抓紧完善中小企业担保体系，健全中小企业金融服务机制”。国有银行为贯彻会议精神，成立了不同形式的中小企业贷款专营机构。如农业银行沧洲市中心支行专门成立“三农”贷款业务部，督导县支行信贷投放工作；中行沧州市中心支行专门成立了授信团队，常驻任丘、黄骅，负责任丘、油区业务，简化了审贷程序；建行华油支行成立了中小企业贷款管理部，专门负责中小企业融资服务。

（七）项目建设投资成为银行投资热点

中央采取了积极的财政政策和适度宽松的货币政策，政府 4 万亿元的经济刺激计划投向的铁路、公路、基础建设和城市建设等大项目，也成为银行投资的热点。辖内大广高速建设处在起步阶段，项目资金会存在短期缺口。但辖内各行均表现出较高的投放热情，与项目单位积极接洽，资金需求将不成问题。再如近期任丘市国资办出资成立了城建投资有限公司，主要面向市政工程项目，预计资金缺口 11 亿元，工行华油支行已向其放贷 1.5 亿元，其他银行也都有贷款意向。河间辖内得到了省建投的 9 750 万元的委托贷款。黄骅市正在建设投资 8.3 亿元、总长 41.3 公里的“四横两纵”道路工程，与中捷实现东西对接，拓展城市发展空间 30 平方公里，各行均有融资意向。

三、适度宽松货币政策下，企业融资环境未根本改善

在适度宽松的政策下，政府、中央银行、各商业银行都表现出了极大的热情，营造了增加投资的利好氛围。但新增贷款向低风险的大项目、大企业集中，中小企业尤其是小企业由于受诸多因素影响，融资难问题不会因政策宽松迎刃而解。

（一）抵押担保难依然是关键制约因素

在沧州市，民营企业是经济支撑，且多分布在农村，许多企业经营状况可谓良好。但其厂房占地多为承包地或集体用地。农村集体土地流转机制落后，法律规定此类土地不符合金融机构抵押条件，担保体系又不健全，从而限制了金融机构的信贷投放。我们调查辖内任丘市资金需求 100 万元以上的此类企业 50 家，目前均未获得贷款支持。

（二）适度宽松货币政策下，银行贷款利率并没有降低

据调查了解，各行贷款上浮政策没有改变，且定价权全部在上级行。如农村信用社仍执行上浮 65% 的政策，与货币政策从紧时持平。政策宽松，利率高位运行，也容易使企业对贷款望洋兴叹。

（三）适度宽松政策，不等于银行放松放贷条件

一是授信权仍控制在总行或省行，分支行无权给予授信。企业办理银行授信难度大，审批时间长。调查中，企业普遍抱怨贷款手续烦琐，效率低。二是

问责制过于严格影响了放贷积极性。据调查，除农业银行外，责任追究制度均未改变。三是虽然中央银行已经出台相关政策鼓励商业银行增加对中小企业的贷款，但各商业银行为了资金安全，往往集中力量抓大客户，而不愿向中小企业放贷。同时银行大多喜欢大额贷款而忽视额度小、频率高的中小企业贷款，贷款集中度愈来愈高。如任丘市新增 5.5 亿元贷款，涉及企业仅 34 家，仅占规模企业的 17.34%，占全部企业（19 620 家）的 0.17%。另外，工商银行、中国银行等商业银行在部分县市基本没有发放企业贷款。截至 2009 年 6 月末，工行青县支行 6 822 万元和中行青县支行 9 823 万元贷款全部为个人消费贷款，对中小企业的信贷支持为 0。

（四）中小企业的直接融资渠道狭窄

我国没有发展起包括风险投资、商业信贷、股票融资和债券融资的多层次的支持中小企业的金融市场体系，而目前股票市场也才刚刚起步，中小企业很难通过企业上市、发行债券等途径获得资金。银行贷款在中小企业融资中所占的比重大约在 75%，民间借贷占 20%，农村金融组织占 5%。任丘辖内只有京东集团符合上市条件，正在申请在二板市场上市。肃宁县成立了一家典当行，2008 年对中小企业融资 4 000 万元。

（五）企业现代管理机制不健全影响融资

目前，沧州市的私营企业虽然发展较快，但绝大部分企业仍为家族式、作坊式管理。企业自身存在产权不清，技术不精，经营及财务管理极不规范等问题。银行授信需要企业提供一系列资料，企业往往不能提供齐全。大部分企业认为手续繁杂而放弃申请。

（六）中小企业取得贷款中间环节烦琐、成本过高

中小企业要取得贷款，一般得通过土地、房管部门对抵押资产进行评估，通过公证部门对贷款进行认定；有的还要通过担保部门严格的抵押及反担保措施。抵押登记、评估手续极其繁杂、环节多，同时各种登记和评估的费用偏高的问题也比较突出。如肃宁三基环科利用一股东在县城的临街门店向农行县支行申请 200 万元贷款，走的是“简式快捷”（不需要通过农行市中心支行审贷会）方式，从申请到款项到手竟用了一个月的时间；仅房地产评估费就 17 000 多元，相当于一个多月的利息支出。

（七）市场竞争力较弱

大多数中小企业产品或服务层次低、缺乏核心竞争力，缺乏掌握先进技术的管理人才，缺乏科学的市场营销策略，难以及时根据市场需求调整产品结构，经营风险较大。个别中小企业存在不良信用记录。如某公司是肃宁县皮毛行业的一家龙头企业，由于多年前有不良信用记录，无法取得银行贷款支持，影响了企业的发展。

四、改善企业融资环境的建议

适度宽松的货币政策，需要有配套措施、相关政策予以支持，才能使经营好的中小企业更加顺畅地获得信贷支持。

（一）真正发挥贷款担保公司的作用，解决担保难问题

地方政府部门要在解决担保难问题上下真功夫，不走形式，不走过场。在财政投入的情况下，积极发动各方面力量，调动民营资本，使担保公司运作起来、运作好。

（二）实行优惠的利率政策

一方面银行要在适度宽松的政策下，舍小利，顾大局，尽力缩小利率上浮幅度；另一方面启动财政贴息政策，对农业、高科技含量、低污染企业贷款实行贴息。

（三）发展多种形式的融资机构

要加快发展适合于中小企业的小额贷款公司、村镇银行等金融组织，把中小企业民间借贷的形式纳入合法的民间金融机构体系，促使金融体系在竞争中不断完善和发展。

（四）推进社会信用体系建设

人民银行的征信系统建设，越来越受到商业银行、企业的赞誉，但势单力薄，总有孤掌难鸣、力不从心的感觉，需要地方政府相关部门积极配合，提供信息支持，建立完整的数据库，使企业、个人的违规信息时时受到监督，行为受到制约，逐步提高全民信用意识。只有良好的信用环境，才能使银行放贷有信心、有动力。

（五）企业要建立现代企业管理制度

经营管理要符合国家的产业政策和产业结构调整规划，提高内部管理水平，有完善的财务管理制度和科学的决策、用人机制，讲信用、讲道德，树立品牌形象。

（六）配套措施到位，构筑宽松金融政策下大宽松环境

建议政府各职能部门降低抵（质）押物的登记、评估费用，提高登记评估效率，降低企业贷款融资成本。法律部门加大打击逃废银行债务力度，净化市场环境，使适度宽松的金融政策有用武之地，才能真正优化企业融资环境，支持企业走出困境。

（作者单位：中国人民银行沧州市中心支行）

实现银行业与担保业协调发展的路径选择

杨建国

融资难、贷款难是制约中小企业发展的一个瓶颈问题。近几年来，在有关方面的大力支持和推动下，以中小企业信用担保机构为主体的担保业保持良好的发展势头，担保资金增加，业务能力增强，服务领域拓展，运行质量提高，企业和社会效益显著。人民银行廊坊市中心支行通过对辖内担保业近几年来业务发展状况进行调查，发现担保业目前还处在起步阶段，还存在着银行业与担保业协作难、风险补偿机制不健全等问题，制约着担保业的发展。

一、担保业发展的基本情况

截至2009年5月末，廊坊市共有担保机构31家，注册资金本12.9亿元。累计担保1 034笔，金额38.3亿元；担保责任余额8.1亿元。

为切实降低中小企业融资成本，部分地方政府制定了优惠的扶持政策。如辖内三河市政府规定：一是中小企业在经市中小企业信用担保中心给予贷款担保，使用土地、房产、机器设备等作反担保抵押的资产，经担保中心证明确认，可免除中介机构评估。二是中小企业可凭担保中心出具的证明，直接到市国土资源局、房产管理局、工商行政管理局等部门办理抵押登记手续。相关职能部门只收取工本费，不再收取其他相关费用。截至2009年5月末，这一措施累计为中小企业节省相关费用320万元，大大降低了企业融资成本。三是担保机构办理代偿、清偿、过户手续的费用，按照国家有关规定给予减免。四是税务部门按照《国家发展委、国家税务总局关于中小企业信用担保机构免征营业税有关问题的通知》（发改企业［2006］563号）的规定，对符合条件的信用担保机构实行免征三年营业税的优惠政策等。五是建立担保风险补偿制度。在担保市场发展初期，对发展担保业务有突出贡献的企业、个人给予一定物质、精神奖励，积极开拓担保市场。

二、银行业与担保公司合作发展现状

担保业发展壮大的过程就是担保业与银行业合作逐步密切的过程。与担保机构合作的银行业金融机构由最初的农村信用社一家机构，发展到所有商业银行的分支机构。银行与担保机构签订协作协议，将担保基金的放大比例定为1:5。

三、银行业与担保业合作取得的成果

（一）支持地方特色、支柱产业发展，有效解决中小企业融资难

2008 年，美国次贷危机引起世界金融风暴，严重影响了国内经济发展。在这种形势下，担保行业搭起了银行与中小企业对接平台，有效解决了中小企业融资瓶颈，帮助中小企业顺利度过“寒冬”，促进经济复苏。如河北福尔生物制药有限公司在获得贷款担保前，因没有流动资金已陷入停产境地。在担保公司为其提供累计 1 000 万元的贷款担保后，企业又重新步入了良性发展轨道。2006—2009 年 5 月累计实现销售收入 4.07 亿元，实现利润 0.57 亿元，上缴税金 0.37 亿元。三河冀东水泥有限责任公司由于流动资金不足，产能受到限制，公司正式投产以来连续几年亏损。在 2006—2008 年三年间获得总计 1 800 万元的贷款担保后，企业成功实现技改升级，效益大大提升，年均实现销售收入 2.29 亿元，实现利润 0.05 亿元，上缴税金 0.16 亿元。三河市宏达轧钢厂由于自有资金不足，导致新建的带钢生产线无法投入生产。在获得 1 000 万元的担保贷款扶持后，企业步入了良性发展的轨道，2008 年新增产值 2.45 亿元，新增纳税 0.02 亿元。

（二）降低贷款风险，促进银行业加大信贷投入

申请贷款担保的中小企业，大都达不到商业银行抵押担保的要求。而担保公司的董事会成员了解市场和企业，可为银行掌握借款人情况提供有益补充，既降低了贷款风险，又促进了银行业加大信贷投入。一是担保中心在为企业提供贷款担保扶持时，要求企业提供传统的反担保措施，并建立了企业法定代表人无限责任反担保承诺制度。担保中心在执行反担保措施时，坚持易监控、易变现、易于执行的原则。反担保方式如保证、抵押和质押可单独使用，也可结合使用，在一定程度上具有灵活性，尽量避免经营业绩良好的企业因反担保的条件不足而流失。企业的法定代表人同意签订“个人无限责任反担保承诺书”

情况下获得信用担保支持，既增强了企业法定代表人的信用意识，同时也是贷款本息按期归还的保障，降低了贷款风险。二是商业银行与担保机构签订担保协议时，担保机构承担100%的风险责任。在没有大的经济、金融波动的发生，商业银行的风险为零。所以，有担保公司进行担保，在一定程度上提高了商业银行的贷款投放的积极性。

（三）解决部分抵押、担保手续不完善的中小企业贷款手续问题，满足银行信贷投入的需要

担保公司有效解决了部分中小企业先天不足，抵押、担保手续不完善，抵押品不足等问题，满足了银行信贷投入的需要。如三河市宏达轧钢厂由于有效抵押品不足，未获得银行贷款。2008 年由于自有资金不足，导致新建的带钢生产线无法投入生产。在获得 1 000 万元的担保贷款扶持后，企业步入良性发展轨道。担保既为企业解决了燃眉之急，又满足了银行贷款投入的需要。

（四）银行业与担保业的合作产生较好的社会效益

截至 2009 年 5 月末，廊坊市 31 家中小企业信用担保中心已为 1 034 户中小企业提供了贷款担保，涉及制药业、加工业、制造业、装订印刷业、种养殖业等多个领域。担保贷款金额 38.3 亿元，担保责任余额 8.1 亿元，产生了良好的社会效益和经济效益。目前在保企业运营正常，没有违约现象发生。特别是获得贷款担保扶持的企业，都取得了明显的经济效益，累计增加销售收入 57.5 亿元，增加税收 1.1 亿元，累计增加就业 23 935 人次。

（五）激发了中小企业创业、创新的积极性

廊坊市中小企业在创造大量就业岗位，优化生产要素配置，带动产业转移和经济结构调整，推动体制创新和机制创新，保持经济活力和增长动力方面发挥了积极作用。中小企业经过几年的资本积累，形成了一大批拥有相当数量固定资产，但流动资金偏紧，迫切想发展而筹资无路的群体。国有商业银行的严格机制，将一些中小企业挡在了贷款门外。担保机构支持的中小企业贷款，像一场“及时雨”，解决了企业的燃眉之急。

（六）增强了企业的社会责任感和社会回报率

廊坊市中小企业中劳动密集型企业比例较高，就业成本低、容量大，创造了大量的新增就业岗位，加快了农村剩余劳动力的转移速度。由于对贷款提供担保的是政府出资的担保机构，企业都以取得政府信任和贷款为荣。这就激发

了企业回报社会的积极性。如长城医用设备公司为村里修路、安装路灯、绿化街道等，使该村成为当地第一个生态村。

（七）提升企业的管理能力

廊坊市中小企业多是由家族企业发展起来的。随着企业的发展和规模的扩大，许多企业面临管理瓶颈的约束。通过使用担保贷款，推动企业建立了现代管理制度，用健全规范的管理促进中小企业经营管理者的素质提升。

四、制约银行业与担保业合作的主要问题

（一）国有商业银行积极性不高，与担保机构合作普遍持审慎态度，制约担保业的发展

目前，担保机构与地方金融机构合作多，与国有商业银行合作少。按照规定，专业担保公司成立时间必须超过3年，有3年完整的财务数据，才有可能进入商业银行信用评级授信门槛。如某担保公司2007年7月成立，由于成立时间短，到目前为止还没有得到商业银行的授信，没有办理过担保业务，致使公司自成立以来亏损9.3万元。由于商业银行授信难，影响了担保公司的业务发展。目前，国有商业银行与担保机构合作普遍持审慎态度。截至目前，只有三河市一家工行支行与中小企业信用担保中心签订了协作协议，办理了1笔500万元的担保业务。其他商业银行分支机构只是与信用担保中心签订了协作协议的意向，没有开展业务合作。同时中小企业信用担保机构在和协作银行的合作中处于弱势地位。担保机构和商业银行的合作业务在银行贷款业务中占的比重非常小，银行的积极性不高。

（二）银行业与担保公司利益风险共担机制不健全，不利于长期合作发展

在担保风险的分担上，协作银行只要求权利而不愿承担义务，即要求担保机构承担100%的风险，而且要求的保证方式也是坚持有利于自身的连带责任保证方式，有违“平等互利、风险共担”的合作原则。如果担保机构不答应条件，则拒绝与之合作，严重影响了担保机构开展业务的积极性。国外信用担保机构一般承担80%的责任，这样有助于发挥银行的激励作用，避免风险过度集中于担保机构。而担保机构承担100%的风险责任，无疑使商业银行缺乏激励机制，不利于长期合作发展。

（三）担保机构的风险补偿机制尚不完善

目前，只有三河市出台了《有偿担保市场管理办法》，仅对专业担保公司自身风险补偿问题作了规定，即专业担保机构按照不超过当年年末担保责任余额1%的比例以及税后利润的一定比例提取风险准备金。风险准备金达到其注册资本金余额30%以上的，超出部分可转增资本金。担保人实际发生的代偿损失，可按照规定在担保人企业所得税前扣除。地方财政出资担保的，随着担保额扩大，逐渐扩大担保资本金，每年补充担保金应不低于担保资本金10%或担保金额的3%。而地方政府对民营担保机构的风险补偿金制度却没有建立起来。

（四）政企不分，责权利模糊增加担保机构与商业银行合作的障碍，制约担保业健康发展

首先，浓重的政府行为色彩，为担保机构与当地金融机构建立合作关系增加了障碍。某些中小企业信用担保中心是国有事业法人，注册资金完全为政府出资，每笔担保业务都必须通过政府主管领导审批签字后才能办理。这就决定了其经营摆脱不了政府的操控，自主决策难。一些与政府关系密切的企业向担保中心申请贷款担保，首先是找政府从中进行牵线搭桥，使得担保中心考察这样的企业进而作出担保决定时碍于政府的压力，失去客观公正性。而金融机构当今实行的是市场化运作，由于在以前尝尽了受政府干预影响而使自身形成大量不良贷款的苦头，为避免类似的风险产生，对与政府操控下的担保机构缺乏信任，戒备心较强。此因素是制约担保机构与商业银行建立合作关系重要因素之一。如三河市担保中心成立以后，曾与多家国有商业银行分支机构进行接触，但只与工行三河支行1家商业银行签订了合作协议。

其次，由于责权利模糊，担保机构积极拓展业务的主动性不强。目前，财政出资成立的担保中心从某种意义上讲并不是一个专门性的担保机构，其挂靠在财政部门，工作人员也全是由财政局人员兼任。没有担保任务完成指标的考核，业务开展的多与少不与工作人员利益挂钩。但如果因办理了业务而形成了风险，相关人员就要被追究责任。在这种管理体制及经营模式下，其工作人员不免产生多一事不如少一事的思想，没有积极深入企业进行宣传，主动拓展业务的意识淡泊。据对信用担保中心业务开展较好的三河市调查发现，有很多中小企业不知道三河市中小企业信用担保中心的存在，更不知道其功能及如何办理贷款担保。

五、政策建议

（一）积极推进中小企业信用制度和担保机构信息化建设

在中小企业信用担保协会建立担保公司统计报表制度，积极开展对中小企业信用担保机构的资信评级，依法规范其担保行为。制定必要的标准和实施细则，积极推进中小企业信用担保机构的信息化建设，研究和开发担保机构风险防范和控制系统，加快建立中小企业信用信息征集、信用等级评价体系，逐步实现中小企业信用信息查询、服务与共享的社会化。逐步建立在保和拟保中小企业的信用档案和数据库，提高在保和拟保中小企业信用意识和信用水平。各商业银行要加大对中小企业信用担保机构引用评级和授信力度，促进担保业的健康发展。

（二）完善风险补偿机制分散和化解担保风险

一是担保机构设立省级的再担保机构，对各县市的担保机构实行再担保，分散风险。二是在条件成熟时，地方政府给予民营担保机构年担保发生额1% ~ 2%的风险补偿金。补偿金由担保机构在每年年初提出申请，经过担保监管部门审查，地方政府审批后通过银行转账拨入担保机构账户。

（三）建立银行业与担保公司利益风险共担机制，促进长期合作健康发展

协作银行与担保机构按照平等互利、风险共担的原则开展业务。信用担保机构承担85% 的责任，商业银行承担15%的责任，这样有助于发挥双方的激励作用，避免风险过度集中于担保机构。实现利益风险共担，有利于建立长期合作发展关系。

（四）推进市场化运作，实行公司化管理，摆脱政府行政干预

为了摆脱政府行政行为的影响，避免行政干预，能够与金融机构建立良好的合作关系，担保中心应逐步走向市场，实行市场化运作。积极鼓励、支持和引导社会民间资本参股，多渠道筹措担保资金。建立以财政出资为主体、资金多元化的中小企业信用担保有限责任公司，使之真正办成自主经营、自担风险、自负盈亏、接受政府指导的市场经济主体。

（作者单位：中国人民银行廊坊市中心支行）

担保公司贷款担保业务存在的问题及政策建议

牛晓卓

近几年来，唐山市中小企业信用担保体系发展较快，对辖区经济金融发展发挥了一定的促进作用。截至2009年6月底，唐山市共有担保机构48家。其中国有独资、控股担保机构13家，民营担保机构35家。担保机构从业人员达到360人。日前，我们对唐山市担保公司运行情况重点是贷款担保业务开展情况进行了调查，基本情况如下：

一、唐山市担保行业发展现状

（一）注册资本及担保资金基本情况

唐山市48家担保机构分布在市区的有28家，县域担保机构20家。注册资本总额118 199万元，注册资本最高额为7 400万元，注册资本最低额为1 000万元。截至2009年6月底，唐山市48家担保机构累计筹集担保资金118 199万元。担保资金来源全部为担保机构自有注册资本金，其中各级财政投入担保资金34 539万元，占比为29.22%；民营资本投入83 660万元，占比为70.78%。2009年上半年，唐山市担保机构累计为中小企业提供贷款担保23 933万元。其中政策性担保机构累计担保额22 233万元，占比为92.90%；民营担保机构累计担保额为1 700万元，占比为7.10%。

（二）贷款担保业务开展情况

1. 银行发挥贷款担保业务的中介作用。虽然担保公司和中小企业对于贷款担保业务的开展均具有主动权，但唐山市担保公司的贷款担保业务多为银行从中介绍。这主要有以下几方面原因：一是对于银行而言，在充分了解企业情况的基础之上，为了保证资金安全更倾向于选择自身了解和信任的担保机构来为企业担保。二是对于担保机构而言，银行对企业进行授信之前必然对企业基本情况进行全面了解，最终选择授信的企业也必然是条件较好的企业，相当于银行替担保公司进行了第一轮的条件审核，所以担保公司更倾向于选择银行介绍的企业进行贷款担保。三是对于企业而言，其最终目的是获得一定资金来解决生产、营运过程中的资金短缺问题。对于担保问题，企业相信银行出于对自身资金安全的考虑当然会向企业推荐资质较高的担保公司，所以企业也基本上选择银行介绍的担保公司为自己进行担保。综合以上原因，这类银行从中介绍的担保业务成功率也相对较高。

2. 担保公司承担全部风险。就目前担保公司与银行合作情况来看，担保公司为企业贷款提供担保须在授信银行存入一定比例担保基金。一旦贷款逾期，银行直接从担保基金中扣除后，担保公司再自行向企业进行追偿。就担保公司和银行风险分担方面而言，担保公司承担100%的风险。

3. 担保公司收费依抵押物确定收费比例。以一年期贷款为例。目前，唐山市担保公司为企业提供贷款担保一般按担保数额的2% ~3%收取费用，具体比例依据企业提供的担保资产确定。如果担保资产是房屋等不动产，按照担保数额的2%左右进行收费；如果担保资产为汽车等动产则按照担保数额的3%左右进行收费。

4. 民营担保公司贷款担保业务开展缓慢。2008 年，唐山市担保机构累计为中小企业提供贷款担保61 313 万元。其中政策性担保机构累计担保额55 313 万元，占比为90.21%；民营担保机构累计担保额6 000 万元，占比为9.79%。2009 年上半年，唐山市担保机构累计为中小企业提供贷款担保23 933 万元。其中政策性担保机构累计担保额22 233 万元，占比为92.90%；民营担保机构累计担保额为1 700 万元，占比为7.10%。民营担保公司拥有全市70.78%的担保资金，提供贷款担保额度却不到全市贷款担保总额的10%。总体而言，民营担保公司贷款担保业务开展较为缓慢。

二、唐山市担保公司贷款担保业务开展过程中存在的问题及有关风险提示

（一）担保机构与银行合作不畅，民营担保公司发展受限

目前唐山市48 家担保机构仅有13 家国有独资、控股担保机构与辖内交通银行、市商业银行和部分县区农村信用社建立了合作关系，与四大国有商业银行以及新入驻的几家股份制银行均没有合作关系。辖内各银行尤其不愿与民营担保机构建立合作关系，也正是这种原因造成了如上所述民营担保公司贷款担保业务开展缓慢的局面，大大影响了民营担保公司担保资金的使用范围和利用效

率，一定程度上阻碍了民营担保机构的经营与发展。目前，民营担保公司的大部分担保资金只能用于贷款担保以外的其他业务，以尽可能地提高担保资金的利用效率。

（二）担保机构资金实力偏弱，资金来源渠道单一

截至2009年6月底，全市48家担保机构，注册资本总额为118 199万元，平均每家担保机构的担保资金2 462万元。按1:3的担保贷款比例放大后，每家担保机构的平均贷款担保金额仅为7 386万元；按1:5的担保贷款比例放大后，每家机构的平均贷款担保金额也仅为12 310万元。从资金来源渠道来看，48家担保机构担保资金全部来源于其自有注册资金，尚没有银行业金融机构为其提供贷款扩大担保资金规模。

（三）各家担保机构综合实力参差不齐，抗御风险能力各异

唐山市48家担保机构，注册资本最高的达7 400万元，最低的只有1 000万元。资金实力上的差距决定了业务开展及盈利能力也必然存在一定差距。资本水平不同，使各家机构经营实力和抗御风险能力各异。另外资金实力较强、规模较大的担保机构在人员的聘用和管理上也相对正规和科学，人员素质水平相对较高。由于担保类中介机构主要从事资金运营和资信核查业务，对从业经验和专业能力要求较高。各家中介机构因人员素质和管理水平不同，将会对担保业务的风险系数产生不同影响。因此，一些资金薄弱、管理水平低的中介机构，其担保业务则面临较高的风险。个别管理粗放、违规操作的中介机构可能会导致操作风险甚至道德风险。

（四）银行与担保机构风险分担比例不合理

唐山市银行与担保机构的合作关系中存在着风险分担不对等的现象，所开展的担保业务中均由担保机构承担100%风险，银行机构不承担任何风险，这种风险承担的分配比例对于担保机构来讲确实不合理。从银行角度来讲，投放任何一笔贷款都存在一定风险，即使是抵押贷款和质押贷款也不可能达到零风险，其贷前、贷后所采取的一系列措施都只是尽可能将风险降到最低。截至2009年6月末，全国商业银行不良贷款余额为5 181.3亿元，不良贷款率为1.77%。其中国有商业银行不良贷款余额为3 763.5亿元，不良贷款率为1.99%。而在由担保机构担保的贷款业务中银行却将风险全部转嫁给担保机构，这种合作机制显然是不合理的，有待进一步完善和加强。

（五）担保业务开展环境不尽完善

目前由于各商业银行正处于市场化转型的关键时期，经营策略不断调整。在信贷管理上，审批权限上收，形成向大企业、大项目倾斜的现象，缺乏有效满足小企业短、平、快资金需求特点的灵活贷款机制，使中小企业融资难上加难，制约了担保机构业务的开展。在调查中了解到，有些中小企业的项目得到担保机构的认可和基层银行认可。但由于基层银行无贷款权，须向上级行层层报批。审贷流程过长且是否能批准还是一个未知数，导致中小企业资金需求难以满足，担保机构也无法顺利开展业务，最终造成担保资金利用率相对较低。

三、措施与建议

（一）多渠道丰富担保公司资金来源，壮大担保公司规模

首先鼓励支持政府、企业和个人多元化投资，形成政策性担保机构、民营担保机构互为补充和促进的多元化发展的良好局面。其次适当时候可以引进域外资金，鼓励国内外投资机构设立担保公司，并给予一定待遇。

（二）建立健全担保公司的风险补偿机制，提高担保公司抗风险能力

建立担保公司的风险补偿机制。建议地方政府出台相关政策允许担保公司可按照其担保金额的一定比例定期、税前提取各项风险准备金。同时建立政府补偿机制。可采取政府财政预算资金注入增加资本金、优惠税率、税费先征后退等方法，多方面提高担保机构风险防范能力。

（三）担保行业要加大教育培训建设，提高员工整体素质

担保机构要加大引入精通法律、投融资、资产评估、财会和工商企业管理等方面知识人才的力度，同时加大员工的教育、培训、管理力度，完善用人机制，充分调动人才的积极性和创造性，整体提高担保行业人员综合素质，有效防范操作风险及道德风险。

（四）积极探索与其他金融机构合作的途径和方式

政府部门、各金融机构以及融资客户之间要从全局出发，提高认识，加强合作，共谋发展。政府部门要从宏观上积极组织、协调推动，引导银行业金融机构转变经营理念的同时也要对担保机构的业务行为进行相应规范，为融资担

保业务的快速发展创造良好环境。各金融机构要逐步改变做大不做小的经营观念，加强与各担保公司的业务往来，并把开展此项业务作为规避信贷风险的一项有效措施。同时银行业金融机构应积极探索制定和完善科学合理的放贷比例、贷款利率定价机制、严格的贷款审批程序和内部控制制度等，切实防范贷款风险，并与担保机构探索建立科学合理的风险分担机制，以此推动地方经济发展，实现政、银、企和担保公司的多赢。

（五）建议在某些方面给予担保公司与银行同等的待遇

建议授予担保公司登录征信系统对中小企业信用状况进行查询的权力，为担保公司方便、快捷和全面的了解中小企业有关情况畅通渠道。另外，为加大信贷投放、促进辖区经济发展，唐山市政府曾出台政策按照对中小企业信贷投放额度的一定比例对银行业金融机构进行奖励。建议对为此类贷款提供担保的担保公司也给予一定的奖励，提高担保公司发展贷款担保业务的积极性。

（六）尝试建立与小额贷款公司合作的机制

目前辖内的小额贷款公司发展逐渐规范，为解决中小企业和个人融资难问题作出了一定贡献。但由于目前小额贷款公司的资金来源全部为自有资本，在当前经济形势下，为确保资金安全，多数小额贷款公司放款比较谨慎，对贷款人条件要求较高，造成一定数量的资金需求者很难得到资金支持。据调查，截至2009年6月底，辖内23家小额贷款公司的注册资本总额为139 000万元，贷款余额为86 907万元，大约50 000万元资金未能充分利用。因此，在目前民营担保机构贷款担保业务发展较为缓慢的情况下，可以尝试建立与小额贷款公司的合作机制，为符合条件的资金需求者向小额贷款公司提供担保，与小额贷款公司相互间促进业务的发展，同时为进一步解决中小企业融资难问题开辟一条新路。

（七）设立再担保机构，完善贷款担保体系

为促进担保机构的健康发展，设立再担保机构是大势所趋。可以考虑由政府出资成立再担保机构，也可以将财政性担保公司逐渐转变成再担保机构，对担保机构的中小企业贷款担保业务提供再担保，以降低和分散担保风险，实现担保机构体系的健康可持续发展，为中小企业融资提供强有力的支撑。

（作者单位：中国人民银行唐山市中心支行）

来自冀、晋、蒙的三个国家级贫困县民间融资情况调查

任淑君

近年来，随着我国经济金融体制改革的不断深化，国有商业银行逐渐从县域经济中淡出，县域实体经济从正规金融机构融资渠道日趋萎缩。由此导致金融机构之外的融资即民间借贷渐趋活跃，而且在少数地方已成为经济发展的“原动力”，特别是对民营经济的发展起到了“加速器”的作用。为了解现行信贷政策和信贷管理机制下经济欠发达区域民间融资情况，分析和预测其发展趋势以及对经济和金融的影响，正确引导和规范民间借贷行为，我们对国家级贫困县即河北怀安县、山西灵丘县、内蒙古化德县三个不同地域民间融资情况进行了典型调查。

一、怀安、灵丘、化德县域民间融资现实状况、资金供求情况及主要特征

（一）县域民间融资现实状况

特征＼地域	怀安	化德	灵丘
借贷主体	农民、城镇居民、个体、民营企业	个体、私营小企业	农户、中小企业
借贷资金用途	农副业生产、经商、企业流动资金、生活消费	企业流动资金、个体经营	流动资金、投资入股、生活消费
融资规模	1 000 万～10 000 万元	1 万～30 万元	1 000 万～5 000 万元
借贷利率	0～50%	1.5%～20%	0～50%
借贷期限	1、3、6、12 个月	1、3、6、12 个月	1、3、6、12 个月

续表

特征＼地域	怀安	化德	灵丘
借款手续	借条、信用、担保人、房产抵押	借条、信用、担保人	借条、信用、担保人、房产抵押
资金来源	自有资金、银行贷款	自有资金	自有资金
借贷性质	主动、被动	主动、被动	主动、被动

（二）资金供需基本情况

通过对三县的各10户中小企业、15户个体工商户、50户农户的抽样调查测算发现，2008年、2009年上半年金融机构的市场满足率如表1所示：

表1　　怀安、化德、灵丘三县资金供需基本情况

内容＼区域	怀安		化德		灵丘		合计	
	2008年	2009年6月	2008年	2009年6月	2008年	2009年6月	2008年	2009年6月
企业资金需求（万元）	4 000	5 000	2 000	3 000	6 000	7 500	12 000	15 500
金融机构信贷资金（万元）	2 500	3 000	960	1 150	2 650	3 560	6 110	7 710
信贷资金满足率（%）	62.5	60	48	38.33	44.17	47.47	50.9	50
个体资金需求（万元）	360	450	250	320	450	600	1 060	1 370
金融机构信贷资金（万元）	85	125	35	65	156	250	276	440
信贷资金满足率（%）	23.61	27.78	14	20.31	34.67	41.66	26	32
农户资金需求（万元）	45	50	35	45	60	85	140	180
金融机构信贷资金（万元）	15	25	30	43	55	80	100	148
信贷资金满足率（%）	33.33	50	85.71	95.56	91.67	94.12	71.4	82.22

由表1可以看出，被调查的中小企业和农户融资规模不断扩大，而金融机

构信贷资金难以满足需求。民间融资金额由过去的小额借贷发展到现在的一定规模。企业民间融资金额一般在10万元以上，化德县最大额为30万元，怀安县最大额为100万元，灵丘县最大额为5 000万元。多数为面向职工集资借款，少数发生在企业之间或私营业主之间。个体工商户单笔借贷金额1万～10万元的已属普遍现象，单笔借贷金额超过10万元以上的也大有人在。农户限于农村经济的特点，其借贷金额相对较小，范围在100～10 000元。但随着现阶段农村经济的搞活，借贷金额也日趋增大。

调查发现，化德县共有农行、建行、农业发展银行、邮政储蓄、联社5家金融机构，灵丘和怀安均设有工行、农行、建行、农业发展银行、邮政储蓄、联社6家金融机构。三县2008年、2009年上半年国有商业银行对中小企业和个体工商户新增信贷为零，只有联社和邮政储蓄银行进行了支持，但支持量难以满足客户的资金需求。2008年、2009年上半年，由于人民银行化德县支行、人民银行灵丘县支行发放了支农再贷款，使农户资金需求基本得到满足。

（三）县域民间融资主要特点

据对三县各10户中小企业、15户个体工商户、20户城镇居民、50户农户的抽样调查，民间融资呈现以下特点：

1. 借贷主体呈现多元化。调查显示，三县民间借贷已渗透到城乡各个角落。化德、灵丘县多发生于中小型民营、私营企业和个体工商户。怀安县尤为宽泛，参与借贷的不仅有农民、城镇居民、个体工商户、民营企业，而且还有农村集体组织、机关事业单位的干部或职工。

2. 借贷资金用途发生变化。调查表明，民间借贷的资金用于农副业生产、经商和企业流资的比例远远大于用于生活消费的比例。据对化德县有民间融资行为的部分私营企业、个体工商户调查，借贷资金用途主要用于企业流资、个体经商；灵丘县在此基础上延伸到投资入股、生活消费；怀安县的用途更广泛，按比重依次为企业流资、经商、农副业生产、小额生活所需、医疗、教育和其他应急之需。值得提及的是，借贷资金用途比重正好和过去甚至与解放前相反，表明现在借贷的生产和经营成分已明显大于生活和应急成分，民间借贷已融入经济发展潮流当中。

3. 借贷利率、期限较灵活。调查了解到，民间借贷利率呈现多种利率并存的局面。大多数借贷利率高于金融机构同档次贷款利率，借贷年息在10%～50%，多发生在私营企业和从事煤炭转运、各种运输经营等个体业者间。因为这部分借贷资金周转快，获利空间相对大。有的借贷利率低于或等于金融机构的一年期贷款利率，有的甚至按同期存款利率计息或无偿使用。期限也较灵活，由双方视借款用途和收益等协商而定，短期居多，1 年期较为普遍。

4. 部分借贷手续日趋规范化。民间借贷已由过去的隐蔽型转为目前的半公开型或公开型，借贷双方之间认为其行为属于正常的经济活动，而且借贷双方的风险意识明显增强。在具体实施和操作过程中，不仅立字为据，有的甚至还要求有第三者作保。保证也由口头承诺的信用形式向契约化的信用形式转化，少数采用房产抵押方式。

5. 借贷资金来源成分复杂。从调查情况看，民间借贷资金来源主要有三大渠道：一是民间资本积累。传统的资本积累是借贷资金的主要来源，成为民间借贷资金的主渠道，主要包括居民或个体私营企业积累。二是金融机构信贷资金。据对怀安县调查发现，近年来，由于金融产品不断创新，信贷产品利率呈现多样化，贷款利率利差大，银行信贷资金进入民间借贷市场，出现个别“低贷高放”的逐利现象。调查了解到，有的居民通过银行以 4.158% 的利率取得住房消费贷款后，又以 10% 的利率贷给个体经营者，从中获取利差。三是其他资金来源。

6. 借贷逐步由被动向主动转变。民间借贷虽然由来已久，但调查表明，经济欠发达地区的民间融资与过去相比，其特征和性质也发生了明显变化，一般由传统意义上的被动型借贷向主动型借贷转变。虽然被动型民间借贷仍有不小市场，但主动型更呈快速增长趋势。对三县有借贷关系的各 50 家农户调查显示，属于解困和应急的被动性借贷的分别占 24%、32%、38%，其余均为生产、经营和投资性的主动借贷户。

二、造成目前民间融资活跃的主要原因

民间融资之所以长期存在，并呈现活跃态势，从对怀安、化德、灵丘县的调查看，主要有以下原因：

（一）国有商业银行机构收缩和信贷机制的转变

近两年，国有商业银行在经济欠发达地区淡出后，原来所支持的乡镇企业、个体私营经济、种养加专业户的贷款需求得不到满足，城乡居民和个体经济的筹资渠道也减少了，无疑会短期地、局部地助长民间融资的发展。据对怀安县 2008—2009 年上半年信贷投放情况调查，2008 年银行类金融机构贷款新增 57 675 万元（农业银行股份制改革剥离 20 000 万元），其中投向国电怀安热电场76 000 万元，其他中小企业、个体工商户、农户为空白；2009 年上半年贷款减少 10 038 万元。灵丘县 2008 年工行、农行、建行对中小企业、个体工商户、

农户新增贷款为零；2009 年上半年对中小企业新增 7 200 万元，农户 21 万元，个体工商户空白。

（二）借款主体难以满足贷款需求

由于国有商业银行机构收缩，其基本停止了在县域的信贷投入；邮政储蓄银行刚刚成立，支持民营经济、农户微弱；农村信用社依然是农村信贷主体。但当前国有商业银行、邮政储蓄、农村信用社和人寿保险机构分争社会资金，使得农村信用社有限的信贷资金捉襟见肘。据对怀安 50 户农户融资构成情况的调查看，2008 年、2009 年上半年农户资金需求量分别为 40 万元、50 万元，资金获取总量分别为 24.95 万元、32.25 万元，分别占需求总量的 62.37% 和 64.5%。其中资金获取量中信贷资金（信用社贷款）分别为 15 万元和 25 万元，只占资金获取量的 60.12% 和 77.5%。而 22% ~40% 的资金是来自民间融资，还有近 40% 的资金缺口。另外，目前农村信用社信贷品种单一与农村的实际资金需求结构存在矛盾。2008 年、2009 年上半年，办理农村消费贷款即商业性助学贷款 5 万元和 0 万元，下岗失业人员小额担保贷款 30 户 88 万元。现实与需求的矛盾自然促成简便、快捷的民间融资异常活跃。

（三）借贷手续的差异

与金融机构信贷相比，民间借贷减少了好多繁杂的手续。据调查了解，民间借贷最简便的手续就是一句话、一个条、一个手印。即使是复杂的，也不过是再找个担保人或证明人参与其中，少数有办理房产抵押。而银行或信用社贷款手续则繁杂。因此，农户急需用钱往往通过亲戚或朋友私下借贷。曾有农民感叹而言："民间借贷好比'及时雨'，办理起来既省时来又省力。有的贷款是救急的，民间借贷做到了。"

（四）担保物制约了贷款能力

欠发达地区农民家庭自身物质生活水平低，信贷所需担保抵押物缺少，制约了其向金融机构信贷筹资的能力。以农村信用社为例，其信贷投向是以"三农"为主。除部分信用户外，为防止信贷风险，普遍推行了存单、住房等抵押贷款。一些无担保抵押物的农民，就很难得到建房、就医、婚丧等贷款支持，而不得不求助于民间借贷。此现象在怀安尤为突出。

（五）农村缺乏有效的投资渠道

贫困地区城乡居民投资渠道匮乏，可供个人选择的投资工具少，银行、信用社储蓄仍是多数居民首选的投资方式。而目前居民储蓄存款实行的低利率，获利微薄。在这种情况下，一些存款大户就把资金投向了民间借贷，以达到利润最大化。这也是造成民间借贷快速发展的主要原因。

三、目前民间借贷存在的问题及其影响

（一）民间借贷造成储蓄存款分流

民间借贷利率高，必然吸引大批的投资者，致使一部分社会资金被分流，引发金融机构存款“搬家”，容易诱发地下钱庄、地下银行的滋生，扰乱正常的金融秩序，对金融业的稳定产生一定影响。在对怀安县左卫信用社信贷支持的尖台寨村较富裕的5个村庄的调查中了解到，10万~20万元以上存款大户有40~75户。为加大获利空间，部分存款投入到民间借贷，致使左卫信用社2008年储蓄存款被分流用于民间借贷的约1 200万元，占当年该社储蓄存款余额的30.66%。

（二）民间借贷利率缺乏有效约束

部分民间借贷利率高于金融机构贷款利率浮动上限，有的民间借贷利率高出国家法定基准利率的8倍。据调查，灵丘县部分生产锰、锡矿的中小企业在无法从金融机构取得信贷支持时，只有以高利贷的方式筹集资金。高利贷这种现象的出现，一方面加重了借贷者的债务负担，导致债台高筑；另一方面直接扰乱区域金融秩序。

（三）无序的民间借贷影响社会稳定

近年来，因民间借贷引发的借贷纠纷也呈上升趋势，增加了社会不稳定因素。来自怀安县法院的调查显示：2005—2008年受理的欠款案件中属民间借贷的案件分别为5件、19件、37件、41件，呈逐年倍增之势。从柴沟堡镇法庭的调查资料看，2008年共受理欠款案件32件，其中属民间借贷的案件20件，占比为62.5%。

（四）民间借贷盲目发展

从调查可以看出，目前的民间借贷是一种自发性信用活动，没有组织管理机构，缺乏制约保障机制，是一种较为落后的信用方式。有关部门至今没有建立一套适合民间信贷风险防范的法律规范，特别是保护借贷人债权的法律不健

全，没有个人担保、破产、信用制裁等方面的法律规范，民间借贷风险控制难以落实，很容易造成一些借款人钻法律的空子，恶意逃废债务，使得民间借贷行为随意性、盲目性很大。

四、民间融资存在的必要性及其发展趋势分析

民间融资在银行和信用社所不及的领域和范围内起到了拾遗补阙、取长补短的作用。特别是在目前相应信用机制不健全的情况下，民间融资的存在和发展，有着重要的价值和实际意义，并随着经济多元化发展其空间将日趋不断扩大。从现阶段实际情况看，民间融资还存在诸多问题和弊端，必须给予正确引导，合理规范管理，并且将其量度控制在合理的范围内。从当前民间融资日益活跃来看，说明它正以客观的、难以阻挡之势向前发展，对民间融资所能够采取的措施只有积极的“扬弃”而不能是消极的“禁止”。从长远的发展趋势看，当民间资本积累达到一定规模，必然出现民间金融组织。在广泛的农村经济中，将出现民间金融组织与农村信用社并驾齐驱的态势。

五、引导和合理规范民间融资行为的建议

（一）政府部门要加强引导

地方政府应整合现有的政府职能部门的力量和资源，成立民间资本运作的专业化机构，来组织和引导民间资本的发展；制定相关的法规、政策，对民间融资行为予以法律层面上的肯定，使之合法化、公开化，并使其逐步走上制度化和规范化的轨道。

（二）加快民间信贷立法

通过立法逐步规范民间融资行为，使民间借贷这一特定的融资方式能够真正发挥作用。有关部门要尽快建立一套适合民间信贷风险防范的法律规范，特别是建立健全保护借贷人债权的法律，制定出个人担保、破产、信用制裁等方面的法律。对民间借贷易发生风险的环节制定严格的规章制度，比如完善债权债务手续，完备法律形式要件，抵押登记等。要具体规定民间借贷的利率范围，界定高利贷，并进行广泛的法律宣传。

（三）加快发展地方民间金融组织

地方政府一是要积极地依照银监会、人民银行联合发布的《关于小额贷款公司试点的指导意见》，筹备成立地方小额贷款公司，使处于成长型的中小企业直接得到贷款。而小额贷款公司可依托中小企业的发展，将自身业务做大做强，实现双赢。二是要积极支持农民合作经济组织的发展，以填补农村金融市场空缺，为发展经济的农民“贷”入助力，达到支持“三农”目的。

（四）发挥监管部门作用

一是要正确引导国有商业银行进一步完善信贷机制和经营战略，既拣选“西瓜”，也兼顾“芝麻”。在集中对“大”而“优”信贷支持的同时，要对基层行适度授权，增加对中小民营经济和个体经济的信贷投入。二是要深化农村信用社改革，引导农村信用社进一步发挥农村信贷主力军的作用，简化贷款手续、增加信贷投入，创新信贷品种。三是要建立民间资本运作体系和服务体系，引导民间资本合理规范使用并向多渠道流动。四是人民银行要设定民间借贷利率浮动区间，防止高利贷。

（作者单位：中国人民银行张家口市中心支行）

从紧货币政策下基层商业银行经营行为变化探析

王惠民

伴随着2008年从紧货币政策的实施，承德市银行业金融机构的经营行为也发生了一些变化，这些变化必将对承德市经济金融运行产生一定的影响。如何在新的形势下引导银行业金融机构认真贯彻执行国家的货币信贷政策，是人民银行基层行面临和必须认真研究的课题。

一、从紧货币政策下承德市银行业金融机构的经营行为凸显变化

（一）贷款投向国家支持的、溢价高的行业和企业，利率水平整体走高

在国家实施从紧货币政策、严控信贷规模情况下，银行业金融机构为了追求利润，在贷款投向上从国家限制的、溢价低的行业和企业退出，重点投向国家支持的、溢价高的行业和企业。如承德市商业银行从上市公司露露集团中退出，工商银行承德市分行取消了利率下浮的优惠政策。2008年第一季度，承德市农村信用社发放的6个月、6个月至1年和1~3年期限三个档次贷款的加权平均利率较上年同期分别高2.518个百分点、2.839个百分点和3.3417个百分点；承德市商业银行发放的6个月、6个月至1年和1~3年期限各个档次贷款的加权平均利率较上年同期分别提高0.6649个百分点、2.3717个百分点和2.17个百分点。同时，由于贴现业务期限较短，易受信贷规模压缩影响，2008年贴现利率一直在较高的水平上运行。2008年第一季度，贴现加权平均利率较上年同期提高了4.02~7.44个百分点。

（二）注重中间业务拓展，实现较快发展

随着信贷规划的刚性控制，银行业金融机构越来越认识到拓展中间业务的重要性，投入更多的精力拓展中间业务工作，促进了中间业务的快速发展。2008年第一季度，承德市四家国有商业银行分行的中间业务在2007年实现较大

幅度增长、2008 年第一季度股指震荡下行、基金交易低位运行的情况下仍实现了较快增长，共实现中间业务收入 5 367.72 万元，同比增长 127.23%。中间业务收入占主营业务收入的比重达 7.6%，同比提高 2.2 个百分点。

表 1　承德市四家国有商业银行分行 2008 年第一季度中间业务收入统计表

单位：万元，%

项目	金额	同比增长
支付结算业务收入	584.85	108.33
银行卡业务收入	967.51	40.72
代理业务收入	1 000.17	176.57
担保承诺业务收入	271.82	697.13
融资顾问业务收入	1 280.43	322.18
其他业务收入	1 262.94	81.72
其中：代理基金收入	1 066.48	104.62
合计	5 367.72	127.23

（三）地方法人金融机构全国银行间债券市场交易从无到有，渐有起色

从 2007 年 10 月开始，受信贷规划的刚性控制和流动性过剩的影响，承德市商业银行为增加收益开始参与全国银行间债券市场的债券交易。2008 年第一季度，承德市商业银行共办理债券回购业务 105 015 万元，实现收益 45 万元。

（四）地方法人金融机构贷款投放季中"鼓肚子"现象明显

从紧的货币政策实施以来，地方法人金融机构的信贷投放受到了信贷规划的刚性控制。为了增加利润和留住客户，有些机构便在季末不超过信贷规划的前提下，季中"鼓肚子"多投放贷款。承德市商业银行 2008 年 1 月、2 月分别超出信贷规划放款 2 423 万元和 9 804 万元。宽城县农村信用联社 2008 年 2 月超出信贷规划放款 1 347 万元。

二、银行业金融机构经营行为变化对地方经济金融产生的影响

（一）有利于以信贷结构调整促进经济结构调整，支持地方经济实现又好又快发展

各银行业金融机构在贯彻执行从紧货币政策过程中认真落实有保有压的原

则，通过严格信贷政策、贷款溢价等手段将有限的金融资源配置向国家重点支持的“三农”、中小企业、自主创新企业、节能环保、助学、再就业等领域。同时，积极推进劣质客户退出进程，对国家重点调控的行业、企业从严控制贷款投放。银行业金融机构信贷结构的调整有利于促进地方经济结构的调整，为支持地方经济实现又好又快发展奠定了基础。

（二）有利于银行业金融机构提高资产收益水平，改善收益结构

银行业金融机构中间业务的快速发展，地方法人金融机构参与全国银行间债券市场交易的渐有起色，有利于提高银行业金融机构的资产收益水平，改善收益结构和促进银行业金融机构健康、稳定和可持续发展。

（三）有利于促进金融市场的发展

地方法人金融机构参与全国银行间债券市场的债券交易，在增加收益、缓解流动性过剩状况的同时，也有利于促进金融市场的发展。

（四）地方法人金融机构贷款投放季中“鼓肚子”现象，不利于地方经济平稳健康发展

贷款投放季中“鼓肚子”现象容易形成贷款的骤放骤收，造成企业特别是中小企业资金链条断裂，既弱化了人民银行宏观调控政策的效果，同时，也不利于地方经济的平稳健康发展。

三、几点建议

（一）通过多种方式引导银行业金融机构正确贯彻执行从紧的货币政策

人民银行要围绕贯彻执行从紧货币政策过程中出现的新情况、新问题，通过经济金融形势分析会议、约见地方法人金融机构代表人谈话、风险提示等多种方式，有针对性地对银行业金融机构进行窗口指导和道义劝说，提高正确贯彻执行从紧货币政策的有效性。要加强对地方法人金融机构信贷规划执行的监测工作。对于关系民生类的贷款，可在季度信贷规划不足的情况下允许适当季中“鼓肚子”予以支持；对于非关系民生类的贷款，要坚决执行人民银行下达的季度信贷规划，防止地方法人金融机构将季中“鼓肚子”作为常用手段来逃避人民银行的宏观调控，避免给企业和地方经济发展造成大的波动。

（二）大力发展中间业务，提高银行业金融机构的盈利能力和服务水平

大力发展中间业务，既是银行业金融机构不断提高金融服务水平、更好地满足客户多层次金融服务需求的需要，也是银行业金融机构提高盈利水平、增强自身竞争力的需要。因此，各银行业金融机构要充分利用实施从紧货币政策的有利时机，下大力气解决中间业务发展“短板”问题。一是要继续巩固、发展传统的中间业务，不断提高服务水平。二是要加强市场调研，根据企业、城乡居民的服务需求积极研发、推广新的中间业务品种。通过创新中间业务品种，不断壮大市场份额，促进中间业务的快速发展和银行业金融机构竞争能力的增强。

（三）培育和发展金融市场，提高银行业金融机构的资金运用能力

一是积极培育金融市场参与主体，鼓励、发展地方法人金融机构成为全国银行间同业拆借市场、全国银行间债券市场交易成员，进一步提高地方法人金融机构在从紧货币政策下自主运用资金的能力，在缓解信贷规划控制和流动性过剩压力的同时，促进金融市场的快速发展。二是加大短期融资券的宣传、推介力度，加强对债券市场、票据市场、外汇市场和黄金市场的分析监测，促进金融市场业务规范发展。三是进入全国银行间同业拆借市场、全国银行间债券市场的银行业金融机构要加强市场交易人才的培训和培养，不断提高参与市场交易的能力和水平。

（作者单位：中国人民银行承德市中心支行）

浅析金融机构操作风险成因及对策

武运慈　刘　鹏

由美国次级债引发的金融危机造成了全球性的金融恐慌，并对实体经济产生严重影响，一大批有着百年历史的金融机构如雷曼兄弟公司纷纷倒闭，另外美国 AIG 银行及欧洲的一些金融机构在政府巨额资助下还在苦渡难关。虽然引发此次金融危机的主要原因是信用风险，但同时也应该看到，在信用风险的背后，还隐藏着监管部门对金融衍生品业务监管不力、金融机构内部流程缺失、关键岗位及人员监管失控等操作风险的问题。2008 年 1 月 23 日，法国第二大银行法国兴业银行宣布，由于该银行交易员杰罗姆·凯维埃尔进行的未经授权的交易，导致该行损失 49 亿欧元。这是一起典型的银行操作风险事件。

一、法国兴业银行交易员未经授权造成巨额亏损事件

（一）事件回顾

法国兴业银行成立于 1864 年，距今已有 145 年历史，是法国第二大银行。该行在 82 个国家设有分支机构，员工数达到 15. 1 万人，是法国金融业的一个支柱，是欧元区排名第四的金融集团。可就是这样一个具有悠久历史的老牌银行，却在 2008 年 1 月 21 日，确认银行内部员工凯维埃尔 500 亿欧元股指期货交易头寸未被授权，通过对这些头寸进行紧急平仓，最终造成了银行史上最大的损失——49 亿欧元。该事件爆发后，使得法国兴业银行几乎重蹈 1995 年 2 月 26 日英国老牌银行巴林银行倒闭的覆辙。巴林银行成立于 1763 年，至 1995 年倒闭时已有 230 多年历史，因该行新加坡分行交易员尼克·里森越权违规交易形成损失 22. 1 亿新加坡元而被迫倒闭。

（二）事件过程

该起事件的主谋是在法国兴业银行公司及投资银行部工作的交易人员凯维埃尔。从事后调查来看，该事件与 1992 年巴林银行新加坡分行交易员尼克·里森手法惊人相似，如出一辙。其实早在 2005 年凯维埃尔就开始第一次违规交

易，同时利用虚假交易对冲真实交易的手法来掩盖其违规行为。在 2007 年 3 月 15 日至 8 月 30 日之间，凯维埃尔总共进行了 15 万笔交易，总额达到 300 亿欧元。而在 9 月 11 日下旬，他的交易总额又增加了一倍，达到了近 35 万笔。截至 2008 年 1 月 16 日，凯维埃尔投资的股指期货的头寸达到 500 亿欧元，一举超过了当时法国兴业银行 359 亿欧元的总市值。而直到法国兴业银行因次贷危机对一家大银行客户收紧贷款时，才发现凯维埃尔曾盗用该客户账户，进行过虚拟交易的行为。进而追查核实，最终使这一严重的违规事件得以暴露。

（三）事件背后原因

1. 风险监控系统存在盲点。按照规定，银行的证券或期货交易员实行交易时，都会受到资金额度的严格限制。法国兴业银行内部风险控制措施很严，但在中台 5 年的工作经验使得凯维埃尔深谙法国兴业银行内部风险控制的程序以及步骤。他所采取的一系列舞弊手段之所以能够得逞，得益于法国兴业银行风险管控系统中的两大盲点：一是系统只监控交易员的净头寸，而不限制套利“单边”交易的总头寸。二是系统只反映欧洲交易所提供的汇总数据，而没有体现细分到每一个交易员的交易头寸数据。不能否认，法国兴业银行有着非常严密的风险管理体系，却依然存在着制度漏洞。事实说明，再严密的规章制度，再安全的电脑软件，都可能存在漏洞、死角。对银行系统的风险控制，绝不能掉以轻心。

2. 对各种交易风险信号未引起重视。其实在凯维埃尔违规操作的 3 年期间，相关部门已经发出多起操作风险信号，但未引起重视。一是法国兴业银行特别委员会调查报告事后披露：2006 年 6 月到 2008 年 1 月，风控系统对凯维埃尔的各种交易发出过 75 次警报，其中在 2007 年由于其交易量的膨胀，警报越来越频繁，平均每月达到 5 次以上。但法国兴业银行有关部门对上述风险信号却未引起足够重视。二是欧洲期货交易所在 2007 年 11 月也曾对凯维埃尔的交易行为提出了警告，法国兴业银行也曾对凯维埃尔的行为提出过质疑，但都被凯维埃尔使用伪造文件搪塞过去，相关部门也未深究。

3. 对关键人物及关键岗位失查。在法国兴业银行内部，监控人员的地位较低，不敢对凯维埃尔某些违规行为进行质疑。另外，凯维埃尔在 2007 年只休假 4 天，该行为明显与正常情况不符。这样的反常行为也未引起法国兴业银行有关部门注意，对其排查力度显然不够。

但总体来看，前期凯维埃尔为法国兴业银行带来的 15 亿欧元的盈利业绩，也许才是上级主管及风险管理部门对其违规行为漠然视之的真正原因。

二、操作风险定义、特点及危害性

长期以来，社会各界对银行业的风险管理都聚焦于信用风险和市场风险，而对操作风险并未予以足够的重视，对其认识和管理都处于较低水平。然而，随着金融管制的放松、银行经营业务范围及产品的多样化和复杂化，操作风险的破坏力和影响力愈发显现，对其研究和管理也迫在眉睫。在此背景下，2004年的巴塞尔新资本协议规范了操作风险的定义，并提出操作风险的最低资本要求，为各国银行业加强操作风险管理敲响警钟和提供指导。中国银监会也于2007年6月发布了《商业银行操作风险管理指引》，为加强银行业操作风险管理、推进完善银行业公司治理结构、提升风险管理能力提供指导。

（一）操作风险的定义

巴塞尔银行监管委员会对操作风险的正式定义是：由于不完善或有问题的内部程序、人员、系统或外部事件导致的直接或间接损失的风险。此定义包括法律风险，但排除策略风险和声誉风险。我国银监会对操作风险的正式定义是：指由不完善或有问题的内部程序、员工和信息科技系统，以及外部事件所造成损失的风险。本定义所指操作风险包括法律风险，但不包括策略风险和声誉风险。

通俗地讲，操作风险就是银行因办理业务或内部管理出现差错，需要对客户做出补偿或赔偿；以及由于内部人员监守自盗，外部人员欺诈得手；电子系统硬件软件发生故障，网络遭到黑客侵袭；通信、电力中断，地震、恐怖袭击等原因导致损失的银行风险，统称为操作风险。

（二）操作风险的特征

与信用风险和市场风险相比，操作风险具有四个明显特征：

一是内生性。操作风险四大成因中，人员、流程、系统三个成因均可视为内生因素。而内生因素带来的风险，难以在事前充分预期。即使建立相对完善的内控制度和监督检查机制，也难以充分预计未来持续期内的所有变动因素并彻底杜绝内部舞弊所造成的违法犯罪行为。操作风险内生性客观上也就要求从事风险管理的部门及人员必须具备一定独立性。

二是分散性。操作风险管理实际上覆盖了银行经营管理中几乎所有方面的不同风险，既包括发生频率高、造成损失相对较低的日常业务流程处理上的小错误，也包括发生频率低、造成损失相对较高的大规模舞弊、自然灾害等，而且操作风险与各类风险相互交叠，涉及面极广。操作风险分散性要求操作风险管理必须覆盖各级机构、各业务条线。因此，各业务及管理部门必须作为风险管理框架体系中的第一道防线，防范各自职责范围内的操作风险。

三是多样性。操作风险的分散性，客观上也就决定了其多样性。各类操作风险事件前后之间有关联，但是单个的操作风险因素与操作性损失之间并不存在可以定量界定的数量关系，并且单个的操作风险因素不受盈利的驱动，不易分散，不易量化。不同类型的操作风险具有各自具体的特性，难以用一种方法对各类操作风险进行准确的识别和计量。操作风险的多样性的特点，也就要求操作风险管理必须分级分类和标准化管理。

四是复杂性和隐蔽性。由于引起操作风险的因素较复杂，如产品的复杂性、产品营销渠道的拓展、人员流动以及规章制度的变化等都可能引起操作风险，因此，银行风险管理部门实际工作中难以确定哪些因素对于操作风险管理来说是最重要的。而通常可以监测和识别的操作风险，与由此可能导致的损失的规模、频率之间又不存在直接关系。操作风险复杂性和隐蔽性也就决定了各家金融机构对其管理存在一定难度。

结合上述四个特征分析，操作风险是一个涉及面非常广的范畴。因此，操作风险管理绝不仅仅是风险管理部门和内部审计部门的事情，而应该涵盖银行内部所有部门。

（三）操作风险的危害

由于操作风险是一种管理成本，与收益又没有必然联系，从经营角度看，经营管理者尤其是高层领导者较为关心的是业务发展和盈利的提升，而容易放松对操作风险的监管。另外，操作风险又具备隐蔽性和滞后性，常常会以其他的形式显露出来，其识别和发现存在一定难度，不容易引起管理者的重视。但由于操作风险对信用风险及市场风险有放大作用，造成的危害十分巨大。美国纽约联邦储备银行主席杰拉德·科瑞根曾警告说："事实上，或迟或早，某个金融机构将为一个较低的风险管理系统付出代价，因为它迟早会给该金融机构造成致命的财务或名誉损失。"（见 1999 年高盛集团、瑞银华宝德威《风险管理实务》英文版序言）

在 20 世纪 90 年代以后，国内金融机构操作风险问题越来越突出，而且近几年有加速暴露的趋势。2005 年某行黑龙江河松街支行 10 亿元诈骗案、某行北京分行的 6.45 亿元按揭贷款骗贷案，2006 年深圳某行违法放贷总额 15 亿元案、某行广东开平支行前行长 4.82 亿美元资金挪用案，以及 2007 年某行邯郸分行 5 095万元的盗窃金库案等。这些案件只是银行业操作风险中的一部分，大量的损失金额较小的操作风险还没有披露。据银监会披露，仅在2004年就处罚违规机构2 202个，处分相关人员4 538人，涉嫌案件274起，违规金额高达5 840亿元。2005年共查出金融机构违规金额7 671亿元，处罚违规金融机构1 205个，处理金融机构违规人员6 826人，取消高级管理人员任职资格325人。我国银行业操作风险的严重性令人担忧。

三、我国商业银行目前面临的主要操作风险诱因

（一）公司治理结构有待健全

我国国有银行股份制改造起步相对较晚，公司治理结构也有待进一步健全，存在的问题表现在以下几个方面：一是内部制衡机制不完善。董事会、监事会、经营管理层之间的制衡机制还未真正建立起来，一些重大事项的议事流程还未理顺。二是内部控制能力逐级衰减。部分国有商业银行依然是“五级”直线式管理架构。由于内部管理链条过长，信息不对称，总行对分支机构的控制力层层衰减，管理漏洞比较多。从近年银行违规事件分析，基层人员涉案率一直居高不下也可以得到印证。三是距流程银行的要求还有较大差距。上级与下级之间、部门与部门之间还需要协调，长期目标与短期目标之间、激励机制与约束机制之间还存在一定矛盾。

（二）内控管理机制基础依然薄弱

近几年我国商业银行在内控管理上做了大量工作，狠抓案件专项治理、风险防范及内控管理工作，并取得了显著成效。大要案得到控制，内控形势有了明显好转。但从各种内外部检查情况看，各行在业务经营管理中还存在大量问题，反映出商业银行的内控合规状况并没有得到根本性改善，内控管理基础依然很薄弱，内控管理的整体水平与股份公司的内在要求和外部监管要求还有较大差距。主要表现：一是合规文化缺失，执行力偏弱。商业银行还未真正形成合规文化，员工普遍缺乏自觉合规和主动合规的意识，“以信任代替管理、以习惯代替制度、以情面代替纪律”的积弊未被根除，制度执行不力问题依然突出。二是内控机制不完善，控制力不足。在内控手段上，总体上仍以“人控”为主，过度依赖员工自身的道德约束，没有充分发挥程序和系统的“机控”作用。在流程控制上，偏重事后监督检查，缺乏事前预防和事中介入的有效途径。通常是在问题出现以后才设法堵塞漏洞或进行惩处，问题常抓常有，甚至有些问题屡查屡犯。三是在内控制度上，规章制度虽多，但有些制度缺乏协调性、实用

性和操作性。内部控制考核的方式还不尽科学，对各级行经营行为的约束力不强，未能形成有效的激励约束机制。

（三）风险管理体系不健全

一套清晰完整的全面风险管理体系核心框架应包括“明确的全面风险管理战略、独立集中的风险管理组织架构、全面完整的风险管理制度体系、先进的风险管理系统及真实的历史数据”四项内容。各商业银行经过这几年的改革，虽已相继建立了垂直的内部审计体系，建立了风险管理委员会，统一领导操作风险管理等，但与建设现代金融企业的内在要求相比，还有很大的差距。

（四）操作风险管理方法及技术落后

操作风险所具备的分散性、多样性、复杂性等特性，决定了对操作风险的管理应该是各家金融机构风险管理工作中一个永恒的主题，也是风险管理工作的重点和难点。由于国内银行业全面风险管理工作起步较晚，加上前期对操作风险的重视程度不够，可供参考的历史信息欠缺等因素影响，使得各家金融机构操作风险的管理方法、工具模型，与国外先进银行相比还有较大的差距。各家金融机构应借鉴国际先进经验并运用现代科技手段，逐步建立覆盖所有业务类别操作风险的监控、评价和预警系统，识别和评估所有当前和未来潜在的操作风险及其性质，并为操作风险的损失计量提供依据。

四、农业银行应对操作风险的主要措施

针对目前严峻的内外部形势，农业银行对各种操作风险事件积极应对，并结合股改上市的有关要求及农业银行的特点，在防范操作风险方面进行了积极探索，并取得初步成效。

（一）完善公司治理结构

完善的公司治理结构是现代企业应该具备的基本要求。农业银行按照面向“三农”、整体改制、商业运作、择机上市的股份制改革总体原则，明确了完善公司治理结构是农业银行股份制改革的核心和关键。2009 年 1 月 16 日，农业银行挂牌成立为股份制公司，并按现代金融企业制的要求，构建起了股东大会、董事会、监事会和高级管理层（通常称为“三会一层”）制度，完善了公司治理结构，并初步建立以“三会一层”为主体的组织架构和保证各机构独立运作、有效制衡的制度安排，建立了科学、高效的决策、激励和约束机制。

（二）构建完善的全面风险管理体系

构建完善的全面风险管理体系既是外部监管部门对农业银行的监管要求，也是农业银行自身内部管理的要求。为此，农业银行制定了《中国农业银行全面风险管理体系建设纲要》，并以贯彻纲要为契机，从风险管理的战略、政策制度、组织体系、工具方法、文化等几个方面，逐步构建并完善全行全面风险管理体系。首先从风险管理政策制度建设着手，明确了行业信贷、专业审批、风险分类、交易控制、行为规范、资本保障六方面政策，确立农业银行全面风险管理应遵循的基本原则和总体要求，并以此作为全行风险管理的根本准则和制定业务管理办法的基本依据。其次从风险管理组织体系来看，按照矩阵分布，集中管控、全员参与、全面覆盖的要求，全面梳理、合理界定各部门管理工作职责，明确汇报线路，建立全面、独立、垂直的风险管理组织架构，为全行的风险管理提供组织保障。另外在风险管理工具方面，在现有风险管理工具的基础上，进一步丰富和完善信用风险内部评级法、市场风险内部评级法、操作风险管理工具和计量、经济资本计量、内部资本充足评估程序、压力测试、数据及信息系统七大工具，为各项业务风险的计量、考核、防控提供依据。

对于操作风险，农业银行按照“横向到边，纵向到底”的原则，构建起三道防范体系，各业务条线及业务管理部门作为第一道防线，风险管理部作为第二道防线，纪检、监察部门作为第三道防线，对各自管理职责范围内的操作风险进行防控。

（三）强化内控机制建设

针对相对薄弱的内控基础，农业银行一直坚持抓合规、控风险、促发展的内控管理理念，以构建内控管理长效机制为重点，统筹全行内控资源，事前防范、事中控制和事后监督有机结合，强化监督检查，逐步完善内控体系，不断提升内控管理水平。一是继续完善内控管理体制。内控合规部门在保持审计工作的独立性和权威性基础上，通过进一步明晰各二级分行和驻在行内控合规办事处的职责，建立内控合规工作报告制度等措施，最终使内控合规工作实现分散管理向集中管理，条线管理向系统控制，被动合规向主动合规，事后监督扩展到事前和事中控制的四个转变。二是继续加大监督检查力度，防范和控制经营风险。根据不同地区、行业和产品的风险状况，精心制订检查计划，统筹全行合规管理资源，合理安排检查频率，有效开展合规检查。通过改进综合检查、专项检查、整体移位、责任审计、内控评价、现场非现场检查等方式手段，及时发现和暴露违规行为和合规风险隐患，加强对分支行高级管理人员和关键岗位人员的责任审计力度，最终促进被检查单位不断提高内控合规管理水平。三是全面落实各项检查问题的整改工作。明确实行整改主责任人制度。重大问题行长为整改主责任人，一般问题主管行长为整改主责任人。坚持“谁检查、谁督办”的整改督办机制，加大督办力度，确保各类问题全部及时整改到位。

（四）提升制度执行力

一定程度上，防范操作风险最有效的办法就是制定尽可能详尽的业务规章制度和操作流程，并提高制度执行力。一是农业银行在对全行规章制度进行梳理的基础上，将柜面业务规章制度全部细化为操作流程并及时进行更新。通过内部网上线运行，使每位柜员都能够便利地查询各项制度，对柜员日常操作具有非常强的指导作用，有效地规避了柜员因制度理解不到位而引发的操作风险。另外，农业银行非柜面业务的操作流程也正在进行梳理。全部操作流程上线后，基本能够涵盖各岗位现行的全部业务流程，使全行员工能速查了解某项业务的具体办理方法、依据。二是初步构建起防范操作风险的报告制度，并建立与法律部门、监察部门、运营部门、保卫部门等专业风险管理部门的合作机制，协助银行高层有效防范操作风险。通过出台操作风险报告相关制度，对各业务条线主管部门及各级经营机构监测发现的操作风险的上报、流转、处理做出明确规定，努力实现操作风险从事后处置向事前防范、事中控制转变。三是待全行各业务条线操作风险点梳理完备后，根据不同岗位制定简明的操作风险管理手册，使每名员工都能够方便地对本业务条线的风险点进行查询对比，并熟知某种操作风险发生后，处理和上报的流程及要求，全面提高风险管理制度的可操作性和执行力。

（五）完善操作风险评估技术

为准确识别和计量操作风险，农业银行充分吸取借鉴国内外先进行的操作风险评估技术及数据模型，初步构建起了操作风险报告系统。一是将农业银行操作报告制度的有关要求嵌入该系统，对操作风险事件发现、上报、后续跟踪、利用等各个环节均进行了规范。二是从操作风险四大成因入手，将巴塞尔委员会确定的七种操作风险类型进行了细化，同时根据操作风险影响程度的不同，将操作风险分为多种级次。三是对各业务条线的操作风险点进行组合优化，动态维护，使其指向性更为清晰。四是按照操作风险资本高级计量法对损失数据的要求、收集、存储操作风险的内外部数据，建立操作风险损失数据库，并对该系统进行不断优化。通过完善操作风险评估技术，使农业银行操作风险的管理能力得到较大提升。

（六）加强风险控制文化建设

风险控制文化是指全体员工在从事业务活动时遵守统一的行为规范。农业银行在风险控制文化方面主要做了以下几方面工作：一是倡导和强化全员风险意识。引导全行员工树立对风险管理的认同感，让每一位员工认识到自身岗位上存在的风险点，形成防范风险的第一道屏障。二是进行守则教育。农业银行制定了《中国农业银行员工行为守则》，阐述了一系列体现制度精髓和行业实际的原则，规范员工应具备的职业操守和应履行的主要责任。通过学习，将“爱岗敬业、诚实守信、勤勉尽职、依法合规”的职业操守贯彻到每位员工日常工作中去。三是加强培训。通过多种培训方式和手段，将现代风险管理的知识和理念向各业务部门及员工进行传达，使其能够理解掌握全面风险管理意义及重要性。通过上述努力，使所有员工都能清晰了解本行的操作风险管理政策，从而对风险的敏感程度、承受水平、控制手段有足够的理解和掌握。

（作者单位：中国农业银行河北省分行）

风险处置篇

关于不良资产化解处置的几点思考

于培军

2008 年下半年开始，全球经济进入下行周期，由美国次贷危机逐步演变成为全球金融危机和国际经济危机。欧美发达国家相继陷入经济衰退，经济出现了负增长。发展中国家经济增长的步伐也明显放缓，我国经济也承受了前所未有的压力。在外部冲击和内部因素叠加作用下，中国经济结束了连续五年的高增长态势，进入了调整周期，企业盈利能力下降，社会投资信心不足，资产价值普遍缩水。在这种经济、金融等外部环境趋于恶化的时期，金融资产处置的成交率和成交价格势必会受到影响。如何有效做好金融资产处置工作，真正化解风险，抵御外部环境给资产处置带来的冲击，是当前亟待解决的难题。下面结合农业银行近几年来资产处置工作的实际，谈几点个人见解。

一、不良资产的主要成因

银行不良资产形成原因很复杂，相关因素也很多。主要成因可概括为三个方面：一是政策因素。如计划经济体制下原有投资体制的弊端，地方政府对银行的行政干预等。二是内部因素。主要是前些年银行自身的产权单一、公司治理结构欠缺和经营管理不善。如忽视科学决策，片面追求市场份额、规模效益，信贷管理上的内控机制不健全、缺乏必要的风险约束机制等，造成了一些信用风险、道德风险和投资失误，极大地损害了银行资产质量。三是外部因素。如企业投资决策失误造成大面积亏损、企业改制过程中银行债务悬空和逃废等。实际上，造成不良资产的这些原因常常是密切相关、共同作用的，从本质上看，国有商业银行的不良资产主要是由于对国有企业发放的带有隐性财政补贴性质的贷款造成的。随着 20 世纪 90 年代国内市场由卖方向买方的转化，国有企业出现大面积亏损。在高负债和软预算约束的制度环境下，企业的亏损便直接转化为银行的不良资产。而在 90 年代后期国内需求明显不足，国有企业的经营陷入了困境，不断增加的巨额不良资产已逐渐成为国有商业银行面临的严重挑战。笔者认为，企业的产权结构和政府角色定位是解释国有商业银行不良贷款成因的第一变量，银行自身经营管理不善则是第二变量。

二、不良资产处置的主要制约因素

（一）外部环境因素

第一，社会信用环境不佳。目前我国社会信用观念虽有一定的改观，但仍比较薄弱。部分企业法人或自然人信用观念淡薄，认为银行的资金是国家的，往往将贷款挤占挪用，或利用改制、破产、兼并、多头开户等手段千方百计逃废银行债务。一些地方政府也没有完全摆正在市场经济活动中的位置，过多地干预经济活动的现象依然存在，缺乏大局观念，只考虑地方、部门利益而置银行利益于不顾，在一定程度上为企业逃废银行债务开了“绿灯”。同时，由于存在一定的法律制度障碍，致使依法惩处、打击不力，助长了失信毁约的蔓延。第二，授信企业缺乏现实偿还能力。目前，银行不良资产中的大部分授信企业都形成于计划经济时期和经济过热时期，承受市场风险的能力很差。在市场经济条件下，这些企业中的许多企业由于经营机制不活、管理水平低下、历史包袱过重、生产工艺落后、产品质量低劣等原因，经营效益持续大幅下滑，无力偿还债务。即使存在抵押资产，由于是企业职工生存的主要来源，若依法清收，来自各方面的压力较大，难以执行。第三，相关费用标准过高，银行和企业难以承受。一是抵押登记费用高，使一些企业在办理抵押贷款中没有足够的资金办理各种手续，造成无效抵押或抵押物不足值。二是抵押物及抵债资产的接收、处置过程中，相关费用太高，商业银行难以承受。三是重复纳税。银行在信贷活动中，按照权责发生制已经按规定缴纳了相关税负，但在资产接收和处置过程中还需再次缴纳占标的物一定比例的税金。第四，银行间无序的竞争。银行间的不规范、不公正竞争，也为一些授信企业骗取银行贷款、蓄意逃废债务提供了赖以生存的社会空间，使多头开户、多头贷款、重复抵押、虚假担保、贷款不还等不正当行为屡禁不止，严重损害了银行的利益。

（二）内部管理因素

一是不良资产化解缺乏有效手段。目前，国有商业银行不良资产化解所采取的手段基本局限于清收、重组、盘活、核销和扩大贷款总量降低不良占比等传统手段，但仅靠这些手段已不足以解决现有的不良贷款问题。如受自身财力所限，呆账核销无法作为处置占比过高的不良贷款的主要途径；清收、重组、盘活一般只适用于那些具有一定还款能力或具备再生能力的企业，而对那些完全失去再生能力的企业，并不是有效的处置手段。二是管理缺陷导致对不良资产控制乏力。主要包括：风险评价体系有待进一步完善。从前些年商业银行贷款风险评价体系来看，定性、静态、局部的分析多，定量、动态、全局的分析少，难以对贷款风险作出科学准确的分析判断，无法确保借款决策的正确性和安全性。贷款管理机制落后，自我约束力不强。擅自放宽贷款条件，重贷轻管，重放轻收，贷后管理不严，责任追究不力等问题时有发生，导致不断产生新的不良贷款。借新还旧的技术转化也掩盖了贷款的真实风险。特别是部分基层行为完成压缩不良贷款和收息指标等要求，办理借新还旧手续，甚至人为地调整数据，从而掩盖了贷款的真实风险，致使贷款在企业的长期周转使用中逐步损耗，最终变风险为损失。三是信息不对称，造成贷后管理的漏洞。面对复杂变化的外部社会环境，银行没有能够完全深入企业进行贷后跟踪，了解企业的实际经营状况而被表面的繁荣所迷惑，造成信息误导，陷入了被动局面，导致事实风险的形成。

三、农业银行资产处置工作面临的困难与机遇

2009 年初，农业银行正式完成了股份制改革，并全面完成了 2007 年底前存量不良资产的剥离处置工作。与工行、中行、建行三家国有商业银行股份制改革中不良资产剥离给资产管理公司不同的是，农业银行不良资产剥离后，没给相应的长城资产管理公司，而是由财政部委托农业银行进行管理和处置，由农业银行代理履行债权人和资产所有人义务。因此，目前农业银行实际承担着委托和自营不良资产处置的双重任务。特别是财政部委托处置的资产，形成时间较长，加之实施剥离造成债务人还款意愿下降等原因，都将使处置工作变得更加艰巨。

但是，在充分认识严峻形势的同时，也应该看到难得的发展机遇。一方面，为应对金融危机，国家及时出台了各项扩大内需的政策措施。目前政策效应已经开始显现，企业资金紧张局面得到一定程度改善，财务负担得到降低。从总体上看，国内经济长期向好的趋势没有改变。另一方面，通过财务重组，农业银行从根本上消化了沉重的不良资产包袱，自营不良资产压降压力有所缓解，财政部委托农业银行处置已剥离不良资产，有利于提高处置回收价值。此外，农业银行总行和一级、二级分行均成立了专门的委托资产处置机构，更加有利于提高资产处置效率和专业化水平。这些都为顺利开展资产处置工作提供了良好的外部环境和内部条件。

四、处理好资产处置工作中的几个关系

农业银行承担财政部委托处置剥离不良资产的职责后，财政部给予农业银行资产管理公司的一些处置政策。如何充分有效利用政策，进一步提高资产处置回收率，降低处置成本，提高处置效率，成为农业银行有效履行财政部委托职能和做好自营不良资产处置工作的重中之重。当前，不良资产处置工作所面临的社会信用、行政司法等外部环境仍不尽人意，而外部环境的好坏又直接影响着不良资产的处置效率和效益。因此，在不断创新处置手段，完善内部激励约束机制的同时，正确处理好与债务人、当地政府、人民法院、市场投资者及其他业内机构的关系，努力营造资产处置的良好外部环境，对不良资产处置工作有着非常重要的意义。

（一）处理好与债务人的关系

债务人、担保人是不良贷款处置的相对人，其还款意愿和对债务处理所持的态度，是不良资产处置效率和效果的决定性因素。债务人、担保人对不良资产处置工作的配合程度，还会直接影响处置成本的大小。若债务人、担保人具有较好的还款意愿和积极的债务处理态度，就容易在不良资产处置方案上达成共识，容易通过债务重组、协商处置等方式解决，有利于达到处置双方共赢的目标，实现社会稳定和公共资源的最佳配置。否则，就只能采取法律诉讼、债权转让等强制性或不得已的处置方式，从而延长处置过程，错失最佳处置时机，增加处置成本，并最终影响到处置回收效果。因此，在不良资产处置过程中，正确处理好与债务人、担保人的关系至关重要。一方面，要主动地向债务人、担保人宣传党和国家关于不良资产处置的相关处置政策，使债务人、担保人消除顾虑，以积极的态度配合银行做好不良贷款的处置及善后工作，使企业达到结清历史债务、轻装上阵的目的。另一方面，要切实纠正社会上一些债务人、担保人错误地认为银行不良资产剥离即是清算核销的片面认识。对有偿债能力而恶意逃废债务的行为，应采取强制措施进行坚决抵制和有力打击，以重塑社会信用，改善金融生态环境。

（二）处理好与地方政府的关系

在不良资产处置过程中，能否取得各级地方政府的理解和支持，是做好不良资产处置工作的关键因素。特别是对国有企业不良资产的处理过程中，若有地方政府的参与和协调，将有利于兼顾金融债权人受偿、职工安置等社会稳定

问题和企业发展等方面的利益，能够实现金融债权人、政府和债务企业多赢的处置目标。这不仅有利于加快不良资产处置进程，提高处置效率，降低社会交易成本，防止国有资产流失，也能从源头上抑制资产处置过程中的寻租行为，有效防范处置工作中产生道德风险。同时，处理好与地方政府的关系，取得地方政府的理解、支持和配合，对社会信用体系的建设、金融生态环境的改善、交易市场的培育以及处置中介市场的规范管理等将产生积极的作用。如果没有地方政府的参与和支持，不良资产处置工作将难以有效开展。同时，在不良资产处置中，为掌握债务人经营状况和资产（抵押）情况，也离不开工商、土地、房产等政府部门的支持和配合。

（三）处理好与司法机关的关系

当前我国社会信用体系尚不健全、信用机制尚不完善、信用管理缺失的问题仍不同程度地存在，反映到金融不良资产处置中，主要体现为企业逃废金融债务的现象十分突出。近年来的处置实践表明，不良资产处置与管理项目中约有80%为涉诉项目，也就是说，绝大部分项目是通过法律这一手段进行处置的。人民法院对不良资产处置工作的支持程度和执行力度，直接决定着国有资产能否有效保全，成为影响不良资产处置工作成败的重要因素。因此，必须处理好与受案法院的关系。要主动向法院汇报案情，积极提供财产线索，配合人民法院做好执行过程中的沟通协调工作，取得人民法院的理解、支持与配合，打击恶意逃废债等不良信用行为，共同防止国有资产流失，重塑社会信用秩序。

（四）处理好与市场投资者的关系

在处置不良资产过程中，银行与市场投资者既是转让人与受让人的关系，又是不良资产销售过程中“批发商”与“分销商”的关系。能否处理好与投资者的关系，直接关系到不良资产处置市场的培育和发展问题。如果没有一个日益壮大的、本土化的不良资产处置市场和多层次的市场参与主体，就无法有效地处置数额巨大的金融不良资产。处理好与市场投资者的关系，当前应重点做好三方面的工作：一是树立不良资产处置中双赢甚至多赢的处置理念。不断完善不良资产定价机制，防止资产定价严重脱离实际的倾向。批发前要有市场询价过程，使资产定价贴近市场实际，给投资者预留一定的盈利空间。如果一味盲目地追求处置回收率，资产定价不切实际，投资者成本过高，盈利空间很小，将使投资者从资产处置市场中退出，不利于不良资产处置市场和投资主体的培育。二是在资产处置过程中应牢固树立服务理念。既要做好资产处置工作的售前服务，也要高度重视处置成交后的售后服务。比如，在资产处置过程中应主动协助投资者进行执行主体变更、产权过户、接受投资者的咨询、提供必要的帮助等，减少投资者资产处置工作的障碍，防止出现一卖了之的现象，避免引发法律纠纷。三是要加强与投资者的双向沟通和信息交流，充分听取投资者对资产处置的意见和建议，重视不良资产产品的设计与开发，完善产品功能，丰富产品交易结构，积极尝试不良资产委托代理处置等新型处置方式，满足市场投资者多样化的需求。

（五）处理好与资产管理公司等其他业内机构的关系

处理好与业内其他处置机构关系的必要性，在于商业银行与其他资产处置机构，都以最大限度地保全资产、减少损失作为经营目标，并承载着有效化解金融风险，健全社会信用秩序的共同历史使命。这就决定了银行在不良资产处置过程中有必要与业内其他机构进行信息沟通、配合协调和联手合作。如建立资产处置联席会议制度等必要的资产处置联络沟通机制；建立同区域的沟通与合作通道，构筑处置信息共享平台；在共有债权项目处置中采取相互委托、相互收购、联手合作处置等。通过信息资源共享，参照同业的经验教训，取长补短，从而达到减少处置失误、降低处置成本、提高处置效率的目的，防止在资产处置中出现竞相压价和恶性竞争的局面。

总之，在共同的不良资产处置业务领域中，有必要通过多渠道、多方式、全方位地进行业内处置合作，联手协作维权，信息共享，从而减少重复劳动，最大限度地降低处置成本，提高处置效率和回收率，维护国家整体利益，使不良资产处置的社会效益得以最大化。

（作者单位：中国农业银行河北省分行）

城市商业银行金融风险处置研究

李艳霞

2008年以来，世界经济金融形势复杂多变，美国次贷危机所引发的国际金融危机引起全球金融市场剧烈动荡，其影响仍在扩大。在复杂的国际环境下，党中央、国务院及时调整宏观调控政策，出台有力措施，扩大国内需求，我国国民经济仍然保持平稳较快增长，金融运行基本稳定。金融市场也整体上保持了健康快速的发展势头，为我国经济应对外部冲击的不利影响提供了有力支撑。同时伴随的金融风险也随之增大增多，尤其是对于规模相对较小的城市商业银行，如何认清当前现状，构建良好有效的金融风险处置机制，推进金融稳定工作成为我国城市商业银行亟待解决的问题。

一、城市商业银行金融风险处置现状

近年来，城市商业银行保持了良好的发展势头，风险状况也有所改善。为化解风险，城市商业银行不断完善公司治理，引进境外战略投资者，全面提升了综合竞争能力。在内部管理方面，一些城市商业银行试行了规范的公司治理结构，并在引进境外战略投资者和国外先进银行管理技术方面进行了大胆探索。目前，全国已有多个城市商业银行及城市信用社拟进行合并组建新银行。在风险处置方面，各地城市商业银行相继开展了以资产剥离和置换、增资扩股、完善公司治理、健全内部控制机制为主要内容的综合治理工作，并逐步完善了风险监测预警体系。部分地区城市商业银行风险处置措施正在逐步制定和落实，部分地方政府主动以优质资产置换不良资产的方式帮助城市商业银行化解由历史原因形成的资产风险。经过近年来的改革和发展，一些城市商业银行的资本充足率和流动性比率等指标有所改善，整体竞争能力进一步提升。

据统计显示，截至2008年末，全国135家城市商业银行历年共处置不良资产1 878.4亿元。其中信贷资产1 514.4亿元。非信贷资产364亿元。总体上看，城市商业银行金融风险处置呈现以下特点：

从时间上来看，2003年以前，全国城市商业银行共处置不良资产226.5亿元，占历年处置总额的12.1%；其中信贷资产206.5亿元，非信贷资产20亿元。2003年以来，全国城市商业银行共处置不良资产1 651.9亿元，占历年处置总额的87.9%。其中信贷资产1 307.9亿元，占历年信贷资产处置总额的86.4%；非信贷资产344亿元，占历年非信贷资产处置总额的94.5%。2008年全国城市商业银行不良资产处置的力度进一步加大，全年共处置不良资产320.1亿元。其中信贷资产238.7亿元，非信贷资产81.4亿元。

从地域分布上看，据最新统计，珠三角地区金融风险高，处置难度大；京津唐地区风险相对较小。辽宁省辖内的12家城市商业银行历年共处置不良资产167.1亿元，居全国之首；北京、河南、山东辖内城市商业银行历年分别处置不良资产149.2亿元、146.2亿元、142.3亿元，位居全国前列。

从单个城市商业银行机构来看，北京的商业银行金融风险处置力度最大，历年处置的不良资产为全国城市商业银行之最，高达149.2亿元；上海的商业银行次之，共处置不良资产80.9亿元；2008年完成合并重组的吉林的商业银行位居第三，共处置不良资产78.6亿元。

经过多年的风险处置，2008年城市商业银行平均不良贷款率下降至2.5%以内，接近国际先进银行水平，并且实现整体和单体资本充足率达标，其中整体资本充足率达到13.11%。城市商业银行群体资产质量不断优化，资本充足水平不断提高，风险抵御能力不断增强，为其稳健经营和发展奠定了坚实基础。

加快城市商业银行风险处置，既是有效化解金融风险，提高我国银行业整体经营管理水平和综合竞争力的现实选择，也是积极应对各类风险和危机的冲击，保持银行平稳较快发展的战略举措。银监会成立以来，高度重视城市商业银行风险处置工作，坚持“管法人、管风险、管内控、提高透明度”的监管理念和“准确分类—提足拨备—做实利润—资本充足率达标”的监管思路，把有效防范和化解以城市商业银行为主体的金融机构的风险作为监管工作的重中之重，推动城市商业银行进一步明确风险处置工作原则和目标，加大处置力度，创新处置方式，加快风险处置进程，风险处置取得了显著成效。近几年来，在地方政府的大力支持下，城市商业银行风险处置工作虽然取得了历史性进展，在实现城市商业银行自身发展的同时，为维护地方金融稳定和促进社会经济发展发挥了重要作用，但在新一轮金融危机冲击下，也面临巨大的挑战。

二、城市商业银行金融风险处置分析

城市商业银行的金融风险处置是一项复杂而系统的工程。其中，不良资产的处置问题一直是城市商业银行金融风险处置的核心内容。因此本部分拟从不良资产的处置方面对我国城市商业银行金融风险处置进行分析。

（一）城市商业银行金融风险处置方式

城市商业银行风险处置主要包括以下几种方式：一是资产置换。这是风险处置的最主要方式。全国城市商业银行通过资产置换方式历年共处置不良资产933.5亿元。其中，2003年到2009年的6年间共置换不良资产849.5亿元（占比91%），仅2008年就置换不良资产138.9亿元。以土地、现金、专项贷款和房地产等变现能力较强的实物资产置换为主要形式。二是自身核销。历年来全国城市商业银行通过自身核销方式处置不良资产431.6亿元。其中2003年到2009年核销的不良资产360.6亿元，占比83.5%。三是新入股股东分摊。近两年，部分城市商业银行开拓思路、创新方式，利用增资扩股的机会，通过一定形式的约定或承诺，让新入股股东分摊历史不良资产，共处置不良资产98.7亿元，成效比较显著。四是税收返还。地方政府承诺将一定期限、比例的地方税收返还给城市商业银行。2003年到2009年，城市商业银行税收返还共计8.7亿元。五是现金回收等其他方式。

（二）经济衰退是导致城市商业银行不良贷款增加的最主要成因

导致不良贷款产生的因素很多，主要有政策性因素、周期性因素与经营性因素。目前，商业银行新增不良贷款的最主要成因是经济衰退。经济衰退和金融危机成为新增不良贷款最主要成因，周期性因素成为最主要导火索。然而，面对当前的经济形势，与不良资产处置相关的法律法规无明显变化，不良资产清收的执法环境也无明显变化，并且地方政府的作用将不利于不良资产处置，外资收购不良资产的行政审批将更加严格，从而导致2009年不良资产的处置遭遇寒流，而随后几年内将出现更多的收购良机。

（三）城市商业银行不良贷款账面风险低于实际风险

由于种种原因，商业银行信贷资产实际风险与账面风险往往不一致。通过降低信贷资产质量，从而提取更多的风险拨备，降低利润和所得，可以减少有关税收；通过人为提高信贷资产质量，可以减少风险拨备的提取，从而使利润显得更高，有助于显示更好的经营业绩与提取更多的奖金。并且由于某些客观的风险难以有效识别和定量，常常会导致城市商业银行信贷资产实际风险与账面风险出现偏离现象，增加风险处置难度。

（四）不良资产风险主要集中于关注类、次级类和可疑类资产

商业银行采用五级分类来揭示信贷资产的质量或风险程度，不同类别信贷资产的账面风险与实际风险的偏差程度可能不一样。目前城市商业银行账面风险与实际风险存在偏差的信贷资产集中在关注类、次级类和可疑类，即介于正常类和损失类之间的中间层的信贷资产。从资产质量定性来看，五级分类中，正常类和关注类的都属于正常贷款，而次级类、可疑类和损失类则属于不良贷款。在考察城市商业银行信贷风险时，要重点注意关注类、次级类和可疑类。而收购银行不良贷款时，要重点关注次级类和可疑类，因为这些类别信贷资产出现账面风险与实际风险的偏差最大，出现偏差的可能性也最大，常常会增加不良资产的处置风险。

三、城市商业银行金融风险处置机制构建

2008 年底的金融危机，打乱了世界经济的发展轨迹，突发性金融风险瞬间成为人们关注的焦点。突发性金融风险，是指突然发生的包括存款挤兑在内等严重危及金融安全和社会稳定的金融事件。它具有以下三个方面的显著特征：

1. 潜伏性。突发性金融风险并非一朝一夕形成的，是由于金融领域存在的深层次结构性矛盾没有得到妥善的解决逐渐积淀而成并成为潜伏的随时可能爆炸的“定时炸弹”。

2. 传染性和扩散性。突发性金融风险刚出现时发生在个别国家、个别地区、个别金融机构，但如果缺乏有效的控制、预防、隔离措施，就会形成多米诺骨牌效应，迅速向周边国家及地区蔓延，甚至连一些金融体系健全的国家或金融机构也难以幸免。

3. 破坏性。金融安全不仅关系经济安全，更关系到国家政权安全。由于金融在现代经济的核心作用，可谓“牵一发而动全局”。突发性金融风险一旦发生，不仅严重危害金融体系安全，而且将严重危害到经济发展、社会稳定，甚至加剧国家政权动荡不安。

因此，当前做好金融稳定工作，防范、控制及正确处置金融风险成为商业银行尤其是城市商业银行首先要解决的问题。如何有效防范和化解金融风险，促进银行业健康发展，提高自身核心竞争力成为关键。针对金融风险的防范、控制及处置，结合城市商业银行风险的自身特点，构建以政府部门的主导和支持为前提，监管机构的督促和指导为保证，处置方式的多元化为关键，风险防范长效机制的建立和完善为核心的有机结合的城市商业银行金融风险处置机制

是推进金融稳定工作的重要一环。

（一）政府部门的主导和支持是前提

城市商业银行的风险处置之所以需要地方政府主导，是由城市商业银行的股权结构决定的，地方政府作为大股东须履行出资人的义务。在具体操作实践中，无论是通过传统的资产置换方式和重组兼并方式，还是通过创新型的新老股东共担方式，其前提都需要地方政府的重视和大力支持。如在江苏银行合并重组过程中，江苏省政府在解决原城市商业银行资产损失的问题上便起到了决定性的作用。先是召开省长办公会议专题研究讨论合并重组中资产损失的处置与政策扶持问题，后是有关领导亲自到各亏损行所在地市政府进行协调沟通、落实补亏资金，同时还协调地方税务等部门推动呆账核销的进度。又如河南省政府专门组织召开辖内多家高风险城市商业银行、城市信用社改革发展座谈会，对风险处置工作提出了明确要求，有力推动了风险处置工作，在辖内城市商业银行（城市信用社）基础较差的情况下实现资本充足、资产质量和拨备覆盖水平三项监管指标全面达标的目标。

（二）监管机构的督促和指导是保证

近年来，银监会高度重视城市商业银行风险处置工作。领导亲自抓，要求各级监管部门做好政策引领和服务工作，督促城市商业银行加快风险处置进程，提出了风险处置和资本达标目标。同时，为提高城市商业银行风险处置的效果，按照讲求实效的要求，坚持原则性与灵活性相结合的思路，认真分析城市商业银行的发展沿革和现实状况，探索提出了风险处置的“一项原则、两个依靠、两项要求、三个允许、一项激励”的综合措施。“一项原则”是指风险资产处置必须依法、真实、有效，资产置换的法律手续必须完备。“两个依靠”是指依靠地方政府、依靠城市商业银行的股东和董事会。“两项要求”是指用于置换不良资产的资产最好是可变现的优质资产、政府为风险处置而进行的入股比例要适当。“三个允许”是指可允许地方政府在一定时间内对高风险中小商业银行机构适当控股或占比高一点，但不能严重妨碍公司治理；可允许一些地方政府通过平台公司对高风险中小商业银行机构进行资产置换或增资扩股，但要制订股权压缩计划；可允许个别股东或新股东适当放宽标准进入高风险银行机构，但要严防关联关系。“一项激励”是指鼓励良好银行收购或兼并高风险中小商业银行机构，并在其分支机构或业务准入等方面给予适当支持与奖励。

监管部门的督促使城市商业银行形成风险处置的压力，监管部门的政策引导使城市商业银行风险处置方向不产生偏离，监管部门的沟通联动和市场准入联动使地方政府充分认识到地方法人机构风险处置的必要性并增添了信心。

（三）处置方式的多元化是关键

城市商业银行风险处置方式由最初的资产置换、兼并重组到由新老股东共担的市场化手段，经历了一个随经济周期渐进的创新过程，这些方式的不断创新为进一步推进不良资产处置提供了有效手段。2007 年，重庆三峡银行以重组为契机，创新风险处置方式，开创了按市场化原则操作、发行信托计划重组银行、新老股东共担历史风险的先例。整个重组过程中，全体股东实际向重庆三峡银行注资 32 亿元。股东除按每股 1 元出资 20 亿元资本金外，还根据各自持有的股份以每股 0.6 元的价格出资约 12 亿元设立处置不良资产的专项信托计划，以信托方式收购不良资产，回收资金再计入资本公积。轻装上阵的重庆三峡银行近两年的稳健运营证明这一模式创新对重庆三峡银行的顺利重组、不良资产的处置以及未来发展奠定了坚实基础，也为其他银行处置不良资产提供了新思路。

（四）风险防范长效机制的建立和完善是核心

银监会深刻认识到，要实现城市商业银行健康发展，认真落实科学发展观，在做好风险处置治标的同时更要治本，不能只“输血”，更要使银行自身具备“造血”的功能。近年来，银监会要求城市商业银行在狠抓风险资产处置消化工作的同时，下大力气构建风险防范控制体系。一是转变经营理念，培育健康文化。突出强调管理优先、内控先行、合规经营的立行理念，从倡导和培育风险文化、合规文化入手，大力加强制度建设，重筑健康发展的思想基础和制度基础。二是强化信贷管理，推行集约经营。逐年提出改善信贷管理的新思路、新要求，逐年完善集约化经营的授权授信体系、内部控制体系，逐年推进从总行到支行的内部控制“三道防线”建设，加大内审和责任追究力度，提高制度执行力。三是改革管理机制，提高管控能力。要求在董事会层面健全风险管理和关联交易控制委员会，实现了风险管理关口前移。

通过建立健全人民银行、监管部门联席会议制度，落实不良资产按月监测分析制度，规范和加强辖内银行业金融机构信息披露制度等规章制度，依靠制度体系强化金融管理。通过走访各类金融机构，组织开展对辖区铁合金、电石、水泥等行业贷款专项检查，对在建和拟建项目贷款进行全面清理检查，摸清辖区银行业金融机构存在的问题和风险底数，督促商业银行准确把握国家产业政策，支持高效益、高技术、低污染、低能耗的优质项目，逐步退出衰退的产业和行业，把住信贷投放闸门，避免信贷投放的大起大落。金融机构应同时加大对教育医疗、环保等改善群众生活质量的项目的投入，通过对和谐社会的贡献来构建良好的金融生态环境。

（作者单位：河北银行股份有限公司）

中国资产管理公司持续发展与风险控制

贾文申　毛文轩

20 世纪 70 年代以来，世界金融业步入了高速发展时期，金融创新在加快，金融全球化雏形初现。与此同时，金融危机也频频爆发，给金融业的稳健运行和世界经济的持续发展造成了巨大的破坏。1997 年亚洲金融危机从泰国开始，数月间席卷了东南亚、东亚各国，给这些国家的金融业造成了毁灭性的打击；2007 年开始、2008 年全面爆发的美国次贷危机剧烈地冲击了美国金融体系，华尔街“金融大厦”轰然倒塌，巨额金融资产损失殆尽。在当今世界经济全球化的格局下，这场危机在给美国带来灾难的同时，也必将给世界经济的发展带来难以估量的破坏。有责任感的各国政府纷纷采取了“救火、防灾”行动，引发了对本国金融稳定问题的高度关注和反思。面对危机，我们一方面要施以援手，敢于负责；另一方面更要吸取教训，风险警示，扎紧篱笆，严格监管，构筑金融稳定的铜墙铁壁。

其实，早在 20 世纪 90 年代后期，各国政府已经将金融稳定问题作为宏观经济管理不可或缺的重要内容。适应我国金融业的发展进程，我国在这方面起步较晚。2003 年 11 月 18 日，中国人民银行金融稳定局成立，履行防范和化解金融风险、维护金融稳定的重要职责。关于金融稳定，目前还没有统一的定义。中国人民银行 2005 年 11 月首次发布的《中国金融稳定报告》认为：“金融稳定是指金融体系处于能够有效发挥其关键功能的状态。在这种状态下，宏观经济健康运行，货币和财政政策稳健有效，金融生态环境不断改善，金融机构、金融市场和金融基础设施能够发挥资源配置、风险管理、支付结算等关键功能，而且在受到内外部因素冲击时，金融体系整体上仍然能够平稳运行。”金融稳定永远是相对于金融不稳定而言的，金融不稳定往往是由各种金融风险造成的。所谓金融风险是指经济主体在金融活动中遭受损失的可能性。可见，金融风险主要是由经济主体特别是金融机构的活动所产生的。本文试图对中国金融资产管理公司的持续发展与风险控制作一探讨。

一、中国资产管理公司的成立和现状

1999年，国有独资银行不良贷款数额大、比例高，已经威胁我国金融体系的稳定运行，成为国民经济和社会发展的重大隐患。而仅仅依靠四家银行催收贷款、核销坏账，已难以化解历年累计的信贷风险。在此背景下，为了防范和化解金融风险，加强对国有商业银行经营情况的考核，我国先后成立了信达、华融、东方、长城四家全国性的资产管理公司，收购和处置银行的不良资产，化解金融风险。四家公司从对应的商业银行收购了约1.4万亿的不良资产。十年来，经过银行业和资产管理公司的共同努力，国有商业银行的不良资产状况有了极大的改善。当今美国金融危机给全球金融带来巨大冲击的情况下，我国金融业能独树一帜，我国政府剥离金融不良资产、给银行注资的举措功不可没。

中国资产管理公司的现况是：

1. 四家资产管理公司均已完成政策性资产处置任务，2000年收购的债权类不良资产已基本处置完毕，进入扫尾阶段。

2. 各公司还持有一定数量的由“债转股”演变而来的股权资产，各家公司数额不一。

3. 从2004年开始，各家公司又先后通过竞标方式，对交通银行、中国银行、建设银行和工商银行等国有银行的不良资产，以及浦发银行、上海银行、深圳商业银行等股份制银行和城市商业银行的不良资产包进行了商业化收购。例如2005年6月，工商银行4 590亿元可疑类贷款的招标结果显示，长城公司竞标获得了总共35个不良资产包中的17个，债权金额2 569.9亿元；东方公司竞得10个资产包，债权金额1 212亿元；信达公司竞得5个资产包，债权金额581亿元；华融公司竞得3个资产包，债权金额227.1亿元。目前，长城公司、信达公司、东方公司还持有相当数量的此类资产；华融公司仅有几家办事处持有一些，存量最少。业内把此类采用商业化手段收购的不良资产称为“准政策性资产”。

4. 四家公司均已开展了商业化转型的探索，并实际取得了一定的成绩，显现了金融控股集团的雏形。信达公司旗下设立了保险公司、证券公司、期货公司、信托公司、投资公司等子公司，有意打造“金融百货公司”，下设在各省的办事处成为总公司的“连锁店”；华融公司旗下设立了证券公司、金融租赁公司、信托公司、融德资产公司、华融置业公司等；东方公司成立了证券、信托、金融租赁等子公司；长城公司设立了金融租赁、长城投资等子公司。据悉，国务院已经批准信达公司作为试点，拉开商业化转型的序幕。

二、中国资产管理公司的转型发展

四大资产管理公司已经将2000年收购的政策性不良资产处置完毕，完成了特殊时期的历史使命。中国资产管理公司是退出历史舞台，还是持续发展以及向何处发展，成为中国金融业的一个课题。借鉴国外运作经验，各国资产管理公司的处理模式有以下几种：一是解散，如美国的RTC。二是商业化转型，如瑞典的Securum。三是长期保留，如韩国的KAMCO。中国资产管理公司的命运，一是取决于我国金融与经济改革政策，二是取决于金融市场是否需要以及资产管理公司自身在市场上的生存能力。

从目前情况以及可预见的未来发展分析，保留一家或几家政策性的资产管理公司已没有必要，今后完全可以由转型后的资产管理公司继续承担化解金融不良资产的任务。以往在处置政策性剥离的不良资产过程中，四家资产管理公司的管理费用、业务费用都是由国家财政负担的；在四家资产管理公司开展业务的过程中，国家也给予了一些特殊政策，包括税收、行政收费、法律诉讼等方面。历史地看，特殊政策是针对某一历史阶段的不应长期存在。如今资产管理公司已经完成特殊时期的使命，脱去政策性外衣是必然的（除非将资产公司定位于非企业性质）。但是否因此我国资产管理公司就一定要退出舞台呢？从目前情况以及可预见的未来看，将四家公司全部清算、解散，不是最佳选择。理由如下：一是四家公司或多或少还持有一定数量的不良资产，还需要一段时间解决。二是四家公司解散，人员安置存在问题，回到对应的银行是不现实的。三是由于金融业自身的脆弱性，金融风险是不可避免的。今后金融业（包括银行、证券、保险等）还会产生不良资产，需要这样一个机构来解决问题。四是四家公司在管理处置不良资产的十年间，积累了丰富的经验，造就了一支过硬的队伍。五是四家公司在商业化转型的探索中已经取得了一定成效，显现了发展前景。

因此，中国资产管理公司的最佳出路是进行商业化转型，成为具有可提供资产管理处置、财务顾问、证券、保险、租赁等多种金融服务功能的现代金融集团。

三、资产管理公司转型的实施条件和风险控制

按照上述观点，资产管理公司转型为多功能金融集团，面临诸多不确定因素，还需创造和完善实施条件。

（一）国家金融改革政策

这涉及两个方面的问题，一是金融混业经营问题。金融混业经营，是指银行、证券公司、保险公司等机构的业务互相渗透、交叉，而不仅仅局限于自身分营业务的范围。随着金融全球化的快速发展，混业经营已成为国际金融业发展的主流趋势。金融混业经营下，要求金融机构主体产权清晰，风险意识强，内部控制机制有效；金融法律体系健全完善；金融监管高效有力。随着我国金融业的发展和条件的成熟，金融混业经营将成为中国金融改革和发展的方向。只有在金融混业经营的条件下，多功能的金融集团才能在开展各项金融业务时没有政策上的禁区；同时转型后的一段时间内，新生的金融集团还需要政府给予政策上的支持。二是国家关于资产管理公司改革的意见。无论四家公司怎样的变化，其最终的去向还是决定于政府的意志。信达公司已经开始改革试点。信达公司能否尽快转变观念，适应并开拓市场，能否有效控制风险，实现各项业务的健康发展并获取利润，尽快实现自负盈亏等，都有待于时间的检验。其在市场上的表现，将直接影响政府的决策。况且，信达公司的表现也并不能完全代表四家公司。国家也很有可能采取“区别对待、成熟一家、改革一家”的政策安排。

（二）及时清算政策性业务

由财政部牵头组织，对剩余政策性不良资产评估定价，由资产管理公司买断；对资产管理公司处置政策性不良资产的最终损失，政府拿出解决方案，从而给四家资产管理公司的政策性业务画上圆满的句号。

（三）妥善、合理解决涉及资产管理公司处置政策性不良资产引发的纠纷、诉讼案件以及潜在的风险

在资产管理公司收购的不良资产中，绝大部分债务人是国有企业。国有企业债务的形成是具有历史原因的，国有企业不良资产具有自身的特殊性。比如，设立国有企业时缺乏政府的资本投入，完全依靠银行贷款。再比如，国有企业资产中隐含着大量的“国有职工权益”（企业拖欠职工工资、基本养老保险、医疗保险、补助金等），而且国有企业债务人大都严重亏损、资不抵债、濒临破产。正是由于这些特殊性，导致国有企业无力偿还，也不愿意偿还资产管理公司持有的不良债权，转而寻找赖账、逃废债的途径，或是期盼以极不合理的对价赎回债务。这一时期诚实信用的理念在不良金融债权领域遭受了严重的挑战，再加上中央利益和地方利益的矛盾，当地政府、司法机关也都束手无策。面对

这种特殊情况，各方都缺乏良好而有效的解决手段。再加之当初在处置不良资产过程中，缺乏完善的不良资产定价机制，缺乏与国有企业债务人、国有资产管理部门必要的沟通等原因，不良资产处置后，引发了社会对国有资产流失的争论，也出现了一些由于资产受让人对国有企业债务人的追偿而引发职工上访等不稳定因素。据统计，2009 年全国各级法院已经受理涉及不良资产处置相关案件 1 万余件，成为民商审判工作中的焦点和疑难问题。另一方面，资产管理公司被诉案件也急剧上升，牵扯了大量的人力、物力资源。据调查，某资产管理公司的被诉案件高达近百件，诉讼金额达十余亿元，严重影响了公司的正常运转。

此类纠纷的出现，不能简单地指责甲方或是乙方，实质上，这是计划经济时期形成的历史遗留问题在不良资产处置中的体现。2008 年 10 月 14 日，最高人民法院邀请国家有关部委在海南省海口市召开了全国法院审理金融不良债权转让案件工作座谈会，2009 年 4 月 3 日最高人民法院公布了法发［2009］19 号《关于审理涉及金融不良债权转让案件工作座谈会纪要》（以下简称《纪要》）。遗憾的是，《纪要》还不能有效地解决资产管理公司面临的困扰。政府以及司法部门应协助资产管理公司寻求合理的解决办法，化解风险，以保证其顺利转型。

（四）适时引进战略投资者，解决营运资本，优化资源配置

随着金融市场的进一步开放，金融业的竞争将更加激烈。转型后的资产管理公司能否生存和发展，一要看公司的经营管理水平以及内控风险防范能力，二要看公司开拓市场资源的能力。资产管理公司缺少足够的资本开展金融业务，需要引进战略投资者，解决其营运资本。就目前情况看，在商业化业务的打拼中，资产管理公司开拓市场的能力还很有限，也需要通过战略投资者带来市场资源。鉴于此，如果能够引进对应的“母体”银行作为战略投资者，当属最优选择。资产管理公司依靠银行带来充足的资本和广阔的市场；银行也将通过资产管理公司已经搭建的平台顺理成章地开展各项业务。另外，银行还可以通过资产管理公司管理处置产生的不良金融资产，有效化解风险，这原本就是资产管理公司的本业和长处。总之，转型后的资产管理公司如果不能顺利引进战略投资者，仅靠自身打拼，将步履维艰。

（五）资产管理公司完善公司治理结构

资产管理公司现为国有独资非银行金融机构，实践中并未严格按照有关法律的要求健全法人治理结构，未设立董事会，重大事项由公司管理层通过一定的组织形式决定。转型后的金融集团公司将是多个法人的联合体，企业规模扩

大，业务领域多元化，各利益单位复杂化，应依照金融集团公司的特点，建立符合法律规定的、规范化的、高效有力的公司治理结构。健全各职能组织机构，完善规章制度，明确权利和责任。公司设立股东大会作为最高权力机构，设立董事会作为经营决策机构，设立监事会作为监督机构，高级管理层在董事会授权下管理经营公司。公司总部对控股子公司通过对其股东会、董事会的控制来实现对子公司的管理和影响；对设立在各省的办事处可直接管理和控制。

（六）资产管理公司加强内部管理与控制，做好内功，为转型后的公司治理打好基础

资产管理公司成立之初，没有可供借鉴的经验，相关法律制度亦缺失，加之不良资产本身的特殊性，资产管理公司边工作边摸索，虽然取得了骄人的业绩，也遗留了风险隐患。自成立以来，资产管理公司在实践中探索出了具有自身特点的经营管理模式，制定了各项规章制度，设立了行之有效的组织机构，建立了先进的信息集成处理平台和严密的风险控制系统，通过了英标管理体系认证公司（BSI）的ISO9001质量管理体系认证等，公司内控管理已达到了国际先进水平。尽管如此，资产管理公司管理现状和现代化的金融集团内控管理要求相比还是远远不够的。还需要解决诸多问题：

1. 及时转变思想观念，大力开拓市场资源。要从政策性阶段的“给米做饭”向商业化转型时期的“找米下锅”转变。克服等、靠、要的政策性阶段思维方式，树立以市场为导向，以客户为中心，以利润为目标的理念。万事开头难，还处在政策性业务扫尾和商业化转型过渡时期的资产管理公司一下子还不能完全适应市场化，突显市场开拓能力不足。要克服畏难情绪，走出去开拓市场。这个问题如果不能很好地解决，将影响到资产管理公司商业化业务的持续发展。

2. 加强队伍建设。十年打拼，资产管理公司造就了一支过硬的队伍。但面对商业化转型，这支队伍显得人员年龄老化，专业性高端人才紧缺，知识结构、专业结构失衡，难以全面适应商业化转型的需要，应抓紧培养人才，引进人才。

3. 扎实做好基础管理工作。主要有以下几方面工作：适应新形势，应着手研究制定符合商业化转型需要的规章制度，废止过时的规章制度。从以往出现的风险分析，还存在着内部管理控制环节薄弱，制度执行不力或执行流于形式的问题，还存在着基础工作不扎实，风险防范意识差，偶有操作风险、道德风险等问题，需要下力气加以改善。尤其是转型时期，更要全面加强风险防范意识，正确处理风险防范与业务创新的关系，正确处理风险与利润的关系。做到风险可控，利润可获，依法合规，稳健运行。

4. 内部激励机制不适应商业化需要。由于长期从事政策性业务，资产管理公司的工资制度、奖励制度、财务管理制度等还没有完全脱离政策性阶段的模式，资产管理公司的激励机制一时还不能适应商业化转型的需要，应及时调整。

5. 资产管理公司实现商业化转型，要处理好公司总部、办事处以及子公司相互之间的关系。公司总部是核心，对办事处、子公司进行管理和控制。子公司是为开展商业化业务而新设立的，取得了开展商业化业务的资格，子公司的业务以及市场资源，由全国各省市的办事处给予推荐和发掘。在这样强大后盾的支持下，各子公司的业务发展势头迅猛，成绩骄人。而各办事处的发展是不平衡的。办事处作为分支机构还未取得直接从事商业化业务的资格，只能通过子公司这个平台开展商业化业务。经济发达地区、市场活跃地区，办事处的商业化业务就开展得好；而一些相对落后地区，办事处商业化业务的开展就显得十分困难。资产管理公司的人员主要集中在办事处，办事处顺利实现转型，才是资产管理公司转型的标志。

（七）完善相关法律制度，规范资产管理公司转型为金融集团后的活动；建立高效、有力的监管体系，加强监管，防范风险

金融业本身是高风险行业，而金融集团体现出的是多种金融机构与多种金融业务聚合在一起，进行跨行业、跨地区的业务经营，在金融市场上同时担任多种角色。加上由母公司、子公司形成的集团模式的组织形式和结构，金融集团成了金融风险的高发地和汇集点，风险更趋于复杂。因此，防范风险，稳健运行，应是金融集团的座右铭。首先要完善相关法律制度，使其有法可依，规范运行。其次要建立高效、有力的监管体系，加强监管，成为防范风险的强有力的外部力量。最后是要求金融集团健全公司治理结构，完善内部管理控制制度和机制，构建防范风险的第一防线。

无论怎样，中国资产管理公司已经出色地完成了“化解金融风险，支持国企改革”这一特殊时期的历史使命；无论怎样，中国四家资产管理公司已经积极地开展了商业化转型的探索，并取得了显著的成绩。我们有理由相信，中国资产管理公司会顺利实现商业化转型，持续发展。

（作者单位：华融资产管理公司石家庄办事处）

资产管理公司转型与全面风险管理体系的构建

杨 东

美国次贷危机自2006年下半年爆发以来，不断蔓延和深化，引发了金融市场的全面信用紧缩。由华尔街引发的金融风暴不可避免地引起了美国及全球金融市场的剧烈震动。深究本次金融危机产生的根源，除了美国的利率政策、房地产市场变化、金融衍生产品的盛行和政府监管部门的失职等因素之外，金融机构自身风险管理不足无疑也是金融危机发生和深化的重要因素。反思这场全球性的危机，金融风险控制和防范问题被提到了一个新的高度。金融业作为高收益和高风险并存的行业，再一次用无可争辩的事实告诫人们，加强全面风险管理，不只是一个技术问题，更是一种思想和理念，要嵌入企业自身的文化当中。在此笔者结合金融资产管理公司的实际情况，探讨资产管理公司转型后全面风险管理体系的构建，以便有助于推进资产管理公司顺利转型和转型之后的健康发展。

一、全面风险管理的概念

企业全面风险管理是指企业围绕总体经营目标，通过在企业管理的各个环节和经营过程中执行风险管理的基本流程，培育良好的风险管理文化，建立健全全面风险管理体系，包括风险管理策略、风险理财措施、风险管理的组织职能体系、风险管理信息系统的内部控制系统，从而为实现风险管理的总体目标提供合理保证的过程和方法。

根据COSO（美国"反对虚假财务报告委员会"所属的内部控制专门研究委员会发起机构委员会）2004年9月发布的《全面风险管理框架》（ERM综合框架）中的定义，全面风险管理是一个过程，受董事会、管理层和其他员工的影响。整个过程从企业战略制定一直贯穿到企业的各项业务活动中，以便于识别那些可能会影响企业的潜在风险事件，并加以及时管理风险，使其处于企业的风险偏好之内，进而能够确保企业实现预期目标。ERM综合框架促使企业从更广泛、更全面的角度来考虑风险管理。该框架有三个维度：第一维是企业的目标，第二维是全面风险管理要素，第三维是企业的各个层次。第一维的企业目标有四个，即战略目标、经营目标、报告目标和合规目标。第二维全面风险管理要素有八个，即内部环境、目标设定、事件识别、风险评估、风险对策、控制活动、信息和沟通、监控。第三个维度是企业的各个层次，包括整个企业、各职能部门、各条业务线及下属各子公司。这三个维度的关系是：全面风险管理的八个要素都为企业的四个目标服务，企业各个层次都要坚持同样的四个目标，每个层次都必须按照八个要素进行风险管理。

二、资产管理公司实行全面风险管理的重要意义

在经济发达国家，风险管理理论发展迅速，很多企业都充分认识到全面风险管理的重要性并将其应用到企业管理的各个方面。2004 年相继爆发的中航油、中储粮等风险事件给我国国有企业的风险管理敲响了警钟。为加强风险管理，促进企业稳步发展，我国国有资产监督管理委员会于 2006 年 6 月出台了《中央企业全面风险管理指引》，对大型国有企业建立和健全全面风险管理体系提出了明确要求。

资产管理公司转型已经是不争的事实。建立一套与转型模式相适应的风险管理体系是完成转型所必备的重要条件。特别是当前由美国次贷危机引发的全球金融危机给中国的金融监管和金融控股企业发展带来更多的警示，也对金融企业风险管理提出了更高的要求。我国金融资产管理公司的业务特点和发展阶段决定了全面风险管理的重要性，主要表现在以下几个方面：

（一）从根本上提高企业的管理水平，增强企业核心竞争力

全面风险管理把风险管理纳入企业战略执行的层面之上，将企业成长与风险相联，从而使企业将战略目标的波动控制在一定范围之内，支持企业战略目标实现并随时调整战略目标，保障企业稳健经营。我国金融资产管理公司正处于向金融控股公司转型的关键时期，吸收国际金融机构风险管理的经验和教训，建立健全全面风险管理体系，是提高金融资产管理公司综合管理水平、增强核心竞争力的根本性举措。

（二）真正控制风险，避免企业重大损失

全面风险管理体系能够通过对企业重大风险的量化评比和实时监控，帮助企业建立重大风险评估、重大事件应对、重大决策制定、重大信息报告和披露以及重大流程内部控制的机制，从而将企业风险控制在一个可接受的范围之内，

避免企业遭受重大损失的风险。我国资产管理公司在转型过程中面临着战略、产品、技术、市场等一系列内外部风险因素。只有建立健全全面风险管理体系，才能在实现转型目标的同时实现风险管理、风险控制。

（三）推行全面风险管理是监管部门对金融机构施行金融监管的需要

从国际上看，许多国家已从制度安排上着手建立以风险控制为中心的相关风险管理监管框架。美联储理事苏珊·贝叶斯就“如何从监管角度看待全面风险管理”发表了美联储的观点，他认为良好的风险管理对于任何行业的经营来说都是不可或缺的。所有的金融机构都应当努力改善其风险管理，以避免企业陷入危机。我国国资委制订的《中央企业全面风险管理指引》也对大型国企的风险管理提出了明确要求，表明了监管部门的态度。

三、资产管理公司全面风险管理体系的构建

在全球金融危机不断蔓延和深化的背景下，我国金融资产管理公司的全面风险管理体系的构建需要围绕公司发展战略，参考 ERM 综合框架提出的企业四大目标，以国资委《中央企业全面风险管理指引》的有关要求为基础，结合转型后业务特点，吸收国际先进经验，注重实质，有序推进。

（一）全面风险管理体系的目标

要达到有效识别和控制风险的目的，首要任务是建立目标。根据国内外大型企业全面风险管理体系建设的经验，资产管理公司风险管理体系的建立主要应基于以下目标：

1. 战略目标。在制定战略目标时，要识别和评估一系列与战略选择相关的风险，从而为保证公司战略目标实现的同时，将风险控制在可接受程度之内创造必要条件。

2. 经营目标。在未来相当长的时期内，不良资产管理仍是资产管理公司的主营业务。在做好这一主业的同时，在风险可控的前提下，将资源适当配置到证券经纪、投资银行、金融租赁、信用评级、保险信托等领域，有效保证公司战略目标的实现和经营业绩的提高。

3. 报告目标。报告的可靠性，包括内部和外部报告，涉及财务和非财务信息。资产管理公司内部和外部报告的及时性、可靠性也是全面风险管理的一个基本出发点。

4. 合规目标。确保资产管理公司转型后的业务经营管理遵守有关法律法规，

这是非常重要也是必须坚持的。

（二）全面风险管理的构成要素和主要内容

资产管理公司全面风险管理的构成要素和主要内容包括以下几个方面：

1. 内部环境。内部环境受到企业文化的影响，它反映了企业人员的风险意识，是企业风险管理其他构成要素的基础。资产管理公司要在全体员工中培育树立优秀的风险管理理念、文化和诚信与道德价值观。风险管理组织架构的设置和权责分配则是资产管理公司内部环境构建的关键环节。

全面风险管理体系组织架构应形成由业务部门和职能管理部门、风险管理部门、审计部门组成的全面风险管理三道防线。

第一道防线设在业务操作层面和业务职能管理部门层面。处在第一道防线的人员既是业务的直接经办者和规章制度的执行者，也是风险管理的第一责任人。在业务经营过程中，应该按照有关规章制度，履行自我控制风险的职能。

第二道防线设在风险管理部门。其主要任务是：统筹内控风险管理制度建设，制订业务检查计划，对各项规章制度落实情况进行检查，对第一道防线的工作进行指导和监督，促使第一道防线有效地进行内部控制，同时为第三道防线开展再检查、再监督和进行内控评价提供基础。

第三道防线设在内部审计部门。其主要负责通过系统化、规范化的方法，检查评价公司治理的适当性、有效性以及运营效果；检查评价公司各项风险管理制度的有效性；协助公司管理层履行职责，保证国家有关政策、法律法规在公司的贯彻执行。

2. 目标设定。确定目标是有效的事项识别、风险评估和风险应对的前提。目标与企业的风险偏好相联系，而风险偏好又决定了企业的风险可接受程度。我国金融资产管理公司正处于向金融控股公司转型的重要发展阶段，应侧重进行准确的战略定位，实现法人治理、内部控制、经营机制、业务结构方面的转型，将全面风险管理贯穿于各职能部门、分支机构、平台公司，在实现战略转型目标的同时，将风险控制在可接受的范围之内。

3. 事项识别、风险评估和风险应对。管理层需关注、识别可能会对资产管理公司转型和长远发展产生影响的内外部因素和潜在事项，通过单独或分类评估对主要风险的可能性和影响程度进行定性和定量分析。在此基础上，结合公司实际情况选择能够使各项主要风险处于可接受范围内的应对方案。

4. 控制活动。控制活动是指帮助资产管理公司管理层风险应对措施得以实施的政策和程序。控制活动的发生贯穿于资产管理公司整个组织，遍及各个层级、职能机构和业务板块。通过行之有效的制度保证和程序实施，迅速、高效地识别、计量和控制战略、投融资、并购、财务资源匹配、金融衍生品交易、市场等各类风险，从而最终化解风险因素和风险事件。

5. 信息与沟通。广泛意义上的有效沟通包括信息在公司向下、平行和向上的流动。公司内部各个层级、各职能部门都需要借助信息来识别、评估和应对风险。这就要求从各层级反馈而来的信息应确保准确、有效、及时，以保证沟通顺畅。

6. 监控。风险预警和持续的风险监控对于动态地反映资产管理公司风险管理状况、确保风险管理体系运行持续有效具有重要意义。同时要根据经营过程中的内外部环境变化适时调整体系，实现体系自我持续完善。

四、构筑体现全面风险管理的内部控制新机制

全面风险管理是金融机构内部管理的核心，在整个管理体系中的地位已上升到金融机构发展战略的高度，是动态的、全程的、计量的、立体的风险控制，也是一种全新的管理的理念。在资产管理公司转型的关键发展时期，必须要尽快转换多年以来固化的观念和思维定式，努力构建体现全面风险管理的内部控制新机制。重点要做好以下几方面：

1. 提高风险管理的地位。转型后的资产管理公司应参照现代企业治理机制，设立风险管理委员会作为内部控制管理的主要决策机构，风险管理部为主要执行机构。同时设立审计委员会，负责检查、评价内部控制的健全性、合理性，督促管理层解决内部控制中存在的问题。风险管理委员会负责拟订和执行控制程序，审计委员会负责监督和评价控制状况，并将修正控制意见反馈前者，以完备控制体系。

2. 制定清晰的风险管理战略和完善的风险管理政策。要依据经济环境和市场定位制定中长期经营战略。在此基础上，结合公司风险偏好，权衡风险和收益，制定风险管理战略。为保证风险管理战略的实现，要制定配套的风险管理政策制度体系作为全体员工日常开展工作的行为准则。

3. 按照发展定位整合人力资源以便做到风险可控。对业务部门和支持保障部门进行战略性布局，缩短管理半径，确保三道防线有效。同时加强对参控股公司的管理，清理整合资源，建立健全有效的公司治理结构。

4. 建立科学的考核机制。建立完善的风险绩效考核体系是建设全面风险管理体系、提升风险管理水平的重要手段。要将追求收益和风险平衡关系的经营目标真正落实，必须建立包含收益和风险在内的风险绩效考核体系。下达的业务指标、利润指标都要基于经济资本分配，逐步提高风险调整后收益的考核权

重。对人员的考核以正向激励为主，出发点主要针对实质性违规主要责任人，真正实现惩前毖后。

5. 培育先进的风险管理文化。最大的风险就是缺乏风险管理意识。要牢固树立“科学管理、稳健经营”的理念，树立“风险无处不在、风险管理人人有责”的意识，科学处理发展和风险的关系，营造主动、和谐的风险管理氛围。加强主动风险管理，前移风险管理关口。风险管理部门要和业务部门保持经常有效的沟通，前期参与营销，全程加强指导，降低信息不对称对决策的影响，改变传统的被动管理风险的状况。

6. 加强风险管理队伍建设。现代风险管理知识含量高、技术性强，要求风险管理人员必须具备很高的业务素质和综合素质。人才是企业发展的根本动力。再好的风险管理机制和风险管理手段都是一种工具。缺乏职业化的风险管理人才队伍，全面风险管理就无从谈起。资产管理公司应该从挖掘内部潜力和外聘专家人才两方面入手，全面提升风险管理水平，逐步打造高素质的风险管理团队，以真正适应转型的需要。

资产管理公司的商业化转型是形势所迫，也是大势所趋。转型后的资产管理公司作为独立经营、自负盈亏的市场主体，面对新形势，为使公司业务在发展中遇到的风险能够处于受控状态，就必须要构建一套与完善治理结构相适应、以涵盖公司各类业务管理的规章制度办法为基础、覆盖公司全部业务的运行有序的全面风险管理体系。它应当包含完善的内部控制管理流程、独立的内部审计机制和全员树立风险管理意识的企业文化，具有预防防线和控制风险的功能，并能够不断改进和持续完善。

（作者单位：中国东方资产管理公司石家庄办事处）

试论我国金融不良资产市场的发展与完善

杜宝峰　卢立勋

2009年9月，国务院正式批准中国信达资产管理公司作为试点率先进行商业化转型，中国金融资产管理公司的发展史将掀开一个新的篇章。1999年至2009年，通过十年坚持不懈的努力，中国信达、华融、东方、长城四家资产管理公司不但成功完成了国务院规定的“两率承包”目标，实现了国家最初赋予的维护金融稳定、支持国企改革的历史使命，而且已经通过各自的努力在向金融控股集团发展的道路上迈出了坚实的步伐。同时，随着四家资产管理公司对金融不良资产的剥离（收购）、接收、管理和处置，中国也开启了一个新的市场——金融不良资产市场。从2000年到2009年，经过十年的发展，中国金融不良资产市场经历了从无到有、从小到大、从低级到高级的发展历程，已由最初的简单、盲目、无序发展成现在的分工明确、交易频繁、稳定有序、相对成熟。目前，中国金融不良资产市场已经成为中国金融市场不可或缺的重要组成部分，在防范金融风险，促进金融稳定方面发挥着积极的作用。

一、金融不良资产市场是金融市场的有机组成部分

（一）金融不良资产是金融经营的必然产物，是金融风险的伴生产品

金融不良资产是指金融机构在经营当中形成的，不能及时变现从而影响自身资金正常流转的资产。金融不良资产一般为不良贷款，俗称呆坏账，包括逾期贷款（贷款到期限未还的贷款）、呆滞贷款（逾期两年以上的贷款）和呆账贷款（需要核销的收不回的贷款）三种。其他金融不良资产还包括房地产等不动产组合。

中国银行业的不良资产是在经济转型的特定历史时期形成的。巨额不良资产的形成，既有经济周期和转轨过程等国际共同原因，也有拨改贷、不良贷款核销制度等中国特有因素。据人民银行抽样调查统计，在不良资产形成原因中，由于计划与行政干预造成的约占30%，政策上要求国有银行支持国有企业而国有企业违约的约占30%，国家安排关、停、并、转等结构性调整的约占10%，

地方干预包括司法、执法方面对债权人保护不力的约占10%，由于国有商业银行内部管理原因形成的约占20%。此外，社会信用环境较差，企业逃废银行债务严重以及未能实行高标准会计准则等因素都交叉存在于各个类别之中。

据中国信达资产管理公司风险研究中心的调查显示：不良贷款的形成是与国家的宏观经济形势和经济政策紧密相关的。在我国银行业不良贷款形成的四个阶段中，1983年以前的不良贷款主要是由于体制性原因形成的；1984年至1990年，政策性因素是这一时期不良贷款的主导原因；1990年至1998年，由于经济波动以及两种体制交替和摩擦，银行不良贷款急剧增加；1999年以后，全局性的体制和政策性原因导致的不良贷款比重下降，不良贷款主要是由于企业和银行经营管理不善所致。

尽管每个金融机构都不愿看到自己出现不良资产，但是金融业作为一个高风险行业，出现不良资产又是不可避免的——只要从事经营，不良资产就必然会源源不断地出现。区别仅仅在于，随着风险管理水平的提高，银行资产不良率会相对有所降低。同时，金融不良资产的产生又和经济周期息息相关——经济上升期，银行资产不良率相对较低；经济下滑期，银行资产不良率就会明显升高。金融不良资产就像河流中的垃圾，如果不及时清理，任其积累，就会严重影响金融企业资金的流动性，引发一系列金融灾难，甚至会拖累整个社会经济陷入停滞和衰退。

（二）我国金融不良资产市场是在集中处置金融不良资产过程中形成的，经历了一个由政策性到市场化的演进过程

金融不良资产市场是指相关主体在处置金融不良资产时形成的产权交易市场，包括金融机构处置自身产生的不良资产时形成的一级市场（即批发市场）和专门的不良资产处置机构（如四大国有资产管理公司）在处置不良资产时形成的二级市场（即零售市场）。

我国金融不良资产市场的一级市场自形成以来经过了三个发展阶段：第一个阶段是政策性阶段。1999年四家资产管理公司对口接收工行、农行、中行、建行四大国有商业银行及国家开发银行1.4万亿元不良贷款，这次剥离是政策性的——资产按条块对口接收、转让价格按账面价值、处置损失由财政埋单。第二个阶段是政府主导的商业化阶段。2004年在工行、中行、建行、交行四家商业银行股份制改革并成功上市前进行了一次大规模的资产剥离，这次剥离是在政府主导下进行的，同时也是商业性的——资产剥离通过市场招标、转让价格按购买方报价、处置损益由资产管理公司自己承担。第三个阶段是完全的商业化阶段。2006年以后，光大、华夏等股份制商业银行根据自身经营的需要，

陆续在金融不良资产市场推出了数额不等的不良资产包，其交易过程、价格等完全按照市场化模式操作。

由此可见，我国金融不良资产市场的形成不是自发的，而是政府为解决国有商业银行的不良资产处置问题而创设的。在这样一个背景下，金融不良资产市场的发展将不可避免地受到政府行为的影响。然而，随着不良资产市场的发展，其作为“政府推动经济体制改革的配套市场”的角色已不断弱化，目前已接近于一个真正意义上的资产交易市场。同时，在二级市场上交易的金融不良资产已经完全市场化，交易对象、交易方式的选择以及价格的确定受到政府的直接干预较少。

（三）金融不良资产市场在化解金融风险，促进金融稳定方面发挥了巨大的作用

据不完全统计，1999 年至 2009 年四家金融资产管理公司共商业性收购不良贷款约 1 万亿元。再加上 1999 年政策性剥离的 1.4 万亿元不良贷款，十年时间四家金融资产管理公司共通过金融不良资产市场的一级市场从金融机构接收不良贷款 2.4 万亿元，成功将不良贷款与金融机构进行隔离，防止了不良贷款对金融体系的进一步“毒害”，为化解金融危机、维护金融稳定作出了巨大的贡献。

同时，在四家金融资产管理公司处置不良贷款的过程中，金融不良资产市场的二级市场也发挥了积极的作用。通过与地方政府、境外资本、民营企业的合作，金融资产管理公司扩大了资金渠道，丰富了处置手段，平衡了各方利益，化解了社会矛盾，支持了地方建设，帮助了国企改革。

二、我国金融不良资产市场体系已初步形成

（一）我国金融不良资产市场多种经济主体并存

目前，活跃在金融不良资产市场的主体主要有四类：国资、地资、外资、民资。

国资，就是以四大资产管理公司为代表的国家资金。可以说，正是 1999 年中国信达资产管理公司成立并接收和处置建设银行、国家开发银行不良资产，才开启了中国金融不良资产市场。由于规模、政策背景等方面的原因，四大资产管理公司一直在金融不良资产市场上占据主导地位。随着资产管理公司转型提上日程，各资产管理公司大都建立了包括证券、租赁、托管、保险、基金在

内的复合式资产处置平台，加之其庞大的资金和政府的支持，其市场主导地位将更加巩固。

地资，就是以地方政府或地方政府控制的投资公司为代表的地方资金。为了促进产业整合、企业重组，地方政府正在不断地参加到不良资产的交易活动中来，并日益成为金融不良资产市场中一支活跃的力量。东三省整体接收工商银行数百亿元不良贷款，“重庆模式”、“威海模式”的创立都是地方政府参与不良资产市场的表现形式。

外资，就是以外国投资银行、风险基金为代表的海外资金。金融不良资产市场形成初期，海外资金以摩根士丹利、高盛和摩根大通等规模较大的投资银行为主；目前，则主要以风险基金等中小规模的民间资金为主。无论是现在还是将来，我国金融不良资产市场都或多或少地受到一些非经济因素的制约，这将影响外资机构介入不良资产交易的深度。此外，外资机构一般是通过参与不良资产交易，实现对某些战略产业的渗透，这又将在一定程度上影响其参与不良资产交易的广度。

民资，就是以民营公司或个人为代表的民间资金。这部分资金一般规模较小，交易目标多是单个项目或标的较小的资产包。其一般利用在某地区或行业的优势对收购资产进行处置，由于目标单一，精力集中，往往能取得大型公司难以达到的处置效果。

（二）我国金融不良资产市场已形成“一级市场国资独大，二级市场三强竞秀”的格局

由于历史的原因，资产管理公司代表的国资一直在一级市场上占据着垄断地位——第一次政策性剥离银行不良资产时如此，第二次商业性剥离银行不良资产时也是如此。这很好理解，毕竟资产管理公司代表的是国资，国家主导的两次银行不良资产剥离自然非其莫属。然而，笔者经过和一些股份制银行、地方金融机构接触后却发现，在其自主进行的不良资产转让中，资产管理公司仍然是其交易的首选。究其原因，无非三点：一是在国内不良资产处置机构中，资产管理公司的规模和实力无人能比。二是资产管理公司在几年的不良资产处置中积累了良好的声誉。三是金融机构缺乏面对不良资产市场的经验，资产管理公司正好从中充当一道防火墙，以减少经营风险和道德风险。

与资产管理公司相比，地资、外资、民资目前还只能活跃在二级市场上。较之资产处置初期，地方政府在二级市场上明显活跃。以河北为例，省内 11 个市级政府均参与过二级市场的交易，有的还不止一次，而县级政府参与二级市场交易的也已屡见不鲜。同时，在二级市场上，还出现了民资与外资媾和的现

象——民资利用自己在地方的资源优势，为外资充当探路者和代理人，而外资则为民资提供庞大的资金支持。

（三）金融危机对我国金融不良资产市场的影响

国际金融危机对我国金融不良资产市场的影响表现在两个方面，一是活跃一级市场，二是减弱二级市场。

从理论上讲，金融危机会造成银行的不良贷款显著增加。为降低不良率，改善流动性，商业银行势必会将大量不良资产推向市场，从而增加金融不良资产市场的供给，活跃一级市场。然而，由于我国政府应对得法，金融体系相对稳健，这影响至今并不明显。根据人民银行的数据，截至2008年底，银行业金融机构不良贷款余额和不良贷款率下降明显见图1。其中，主要商业银行不良贷款余额0.49万亿元，同比减少0.71万亿元；不良贷款率2.45%，下降4.28个百分点。城市商业银行不良贷款余额484.8亿元，同比减少26.7亿元；不良贷款率2.33%，下降0.71个百分点。农村商业银行不良贷款余额191.49亿元，同比增加60.82亿元。

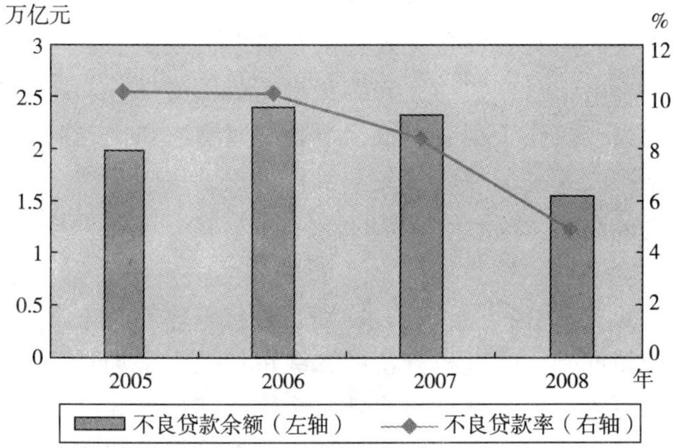

数据来源：中国人民银行、中国银监会。

图1　银行业金融机构不良贷款余额和比率

同时，由于流动资金的减少，金融不良资产市场的二级市场上，需求明显减弱，这在外资和民资中的表现尤为突出。2008年以来，四大资产管理公司通过金融不良资产市场处置资产的比例明显下降，就是少有的几单也基本上都是在与地方政府进行交易。

（四）最高人民法院纪要对我国金融不良资产市场的影响

2009 年 4 月 3 日，最高人民法院发布了《关于审理涉及金融不良债权转让案件工作座谈会纪要（法发［2009］19 号）》（以下简称《纪要》）。《纪要》的政策导向主要体现在四个方面：一是明确赋予政府等机构对国企不良债权享有优先购买权，政府等机构在同等条件下有权优先于其他投资者受让资产公司转让的国企不良债权。二是强调法院在审理国企不良债权转让纠纷案件中将重点审查资产公司转让国企不良债权程序的公正性和合法性。《纪要》在列举不良债权转让合同无效的十一项事由中，有五项涉及资产处置程序问题，包括公告程序、评估程序、公开处置程序（公开招标、拍卖等）、行政主管部门的审批备案及登记程序。未严格遵循上述程序，都可能导致国企不良债权转让合同无效。三是强化了资产公司转让国企不良债权时的通知义务。《纪要》明确要求资产公司在国企不良债权处置方案、交易条件等确定后应当通知国企债务人注册登记地的优先购买权人。如果通知程序未严格执行，势必侵害优先购买权人的优先购买权，从而增加相关权利主体主张合同无效的风险。四是对资产公司采用“打包”方式面向社会转让国企不良债权提出了更为严格的要求。《纪要》规定的通知优先购买权人规则和整包无效规则，极大地增加了公司打包转让的操作难度和法律风险。由于资产包的优先购买权人数量增加，资产公司履行通知义务的难度明显增大，操作中稍有不慎，很容易遗漏通知优先购买权人或发生通知瑕疵，优先购买权人提起侵害优先购买权诉讼的风险加大。同时，打包债权中如果存在单笔或数笔债权无效情形的，《纪要》的规则是倾向认定资产包整包无效。

由于《纪要》对转让国企债权，特别是打包整体转让，提出了一些近乎苛刻的要求，无疑使饱受金融危机打击的二级市场又雪上加霜，一些抱有较大投机目的的外资和民资或许会就此不再涉足金融不良资产市场。另一方面，《纪要》对转让国企债权进行了规范，使转让行为有了更加明确的依据，从长远看对金融不良资产市场的发展又起到了规范和促进的作用。

三、将金融不良资产市场建设成化解金融风险的“泄洪渠”

（一）金融不良资产市场要与正常资产市场实现成功对接

如前所述，经过了 1999 年和 2004 年两次大规模的资产剥离，特别是进行了股份制改革并成功上市，我国工行、中行、建行、交行四家商业银行的不良率已明显下降，资本充足率已明显上升，盈利能力显著增强（见表1）。

表1 工商银行、中国银行、建设银行、交通银行财务指标变动情况

单位:%、亿元

		2003	2004	2005	2006	2007	2008
工商银行	资本充足率	-8.81	-8.31	9.89	14.05	13.09	13.06
	不良贷款率	21.24	18.99	4.69	3.79	2.74	2.29
	税前利润	26.58	21.05	593.54	715.21	1 151.14	1 453.01
中国银行	资本充足率	5.39	10.04	10.42	13.59	13.34	13.43
	不良贷款率	16.28	5.12	5.41	4.04	3.12	2.65
	税前利润	385.73	345.76	551.4	676.3	899.55	862.51
建设银行	资本充足率	6.51	11.29	13.57	12.11	12.58	12.16
	不良贷款率	4.27	3.92	3.84	3.29	2.60	2.21
	税前利润	374.73	502.16	553.64	657.17	1 008.16	1 197.41
交通银行	资本充足率	7.41	9.72	11.20	10.83	14.44	13.47
	不良贷款率	—	2.91	2.37	2.01	2.05*	1.92
	税前利润	40.62	71.19	128.43	174.05	310.38	358.18

注：*该指标为减值贷款比率。

随着金融机构管理水平的提高，新产生的不良资产的资产质量将远远优于传统意义上的不良资产，而且还会呈现逐渐提高的趋势。因此，不良资产的“不良”特色将会逐渐弱化。同时，所谓的不良资产是由于多种原因不能参加当前、当地正常经济运行活动的资产，而并不是指价值或使用价值为零的资产。经过重新整合后，很多不良资产完全有可能改造或“嫁接”成正常的资产。因此，只有实现不良资产市场与正常资产市场的成功对接，才能最大限度地挖掘和提升不良资产的价值，达到“变废为宝”的目的。

（二）依托金融不良资产市场建立处置金融不良资产的长效机制

市场的细分将使更多的经济机构能够按照自身的规模、技术优势参与不同层次的资产交易活动，从而保证交易活动的稳定、有序进行，提高资产交易的效率。随着资产管理公司商业化进程的推进，其在一级市场中的优势地位将进一步巩固，资产管理公司批发，其他机构零售的市场分工结构将进一步加强。因此，应当以四家金融资产管理公司为核心，依托金融不良资产市场，建立处置金融不良资产的长效机制，才能达到有效化解金融风险的目的。

（三）将我国金融不良资产市场建设纳入法制化的轨道

一是要修改《贷款通则》中对不良贷款打折转让的限制。《贷款通则》第三十七条规定“未经国务院批准，贷款人不得豁免贷款。除国务院批准外，任何单位和个人不得强令贷款人豁免贷款。”这一规定，剥夺了金融机构对不良贷款真实价值重新认定并进行打折处置的权利，限制了金融机构通过市场手段对不良贷款进行处置，是与目前的形势格格不入的，应当尽快修改，为银行不良贷款进入市场建立一个畅通的渠道。

二是要修改《金融资产管理公司条例》中金融资产管理公司经营范围的限制。《金融资产管理公司条例》第三条规定“金融资产管理公司以最大限度保全资产、减少损失为主要经营目标，依法独立承担民事责任”，第十一条规定“金融资产管理公司按照国务院确定的范围和额度收购国有银行不良贷款；超出确定的范围或者额度收购的，须经国务院专项审批”，第十二条规定“在国务院确定的额度内，金融资产管理公司按照账面价值收购有关贷款本金和相对应的计入损益的应收未收利息；对未计入损益的应收未收利息，实行无偿划转”。这些都是针对第一次政策性剥离所作的规定，与金融资产管理公司目前所从事的商业性资产收购活动完全脱节，应当尽快修改，使金融不良资产市场上这一最重要的主体能够名正言顺的开展业务。

三是要通过立法的形式对我国金融不良资产市场进行管理和规范。建议国家进一步重视建设金融不良资产市场，通过制定金融不良贷款认定、管理和处置条例的形式，对金融不良贷款的认定、管理和处置行为作出明确、细致的规定，为金融不良贷款顺利进入市场铺平道路，将金融不良资产市场建设成为化解金融风险的“泄洪渠”。

（作者单位：信达资产管理公司石家庄办事处）

谈我国金融资产管理公司的发展历程和作用

樊志江　徐金萍

一、我国金融资产管理公司的成立背景

（一）国际金融大环境的突变

20 世纪 80 年代以来，随着金融全球化进程和国际资本流动的加速，以及金融工具的不断创新和部分国家的转制，整个世界处于一个金融危机频发不断的时期。1997 年 7 月，泰国宣布放弃固定汇率制，实行浮动汇率制，引发了一场遍及东南亚的金融风暴，使得与之关系密切的日本经济也陷入困境。1997 年 11 月，具有近百年历史的日本北海道拓殖银行由于经营不善，造成巨额呆账宣布破产。拓殖银行的破产打破了日本大藏省一再强调的大型商业银行不会破产的神话，该行破产使已进入零增长阶段的日本经济雪上加霜，其造成的冲击波给日本经济带来了严重的不良影响。随着日本经济低迷，东南亚金融风暴演变为亚洲金融危机，国际金融形势更加不明朗。与此同时，韩国金融监督委员会一日之间关闭了大东、东南、同和、京畿和忠清 5 家经营不善的银行。香港恒生指数一直跌至 6 600 多点。1998 年 9 月，俄罗斯卢布贬值 70%，使得俄罗斯股市、汇市急剧下跌。随着股市低迷，黄金市场也遭受重创，金融市场损失惨重。

这次亚洲金融危机，是继 20 世纪 30 年代世界经济大危机之后，对世界经济有深远影响的又一重大事件，反映了世界各国的金融体系存在着严重缺陷。包括许多被人们认为是经过历史发展选择的比较成熟的金融体制和经济运行方式，也在这次金融危机中暴露出许许多多的问题。亚洲金融危机再次向世界各国提出了建立新的金融法则和组织形式的要求。

（二）我国政府的应对策略

由于我国金融行业尚未完全开放，回避了 1997 年的亚洲金融危机，没有形成全面的系统性危机，但是，东南亚金融危机的爆发，也使我国国有银行因体制转轨所产生的不良资产风险骤然突出，金融警钟向我国敲响。金融危机终其

原因，实际上就是银行沉淀的大量不良资产的直接后果，其医治过程也就是对这些不良资产的处理过程。我国国有商业银行是金融体系的重要组成，是筹措、融通和配置社会资金的主渠道之一，长期以来为经济发展提供了有力支持。然而，在1995年《银行法》出台之前，国有银行是以专业银行模式运作的，信贷业务具有浓厚的政策性色彩，加之受到九十年代初期经济过热的影响，以及处于经济转轨过程中，在控制贷款质量方面缺乏有效的内部机制和良好的外部环境，从而产生了一定规模的不良贷款。此外，在1993年之前，银行从未提取过呆账准备金，没有核销过呆坏账损失。

中国银行业中公开的或隐蔽的不良资产比任何时候都要严重。我国银行业在国际上的信用评级逐年下降；国有商业银行包袱沉重，不良资产占比不断上升，经营中的困难越来越大；一些区域性银行和非银行金融机构支付风险更是十分突出，有的已不得不予以关闭。上述状况伴随国有企业经营困境加剧更是呈现恶化趋势。如果我们不采取特殊的有力措施解决各银行不良资产问题，及时化解金融风险，国民经济和社会发展中的这一重大隐患演变为现实危机并非没有可能，而这种风险给社会和国家所造成的破坏将是难以估量的。如何化解银行的巨额不良资产，成为我国金融界、政府及金融监管当局和银行共同面临的一个重大问题。

鉴于上述情况，在认真分析国内金融问题和汲取国外经验教训的基础上，我国政府决定成立金融资产管理公司。

（三）我国金融资产管理公司的诞生

为解决不良资产问题，消除潜在的金融风险，1998年我国开始酝酿成立金融资产管理公司。1999年4月，党中央、国务院在认真总结东南亚金融危机的经验教训以后，决定借鉴国际经验，成立四家资产管理公司，集中管理和处置商业银行的不良贷款，并由中国信达资产管理公司先行试点，对口剥离、定向接收建设银行和国家开发银行的3 900多亿元政策性不良资产。随后，中国华融资产管理公司、中国长城资产管理公司、中国东方资产管理也相继挂牌成立，分别承接了中国工商银行、中国农业银行、中国银行剥离的不良资产。

组建金融资产管理公司，集中剥离、处置银行不良资产，是党中央、国务院为防范和化解金融风险，深化金融体制改革，促进国有企业脱贫解困和转换经营机制，实现国民经济稳定健康运行而采取的重大战略决策，是中国金融体制改革的一项重要举措，对于推动国有银行轻装上阵，促进国有企业扭亏脱困和改制发展，以及实现国有经济的战略重组都具有重要意义。

剥离的不良资产中，国有企业贷款占到70%以上，推进国企改革与化解银行风险紧密关联。如何一并处理两个同样棘手的问题，成为事关中国经济棋局未来的“手筋”所在。因此，四家资产管理公司从建立伊始，就承担起了两项重大使命，一是集中处理和回收历史遗留下来的国有商业银行不良资产，防范和化解金融风险，即解决不良资产的存量问题；二是加快国有大中型企业扭亏为盈步伐，促进企业转换经营机制，建立现代企业制度，提升企业的盈利能力，即解决不良资产的增量问题。

二、我国金融资产管理公司的成长过程

（一）摸索前进

我国金融资产管理公司自成立之日起，一直备受社会各界的广泛关注，对其评价之中不乏褒扬和肯定之声，但同样也存在着许多质疑和责难。成立伊始，由于处置经验不足，加上政策环境、法律环境、经济环境、诚信环境等多方面的原因，金融资产管理公司在不良资产的接收、管理和处置等各个环节上不可避免地出现了一些这样或那样的问题。尤其是在2004年审计署通报了金融资产管理公司运作过程中存在的一些弊端之后，金融资产管理公司更是一度处于舆论的风口浪尖之上，批评之声纷至沓来，以至于许多人认为我国的金融资产管理公司现金回收率偏低，运作成效不佳，是造成国有资产流失的元凶等。

国家成立金融资产管理公司是要其为社会、为国家分忧解难，是要其在不良资产市场上扮演特殊的角色。面对质问，金融资产管理公司没有争辩，而是顶住压力强练基本功。一方面加强自身制度建设，练好内功。另一方面，结合我国国情，汲取外国资产管理公司的先进处置经验，提高处置技能。由于我国国有银行的政策性不良资产具有点多、面广、利益牵涉复杂等特点，与国际同业有关经验差异明显，我国金融资产管理公司摸索出了符合国情的协议转让、招标、打包、债务重组以及其他各种创新手段，尽最大努力达到最大化回收国有资产的目的。从最初主要通过逐户直接处置方式，到综合运用不良资产诉讼、拍卖、资产证券化和企业结构重组公司等，将不良资产处置工作一步一步地展开。通过建立良好的专业功底，提高自身提出专业意见的能力，设计出合理的交易结构，金融资产管理公司想方设法解决面对的各种难题。随着各方面环境和各项监督机制的不断完善，我国金融资产管理公司逐步走向了规范和成熟。

（二）积累经验

我国金融资产管理公司是适应我国经济发展的需要建立起来的，经过十年

专业化处置的探索和实践，不仅实现了政策性不良资产处置的高效率，还通过自主创新取得了商业化运营的高效益；不仅有力地支持了国有银行改制和国有企业改革，而且为化解国家金融风险，维护金融体系稳定发挥了重要作用。通过十年努力，金融资产管理公司不仅培养出了一批能征善战的一线员工，一批掌握高精尖技术的专业人员，而且在政策性业务、商业化业务、托管清算业务以及平台搭建和核心能力建设等方面均取得了显著成绩，积累了丰富的收购、管理和处置不良资产的经验，制定了公开、公平、公正和择优竞争的原则，建立了在一定程度上能够防范经营风险和道德风险的股权债权管理新体制，信息化建设和 ISO 9001 管理体系也逐步建成。除此之外，金融资产管理公司还创新了一系列不良资产的处置方式和定价方法，形成了不良资产处置的核心技能。

（三）培育市场

除 1999 年的政策性剥离外，资产管理公司收购、管理和处置国有商业银行不良资产，基本上是通过商业化的运作方式来实现的，资产置换、转让与出售，债务重组及企业重组，资产证券化等，都是比较成熟的资本市场运作手段。通过以投资银行方式解决国有商业银行的不良资产，促进了资本市场的发展，为我国初步孕育了一个不良资产交易市场。随着不良资产处置市场的开放，吸引了国内外许多具有战略眼光的投资者。同时，金融资产管理公司多年来的实践还有效地抑制了恶意逃废债行为，有力地推动了我国资本市场的发展，在一定程度上填补了国内金融市场的空白。

三、我国金融资产管理公司在金融危机中的突出贡献

（一）增强了银行业的抗风险能力

不良贷款的大规模集中剥离和有效处置，为国有商业银行进行体制转换创造了条件。主要表现在：一是降低了国有商业银行的不良贷款率。二是把银行报表中的不良资产变为由国家信用担保的金融债券，既调整了银行的资产负债结构，又有效改善了银行财务状况，增强了盈利能力。三是通过专业化、市场化运作，为国有商业银行拓展业务范围、增强经营活力提供了有益的借鉴。通过金融资产管理公司对不良资产的十年处置工作，有效地化解了金融风险，推动了国有商业银行轻装上阵。四大金融资产管理公司先后收购国有商业银行剥离的不良资产 25 000 余亿元，有效地化解了我国金融领域积聚的系统性风险，使我国国有商业银行的不良贷款大幅下降。在 2001 年至 2008 年的八年中，我国

国有商业银行的不良贷款余额由 21 663 亿元下降到了 10 535 亿元，减少了 81%；同时，不良贷款率也由 31% 下降到 3.59%，降低了 27.41 个百分点，实现了不良贷款规模和不良贷款率的“双降”。这些都主要归功于资产管理公司。资产管理公司对国有商业银行不良资产的集中处置，大大地减轻了银行的历史负担，有效改善了其资产质量，为其顺利完成商业化改造和成功上市创造了必要条件。目前，我国四家国有商业银行中的中国银行、建设银行和工商银行均已成功上市，农业银行也正在加快各项改革，积极准备上市。此外，金融资产管理公司还利用回收资金直接支付金融债利息，显著增强了国有银行的盈利能力。这些事实充分证明，金融资产管理公司的存在有力地推动了我国国有商业银行的改革和发展。

（二）促进国有企业改革，帮助国有企业渡过难关

除了回收现金、化解金融风险和为银行减负外，金融资产管理公司还落实了国家政策性破产及军工、天然林保护、有色金属、纺织、国家贫困县以及资源枯竭的矿山、煤炭等减免政策，肩负起帮助国有企业脱困、促进国有经济战略性调整、维护社会稳定等多重职能。政策性不良资产实际上是经济转轨过程中配置不当的资源，而金融资产管理公司处置国有银行不良资产的过程正是对这些资源进行重新配置的过程，是金融资本向产业资本转移的过程。在 1999 年剥离的 14 000 亿元政策性不良资产中，四家公司接收的不良资产大部分都是对国有企业的贷款。这样，对政策性不良资产的处置在一定程度上可以看做是对国有企业债务问题的解决过程。在这一过程中，资产管理公司通过“打折”使国有企业的财务状况得到有效改善，通过债务减免，使许多企业都重新焕发了生机。所以，资产管理公司处置政策性不良资产的过程，实际上是将多年来沉淀在银行系统中的经济资源向国有企业转移的过程，即金融资本向产业资本的转移，而处置过程中产生的折扣则是资产管理公司向国有企业让渡的权益。

金融资产管理公司成立之后，通过债务重组和债转股等方式，减轻了国有企业财务负担约 20% ~30%，有效地盘活了企业资产，为国有企业的扭亏脱困和改革、改制创造了条件。通过债转股的运作，资产管理公司对 500 多家国有大企业实施了债转股，其中 80% 的债转股企业实现了扭亏为盈，使一大批国有企业顺利完成了股份制改革，理顺了国有企业的产权结构，建立健全了现代企业制度，拉开了国有大企业股份制改革的序幕。对一些具备条件的企业，资产管理公司积极推荐上市，帮助国有企业充分运用资本市场功能进行筹资，推动了一批大型国有企业成功在海内外上市融资，提高了其在国内外市场上的竞争力和影响力。同时，资产管理公司还通过行使股东权利，协助国有大型骨干企

业跨地域整合资产，不仅优化了资源配置，更极大提升了国有经济在战略性行业中的控制力。

（三）为国家挽回了损失

1999 年，四大金融资产管理公司成立后，共接收了国有商业银行剥离的政策性不良资产 14 000 多亿元。几年来，通过综合运用债务重组、债转股、拍卖、诉讼、转让等手段，提前超额完成了政策性不良资产处置任务，最大限度地保全了国有资产。

2004 年，经国务院批准，财政部下发了《关于建立金融资产管理公司处置回收目标考核责任制的通知》，要求四家资产管理公司在 2006 年年底前完成 1999 年接收的全部政策性债权资产的处置工作（不含政策性债转股部分），并要确保实现现金回收率目标，严格控制费用率指标。截至 2006 年年底，四家金融资产管理公司已累计处置政策性不良资产 12 102.82 亿元，累计回收现金 2 110 亿元，比国家核定目标超收 286 亿元，全面完成了政策性不良资产处置任务，最大限度地保全了国有资产，减少了资产损失。而通过转股后的精心分类、整理与运营，由金融债权转化而来的国有股权资产也取得了较好的效益。

金融资产管理公司结合国有经济战略性调整的要求，积极运用兼并、重组、置换等手段推动行业整合和企业重组，通过诉讼、破产等手段促使一批经营不善、扭亏无望、污染严重的企业退出了市场，促进了经济资源的优化配置，维护了社会秩序。同时，在不良资产处置过程中，金融资产管理公司还充分考虑了国有企业职工的安置问题，在维护社会秩序和保持社会稳定等方面也作出了重要贡献。

成立十年多来，金融资产管理公司不辱使命，取得了显著的成绩，为我国金融体制的改革起到了不可估量的作用，其下一步的发展任重而道远。

四、未来——金融资产管理公司将再铸辉煌

（一）以不良资产处置为主业，为金融业发展保驾护航

亚洲金融危机的影响极其深远，它暴露了一些亚洲国家经济高速发展的背后的一些深层次问题。从这个意义上来说，不仅是坏事，也是好事，这为推动亚洲发展中国家深化改革，调整产业结构，健全宏观管理提供了一个契机。由于改革与调整的任务十分艰巨，亚洲国家的经济全面复苏还需要一定的时间。但亚洲发展中国家经济成长的基本因素仍然存在。经过克服内外困难，亚洲经

济形势的好转和进一步发展是大有希望的。金融资产管理公司在这个过程中，依法处置银行不良贷款、防范和化解金融风险、促进国有银行改革与发展将是其基本职能，通过处置不良资产，回收现金，防范和化解金融风险，为金融业发展保驾护航。金融资产管理公司已能通过充分把握经济周期和资产价格变动的关联趋势，解决处置效率和回收效益的平衡难题。但是，也应该看到，国内不良资产市场对资产管理公司的精细化管理、处置能力也提出了更高地要求。因此，资产管理公司不仅要不断强化商业化业务优势，更要强化专业能力，在业务推进的同时重视技术总结和经验积累，专业能力才是将不良资产作为主业的坚实保证。

（二）打造综合金融品牌，完善金融服务体系

金融资产管理公司的改革转型核心是转变思想观念，培养良好的商业思维模式和营商精神。自 2004 年以来，随着国内资本市场的震荡加剧，问题机构、问题资产数量突然增多。此时，资产处置任务本已繁重的资产管理公司再次临危受命，接受监管部门委托，对汉唐证券、辽宁证券、华夏证券、西部金融租赁公司、北京证券、北京京华信托投资公司等进行了应急托管清算。由于坚持在托管中经营、在经营中托管的思路，资产管理公司业务团队不仅及时化解了多类型金融领域矛盾纠纷，还顺利完成了多项社会影响特别重大、由国家指派或地方政府交办的重点危机企业托管清算任务，成功维护了市场与社会稳定，高效、公允、专业的职业作风广受各界赞誉。通过接受国务院、人民银行、证监会及其他政府部门委托，资产管理公司承担了针对各种类型问题机构、问题资产的应急托管清算工作，有效化解了金融风险，维护了社会稳定。危机管理类的托管清算业务规模更持续扩大。同时，资产管理公司的受托代理业务与商业化收购也同步稳定增长。

随着金融业改革的深化，为最大限度恢复和提升不良资产价值，在风险可控的前提下，资产管理公司有选择、分步骤地设立了证券业务、财务顾问、投资咨询、基金管理、产业基金和创业投资基金等有市场需求的金融服务业务平台。资产管理公司已托管清算过国内几乎所有类型的金融机构，每次都取得了清算速度快、成本代价低、人员安置顺利、社会反映平稳的效果，因此成为名副其实的危机救险多面手和全天候的“国家金融救火队”，从功能单一的不良资产处置机构，已初步发展成为集资产管理和多种金融服务功能为一体的全国性、综合性、具备核心竞争力的现代综合金融服务企业，为资产管理公司下一步的转型发展创造了有利条件。

（三）通过多样化的处置手段，提升不良资产价值

金融资产管理公司对我国的金融安全、经济繁荣和社会稳定等都具有十分重要的作用，在我国的经济发展过程中作出了巨大的贡献。目前，随着政策性不良资产处置任务的全面完成，金融资产管理公司已开始踏上新的征程。已经尝试与外资合作资产处置；境外资产证券化产品；境内资产证券化产品；将债权人、股东、财务顾问、战略伙伴、保荐人等多项职能进行了协同发挥；作为资产服务顾问，在国内不良资产市场领域首次实现了收购同时向投资者融资等。因此，在向市场化转型的过程中，其定能经受住各种考验，在我国的经济生活中发挥出更大的作用。挑战面前，资产管理公司迎难而上，必将有斐然业绩。

（作者单位：信达资产管理公司石家庄办事处）

有效防范保险行业大规模退保风险浅谈

侯平原

2008年9月，源自美国的次级贷危机不断蔓延，迅速由金融领域扩散到实体经济，由发达国家蔓延到新兴工业化国家和发展中国家。国际金融市场动荡起伏，对世界各国经济金融运行都产生了较大负面影响。我国的金融系统得益于资本项目仍受到较为严格的管制，因而未受到沉重的实质性打击。但作为金融行业重要成员之一的保险行业，也在这次危机中受到了一定程度的影响。

金融危机爆发以来，世界许多地方因经济恐慌等原因都遭遇了退保风潮，例如新加坡、中国香港等地就陆续遭遇退保风暴。中国内陆的一些省份地区也不同程度地出现了退保业务明显上升的现象。为了有效防范退保风险，监管部门和中国太平洋人寿保险股份有限公司陆续下发了一系列文件提出具体要求。中国保监会主席吴定富又在2009年7月20日召开的上半年保险监管工作会上特别对保险行业的退保风险防范工作上提出了明确要求。作为全国保险行业的最高管理者，他强调，在国际金融危机的情况下，要继续高度重视防范非正常退保风险。要继续完善保险公司退保情况的监测和应急处理机制，密切关注风险点和苗头性问题，抓早抓小，及时处置和化解。要继续加强对投连险、分红险等业务领域非正常退保的监管。要密切关注非寿险投资型业务的风险，做好压力测试和应对预案，确保现金流充足。

作为一家经营省域市场的分公司，太平洋寿险河北分公司本着一贯的谨慎、稳健经营思想，仔细分析了全国乃至全球各大保险企业，特别是它们的分支机构在基层经营管理中所面临的实际问题与风险后得出，防范大规模退保风险是基层保险公司风险防范的重中之重。

在保监局及总公司的指导下，河北分公司在预防大规模退保方面进行了大量研究，认真将如何加强退保风险预警，如何使客户坚定投保信心，有效控制和防范大规模退保业务的发生作为一项重要的研究课题，并扎扎实实做了以下几方面工作，实践证明，效果显著。

（一）主动向客户支招，运用保险行业的各项规章制度，帮助客户减少退保损失

1. 利用宽限期适当地推迟交费日期。一般的长期寿险产品，都有60天宽限交费期。如果60天内无法交费，仍旧可以利用两年的宽限期。但在两年之内，保单处于失效状态，投保人可以在自己有交费能力时申请恢复保单，所有效力不变。

2. 充分利用保单质押贷款功能。在保险单的现金价值范围内，投保人可以随时向保险公司提出办理保单贷款，而不需要另外提供担保人。一般分红类保险可以贷到现金价值的80%，而两年以上的寿险保单可以贷到现金价值的70%。

3. 利用保险条款的自动垫交保险费功能。有些险种设计有自动垫交保险费条款的。如果保险单的现金价值大于应缴纳的当期保险费和利息，而且投保人事先又有此约定，那么，保险公司为了使保险效力得以延续，会自动垫交应交的续期保险费。投保人在投保时，应尽量利用这一条款。

4. 建议客户办理减额交清保险。将保险金额缩小，不用再缴纳保险费，可以继续享有保险保障。

5. 将保险的期限缩短，在缩短的保险期限内，仍然享有原来的保单上规定的各项保障等。

（二）制订规章制度，加强风险防范的制度建设

分公司结合河北保监局、总公司各项管理规定，制定相关制度，全力防范大规模退保风险，相继制订下发了《关于密切关注退保业务动向的通知》、《关于印发妥善处理银行保险客户投诉及退保应急预案的通知》、《关于印发〈中国太平洋人寿保险股份有限公司河北分公司大规模退保事件应急预案〉的通知》等一系列管理制度和应急预案，针对有可能发生的各类退保情况明确了应急处理的具体措施与流程，要求各中心支公司、分公司各有关部室高度重视，不断强化风险防范意识，提高风险防范能力。

（三）成立专项防范工作小组，深入宣导，确保有关规定及时落实到位

分公司及各中心支公司成立了由总经理任组长，分管营运条线的总经理室成员任副组长，各有关部室负责人为成员的退保异常状况应急处置小组，负责辖内大规模退保风险的防范工作。组织全辖退保工作领导小组全体成员召开视频网络会议，认真宣导保监局和总、分公司有关文件规定，要求各单位严格贯彻执行。利用分公司年度工作会议机会，向各单位“一把手”宣导，要求高度重视，发现退保出现重大突发事件或者有异常情况时，及时报告，妥善处置。

通过宣导和督导，提高各分支机构对大规模退保风险防范工作的重视程度，严格按照河北保监局及总公司的有关要求，有效落实各项管理制度和风险防范预案。

（四）确定大规模退保事件定义及适用范围

大规模退保事件，是指由于突发性或者持续性的事件，导致公司出现超出正常范围的客户大规模退保或恶意退保，影响或可能影响公司乃至于行业的稳定发展，致使公司认为应当采取应急处理机制的重大事件。用于指导、预防和处理大规模退保事件主要包括：10 名以上投保人集体退保，或退保金额 50 万元以上且退保原因异常的退保事件；同一中心支公司短期内出现退保金额或退保人次大幅增加；因各种原因可能引起大规模集中排队退保的退保事件；可能对公司、行业造成不良影响的个别特殊的退保事件；新闻媒体大规模、连续地、密集地针对我公司和其他保险公司的产品管理、经营管理、销售管理等方面进行负面报道，可能引发重大退保事件的情况；保险监管部门或公司认定的其他大规模退保事件。

（五）统一明确工作原则

第一，统一领导，高度重视。全辖要高度重视大规模退保事件的应急处理。大规模退保事件由分公司退保异常状况应急处置小组统一领导，各中心支公司应当服从分公司退保异常状况应急处置小组的组织、指挥和协调。第二，内紧外松，预防为主。各机构要本着内紧外松的原则，遵循预防为主、常备不懈的方针，采取有力的监控和防范措施避免出现可能产生的退保风潮。第三，有力监控，有效应对。各中心支公司要采取有力的监控和防范措施避免出现和积极化解可能产生的退保风潮。各中心支公司营业柜面一旦出现重大退保事件，应立即采取针对性措施，科学、合理、高效处理，降低、消除退保风险，控制事态的发展，防止事态升级。第四，先外后内，特事特办。各中心支公司以第一时间、第一地点化解矛盾为第一要务，要积极主动，讲时效，重解决。对特殊个案，应特事特办，迅速应对、上报，全程跟踪处理，避免、杜绝特殊个案导致整体局势恶化。第五，信息共享，严格保密。各机构各部门之间要及时沟通，共同确定处理方案，及时反馈处理进程，共享信息，统一行动。参与重大退保事件应急处理工作的人员应当严守保密制度，未经授权不得向外界提供与应急处理工作相关的任何信息，更不得以此牟取私利。

（六）安排布置各项工作措施

第一，各单位要本着内紧外松的原则，采取有力的监控和防范措施避免出现和积极化解可能产生的退保风潮，特别要密切关注个险、银邮业务的退保情况。对退保件数、退保金额出现异常增加的，或出现群体退保等情形的要弄清情况，及时处理，并在第一时间逐级报告。事关重大的情况应及时向分公司相关部门报告。当地新闻媒体大规模、连续、密集地针对我公司和其他保险公司的产品管理、经营管理、销售管理方面的负面报道也须上报，以便及时采取应对措施。第二，各单位营业柜面一旦出现集中排队退保的情况，要立即采取措施进行疏导。可通过增设或开启闲置的服务窗口、增加柜面服务人员、服务大厅的服务人员进行调度，以及预约时间为客户上门服务等方法疏散客户，避免发生群体性事件。同时要注意服务态度，以免激化矛盾。第三，对于由退保问题引发的投诉事件要遵循“先外后内”的原则妥善处理。尤其要讲求时效，既要耐心细致的向客户讲清道理，同时又要积极主动的帮助客户解决问题。各机构要和当地的监管部门、新闻媒体、质量监督部门保持密切联系，有问题要及时相互通气，及时提出解决方案，在第一时间、第一地点化解矛盾。第四，各单位财务部门要做好资金调度工作，全力保证退保资金的足额及时到位，避免出现由于资金问题，引起恐慌，加剧退保风潮。

（七）制定大规模退保应急预案流程，并组织演练

应急预案流程明确划分分公司与中心支公司两级机构的职责。分公司重点负责健全退保监控、预警机制，对全辖退保情况实施天天监控，及时通报跟踪。每周进行退保数据分析，按时向河北保监局上报；并月月进行退保原因分析，详细监测各业务渠道、险种的退保趋势，并制定相应改进措施。报告内容包括：退保情况的总体分析、退保的原因分析、对下月退保情况进行预测等内容。接收各中心支公司退保异常状况应急处置小组报告的退保异常情况，做好分析、判断和跟踪，并将退保异常情况的跟踪结果及时向总公司汇报。如发生重大突发退保事件或群体退保事件，在 24 小时内将有关情况和处置措施报当地保监局，启动应急预案。同时，对事发单位及时进行应急处理的指导。进一步加强现金流的监测，确保一旦发生大规模退保，有足够的现金支付。

中心支公司主要负责制定适当、及时和具体的应急细则，调度所需资源，及时果断地开展应急处理工作。特别是要做好资金调度，全力保证退保资金的足额及时到位，避免出现由于资金问题，引起恐慌，加剧退保风潮。要根据业务类型，分别制订详细的客户安抚与疏导方案、正面舆论引导方案、资金调度方案等子预案，全力确保各项应对措施积极有效。

（作者单位：中国太平洋人寿保险股份有限公司河北分公司）

金融稳定再贷款管理历史沿革及效果评价

王丽英　白云天

金融稳定再贷款是指为维护金融稳定，经国务院批准，中国人民银行发放的用于防范和处置金融风险的再贷款。包括：地方政府向中央专项借款、用于救助高风险金融机构的紧急贷款、用于退市金融机构个人债务和境外债务收购等其他风险处置类再贷款、用于收购人民银行自办金融机构个人债务的再贷款和再贷款考核月报表中列入“其他再贷款”项目的各类再贷款等。金融稳定再贷款是中央银行行使“最后贷款人”的职能来维护金融稳定的措施之一。1999年以来，我国中央银行贷款的主要用途是推进金融改革，化解金融风险，维护金融稳定。

一、金融稳定再贷款产生的历史背景

在我国20多年的经济转轨过程中，由于经济体制的原因，社会环境的变化，金融体制的不适应，监管手段的落后，以及金融法律法规的不完善，我国金融业积累了大量风险和历史包袱。到20世纪90年代中期，特别是亚洲金融危机后，这些长期积累的风险逐步显现。据统计，1998年以前，全国高风险城市信用社、信托投资公司和农村合作基金会等机构共向2亿多人吸收存款近2 000亿元。这些资金大部分被占压在停产和破产的乡镇企业、房地产及无偿还能力的地方公共事业项目上，有些被腐败分子贪污挪用，从而导致这些高风险金融机构支付困难，多次引发挤提、上访等事件。这种状况损害了存款人对地方金融机构的信心，影响了存款人的消费和生产活动，扩大了金融风险，不利于经济发展，在一定程度上也影响了国际社会对我国金融业发展前景的信心。

河北省的情况也和全国一样，地方金融风险逐步暴露，突出表现在：一部分城市信用社严重资不抵债，支付困难，有的已出现挤兑风波；农村信用社不良贷款比例高，亏损面大，资不抵债严重；整顿撤并信托投资公司工作进展缓慢；农村合作基金会拖欠农民的巨款债务不能全部清偿；大部分典当行长期违法从事存贷款业务，有的已出现挤兑风波；一些金融违法行为及犯罪人员不能及时得到严厉查处。这些重大金融隐患，都可能引发局部乃至区域性的支付风险，危及金融秩序和社会稳定，对地方经济发展造成冲击。截至2000年6月末，河北省共有城市信用社357家，其中资不抵债的城市信用社222家，有103家存在不同程度的支付困难，有的已引发挤兑。

为化解长期以来金融业积累的大量风险和历史包袱，健全金融机构内控机制，推动金融体制改革。党中央、国务院采取了一系列宏观调控的政策措施，大力整顿金融秩序，防范和化解金融风险。通过改革、整顿和收购、债转股、关闭直至破产等措施，有效防止了金融风险蔓延。

1996年，《国务院关于农村金融体制改革的决定》（国发［1996］33号）明确提出要按照国家的有关规定对农村合作基金会进行清理整顿，从此揭开了整顿金融秩序工作的序幕。

1997年发生的东南亚金融危机，给了我国一个清晰的、现实的警示，也加快了我国整顿金融秩序、化解金融风险的步伐。党中央、国务院在全国金融工作会议上下发了《关于深化金融改革，整顿金融秩序，防范金融风险》（中发［1997］19号），通知要求“力争用三年左右的时间……基本上实现全国金融秩序明显好转，化解金融隐患，增强防范和化解金融风险能力，为进一步全面推进改革和现代化建设创造良好的条件”。

根据中共中央中发［1997］19号文件精神，中国人民银行先后制订了清理整顿“三乱”、整顿城市信用社、清理整顿农村合作基金会、整顿信托投资公司等工作方案，确定了“自我救助”、“收购或兼并”、“行政关闭或依法破产”三种处置方式，并经国务院办公会批转实施。

1998年，根据国务院颁发的《非法金融机构和非法金融业务活动取缔办法》（国务院令247号）的规定，出台了国务院办公厅转发人民银行《整顿乱集资乱批设金融机构乱办金融业务实施方案》（国办发［1998］126号），明确了金融“三乱”的范围、整顿原则和工作方法等。各地根据国办发［1998］126号文的精神对当地的金融“三乱”现象进行了大规模的治理整顿。这一系列政策的出台，标志着中国开始全面清理整顿地方性中小金融机构。

河北省委、省政府按照党中央、国务院的统一部署，积极整顿各类地方金融机构和整顿金融“三乱”，妥善地处理了多起挤兑风波，有效地防止了金融风险的蔓延，维护了当地金融秩序和社会稳定。

在处置这些金融风险中，国家启动了中央银行再贷款。再贷款作为基础货币投放的主要渠道，在发挥原有功效的基础上，开始履行处置金融风险，发挥“最后贷款人”的功能。中国人民银行按照党中央、国务院的统一部署，集中处置了一批高风险金融机构。据统计，我国从1997年至2002年，分类处置了2 800余家城市信用社，清理了大量农村合作基金会，关闭了近160家信托投资公司、证券公司等非银行金融机构，动用了近 1 700 亿元再贷款。中央银行自 1999 年以来，又陆续制定出台了《中国人民银行紧急贷款管理暂行办法》、《地方政府向中央专项借款管理规定》。经国务院批准，全国运用了 2 000 多亿元再贷款。其中河北省运用了近 100 亿元，垫付被处置金融机构和农村合作基金会对自然人的合法债务。据初步统计，到 2002 年，全国已撤销高风险城市信用社、信托投资公司和农村合作基金会 23 000 多家。经过处置，部分金融机构风险得到及时化解，金融“三乱”现象得到集中清理和制止，有效地防止了金融风险的蔓延，切实保护了债权人的合法权益，维护了金融稳定和社会稳定，为创造国民经济持续快速、健康发展的良好环境提供了保障。

二、金融稳定再贷款的发放及使用

近年来，全国共发放各类金融稳定再贷款近 2 000 亿元，用于解决全国各地金融机构的债务（包括政府借款、人民银行自办的信用社、批准退出的 700 多家金融机构）。河北省自 1999 年 8 月至 2003 年 7 月，共发放政府借款、人民银行自办金融机构再贷款、紧急贷款等各类金融稳定再贷款近 100 亿元，用于兑付个人债务。

（一）政府借款

通过对河北省的调查，各级政府、人民银行各分支机构对政府借款的使用与管理非常重视，按照总行和财政部的文件要求，将政府借款专项用于解决地方要关闭的农村基金会、城市信用社、典当行的个人债务和合法外债及弥补 1999 年粮食风险基金资金缺口，基本上做到了专户管理，专款专用。在发放政府借款四年期间，河北省共兑付个人债务 1 995 210 笔，金额 75. 3 亿元。其中兑付基金会个人存款性股金 43. 8 亿元，兑付城市信用社个人存款 25. 1 亿元，兑付典当行个人存款性股金 6. 4 亿元。总之，政府借款的发放对维护我省社会和金融稳定发挥了重要的作用。

（二）紧急贷款

从全国紧急贷款对象构成情况看，由三部分组成，即城市商业银行、城市信用社和农村信用社。相对来说农村信用社历史包袱较重，积累的风险较大，导致动用人民银行的紧急贷款较多。河北省发放紧急贷款 0. 9 亿元。

（三）人民银行自办城市信用社和证券公司

人民银行总行对这部分金融机构发放的再贷款在200亿元左右，其中证券公司占比在40%左右。河北省发放人民银行自办城市信用社再贷款12.47亿元。

三、金融稳定再贷款的管理

（一）政府借款管理

政府借款主要依据中国人民银行和财政部联合下发的《地方政府向中央专项借款管理规定》进行管理。

一是建立人民银行总行、分行、中心支行的分级负责制，明确各级行的责任与任务。总行负责审批贷款，分行（营业部）负责签署贷款协议，分行营业部或省会城市中心支行负责发放贷款。二是规范操作，加强对政府借款“借、用、还”三个环节的管理。做到借款环节手续清楚，不拖不压；在借款用途、利息支付、账务处理、资金路径的程序和制度设置上确保专款专用；及时督促地方政府按期还本付息，如发生拖欠，则商请财政部按规定扣收。三是定期对专项借款使用和管理情况进行检查，发现问题，主动与地方政府及有关部门沟通，及时纠正。

（二）紧急贷款管理

对紧急贷款的管理可以用“一个办法”和“两个通知”来概括。

1. “一个办法”即《中国人民银行紧急贷款管理暂行办法》。此办法对紧急贷款管理原则、贷款对象、贷款条件、贷款用途、期限和利率作了明确规定。

管理原则：限额控制、授权操作、专户管理、逐笔审查、指定用途、监督支付。

贷款对象：经中国人民银行批准设立、具有法人资格的城市商业银行、城市信用合作社和农村信用合作社（含农村信用合作社联社）。政府借款不适用本办法。

贷款条件：在中国人民银行开户行设立“准备金存款”账户，且经批准已全额或部分动用法定存款准备金；当地政府及有关部门对处置借款人的支付风险高度重视，并已采取增加其资金来源以及其他切实有效的救助措施；借款人已采取了清收债权、组织存款、系统内调度资金、同业拆借、资产变现等自救措施，自救态度积极，措施得力；当地政府和组建单位或股东制订的救助方案已经中国人民银行总行或分行批准，并承诺在规定时限内实行增资扩股，逐步减少经营亏损，改善其资信情况，查处违规、违纪行为和违法案件，追究有关当事人的经济、行政或刑事责任；依据《中华人民共和国担保法》提供担保；中国人民银行分行已派驻工作组或专人实施现场监管；中国人民银行认为必要的其他条件。

贷款的用途：紧急贷款仅限用于兑付自然人存款的本金和合法利息，并优先用于兑付小额储蓄存款。

贷款的期限和利率：紧急贷款的最长期限 2 年，贷款到期归还确有困难的，经借款人申请，可批准展期一次，展期期限不得超过原贷款期限。紧急贷款应执行总行制定的中国人民银行对金融机构贷款利率；发生逾期的紧急贷款，应执行再贷款罚息利率。

2. “两个通知”即《中国人民银行办公厅关于改进紧急贷款管理的通知》、《中国人民银行办公厅关于进一步加强紧急贷款管理有关问题的通知》。这两个通知是对紧急贷款管理办法的补充和完善，明确规定了以下内容：

一是上收了紧急贷款的审批权限，二是要求各分行完善风险评估制度，三是要求加强对风险机构的监管，四是对采取担保方式发放的紧急贷款，要切实采取措施，依法落实还款责任，五是明确了对停业整顿（撤销）机构紧急贷款的管理，六是规范了申请紧急贷款的申请材料。

通知要求对紧急贷款要实行专户管理，在金融稳定再贷款科目下单独设立“紧急贷款”账户；在借款人存款准备金科目下单独设立“紧急贷款专户”。

借款金融机构所在地的人民银行分支机构要敦促借款人按照借款合同约定，按时足额归还紧急贷款本息。对逾期的紧急贷款，可依据借款合同和担保合同约定，从借款人准备金存款账户中扣收贷款本息；依法处置抵押物、质押物，用于归还贷款本息；依法要求保证人履行保证责任。

严格紧急贷款展期条件。人民银行在审查时，要关注金融机构的经营状况，对正常经营机构应当在其至少偿还 5% ~10% 紧急贷款的前提下才予以展期。

四、金融稳定再贷款的使用效果评价

（一）成功处置了金融风险，维护了社会稳定

地方政府向中央专项借款的及时使用，确保了停业整顿的金融机构个人债务和外债的支付，最大限度地维护了存款人的利益，基本遏制了金融机构的风险蔓延，维护了金融和社会稳定。百姓对政府的信心迅速得到恢复，对政府的

决策坚决拥护，同时也重振了社会公众对金融体系信用的信心，成为维护金融和社会稳定的一道防线。在一定程度上说，这一重大举措在政治、经济方面的意义已远远超出了化解金融风险本身。

（二）有利于处于风险状态的金融机构恢复信誉

对部分中小金融机构发放紧急贷款，进行金融救助，及时、有力地稳定了金融局面。中小金融机构大的险情得到了有效控制，提高了风险机构资产流动性。风险机构的盈利能力有所增强，很大程度上缓解了部分地区和机构的支付压力，使风险机构增强了经营信心，信誉和形象得到有效恢复。到2000年下半年，城市信用社风险基本化解，取得了风险处置阶段性成果。

（三）为彻底处置停业整顿机构争取了时间，积累了经验

对多种不同类型金融机构同时实施停业整顿，使用人民银行再贷款兑付个人债务和外债，化解金融风险，确保一方平安，对于政府和人民银行来讲是史无前例的重大举措。各级政府和人民银行在使用政府借款兑付金融机构债务、追收金融机构资产、查处金融犯罪案件等方面的努力探索，为今后处置类似风险问题积累了丰富的经验。

（四）提高了政府的威信和政府对金融风险的重视程度

政府通过举债的方式承担了化解、处置地方金融风险的责任，保护了众多存款人的利益，存款人发自内心地对政府的行为表示认可，他们感谢党和政府，从而极大地提高了政府在人民心中的威信，在政治上影响较大。同时处置地方金融风险导致的巨额财政支出和维护社会稳定的迫切性，也促使地方政府采取强硬的手段打击金融犯罪行为。

（五）密切了货币政策与财政政策之间的配合

在中央财政面临困难情况下，人民银行为了解决财政困难，顾全大局，长期以来利用金融稳定再贷款，成功地解决了地方金融机构的撤销等问题，大大缓解了财政压力，有力地促进了我国经济建设。

（六）《个人债权及客户证券交易结算资金收购意见》作为目前我国处置金融风险的基本政策，发挥了应有作用

过去对高风险金融机构的处置，无论哪种方式，最终都不得不动用中央银行再贷款等社会公共资金来偿付自然人债务和弥补客户交易结算资金缺口。国

家对个人债权合法本息实行全额兑付，虽然维护了社会稳定，但也带来了不可忽视的道德风险。在利益的驱使下，少数金融机构从事违规经营活动。一些个人投资者为追求高额回报，仍然购买违反国家政策规定的高利金融产品，甚至不自觉地参与违规活动，加剧了金融风险的积累。为了维护金融秩序，保持社会稳定，同时也为了保护小额投资者利益，防范道德风险，培养投资者的风险意识，2004 年 10 月，经国务院常务会议批准，人民银行、财政部、银监会、证监会联合下发了《个人债权及客户证券交易结算资金收购意见》（银发［2004］255 号）（以下简称《收购意见》），确定在存款保险制度和证券投资者风险补偿制度建立之前，按照“依法清偿、适当收购”的原则，处理停业整顿、托管经营、被撤销金融机构（不包括期货经纪公司、保险公司）中的个人债权问题。《收购意见》的下发执行，一方面为国家动用公共资金收购个人债权和客户证券交易结算资金提供了政策依据，保持政策的连续性和稳定性，维护社会稳定；另一方面也培育了投资者的风险意识，为存款保险制度和证券投资者风险补偿制度的建立打下了基础。

五、金融稳定再贷款使用和管理中存在的问题及难点

（一）监督机制不完善，再贷款有被挪用的可能

尤其是政府专项借款容易被挤占挪用。从调查情况来看，挤占挪用主要有三种形式：一是通过挪用政府借款发放职工工资，完成其他财政性任务。二是把专项借款转贷给部分企业。三是偿还个人集资款的行为与管理办法相冲突。有的地方政府借款监管职责悬空。按照合同约定，人民银行将借款划到财政指定的专户后，借款的分配划拨及还本付息由财政负责。资金的这种流动方式，使人民银行无法监督。

（二）存在再贷款风险转化为财政风险的隐患

尤其是政府专项借款，从 2001 年进入还款高峰期。有些地方政府负担比较沉重，特别是风险集中、借款额大、经济欠发达地区，财政保吃饭、保建设、保稳定的压力相当沉重，再让其按期足额还本付息困难很大，因此欠付专项借款本息问题十分突出。在这种情形下，如果省级财政再落实到地市财政，就会影响地市财政收支状况，对地方财政造成很大的压力。但从目前现有管理办法来看，还是要求其按照规定按期足额归还借款。对政府缺乏还款主动性的，每年通过财政部从税收返还或转移支付资金中扣收。

（三）紧急贷款救助标准和发放时机难掌握

从目前的法律、法规和规章制度来看，人民银行对紧急贷款申请额度的批准没有一个量化的标准，因此，分支行在操作标准上很难统一，具有一定的随意性，致使政策的严肃性和原则性受到损害。中央银行担当“最后贷款人”决策，需要相当强的操作技巧。紧急贷款投放的早，风险问题不容易引起地方政府重视，政府的救助资金、方案很难到位，单方面靠中央银行资金救助效果不理想，机构出现停付和限付状态，就会事倍功半，加大了救助成本。风险救助的时机对救助成本、成效具有很大的影响。另外，资金性质在实际操作中被演变。甚至有的大量亏损，支付情况恶化的金融机构出现今天用紧急贷款，明天就停业整顿，后天甚至就退出市场的不正常现象。这种情况在处置城市信用社风险时更为突出。

（四）部分紧急贷款未依法落实有效抵押担保，潜在风险较高

一是按照《中国人民银行紧急贷款管理暂行办法》的规定，金融机构提供担保是获取紧急贷款的一项必要条件。但在实践中，由于一些风险事件情况危急，人民银行本着对金融和社会稳定负责的态度，在贷款条件不完全具备的情况下先行发放了紧急贷款，事后在补办抵押担保手续时往往会遇到很多困难。有的金融机构拒绝提供担保，有的无法提供有效担保或担保不合规，降低了紧急贷款的保障程度，加大了紧急贷款的风险。二是借款人不履约还款，部分紧急贷款逾期，有的因借款人被宣布撤销关闭或停业整顿，少量紧急贷款实际已经损失。三是借款人在借用紧急贷款后，由于其组建单位或当地政府未落实承诺的救助措施，导致借款人的支付和经营情况持续恶化，紧急贷款难以按期收回。

（五）资产损失核销准备工作有待加强

进行资产损失核销的前提是要有翔实的要件，但由于人民银行历史遗留资产形成时间长，当时管理比较乱等原因，很多核销要件不完备，这对于核销工作的顺利开展会带来不利影响，亟须加强相关准备工作。

六、加强金融稳定再贷款管理的建议

（一）加强地方政府专项借款的监督管理

人民银行金融稳定部门对地方政府专项借款的使用情况应加强监督检查，

发现问题及时纠正。要配合并督促当地政府严格履行专项借款合同，做好专项借款的还本付息工作，定期与财政部门核对专项借款余额和本息偿还情况。

（二）加强紧急贷款的监督管理

人民银行金融稳定部门对紧急贷款使用情况要加强监督检查，确保专款专用。加大紧急贷款催收力度。正常经营的借款金融机构申请再贷款展期时，视其经营情况和资产负债状况，要求归还5%～10%的再贷款本金后，再对剩余再贷款办理展期手续，并要求借款金融机构制订详细还款计划，严格履行还款义务。创新方式加大紧急贷款催收力度。充分利用借款金融机构重组改制的有利时机，加大紧急贷款回收力度。

（三）做好金融稳定再贷款债权维护工作

要定期向借款人发送催款通知书，保证借款诉讼时效的有效性。在金融机构市场退出过程中，主动跟踪、监测、监督，依法维护中央银行债权。按《中国人民银行办公厅关于加强市场退出金融机构再贷款管理工作的通知》（银办发［2007］180号）要求，加强市场退出金融机构再贷款债权管理。对需核销的已退市机构的再贷款，要做好核销所需相关文件资料的收集和整理工作。

（四）尽快建立存款保险制度

坚持风险处置和风险防范并举的原则，推动金融机构市场退出机制的市场化和法制化。尽快建立存款保险制度，形成有效的金融机构市场退出和金融稳定的长效机制。降低系统性金融风险，切实保护社会公众在金融交易中的合法权益，增强公众对金融体系的信心。

（作者单位：中国人民银行石家庄中心支行　南京农业大学）

金融风险处置问题研究

杨　冀

近年来，我国金融业迅速发展。同时，一些金融风险也在逐步积累和显现。针对金融业的一些风险，我国通过深化改革、化解防范、风险处置等措施，金融风险得到有效化解。但从金融风险处置实践看，还存在一些问题和制度性障碍。本文以河北省为例，从风险处置实践，剖析金融风险处置中存在的问题及制约因素，并针对问题探讨相关措施及政策建议。

一、金融风险处置实践

（一）金融风险主体多，风险处置复杂性大

目前，我国已初步建立起以各类银行业金融机构、证券公司、保险公司等为主体的比较健全和完善的金融组织体系。这些金融机构网点遍布全国各地市、乡镇及村落，具有多种类、多层次、多性质、覆盖面广、资产规模大、聚集风险多等特点，成为产生、聚集金融风险的主体。以河北省为例，金融风险主体主要表现出以下几个特点：

1. 风险主体种类齐全，资产规模大，风险处置难度大。截至2008年末，河北省金融业含有银行业、证券业和保险业三大块，其中银行业金融机构8类，证券业机构2类，保险业机构3类，资产规模总计达24 929亿元（不含资产管理公司和新型农村金融机构）（见表1）。省内金融业体系健全，机构种类多，资产规模大。各种性质的风险主体，形成、酝育和潜在了大量的风险，风险防范和处置涉及面宽、难度大。

2. 网点分布分散，遍布各个城乡和村落，风险处置范围广。河北省现辖11个省辖市、136个县、35个市辖区，总面积187 693平方公里。省内金融机构营业网点约达1.7亿个，遍布全省所有地市、乡镇和部分村落。金融机构网点分布较为分散，风险处置牵涉范围广。

3. 法人金融机构多，风险处置重点突出，工作量大。河北省辖内共有法人金融机构3 061家，营业网点共计8 447家，占全辖网点总数的49.7%。对这些

法人机构的风险监测、评估、防范和处置，成为金融稳定工作的重点和核心。

表 1　　河北省金融业风险主体类别　　单位：个，人，亿元

	家数	网点总数	从数人员	资产总额
一、银行业金融机构				
1. 政策性银行	2	164	3 623	1 241
2. 国有商业银行	5	3 213	71 469	11 630
3. 邮政储蓄银行	1	1 346	6 402	1 097
4. 股份制商业银行	6	48	1 629	951
5. 农村合作金融机构	3	4 872	49 040	4 416
6. 城市商业银行	11	290	7 216	1 268
7. 城市信用社	1	16	695	92
小计	29	9 949	140 074	20 695
8. 非银行金融机构				
财务公司	1	1	39	10
金融资产管理公司	4	4	272	—
金融租赁公司	1	1	65	15
信托投资公司	1	1	50	6
新型农村金融机构①	2	2	21	—
小计	9	9	447	31
二、证券业				98
1. 法人证券公司	1	1		
证券营业部		65		
证券服务部		61		
2. 期货公司	1	1		
营业部		16		
小计	2	142		
三、保险业				796
1. 保险公司省级分支机构	35	35		
各级分支机构		3 371		
2. 保险专业中介法人机构	98	98		
分支机构		313		
3. 保险兼业代理机构	3 075	3 075		
小计	3 208	6 892		
总计	3 248	16 992		24 929

注：①新型农村金融机构包括村镇银行、农村小额贷款组织等。

（二）不同的风险主体，表现出不同的风险特征和类型，适用不同的处置措施和方式，风险处置针对性强

构成风险主体的各类金融机构，由于种类多，经营机制、体制特点、市场定位以及经营战略等不同，其在经营过程中表现出的金融风险具有不同的特征和类型。从河北省情况看，金融风险主要有信用风险、支付风险、经营风险、流动性风险、操作风险、道德风险等（见表2）。

表2　　河北省金融业主要风险特征和分类

机构名称	潜在的主要风险分类
政策性银行	信用风险、操作风险、道德风险等。
国有商业银行	不良资产质量差，历史包袱沉重，资本金实力薄弱。主要潜在信用风险、操作风险、道德风险等。
邮政储蓄银行	信用风险、操作风险、道德风险等。
股份制商业银行	资本金实力薄弱，市场竞争能力和抗风险能力较差。主要潜在经营风险、信用风险、操作风险、道德风险等。
农村合作金融机构	经营管理不善，违规经营严重，资不抵债严重，资产质量恶化；部分机构出现支付风险。主要潜在经营风险、支付风险、信用风险、流动性风险、操作风险、道德风险等。
城市商业银行（城市信用社）	公司治理不规范，不良资产较高，资本金实力薄弱，违规经营严重，部分机构出现支付风险。主要潜在经营风险、支付风险、信用风险、流动性风险、操作风险、道德风险等。
法人证券公司	账外经营、违规经营严重，股本不实，股东利用证券公司融资、转嫁风险；经营模式僵化，盈利空间狭窄；公司治理和内控失效，管理粗放。主要潜在经营风险、操作风险、道德风险。

不同的风险主体和风险类别，处置方式、目的和侧重点各有不同，风险处置的针对性较强。河北省针对各类金融机构以及主要金融风险，分别采取了不同的办法和措施，对积累的金融风险进行了有效处置（见表3）。

表3　　河北省金融风险主要处置措施及效果

机构类型	主要处置措施	处置效果
政策性银行	推进农业发展银行改革	强化支农定位，加强商业化运营，拓宽支农范围
国有商业银行	推进股份制改革	资产质量得到根本好转，资本实力和抵御风险能力大幅提升

续表

机构类型	主要处置措施	处置效果
邮政储汇局	推进邮政储蓄银行改革	中国邮政储蓄银行河北省分行已挂牌成立，小额信贷业务逐步扩大
农村合作金融机构	停业整顿1家；推进农村信用社改革，发行票据200.26亿元，已经兑付112亿元	法人治理结构逐步完善，内控机制有效运转，资产质量和经营效益明显改善
城市商业银行	推进商业银行改革，城市信用社重组为城市商业银行68家；剥离不良资产35.37亿元	各项指标有所改善，公司治理和组织架构进一步完善，抗风险能力明显提高
城市信用社	停业整顿57家；改制并入农村信用社254家；推进城市信用社改革，剥离、优质资产置换不良资产16.52亿元	经营机制进一步完善、内控建设更加强化、经营管理水平有效提升
典当行	停业整顿19家	退市前的各项准备工作已基本结束，正等待市政府审批退市
法人证券公司	兼并，将河北证券资产整体转让给河北财达证券经纪有限责任公司；积极推进综合治理	历史遗留问题得到妥善解决，经营运作水平不断提高，服务功能进一步提升
基金会	政府用专项借款救助45亿元	基金会风险得到有效化解

（三）金融风险处置中存在的突出问题

从河北省金融风险处置实践看，存在一些问题，需要进一步改进和完善。

1. 地方性法人金融机构聚集着金融业的主要风险，成为金融风险关注和处置的重点。地方性法人机构多成立于各地市（区）及县域，受地方经济环境的制约和其自身经营的限制，加之前些年经营管理粗放，高息揽存、违规经营屡禁不绝，资产质量严重恶化，资不抵债严重，经营过程中酝育、积累了大量风险，成为金融风险爆发的重灾区。以河北省邢台市为例，该市辖内县级城市信用社共有40家，大多成立于20世纪80年代后期。由于县域经济不景气，加之经营管理经验不足、内部管理混乱，资产质量持续下降。2000年6月末，40家县级城市信用社中，32家处于高风险状态，其中17家经营十分困难，支付问题突出，最终导致支付风险发生。

2. 退市时间长，成本大。河北省内76家停业整顿金融机构，在省、市政府和人民银行各级分支行的协调、合作下，实施了先批准停业整顿后依法予以撤销的强制性处理方式。处理中共计发放金融稳定再贷款近42亿元用于兑付自然人债务，其中地方举债26.8亿元，人民银行自办金融机构再贷款15亿元。实施停业整顿以来，停业整顿城市信用社直至2007下半年才全部完成市场退出。截至2008年年底，停业整顿典当行的资产评估、打包拍卖等各项准备工作已经完成，正在等待政府部门批准后退市，整个停业整顿时间长达七八年之久。实施停业整顿以来，国家再贷款几乎承揽了所有损失，给地方政府带来了很大压力。同时，停整机构久退不出，给全省社会、金融稳定带来了很大影响。

3. 风险处置程序和处置模式适用不规范，存在用停业整顿代替撤销清算的问题。在对发生支付风险需要撤销（关闭）的城乡信用社、典当行实施停业整顿期间，同时又进行债权登记、甄别和确认工作，并且启动了债务清偿工作，进行兑付自然人债权、资产清收处置等，实际上是在进行撤销清算。河北省76家停业整顿金融机构，分别专门成立停业整顿工作组，登记、甄别、确认自然人债权，并对30多亿元资产进行清理、1 000多名职工进行安置。

二、风险处置中的制约因素和制度性障碍

（一）对风险主体和风险类别认识不到位

从实践看，主要存在以下几个认识问题：一是对风险主体认识不够。由于中小金融机构规模小、底子差、抗风险能力弱，容易引发各种风险。因此，实践中，对金融风险主体进行监测、处置和风险防范时，一般将中小金融机构风险作为重点关注对象，而对国有商业银行以及全国性股份制商业银行经营环节易产生的风险认识不到位，重视程度不够，导致相应的防范措施不到位。二是对风险类别认识不够。风险防范和处置中，较为关注支付风险、道德风险等影响面宽、蔓延性强或易形成重大案件的风险隐患，对信用风险相对重视不够，相应的应对措施不到位。如对经济下滑或政策转变引起的风险转嫁重视不够，对因改制、逃废债形成的不良贷款率偏高、剥离多等风险重视不够，导致风险防范不科学、不系统，应对措施针对性不强，目的不明确。

（二）金融风险评估不到位，监测指标体系不健全

由于金融业风险具有较强的隐蔽性、滞后性和由多因素综合决定等特点，及时和准确地把握其风险难度较大，特别是进行定量分析和判断就显得更加困难和复杂。目前，我国对金融业的风险评估问题主要表现在：一是缺乏科学、统一的风险评估制度和定性、定量的指标分析体系。目前，我国尚没有形成统

一的评估制度，没有统一、科学、完整的指标体系。虽然各地在这方面都进行了有益的探索和尝试，如河北省开发了《金融风险监测系统》，但涉及面较窄、指标不完善，缺乏对证券、保险业的有效监测和评估。二是评估标准不统一、不规范。从各地的风险评估情况看，存在标准不统一、口径不一致、内容不完整等问题，评估准确性、科学性和规范性较差。

（三）风险处置的相关法律体系不健全

目前，我国金融机构市场退出方面的法律法规缺乏整体性和完整性。除《金融机构撤销条例》外，有关规定主要散见于《公司法》、《企业破产法》、《民事诉讼法》、《银行业监督管理法》和《商业银行法》等相关法律法规当中，没有形成完整的法律体系，对一些问题难以认定。一是对金融机构托管、接管、并购、破产等，没有明确的法律依据。《企业破产法》、《民事诉讼法》中针对破产的章节也只体现破产企业的共性，金融机构适用性差，无法涵盖金融机构破产所涉及的全部法律问题。二是金融机构撤销（关闭）中，对于清算组的法律地位、债权清偿顺序、职工安置标准、责任追究等具体问题没有明确、统一的法律规定，《金融机构撤销条例》、《劳动法》等相关规定较为原则、概括，实际操作性差。

（四）处置模式选择和处置程序不明确

在金融风险处置中，一是由于处置主体、处置原则、处置模式选择以及相应的处置程序缺乏统一、明确的操作依据，各地在处置金融风险时，存在选择处置模式错误、处置程序混乱、责任界定不明确、各风险处置主体之间相互推诿、扯皮、工作效率低等现象。二是《金融机构撤销条例》虽对金融机构行政撤销的条件、程序等作了规定，但从金融机构市场退出的实践看，许多内容规定模糊，操作性差。三是金融机构托管、接管、撤销（关闭）、破产以及停业整顿等操作程序缺乏明确、具体的法律依据，影响金融风险处置效果。

三、政策建议

（一）对风险主体、风险分类进行标准划分，提高对风险主体、风险分类的认识，增强风险处置的针对性、适用性和目的性

建议对风险主体、风险分类出台明确、统一的划分标准，加强对风险主体、风险种类的界定和认识。进一步研究探讨应对具体风险主体、风险种类以及严

重程度适用的处置方法和模式，增强防范化解和处置金融风险的针对性、适应性和目的性，提高处置效果。

（二）建立金融风险评估制度，研究制定科学、统一的风险评估指标体系

一是建立全国统一的风险评估制度，明确评估的原则、方法、内容、范围等。二是科学制定评估指标分析体系，结合金融业的实际风险状况，研究制定一整套涵盖银行业、证券业和保险业等在内的风险监测、评估指标分析体系，统一监测、评估口径，以及指标分析要求，增强风险评估、监测的时效性、准确性和科学性。三是进一步拓宽评估范围，将涉及银行业、证券业、保险业以及延伸领域的各种影响金融稳定和社会稳定的因素纳入评估分析范围，研究探讨具体评估方法和分析指标。四是进一步完善金融稳定协调机制和重大事项报告制度，将证券业、保险业纳入协调机制，增强对重大事项和风险反应的灵敏性和及时性。

（三）尽快健全金融机构风险处置法律体系

为了有效指导金融机构市场退出，应尽快出台、完善金融机构风险处置方面的法律体系。

1. 按照法律程序修订《公司法》、《企业破产法》、《民事诉讼法》、《银行业监督管理法》、《商业银行法》等，研究出台《金融机构破产法》，进一步明确金融机构破产的前置程序、各主体之间的职责分工、债务清偿顺序、金融债权的保护和偿付、职工安置标准等，使之适应实践的不断发展变化，增强可操作性。

2. 研究制定金融机构风险处置管理办法，对风险处置原则、处置主体、各处置主体的权利义务、处置模式选择和适用等进行明确规定。一是明确处置原则。风险处置中应坚持政府领导原则、保障存款人（投资人）合法权益原则、社会稳定原则、降低损失原则、自救为主原则、分类处置原则等诸项原则。二是明确处置主体。风险处置主体应由地方政府、监管部门、人民银行、有问题的金融机构四方共同分担，形成“政府统一领导、监管部门主导、相关单位协同配合”的金融风险处置工作机制，并明确规定各主体相应的责任义务。三是明确处置模式和适用选择。风险处置模式应以金融风险主体、风险分类以及问题严重程度不同，分为主动化解救助模式，包括加强监管、提供流动性支持、停业整顿、接管、托管等；市场淘汰处置模式，包括兼并重组、撤销或关闭和破产等，并明确规定各处置模式的选择和适用。

（四）立法明确风险处置操作程序，增强法律操作依据

根据风险处置实践，一是应成立由地方政府统一领导，当地金融监管部门配合，财政、司法、公安、工商、审计等部门协作的金融风险处置领导小组，负责风险处置领导工作，加强工作协调和统一调度。二是分别制定金融机构停业整顿条例、金融机构接管条例、金融机构托管条例、金融机构并购（重组）条例，修改完善《金融机构撤销条例》，对金融机构实施停业整顿、接管、托管、并购、重组、撤销（关闭）、破产的法定程序、启动条件、工作组的职责分工和权限义务、责任追究等进行明确、具体的规定，使风险处置的具体操作有法可依。

（作者单位：中国人民银行石家庄中心支行）

从河北证券破产看证券公司稳健经营

李　鹏

十多年来，我国证券市场按照“法制、监管、自律、规范”方针求得发展的同时，也积淀了不同程度的风险。尤其是国内证券市场一旦出现持续走软的情况，往往会导致证券业整体盈利水平下降，经营效益欠佳。本文试图以河北证券有限责任公司（以下简称“河北证券”）被整顿破产为例，引史为鉴，研究和探讨如何实现证券公司稳健经营的问题。

一、十载经营，终归失败——证券公司发展历程简述

与我国改革开放初期的大多数证券公司一样，河北证券成立之初的业务范围仅限于代理买卖国债，代理企业发行债券和短期融资券。随着20世纪90年代中后期我国证券市场的蓬勃发展，河北证券迎来了一段时期的辉煌。后又经中国人民银行批准改制为有限责任公司，成立了多家证券交易营业部，开始了它近十年的发展历程。1999年1月，河北证券被列为河北省省管企业。2000年6月，中国证监会核准河北证券注册资本金增至53 925万元。之后河北证券逐渐发展成为拥有37家营业部，31家服务部，上交所席位52个，深交所席位37个，个人账户676 799个，机构账户280个的大型综合证券公司。

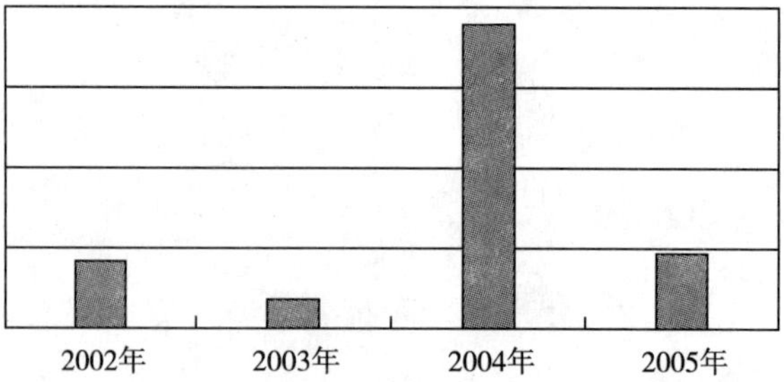

图1　2002年至2005年河北证券亏损情况趋势图

但是随着2000年之后证券市场长期低迷，加之经营不善，河北证券连年亏损，步履维艰，逐渐由辉煌走向了衰败。2004年亏损金额达1.9亿元之巨。截

至2005年11月，公司累计未弥补亏损4.23亿元。除经纪业务外，投资银行业务、自营业务和受托资产管理业务基本停止。公司的现金流量不足以应付日常的经营开支，分支机构欠付税费、房租、水电的情况普遍存在。为此，中国证券监督管理委员会授权广发证券股份有限公司（以下简称“广发证券”）自2006年1月13日起进驻河北证券开始清理资产和债务，对业务进行托管。2007年7月24日，河北证券进入破产程序。至此，河北证券十年来的经营宣告失败。

二、问题积聚，经营恶化——证券公司经营失败的背后

正是由于河北证券在日常经营中存在的诸多问题没能及时解决，风险的积累导致巨额亏损，最终决定了其走向经营失败的命运。因此，总结和分析河北证券行政处置前经营中存在的主要问题是我们研究证券公司稳健经营的钥匙。

一是客户交易结算资金大量挪用。截至行政处置前，河北证券挪用客户交易结算资金3亿余元，占全部客户交易结算资金的25%。

二是自营业务决策监督机制形同虚设，长期存在决策论证机制不健全、决策权与操作权未分离、清算核算未由专门的人员负责等问题。公司对各营业部经纪业务控制不力，通过委托理财、虚存保证金、透支、融资等方式造成巨额亏损。

三是受托资产管理业务管理混乱。河北证券自2001年开展资产管理业务，但直到2004年年底才将此业务纳入账内核算，且据以记账的资金划转指令和资金存取之前的原始单据严重短缺。同时，河北证券并未对不同委托方的理财业务独立设立账户进行封闭操作。截至行政处置前，河北证券受托资金本金25 500万元，挪用客户委托管理的资产7 230万元，不存在权属清楚、尚未被挪用的资产。资产管理账户的资金和证券已清空。

四是股东不规范行为突出。截至2005年11月30日，河北证券有8名股东通过关联交易等方式抽回出资，出资不实金额涉及8 700万元；实际控制人及其关联方涉嫌占用公司资金15 480万元；有25家在册股东擅自转让22 305股股权万元，占公司总注册资本金的41.3%；有11家股东单位将股权予以质押，涉及金额18 850万元，占公司注册资本金的35%。

五是涉诉债权债务损失惨重。截至2005年11月30日，河北证券涉诉债务金额共计57 200.7万元，造成的损失难以估计。截至2005年11月30日，河北证券对外诉讼18宗，涉诉资产（债权）共计本金31 142万元，向债务人诉请金额43 083万元。由于大部分债务人经营不善，债权收回难度较大，给公司造成较大损失。

六是各项主要资产潜亏严重。截至行政处置前，河北证券自营持有证券、违规融资账户、透支虚存账户持有证券等潜在损失超过数亿元。

三、管理失控，环境缺陷——河北证券经营失败的成因

证券业是特殊的高风险行业。证券公司由于在证券市场上同时担任多种角色（发行中介、交易中介、投资者、融资者、信息提供者等）而处于证券业的核心位置，从而成为证券业风险的聚合处和汇集点。现代证券公司的业务具有高信用性、高流动性、高预期性的特点，使得证券公司必须严格遵守游戏规则，以求得稳健经营。

证券公司想要取得稳健经营的效果，必须正确认识和区分自身因素和证券市场环境因素对证券公司稳健经营造成的不同程度、不同侧面的影响，从而制定有针对性的制度措施。在自身和环境这两方面的因素中，自身因素是决定证券公司得以稳健经营的关键，众多经营良好的证券公司就是有力的例证。而自身因素的解决需要基于对环境因素的认识。充分认识证券市场环境中不利于证券公司稳健运营的因素，是将环境因素负面影响缩小的基础。

因此，证券公司若要在自身因素和环境因素的双重影响下求得稳健经营，首先要解决好的是对自身经营中存在问题的认识。证券公司可以通过完善制度等手段将经营失败的可能降低到最小限度，这是证券公司稳健经营要自己解决的问题。其次环境的因素也是证券公司必须适应的，但诸如法律、行政、监管、市场等环境方面的负面问题最终需要由国家予以干预解决的。

在总结了河北证券亏损背后存在的主要问题后，为了便于分析研究，我们试图将河北证券经营失败的成因归结为自身和环境两个方面，通过现象，探求成因。

（一）河北证券的自身问题集中爆发导致经营失败

河北证券长期以来违法违规行为时有发生，前面总结的问题大多是由河北证券违法违规造成的。这些现象从一定角度上讲，我们可以认为是证券公司在没有解决好自身与环境关系问题最终导致经营失败的外在表现。证券公司能够长期违规经营有相当的深层原因。比如，证券公司的受托资产管理业务大都在账户管理、利益分配、费用支付等环节处于一种无序状态，证券公司采取保底分成方式接受客户全权委托承担经营风险或者借委托名义行融资之实。由于政策模糊，使得证券公司敢于违规，从而表现为证券公司在经营受托资产中产生一系列的问题。又如，为了规范客户交易结算资金的账户设立、使用、资金运

动等，中国证监会制定了《客户交易结算资金管理办法》（中国证监会第3号令）和《关于执行〈客户交易结算资金管理办法〉若干意见的通知》（证监发［2001］121号）（以下简称3号令及其通知），在理论上有效地实现了证券公司、存管银行和结算公司之间的监督制约。但是这种监管模式由于只是事后发现的监测制度，并没有从根本上建立对挪用保证金的约束机制。理论与实践的分离导致难以杜绝证券公司挪用客户交易结算资金的问题发生。河北证券的违规、违法行为失控最终表现出诸多问题，导致巨额亏损，成为证券公司经营失败的表象原因。

河北证券一方面对高管人员缺乏有效控制，激励约束机制流于形式，内部审计和监督部门架空，决策论证机制不健全，决策权与操作权未分离，清算核算管理混乱，管理人员和操作人员失误、越权和违法等现象时有发生。另一方面对风险管理工作重视不够，即使制定了部分风险制度也仅是为了应付检查，风险管理制度不健全，风险管理覆盖面窄，风险管理手段落后。河北证券投资决策和风险管理长期失控，因而其失败的命运也就在所难免。这是河北证券经营失败的直接原因。

我国证券公司普遍存在股权结构不合理的问题，这虽然受到了一些环境因素的影响，但是更主要的原因在于证券公司自身未能及时解决。我们通过对河北证券股权结构的分析也可以发现一些具有代表性的问题。比如：实业股东比例大，金融机构股东比例低；股权集中度高，国有及法人持股占绝对地位，个人投资者少；上市公司少，股权流动性差，证券公司透明度低等问题。同时，由于股权问题未能及时解决，带来了股东行为逐渐失控的后果，这在河北证券也大量存在。证券公司作为金融机构，资本金是其经营活动的基础和命脉，而资本金由股东出资筹集，所以股权问题和股东行为的不规范，将会导致证券公司融资不畅。证券公司作为利益个体，追求收益由其先天特征决定。在融资不足的情况下又急于扩大经营规模，必然会去寻找各类灰色渠道解决资金问题，于是客户保证金和其他客户资金就有被大量挪用的可能。从股东角度上讲，股东理想的状态是投入或占用最小的资本金收取最大的收益。因此在对股东行为限制缺失的情况下，股权质押、关联担保、利益输送等问题就不可能避免。这些股东行为给证券公司自身运营带来了极大的影响，极可能在证券公司资金流动性方面造成严重问题。这不但增加了证券公司的经营风险，也给整个证券市场带来了金融风险。因此，股权结构的不合理和股东行为的不规范是河北证券失败的间接原因。

河北证券长期以来研发能力未得到充分重视，企业文化凝练不足，缺乏核心竞争力。其业务同质化问题比较突出，业务与产品缺乏创新，只能通过压低价格这种单一和落后的方式参与竞争，业务健康发展困难。在我国，像河北证券这样与其他证券公司具有雷同盈利模式的证券公司不在少数。大部分证券公司仅仅经营证券经纪业务，过分依赖于单一的佣金收入。一旦交易变淡，这些证券公司的佣金收入就会锐减。这一不合理现象致使证券公司之间的竞争达到白热化，证券公司的业务盈利空间狭小，规模不大的证券公司更是步履维艰，甚至连维持自身的运营都存在较大压力。经营模式的单一、盈利渠道的落后是导致河北证券经营失败的潜在原因。

（二）证券业整体环境缺陷导致证券公司经营失败

我国特定的经济历史决定了我国证券业不仅具有成熟证券市场所具有的一般风险因素和证券市场发展初期的特殊风险因素，更普遍存在经济转轨时期特有的法律、政策、功能、监管等方面问题。这是河北证券以及所有证券公司都要面临的问题，这些问题在一定程度上可以说是不能由证券公司从根本上解决的。但是从另外一个侧面讲，证券公司对这些问题可以通过自身的制度健全将风险最大限度降低，这又是与证券公司的稳健经营息息相关的。

第一，我国证券类法律、法规及相关制度已经初步建立，特别是2005年10月新修订的《中华人民共和国证券法》（以下简称新《证券法》）的颁布实施，对依法规范发展证券市场起到了积极促进作用。但尚有许多问题需要进一步解决，需要进一步健全法律。这是证券公司在证券业整体环境中要面临的法律方面的问题。

第二，同一般的投资者一样，证券公司在二级市场上从事自营业务也会由于行情判断失误，买进或卖出股票的时机不对，以及证券投资组合不当等遭受损失。很长一段时间以来，我国金融管理部门对金融市场进行政策调控，即利用发布利好或利空政策控制股指的高低，导致了股市走势与宏观经济运行的好坏无关，加大了预期的不确定性，且极有可能由于管理机构缺乏管理经验而对证券市场干预不及时、不果断或进行不正常干预而造成了证券业的风险。这样就不可能在整个证券市场形成一个合理的估值水平，股票供需关系对股价影响效果被放大，进而产生了严重的政策市。目前，我国证券市场金融衍生产品缺乏，没有做空避险机制，缺乏套期保值工具，尚无法满足资本的避险要求。综合类证券公司只有低买高卖才能挣钱。一旦市场行情整体下跌，证券市值将直接面临亏损，证券公司可能经营失败。这是证券公司在证券业整体环境中要面临的政策方面的问题。

第三，证券市场的定位重融资、轻投资，使证券市场丧失了有效配置资源的功能。为了最大限度发挥证券市场的融资能力，产生了三分之二的非流通股，股权分置导致了不同股东之间的利益博弈，结果是处于弱势的流通股股东利益被严重侵害，投资者的积极性受到打击，股市“熊长牛短”；证券市场重视股票筹资功能，轻视债券筹资功能，导致证券市场品种结构失调，证券投资者承担了极高的市场风险。这是证券公司在证券业整体环境中要面临的功能方面的问题。

第四，证券市场的基础是上市公司。上市公司的质量高低、运行机制好坏，直接影响股票市场的运作效率。我国相当一部分上市公司目前业绩较差，缺乏对证券价格的业绩支持造成了证券市场基础不牢固所形成的证券业潜在风险。加之监督缺陷，使得上市公司高管人员违规、违法前赴后继，说明了对上市公司的监管严重失效，直接导致上市公司缺乏投资价值。这是证券公司在证券业整体环境中要面临的市场主体监管方面的问题。

四、规范管理，健全体制——证券公司稳健运营之道

近两年来，人民银行会同证监部门积极稳妥地化解或控制了多家证券公司的风险。各家证券公司也吸取教训，提高了对稳健运营的重视程度。尽管如此，我国的证券市场仍正承受改革的阵痛，证券市场大幅波动，多年积累的深层次问题亟待解决。证券市场对外开放的日期也不断临近，给证券公司稳健运营提出了更高的要求。从前文对河北证券失败原因的分析，我们可以看到完善公司治理结构，加强内控制度建设是证券公司首当其冲要解决的问题，是证券公司走上稳健经营之道可以自己解决的问题，也是与每一个证券公司利益相趋同的。而环境方面的问题同时也是证券公司必须要关注的，但是更主要的是需要引起有关部门的高度重视。所以对于证券公司如何实现稳健经营的问题，我们也将从证券公司自身问题的解决谈起。

（一）证券公司的稳健运营首先要加强内控机制

内部控制历来是所有组织和机构正常运转的制度基础。它实际上是一个自我监督的操作体系，是一个单位为了保障会计信息质量，保护资产的安全、完整，确保有关法律、法规和规章的贯彻执行而制定和实施的一个控制系统。一个公司的内控机制对于其自身行为的规范及稳健运营都是非常重要的。对于证券公司这种高风险机构来讲，内部控制显然更为重要，它是证券公司各项管理工作的基础，是持续健康发展的保证。因此，证券公司想要摆脱目前的困境，除了期盼市场的回暖之外，通过加强自身的内控机制建设，促使公司稳健经营，在把风险控制在最小范围内的前提下不断增进公司实力是必要的。

1. 制定和完善切实可行的内部规章制度。证券公司作为一种特殊的金融机构，不论是在经营还是管理过程中，都存在着大量的风险。虽然各项规章制度的设立并不能保证完全杜绝风险，但至少可以在最大限度上降低风险。与我们传统观念不同的是，内部规章制度的建立并不是一个固定的、静止的体系。它应该随着证券公司经营和证券市场的变化进行适当的调整和完善。同时，我们更应强调的是增强公司内部人员特别是高层管理人员对内控的认识。切实可行、合理的内控制度并不能仅仅是为了应付监管部门的检查，或是仅起装饰作用的花瓶。它必须是在充分考虑了公司的实际情况，包括各个部门、分支机构以及不同职位的具体情况所制定的，并且具有真正的可操作性。

2. 建立针对公司高管人员的激励机制。证券公司高管人员的激励机制一直都是一个有争议的话题。有学者研究结果显示，在我国上市公司中，激励机制是有效的。虽然目前国内券商大都未上市，但两者之间仍然有一定的相似性。证券业是一个高素质人才集中的行业，人力资本在证券公司经营中的地位和作用十分重要。所以通过对证券公司高管人员，包括经理、董事、监事和独立董事及外部监事的有效激励，更有利于其发挥自己的能动性和增强责任感，从而提高公司的盈利水平。

3. 强化针对公司高管人员的约束机制。只有权力没有约束的制度是不完整的。由于证券行业的特殊性，高管人员在公司的地位特殊，极易引发道德风险。除了依靠其自身的职业操守和责任感来约束自己之外，对其行为进行约束和监督的内部审核监管部门也是必需的。在河北证券中的一些事例表明，内控机制对高管人员缺乏有效的约束力，内部审计、监管部门也大都成了摆设，对高管们进行的各种可能给公司带来巨大风险甚至灭顶之灾的行为视而不见。因此，加强内部审计监督工作，健全内部自我监督制约机制，充分发挥内部审计的职能作用，是加强内控建设重要而有效的措施。证券公司可以设计成立由最高决策层直接负责的内部审计和风险控制部门，其独立于所有其他业务部门之外，处于超脱的地位，并赋予相应的处罚权，从而充分发挥内部审计对高管人员的监督约束作用。

4. 强化内控机制还必须完善公司治理结构。虽然我国关于证券公司治理准则的具体规定于2003年12月15日才颁布，但几乎所有的证券公司在设立或随后的经营过程中都建立了以股东大会、董事会、监事会、经理层机构为主体的组织架构和保证各机构独立运作、有效制衡的制度安排。但是，通过对河北证券出现的重大违规行为的分析可以看出，一个完善并行之有效的公司组织机构不仅应该包括决策系统、执行系统和监督系统等几个方面，还应当是一个通过这些部门之间相对独立又互为依托、协作的过程，才能使公司的内控机制不单单是停留在形式上。首先，应该高度重视中小股东的权益，通过合法、科学的决策程序使中小股东参与到公司的重大决议中来。公司的利益关系到每一位公司的所有者，不能仅凭董事长或大股东一人说了算，其他股东、董事列席股东会和董事会的目的也不能只是对大股东的决议投出赞成票，更应该行使对公司也是对自己负责的各项权力。其次，由总经理以及各职能部门、营业部等组成的执行系统，是公司得以运转的核心部分，也是执行有关决策并进行各种业务操作的部门。只有在利益相关者之间建立合理分配权限、公平分配收益、相互合作、相互制衡的机制，从而引导员工按照公司的内部规章制度各司其职、各负其责，全面发挥出自己的最大才能时，内控机制才算落到了实处。最后，不能完全排除个别人通过人为制造的机会、漏洞而进行的某些有可能损害到公司利益或给公司运营带来极大风险的举动。因此，通过监事会和公司内部的稽核部门对相关业务定期或不定期、现场或非现场的自查，可以促使整个公司的行为规范健康运营。可以说，内部监管机构职能的发挥是内控机制得以实现的保障。所以，建立起完善的公司治理结构对于内控机制整个过程的实现是不可或缺的。

（二）证券公司的稳健经营要彻底解决股东不规范行为

股东行为不规范主要表现为操纵证券公司、以证券公司为平台融资牟利、出资不到位、出资不实、抽逃出资、虚假出资、长期占用券商资金等。导致股东不规范行为的根本原因是证券公司的法人治理结构不完善，对证券公司股东监管和审查的宽松以及法律层面上的缺失。因此规范股东不规范行为不是一个证券公司可以简单解决的问题，它涉及各个方面的广泛程度甚至在一定层面上超过了对证券市场的规范。我们仅就涉及证券机构和监管部门的范围作一小范围的探讨。

一方面要深化股份制改革，优化证券公司股权结构，适当降低政府的持股比重。积极稳妥地引入民营资本和外资，引进合格的战略投资者，使股东主体多样化，削弱大股东对公司的绝对控制权。建立起以私人投资者、机构投资者与政府共同控制、相互制衡的证券公司股权结构，形成有效的相互制衡机制，解决证券公司内部人控制问题。证券公司可以尝试将激励机制做大且公开化和透明化，使经营管理层在大股东和证券公司之间建立起一道防火墙，坚决避免一股独大或出现关联股东的局面，防止大股东意志凌驾于公司利益之上。同时，在分散股权之后，应进一步注意保护中小投资者的利益。但要注意的是，因我国相关法律法规不健全，信用经济不发达，证券是一个特殊的行业，为了规避民营资本的道德风险，在一个时期内保持足以与民营资本抗衡的国有股份，同时对民营资本投资加强监管，提高标准还是很有必要的。

另一方面要提高证券公司股东的进入门槛，阻止不合规者通过控股券商来获取利益。比如，在股东资格方面，因违反法律法规受惩罚且执行期满未逾一定年限者，不能成为证券公司的股东；对于以虚假出资、抽逃出资等行为损害公司或客户利益的股东，监管当局可以限制其股东权利或责令其转让所持股权；在股东的出资方式上，应规定只能是货币资金或券商经营中必需的实物，以限制股东以有严重问题的资产或股权出资的行为。

（三）证券公司稳健运营要建立风险管理机制

风险是客观存在的。面对环境变化、激烈竞争、扩张的压力与冲动等多种因素，证券公司在经营过程中面临诸多风险。这些风险具有复合性特征，其产生的复合效应因合力作用会比一般风险大，风险管理的难度也相应加大。要使这些风险都得到有效的预防和化解，前提之一就是及早发现存在的风险问题。因此，建立证券公司的风险管理机制就显得尤为必要。在深刻认识证券公司风险产生根源、基本类型的基础上，结合证券公司当前实际和数据的可获得性，设计适合证券公司的风险管理机制成为保证证券公司持续稳健运行的基础。

我国的证券市场与发达国家的证券市场相比发展时间较短，缺乏对风险管理的科学认识，风险管理的经验是在惨痛教训中逐步积累的。我国很少有证券公司对市场风险进行定量分析，大多是仅凭经验判断风险，并以此进行定性分析。国内证券市场规模越来越大，高风险的证券业如不能及时释放风险，积聚的风险将难以逆转。因此，必须重视树立科学的行业风险管理理念，并贯穿落实于业务发展中。

证券公司风险管理并不能消除风险，而只能通过合理的安排和实施一系列的决策、管理、操作程序，在保证盈利目标的前提下尽量避免或减少风险损失。因此，在证券公司风险管理制度建设中应提倡把防范风险与提高效益有机统一起来的风险——收益管理机制，即在承认风险是获得收益机会的前提下，以承担一定风险作为代价换取收益的经营模式，这体现了风险管理积极的、进取性的取向。为此，证券公司要同时兼顾外部环境特征和内部利益管理的需要，建立健全风险管理组织体系，制定风险管理策略，确定风险管理预警的监测方法，完善风险管理的操作程序，实行全面风险管理，将各层次业务单位、各个风险种类通盘管理。充分运用现代化的风险管理手段，设计各类风险统一依据，制定科学的标准进行风险识别、评估、预警、报告，使风险控制程序化、制度化、科学化。建立完整、有效的风险管理系统，形成长效稳定的风险管理机制，从而增强风险管理能力。

（四）证券公司稳健经营需要进一步加强环境建设

一是在今后一段时间，我国资本市场建设应以证券市场制度、结构和功能完善为主。降低债券发行条件，简化债券发行审核程序，大力发展与债券市场相匹配的信用评级机构；尽快确定指数期货具体的合约、交易方式和运作模式，并推向市场，在证券公司逐步规范的条件下，逐步解决做空机制问题，以完善市场功能。

二是适时推动金融经营体制改革，将金融业从分业经营推向混业经营，大力提倡银证、信证合作。在能够保证防范金融风险的前提下，允许商业银行等金融机构参股甚至控股证券公司，这样有利于提高证券公司的内部控制水平及风险防范意识，有利于推动建立市场化的创新机制，有利于一批优质证券公司做大做强。

三是加强对证券市场参与主体的监管。一方面要加大上市公司监管力度，规范上市公司运作，提高上市公司质量；另一方面加强证券公司的事前监管，要加强对证券公司和证券交易的适时监控，建立和完善监控证券公司运行的指标体系和手段，督促证券公司依法依规经营，降低经营风险。同时要以防范违法、违规行为为主。加大处罚力度，以提高证券从业人员或法人的违法、违规成本。

四是完善证券公司信息披露制度，提高证券公司的透明度。证券公司承担了公共受托责任，其会计信息应该向社会公开。这样做既有利于社会公众对证券公司的监督，也有利于证券公司自觉守法经营。上市公司信息公开的经验证明，信息公开有利于公司本身的规范化建设。

五是完善法律法规，确保证券市场规范化。近年来证券公司违规方式主要是挪用客户保证金。可喜的是《刑法》修正案已经对挪用客户保证金问题作了规定，使得证券公司、信托公司以及其他单位挪用存放在本公司或存放在其他机构的客户资金及其他资产的违法行为可以得到惩治，在法律层面上进一步保证了客户资金的安全。对于证券行业的其他方面，诸如股东不规范行为的制约、内控制度的落实、公司股权结构等需要有关部门进一步加大法规制定的进度，至少应当结合当前证券市场实际情况出台一些规范性文件，制约可能造成证券公司风险的行为。

六是完善管理体制。坚定从根本上解决证券管理体制矛盾的信念，按市场经济规律运营证券市场，促进证券业完全有效地规范和调节自身的运行；尽快解决国有产权多层次代理产权的冲突，明确产权责任，完善法人治理结构，加强监督机制。重视解决行政管理与市场主体在管理上的冲突，规避管理部门对证券市场的不正当干预。严防各级政府部门和证券管理部门为本地区或本部门的利益放松对证券市场的管理，甚至暗中纵容某些证券投资者或发行者的违规行为。

（五）证券公司稳健经营需要加强协调监管

现阶段，我国证券市场风险具有一些独特的特点，而且金融业务之间交叉经营已经成为不可避免的趋势，因此加强各金融监管当局对证券公司的协调监管已成为必要。《中国人民银行法》第十三条明确规定“中国人民银行的分支机构根据中国人民银行的授权，维护本辖区的金融稳定，承办有关业务”。从法律上明确了中央银行分支机构维护金融稳定的职责。随着中央银行金融稳定职能的不断加强，从上至下相继成立了包括针对证券类金融机构在内的各级金融稳定协调机制，为充分发挥中央银行金融稳定工作职能，维护辖区经济金融协调稳定发展奠定了基础。在今后，应当重视和充分发挥协调机制的协调监管作用，促进证券公司稳健经营，加强各部门对证券公司的共同监管。

要不断探索、充实和完善本辖区包括证券公司在内的金融机构的备案制度和金融风险提示制度。以人民银行金融稳定职责为核心，以包括证券监管当局在内的各金融监管机构和政府各职能部门的职责为基础，研究建立金融机构在金融稳定协调领导小组备案制度，以期达到能及时了解辖区金融机构增减变化情况的目的。信息数据要完整，做到心中有数，避免出现金融稳定信息共享的盲区。另外，还要积极探索建立金融风险提示制度，即要在建立本辖区金融风险监测系统的基础上，进一步打破传统的仅银行类金融机构为关注对象的范围，树立大金融思想，整合除银行类金融机构以外的证券、保险、信托等金融机构数据。实时分析风险，将重要情况及时通报各成员单位，并对涉及金融风险的金融机构进行必要的风险提示，以达到防范风险，维护辖区稳定的目的。

（作者单位：中国人民银行石家庄中心支行）

不良资产处置中面临的挑战及思考

李　超

金融资产管理公司的成立是党中央基于对我国经济、金融现状的客观判断，并借鉴国际经验做出的重要决策。金融资产管理公司成立后在防范和化解金融风险，推动我国金融业和国有企业的改革与发展方面作出了巨大贡献，还将对我国经济的健康发展产生积极而深远的影响。我们应该看到，金融资产管理公司在对不良资产处置的过程中，虽然获得了国家政策和法律的支持，但也面临诸多困境和困难。在目前的司法、政策环境等诸多方面的共同影响下，不良资产具体处置遇到了更多挑战。本文拟对不良资产处置环境进行分析，并希望由此能引起社会对金融资产管理公司更多的思考。

一、金融资产管理公司在不良资产处置中遇到的挑战

（一）法律环境方面

1. 立法方面。不良资产的处置离不开健全的金融法治环境，健全的金融法治环境依托立法的完善。随着全社会对处置不良资产问题关注度的不断提高，有关调整不良资产处置关系的法律政策已有相当程度的改善，但目前仍存在着大量不利于不良资产处置的法律规定以及立法上的空白。

（1）金融资产管理公司相关法律不完善。资产管理公司虽已成为我国金融体系的重要组成部分，但是，与商业银行、证券公司、保险公司以及信托投资公司相比，其法律地位明显不同的是：由于国务院颁布的金融资产管理公司条例属于行政法规范畴，法律层次较低，因而金融资产管理公司的地位至今仍没有得到法律意义上的确立。在目前金融混业经营，商业银行业务创新及多元化经营步伐越来越快的情况下，金融资产管理公司处置不良资产的专业化优势正在逐渐消失。

（2）法律体系对债权人保护力度相对较弱。在许多情况下债权人权利行使处于被动状态。法律没有规定对债权人尤其是金融机构的保护措施，容易使债务人利用法律漏洞损害债权人利益。比如，在公司合并、分立、清算、破产程

序中普遍允许采取公告的形式告知债权人，但对公告报纸的级别、种类、范围等没有具体明确的规定，也未规定是否还应以通知方式告知已知债权人，未依法通知已知债权人应负何种责任等。实践中，大多数债务人认为发布公告是法定义务，而通知不是强制性义务，因此仅采用公告方式，希望申报的债权越少越好，企图以此方式规避债务承担。另外，《破产法》对企业职工工资等费用偿付优先于抵押债权的规定，《最高人民法院关于审理涉及金融不良债权转让案件工作座谈会纪要》关于受让人向国有企业债务人主张利息的计算基数的规定，公开转让对国有企业的债权公告的规定，限制国外投资公司介入的规定等更是对不良资产的处置设置了障碍，使得今后金融资产管理公司对不良资产采取债权转让方式进行处置将变得很艰难。

（3）进行尽职调查时困难重重。金融资产管理公司接收的是大量的不良贷款，贷款拖欠时间较长，债务企业资产状况恶劣，还款意愿差，很难从债务人处得到全面的财产情况，需要采取各种方式从侧面调查分析债务人的偿债能力，为诉讼、资产定价等提供依据。目前调查的主要途径是通过工商行政管理部门查询企业工商登记。但国家工商行政管理总局1996年颁布的《企业登记档案资料查询办法》第七条规定“律师事务所代理诉讼活动，查询人员须出示立案证明和律师证件，才可以进行书式档案资料查询”。虽然上述规定明显违反了《公司法》第六条“公众可以向公司登记机关申请查询公司登记事项，公司登记机关应当提供查询服务”的规定，但相当多的基层工商行政管理部门都以上述规定为由，要求资产公司出具立案证明，否则拒绝查询。金融资产管理公司相当一部分资产是未经诉讼程序没有取得立案证明的，因此往往难以通过正常途径顺利查询工商档案。土地、房产信息查询就更加困难，非公、检、法机关均不予查询。

2. 诉讼执法方面。金融资产管理公司在不良资产诉讼执行过程中，司法不公的事例时有发生。如法院对资产公司的诉讼项目不立案、对资产保全申请不受理、受理后不判决、判决后不执行以及未经债权人同意擅自解除资产保全等，导致金融资产管理公司债权悬空。在处置不良资产过程中许多案例证明，长期以来法院作为“政法机关”一直是地方政府的一个职能部门（司法的行政化），与政府其他部门并没有什么显著的区别。法院有法不依，执法不公，部分法官和法院以各种站不住脚的“借口”或“理由”来损害债权人的权益，造成不良资产案件虽已进入诉讼执行程序但很难回收或短时间内很难回收的局面，大大增加了金融资产管理公司的处置成本。

（二）债务人信用缺失

市场经济是法治经济、信用经济。在社会转型时期，由于观念变化过速加之法律滞后及不健全，导致许多企业缺乏以“诚实信用、正当竞争”来经营企业的价值观。在许多经营者头脑中，银行将不良资产转给金融资产管理公司就意味着原来的贷款不用还了。有的债务企业甚至将对金融资产管理公司的欠款从资产负债表中剔除了。部分债务企业认为逃债有利、废债发财、赖债不会坐牢，甚至将正当经营、积极偿债的行为当做不合时宜的表现。在不良资产处置过程中，债务企业以各种方式、理由实施逃废债行为，正是这种信用缺失的典型表现，为金融资产管理公司不良资产的处置增加了难度。

（三）舆论导向

由于金融资产管理公司代表国家维护金融债权，必然与债务人经常发生冲突，也会与投资者发生利益矛盾。无论是债务人、地方政府及其相关部门还是其他相关利益人，在与金融资产管理公司发生利益冲突的时候，就会以各种方式指责金融资产管理公司。个别媒体也趁机进行炒作，制造杂音，误导决策部门的判断。例如，几年前某媒体指责信达公司以31%的价格购买2 787亿元资产，转手将569亿元资产以1.5%的回收价格卖给外资。其实文章作者根本不了解这是两类不同资产，质量差别悬殊。再比如，由于金融资产管理公司在个别资产项目处置上存在问题，就有媒体借机指责金融资产管理公司造成了巨额国有资产流失，而实际情况是由于金融资产管理公司对不良资产进行了有效处置才减少了国有资产流失。不良资产所造成的损失在金融资产管理公司处置之前就已经存在，处置不良资产的结果是减少了这种损失。金融资产管理公司几年的有效动作，使数千亿不良资产得到止损和升值，由于处置行为不当而导致的“国有资产流失”仅是个别现象。特别是在目前金融资产管理公司不能对外披露资产真实状况、处置损失结果和原因的情况下，要采取必要的措施和通过必要的渠道，排除各种误导和误解。由于某些舆论的误导，不仅严重扭曲了金融资产管理公司的形象，而且严重挫伤了员工的积极性，更不利于不良资产的处置。

（四）地方政府保护

由于地方经济的繁荣离不开企业的发展，尤其是大中型国有企业的发展，而地方经济的发展与当地政府利益密切相关，致使大量国有企业与当地政府的切身利益密不可分。正是因为当地政府与企业的这种千丝万缕的关系，有些地方政府对涉及当地企业的案件千方百计采取多种手段进行干预。比如：（1）诉讼执行方面的干预。金融资产管理公司对某个企业提起的诉讼进入了执行程序，并通过多方调查发现了债务企业在某银行的账户内有钱，于是申请法院对该账户予以查封，但地方政府得知后运用行政干预的手段强行要求法院对已查封账户解封。有的地方法院在地方政府的授意下，对涉及金融资产管理公司的案件一律采取暂缓受理、暂缓判决、暂缓执行的三暂缓原则。甚至有些地方政府出于局部利益的考虑，以文件形式或口头形式规定，外地法院不得对其管辖内的企业进行执行，本地银行对外地法院冻结的款项不得协助划拨，本地法院执行本地大型国有企业财产须报请某级领导批准或一律不得执行等。(2) 破产方面的干预。地方政府在金融资产管理公司对其管辖内的债务企业申请法院实施了查封、冻结或者对债务企业本身就有房地产抵押的情况下，利用自己手中的权力对债务企业实施破产保护，造成了不良资产回收的全部损失。综上所述，地方保护已成为金融资产管理公司不良资产处置的一大障碍。

（五）资本市场不完善

我国的市场体系不完善是金融资产管理公司面临的又一个挑战。国外的许多经验证明，金融资产管理公司的成功运作，离不开完善的市场体系，尤其是完善的资本市场对于金融资产管理公司的成功运作非常重要。而我国整个市场经济体系还处于不断构建和完善的过程之中，特别是资本市场还相当的不成熟。作为金融资产管理公司，经营的是从国有商业银行剥离过来的不良资产，也就是金融资产，全部业务都属于资本营运范畴，也就是人们常说的投资银行业务。然而，在资本市场不成熟的条件下，如何有效地进行资本营运，这同样是一个严峻的挑战。中国的金融资产管理公司的成功运作没有完善的资本市场可以依赖，而且还要以自己的成功运作来推动资本市场的发育，这是国外金融资产管理公司不曾面临的挑战。因此，中国的金融资产管理公司的成功运作，在某种程度上是既依赖于资本市场，又推动资本市场的发育，其难度是可想而知的。不过，只要准确把握我国资本市场的现状，审慎运作，金融资产管理公司在推动资本市场的发育方面将发挥重要作用。

目前，由于缺乏投资的动力和投资渠道不畅，形成处置资金的相对短缺。一是我国资本市场仍然处于初级阶段，没有形成规范、统一开放的市场，规模过小，容量有限，结构不平衡，交易透明度不高，自律性不强，加上因种种因素制约，整个社会的信用体系还没建立起来，不用说大量的海外资本，连大多数国内投资者也不愿意购置不良债权。二是间接融资难以介入。由于我国分业经营的限制，商业银行目前不是投资者，项目的回报率再高，同商业银行也没有什么关系。因此，一些风险大，但回报率较高的不良资产处置项目也不被商业银行考虑。

（六）市场运作能力弱

办好金融资产管理公司，除了要建立现代企业制度，实行公司化管理之外，还有更重要的一条，就是离不开市场运作能力的提高。在我国市场经济体制还没有真正建立起来，资本市场还很不完善的条件下，这种能力就显得非常重要。市场运作能力强，就能够更有效地处置国有商业银行的不良资产，才能最大限度地保全国有资产，资产重组也会更有效。这对金融资产管理公司而言，无疑是一个非常严峻的挑战。金融资产管理公司对于企业是阶段性持股，而不是永久性持股。这样就必须要变现企业的存量资金，也就是要通过多种手段把企业的存量资金盘活。在我国投资群体较小且实力也较弱的条件下，金融资产管理公司要获得更多的股权退出通道，也不是一件容易的事情。成功与否，取决于市场运作能力的强弱。国外的经验证明，金融资产管理公司真正发挥作用的原因虽然有多种，但基本的一条是市场运作能力强。而我国是第一次采用金融资产管理公司方式，缺乏经验，要在实践中去摸索，去创新。但无论怎样，都必须围绕提高市场运作能力这个核心来办好金融资产管理公司。可以想象，一个市场运作能力低的金融资产管理公司，是不可能完成国家赋予的特殊使命的。

二、对不良资产处置的几点思考

（一）改善不良资产处置的司法环境

金融资产管理公司在防范和化解金融风险方面起到了其他机构无法替代的重要作用，并将在今后的社会经济发展中发挥更大、更重要的作用，故此金融资产管理公司应长期存在下去，而其长期存在需要一个好的司法环境。基于此，笔者建议在以下几个方面规范和完善：

1. 制定《资产管理公司特别法》。综观国内外有关银行不良资产处理的成功经验，立法先行、政府主导、财政支持、强化监管、特别授权是其共性和主要内容。其中法律体系的构建是重中之重，是其他环节有效运作的基础。应当尽快制定资产管理公司特别法，以解决其性质特别、地位特殊、业务范围独特所带来的法律要求。该特别法应明确指明金融资产管理公司的性质、法律地位与宗旨，机构设置的区域级别及内部组织机构、职权职责，明确规定公司的业务范围，包括收购、经营、债务追偿、资产置换、转让与销售、债务重组、债转股、发行债券、商业借款、投资咨询、资产及项目评估、企业审计破产清算、资产管理范围、资产证券化等。

2. 扫清金融资产管理公司经营活动中存在的大量法律障碍。目前我国法律规定商业银行不能混业经营，而金融资产管理公司经营手段的多样化早已冲破了这一限制，应当尽快完善相关法律。落实各种信息公开制度，比如工商、土地、房产信息等，提供可供一般公众查询的途径。由于人情案、关系案的存在，法官在办案中会出现不公正判决和执行结果。对于侵害一方当事人合法权益的人为错案，应当加大追究力度，落实责任制。加强企业诚信建设，对恶意逃废债务的行为加大惩戒力度，对负有主要责任的主管人员应当追究刑事责任等。

（二）建立债务人诚信惩戒机制

金融资产管理公司对不良资产的处置已走过了十个年头。在不良资产处置过程中，有相当一部分债务企业虽有一定的偿债能力，但以种种借口拒不偿还，摆出一副"死猪不怕开水烫"的架势。经过分析，债务人之所以敢于赖账，归根结底是其赖账后没有一个有效的机制对其进行惩戒，让其感觉他的行为没有对其自身利益造成任何伤害。针对这种债务人缺乏诚信的行为，笔者认为，对诚信缺失的债务企业建立一套诚信惩戒机制已迫在眉睫。比如，建立金融机构联席协调合作机制，充分发挥金融行业整体联动制裁逃废债的作用；充分利用公共媒体和社会舆论的影响，定期公布典型逃废债行为，提高打击逃废债行为的威慑力。如果能建立起这么一个有效机制，笔者认为将对金融资产管理公司不良资产的处置将产生积极影响。

（三）正确引导舆论监督

通过对不良资产十年的处置，金融资产管理公司深感如履薄冰，因为不知道什么时候一不小心就会被舆论推到造成国有资产流失的风口浪尖上。笔者经过分析认为，造成上述局面的主要原因是包括媒体在内许多人对不良资产的处置程序和政策不了解造成的。解决这一问题，一方面金融资产管理公司应加大对不良资产处置的相关国家政策的宣传，增加大家对不良资产处置政策的了解；另一方面建议有关部门对媒体进行规范，制止某些媒体的炒作，为金融资产管理公司创造良好的舆论环境。

（四）打破地方保护

在金融资产管理公司不良资产处置实践中，地方保护主要体现在政府对法院诉讼执行及破产工作的干预。地方保护造成了司法不公正问题，使许多债务人形成了不怕打官司，不怕被执行的心理，助长了赖账思想，严重恶化了社会信用环境，破坏了社会主义市场经济的正常运行，为金融资产管理公司不良资产的处置设置了障碍。笔者经过分析认为，造成地方保护的主要原因是企业的发展与地方政府切身利益密切相关。要解决地方保护既要减弱地方保护主义产生的动机，更要制定和完善相关法律，建立相应的执法机构，加大对地方保护行为的惩戒力度；建立和完善符合社会主义市场经济发展要求的法律体系，形成立法、司法、行政三套机构各司其职，相互监督和制约的关系；充分发挥公民和社会组织维护宪法和法律神圣的主观能动性。只有这样才有可能从根本上解决地方保护的问题。

（五）建立完善的资本市场和增强市场运作能力

如前所述，不完善的资本市场和较弱的市场运作能力也对不良资产处置提出了挑战，对此，笔者认为：（1）建立完善的资本市场方面。在国家立法方面对资本市场进行规范的同时，还应该创建多层次的资本市场结构，实现资本市场准入条件的市场化，并相应降低进入资本市场的门槛，积极吸引投资人参与资本市场，尤其是积极吸引外资的参与。只有这样才有可能使资本市场更加规范，更具活力，并有利于不良资产的处置。（2）增强市场运作能力方面。金融资产管理公司除了在实践中对市场运作模式进行摸索、创新外，还需要国家在立法方面建立健全市场运作的相关法律、法规，建立完善的市场运作体系。

三、金融资产管理公司将继续在我国经济发展中发挥重要作用

（一）继续在防范化解金融风险，促进国有银行改革方面发挥作用

国有商业银行信贷资产质量不高是当前我国金融风险的主要表现。成立金融资产管理公司的最主要目的就是收购和处置国有商业银行的不良资产。通过金融资产管理公司一次性等值收购银行的不良贷款，银行资产质量得以迅速改善，四大国有商业银行不良贷款率大大降低。同时，银行不良贷款变为由国家信用作担保的金融资产管理公司发行的债券，银行由原来的收不回利息且还要向中央银行支付一部分的再贷款利息，改变为不仅不用再向中央银行支付这部分再贷款利息，而且还可以向金融资产管理公司收取债券利息，对改善银行财务状况起到了重要的作用。

（二）金融资产管理公司的专业化、市场化运作为商业银行拓展业务范围、增强经营活力提供了借鉴

金融资产管理公司在处置不良资产过程中发现的银行信贷管理上的不足，对促进银行健全完善信贷管理体制，提高信贷管理水平有一定的帮助作用。

（三）推动国家经济结构调整和企业改革脱困，为金融改革创造一个良好的条件

资源配置低效、经济结构不合理是我国目前经济发展的主要矛盾之一。金融资产管理公司通过对低水平重复建设企业的重组、合并等资本运作，调整过于分散、形成不了规模效益的企业结构，推动资源向优势企业流动；通过资产重组、管理咨询、投资咨询等服务，推动企业改变其不适应市场需求的产品结构；综合运用出售、拍卖、招标、资产债务重组、资产置换，推动跨行业、跨地区、跨所有制和跨国企业之间的并购与重组活动。同时，利用债务追偿、破产等手段，促成一些经营不善、扭亏无望、浪费资源、污染严重的企业退出市场，对我国经济结构调整起到了一定的推动作用。

综上所述，金融资产管理公司作为金融行业的一支特殊力量，必将继续在我国经济发展中发挥更加重要的作用。

（作者单位：信达资产管理公司石家庄办事处）

金融生态篇

河北省金融生态优化问题研究

张志勇

一、金融生态理论研究综述

“金融生态”是将生态学概念引入金融学领域，在自然生态学的基础上，运用生态学的相关理论对金融系统进行研究，自20世纪初被系统地提出后，引起了我国学术界的广泛重视与研究热潮。在金融生态概念的界定以及金融生态系统的组成等方面，几种代表性的观点如下：

白钦先（2001）将“可持续发展”的理念引申到金融领域，在国内最早提出“金融生态环境”这一概念，认为金融生态环境是指特定的金融生态环境及其环境容量和净化能力，对经济活动会产生的约束性影响。

周小川（2004，2005）第一次系统地将生态的概念引入金融领域，并强调用生态学的方法分析金融发展问题，同时给出了金融生态的定义：金融生态描述的是金融企业所处的生存环境，包括法律、社会信用体系等在内的一系列基础条件。它有两个层面：一个是全局和宏观层面，包括法律环境、监管环境和监督环境；另一个是微观层面，包括社会信用体系、会计与审计准则、中介服务体系、企业改革进展以及银企关系等方面。

徐诺金（2005，2006）以生态学的原理为基础，对金融生态的概念进行了扩展，认为金融生态又可称为金融生态体系，是各种金融组织为了生存和发展，与其生存环境之间及内部金融组织相互之间在长期的密切联系和相互作用过程中，通过分工、合作所形成的具有一定结构特征，执行一定功能作用的动态平衡系统。他认为，应该从金融生态环境、金融生态主体、金融生态调节这三个主要方面展开相关研究。金融生态系统的有效性体现为这三个方面符合生态系统特征的体制性。

杨子强（2005）认为，从广义上讲金融生态是指与金融业生存、发展具有互动关系的社会、自然因素的总和；从狭义上讲是指微观层面的金融环境。

李扬等（2005）参照生态学对生态系统的定义，结合自然生态系统长期演化的结构和功能特征，把金融生态系统理解成由金融资源的生产者、消费者和分解者所构成的群落及其所赖以存在的金融生态环境共同形成的动态平衡系统。并认为构成金融生态环境的要素按其重要性排序，依次是法治环境、经济发展水平、金融部门独立性、企业诚信、地方金融发展、地方政府公共服务、社会诚信、中介服务、社会保障。特别强调指出，影响整个金融生态最重要的是体制问题，完善中国金融生态环境，工作重在地方政府，当然也有中央政府的责任。

目前，学者对于金融生态的界定以及金融生态环境要素的组成意见基本一致，只是在对各种要素的重要性认识上存在差异。

二、优化金融生态环境对地区经济发展的意义

（一）优化金融生态环境可以促进地区金融资源有效配置

市场这一“无形之手”在有效配置社会资源上的重要作用早在200多年前就已被亚当·斯密充分论证，而金融生态学观点认为金融生态发展的模式应遵从生态演进原则，政府适时、适度监管下自由生发的市场环境正是培植良好金融生态最为适宜的土壤。在理想的金融生态环境下，法治健全，各级政府能够做到依法行政；社会征信系统和失信惩戒机制完善；银行能够充分实现自主经营、自主决策，建立有效的内部控制机制和风险管理机制，最终使得价格机制充分发挥，相应地，社会中的金融资源也得以更为有效的配置。

（二）优化金融生态环境可以吸引资金，提升区域竞争力

金融生态环境的优劣，直接影响到资金的有效投入。一般而言，金融生态环境良好意味着该地区具有较好的社会信用状况，透明的政策、法律环境，中介机构健全，银企关系融洽，金融债权能得到切实保护，那么资金就会更有效地注入该地区。反之，如果一个地区金融生态环境欠佳，信贷资金缺乏安全保障，金融债权无法得到有效保护，该地区吸引资金的能力也会出现问题。可见，建立和培育良好的金融生态环境能够改善投资环境，畅通融资渠道，经济金融才会步入良性互动、快速发展的轨道，从而提高区域经济的竞争力。

（三）优化金融生态环境有利于促进区域经济金融可持续发展

良好的金融生态环境可以借助于市场机制发挥作用，提高资源配置效率，降低交易成本，为区域经济金融可持续发展提供保证。

金融机构是金融生态环境中的重要组成要素。其中，商业银行自身的经营

特点决定了其在金融系统甚至整个国民经济中所处的关键地位和特殊作用，而和谐有序的金融生态环境有助于优化银行信贷结构、控制信贷风险、提高信贷资产质量，保障商业银行的稳健经营，促进金融产业更好更快地发展。同时，金融业作为经济各部门和各类产业得以发展的重要资源和运行枢纽，其保持良好的自身发展过程，能够在提高金融服务效率的同时带动市场资源的有效配置和高效利用，从而促进区域经济金融的可持续发展。

三、河北省金融生态环境现状

根据中国社会科学院金融所 2005 年 11 月首次公布的《中国城市金融生态环境评价》报告，在对全国 50 个大中城市划分金融生态环境等级时，河北省入选的秦皇岛和石家庄分别列Ⅲ、Ⅳ级，排名均靠后。金融生态状况令人堪忧。

此后，社科院的另一份报告——《中国地区金融生态环境评价（2008—2009）》——依据地区经济基础、金融发展、政府治理和制度文化四个方面的相关指标，进行单因素数据筛选分析，建构起中国地区金融生态环境的多因素评价模型，并在此模型下对 30 个地区（省、直辖市、自治区）及 100 个大中城市的金融生态环境进行了综合评价。按照金融生态环境综合评分情况，将地区金融生态环境划分为五个等级。

表 1　　地区金融生态环境等级评定

金融生态环境等级	地区
Ⅰ级（深绿色）	上海　浙江　北京
Ⅱ级（浅绿色）	江苏　天津　广东　福建
Ⅲ级（黄色）	山东　重庆　四川　安徽　辽宁　河南　湖北
Ⅳ级（粉红色）	河北　江西　内蒙古　陕西　广西　湖南　吉林　海南　云南　黑龙江　宁夏
Ⅴ级（深红色）	山西　新疆　贵州　甘肃　青海

注：台湾、西藏未参与金融生态环境指数评比。

纵观 2008 年度全国各地区（省、自治区、直辖市）金融生态环境的综合评价结果（见表 1），上海综合评分最高。河北居于第 15 位，其排名基本处于居中靠下的水平。从地区金融生态环境等级评定看，河北处Ⅳ级区域，位次靠后。

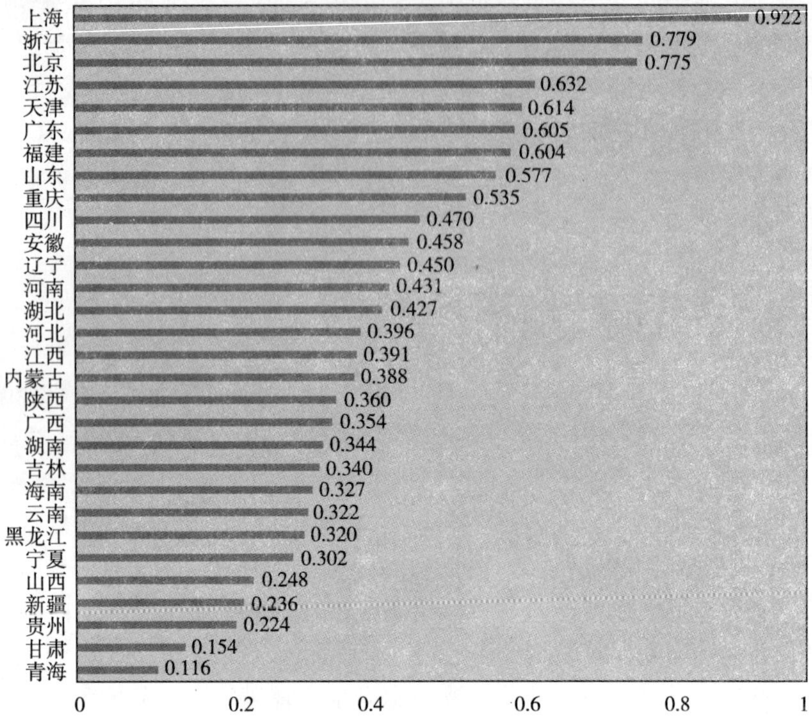

图 1 中国地区金融生态环境综合评分（2008）

四、河北省金融生态环境面临的主要问题

（一）金融法律环境有待进一步改善

周小川行长曾言，“金融生态”这个比喻指的主要不是金融机构的内部运作，而是金融运作的外部环境，也就是金融运行的一些基础条件，同时认为法律环境为宏观层面的重要基础条件之一。法律环境包含的意义很广，宽泛地说含有公权力行使需遵从法律约束这一法治理念。具体到区域经济层面，则更侧重于围绕立法、执法、司法的法律操作，尤其体现在金融法律法规的制定与失信惩戒的司法措施上。完善的法律环境能够有效地保护金融主体的产权，并遏制信用欺诈行为。

目前，河北省的金融法律环境还不够完善，促进金融业稳健运行的具体措施办法较少，缺乏有效的激励机制和失信惩戒机制，失信者得不到严厉制裁。加之存在司法支持乏力，存在执行时间长、程序复杂、执行费用高、金融案件执法不到位等现象，严重挫伤了金融支持地方经济的积极性。金融债权落实情况欠佳，小企业“贷款难”和金融机构“放贷难”的矛盾比较突出。

（二）社会信用体系需要进一步加强

信用之于金融生态犹如空气之于自然生态，只有基于良好的信用体系，市场中的投融资主体才能形成持续交易的长期预期，避免机会主义的短期行为。实践中，理想的信用体系不仅应包含真实、完整、更新及时的信用信息征集系统，还应包含便捷、易得的信用信息共享机制，从而使有价值的信息得到有效利用。

近年来，河北省的社会信用体系建设有了很大的改善，但仍存在一些不容忽视的问题。首先，未建立起统一的信用信息共享机制。与信用有关的信息分散在不同的行业部门，大量有价值的信息闲置，信息未能得到有效利用，还不能形成一旦当事主体失信，就会处处受到限制的社会信用制约机制。其次，企业信用管理缺位，中小企业信息的真实性难以得到保证，在个别地方、行业、部门，诚信缺失的现象时有发生。

（三）担保体系、区域金融服务水平有待进一步提高

近年来，河北省的担保、金融服务水平有了很大的提高，但还不能很好地满足经济发展的需要。担保体系不健全，担保机构本身的运作机制存在一些问题，制约了资金的扩充。同时，由于缺乏应对风险和损失的措施，缺乏定期的补偿机制和来源，风险很难得到分散。因此，亟须建立多元的、竞争性的银行金融服务体系，以更好地满足区域经济发展的需要。

（四）金融监管有待进一步加强

金融监管是构成金融生态的重要内容。金融监管不力，会削弱金融生态系统的自我纠错能力。监管机构的本职是制定市场规则和维护市场秩序，按照法律规定保证市场进入和退出，规范市场参与者的行为，不断降低交易成本、扩大交易市场。监管机构应该超然于市场各博弈主体之上，作为市场的裁判者纠正“市场失灵”之处。在我国，由于金融监管机构从属于政府，这就使其不可避免地以政府的社会目标为己任，而监管机构的本职工作往往缺位，成为各地在建构良好金融生态过程中存在的一个普遍问题。这一点在河北省也有所体现。监管的缺位和错位使金融生态自我纠错能力受到了很大影响，金融监管和金融稳定的协调机制亟待加强。

五、金融生态环境的优化

（一）商业银行在优化金融生态环境中的作用

构建良好的金融生态环境，需要社会各界尤其是金融机构的重视和关注。商业银行作为金融机构中极为重要的一支，在完善自身治理结构与经营管理、加强内部风险控制的同时，应当更加积极、充分地参与其中，在优化金融生态环境的过程中与外部环境因素形成良性互动。

1. 积极开展金融创新，促进金融生态环境的改善。创新是促进金融业持续发展的动力。银行业金融机构在风险可控的前提下，应加大产品和服务的创新力度，并且通过创新进一步完善资金定价机制和授权授信制度。根据企业资信和风险状况，合理定价；改进金融服务薄弱环节，进一步增强服务经济社会的能力。其间应注意两个问题：一方面，金融创新须以充分的社会调研与论证为基础，结合当地实际和企业需求，以有效满足地区经济发展的多元化需求，为不同客户提供有针对性的差异化金融服务。另一方面，金融创新不应局限于数量的积累，更应看重质量的提高。这就需要金融机构关注国际上金融创新的最新成果，提高研发能力，在推出金融产品时不仅有借鉴，更能实现高质量的创新。

2. 进一步密切银企、银政关系，积极推进对接合作，实现长期共赢。目前，在全球金融危机的影响下，国际经济形势依然严峻，此时更需要构建银企、银政间信息沟通的长效协调机制，促进有效信贷需求的形成。

在实际业务实践中，银行谋求与企业、政府的长期合作共赢可采取诸多方法：（1）与企业或政府部门建立战略合作协议。银企或银政以协议的形式求得合作的长期与和谐，促进互利共赢。2009 年，中行河北省分行就与河北省政府、石家庄市政府签订战略合作协议，分别达成 2 000 亿元、500 亿元授信合作意向。此协议为银政良好合作关系的深入开展奠定了坚实基础。此外，中行河北省分行还与河钢集团、冀中能源集团、保定天威集团分别签订了合作协议，分别达成 480 亿元、200 亿元、80 亿元授信合作意向。该合作协议的签署不仅有利于促进银企合作的长期性，同时也便利了银企各项业务的开展，双方合作共赢的局面更加稳固。（2）企业信用确认。企业向银行有效展示信用状况是银企稳定合作的重要方式，银行在确定企业履约记录、信用状况良好的前提下更有利于业务的全面深入开展。因此，在业务开展中银行可采取长期贷款短期化，短期贷款票据化等方法。有些企业虽有中长期贷款需求，但银行为尽可能在较短时期内了解企业信用状况，有意将企业中期授信以短期方式叙做，到期后视授信使用情况周转使用；为长期贷款设定合理宽限期及还款计划，视借款人付息及还款情况决定未来授信策略；在短期授信中以银行承兑汇票、贸易融资、贴现等业务方式周转使用，使授信业务与企业真实贸易背景结合前提下更有效缩短授信业务周期。此种方式一方面有利于企业还款与其现金流相匹配，另一方面也有利于密切银企之间的业务联系，增强了解与互信。

健全银企、银政合作机制，推进对接合作，按照市场经济和法治建设的要求，构建相互信任、和谐共赢的新型银企、银政关系，双方才能在严峻的经济形势下，共克时艰，共渡难关。

3. 扶优罚劣，参与社会信用环境的改善。银行一方面有必要建立企业违约黑名单制度，尤其在目前社会信用环境日益优化的背景下，使违约企业一次违约就难以再得到银行信用支持，以加大企业违约成本，促使企业诚信守约。另一方面，对于近年还本付息正常、履约信用记录良好的企业可在经营正常的前提下加大授信支持力度，在授信担保、贷款利率等授信条件方面提供优惠措施。通过此类扶优罚劣政策的实施，一方面对优秀企业加大支持力度；另一方面也增大了失信企业的违约成本，及时将其违约记录登记于人民银行征信系统，使其得到整体社会信用体系的惩罚。

（二）改善金融生态，政府应有所为有所不为

随着我国政治、经济体制改革的逐步推进，人们逐渐认识到金融领域暴露出的种种风险事实上是国民经济运行中诸多矛盾积累的集中反映。对于商业银行而言，在政府主导资源配置的经济体系下，地方保护与行政干预仍是制约其自主经营最为关键的影响因素。如何避免政府的行政干预成为金融生态的研究重点之一。然而，在全球金融危机的持续影响下，西方国家纷纷采取历史上少见的强有力的经济干预政策并有将其制度化的趋势，政府在处理金融问题中的作用不可忽视。优化金融生态并非简单地限制或者扩张公权力，而是需要重新定位政府职能，在干预经济的方式方法、力度以及时机选择上以是否顺应市场化要求为考量标准，有所为有所不为。

从银行业的发展，特别是如何在支持地区经济发展中更好地发挥作用这一视角来看，良好金融生态的培植与维系需要各级政府从以下几个方面给予更多的引导和支持：

1. 构建良好的金融生态环境需要政府政策上的支持引导。政府部门应限制行政命令的使用，但可以通过制定科学的区域金融发展规划、研究出台地区宏观调控政策贯彻措施、定期发布金融工作指导意见等方式，引导银行业金融机

构明确市场定位和阶段性发展目标，调整信贷结构、优化资源配置。同时组织协调金融机构加强信息交流、资源共享和同业合作。

2. 构建良好的金融生态环境需要政府加强法制建设，改善金融生态的法治环境。首先，应完善金融业发展的法律法规和制度环境，为金融业发展提供公平规范的法制平台。虽然我国基本金融法律体系已经建成，但仍有大量的法律法规亟待制定和完善。需要根据实际情况，制定有关信用管理、金融债权保护等方面的规范性文件，有效保护金融资源产权所有者的合法权益，规范有关当事人的金融行为。其次，要减少行政干预，营造以债权保护为核心的经济金融运行的法制环境。目前，我国的金融执法环境仍存在执行时间长、程序复杂，地方保护主义和行政干预比较严重，成本高昂，对金融欺诈等行为的打击力度不够等问题。因此，需要进一步加强法制建设，充分发挥司法审判职能作用，提高审判、执行工作的质量和效率，维护正常的社会信用秩序。此外，可以通过建立法院与金融企业之间的联络协作机制，强化综合治理和互动能力；积极推广简易诉讼程序，提高诉讼效率；实现司法部门与其他相关部门的多方联动，加大对逃废金融债务行为的打击力度，从整体上为改善河北金融生态提供良好的法律制度环境。

3. 构建良好的金融生态环境，需要政府推进社会信用体系的建设。良好的金融生态环境，需要以完善的社会信用体系为保障。目前，我国的金融生态系统中，仍然存在社会信用意识薄弱、缺乏有效的失信约束及惩罚机制、信用数据及信用中介服务市场化程度低等问题。相应地，政府应推进信用环境建设，培育良好金融生态环境的社会土壤。首先，要加快信用法律法规、信用基础数据的建立。尽快出台征信管理、信息披露等法规，为商业化的社会征信机构开展企业和个人信用信息的收集、保存、评级、服务等业务提供基本的法律依据，改变目前社会信用体系的建立缺乏法律基础的状况。加大信用信息整合力度，实现信息共享，完善区域信用管理体系。在推进全国统一的企业和个人信用信息基础数据库建设的基础上，着力培育一批信用评级公司、信用调查公司等信用服务中介机构，完善外部评级体系，降低投资者和金融机构自行收集必要信息的成本。其次，要建立和完善社会信用激励机制和惩戒机制。加强信用建设宣传教育，提高全社会对信用建设重要性的认识，进一步营造重信用、讲信用的社会风气。要加大对失信行为的惩戒力度，综合运用法律、经济、舆论监督等手段，加强对企业的监督，加大失信者进入市场的成本。

4. 构建良好的金融生态环境，政府须加强信息沟通和共享，建立金融监管协调机制，维护金融安全。要以风险控制为首任，建立信息共享机制。政府相关部门定期进行信息沟通交流，逐步实现信息实时共享，及时清除金融系统中的不安全因素，切实保护社会公众利益。采取更加灵活的监管政策和手段，鼓励金融产品创新，创造有利于竞争和金融创新的外部环境，达到安全与效率的最佳平衡。同时，有效约束政府行为，保证监管机构的独立性，使得监管手段由直接行政性转变为间接法律性，减少行政行为的随意性。

（作者单位：中国银行河北省分行）

论新时期和谐商业银行的构建

王家智

构建社会主义和谐社会是新时期全面落实科学发展观、建设小康社会的重要保证。作为社会中枢的金融业持续健康发展，既是构建和谐社会的前提和基础，又是构建和谐社会的客观要求和重要内容。商业银行在金融生态链中处于中心地位。商业银行经营的好坏不仅关系到自身发展，而且关系到整个金融业乃至整个社会的和谐稳定，可以说是牵一发而动全身。因而商业银行的和谐发展对于创建良好的金融生态环境，推动金融市场充分发挥资源配置功能，降低金融交易成本，促进经济健康发展具有十分重要的作用。

“和谐商业银行”的本质特征就是以人为本，科学发展，全面进步，稳定有序，团结友爱，充满活力，是银行业改革、发展、稳定的有机统一。

一、构建和谐商业银行要体现与金融生态环境的良性互动

金融生态环境对于商业银行发展的重要性不言而喻。现代金融具有明显的生态特征。从广义上讲，金融生态环境是指与金融业生存、发展具有互动关系的社会、自然因素的总和，包括政治、经济、文化、地理、人口等一切与金融业相互影响、相互作用的方面，是金融业生存、发展的基础。金融生态建设就是要塑造金融体系动态平衡的内外环境，强化金融业自我调节、自我适应的生态功能，防止金融结构的扭曲失衡，为经济发展、社会和谐进步提供资金融通、信息引导、要素组合等方面的有效支持。建立良好的金融生态环境是构建社会主义和谐社会的必要条件。商业银行积极创建良好的金融生态环境，既有助于商业银行树立并落实科学发展观，实现可持续发展，又有助于商业银行发现新的利润增长点和风险点，及早采取措施或抢占市场，或规避风险，还有助于商业银行准确把握并正确运用金融运行规律，实现银行业持续健康稳定发展目标。

作为现代市场经济重要组成部分的商业银行，应当重视并加强对金融生态环境的研究，要着眼于创造良好的金融生态基础，改革金融产权、优化金融市场结构、培育金融自我调节机制等。通过研究金融生态环境，制定出商业银行

自身的发展规划，把长期规划和短期计划、宏观和微观、点和面有机地结合起来。既要做好对客户、产品和市场营销等方面的研究工作，保证商业银行短期业务发展的顺利进行和经营业绩的较快提升，又要做好对宏观调控政策、产业政策和当地市场发展趋势等方面的研究工作，确保商业银行长期经营业绩的稳步提升。商业银行在研究金融生态环境时，要将在金融生态链中与自己最近的、联系最紧密的、具有易变性的因素作为重点内容认真研究。在确定经营理念、制定发展战略时，应更多地关注国家的宏观调控政策与地方经济发展趋势等；在发展客户群体、开展市场营销时，应更多地关注金融经济法律制度、社会信用状况，以及企业改制和发展状况等。

二、构建和谐商业银行要树立协调发展的观念

不管对银行，还是对整个社会，和谐是发展的保证，发展是和谐的基础，发展基础上的和谐才能长久，和谐基础上的发展才能稳固。所以，统筹兼顾，协调发展，是构建和谐健康金融企业的本质要求。这就要求我们在发展的过程中，做好全局谋划。既要狠抓存款业务，又要大力拓展有效资产业务，实现存贷款业务同步协调发展；既要抓好传统业务拓展，壮大经营实力，又要狠抓中间业务和新业务的拓展，实现传统业务和新业务的协调发展；既要抓好业务经营，又要抓好企业文化建设。只有这样，才能使金融企业实现业务多样化、收入多元化、服务差别化和经营商业化。

商业银行的协调发展离不开科学管理。一个企业的兴衰成败，很大程度上取决于决策者的管理水平；一个和谐健康的商业银行，同样离不开精细管理。高回报决定了银行业务经营的高风险。这就要求我们以辩证的思维，正确把握发展与管理的关系。不要管理、不讲规范的发展，只能是数量的叠加、风险的累积，最终必然要为之付出惨痛的代价。只有管理到位了，才会及时发现风险并予以规避，才能有稳固的发展成果，才能营造和谐健康的发展环境。

三、构建和谐商业银行要以产品和服务体现自身利益与客户利益的共赢

创新是社会发展进步的动力，是银行业发展的动力和灵魂。构建和谐社会需要金融业通过不断创新开发，向广大人民群众提供越来越个性化的服务，满足人民群众在消费、储蓄和投资方面的金融需求。在维护公平竞争环境的同时，要鼓励和支持有条件的银行业金融机构进行组织架构、经营机制、金融工具和

产品等方面的尝试和创新，进而带动整个银行业竞争能力的提高。要逐步形成以客户为主体的营销模式，以效益为中心的营销机制，以品牌为内涵的营销策略。针对特定区域、特定客户，推出特定产品，重点推动如票据业务、基金业务、代理业务、代客理财业务等产品和服务的创新。通过金融创新不断满足社会需要，增强产品业务功能，提高客户忠诚度，形成经营特色和竞争优势。

商业银行在信贷投放时应充分利用自身优势，围绕重点行业和企业，发展大型骨干企业、客户群体，优先选择那些市场容量大，发展前景广阔，信贷投入适宜，高起点、高附加值、高科技、高效益的重点行业和骨干企业。商业银行要瞄准经济发展中新的增长点，培植新兴的优质民营客户群体。摒弃以不作为来防范金融风险的消极做法，设计并实行合理的中小企业贷款条件，主动帮助企业解决经营管理中的问题，对合理的资金需求积极予以支持。商业银行理应顺应改革的潮流，积极为广大中小客户提供服务，并使其成为忠实客户。

四、构建和谐商业银行要建立多方互惠的共赢机制

商业银行作为经营资金的特殊企业，在经营的过程中必须严格遵守法律法规，处理好银行与职工、银行与政府、银行与社会、银行与企业的关系，承担起必需的社会责任，创建金融安全区。一是要把支持地方经济发展作为金融企业的重要工作。根据国家的产业和行业政策、地方经济的热点和亮点，在风险防范的基础上，加大有效信贷资产的拓展力度，在实现自身效益的基础上，促进当地经济的共同发展。二是要遵循市场法则，与企业建立起和谐的关系。金融企业与客户之间的关系，本质上是地位平等的市场主体之间的商品买卖关系。但金融企业的特殊性质决定，商业银行要一切以客户为中心，通过优质诚信服务，提高客户对银行的信任度、忠诚度，从而建立与客户之间互惠共赢的和谐关系。三是要体现资源配置的最优化。对于银行来说，最重要的外部资源莫过于优质客户，而能够吸引客户的说到底是银行的内部资源。四是要善于加强与竞争对手的合作，实现资源互补。中国的金融市场很大，发展的空间也非常大，各银行之间还没有到贴身肉搏的境地，相互之间的合作空间远远大于竞争。每一家银行应该充分审视自身的经营管理优势和劣势、承担风险的能力，确立战略定位，在组织银团贷款、结算代理平台、本外币业务互换、用卡环境建设、信用信息交流、打击逃废债等方面积极合作，形成资源共享的多赢局面，营造银行间和谐的生态环境。

五、构建和谐商业银行要加强信用体系建设

目前，阻碍经济发展的重要问题是资金瓶颈。解决资金问题，主要依赖于金融的信贷投入。尤其在我国直接融资机制不健全、不完善的情况下，金融的信贷投入在满足经济建设资金需求中仍占主导地位，金融在经济发展中的作用更加突出。而金融业的发展，不能超越资源的供求和环境承受能力的约束。当前的现实不是资金供给的短缺，而是“银行有钱不敢贷，企业借钱不想还”，造成这种现象的主要原因就是信用的缺失。在目前的金融生态系统中，信用缺失已经成为制约金融生态健康的重要因素，成了“木桶”中的“短板”。可以说金融生态中存在的每一个问题都不同程度地受到信用体系不健全的影响。

改善金融生态需要完善金融市场信用体系。金融市场是一个信用市场，信用体系的完善与否决定着金融市场交易成本和运行效率的高低。每个社会经济主体诚实守信和健全完善的社会信用体系是现代市场经济和金融体系正常运行的基础。要深化法制改革、培育良好的社会诚信环境，尽快完善法律法规，防止“赖账经济”和赖账文化蔓延。以保护债权为中心，综合运用法律、经济、宣传、舆论监督等手段，建立和完善社会信用的正向激励和逆向惩戒机制；加大对失信行为的惩戒，提高失信者的违约成本；加快对工商、税务、公安、银行等部门的信用信息资源联网步伐，推进企业和个人信用信息基础数据库建设，实现社会信用信息资源共享；大力发展中小企业信用担保机构，畅通资本金补充渠道；完善信用担保机构风险补偿机制，放大担保倍数；加快发展中介服务体系，丰富和完善金融生态链。创建和谐的社会信用环境，金融业有着特殊的引导和梳理责任，商业银行更应该在信用环境建设中发挥重要作用。

六、构建和谐商业银行要牢固树立以人为本的经营理念，实施可持续发展的人力资源战略

人是企业的核心，商业银行同样如此。人本管理的核心是以人为本，因而要想和谐发展，必须重视人的因素。

对于商业银行来说，一是业务拓展和风险管理，一是人力资源的管理和开发。从某种意义上说，后者决定了前者，因为人力资源是银行维持竞争优势的潜在的唯一资源。人才是基础，是创建和谐企业的关键，是决定性因素。要树立人力资源是第一资源的经营理念，切实做到人尽其才，才尽其用。做好员工的职业生涯规划，做好岗位分析，还要在人员培训、工作轮岗和职业培养等方

面为员工的个人发展创造条件，最终在银行与员工之间达到良好的“心理契约”，使银行员工发自内心地为银行的发展献计献力。建立起科学合理的员工激励机制，坚持差异化原则，对现有的银行组织结构加以科学改造，构建“学习型银行”。加强对银行的人力资源管理经验和技术的积累，这是银行难以用物质来衡量的财富，也是其他银行难以模仿却能够给自身带来竞争优势的重要资源。

和谐商业银行不仅可以协调各方面的利益关系，而且能够在银行与员工之间建立牢固的发展共谋、风险共系、责任共担、利益共享的关系，真正形成合力，同甘共苦，同心协力，以银行的和谐发展促进社会的和谐进步。

（作者单位：民生银行股份有限公司石家庄分行）

新《保险法》背景下保险业维护金融稳定的思考

肖建森

最近三十年，中国保险业获得了长足发展。随着保险监管体制改革深化、保险市场向国际资本的开放，保险公司的经营模式也发生了重大变化。保险市场与信贷市场、货币市场、资本市场的相互依赖性显著增强，其风险特征已与以往大为不同，日益成为金融市场系统性风险的重要源泉。特别进入2008年以来，国际金融危机蔓延，保险业发展也面临一系列挑战。2009年10月1日，新的《保险法》全面实施，与之配套的一系列保险法规陆续出台。在新的《保险法》背景下，要落实科学发展观，深入推进中国保险业又好又快发展，维护金融稳定，这就要求保险企业深入分析当前的发展形势，贯彻落实新《保险法》的各项法规制度，持续推进保险业结构调整和经营转型，维护金融稳定和社会和谐。

一、保险业维护金融稳定具有特殊的重要意义

（一）金融危机下中国保险业发展面临新的挑战

国际金融危机的爆发和蔓延，给国内保险经营带来了很多的困难。在经济增长放缓的情况下，企业和居民对保险的有效需求有所下降，保险资产管理的难度加大。同时受国际再保险价格上升的影响，国内保险公司的分保压力增加。“防风险、稳增长”成为保险行业工作的重中之重。为此，中央、保监会采取了一系列的措施。立足整个保险行业看，“承保”和“投资”这两个保险业的车轮在当前经济形势下面临新的挑战，业务发展和投资收益的不确定性依然比较高。

（二）保险业周期特征逐步显现，存量风险凸显

随着社会主义市场经济体制的确立，保险市场结构发生了深刻变化。经济紧缩周期之后保险行业的增长速度明显放慢，这使得在粗放型经营方式下积累的风险释放。产业竞争加剧和产业结构变化使保险创新步伐明显加快，形成了新的风险。保险创新产品的风险控制需要先进的精算技术和丰富的历史数据。

保险公司在开发新产品时，往往倾向于套用外国的产品模式。相对初级的营销体制，同质化的产品，在销售以后将形成未来理赔的不确定性，也蕴藏了巨大风险。

（三）监管体制改革使保险公司面临的风险复杂化

保险监管的重点正在由市场行为监管向偿付能力监管转变，监管当局启动了一系列促进竞争的措施，这使保险公司面临的风险复杂化。保险业是诚信最大原则的行业。如果某一公司的特定事件损害了公众对整个行业的信心，会导致大面积的退保，使风险扩散。美国学者布雷维尔的研究表明，保险业和银行业之间存在较为明显的传染效应。保险公司作为金融市场的交易者，可能因其他原因受到监管当局或评级机构的压力，被迫在价格下跌时出售资产。

二、新《保险法》的主要变化及其影响

这次《保险法》修订，是进一步健全和完善社会主义市场经济法律体系的一项重要举措，对于全面提升保险业法治水平、促进保险业又好又快发展必将产生积极而深远的影响。新《保险法》更加注重保护被保险人利益，在保险合同方面增加、修改了较多内容，对人身保险合同、产品服务与相关业务流程、产品定价等方面都将产生较大影响。

（一）新《保险法》对保险合同的影响

这次《保险法》的修订，对《保险法》第二章保险合同中涉及人身保险合同的修改超过20处，大部分会直接影响保险合同条款表述和保险合同的执行。关于如实告知条款，限制保险人合同解除权，约束保险人抗辩权，增设了不可抗辩条款。关于规范格式条款，规定保险人对保险合同中的免责条款有提示和明确说明的义务；规定不得加重消费者责任或排除消费者依法享有的权利。关于保险人理赔程序和时限，要求保险人“及时一次性书面”通知申请人补充提供理赔材料；增加情形复杂的应当在30日内作出理赔核定的规定；增加作出拒赔核定3日内发出拒赔通知书并说明理由的规定。关于法定除外责任，对受益人的故意行为、被保险人自杀、故意犯罪等事项进行了更加明确合理的规定。

（二）对保险产品服务与业务流程的影响

为贯彻落实新《保险法》对保险合同的要求，切实为消费者提供更多便利，保险公司在业务流程和内部管控等各方面均需达到更高的标准。新《保险法》

对投保单、保险单等单证提出了新的更高的要求，如投保单应当附格式条款、免除保险人责任的条款应当在投保单、保险单或者其他保险凭证上作出足以引起投保人注意的提示等。这就要求公司在具体经营实践中进一步完善单证内容，对重点内容要进行重新排版印刷。新《保险法》增加了“两年不可抗辩”条款，对公司业务经营过程中风险的选择与控制提出了更高要求。新《保险法》对理赔工作提出更高要求。

（三）对保险产品定价的影响

新《保险法》“两年不可抗辩”条款会影响长期人身保险产品，特别是长期健康保险产品的事故发生率。这种影响具体表现为两个方面：一方面，“两年不可抗辩”约束了保险人合同生效两年后的解约权利，客观上将增加赔付，从而提高了实际的事故发生率；另一方面，“两年不可抗辩”促使保险公司更加注重核保和风险控制，提高核保要求，提高承保业务质量，从而能从整体上降低实际的事故发生率。新《保险法》对重点提示的规定、对单证的规定、对理赔程序和时限的规定都将会影响保险公司的运营成本，即影响保险产品的预定附加费用率。新《保险法》将促使不同保险公司的定价策略发生分化。

新《保险法》的修订是一次全面的修订，除了上述内容，还有许多地方会对保险公司产生或大或小的影响。总的来说，新《保险法》加强了对保险消费者利益的保护。而对保险公司来说，短期而言是喜忧参半的。但从长远看，新《保险法》的实施对规范保险市场，促进整个保险行业的健康、快速发展具有很大的推动作用。

三、保险企业应对新《保险法》的举措

新《保险法》比较注重保护保险消费者的利益，而对于保险公司的要求相对较严格。为了有效地控制业务风险，提高服务水平，维护公司业务的正常运作，保险公司不得不付出比以前更多的努力和成本，加强业务风险的防范和控制，提高对保险消费者的服务水平。保险公司要以贯彻落实新《保险法》为契机，进一步提高人身保险公司管理能力和服务水平，促进保险行业又好又快地发展。

（一）以保护消费者利益为各项工作的出发点和落脚点

保护消费者利益，不仅是保险业发展坚持以人为本指导思想的具体体现，也是保险业实现稳定健康可持续发展的客观要求。此次新《保险法》的修订在

保护消费者利益方面增加和强化了较多内容，这在一定程度上反映出保险行业当前在此方面还存在不足，也反映出社会大众对保险行业更高的要求和期望。保险业应当从战略高度充分认识保护消费者利益的重要意义，认真贯彻实施新《保险法》，更加注重保护消费者利益。

（二）切实改进公司经营管理为基础

贯彻落实新《保险法》是一项系统工程。保险产品或者说保险合同，是保险公司对未来提供服务的承诺，实现这些承诺的基础是公司的经营管理能力。简单地修改条款表述、修改单证样式并不能说完成了贯彻落实新《保险法》的工作，只有深层次挖掘公司经营管理的问题，完善工作流程、协调好整个经营过程、提高工作效率、培养各个专业岗位的人才，才能切实实现公司的承诺，满足消费者需求，从而建立企业持续、健康发展的基础。

（三）坚持发挥保险保障功能为行业发展的基本原则

风险保障和长期储蓄是人身保险的基本功能。这既是保险行业的立业之本，也是行业的核心优势所在，更是行业服务经济、社会大局的基本职能体现。新《保险法》的较多内容，如关于不可抗辩、理赔的规定，都体现出广大消费者对保险风险保障功能的真实需求。因此，各保险公司应该以此为契机，进一步丰富人身保险产品的保障责任，提高保障程度，坚持大力发展风险保障型和长期储蓄型人身保险产品，更好地满足经济社会发展和人民群众对保险保障的客观需求，实现保险业的持续、稳定、长期、健康发展。

（四）加强代理人展业过程的风险管控

新《保险法》不可抗辩条款对保险公司作出了非常严格的规定。对于不实告知，保险公司最长只有2年的抗辩期，2年之后保险公司将不得对不实告知进行抗辩。怎样化解这个风险？最好的办法就是从源头上治理污染，即加强代理人在展业过程中的风险管控。一方面，要加强对代理人的业务品质理念以及法律道德方面的教育，提高代理人的品质意识和道德水平；另一方面，严格对代理人的业务品质管理指标的考核，通过考核管理制度对代理人的展业过程的业务品质进行约束。通过制度建设和制度的完善对代理人的展业行为进行规范，净化展业行为中的不良风气和习惯。

（五）切实提升保险企业的客户服务水平

改善和提升保险公司的客户服务水平，最重要的就是对业务操作流程的规范。新法出台之前，由于没有相应的法律法规的要求，保险公司的客户服务在流程设计上可能是比较粗放的，甚至没有一个量化的指标。新法出台后，由于有法律的强制要求，因而在客户服务流程的设计上必须加入量化的服务考核指标。这样的指标包括时效指标和质量指标。时效指标即服务效率的高低，质量指标会使客户切身感受到保险公司的专业性。只有在时效指标和质量指标同时提升的基础上，保险公司客户服务的水平才能从根本上得到提升。如理赔服务，在流程设计时可以规定理赔受理资料的规范要求、理赔调查的时效要求、理赔结案的时效要求等。

四、新《保险法》背景下完善保险监管，维护金融稳定

（一）建立合作协调的金融监管机制

在独立的监管机构之间建立合作机制。保险公司和银行业务交叉的趋势相当明显，传统的部门边界越来越模糊。中央银行和监管机构必须正确认识这种变化，针对目前保险业风险特征的变化和保险业与银行业传染渠道的拓宽，为了维护金融体系的稳定，中央银行也应严密监控保险业的系统性风险。建立相应的报告制度，保证信息顺利地从监管当局向中央银行传递，以便中央银行与其他监管机构及时沟通和协调，在更大范围内维护金融稳定。我国目前已经尝试在中央和各省建立人民银行、银监会、保监会、证监会共同参与的联席会议制度。但这种制度缺乏有效的约束力，各部门之间利益存在冲突，难以有效消除监管真空和杜绝监管套利现象。

（二）保险业对经营风险的处置措施

针对不同的金融风险，保险机构可依据基金成本损失最小原则，相对采取资金资助、资助并购和破产后组织理赔三种方式。保险制度是金融安全网的重要组成部分，能最大限度地保障金融体系的稳定。目前我国银行和保险监管依然采取的是根据既定机构的形式和类别进行监管的传统方式。在银行与保险部门联系日趋紧密、业务界限逐渐模糊和金融机构功能一体化的情况下，根据金融产品所实现的金融功能来确定对应的监管机构，可以解决跨行业金融产品监管权限不明确的难题。面对银行和保险产品的趋同化，功能性金融监管体制是下一步金融监管改革的必然选择，也是维护金融体系稳定的客观需要。

（作者单位：泰康人寿保险股份有限公司河北分公司）

人民银行基层行维护金融稳定职能作用探讨

张立军

伴随着我国金融事业改革的不断深入，人民银行的职能也发生了变化，维护金融稳定职能作为中央银行三大职责之一，在防范和处置金融风险方面发挥着越来越重要的作用。人民银行基层行（指地市级中心支行和县级支行，以下均同）作为总行的分支机构，在维护区域金融稳定职能过程中，逐步探索了一些有效的途径和方式。本文首先对人民银行系统金融稳定工作的现状进行总结，然后尝试对人民银行基层行在维护金融稳定中的职能作用进行探讨，并提出人民银行基层行进一步行使维护金融稳定职能的政策建议。

一、人民银行系统金融稳定工作的现状

金融稳定职能来源于对金融风险的防范和处置，金融稳定的对立面是指经济金融的运行秩序紊乱，金融的本质即资金融通功能丧失或遭到破坏，资产价格严重偏离基本价值。影响金融稳定的主要因素为各种金融风险的爆发或潜伏。20 世纪爆发的几次金融危机对世界诸多国家和地区的经济社会发展造成了难以挽回的巨大损失。世界各国普遍吸取了教训，或成立专门的机构，或明确主办部门，采取定期公布金融稳定报告、披露和预警金融风险等多种措施防范金融风险，维护金融稳定。

在这样的国际背景下，中国又处于深化改革的关键时期，面临着相对来说是世界上没有哪个国家的经验可以照搬的错综复杂的金融改革局面，各种金融风险相对集中，更加需要从国家层面成立专门的机构负责维护金融稳定工作。历史将此重担责无旁贷地交给了中国人民银行，以总行金融稳定局的成立为标志，人民银行系统开始行使维护金融稳定的职能，并形成了以总行稳定局——分行、省会（首府）中心支行——地市中心支行——县支行为层次的工作体系。

人民银行基层行主要围绕区域金融风险评估和监测、高风险地方金融机构风险处置、中央银行资产处置、关注金融改革与创新等几方面发挥中央银行维护金融稳定的职能，重点发挥对金融风险的监测、评估、处置的职能，取得了一定的成绩。

但是，由于区域内系统性风险少，人民银行基层行主要面临道德风险和操作风险，以及地方金融机构支付结算风险、金融创新所带来的杠杆风险、资产价格风险。这些风险具有一定的潜伏性，又往往没有特别统一的特点，监测相对困难，工作相对繁杂。人民银行基层行面对着如何将金融稳定工作细化到位，切实结合区域实际履行金融稳定职责，进一步发挥人民银行基层行在维护金融稳定中的职能的局面。

二、现阶段人民银行基层行维护金融稳定的职能探讨

现阶段，人民银行基层行维护金融稳定职能主要围绕风险监测、风险评估、风险处置、金融稳定再贷款与稳定资产管理、金融稳定协调机制、风险教育等职能展开，并进行了积极的探索，在实践中总结了人民银行基层行维护金融稳定的方法和职责。

（一）人民银行基层行金融风险监测职能

建立金融风险监测指标体系是国际上比较流行的做法。但由于国际上比较通用的指标体系即“金融部门评估规划”内容涵盖很多方面，指标体系相对复杂详细，总行并未建立国家金融风险监测指标体系。人民银行基层行主要是围绕防范金融风险，提高金融风险监测水平，学习金融稳健统计的相关经验，探索了金融稳定监测职能的一些有效方法。

人民银行基层行正在考虑将金融风险监测指标体系与金融稳健统计建设进一步相结合，从宏观角度监控和分析各种个体机构的集体行为对国民金融体系的稳定造成的影响，维护金融稳定。根据国际流行的体系，考虑将存款类金融机构、证券业、保险业稳健指标以及区域风险评价、系统评价、机构评价和指标评价相结合，强调核心指标如资本充足率、资产质量指标、收益与利润指标、流动性指标、对市场风险敏感度指标对于金融风险的预警和监测作用，设定预警区间，作为监测金融风险的参考依据。

（二）人民银行基层行金融风险评估职能

人民银行基层行主要承担的金融风险评估职能是撰写区域金融稳定报告。人民银行基层行撰写金融稳定报告的过程大致可以分为三个阶段，每个阶段都有发挥职能的亮点：

1. 金融稳定报告资料收集整合阶段。人民银行基层行通过与当地政府部门、银行监管部门、银行业、证券业、保险业的沟通联系，以及内部资源整合，取

得金融风险评估所需的数据和资料，以召开金融稳定联席会议或座谈会的形式听取各方意见，阐述近期人民银行基层行金融稳定工作情况，达到收集和整合沟通金融稳定资料的目的。

2. 金融稳定报告撰写与修改阶段。人民银行基层行从区域金融稳定全局出发，组织撰写金融稳定报告，总结问题，阐述观点，对辖区金融稳定状况作出评估，然后将金融稳定报告草稿呈送有关部门审阅并听取意见，几上几下，最终定稿。通过这个过程达到沟通信息、交流情况、解决问题的目的。

3. 金融稳定报告的公布阶段。人民银行基层行在区域金融稳定报告定稿之后，以某种适当的方式和尺度向金融稳定联席会议成员单位公布区域金融稳定报告，达到促进改善金融生态环境、防范金融风险、维护金融稳定的目的。

（三）人民银行基层行的金融风险处置职能

根据分析，人民银行基层行主要面对的金融风险类型较多，决定其具有金融风险处置职能发挥空间较为宽泛的特点。目前来看，人民银行基层行金融风险处置职能主要包括金融机构突发事件应急处置机制、地方金融机构引起的区域系统性风险防范和处置。

1. 金融机构突发事件应急处置机制。从国内个别地区金融机构突发事件应急处置工作的情况来看，应急处置预案的合理性、真实性、顺畅性非常重要。人民银行基层行结合上级行的金融机构突发事件应急预案，结合本地实际情况，也建立了应急处置预案。

按照贝克尔的预期理论，只有当预期成为普遍接受的观念时才会产生收益。由于不可能以付出在金融危机中学习的代价来考验其是否合理可行，人民银行基层行最主要的方式是组织金融风险处置预案的演习，在演习中发现预案的问题和缺陷，理顺预案涉及各部门的沟通渠道，加强各部门之间的配合协调，形成各部门普遍接受的应急处置方法的预期。这样在金融风险处置和方案应用之时，成员单位各就其位，各尽其责，达到养兵千日，用兵一时的良好效果。

2. 地方金融机构引起的区域性系统风险防范和处置。金融一体化的本质就是资金盈余单位与资金赤字单位之间通过中介或直接融通资金，某一个地方金融机构的风险如果处置不好，往往会影响到区域甚至全国金融体系的正常运转，引发系统性金融风险。

人民银行基层行对于地方金融机构引起的系统性风险处置职能的事前防范，表现为关注存款类金融机构的挤兑风险、支付结算风险以及其他突发性、群体性事件导致的风险，特别是那些资产质量比较差、包袱比较沉重、经营水平不高的地方性法人金融机构。除此之外，还要关注辖区内如非法集资、非法或变相设立金融机构、企业私自发行债券融资、非法吸收公众存款、重大恶性金融案件可能带来的系统性风险。

而在风险处置中，人民银行基层行努力做好舆论引导工作，解决群众与金融机构之间信息不对称的问题，防止群众偏听偏信、以讹传讹，稳定群众信心；各项处置措施到位，恰当把握金融风险处置措施的时机；还要及时向上级行和当地有关部门沟通，取得他们的支持和协作，这将对金融风险的处置很有帮助。

（四）人民银行基层行的金融稳定再贷款管理和金融稳定资产管理职能

由于再贷款的发放实际上是货币投放的一部分，责任重大。再贷款合理投放将有利于经济的健康发展。但如过度投放，或管理松懈，会对资产价格和物价造成负面刺激，影响经济发展。基于对这点的清醒认识，人民银行基层行金融稳定再贷款职能的行使坚持审慎的原则，在金融机构发生风险时，鼓励其通过系统内解决或向同业拆借资金；对确实需要再贷款支持的，在发放再贷款后督促各金融机构谨慎使用再贷款险。

2008 年以来，总行多次调整存款准备金率，部分地方法人金融机构的流动性趋于紧张，若调节不好，将可能导致大量的再贷款需求。人民银行基层行从维护金融稳定的角度出发，在调整之前及时安排流动性摸底调查，并通过组织会议、检查等方式，鼓励其提高资金营运水平，稳定资产质量，调整信贷期限结构，调节其流动性。对于确实有困难的地方法人金融机构，人民银行基层行按照权限和流程操作办理再贷款。通过以上职能的行使，维护了金融稳定再贷款职能的严肃性，有效地防范了区域金融机构资金头寸不足等金融风险。

（五）人民银行基层行的金融稳定协调机制和信息共享机制建设职能

对于人民银行基层行来说，风险防范和监测的一个很实际的问题就是分业经营下证券监管部门、保险监管部门在基层没有派出机构，而金融风险往往通过各种金融产品潜伏在这些监管空白下。如不注意对这些风险的观察和监测，任其发展演变，将对金融稳定造成一定的影响。

而人民银行基层行通过建立金融稳定协调机制，可以在一定程度上更好地对交叉性金融风险和空白监管地带金融风险进行监测和评估，有利于改变金融稳定信息过于分散于各部门造成的信息不对称的局面；有利于整合政府部门、各监管机构的派出机构、各金融机构等方面的信息资源，形成较为统一的金融稳定体系和金融风险防火墙，构建维护金融稳定的有利屏障；有利于紧急突发事件的及时处理；有利于金融稳定信息共享机制的建设。

人民银行基层行发挥此项职能的难点在于如何进一步做实协调机制。目前是部分人民银行基层行参加由政府部门组织的协调，一部分人民银行基层行直接出面邀请政府部门等机构参与协调。无论哪种方式，难点都在于做实。人民银行基层行与监督机构之间应架起一道定期联系、便于交流、互通有无的桥梁，以金融稳定联席会议制度等形式固定下来，用制度明确双方责任，做实联系交流的时间、内容、方式、商讨的工作事项和解决问题的办法，达成共识，承诺遵行。并且，要建立紧急情况下事件处理的绿色快速通道，并与人民银行突发性金融事件预警和演练体系结合起来，做到平时与紧急时期的沟通渠道的畅通，做实金融监管协调机制。

（六）投资者风险教育职能

投资者风险教育职能是人民银行基层行维护金融稳定工作探索中产生的新职能，因为证监会和保监会在基层没有派出机构，而大量的证券和保险投资者却分布于基层，相关风险教育工作处于空白地带。

人民银行基层行面对的是金融产品受众最丰富的广大居民和投资者。从近期人民银行基层行对投资者的问卷调查情况来看，广大居民和投资者对于投资风险的认识仍然不足，大量的金融基础知识并不具备，一些稍有点金融常识和风险认识能力就可以避免的损失却屡屡在他们身上发生。在非法集资、变相设立金融机构、传销等涉及金融的案件中损失最大的还是普通投资者和群众。

投资观和风险观指引着投资者的投资方向和投资心理，影响着社会资金在储蓄、股票、基金、保险、理财产品等之间的流动。若引导不好，等到单个投资者错误的投资观念演变成群体性的投资偏差，错误的投资心理成为一个群体性的错误、偏激的投资心理时，金融风险就已经形成了，此时金融稳定工作再介入就将变得十分困难。

正是由于认识到这点，人民银行基层行通过各种形式和途径展开风险教育，正确引导投资者心理，有利于广大投资者接受“买者自负”的原则，树立正确的风险观和收益观，合理处理存款储蓄、投资、消费之间的关系，从而稳定区域资金结构，提高资金配置效率，有效地维护金融稳定局面。

三、人民银行基层行进一步发挥维护金融稳定职能的建议

一是要继续加强人民银行基层行金融稳定人才队伍培养和建设。金融稳定工作最根本的还是人才。要通过培训和实际工作锻炼，努力使金融稳定工作人员具有比较广泛和扎实的金融知识，对证券、保险、资本市场以及各项金融产

品创新具备一定的分析能力，掌握一定的数量分析方法。除此之外，更重要的是使金融稳定工作人员具备大金融观念，善于甄别风险，善于归纳，善于从宏观上把握微观。

二是人民银行基层行应继续尝试做实金融稳定协调机制的有效途径和方法。在建立金融稳定协调机制的基础上，人民银行基层行应该继续尝试做实金融稳定协调机制，理顺金融稳定协调小组成员单位之间的信息沟通渠道，整合人民银行基层行内部金融稳定信息资源，加强应急演练，熟悉各单位之间的配合；加强对基层中金融风险监管空白点的关注，注重对银行、证券、保险等金融交叉风险的观察和评估，并注重信息的共享和交流，不留金融风险监测空白点，提高区域金融稳定协调机制的活力，完善协调机制。

三是人民银行基层行要继续探索有效的金融风险监测指标和评估方法。要注重定性与定量相结合、理论与实践相结合的分析方法，继续摸索适合当地实际的金融风险监测指标和评估方法。对于金融风险的判定既要符合规范，又要照顾当地实际情况和历史因素，综合判定金融稳定状况，审慎披露金融稳定报告。

四是人民银行基层行要及时总结风险处置中的经验教训，学习先进的风险处置方法和思路。人民银行基层行在风险处置中已经积累一些经验。但是，这些经验对于处置未来的未知金融风险往往可能已经过时，或者不适应未来的情况。人民银行基层行必须及时总结处置中的经验教训，掌握金融风险的普遍规律，才能抓住金融风险处置的关键。同时，人民银行基层行应该坚持学习其他地区、其他国家的金融风险处置的经验，注重分析掌握先进的理论和实践，并结合自身金融风险处置工作实际进行学习消化，做到处置金融风险时胸有成竹。

五是大力开展金融稳定相关调研工作。人民银行基层行维护金融稳定的职能需要掌握大量的数据和资料，金融风险的数量分析方法也必须经过实践的检验。另外，金融改革深化不断出现的新情况和金融产品的创新，以及对于一些经济金融运行中的问题及情况的研究和掌握，都离不开行使调查研究的职能。大力开展金融稳定相关调研工作，利在当时，功在今后，对于人民银行基层行维护金融稳定职能将起到厚积薄发的良好作用。

（作者单位：中国人民银行秦皇岛市中心支行）

关于河北省支付体系建设情况的调查

董丽诗

支付体系是经济金融活动的重要组成部分。安全、高效的支付体系是经济金融正常运转的重要前提，是维护金融稳定、构建和谐社会的基础。加强支付体系建设，可为防范和化解金融风险，保持金融体系的稳定提供良好的技术环境。支付体系的发展、支付效率的提高对于畅通货币政策传导、密切各金融市场有机联系、加速社会资金周转、提高资源配置效率以及方便人们生产生活具有重要意义，也有利于推动金融工具创新、培育社会信用、改善金融服务。而支付系统作为国家重要金融基础设施和社会资金运动的大动脉，其安全稳定运行更是关系到社会资金的正常高效运转，关系到货币政策的实施效果，关系到金融稳定和社会安定。

一、河北省支付体系建设重要进展

2007 年、2008 年，是河北省支付体系建设加速推进的两年，在完善基础设施建设，推动小额支付系统业务创新，推广非现金支付工具，建设奥运支付环境与提供奥运支付服务，加强支付领域规范管理等方面，都取得了令人注目的成就。初步建立起能够适应当前经济金融发展的支付体系架构，呈现组织体系完善、支付工具多样、支付安全高效的总体格局。形成以大、小额支付系统为核心，功能互补、统一、安全、高效的支付清算体系，业务功能不断拓展，为社会公众提供了更多的便利、更快捷的服务和更多的服务种类，推动金融服务朝着多元化、立体化方向发展。

——2007 年、2008 年小额支付系统定期借记业务、通存通兑业务、银行本票业务等新业务品种在全省陆续推广应用，使银行存折、银行卡从此走出了跨行柜台受理困难的局限，实现了银行营业网点的资源共享、跨行代理收付，对便利居民支付结算、缓解银行排队发挥了较好的作用。新业务的上线，使河北省小额支付系统利用率进一步提高。

——继 2006 年 12 月 18 日全国支票影像交换系统河北省试点建设成功上线后，2007 年 11 月，实现了京津冀（廊）实物支票交换到全国支票影像交换系统的顺利过渡，进一步发挥了全国支票影像交换系统的试点功能作用。2007 年到 2008 年，河北省业务量始终居全国前列，该系统促进了支票业务的发展，满足了广大企事业单位和个人日益多样化的支付需求，促进了社会经济发展。

——2007 年 5 月 8 日，支付管理信息系统在全省成功上线运行。支付管理信息系统（PMIS）的推广运行，通过挖掘采集支付系统的丰富数据信息，并利用数据进行分析与监测，为全省支付系统参与者的经营管理提供了重要金融信息服务，更为中央银行制定货币政策和开展金融稳定工作提供了决策依据。

——2007 年 6 月 22 日，联网核查公民身份信息系统在全省顺利推广运行，实现河北省全部银行机构网点接入联网核查公民身份信息系统。该系统的成功上线，为全省构建了安全支付环境，为银行业金融机构识别客户身份提供了高效、权威的手段，也为账户实名制有关规定的落实，提供了可靠的技术保障。截至 2009 年 9 月底，全省共办理联网核查业务 18 812 976 笔，其中银行账户业务 17 787 971 笔，信贷和征信业务 357 293 笔，支付结算业务 283 848 笔，反洗钱业务 25 727 笔，其他业务 358 137 笔，有效遏制了各类经济金融犯罪案件的发生，为加快社会诚信体系建设作出了积极贡献。

——积极推进非现金支付工具推广应用。2007 年在全省开展银行本票、商业承兑汇票和个人支票业务试点工作，分别确定唐山为银行本票推广试点市，邯郸为商业承兑汇票推广试点市，张家口为个人支票试点使用市。各地试点工作齐头并举，得到各商业银行和企业的欢迎和大力支持，成效显著，有效缓解了现金“搬家”的状况，取得了较好的社会效益。

——2008 年 6 月 18 日，河北省农村信用联社实现一点接入支付系统，完善了农村支付结算的基础设施建设，进一步畅通了农村支付结算渠道，改善了农村支付结算环境，提高了农村支付服务水平，有力促进了社会主义新农村建设。

——2008 年 4 月 28 日，境内外币支付系统在河北省上线运行。该系统是为我国境内银行业机构和外币清算机构提供外币支付服务的实时全额支付系统，目前支持包括港元、日元、欧元、澳大利亚元、加拿大元、英镑、瑞士法郎及美元的业务运营。该系统的上线运行，对于满足我国境内商品及劳务服务交易对安全、高效的外币支付服务的需求，对促进我国经济发展具有重要的意义。

——2008 年 6 月 24 日，河北省全面开通了农民工银行卡特色服务业务，使银行卡这一现代化支付工具从城市推广到了广大农村地区，农民工真正享受到了安全、快捷、便利的支付服务。截至 2009 年 6 月底，全省已开通农民工银行卡特色服务的银行卡共计 5 139. 75 万张；邮政储蓄银行、农村信用社县及县以下共计 5 962 个网点可办理农民工银行卡特色服务查询及取款业务；农民工银行卡特色服务业务量达 56. 19 万笔、金额 3. 29 亿元。

——2007年、2008年，河北省银行卡产业得到迅猛发展。也是在这两年，经人民银行河北省各分支机构和全省各银行业金融机构的共同努力，河北省奥运支付环境建设工作各项目标任务均超额完成，建设了支付便利、服务优质、安全高效的奥运支付环境，奥运期间出色完成了各项支付服务工作，实现了零事故、零投诉、零负面报道，得到了北京奥组委及有关各方的充分肯定。河北省奥运支付环境建设工作任务的圆满完成，既树立了全省金融服务工作的良好形象，也为拉动全省银行卡产业发展提供了良好示范。

——2009年9月8日，河北省集中代收付系统建成运行，使小额支付系统业务平台延伸至企事业单位、社会公众，大大降低了企事业单位多点连接商业银行的建设及运营成本，节约了社会资源，提高了金融行业的整体效益；实现了代收付业务的集中处理，强化了对代收付业务的统一管理和风险控制，提高了金融支付能力和支付系统运行效率。

二、加强支付体系监督管理，防范风险

（一）加强对支付系统参与者的监督考核

通过制定《河北省支付系统参与者考核管理办法（试行）》，加强对支付系统的运行管理和监测分析，进一步细化对支付系统参与者的日常考核，全面掌握系统参与者在执行支付清算纪律、风险控制管理、应急处置、安全管理及支付清算系统建设和业务推广等方面的情况。建立风险防范预警机制，对参与者的风险程度及时进行预警提示；定期对参与者的风险管理情况进行综合考评，对违反支付清算纪律、风险处置不及时的参与者，通过采取通报批评、责令退出支付系统等惩戒措施强化管理，确保支付系统平稳运行。

（二）建立支付结算清算系统参与者业务考试制度

通过制定《河北省支付结算清算业务系统考试管理办法（试行）》，加强了对系统参与者准入的管理，并对支付系统直接参与者、特许参与者、间接参与者的管理行（社）及人民币银行结算账户管理系统、联网核查公民身份信息系统的银行业金融机构的管理行（社）在其管辖范围内发生业务管理人员变动、存在重大系统安全隐患、发生重大系统安全事故造成业务无法正常处理，影响资金使用、发生支付清算资金案件、存在严重违反支付清算纪律、频繁发生支付清算纠纷和举报情形之一的，形成了考试机制，有效促进了辖内系统参与者风险防范意识的提高和对系统风险的管理。

（三）建立支付系统及支票影像交换系统业务处理两级季度通报制度

通过对支付业务信息的收集、统计、分析，通报全省系统参与者在业务处理过程中的问题，提出改进建议和加强管理的要求，防范了业务操作风险。

（四）现场督察与日常协调指导相结合，推动支票影像业务规范发展

针对全省支票影像业务上线初期退票率高达47.5%的突出问题，通过采取季度通报、从生产系统抽取制作督察样本、前往基层网点现场督察指导、开展专项治理活动、协调解决实际问题、引导并组织有条件机构集中接入、减少业务处理环节等措施，使退票率降至2009年9月底的11.7%，降低了35.8个百分点，有力促进了支票的全国流通和支票业务的健康发展。

（五）整合支付清算系统资源，防范同城清算风险

加强对同城票据交换工作的管理，积极采取有效措施，努力查找同城票据交换工作中各环节的风险隐患，规范各项管理与操作。人民银行系统各级支付结算部门积极行动，在全省各银行业金融机构的大力支持下，于2009年4月底取消了全省133个县域和3个城市（唐山、张家口、邢台）的同城票据交换系统，其相关业务纳入辖属地市同城票据交换系统或通过支付系统进行跨行资金清算。解决了河北省手工交换模式效率低下，操作人员随意性强，安全隐患较多的突出问题，整合了系统资源，防范了同城资金清算风险。

（六）开展应急演练，提高应急处置能力

全省通过开展每年一次的中央银行会计集中核算系统应急演练及同城票据交换系统应急演练，既锻炼了系统参与各方处理突发事件的反应、决策及组织能力，又使相关人员进一步掌握了突发事件应对步骤和处置措施，为不断完善应急处置预案，做好相关系统突发事件应急处置工作打下了坚实基础，确保了全省同城票据交换系统和中央银行会计集中核算系统安全稳定运行。

三、支付清算系统的稳健运行，有力促进了社会经济和谐发展

按照业务往来账口径统计，2008年全省支付清算系统业务总量为9 898.61万笔、金额212 445.25亿元，是当年河北省GDP的13.12倍，同比增长32.99%、35.52%。支付体系的稳健运行，强有力地促进了全省经济金融的

发展。

1. 大额支付系统业务量稳定。2007 年，全省大额支付系统月均办理支付往来业务 93. 25 万笔、金额 9 372. 47 亿元。2008 年，全省大额支付系统月均办理支付往来业务 124. 42 万笔、金额 12 863. 83 亿元，同比增幅为 33. 4% 和 37. 3%。2009 年上半年，全省大额支付系统月均处理往来支付业务 126. 76 万笔，清算资金 19 238. 67 亿元，与 2008 年上半年相比月均增长 9. 65%、60%。大额支付系统已成为跨行资金清算的高速公路，提高了社会资金周转率及社会经济效益。

2. 小额支付系统业务量增长较快。2007 年，全省小额支付系统月均办理支付往来业务 17. 42 万笔、金额 374. 73 亿元。2008 年，全省小额支付系统月均办理支付往来业务 39. 17 万笔、金额 163. 5 亿元，业务量较上年增长 124. 88%。按照业务往账口径统计，2008 年全省月均办理小额定期借记业务 13 785 笔、金额 1. 33 亿元，分别比 2007 年月均增长了 263. 42% 和 322. 93%。定期借记业务在小额支付系统业务总量中的占比由 2007 年的 3. 8% 上升为 9. 26%，增长了 5. 46 个百分点；月均处理小额定期贷记业务 692 笔，清算资金 86. 58 万元。新业务品种逐步得到应用推广。2009 年上半年，全省小额支付系统月均处理往来支付业务 51. 8 万笔，清算资金 247. 83 亿元，与 2008 年上半年同期相比月均增长 45. 92%、67. 45%。小额支付系统已成为各商业银行创新支付产品的平台，满足了企事业单位及社会公众多样化的支付需求。

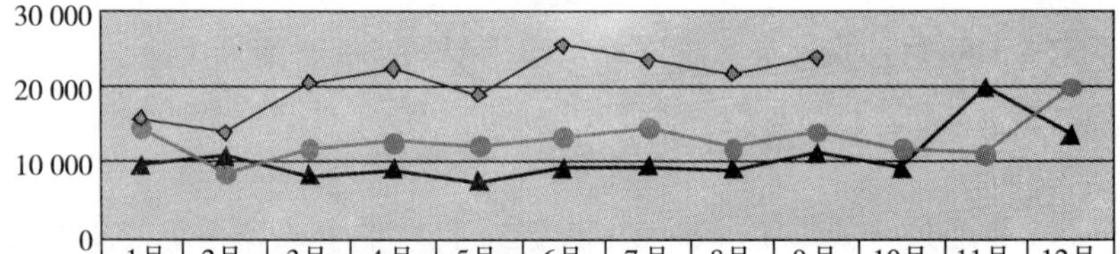

	1月	2月	3月	4月	5月	6月	7月	8月	9月	10月	11月	12月
2007年金额(亿元)	9 638	10 760	8 300	9 072	7 486	9 223	9 467	9 099	11 147	9 114	19 874	13 609
2008年金额(亿元)	14 617	8 468	11 817	12 813	12 037	13 385	14 450	11 931	13 960	11 753	11 163	19 943
2009年金额(亿元)	15 809	13 941	20 426	22 336	18 915	25 499	23 379	21 684	23 871			

图 1　2007 年、2008 年、2009 年支付系统资金增长趋势

3. 商业银行行内汇兑系统业务平稳增长。2008 年，河北省各商业银行行内系统共处理业务 5 941. 48 万笔、金额 42 829. 69 亿元，同比增长 31. 08% 和 10. 75%，是社会资金汇划的重要基础通道。

4. 银行卡跨行信息交换系统业务量增长迅速，以消费交易为主。2008 年，河北省银联标准借记卡、信用卡发卡量分别达到 2 762 万张和 162 万张，同比分别增长 63. 74% 和 166. 45%。银行卡跨行交易总笔数为 7 973. 75 万笔，清算总笔数为 4 536. 94 万笔，清算总金额为 785 亿元，同比增长 69. 64%、81. 13%、

58.74%。银行卡已成为拉动消费、扩大内需、提高河北省综合竞争力的重要力量。

2009年，中国人民银行总行已启动第二代支付系统的建设，并着力加强农村地区支付环境改善工作。相信不久的将来，随着第二代中国现代化支付系统的建成和推广，支付服务市场的改革与发展，河北省支付体系将越来越完善，在社会经济发展中将会发挥越来越大的作用。

（备注：支付清算系统包括大额支付系统、小额支付系统、支票影像交换系统、同城票据交换系统、各商业银行行内汇兑系统及银行卡跨行信息交换系统）

（作者单位：中国人民银行石家庄中心支行）

从农行邯郸市分行金库被盗案反思彩票业反洗钱问题

冯国森　肖正午

一、基本案情

2007 年 4 月 16 日上午 9 时 15 分，农行邯郸市分行现金管理中心副主任发现管库员任晓峰、马向景未到单位上班，手机、家庭电话均联系不上。经请示，动用备用钥匙打开库房，发现库款被盗，随即向当地公安机关报案。经组织对库款、财务等进行核实，确认库款被盗 50 956 050 元。后经查明，被盗库款中的 45 402 044 元购买了体育彩票。经公安、检察机关查明，从 2006 年 10 月开始，任晓峰等三人利用掌管金库钥匙的便利，合谋盗窃库款购买体育彩票。第一次从金库中盗用 10 万元，之后又盗用 20 万元，但很快归还库款平账。2007 年 3 月中下旬，任晓峰勾结彩票投注站业主开始共同盗窃库款。

3 月 16 日，任晓峰、马向景利用管库的便利条件，从金库中窃得现金 5 万元，在投注站购买彩票。3 月 21 日中奖 8.5 万元，任晓峰分给马向景 1 万元后，将余款用于继续投注，以后均未中奖。任晓峰、马向景均利用同样手段于 3 月 27 日、29 日、30 日，分别窃得库款 5 万元、10 万元、20 万元。4 月 2 日窃得 30 万元，4 月 5 日窃得 50 万元，4 月 6 日窃得 80 万元，4 月 7 日窃得 110 万元，4 月 8 日窃得 150 万元，4 月 9 日窃得 220 万元，4 月 10 日窃得 320 万元，4 月 11 日窃得 470 万元，4 月 12 日窃得 775 万元，4 月 13 日窃得 1 000 万元，4 月 14 日窃得 1 800 万元。4 月 14 日晚，任晓峰得知均未中奖后，遂通知马向景分头潜逃。4 月 18 日、19 日，马向景、任晓峰分别在北京、连云港被公安机关抓获。经审判，任晓峰和马向景两名犯罪分子以贪污罪和挪用公款罪被依法判处死刑，某体育彩票投注站的两名负责人也被依法追究刑事责任。经调查核实，两名犯罪分子从金库中盗窃出库款，在体育彩票某投注站业主的帮助下，主要存入投注站业主的银行卡，然后由彩票业主通过电话银行或柜台转账方式划入某体彩中心在银行的账户，或由彩票投注站业主直接把现金存入该体彩中心在银行的账户。

从本案可清楚地看到，两名犯罪分子盗窃库款从第一次的几万元到最后的上千万元，就像坐在一辆失控的高速列车上，停不住，也下不来，只能在这条不归路上越走越远。正如任晓峰在庭审时说的：“因为当天不中，第二天就需要多拿点钱，把第一天赔的钱赚回来。后来买的数额大了以后，我们就只算前一天金库里亏了多少钱，我第二天能买多少钱的彩票，中了奖金才能把金库的钱还回去，按这个数额去购买的彩票。”在回答记者采访时任晓峰说：“我和马向景平时都喜欢买彩票，当时是想弄点钱买彩票，等中了大奖，我们再把钱还进去。”“当时没想到后果这么严重，跟做梦一样”，“也没想到拿这么多钱，以为拿几万块钱就能解决问题。”当记者问到“拿了 5 000 多万元钱，你不知道后果吗?”任晓峰答道：“后来已控制不了局势了，必须得拿钱买了彩票中了奖，把钱还回去，才不能造成损失，一天一天追下来，追到现在。”当记者又问道：“对拿这么大一笔钱心里完全没有过想法吗?”任晓峰答道：“后来拿钱多了以后，没有别的想法，只想着抓紧把钱拿出来，把彩票买了，中了奖以后，把钱还回去，把账抹平了。”

二、对案件的分析

（一）主观上，犯罪分子最初只是想从金库里“拿”点钱，通过购买彩票实现一夜暴富的梦想，然后归还库款

由以上摘录的庭审和记者采访记录中可以看出，任晓峰最初从主观上并没有想盗窃金库，没想把金库的钱窃为己有，而是想“拿点钱”买彩票，中奖后归还库款，实现一夜暴富的梦想。

本案中，从 2006 年 10 月开始，犯罪分子第一次从金库中盗用 10 万元购买彩票，之后又盗用 20 万元购买彩票，但很快归还库款平账。这说明，最初犯罪分子还是有“良知”的，知道什么是对的，什么是错的，尽管当时没有意识到这就是犯罪。但是，随着一次次盗窃库款的增加，一次次投注金额的递增，一次次中奖的失败，形成了“盗窃库款、希冀中奖、归还库款”的黑色链条，逐步走向罪恶的深渊难以自拔。

（二）客观上，任晓峰等人触犯了法律，构成了犯罪，最终触法身亡，可谓罪有应得

2007 年 8 月 9 日，邯郸市中级人民法院根据本案中各被告人在犯罪中的具体情节和作用，依照《中华人民共和国刑法》和最高人民法院有关司法解释，

以贪污罪判处被告人任晓峰死刑，剥夺政治权利终身，并处没收个人全部财产；以挪用公款罪判处任晓峰有期徒刑六年。对任晓峰数罪并罚，决定执行死刑，剥夺政治权利终身，并处没收个人全部财产。以贪污罪判处被告人马向景死刑，剥夺政治权利终身，并处没收个人全部财产。以挪用公款罪判处被告人赵学楠有期徒刑五年。以挪用公款罪判处被告人张强有期徒刑二年，缓刑二年。任晓峰、马向景等不服，均提出上诉。2007 年 9 月 19 日，河北省高级人民法院作出终审裁定，驳回任晓峰、马向景等人的上诉，对本案全部维持一审原判。

（三）从反洗钱的角度看，本案具有明显的洗钱特征，是一起典型的洗钱案例

何谓洗钱？根据《反洗钱法》的表述，洗钱活动是指通过各种方式掩饰、隐瞒毒品犯罪、黑社会性质的组织犯罪、恐怖活动犯罪、走私犯罪、贪污贿赂犯罪、破坏金融秩序犯罪、金融诈骗犯罪所得及其收益的来源和性质的行为。通俗地讲，洗钱就是将非法所得通过各种手段使之在形式上合法化的行为。根据我国《刑法》的有关解释，明知是犯罪所得及其收益而予以掩饰、隐瞒、窝藏、转移的，视为洗钱犯罪。为什么说本案具有明显的洗钱特征呢？第一，任晓峰等人所盗窃的库款，明显属于非法所得。第二，张建峰等彩票投注站业主明知任晓峰、马向景投注资金是非法所得，却故意帮助将非法资金转移到相关账户上，合伙隐藏、掩盖并转移被盗库款。第三，一旦所购彩票中得大奖，归还库款后的剩余部分，从形式上便成为犯罪分子的合法收入。于是，一个完整的洗钱过程便瞒天过海式地完成了。以上三点，具体体现了洗钱犯罪的鲜明特征。

为什么说本案是一起典型的洗钱案例呢？一般认为，洗钱过程包括三个阶段：放置阶段，离析阶段，融合阶段。本案中“盗窃库款、希冀中奖、归还库款”的黑色链条正体现了洗钱的这三个阶段：将盗窃来的资金购买彩票，完成放置阶段；通过购买彩票使投注资金的性质变得模糊，盗窃资金的性质得以掩饰，完成离析阶段；如果中得大奖归还库款，使非法所得变成合法化，便完成了融合阶段。于是乎，“黑”钱就被洗“白”了。

由此可见，本案实际上是一起典型的洗钱案件，暴露出我国彩票业存在着洗钱风险的漏洞。

三、对彩票业存在洗钱风险的几点反思

（一）彩票大额异常投注资金监督流于形式

按照现行规定，对大额异常的投注由省一级彩票管理中心进行监测。具体

做法是：在省一级彩票管理中心发现大额异常投注现象时，将投注站号通知当地的彩票管理中心，由当地彩票管理中心对该交易进行了解。而彩票管理中心只是要求投注站业主遇到大额投注时，询问投注者的资金来源、职业等信息，并向当地管理中心报告。这些规定首先对大额投注的标准没有明确，投注站业主根本无法掌握。对大额投注者询问其资金来源、职业等信息的规定缺乏可操作性，因为投注站业主根本没有鉴别投注者信息准确与否的能力和手段。没有明确投注站业主对彩票资金来源是否违法进行识别的权利、责任或义务。加之彩票投注站业主按销售额提取手续费，卖的越多赚的就越多，投注站业主这种对利益的最大化追逐，加上没有法律的硬性规定，使其必然不会对大额投注交易限制太多，甚至还会为这种投注者提供尽可能多的便利。配套监管措施的不健全，制度不细化导致省一级彩票管理中心对异常的情况也往往丧失警惕性。这些因素造成了对大额异常投注交易的监督必然流于形式。在本案中，犯罪分子从 2007 年 4 月 2 日起连续 13 天在相同的投注站进行大额投注，从 25.63 万元至 1 410 万元，体彩管理中心并未对此连续大额异常的投注给予关注或怀疑，反而把销售额的突然暴涨称为“完美风暴”。而彩票投注站业主明知购买彩票的资金来源有问题，未进行劝阻和详细的询问，也未向上级管理机关报告，甚至多次为犯罪分子大额购买彩票提供帮助，助纣为虐，因而使犯罪分子有了可乘之机。由此可见，正是这种流于形式的“监督”导致了本案中的巨额非法投注交易得以畅通无阻。

（二）彩票自身特点容易被洗钱犯罪分子所利用

彩票业是带有捐赠性的公益事业，为我国的体育事业和福利事业起到了重要作用。其特点为不记名，不挂失，不流通，不返还本金，不计付利息。2002 年出台的《财政部关于印发〈彩票发行和销售管理暂行规定〉的通知》中第十七条规定：彩票机构对中奖者个人信息负有保密责任，未经中奖者本人同意，不得对外公开。第十九条规定：彩票机构应将奖金以现金或现金支票方式，一次性全部支付给中奖者。这些特点给犯罪分子洗钱提供了可乘之机。对中奖个人信息的保密制度，使得犯罪分子的身份不易暴露，具有一定的隐蔽性，利于资金的转移。奖金以现金的方式兑付，缺乏对资金的可监控性，使得犯罪分子可以“名正言顺”地将现金取走，逃避了对大额资金的监控。因此购买彩票成为了他们清洗黑钱的新渠道。

（三）目前利用彩票洗钱的一些新形式

本案直接使用非法所得购买彩票，希冀中奖。假设他们能够如愿以偿地中奖，则使非法所得转换成了合法收益，巧妙地掩盖了犯罪的本质。目前还有一种更加方便的形式，就是直接提着现金去找中奖者，把别人中奖的彩票买下来，再让自己的配偶或者子女去兑奖，把钱拿回来就行了。当然，事后操作也是可以的。如果中奖者已经兑奖取钱了，那就花钱把那张中了奖的彩票买回来。据了解，通过这样的办法一次可以洗几十万元乃至几百万元数额的黑钱。最初这种方式多见于我国南方流行的私彩活动。但近年来，公彩成为了升级版的洗钱方法。与私彩相比，公彩洗钱的方法更加隐蔽而且安全，且能为洗钱者提供法律上的依据，基本上是“一洗即白”。而且，由于公彩的中奖金额更大，因此一次洗钱的数量要比私彩多。所以，公彩洗钱很快成为洗钱者们的“新宠”。作为回报，洗钱者通常会为对方出上税部分的钱来达成交易和保密协定。第三种方式是勾结内部人员，利用地方彩票兑奖程序漏洞进行洗钱。涉嫌洗钱者为达到掩饰其收益的性质和来源目的，利用彩票发售不记名和大额兑奖环节实名登记的特点，与个别彩票发行（管理）中心人员相勾结，以彩票兑奖奖金调换中奖人员相关信息，或直接在中奖客户办理中奖登记时，以调换身份资料登记进行洗钱犯罪，将“黑”钱洗“白”。

四、彩票业控制洗钱风险的政策建议

该案给我们带来的教训是沉痛的，同时给我们带来的启示也是深刻的。通过彩票进行洗钱不再是理论上的威胁，而是已经成为实实在在地严重破坏国家正常的金融管理秩序，让国家财富蒙受损失的现实犯罪。及时建立彩票业反洗钱监管机制，已是摆在我们面前的紧迫任务。

（一）从宏观上，建立并完善相关法律法规，控制洗钱风险的源头

国家应将彩票业纳入反洗钱监管范围，授权反洗钱部门参考金融机构大额和可疑交易报告方式和标准，建立彩票业大额和可疑资金投注交易的报告制度，对符合报告标准的大额和可疑资金的投注交易及时监测，从而有效遏制彩票业洗钱犯罪的发生。

（二）从微观上，完善彩票投注站和管理中心的内部控制制度，建立反洗钱约束机制

1. 建立行业管理制度。有关部门应根据彩票行业特点，针对大额异常资金的投注，从彩票的销售、兑奖等环节，建立健全各项风险防范尤其是洗钱风险防范的行业管理制度，制定切合实际的操作规程，使风险防范制度化，以利于

彩票业健康发展。

2. 建立客户身份识别制度。对于一些大额资金购买彩票人，超过一定额度，由彩票投注站进行客户身份识别。具体办法可比照《金融机构客户身份识别和客户身份资料及交易记录保存管理办法》制定。

3. 建立彩票业监督管理约束机制，使洗钱风险可防可控。一是应根据销售地区状况设定终端机的销售额度。超过规定限额销售彩票，管理中心自动切断投注站的网络，以控制大额异常资金的投注。二是设定使用现金购买彩票的额度，在规定额度以上的投注资金应通过转账来实现，使得购买彩票的资金链条清晰明了，便于对大额异常资金投注的监控。三是加强对高额兑奖资金的监控。为中奖奖金设定一个界限，对高额奖金采取转账的方式支付，便于有关监管部门掌握资金的流向并加以监测。四是增加对高额兑奖奖金的征收税种。通过设定高额奖金的额度，对高额兑奖奖金加征其他相关税种，以此来加大洗钱的成本，降低犯罪分子通过彩票业进行洗钱的可能性。

4. 建立对员工的培训制度。彩票发行和销售机构应建立对各层级员工的持续培训制度，使他们认识可能与洗钱相联系的投注行为，增强员工的风险意识，明确自身应承担的责任。

5. 加强宣传，对彩民投注行为加以引导。目前，在一些报刊和投注站我们经常可以看到一些宣传，如花2元钱中得大奖500万元等。这些极具诱惑性的话语致使一些普通彩民变成了病态赌徒，甚至不惜以身试法，最终走上犯罪的道路，本案就是一个很好的例证。因此，彩票管理机构在进行宣传时应加强警示性和引导性的语言，如“彩票有风险，投注须谨慎”等。加强对彩票公益性的宣传，正确引导彩民理性投注，从行为上对彩民加以约束，从而保证社会公益事业的健康发展。

（作者单位：中国人民银行石家庄中心支行）

进一步发挥人民银行县（市）支行职能作用的思考

人民银行县（市）支行是中央银行的基层分支机构，在县域经济发展和金融体系中处于重要基础地位。长期以来，县（市）支行作为中央银行的最基层机构，在完善社会主义市场经济、促进县域经济发展中发挥了重要作用。为更加深入地了解和掌握人民银行县（市）支行情况，准确定位其工作职能和工作重点，更加有效地发挥其在社会主义新农村建设中的积极作用，我们按人民银行天津分行要求对河北省辖区133个县（市）支行职能发挥情况进行了专题调研。

一、河北省县域经济金融发展基本情况

目前，河北省下辖136个县（市），2008年末农村人口为4 879.2万人，占全省的69.81%。2008年全省农林牧渔业总产值3 520.6亿元，比上年增长5.4%；粮食总产量2 905.8万吨，比上年增长2.3%；农村居民人均纯收入4 795元，占同期城市居民人均可支配收入的35.67 %。农民人均生活消费支出3 126元，比上年增长12.2%。2008年，136个县（市）实现生产总值为11 317.3亿元，占全省的69.91%。

2008年，河北省县及县以下银行业金融机构共计6 369家，占全省银行业金融机构的63.96%。2008年末，县及县以下金融机构各项存款余额为7 793亿元，占全省的44%；贷款余额为3 154亿元，占全省贷款的33.4%。2008年，县及县以下完成保费收入140.06亿元，占全省的29.14%。河北省136个县（市）注册成立小额贷款公司135家，注册资金总额53.21亿元，2008年末贷款余额为29.00亿元。

二、当前人民银行县（市）支行现状及主要问题

河北省全辖133个县（市）支行。2008年县（市）支行在职职工4 187人，平均每县（市）支行人员约31人。按照人民银行天津分行《关于辖区县（市、旗）支行内设部门和岗位优化整合的指导意见》，河北省全辖县（市）支行内部

机构整合工作全面开展。县（市）支行整合改革之后，内设两部两室，即综合业务部（主要职责：支付清算、结算账户管理、经理国库、人民币管理）、金融管理部（主要职责：货币信贷管理、金融稳定、外汇管理、金融统计、征信管理、金融研究）、综合办公室（主要职责：行政管理、后勤保障、人事劳资、信息宣传、工会党务、安全保卫）和纪检审计室。2000 年始，县（市）支行已分批撤销了发行库，目前县（市）支行没有发行库。

从调查情况来看，人民银行县（市）支行在履行职能的过程中主要存在以下几个问题：

（一）人员老化、素质低下

1. 人员紧张。虽然整合部门设置之后改为两部两室，但是县（市）支行实际工作量和工作职能并没有发生变化。但从 20 世纪 90 年代末开始，县（市）支行已经连续十多年没有人员补充，人员紧张的情况逐渐突出。

2. 年龄结构老化严重。2008 年，133 个县（市）支行职工平均年龄 45 岁。从年龄构成看，40 ~50 岁职工 2 074 人，占全部职工的 49. 5%；30 岁以下员工仅有 51 人，占比为 1. 2%。

3. 学历水平较低。从学历层次看，2008 年，河北省全辖 133 个县（市）支行大专以下学历人员合计 1 410 人，占全部职工的 33. 7%。大专及大专以上学历的人员 2 777 人，占比 66. 3%。但调查中发现，绝大多数县（市）支行的相当比例的人员第一学历非常低，现有学历多通过在职工作后取得。总体看来，县（市）支行人员学历素质较为低下。

（二）业务功能逐渐萎缩

随着人民银行体制改革和职能调整，县（市）支行业务、监管职能分离，业务功能逐渐萎缩。现阶段其监管权主要集中在存款准备金率管理、人民币管理、金融统计、贷款卡管理、国库经收、清算管理、反洗钱等领域。但其监管权是残缺不全的，如有的仅保留检查监督权，而无处罚权（人民银行县（市）支行仅在存款准备金、人民币、清算管理上有独立的处罚权）；有的则有检查权而无调查权。

（三）服务弱化，影响力降低

以撤销县（市）支行发行库职能为例，撤销发行库大大弱化了县（市）支行现金流通和管理服务功能。以石家庄辖内某市为例，该市经济较为发达，农村人口 28. 52 万人，占当地总人口的 75. 9%；现金流通量较大，2008 年底，该市累计现金投放达164.65亿元。当地金融机构普遍预测2009年度现金流通量将会增大，而县（市）支行撤销了发行库，直接增加了社会各界的持币成本，降低了货币流通速度，也不利于基层金融机构现金回笼。与此同时，也加大了金融机构经营成本和现金调运风险。石家庄辖内一个中等发达县的金融机构每年仅调款费用就要100多万元。

三、人民银行县（市）支行存在的必要性

（一）维护县域金融稳定的需要

农村金融是我国整个金融体系中最薄弱的环节。随着农村金融机构准入政策的放宽，除原有农业发展银行、农业银行、农村信用社、邮政储蓄银行等大中型银行外，村镇银行、贷款子公司、农村资金互助社等新型农村金融机构大量涌现。与此同时，在农村金融市场中游离于正规金融之外的非正规金融也异常活跃。而县级银行业监管办事处仅2～3人，力量不足。据统计，截至2007年12月末，河北省辖区136个县（市）共有银行类金融机构5 919家，而承担金融监管职责的县级监管办事处仅有专兼职人员485人①。

表1　　银行类金融机构情况表

地区	银行类金融机构网点数（家）	监管机构（家）	监管人员（人）
石家庄	607	17	65
唐山	592	8	25
廊坊	477	8	27
秦皇岛	241	4	16
沧州	564	13	44
邢台	686	16	64
邯郸	542	14	50
承德	475	8	30
张家口	488	13	41
保定	798	22	85
衡水	449	10	38
合计	5 919	133	485

① 上述数据由河北省各市人民银行统计而来。

近两年地市级监管分局不断收缩监管阵线，县级监管办的人员多被借调到分局，使县级监管力量更加弱化。现阶段对农村金融机构的非现场监管，监管办仅限于对银行业金融机构提供数据报表的核实，以及对一些资产负债率遵守情况的核实。

与此同时，保险、证券分支机构迅速发展，代理机构遍布城乡，而省级相应的监管机构鞭长莫及，对县域保险、证券类机构监管不到位。现有的金融法律、法规对综合监管职责未予明确，人民银行在维护金融稳定、防范区域性金融风险上“有主题，无边界，负无限责任”，工作责任重，难度大。这些客观需要，都应该加大县（市）级人民银行综合监管协调职能，积极应对跨行业、跨区域经营可能带来的金融风险，维护辖内金融的稳定运行。同时，县域金融机构尤其是县域地方法人金融机构以及各类新型农村金融组织，资本实力弱，抗风险能力差，也需要人民银行积极承担综合监测和协调职责。

（二）贯彻落实货币政策的需要

国家货币信贷政策具有宏观性，需要及时有效地传导到各微观主体，才能发挥作用。人民银行县（市）支行作为中央银行的“神经末梢”，能够在最基层及时发出政策信息，把国家金融宏观调控政策快速宣传传导到各微观经济主体；能够及时分析微观经济主体对宏观政策的作用效果，积极为上级行提供决策依据。同时，通过对当地经济金融运行情况的综合分析，及时为地方党政决策献计献策，实现县域经济与金融发展的良性互动；能够充分利用自身金融协调服务职能，加强社会诚信建设、普及人民币反假、反洗钱等金融知识，提高全民金融意识。

（三）构建良好的县域政银企关系，发挥金融合力的需要

当前，县域经济发展中，地方政府及有关部门、企业、商业性金融机构，受地方利益和部门利益制约，在国家新的调控政策和措施出台后，有时往往无法及时按照国家调控需要和政策取向，全面、正确地贯彻执行到位。人民银行县（市）支行作为中央银行最基层的派出机构，位置超脱，不受利益影响，能够客观公正地加强与地方党政部门的情况沟通，取得理解和支持。在贯彻落实货币信贷政策过程中，能够通过窗口指导，引导金融机构按照货币政策的要求调整信贷行为，更好地支持地方经济发展。多年来，地方政府也习惯于人民银行牵头金融系统与政府汇报沟通，进而影响经济实体调整发展。同时，转达金融部门的呼声和建议，也为发挥县域金融整体合力，营造良好金融运行环境发挥积极作用。

（四）加强县域人民币流通管理的需要

人民银行县（市）支行担负着县域人民币流通管理的职责，主要表现为保持流通中人民币整洁、保证小面额票币和硬币的流通以及残损人民币兑换。但县（市）支行发行库撤销后，人民银行县（市）支行无法对人民币的流通进行有效的管理，各金融机构对人民币管理工作重视不够，残损人民币的流通时间长，甚至一些不宜流通的残损人民币也被投向市场。同时，对于群众的残损人民币兑换要求出现推诿等现象，造成残币兑换难。据人民银行保定市中心支行抽样调查，当地企事业单位库存现金中残损券占54%，个体经营者持有现金中残损券占64%，居民手持现金中残损券占50.7%。另据对石家庄辖内某县2家金融机构和当地5家企事业单位库存现金及需求监测数据看，2008年底，流通人民币100元币整洁度最高、残损率最低，1元、5角整洁度最低、残损率最高，其中1元以下不宜流通的占40%～50%，具有面额越小整洁度越低、残损率越高的特点。从人民币流通监测情况看，10元以上现金供应充足，能够满足客户需要；5元以下供应紧缺，不能满足客户需求。5家被调查的企事业单位，1元（含1元）以下券别人民币需求满足率为60%。

四、发挥人民银行县（市）支行职能作用的建议

（一）明确县（市）支行定位

按照总行“三定”方案要求和有关法律规定，保持县（市）支行作为总行派驻机构地位不变，强化履职意识，落实相关工作措施和待遇，增强基层员工信心，最大限度地调动基层员工的工作积极性。

（二）进一步整合现有机构设置

建议采取“上下统筹”方法，对县（市）支行业务岗位进行整合，实现宏观业务上收，具体业务下放。所谓上下统筹，就是把县（市）支行所能做的业务和上级行需要县（市）支行所承担的业务统筹考虑，科学界定县（市）支行的业务范围。所谓宏观业务上收，就是把那些不适合县（市）支行做的业务上收到中心支行，由中心支行统一承担。所谓具体业务下放，就是把那些对个人素质要求不是太高，具体的、操作性的低端业务下放到县（市）支行，由县（市）支行承担。

（三）根据需要设置货币发行县（市）支库

建议设置区域性发行库。即结合区域位置、区域经济金融总量和行政区划，选择2~3个县（市）支行联合设立区域发行库。在人员配备上，优先在区域支行间调剂解决。针对当前县（市）支行人员老化等问题，建议总行授权省会中心支行根据当地实际情况予以解决。如果恢复县（市）支行发行库，建议选拔思想素质过硬、业务素质较高、年富力强的人充实到发行、保卫部门，人员配备10~12人。鉴于县（市）支行人员老龄化问题较为严重，建议吸收复转军人或其他年轻干部充实发行、保卫队伍，同时按照总行核定的标准对设备和库房进行重置或升级改造。

（四）加大对县（市）支行新录用行员的补给力度

随着人员退休，按照缺一补一的原则，将县（市）支行招录计划纳入全国人民银行系统招录计划之列，改变县（市）支行人员结构老化现状，提升干部队伍素质。根据目前状况，县（市）支行每年新录用的行员不应低于2~3名，这样才能逐步改变县（市）支行的年龄老化和知识结构老化问题。

课题组主持人：王建国

课题组成员：张辰辰　韩清河　刘莉亚

执笔人：刘莉亚

（作者单位：中国人民银行石家庄中心支行金融研究处课题组）

突破信贷市场信用评级发展困境的几点思考

曹吉平

虽然经过人民银行的政策推动和各界的不懈努力，信贷市场信用评级业务近几年有了长足的发展，第三方评级（以下简称外部评级）规模逐年扩大，覆盖地区不断增加，在防范风险、促进融资方面的作用逐步显现。但是，总体上信贷市场信用评级发展相对缓慢。信用评级面临的主要问题仍然是评级有效市场需求不足，评级机构及评级结果公信力不高。具体分析原因，主要有以下五个方面：一是社会信用环境不佳，企业信用评级观念不强。二是信用评级结果应用面窄，延伸服务有待开发。三是评级机构处于初创阶段，市场公信力比较低。四是金融机构与评级机构缺乏利益共同点，缺乏合作机制。五是相关法律法规建设滞后，社会观望思想较重。

如何破解这些难点？现结合河北省的实践谈几点思考，与大家共同交流探讨。

一、有效改善社会信用环境，为开拓信用评级市场搭建政策通道

信用评级作为社会信用体系建设的重要组成部分，必须有良好的社会信用环境作支撑。目前我国社会信用意识与经济体制转轨和经济快速发展远远不相适应，社会信用管理远远不能满足企业融资和规避风险的需要。金融生态和信用环境不佳，企业诚信意识欠缺，从根本上制约了信用评级市场的发展。

为改善社会信用环境，积极开拓信用评级市场，切实履行好人民银行“管理征信业，推动建立社会信用体系”的职责，人民银行石家庄中心支行切实加强向省政府及相关部门的汇报、宣传、沟通、协调工作，积极搭建政策通道。在省委、省政府领导的大力支持下，《河北省社会信用体系建设实施意见》（冀政［2009］90号）（以下简称《实施意见》）顺利出台。《实施意见》明确了由政府统一领导、人民银行牵头，以信用信息数据库建设（信息资源整合与共享）、培育和规范信用服务市场、实施信用促进工程为主要任务，加快推动全省社会信用环境建设，为大力发展信用服务中介机构，加快培育信用服务市场，

加强信用服务市场监管，开拓信用评级市场并建立发展长效机制奠定了良好的基础。《实施意见》的出台标志着河北省社会信用体系建设步入了依托人民银行征信系统全面加速推进的新阶段，也是信用评级市场开拓发展的重要转折点。

二、多渠道大力宣传，增强企业信用意识和评级意识

目前我国信用知识的社会普及程度还处于较低的水平。企业信用意识淡薄，尚未充分认识到信用评级的作用和意义，更谈不上对信用评级产品的主动需求。要解决这种被动局面，需要人民银行、政府及相关部门、金融机构和评级机构多渠道采取各种形式宣传信用评级的目的、意义及作用，使企业充分认识到信用评级是获得信贷支持、促进交易活动、改进经营管理、降低融资成本、防范商业风险的重要手段和有效途径。特别是2007年以来，人民银行组织开展了多种形式的征信及相关金融知识宣传教育活动，有效提升了全社会信用意识。河北省也在探索“季季有重点，月月有活动，常常上媒体”的长效宣传机制，并将信用评级的管理、推进和效果列为2009年的宣传重点。人民银行石家庄中心支行还与《河北日报·金融周刊》开辟了《优化生态环境 打造“信用河北”》专栏。应当说人民银行通过不断宣传营造良好的外部环境，激励企业诚实守信，引导企业树立信用管理意识，鼓励企业参加信用评级的工作推动效果逐步显现。但是，政府及相关部门、金融机构和评级机构的宣传工作力度和成效还明显不足。

三、综合运用多种手段，拓展评级结果应用市场

企业参评缺乏主动性和连续性的主要原因还是评级结果有效市场需求不足，实用性差，在扩大信用交易方面作用尚未显现，不能直接给企业带来融资效益和现实利益。要实现企业评级工作的主动性、连续性，使潜在的市场转化为现实的需求，需要积极研究应对之策，不断拓展评级结果运用范围。

一是寻求利益共同点，解决内部评级与外部评级的结合问题。目前，金融机构内部评级和第三方外部评级缺乏共同利益点和合作机制。作为外部评级最大的市场——信贷市场，如果不解决利益共同点问题，对信用评级市场的发展将是致命的制约。因此，需要金融机构和评级机构加强研究，积极创新，寻找双方合作的利益共同点，最终实现内部评级和外部评级的完美结合，达到双赢。

二是加大政策推动力度，做好行政推动和市场需求的结合工作。河北省在这方面正在积极探索，在出台的《实施意见》中明确提出了加快培育信用服务

市场的措施，其中包括“政府部门要带头使用信用产品，行业协会、同业公会等行业中介组织也要积极引导业内企业主动使用信用产品，规范交易行为”，还特别提出了“研究制定河北省企业信用促进办法，建立健全对企业、担保机构、金融市场产品的信用评级制度，对信用等级优良的企业在市场准入、土地使用、银行贷款、债券发行、股票上市、出口退税、政府采购、项目核准、工程招标等方面给予倾斜和支持”。随着这些政策的贯彻落实，必将有效推动信用评级市场的开拓。

这些政策的核心点在于三个方面：一是加强各监管部门使用信用评级产品的工作力度，进一步扩大监管机构对信用评级报告的使用范围。二是增强信用评级报告应用的强制性和约束力，把信用评级结果与政策奖励相结合，发挥信用正向激励作用，提高企业参加信用评级的积极性。三是鼓励政府各部门出台一些行业扶持和需求引导政策，在银行贷款、工商和税务服务、政府采购、工程招投标、经济项目审批中推行信用评级制度。目的是通过政策推动的方式发挥信用评级的社会示范作用，从而有效引导市场需求，为信用评级业务的发展创造良好的市场环境。

四、探索延伸服务，提升企业对评级机构的认可度

目前，评级机构的工作重点是坚持科学、客观、公正、独立的执业原则，客观反映受评企业资信状况，提高评级结果的权威性。但是，在实际工作中往往事与愿违，企业和社会并不认可。一个非常重要的误解在于被评企业认为花钱买了一份评级报告，并没有解决什么问题。由此反映出企业要的不仅仅是一个评级结果，更需要的是实实在在的信用帮助。信用评级机构仅仅出具评级报告是远远不够的，不能有效解决公信力低和开拓市场的问题。因此，有必要开拓创新，探索延伸服务的新途径。凭借评级机构的专业优势，在满足受评企业融资、风险管理等实际需求的基础上，为受评企业提供长期的、全方位的多元化服务。加强对企业的指导，帮助企业分析深层次原因，针对问题采取对策，提供解决方案。帮助企业改善经营管理，推动企业发展，提高企业信用度，从而提高企业对评级机构的认可度，建立起企业与评级机构之间比较稳固、长期的合作关系，不断巩固和拓展市场，实现企业和评级机构的双赢。

五、创新思路和方式，推动评级机构与金融机构开展深层次合作

在探索信用评级市场发展的过程中，河北省衡水市的评级业务三年来稳步上升。其成功经验给了我们很大的启示：评级机构与金融机构应积极寻找协作点。评级机构能够在协助金融机构防范客户信用风险方面发挥自己独特的作用，同中小金融机构建立新型合作关系。

衡水市城市信用社是一家地方性金融机构，受规模、成本、人员素质等因素制约，自身一直未能建立内部评级系统，但实际工作中对信贷风险管理的需求却十分迫切。针对这一问题，几年来我们积极改变思路和工作方式，积极寻求解决方案。在人民银行的推动下，该城市信用社的客户主要委托评级机构进行外部评级。同时，评级机构除了提供企业信用评级报告产品外，其专业评估分析师还专门为金融机构信贷管理人员和贷款客户财务人员授课，并让信贷管理人员参与外部评级过程，这无疑有利于金融机构树立信贷管理的新理念，提升信贷管理水平，因而也得到了金融机构的认同和支持。

在此基础上，我们正在进一步深入探索以衡水市信用社为试点，利用评级机构的技术、人才优势协助其建立中小企业评分系统。项目的实施方案已基本成型，人民银行、评级机构、金融机构三方经积极协商，就项目研发的有关具体合作事宜达成了一致。该评分系统是结合当地的经营环境，基于中小企业客户群特点量身定做的内部评价系统，以帮助小型金融机构提高风险管理水平为切入点，促使双方从简单的客户评级委托关系转向建立长期、稳固的新型业务合作关系。这一系统的开发成功，将为信用评级市场的发展开辟一条新途径，开创一片新天地。

六、明确中央银行地位，尽快建立、完善信用评级法律法规

目前我国还没有一部专门的法律来规范信用评级行业，人民银行制定的《中国人民银行信用评级管理指导意见》，以及部分地方出台的一些相关地方性法规，为评级机构开展业务提供了一定的制度保障。但由于全国性相关立法滞后，带来了两方面问题：一是评级机构开展业务法律通道不畅。《征信管理条例》和有关个人数据保护等全国性法律法规没有出台，使评级机构在信息采集、披露和行业管理等环节上无法可依、无章可循。人民银行征信系统数据也无法

与信用评级机构连通共享，获取信息渠道不畅、成本高限制了评级机构业务开展。二是人民银行实施行业监管法律保障不足。国务院“三定”方案虽然赋予了人民银行管理征信业的职能，但并没有以法律形式明确该项职能，使人民银行在履行职责的过程中缺乏必要的法律保障，也造成了目前评级行业多头监管的状态。

从发达国家的经验来看，健全完善的立法以及法律对专业评级机构的官方授权，对于权威评级机构的发展壮大起到了关键性作用。由此可见，健全的信用评级法律制度不仅是规范信用评级市场的有效手段，而且是促进其发展壮大的根本保障。因此，在我国信用评级行业发展初期，第一，要从立法上解决谁来监管、谁来评级和如何评级等根本问题，使行业的发展有法可依、合理有序。第二，明确评级机构的法律地位，统一行业标准，在信用评级机构资格认定、日常管理、市场准入和退出、权利和义务等方面作出统一规定，明确评级机构的评级程序、评级对象，促使信用评级行业规范经营，稳健发展。第三，制定和完善有关信息披露法规和程序，解决信息封闭、分割问题，为评级机构能够公平、方便地使用政府的各类信息资源创造制度保障。同时，出台评级行业的管理规定，对评级机构采集和使用信用信息的行为进行规范。

尽管目前信用评级行业还存在一些问题，但掩盖不住其巨大的潜力与蓬勃生机。随着社会对信用评级认识的逐渐深入，信用评级业将在政府适当调控和引导下，在人民银行的大力推动下，从改善社会信用环境、完善法规政策、扩大评级产品应用范围等方面加快市场培育力度，一定能够开创信用评级市场健康发展的新局面。

（作者单位：中国人民银行石家庄中心支行）

河北省社会信用体系建设实践

曹吉平　高宏业

市场经济是信用经济，社会信用体系是市场经济的重要制度安排。根据党中央、国务院的要求，全国各地积极探索社会信用体系建设的思路、方法。特别是《国务院办公厅关于社会信用体系建设的若干意见》（国办发［2007］17号）发布后，社会信用体系建设的工作力度进一步加大，逐步向市场经济的各个领域扩展。河北省委、省政府高度重视社会信用体系建设工作，进行了有益的探索并取得初步成效，对于加快“诚信河北”建设，创建和谐社会，促进经济又好又快发展起到了强有力的推动作用。

（一）出台了《河北省人民政府关于河北省社会信用体系建设实施意见》

2007年12月，河北省政府办公厅印发了《河北省社会信用体系建设意见（试行）》。经过一年多的试行，结合新的形势和要求，2009年4月正式出台了《河北省人民政府关于河北省社会信用体系建设实施意见》（以下简称《实施意见》）。《实施意见》经过充分酝酿，反复修改，从指导思想、基本原则、主要任务、实施步骤和保障措施五方面明确了河北省社会信用体系建设的总体框架，是全省开展社会信用体系建设的纲领性文件。《实施意见》的出台标志着河北省社会信用体系建设步入全面加速推进的新阶段。

河北省社会信用体系建设坚持以邓小平理论和“三个代表”重要思想为指导，深入贯彻落实科学发展观，以建立现代信用制度为核心，以企业信用和个人信用建设为主体，健全完善机制，努力在全社会营造守信光荣、失信可耻、守信得益、失信难行的良好社会信用环境。

河北省社会信用体系建设的基本原则：一是政府推动，市场运作。充分发挥政府的主导作用和推动作用，广泛进行宣传教育，整合信用资源，动员社会各界积极参与信用体系建设。充分发挥市场机制的作用，完善信用服务体系，开发信用产品，扩大信用服务领域，发展信用服务产业。二是完善政策，统一标准。制定完善有关信用信息的采集、披露、使用，个人和企业权益保护，信用主体的行为规范，信用信息共享交换以及信用评价等制度和技术标准，实现信用体系建设的法制化、规范化、标准化。三是统筹规划，分步实施。明确长远目标和阶段性目标，强化企业信用和个人信用建设，逐步形成覆盖全省的信用服务体系。四是严格监管，保障安全。坚持规范与发展并重，严格市场准入，强化市场监管，维护信用市场秩序。规范信用服务机构的市场行为，依法保护个人隐私、商业秘密和国家信息安全，保障信用服务市场健康发展。

（二）建立组织机构，加强领导和统一规划

社会信用体系建设是一项庞大的系统工程，涉及政府及相关各部门、金融机构、企业和个人，需要强有力的领导机构来统一领导、全面统筹协调。因此，河北省成立了由常务副省长任组长的河北省社会信用体系建设领导小组，省金融办、中国人民银行石家庄中心支行、省法院、省委宣传部、省发展改革委、省工业和信息化厅、省公安厅、省财政厅、省人力资源和社会保障厅、省环保厅、省住房和城乡建设厅、省商务厅、省国税局、省地税局、省工商局、省质监局、石家庄海关、河北银监局、河北证监局、河北保监局等有关部门为成员单位，领导小组办公室设在人民银行石家庄中心支行。顺畅的工作机制为开展各项工作奠定了良好的基础。

（三）依托人民银行征信系统推进全省数据库建设

建立信用信息数据库是社会信用体系建设的基础工程。各部门、各行业普遍建立了自己的信息管理系统，但实践中政府各部门掌握的大量信用信息在部门间条块分割、共享困难。如何实现各部门信息资源的整合与共享是社会信用体系建设中存在的一大难点。

河北省信用信息数据库建设以信贷征信为切入点，以人民银行企业和个人信用信息基础数据库（企业和个人征信系统）为依托，以信贷、纳税、合同履约、产品质量、社保参保缴费等方面的信用记录为重点，归集政府相关部门、司法机关以及各金融机构的信用信息，为全省企业和个人建立综合信用档案。同时，充分利用省政府信息化办搭建的信用信息交换平台，建立信用信息共享机制，实现信息共享。

河北省选择依托人民银行现有的征信系统实现信用信息共享的基础在于：一是从国际经验看，信用信息数据的80%～90%来自银行业金融机构，信用信息服务的用户80%以上也是银行业金融机构。二是在社会信用体系建立之初，由中央银行组织建立的企业和个人征信系统在短期内取得了显著成效，形成了覆盖全国金融系统的信用信息服务网络，系统覆盖范围广，查询频率高，在经济社会发展中发挥了重要作用。三是国务院新“三定”方案赋予了人民银行“管理征信业，推动建立社会信用体系”的职责，《国务院关于同意调整社会信用体系建设部际联席会议职责和成员单位的批复》（国函［2008］101号）也明确了国务院社会信用体系建设部际联席会议由人民银行牵头。在此背景下，省委、省政府本着节约高效、量力而行的原则，确定充分依托人民银行已经建成的征信系统实现信息资源的整合与共享，以实现政府投资少、建设周期短、信息共享度高的目标，有效发挥了征信系统在社会信用体系建设中的基础和核心作用。同时，避免了重复建设地方性数据库带来的人力、物力、财力的浪费。

截至2009年末，河北省已将企业环境违法信息、外汇检查信息、企业工资拖欠信息及部分地市的企业和个人公积金信息纳入了人民银行征信系统。今后，还将逐步扩大信息征集范围，将工商、公安、税务、质检、法院等各部门的信息纳入征信系统，为企业和个人建立综合信用档案，全面反映企业和个人信用状况，促进社会信用环境的改善。

（四）培育和规范信用服务市场

信用服务市场发展缓慢是社会信用体系建设面临的主要问题之一。据统计，信用交易在我国社会商品交易中所占的比例不到20%，发达国家则达到90%以上。目前社会对信用产品的有效需求还十分有限，有待于培育和开发。以河北省借款企业信用评级为例，虽然在人民银行的大力推动下取得了一定进展，但业务发展仍然缓慢。一方面信用评级公司的公信力没有得到社会的广泛认可。相当数量的信用评级机构还停留在信用服务的原始阶段，经营规模小，市场拓展和服务创新能力较弱，服务品种单一，产品质量不高，难以满足客户的实际需求。作为信用评估产品最大客户的金融机构对信用评级的公信力和独立性存在疑虑。另一方面由于评级结果用途不明确，实用性差，不能直接给企业带来融资效益，导致主动申请评级的企业少。据不完全统计，河北省信贷市场8家信用评级机构，2008年全年仅完成企业信用评级78户。

为此，河北省明确了培育信用服务市场的定位：以市场为导向，培育和发展一批具备较高执业资质和道德水准，能独立、公正、市场化运作的信用服务中介机构，逐步建立以信用征集、信用咨询、信用评估、信用担保、信用保险、保理和商账追收等为主要内容的信用服务体系。同时，制定培育信用服务市场和鼓励信用产品创新的有关政策，扩大信用产品使用范围，引导信用服务市场需求，支持信用服务市场发展，逐步扩大信用经济规模。为确保信用服务市场依法经营和公平竞争，建立信用市场监管制度，制定信用服务机构和从业人员管理办法，依法对信用服务中介机构实行监督管理，规范市场准入和退出，促进信用服务市场健康、规范、有序发展。

（五）大力实施信用促进工程

一是建立企业信用激励和惩戒机制。制定配套政策措施，建立健全对借款企业、担保机构、金融市场产品的信用评级制度。制定出台相关办法，对信用优良的企业在市场准入、土地使用、融资贷款、股票上市、出口退税、政府采购、项目审批等方面制定一系列的优惠措施，强化正向激励作用。对恶意逃废债务等失信企业实行联合制约和惩罚。二是建立区域社会信用环境评价机制。以金融生态环境建设为核心，建立区域社会信用评价指标体系和评价制度。组织开展诚信城市创建活动。三是加强宣传教育，提高全社会信用意识。社会信用体系建设需要全社会共同参与，因此，持续、广泛、深入的宣传教育尤其重要。只有不断提高社会各界信用意识，政府和各职能部门在社会信用体系建设的重大问题上达成共识，才能逐步形成以政府为主导，各部门、企业和个人共同参与的社会信用体系建设格局，最终达到改善全社会信用环境的目标，并以此促进整个经济社会的健康、和谐发展。

（作者单位：中国人民银行石家庄中心支行）

试论如何加强金融稳定文化建设

付先军

一、加强金融稳定文化建设的重要意义

在当前市场经济环境下，维护金融稳定对于提升金融企业市场竞争力，改进和完善金融资源的优化配置，促进经济金融健康发展的作用越来越突出。要想积极有效地推进金融稳定工作，充分发挥中央银行维护金融稳定的职能，首先要在整个银行业甚至全社会构建好金融稳定工作的思想基础。因此，积极推进金融稳定文化建设，从精神层面、文化层面和制度层面进一步深化金融稳定在社会经济发展中的作用，用先进的意识形态和文化取向引领金融稳定工作，对于有效引导金融业增强稳健经营和风险控制意识，树立可持续发展的价值观念，提升行业凝聚力和市场竞争力，构建和谐的金融发展环境，促进社会经济和金融业持续、健康发展有着重要的意义。

二、积极构建“七大文化”，奠定金融稳定思想基础，以金融稳定文化建设推动金融稳定工作开展

（一）树立正确的经营观，推进金融稳定合规文化

金融企业稳定是金融稳定的核心。加强风险管理，合规经营则是金融企业稳定的核心。因此，推行“严格谨慎、内控优先、主动合规”的合规文化，是建设金融稳定文化的基础。

1. 切实提高合规经营意识。确保经营活动的合规性是金融企业稳健发展的基础。金融企业要切实增强合规经营意识和风险管理意识，积极主动倡导合规风险文化。一是高管层要确定合规的经营基调，树立风险为本的合规管理理念，加强合规风险识别和管理，建立涵盖信用风险、市场风险、道德风险和操作风险在内的全面、有效的合规风险管理体系。积极掌握现代合规风险管理理论和方法，加强对全员合规风险岗位培训，形成人人合规、全程合规的文化，实现

业务合规发展与风险控制长期的动态平衡。二是每个员工要切实提高合规操作和风险防范意识，自觉遵守各项内控制度和操作标准，将每项内控规章制度内化为内心自觉的行为规范，从根本上控制风险源头。

2. 努力加强内控机制建设。建立健全严格的内控制度并保证落实，是维护金融稳定的基础条件。目前各金融企业已建立了涉及授信、资金、存款及柜台业务、中间业务、会计业务、计算机信息系统等业务经营各环节的整套风险管理体系，从制度本身上有了保证，关键要看内控管理和执行落实的有效程度。一是要进一步梳理内控管理中的缺陷和薄弱环节，结合实际改进、优化业务流程和管理流程，明确内控岗位和部门职责，健全内控程序，着力营造有章可循、有章必循、按章操作的管理环境。二是进一步完善稽核监督机制，充分发挥稽核部门在合规风险管理中的持续性、有效性和权威性，加强对内控执行情况的定期检查和对重要部门、重要岗位的不定期检查力度，有效形成“自控、互控、监控”三道防线，通过全方位的排查和监督，消除管理和监控的死角。三是充分体现倡导合规和惩处违规的价值观念，进一步完善考核激励机制，加强对违规行为的责任认定与追究，鼓励员工积极举报违法、违规、违反职业操守和可疑行为，充分调动职工主动合规和与违规行为作斗争的积极性，切实防范各种案件发生。

3. 积极完善法人治理和决策机制。地方性法人金融机构要进一步完善法人治理结构和公司治理结构，科学界定股东大会、董（理）事会、监事会、经营管理层和其他利益相关者的责权利，强化董事会风险政策的制定和持续监控职能，进一步明确“三会一层”的合规管理职责，形成有效的权力制衡机制、协调运作机制和科学决策机制，切实解决内部人控制、信息披露不足、缺乏明确和有效的市场制约激励机制等问题。国有商业银行以及证券、保险等分支机构要进一步加强高管层的执行力，健全经营决策和制约监督机制，提高全面监督合规管理的有效性。

4. 全面强化合规经营管理。金融企业要树立合规创造价值的理念，把合规经营纳入核心管理目标，全面加强合规管理。一是加强资本合规管理。充分认识资本合规管理对企业生存和发展的价值以及资本配置对成本、收益的影响，积极引入先进的经济资本理念，加大资本管理力度，确保资本金真实、规范，提足各项拨备，缴足存款准备金，大力发展低风险、低资本占用业务。二是加强信贷合规管理。健全以国家产业政策、法律法规、信贷制度、信贷政策为核心的信贷管理机制，加强贷款审批、“三查”制度以及授权、授信管理，严格执行贷款五级分类标准，加强不良资产处置、剥离的合规性，严控不良贷款反弹和信贷风险。三是加强基础合规管理。加强对全员合规意识和风险岗位操作的培训教育，进一步加强人员控制和管理。根据每个员工的道德品德、思想动态和业务能力分配岗位，认真坚持岗位轮换和强制休假制度。严格按照会计结算、存款及柜台业务、财务及费用管理等各项制度和操作规则执行，杜绝人为的操作风险。四是加强法律、法规的合规管理。各项业务经营活动要严格按照《商业银行法》、《保险法》、《证券法》、《合同法》、《票据法》、《担保法》、《反洗钱法》等法律法规执行，任何经营活动都不能与国家的法律、法规相抵触，积极创造良好、合规的经营氛围。

（二）树立科学的发展观，推进金融稳定发展文化

促进社会经济与金融的协调发展，是维护金融稳定的根本目标。因此，推进“提高站位、立足长远、加强合作、协调发展”的发展文化对金融稳定文化建设有着重要意义。金融企业要树立“大发展”的意识，推动经济金融以及各微观主体之间的互相促进、共同发展。

1. 树立大局意识，促进金融业长期、稳健发展。金融企业要树立大局意识、责任意识和风险意识，正确处理好短期利益和长期稳定发展的关系。一是积极贯彻国家的各项宏观调控政策，紧紧围绕国家产业政策调整目标和宏观调控要求，提高风险防范意识，逐个项目做好现金流量分析和动态管理，科学把握信贷投放力度和节奏，积极优化信贷结构。二是建立宏观经济研究分析队伍，加强宏观经济分析研究，密切关注、及时分析判断国际、国内社会经济形势变化，充分领会国家的宏观调控意图，紧密结合调控意图和经济形势变化，全面审查企业的经营战略，调整风险偏好，优化业务结构，追求资本约束下的规范、质量、结构、效益相统一的协调发展。避免追求利益的短期化、片面化，规避行业风险、信贷风险，降低经营决策风险和定价风险。

2. 树立可持续发展意识，实现经济与金融的协调发展。经济是金融发展的环境和土壤，经济的运行质量决定着金融的发展质量和水平。因此，地方经济是金融发展的重要依托。金融企业要把提高自身效益和支持地方经济发展结合起来，不断开拓发展空间，实现可持续发展。一是紧密结合区域经济发展变化及当地产业特点，构建适应区域经济发展的金融发展战略，将自身的信贷结构与地方经济结构调整结合起来。根据当地的资源优势、产业优势，调整信贷投入重点，创新金融服务手段和方式，加大对县域经济、中小企业和民营经济的支持，推动社会主义新农村建设。二是找准宏观调控与区域经济发展的切入点。根据区域经济发展实际，坚持区别对待、有保有压的方针，避免一刀切。在观念上、理念上把握好政策方向，处理好宏观调控与地方经济发展的关系，以信贷结构调整促进产业结构升级和经济增长方式转变，增加对节能降耗、循环经

济和现代物流的信贷支持。在促进地方经济发展的同时，增强自身发展后劲，实现双赢。三是加强对区域经济的分析研究，密切关注经济金融运行中存在的矛盾和问题，增强制定经营发展战略的适应性、针对性和规避风险能力。

3. 确立改革促发展的经营思路，推进金融体制改革。金融企业要以金融体制改革为契机，树立改革促进发展的理念，认真把握改革中的机遇和挑战，实现在改革中完善、在改革中发展。一是要积极配合、推动金融体制改革，增强内部改革的联动性，确保新体制、新机制有效运行。工行、中行、建行分支机构要加强上下联动，健全风险管理体系和内部控制机制，加强对基层分支机构的考核管理，抓住转换经营机制、强化内部控制、防范风险这条主线，切实防止不良资产反弹和经营效益下滑；农行在改革启动和推进过程中，要积极配合上级行和有关部门做好不良资产尽职调查及处置等工作，打好股改基础；农村信用社要进一步完善法人治理结构和内控建设，促进转换机制，增强支农服务与功能，确保改革目标真正实现；邢台市商业银行要以批准筹建为契机，进一步完善公司治理结构，壮大资金实力，提高抗风险能力，建设现代商业银行体系；农发行和邮政储蓄机构在积极拓展各项业务的同时，要进一步健全和完善内部管理，强化内控监督，积极稳妥推进业务转型和各项改革措施的落实。二是要加强监测自身经营状况、不良资产、公司治理、内部控制和风险防范机制等方面的变化情况，注意分析改革中存在的问题；密切关注职工的情绪和社会反映等可能引发社会不稳定的因素，加强风险防范。同时要注意及时向当地人民银行、监管部门和上级部门反馈，为进一步深化改革提供决策依据。

4. 树立协作发展理念，建设良好的金融发展环境。一是金融企业要树立协作发展的理念，正确把握竞争与合作的关系，加强金融企业之间的沟通协作和信息共享，形成相互促进、相互协作、共同发展的氛围。二是积极建立各种信息交流平台，充分利用经济形势分析会、座谈会、银企交流对接会等契机，加强与金融企业之间以及银企之间的交流互动和沟通协调，增强银银、银企信息共享，构建正当、有序的竞争环境和公平、公正、公开的市场发展环境。

（三）树立责任为本的价值理念，推进金融稳定责任文化

增强全体员工的责任意识是金融企业经营发展的重要因素，也是维护金融稳定的核心。因此，要积极培育爱岗敬业、强化责任、各尽其责的金融稳定责任文化。

1. 进一步强化社会责任意识。企业是社会的细胞，社会是企业生存的土壤。企业经营不能只讲经济利益而忽视社会责任。金融企业要紧紧围绕构建社会主义和谐社会和促进经济社会稳定发展的大局，在业务开展、业绩考核和风险内

部评估等方面逐步体现社会责任的原则要求，增强对国家负责、对本单位经营发展负责、对金融消费者负责、对员工负责的精神。业务经营既要有利于自身业务发展，又要产生社会效益，使企业的经济责任和社会责任达到一定的均衡状态。

2. 着力构筑各尽其责的管理环境。一是要把增强企业和全体员工的责任意识作为经营管理的重要任务，积极开展各种评先创优活动，大力提倡敬业精神，充分激发员工职业荣誉感和使命感，营造尽责为荣、失职为耻的浓厚氛围，使企业成为一个各尽其职、共享和谐的责任共同体。二是紧密结合业务流程和工作实际，完善工作责任制和各项岗位职责，明确岗位分工，细化责任，做到事事有人管，人人有专责。三是进一步建立健全内部约束和激励机制，建立问责问效制度，增强工作责任感和积极性，提高业务操作的办事效率和工作效能，增强整体服务能力和水平。

3. 切实推动廉政建设。金融企业要将廉政建设和责任文化建设结合起来，加强廉政建设、行风建设和作风建设，进一步完善教育、制度、监督并重的惩治和预防腐败体系，建立健全廉政建设责任考核和责任追究机制，加强内、外部监督，筑牢拒腐防变的思想道德防线，从根本上防范道德风险。

4. 积极履行反洗钱职责。反洗钱的核心主体是各金融企业。因此，金融企业作为反洗钱的义务主体，要加强反洗钱的责任和义务。一是增强责任意识，积极履行反洗钱义务，建立健全反洗钱机构和内部控制制度、客户身份识别制度、客户身份资料和交易记录的保存制度等，积极参与、配合有关部门打击反洗钱行动。二是在经营过程中要认真执行大额和可疑资金交易的报告制度，善于发现可疑情况，及时向当地人民银行报告反馈。三是积极开展反洗钱培训和宣传，动员、整合全社会的有效力量，严厉打击洗钱行为。

（四）树立积极严谨的创新观念，推进金融稳定创新文化

创新是金融的本质属性，是金融业应对日趋激烈的市场竞争的根本出路，是金融业进步的灵魂和不竭动力。因此，要大力倡导“积极鼓励、审慎推动、态度严谨、融合创新”的金融稳定创新文化。

1. 营造宽松的创新氛围。金融企业要积极营造一种有利于创新的文化氛围，鼓励创新，加强创新激励机制和创新推进机制，充分激发每位员工创新的潜能和积极性。同时，要加强对创新人才的培养和创新团队的建设，形成既有个性自由，又有团队协作，鼓励创新尝试、宽容创新挫折的组织氛围，营造有利于创新人才脱颖而出、创新创意充分涌现的环境。

2. 树立风险可控的创新理念。在一定程度上讲，创新是对传统的继承和突

破。因此，如果没有一套行之有效的风险约束机制，金融创新不仅不会带来效益，反而可能增大风险。金融企业要正确处理好风险防范与金融创新的关系，既不能以风险为由抑制金融创新，也不能为创新而忽视风险防范；既要鼓励创新、勇于创新，又要以严谨的态度，加强风险管理，坚持从低端到高端，坚持风险可控原则，在合规经营的前提下稳健开展产品创新活动。同时，积极对创新活动中存在的各种风险加强预测和监控，根据风险程度和涉及范围等因素建立分层次危机处理机制，防范突发性和系统性风险发生。

3. 推动积极严谨的创新文化。打造创新文化，就是要解放思想、更新观念、创造性地工作。对于各项业务工作，不能照搬照抄，一定要有创新性，有自己的特色和亮点。创新工作要从实际出发，举全行之力，有重点、有目标地突破和超越。要树立以客户为中心的经营理念，坚持以市场为导向、以客户为中心，把客户需求作为业务创新的出发点和立足点，实现以客户为中心的创新体系。同时，创新要紧密结合自身的实际情况，根据地域特点、人文环境、经济发展的差异进行。产品创新不能完全照搬照抄，对一些目前还不具备发展条件、投机性和虚拟性强的金融产品创新，应认真研究、严格控制和审慎发展。

（五）强化风险防范观念，推进金融稳定管理文化

加强金融稳定管理是维护金融稳定、引导金融企业提高风险防范能力的重要手段，因此，要大力推进密切配合、整体联动、快速反应、重在防范的金融稳定管理文化。

1. 加强监测，提高风险防范的针对性。金融企业要积极培养专业的经济分析人才，提高基层分支机构的经济分析水平和能力，加强经济金融运行、业务经营及风险状况的监测和动态分析。深入剖析经济发展变化、经济增长质量以及经济结构对金融及自身经营的影响，分析整个金融运行以及风险因素对自身发展的影响。及时针对发现的问题、风险苗头隐患，研究部署防范措施，提高风险防范针对性。

2. 密切配合，提高风险防范的能动性。金融企业要全力配合、支持人民银行履行金融稳定职能，积极提供真实、有效的数据、资料以及各种信息，积极配合金融稳定领域相关问题的调查研究，对经营中发现的风险问题及相关事项，及时向当地人民银行及有关部门反馈，增强金融稳定管理部门对金融风险监测、评估的准确性和科学性，提高整体风险防范能力。

3. 快速反应，提高风险防范的时效性。金融企业要站在维护金融稳定的高度，建立健全重大突发事件快速反应报告制度。要将快速反应报告制度视为自觉维护金融稳定的责任意识和行为规范。对经营过程中出现的风险状况、突发

性金融风险和重大事件，要在第一时间分别向当地人民银行、监管部门以及当地政府有关部门迅速反馈报告，使决策部门在充分获得信息的基础上，在最快时间内作出风险处置决策，最大限度降低风险等级，减小风险覆盖面，防止系统性金融风险发生。

4. 整体联动，提高风险处置的可控性。金融企业要结合实际，在各级分支机构建立、完善应对不同类型、范围和程度的金融风险应急处置机制，明确对突发性事件处置的操作程序和步骤，增强金融风险处置、预警的敏感性。及时组织全系统对突发性事件和金融风险处置预案演练，以便在经营过程中发生挤兑风险或突发性重大金融风险时，能及时启动应急机制，将风险控制在最小范围内，将突发性金融事件的损失降至最低。

（六）强化以人为本管理理念，推进金融稳定教育文化

增强对金融系统全员的教育引导，强化整体合力，在整个金融业构建以人为本、以育化人、加强引导、共创和谐的金融稳定教育文化。

1. 加强思想教育，夯实全员思想道德基础。金融企业要将以人为本的管理理念贯穿到内部控制与风险防范工作中去，加强对员工特别是要害岗位人员的思想教育。一是抓好全员政治理论教育、职业道德教育和纪律法制教育，增强爱岗敬业和遵纪守法的自觉性，巩固全员思想道德基础。二是积极开展多种形式的文化活动，充分调动员工参与积极性，增强凝聚力和向心力，增强社会职业道德观念，将员工的思想引导到正确的目标和轨道上来，并潜移默化地影响、净化、陶冶员工的道德情操。三是加强人文关怀和心理疏导，密切关注每一位员工的思想动态，帮助员工解决生活、工作中遇到的思想问题，结合实际有针对性地开展谈心、帮促活动，引导员工塑造自尊自信、理性平和、积极向上的心态，构筑金融稳定的思想基础。

2. 加强安全教育，增强员工安全操作意识。金融企业要积极加强对全体员工的安全教育，努力增强员工职业安全、金融安全和社会安全意识和责任感。一是积极开展生动活泼、形式多样的安全教育培训和实践活动，剖析典型案例，让广大员工引以为戒，切实提高安全操作意识，并升华到维护整个金融安全、社会安全的层面。二是加强对风险岗位的安全培训和操作演练，使员工进一步明确自己岗位职责的严肃性，熟悉岗位操作的程序、步骤和具体要求，不忽视任何操作细节，减少工作失误和人为操作风险。

3. 加强风险教育，提高社会公众的风险意识。积极加强对社会公众的风险教育，增强公众投资的风险意识和自觉抵制各种不良因素的积极性，在全社会形成安全、稳定的社会氛围。一是金融企业要加强对社会投资者的风险教育，

积极开展针对投资者的各类风险投资讲座、培训等活动，提高社会公众的风险意识，促进社会投资的理性增长。二是积极加强惩治非法集资的宣传教育，向社会公众广泛揭露非法集资的内容、性质、危害以及典型案例等，增强公众抵制非法集资等违法活动的自觉性。

（七）强化信用观念，推进金融稳定生态文化

构建良好的金融生态环境，不仅是社会主义和谐社会的必然要求，也是维护金融稳定、防范金融风险的重要条件。因此，要大力推进协调配合、宣扬诚信、推崇和谐的金融稳定生态文化。

1. 大力宣扬诚信文化。一是加强社会诚信宣传。金融企业要加大对诚信文化的宣传力度，积极组织多种形式的活动，如上街宣传、散发传单以及对守信客户的有奖赠送等，大力弘扬诚实、守信、守法的观念，推动建立诚实守信的社会价值观念体系，培育公众的信用意识和社会法制意识，改善信用环境。二是加强金融诚信塑造。金融企业要注重自身的诚信形象，构筑诚信体系。要加大对从业人员的诚信教育，提高从业人员的职业道德水平，增强客户对自身的信任，实现金融诚信和社会诚信的有机融合。

2. 努力完善激励奖惩机制。金融企业要根据区域经济的实际状况，合理、及时调整内部评级标准，加大对金融生态环境好的地区和信用度高的企业授信规模。同时，加强信息共享和沟通，依法加大对不讲信用、破坏信用行为的惩戒力度。实行黑名单制度，对恶意逃废银行债务的企业，加大制裁通报力度，杜绝失信行为。

3. 积极营造良好的和谐氛围。金融企业要积极建立渠道畅通、沟通及时、协调有力的沟通协调机制，营造相互配合、团结协作的和谐氛围。一是积极整合协调不同利益主体的合理需求，统筹协调投资者关系、劳动关系、客户关系、商业合作关系和公共关系，实现服务社会、回报股东和投资者、凝聚人才、关爱员工的和谐一致，构建和谐的发展环境。二是加强信息沟通反馈。对经营中存在的各种问题及时向金融稳定协调领导小组以及有关部门反馈汇报，积极争取、配合有关部门对问题的协调解决。三是积极配合、协助司法部门加大案件执行力度，配合、协助有关执法部门案件调查、资金冻结扣划等，促进经济金融环境优化。

（作者单位：中国人民银行邢台市中心支行）

基层金融机构履行社会责任的现状及建议

罗永进

金融机构作为特殊的企业，一方面肩负着追求利益最大化的经济责任；另一方面肩负着认真执行货币政策、支持弱势群体、支持中小企业发展、支持新农村建设、支持节能减排和保护环境等方面的社会责任。为了解金融机构履行社会责任情况，我们对衡水市辖内金融机构履行社会责任情况进行了调查。

一、辖区金融机构践行社会责任的总体情况

（一）衡水市经济金融发展总体状况

衡水市位于河北省东南部，是一个以农业为主的地区。全市下辖 11 个县市区，4 984 个行政村。总人口 422. 59 万人，其中农业人口 330. 28 万人。耕地 56. 6 万公顷。2007 年，全市 GDP 达 564. 5 亿元，比上年增长 2. 86%；财政收入完成 35. 34 亿元，比上年增长 8. 2%；城镇居民人均可支配收入 10 954 元，同比增长 10. 2%；农民人均收入 3 547 元。

截至 2008 年 6 月末，辖区共有 11 家发放贷款的机构。其中：银行业金融机构 8 家，包括 1 家政策性银行，4 家国有商业银行（工行、建行、中行和农行），1 家邮政储蓄银行，1 家农村信用社，1 家城市信用社；小额贷款公司 3 家。截至 2008 年 6 月末，辖区金融机构人民币各项贷款余额为 342. 6 亿元，较年初增加 12. 6 亿元；小额贷款公司贷款余额约为 2 221 万元。

（二）辖区金融机构履行社会责任的基本情况

党的十七大报告要求企业在发展的同时，严格履行社会责任，坚持经济效益和社会效益的统一。金融机构履行社会责任，是其全面贯彻落实科学发展观、积极推进和谐社会建设的一项重要举措，是构建和谐金融、和谐社会的有益尝试。2008 年以来，全市金融部门在履行经济责任的同时，切实履行社会责任，加大对重点领域、弱势群体和经济社会发展薄弱环节的支持力度，不断满足“三农”、中小企业、助学就业等资金需求，为促进辖区经济金融协调发展，维

护区域经济金融稳定作出了积极贡献。

1. 认真贯彻落实从紧的货币信贷政策。自2007年国家实行从紧货币政策以来，辖区金融机构能够认真贯彻落实人民银行从紧的货币信贷政策，处理好执行从紧货币政策与支持地方经济发展的关系，在“有保有压”的原则下，保持贷款合理增长。截至2008年6月末，全市金融机构人民币各项存款余额为704.5亿元，同比增长13.3%；贷款余额为342.6亿元，同比增长5.4%。虽然贷款稳步增长，但增长幅度低于存款增长的7.9个百分点。贷款增幅明显低于存款增幅，这充分体现了金融机构履行社会责任，贯彻从紧货币政策的效果。

2. 支持中小企业发展。中小企业是县域经济的支柱，衡水市金融机构一直把中小企业作为扶持的重点。截至2008年6月末，全市工业贷款余额78.8亿元。重点支持了冀衡集团、老白干集团和远大集团等重点企业。

3. 支持新农村建设。全市金融机构紧紧围绕金融支持社会主义新农村建设这一课题，认真贯彻执行省《金融支持新农村建设推进方案》，有力地支持了衡水市新农村建设。截至2008年6月末，全市农业贷款余额达103.3亿元，增长率7.3%，在信贷紧缩的情况下，高于全市贷款5.4%的平均增长率。重点支持了农业产业化龙头企业和农村工商业。如冀州市加大对辣椒、食用菌、棉花、速生林四大特色农业产业的扶持力度，重点培育“公司+基地+农户”的农业产业化龙头企业，形成了“龙头连基地，基地连农户”的发展格局。目前该市有省级农业产业化龙头企业4家，起到了很好的示范带动作用。

4. 加大信贷支持节能减排工作力度。全市金融机构积极贯彻执行国家的节能减排政策，在支持衡水市经济发展和实现GDP增长9%目标的同时，结合衡水市节能减排工作目标，对“1510”节能减排工程加强信贷服务。辖区金融机构普遍研究制定了金融支持环保工作的意见及措施，探索建立绿色信贷评价机制及环保金融风险信息数据库，支持衡水市经济又好又快发展。

5. 支持弱势群体。积极发放扶持弱势群体的贷款。截至2008年6月末，累计发放小额担保贷款279.5万元，有力地支持了下岗再就业人员的就业问题；发放助学贷款164.29万元，解决了部分困难家庭子女上学难问题。

二、金融机构践行社会责任中面临的问题

（一）金融业履行社会职责缺乏法律法规保障

我国目前的金融立法中，没有明确金融机构的社会责任。金融机构是否要

承担社会责任，没有国家法律、法规的强制约束。履行一定的社会责任成为了一些金融机构的附加义务，可有可无。由于缺乏法律依据，金融机构不能很好地把握自身利益和社会利益的平衡点。如在推进下岗失业人员小额担保贷款、助学贷款工作中，部分金融机构不愿办理这些业务，主要原因是认为自己是企业，以实现利润最大化为目标，把经济利益和社会利益对立起来。

（二）农村金融组织体系不完善，金融服务与农村资金需求多样性的矛盾制约着新农村建设

一是金融企业在资源配置上“嫌贫爱富”现象严重。随着大型国有商业银行逐步退出农村金融市场，国有商业银行的支农功能弱化，“贷工不贷农”趋势明显。而部分涉农金融机构又出现“跳农门”的现象，导致农村金融服务不能满足“三农”的需要，形成资金需求日益多样化与农村金融产品单一的矛盾。特别是由于县域商业银行的信贷审批权限上收，其营业网点基本上成了储蓄所，造成了大量信贷资金外流。如冀州市 2007 年末，全市金融机构有价证券投资余额达 8.74 亿元，增长 3.6%，占全市各项存款余额的 15%；全市国有商业银行上存资金近 10 亿元，占全部存款的 17%。二是农业发展银行支农面窄，功能发挥不充分，对农业的信贷支持仅限于流通领域，其业务范围不断萎缩，实际上成了“粮棉油收购银行”。三是农村信用社虽然承担了支农重任，但“一农”难支“三农”。

（三）中小企业融资难

中小企业普遍存在资金短缺现象。从调查情况来看，90% 多的中小企业普遍存在资金短缺现象，且资金需求总量较大，个别企业资金缺口达 500 万元以上。大部分中小企业流动资金周转困难，企业扩大规模受到影响，设备无法更新，技术开发不能顺利进行，产品不能实现更新换代等。这些问题严重制约了中小企业发展。

三、政策建议

作为集社会责任与经济责任于一身的金融机构，应树立现代企业社会责任意识，积极践行社会责任，扭转经营行为与社会责任相分离的状况，通过信贷等金融工具，对资金流向进行配置，间接发挥对社会其他组织的行为进行鼓励和约束的特殊功能，支持全市社会经济环境的可持续发展。

（一）金融法律法规应明确金融企业的社会责任

在《商业银行法》中，应明确规定商业要兼顾社会利益，履行一定的社会责任。商业银行要在地区利益、社区利益、环境利益等社会利益中尽社会责任。人民银行和银行监管机构，要通过政策引导和有效的措施，推动金融机构积极、主动、自觉地履行社会责任。金融机构承担社会责任与实现自身经营目标具有高度的一致性。在客户越来越注重以公信、道德标准选择合作银行的市场环境下，金融机构的社会责任如果缺失，最终会被客户和市场抛弃。所以，应运用经济手段激励金融企业积极承担社会责任义务，制定具体可行的国家社会责任标准。金融企业应在企业发展战略目标中将社会责任目标具体化，平衡股东和相关利益者的利益，实现经济效益、社会效益和环境效益的均衡发展。

（二）重新构建农村金融体系，支持农村经济快速发展

农村金融要从制度上进行创新，走出单纯地靠增设新机构发展的模式。一是以提高金融服务效率为原则，科学合理地设置农村金融网点，提高金融服务水平，继续发挥支农主力军作用。二是县域金融机构要增强支持新农村建设意识，在保证资金安全的前提下，每年安排一定规模的信贷资金用于当地经济发展，加强对农业产业化、农业龙头企业、小城镇建设的支持。三是农业发展银行要调整业务职能，增加农业开发贷款、扶贫贴息贷款、农村水利建设贷款等中长期贷款业务。四是尽快推广村镇合作银行或小额信贷公司，以满足社区、农村居民和个体工商户的资金需求。五是改革现行商业银行信贷管理体制，适当下放对中小企业贷款的审批权限，增加对基层行的授信额度，提高基层行贷款的主动性和时效性，以缓解县域企业和“三农”经济发展的资金紧张状况。

（三）完善金融宏观调控，强化货币信贷政策的传导机制

人民银行总行可制定指导意见，对商业银行承担社会责任作出明确规定。将中小企业贷款、县域经济贷款、助学贷款、“三农”贷款、下岗失业人员小额担保贷款等发放给出硬性指标，由人民银行基层行监督考核，使金融机构在业务发展的同时，积极关注社会弱势群体，让社会的各个层面享受到优质的金融服务。

（四）积极推进金融创新，加强产品创新力度，解决中小企业融资难问题

一是鼓励金融机构针对中小企业的金融创新。改进对中小企业的资信评估制度，完善授信制度，扩大信贷比例，开展授信业务；对科技含量高、发展前景好、信誉好的企业和项目及时给予支持；对专利权、商标权等无形资产可尝试开办质押贷款等，不断创新信贷手段和方式。二是适当下放中小企业流动资金贷款审批权，放宽对基层银行的贷款限制，制定便捷高效的审批程序。三是人民银行要积极运用各种货币政策工具，督促和引导金融机构增加对中小企业的信贷投入。

（作者单位：中国人民银行衡水市中心支行）

解决环京津地带贫困与生态问题的金融对策

郑向阳

环京津地带在生态功能区上同处海河、滦河流域，在区域经济发展上同处环勃海经济区。从社会稳定、经济供给和生态保障等各方面考虑，环京津地区与京津都是唇齿相依。通过对环京津地区的调查研究我们发现，目前环京津地区正处于因经济贫困导致对资源掠夺性开发，引起生态恶化，而恶化的生态环境又导致该区域贫困加剧的恶性循环。探索一条有效的途径来协调解决环京津地区的贫困与生态问题，是当前各界的热点话题，也是本文研究的重点。

一、环京津地区的贫困现状

河北省的张家口、承德、廊坊、唐山、保定、秦皇岛六市与京津接壤地区有贫困人口近300万。其中，与京津存在较强的资源环境和发展关系且集中连片的贫困区域是张家口、承德、保定及沧州等32个县区。就2008年末的统计数据来看，环京津贫困带无论是与京津地区的经济发展水平相比还是与全国平均经济发展水平相比，都存在着较大差距。环京津地区32个贫困县区农民人均纯收入、人均GDP、人均地方财政收入分别仅为北京市的30.2%、20.2%、9.9%，为天津市的40.7%、22.9%、18.7%。两者之间的经济社会发展水平形成了巨大落差。与此同时，环京津贫困带的各项经济指标也远落后于全国平均水平。2008年，环京津地区32个贫困县区的人均全社会固定资产投资、地方财政收入、规模以上工业增加值分别为7 085.95元、1 080.76元和3 911.7元，仅为全国人均水平的54.1%、23.28%和39.09%。但是在改革开放初期，河北省32个环京津贫困县的县域经济与京津远郊各县基本处于同一起跑线上。究竟是什么原因使得环京津地区的经济实力在这20多年里被京津地区远远地抛在了后面，这不由得令人深思。

二、环京津地区贫困与生态问题之间的联系

随着我国经济的发展、综合国力的提高和全世界保护环境运动的兴起，我国政府越来越认识到生态环境建设与实现社会经济可持续发展的相互依存，不可分割性。改革开放以来，“三北”防护林建设、退耕还林、环京津风沙治理等一系列生态工程在解决环京津地带生态问题上取得了良好效果，对京津地区经济快速发展功不可没。但是，在生态得到保护的同时，环京津地区的贫困问题却日益凸显。

（一）环京津地带所处的恶劣生态环境直接抑制了该区域的经济发展

环京津贫困带位于内蒙古高原与华北平原过渡区域，主要由高原、山地、丘陵和盆地四种地貌类型所组成，处于半干旱和半湿润过渡气候带，分别是沙化严重的坝上高原、石化严重的燕山和太行山区、盐碱遍地的黑龙港流域。其中坝上高原的张北、沽源、康保、尚义等县，海拔多在 1 350 ~ 1 600 米，年均气温在 -0. 3 ~ 3. 5℃，年降水量 340 ~ 450 毫米。该地区植被偏少，草场退化严重，生态系统结构单一，土地风蚀沙化严重，荒漠化程度加剧，沙尘暴、干旱、雹灾等自然灾害频发，自然环境较为恶劣。恶劣的自然条件和退化的生态环境，导致全区有限的人口承载力难以适应现有人口的生存和发展。为维系区内众多人口的生存和发展，土地资源开发呈现出严重过度开垦养殖和超载放牧状态。区内全部现有耕地中，绝大部分是旱涝难保收的中低产田，水浇地和基本旱作农田只占耕地面积的25%；土地可持续纯收益下降，长期的超强开发和开垦养殖，导致区域内可利用的自然资源基本上处于满负荷运转，并呈持续退化状态。多年来，恶劣的自然环境已成为环京津地区经济社会发展的主要障碍。

（二）环京津地带的生态保护职能限制了其资源的开发利用

作为首都圈经济发展带的生态屏障和生态涵养区，环京津地区承担了过多的生态建设任务，从而导致该地区累积性的贫困。一方面，环京津地区为了保证京津水源供应的充足、清洁，大规模压缩工农业用水，关停了众多效益可观但耗水严重和排污标准偏低的企业。如张家口地区，为了节水同时保护水资源不受污染，关停、迁移了 300 多家企业，每年影响产值 100 亿元。仅在赤城县一地，全面禁牧、舍饲养殖就使当地农户年收入损失 5 000 万元以上。在承德潮白河流域，先后禁止的工业项目达 800 多项，造成每年损失利税 10 亿元以上。另一方面，作为京津的风沙源治理区，为保护京津大气环境而实施的封山

育林、退耕还林还草工程也使得环京津地区农民原来赖以增收的农牧业严重萎缩并蒙受巨大损失，造成大量富余的低素质劳动力闲置。在我国现有的行政管理体制下，由于无法有效实施生态补偿机制，导致环京津贫困带的损失无法得到补偿。这些损失实际上是保护压力型抑制的直接后果，究其原因就在于“国家要生态、地方要财政、农民要吃饭”，这三方面的关系难以协调，贫困问题难以解决。

环京津贫困带与京津之间存在着很强的资源环境和经济发展协调制约关系。从这个意义上来讲，环京津地区的贫困属于生态因素限制下的经济不发达状态，即生态型贫困。要制定解决该地区贫困问题的金融对策，就必须要从支持该地区生态建设的金融方案入手。

三、当前环京津贫困带金融政策支持的难点

（一）金融支持的提供者尚不明确

在当前我国大城市本位思想的影响下，类似京、津这样的大型城市从来都是政策倾斜与优惠的对象，整个首都圈生态资源分配仍以计划经济色彩浓厚的行政调控和行政命令为主。京津地区不仅生存、发展的需要得到了优先保障，在生态资源的使用、受益方面获得了一系列的环境特权。同时，资源的低价甚至无偿使用，使京津地区对环京津地区为保护生态环境所作的贡献和蒙受的损失缺乏必要的补偿观念。以水资源为例，北京目前人均占有用水量不足300立方米，还不到国际公认的缺水下限的1/3，为全国平均水平的1/8。天津也是典型缺水城市，人均水资源占有量为160立方米，为全国人均占有量的1/16，远远低于世界公认的人均占有量1 000立方米的缺水警戒线。显然，京津自有水资源远不能满足各行业生产用水和市民生活用水的需要。但事实是，多年来巨大的资源缺口并没有使京津的发展止步不前，因为它们有环京津贫困带的资源供给作保障。此外，在环京津地区进行生态工程建设以及由此衍生的失业人员社会保障、农村剩余劳动力转移安置等一系列问题上，京津方面多以旁观者自居，缺乏金融以及其他方面支持的积极性和责任感。没有责任就没有积极主动性，京津的资金供给也和其他社会团体一样有很强的随机性、随意性，这显然不能满足环京津贫困带水源改善和生态建设所需的长期、大量的投入。站在环京津贫困带的角度来看，无偿为京津地区保障水资源和生态环境只是地方政府的政治责任，难以形成长期稳定的可持续的机制。仍以水资源为例，环京津地带作为一个资源稀缺地区，水资源的缺乏本身就已成为该地区脱贫致富的羁绊。如

密云水库重要水源输入支流的白河、黑河均发源于张家口市张北县的东南山区。但为了保证密云水库有足够的水资源供应北京地区，张北县只能严格控制自身农业用水量。当地种植小麦一亩地年收入只有700多元，而种植蔬菜则每年能有4 000元以上的收入。但相对小麦、燕麦等抗旱植物来说，蔬菜被看做是高耗水的作物。所以尽管蔬菜种植是农民创收的经济增长点，当地也只能把蔬菜种植面积控制在18万~20万亩。原河北省省委秘书长张力曾经指出，张家口、承德地区为了保证向北京供应水源，10万亩水稻已经改成了旱田，“这些地区因是水源地，因此在这些地区没有很好地发展”。环京津地区的资源输出和生态保障是以牺牲其地区和居民的经济利益甚至生存权益为代价的，这势必会进一步削弱贫困地区优化产业结构、改善生态和促进就业的能力和效果，最终将使环京津地区陷入经济贫困、生态恶化、社会不稳定的恶性循环。

显然，在解决环京津地区贫困与生态的问题上，金融支持的提供者不能仅仅依靠环京津地区当地的金融部门。必须要在明确受益主体的基础上，打破行政区域界限，站在京津冀首都圈的高度建立统一的金融政策协调机构来提供金融支持。

（二）京津与环京津双方在支持目标上存在差异

现阶段我国的经济发展更偏重于行政区经济发展模式，环京津地带从行政经济区域上隶属于河北。但从生态环境划分，京津及其周边地区又处于同一生态环境区域。出于生态资源的需求，京津对于周边地区的兴趣点大多在维护生态环境、保证资源供应上。以京津为主导的环京津生态工程金融支持多聚焦于水源地涵养、风沙治理等方面，而对环京津地区为生态建设作出的贡献和蒙受的损失鲜有较完善的补偿方案。然而对于张家口、承德、沧州、保定等贫困地区来说，脱贫致富和发展经济乃是当前第一要务。由于这些地区获得的补偿很难弥补其治理生态所付出的代价，生态工程建设对环京津贫困带来说基本上都是“无利可图”的。以张家口市为例，该地有44%的区域划入了水源保护区。出于保护水源地的需要，当地严格控制大型工业项目和化工产业，并且关停了众多效益可观的企业。“张家口赤城县从1996—2002年，因未上马的项目损失利税10亿元”；“宣化老工业基地的萎缩、矿产采选业的滑坡和城市发展迟缓，都与所处的区位直接相关”；“在承德潮白河流域，迄今为止，先后禁止的工业项目达800多项，造成每年损失利税10多亿元。”（范军利，2007）生态建设与当地政府脱贫致富的经济目标背道而驰，当地金融机构的支持自然也不会有太高的积极性。一边要生态建设，一边要脱贫致富。由于京津与环京津地区在诉求点上存在差异，再加上跨行政区域的产业转移和经济金融协作受到限制，双方金融支持的落脚点很容易产生分歧。

因此，金融政策要想在支持生态建设的同时解决环京津地区的贫困问题，就必须突破行政区域角度的局限，将京津以及周边地区的不同诉求点协调整合成为一个整体目标，变外部问题为内部问题加以解决。

（三）金融支持政策的实施需要以建立生态补偿机制为前提

要想达到在治理生态的同时又能帮助生态保护区脱贫致富的目的，就必须想办法将当地产业和居民纳入金融政策的支持范围中来，让当地居民、企业通过建设生态来获得收益，从而提高地方生态建设的积极性。实现这一目标最简单的方法就是建立一个能够让当地居民实实在在获得利益的生态建设补偿机制。环京津地区的生态建设具有正外部效应，实质是向京津提供公共产品。为保障京津地区的生态安全，环京津地区在生态建设中作出了巨大牺牲，理应得到补偿。然而目前生态受益者少付费甚至不付费的情况严重损害了产品提供者的利益，明显有违社会公平。例如，为完成国务院关于21世纪初期（2001—2005年）首都水资源可持续利用规划的批复（国函［2001］53号）文件安排的35项工业点源治理项目规划内11 400万立方米节水改造任务，张家口市就需自筹64 160万元，占总投资的50.88%。另有虽未列入规划但可节水585万立方米/年的多个项目，尚需地方政府自筹投资36 513万元。如此重负对于下辖11个贫困县区的张家口市来说是难以承受的。密云水库从1960年到2000年共向北京市供水330亿立方米，其中承德市提供194.75亿立方米。1983年至2005年，天津市引潘家口、大黑汀水库水量123亿立方米，其中承德市提供的水量占82%。依据在该地区每立方米水在工农业生产中可能产生的经济效益估算，补偿标准应不低于0.4元/立方米，但实际上这些基本都是无偿供给，偶有补偿也存在标准极低、资金迟迟不能到位等问题。由于生态工程普遍具有周期长、耗资大、经济效益分配难以划拨等特点，处于同一生态区域的各方受益程度不易量化，生态补偿机制的建立存在着诸多困难，这就导致生态建设的市场机制效率极低，地方机构和居民在生态建设过程中的投入与产出明显不成正比，很难从中获得收益。由于商业性金融机构有着盈利性目标的限制，而支持对象又缺乏必要的收益预期，金融支持政策也只能是无源之水，无本之木。

可见，要想制定切实有效的一揽子金融政策来解决环京津地区的贫困与生态问题，就必须在给生态资源合理定价的基础上，建立完善的生态补偿机制，使生态资源拥有者能够通过生态建设获得可预期收益，即将生态资源资产化，从而达到生态治理与脱贫致富的双重目的。

四、金融支持对策的创新

（一）建立跨行政区域的金融协调机构

要从金融支持角度来考虑环京津地区的贫困和生态问题，首先要明确金融支持的提供者不仅仅是环京津地区或河北省的金融机构，还应该包括京津地区甚至是国家级别的金融机构。但在现行行政区划和金融体制下，京津及其周边地区虽然都属于首都圈生态经济区，但在金融协作方面却需要京津直辖市、河北省、环京津各贫困市县的多方参与，参与主体过多则势必会降低协作效率、增加协作难度、提高协作成本。因此，要从金融角度解决环京津地区贫困与生态的问题，可以考虑采取以所处生态环境为基础进行区域整合，建立一个首都圈跨行政区域的金融协调机构的办法。吴良镛（2002）曾从首都圈协调发展的角度迫切建议研究成立由首都规划建设委员会，国家计委、建设部和国土资源部等组成的有力的、务实的区域协调机构。张可云（2004）也提出了类似的观点，建议中央政府成立一个综合的区域管理委员会，并由它明确首都圈的范围，作为一级标准区域，制定与实施统一的发展规划与政策。因此，在当前条件下，从金融支持角度出发，建立一个跨行政区域的首都圈金融协调机构已经具备一定的理论基础。具体实践中，可以以现有金融机构中的一部分为基础，通过由京津地区金融机构向周边贫困地区金融机构辐射的方式，在京津与环京津的金融机构之间建立直接的政策传导途径，构建以京津地区的上级金融机构为核心、以环京津地区的金融机构为执行部门的松散联合体（跨行政区域的金融协调机构），从而促进环京津贫困带实现一体化发展规划。

（二）通过合理的资源定价实现生态资源资产化

由于目前环京津地区在改善贫困的问题上投入了较多精力，生态建设方面的积极性不是很高，中央财政若采取直接资金支持的方式很容易出现资金使用效率偏低或挪作他用的现象。因此，环京津地区的生态补偿机制，不能只靠提高税率、加大转移支付力度等手段来对生态资源的提供者进行简单补偿。要想提高环京津地区机构和居民建设生态的积极性，最好的办法就是将生态资源变为当地政府和群众的自有资产，通过建立完善生态资源的收益评估和损失核算体制，促使生态资源受益方对生态资源让渡方进行合理的资金补偿，从而使环京津地区能够通过对生态资源的建设和运作获得可观的收益，在改善生态的同时缓解环京津地区的贫困现状。要实现这一目的，首先，必须量化生态工程相关各方的收益和损失，通过征收污染税、水资源使用费等方式将生态资源使用方的一部分收益以财政转移支付的方式转移至生态资源的建设和保护者；其次，在对生态产权进行明确界定的前提下，以生态工程建设的预期收益为依据，建立科学合理的生态资源和生态环境建设投资定价制度，由易到难逐步将林权、水权等生态资源科学定价；最后，还要在法律上将生态资源认定为其拥有者的资产，为生态资产的市场化运作创造条件，如允许林权、水权等生态资源在市场上流通转让，接受政府或居民以生态资源作为抵押物在银行或其他信贷机构获得授信等，以此来达到吸引民间资本积极参与生态建设的目的。

（三）由政府出资设立环京津贫困带发展专项基金

由于生态建设提供的产品多为公共物品和准公共物品，具有投资规模巨大，建设周期较长，收益不高但正外部性很强等特征，私人投资一般无力或不愿意承担，只能由政府作为投资的主体，并逐步吸引扶植民间资本进入。根据这一特点，生态工程建设的融资渠道在初期必须以财政转移支付和政策性融资为主。为了提高资金的使用效率，以政府融资为主设立环京津贫困带发展专项基金。基金的宗旨在于筹集更多的资金，以优惠条件用于环京津地区的经济发展和生态治理。在实现本宗旨的过程中，基金主要应为促进环京津地区产业升级，发展风电、绿色农业、旅游业、服务业等符合生态保护要求的项目和计划提供信贷资金。基金的管理由中央及地方政府和金融机构分别聘请、派驻和指定专业的基金管理人才组成管理理事会。基金的全部权力归于管理理事会。理事会负责讨论并决定建设资金的拨付流向，并对资金使用的全过程实施监督。基金会在成立初期的性质是政府管理下的非营利组织。待到生态建设的市场经济机制逐步建立之后，基金会可以从政府部门独立出来，作为新型的机构投资者参与环京津地区生态建设。

（作者单位：中国人民银行石家庄中心支行）

河北省非法集资活动对辖内金融稳定的影响

林红家

近年来，随着民间资本的不断增多，非法集资、高利贷等地下金融活动开始日益活跃。一些不法分子利用银行利息偏低、股市风险较大的特点，抓住一部分老百姓急于让手中资金增值的心理，开始以高利率、高回报吸收公众存款，从事非法集资，并屡屡得逞。以河北省2008年为例，当年全省公安机关立案侦办涉及非法集资案件共计50余起，涉案金额达10亿余元，涉及受害群众近万人。这些非法集资案件扰乱了辖内正常的金融秩序，已成为影响区域金融稳定、社会稳定和经济安全的主要因素。

一、当前非法集资主要形式和特点

非法集资尽管形式多样，但都具有共同的特点，即募集资金没有合规审批；募集的资金往往在幌子的遮掩下被挪作他用；回避高风险，虚夸回报，用高收益承诺使弱势群体上当。在近年来所侦破和涉嫌非法集资的案件中，我们发现，非法集资案件逐步趋向于多行业、多形式、大资金、大规模、隐蔽性、专业性发展。

（一）多行业、多形式

从目前案发情况看，非法集资活动趋于向更多的行业发展，不再局限于房产、造林、养殖、医药等行业，出现了众多以电子网络、境外投资、环保工程、新兴能源、产品包装等高科技行业为平台的非法集资案件，甚至出现了以担保公司等准金融机构为平台，以银行承兑汇票等金融产品为对象的非法集资案件。如2006年查处的河北黎明集团邢台亚华担保公司就是通过设立担保公司进行的非法集资活动。2008年，河北省公安机关立案侦查的李娅等人非法集资案件和林娟名等人非法集资案件，均是以购买到高扣点的银行承兑汇票为诱饵，非法吸收公众存款。

非法集资者为逃避监管，其表现形式日趋多样，不断翻新，不断“改进”。吸收存款时他们大多以购置房产、发展养殖、植树造林、入股分工、认领股权、扩大再生产、扩建厂房等名义进行集资，并且大多免费提供一些公众容易接受和切实需要的服务项目。例如，有的雇用闲散人员在固定地点直接吸收资金，有的设立办事处方便公众存款，有的提供车辆异地交款，有的可以按照公众的要求指定开户银行用于返还利息。如石家庄2007年查处的华盛公司就是以厂房扩建为名吸收公众存款。为方便群众缴款，他们在石家庄环宇宾馆设办事处，雇用人员先后在新世隆等13个超市设非法吸收公众存款点，通过金融部门返还利息。

（二）大资金、大规模

从已经查获的非法集资案件看，受害群众个体损失少则数千元，多则几万元、几十万元甚至上百万元；涉案金额也不断增长，甚至出现了数亿元的案件。2006年，河北省立案查处了唐山和保定两起涉嫌非法集资案件，涉案金额分别高达1.4亿元和6.6亿元。2009年以来，河北省某著名房地产公司因涉嫌非法集资案件，引起了当地政府和人民银行的高度警觉，河北省和当地金融办针对该房地产公司的问题多次主持召开处置非法集资工作联席会议。据有关部门初步统计，在10%～30%年利率的诱惑下，其涉嫌金额可能高达数十亿元。

从受害群体数量和范围看，非法集资个案涉及的公众数量不断增加，动辄几千人甚至上万人。对象涉及社会各个层面，不仅以下岗失业人员、离退休人员和中老年女性为主，高学历高收入公众参与人数也逐渐增加。非法集资者不再仅仅局限于本市、本省范围内，往往通过设立办事处、分公司、代办站、代理商等形式，在多个省市、地区从事非法集资活动，给办案查处带来了很大的难度。2006年10月，由河北省公安机关立案侦查的某农业有限公司涉嫌非法集资案，参与投资者达到3 809人。该公司在不同省市分别设有代理商53人，负责当地的非法集资活动。该案涉及范围之广、规模之大可见一斑。2009年由公安机关密切关注和侦查的河北某房地产公司涉嫌非法集资案件，经过数年的“运营积累”，其参与的投资者甚至可能达到数万人，在一定范围内甚至出现了众人皆知，亲朋参与，相互介绍的恶性局面。

（三）隐蔽性、专业性

为打消集资者的顾虑，目前大部分的非法集资者的身份是真实、合法的。尤其是一些公司法人，具有从合法渠道取得的营业执照、税务登记、营业地点、经营项目等。公司有详细的章程，内部有严密的组织体系，各部门有明确的分工。如华盛公司，2003年2月20日在当地工商局正式注册，注册资金100万元，于2006年初正式投产，手续齐全。非法集资主体披上合法的外衣，对广大民众具有很大的欺骗性。

随着公众法律意识的增强和辨别非法集资活动能力的提高，加之公安和金融监管部门加大查处力度，非法集资者不再以简单的形式开展非法活动，其“专业化”程度不断提高。一是他们利用政府三年大变样、城中村改造和大力支持的绿色产业、生态产业、新能源以及市政工程为幌子，不再局限于小广告，而是“正大光明”地利用各种官方媒体进行广泛的宣传。他们还邀请名人代言，与“国外财团”签订合作协议。更有甚者利用一些领导干部打知名度，邀其前来视察和调研。如已经结案的秦皇岛鑫旺公司案和万里大造林案就是以国家生态保护为幌子进行非法集资。二是从业人员大多经过专业的培训，巧舌如簧，把集资行为说得非常美妙，与投资的群众签订相关的合同，提供所谓的保障。如某房地产公司“销售”人员承诺，投资者在若干年后可以拥有“房产”或者成倍返还投资本息，确保“无风险”，以此来说服投资者。已经查处的河北亿家房地产开发有限公司非法吸收公众存款案，是以销售虚构的“河北新闻大厦”收取购房定金给予高息的预定金补偿收益为诱饵，与社会公众签订河北新闻大厦商住楼预定协议书。同时该公司还以该项目为名，以与购房人签订合作建房协议的方式，骗取购房者的购房款。三是充分利用相关法律和规章的“保护”和漏洞。如有的非法集资者采取公证、担保等行为骗取投资人的信任；有的在大额资金往来过程中，采用分散账户、分散资金的方式逃避金融监管部门的监测；有的利用现代化互联网进行地下交易。

二、从目前案发情况来看非法集资的诱因

（一）资金需求和资金供给的不对称

非法集资之所以存在，说到底，也是不法分子与金融企业的一种利益博弈。非法集资的出现，从某种意义上讲，是不法分子在博弈中战胜了金融企业。因为，作为非法集资从一定程度上在资金需求和资金供给方面存在着不同于金融机构的畅通渠道。各地中小民营企业迅速崛起并得到了快速发展，对资金的需求量不断增大，但现阶段我国直接融资市场尚不完善，小额贷款公司、典当公司的资金支持能力仍然有限，银行在金融服务上又有所欠缺，大批中小企业、个人获得贷款的难度大、门槛高、手续繁，给了非法集资者一定的空间。在当前金融危机的形势下，有些大型企业生产销售能力下降，银行对企业的风险评估等级下调，不再向企业提供资金支持。很多企业铤而走险，走上了非法集资之路。这种大型企业的非法集资活动后果严重，更应引起高度重视。

（二）高回报率是误入非法集资陷阱的主要诱因

几乎所有的非法集资都打着投资的幌子，以高额的利益回报为诱饵。非法集资犯罪活动中，犯罪嫌疑人宣扬的是只要投入少量的资金就能获得高额回报，与下海经商、购买股票等相比，风险小，获利高。在犯罪分子的种种引诱下，人们受利益驱动，防范意识降低，从而参与到非法集资活动中。

（三）基层居民投资渠道狭窄、可投资渠道回报率低造成群众的投资误区

当前，我国银行存款利率水平较低，存款收益越来越少，从而刺激了人们进行投资消费。而股票、证券、基金、个人理财等业务，由于受门槛高、品种少，而且对专业知识要求高等因素限制，基层居民很难介入操作。一些企业和个人正是利用了老百姓有了闲钱急于找到合适的投资渠道的心理，许诺以高额的投资回报，进行非法集资活动。

（四）群众法制、金融知识匮乏是误入非法集资的重要原因

我国法律明确规定，非金融机构不能进行集资活动。但由于基层居民缺乏必要的法律知识，不能对各种形式的集资行为的合法性进行准确辨认，很容易受眼前“高额回报率”的引诱以及虚假“合法”外衣的蒙骗而盲目跟进，从而上当受骗。如上面列举的案例均因为它披上了合法企业的外衣，又用相应的国家政策进行了伪装，危害程度极大。

三、非法集资严重影响区域金融稳定

（一）非法集资对发生地金融秩序的影响。

第一，由于非法集资者通常都是通过吸收或变相吸收、诈骗等方式把社会公众的资金占有和转移，所以伴随着非法集资活动的发生通常会出现居民大量支取储蓄存款的现象，致使大量现金从正规金融机构转移，流入少数非法集资者手中，最终造成金融机构储源减少、存款下降、融资能力下降。县域和农村金融机构资金量少，资金集中，因此这方面的影响更为突出。第二，从非法集资犯罪案件看，大部分非法集资活动以支付10%～25%，甚至高达30%、40%的高息、红利或定期分配实物等为诱饵，使部分人参与到集资活动中。正是非法集资者许诺的这种高额回报，扰乱了金融机构的资金定价机制。第三，非法集资往往与洗钱犯罪相伴而生。其风险暴露后，金融部门通常要花费大量的人

力、物力和财力协助公安机关对非法集资进行认定和取缔，影响了金融市场的正常秩序。

（二）非法集资对发生地经济可持续健康发展的金融生态环境的影响

金融生态环境好坏制约着区域经济的可持续发展。非法集资资金大部分用于国家宏观调控限制行业或投资者盲目追逐的热点行业，盲目上项目，打乱地方经济发展规划，阻碍区域经济和社会的科学发展与和谐进步，在一定程度上破坏了区域经济可持续健康发展。

（三）非法集资对发生地社会安定团结的影响

非法集资活动参与者大多数是缺乏基本经济常识和法制意识的社会弱势群体，这部分人指望将多年积攒的血汗钱通过集资活动获取较大收益。当最终遭受到经济损失时受害群众往往情绪激动，甚至将矛头转向政府，从而激化一些社会矛盾，影响社会稳定。同时，非法集资易引发大规模群体事件的发生。处置非法集资工作情况复杂，涉及面广，政策性强，工作量大，存在困难较多，造成的经济损失难以及时挽回。集资群众往往通过集体上访等方式，寻求解决途径。一旦出现大规模群体事件，将影响政府形象和社会稳定。

四、防范和打击非法集资活动存在的问题

（一）非法集资背后反映的金融难题

一方面，大量的民间资本缺少广泛的投资渠道。目前，我国金融机构的创新能力还远远没有能够消化上千亿元民间资本的能力。规模庞大的民间资本总要找到一个出口，寻求利益的最大化。另一方面，民营企业尤其是中小民营企业融资已是老大难问题。在这种情况下，旺盛的融资需求与充足的资金供给自然一拍即合。据对辖内 50 多家中小企业主要管理人员的问卷调查，在企业的全部资金来源中，一半以上的资金来自所有者出资和企业内部积累，银行和信用社贷款分别仅占 3.1% 和 8.3%，民间借贷占 11.5%。据调查，在停产中的小企业中，51% 是因为资金短缺。这与中小企业对国民经济和社会发展的贡献极不相称有关。因此，解决民间非法集资问题，仅靠打压只是一时之策，从长远来看，还需要创造出更多的适合中小企业甚至个人融资贷款的新方式。

（二）防范非法集资法制宣传不到位

目前，对于防范非法集资的宣传还仅限于事件发生后的教育与警世，尚未形成长效的宣传机制。防范非法集资的宣传还未达到通俗性、普及性及长期性的统一，尤其是对社会一些弱势群体的宣传力度和效果还远远不够。从目前情况来看，这部分群众是非法集资活动中的主要受害者，而且这部分群众的相关法律知识最为薄弱。

（三）金融、工商管理、司法部门以及非法集资单位等各方面存在信息不对称的问题

目前金融、工商、司法等相关部门对于非法集资活动的信息沟通、协作机制尚未建立，对相互沟通各自掌握的相关信息还处于相对被动和保守的状态，这种状况对于及时、准确地收集非法集资活动信息带来一定难度。

五、有效防范和打击非法集资活动，努力维护辖区金融稳定的政策及措施

有效防范和打击非法集资活动，应该协同社会各方面的力量，统筹政府、媒体、个人等层面的风险防范、处置和教育工作；以政府的作用和力量引导和规范民间融资活动，加强非法集资活动的监测；以各种媒体加强宣传教育，以个人作为防范活动核心，从而起到良好的防范乃至根治非法集资活动的成效。

（一）加强对民间借贷等融资活动的规范和引导

对于非法集资，政府和金融监管部门不可谓不重视、不监管。但是，这种只堵不疏的做法，要想遏制非法集资是很难的。因为民间的资金没处去，企业的资金没处来，非法集资就有基础。要想彻底解决这一问题，不仅要堵，要规范，更要疏，要引导。一是进一步完善相关法律法规，规范民间借贷行为以及确定非法集资行为的界定标准。二是进一步建立健全对民间借贷的监测制度和监测体系。三是合理引导民间融资。如积极稳妥地发展小额民间借贷组织和担保机构，规范抵押、评估等收费标准，积极倡导正常、健康的民间投融资方式，以有效缓解中小企业融资难问题，杜绝非法集资活动。四是正确引导和支持小额贷款公司及典当公司的业务开展，有效改善中小企业融资难的问题。

（二）相关管理部门应建立信息收集反馈机制

公安、工商、金融监管、财政、司法等相关部门应建立并加强信息沟通、案件移送、联合调查等协作机制，积极拓宽疏通信息收集渠道，加大对非法集资活动信息的收集和分析力度，及时、准确地获取深层次、预警性情报信息，力争将非法集资活动消灭在萌芽时期。

（三）加强宣传教育，增强社会公众法律意识，拓宽居民投资渠道

通过各种新闻媒体，加大法制宣传力度，引导和教育广大群众了解和掌握政策、法律、法规，正确认识参与非法集资活动的风险和危害性，增强风险意识和自我保护意识，从根本上抵制非法集资活动。同时，正确引导和规范民间资本的合理流动，积极拓宽居民投资理财渠道，倡导正常、健康的民间投资方式，使社会公众自觉抵制非法集资。

（作者单位：中国人民银行石家庄中心支行）

人民银行基层行维护金融稳定若干法律问题的思考

白 倩

《中国人民银行法》赋予了中国人民银行防范和化解金融风险，维护金融稳定的职能。同时，基于制定和实施货币政策、维护支付体系的安全和履行最后贷款人的职能，中国人民银行也具有承担维护金融稳定的天然职责。维护金融稳定是中央银行履职的重要内容之一，而依法履职是对现代行政权力的基本要求。本文立足于人民银行基层行维护金融稳定实践中遇到的法律问题，通过对金融稳定释义及其人民银行基层行维护金融稳定微观职能的分析，详细阐释了人民银行基层行维护金融稳定法律缺失及人民银行基层行尤其是市县支行在维护区域金融稳定中由于法律缺位所面临的履职难题，并有针对性地提出对策建议。

一、金融稳定释义

中国人民银行认为，金融稳定是指金融体系能够有效发挥其关键功能的状态。在这种状态下，宏观经济健康运行，货币政策和财政政策稳健有效，金融生态环境不断改善，金融机构、金融市场和金融基础设施能够发挥资源配置、风险管理、支付结算等关键功能，而且在受到内外部因素冲击时，金融体系整体上仍然能够平稳运行。

具体来说，金融稳定是一个系统的、全面的金融体系稳定，而不是个别金融机构的稳定，也不是金融业某些部门的稳定。系统性金融风险一旦爆发则可能危及经济、社会甚至政治稳定，美国次贷危机引发的全球经济金融危机就是一个很好的例证。这场由美国次级抵押贷款违约剧增、信用紧缩引发的危机，短短一年多时间就扩展到欧洲主要国际和新兴市场经济体，最终形成全球性金融危机。

由此可见，人民银行金融稳定工作具有较强的系统性、前瞻性、复杂性和综合性，不仅涉及银行、证券、保险、信托等各类金融机构，而且覆盖整个金融市场；不仅要处置金融风险，更要建立预警机制和修正机制；不仅是单纯的技术工作，还具有相当的社会和政治敏感性，是理论与实践、经济与社会、与法律相结合的综合性工作。

二、人民银行维护金融稳定的现有法律框架和法律缺陷

（一）现有法律框架体系

金融稳定工作是一项新生事物，工作复杂，涉及面广，“横不到边，纵不到底”，且往往没有现成的经验可供参考和借鉴。金融稳定工作的复杂性对人民银行基层行依法履行金融稳定职责提出了更高的要求和更新的挑战。但人民银行维护金融稳定的现有法律规定仅散见于《中国人民银行法》、《银行业监督管理法》、《商业银行法》等相关法律条文中，且多为宏观和原则性的粗线条规定；而较为细致的微观履职依据大都是规范性文件，效力层次不高。人民银行基层行金融稳定工作由于缺少专门的、高效力层次的、具有可操作性的微观履职规范，在具体履职实践中，常常由于法律规定缺失或不健全影响及时、有力地维护辖区金融稳定。

（二）法律缺陷

1. 金融稳定概念掌握和理解困难。金融稳定内涵丰富，至今缺乏统一定义。欧洲中央银行认为，金融稳定是指金融机构、金融市场和金融基础设施运行良好，在遭到各种冲击时仍能维持储蓄向投资的有效转化状态。中国人民银行认为，金融稳定是指金融体系处于能够有效发挥其关键功能的状态。随着我国法制建设的不断完善，法制观念不断加强，金融稳定工作同其他工作一样，只有在健全的法律法规框架内才能更好地开展。《中国人民银行法》从法律上明确了人民银行维护金融稳定的职能；人民银行新“三定”方案，明确了总行金融稳定局的职责。总行金融稳定局对分行及省会城市中心支行的金融稳定职责作出了指导性规定，但具体到基层县支行并没有明确的工作目标，致使人民银行基层行开展金融稳定工作也没有严格的制度规范为依据。

2. 现行立法不健全，细节不够完善。一是主体法比较系统、操作细节不完善。如《中国人民银行法》赋予了中国人民银行维护金融稳定的职能，但其规定过于原则、抽象，至今无配套法规的支撑，缺乏可操作性。加之，日常的具体监管职能从人民银行分离出去后，人民银行维护金融稳定的职能上升到宏观的防范、控制系统性金融风险层面上来，而人民银行基层行如何操作，如何监管，还没有相应的法律条文规定，这就加大了人民银行基层行依法维稳的难度。

目前，人民银行基层行可供操作的货币政策工具主要包括再贴现、再贷款、窗口指导等。但从实际情况看，因再贴现、再贷款业务手续烦琐，审批环节多，企业对此缺乏信心。金融机构也更加倾向于通过同业拆借、转贴现等方式来融入资金，造成再贴现、再贷款业务极度萎缩，甚至多年未发生。窗口指导是人民银行基层行近年来使用最多的货币政策工具，但由于它是一种道义劝告，任何“指导意见”不是“指令”，对商业银行约束和激励作用较弱，传导逐级弱化，贷与不贷，贷多贷少的决定权在商业银行手中。由于人民银行基层行真正可操作的业务不断萎缩，人民银行基层行难以准确把握稳定工作的切入点和突破口。主要风险考核指标界定不清，外部监测信息采集困难，造成人民银行基层行对金融稳定具体业务操作性较差。二是从金融监管上看，某些方面还存在着法律真空。如金融机构风险监测工作，现只是依托总行开发的金融风险监测系统，评估与预警工作在县（市）支行还是空白，有待加强；存款保险制度尚未建立，市场化的风险补偿机制有待完善。更重要是金融风险处置协调机制有待完善。虽然市县两级都建立了金融风险协调机制，但是这种机制只是形式，没有发挥它的真正作用。应该把这种机制纳入法律法规框架之内。监控体系不健全。人民银行基层行处于防范和化解金融风险的最前沿，是辖区金融风险的直接监测者，但人民银行自上而下还没有形成一套完整的风险监测、预警机制，人民银行基层行只能凭借以往的监管经验对风险状况、程度进行粗略的判断、识别。这种落后的工作方式削弱了其风险防范力度，不能及时有效、科学准确地反馈风险信息，难以适应日益发展的金融形势要求。

3. 人民银行行政执法弱化导致金融监督不力。一是监管职能分离出去以后，人民银行的监管职能弱化，执法不严和执法机制的低效率助长了金融机构的违法经营行为。金融机构违法违规后，重大案件移交司法机关处理。一般案件，如某信用社违规吸收存款，高息揽储，违规放贷等，金融监管部门对其处罚无非是罚款。这样的机构不在少数，违规受罚，罚了再犯，屡教不改。金融监管行政执法存在被动、消极和事后监管的倾向。二是市场经济是法制经济，金融监管的方式应该主要依靠法律手段。法律体系是金融机构监管制度的主要保障和归结点。把监管工作建立在严密、系统的法律法规之上，使监管工作依法进行，并以此保障监管的行为的权威性、严肃性、强制性和统一性，这既是有权监管金融机构维护金融稳定的要求，也是中央银行维护金融稳定的最大目标之一。而我国目前并没有形成一套严谨、有效、灵活的金融机构市场准入、退出的法律机制。如典当行挂靠、退出和小额贷款公司的准入，都深深烙上了行政印记。因此，应当以法律的形式明确金融机构市场准入、退出的条件和程序，明确金融机构合并、分立、破产清算的形式、条件、程序及法律后果等，最大限度地保障债权人合法权益，维护金融稳定。三是监管的错位也是人民银行不能更好维护金融稳定的一大阻力。错位之一：两大基本职能失衡。银监会成立后，金融监管职能从人民银行分离，执行货币政策和维护金融稳定成为其两大基本职能。货币政策的目标是保持币值稳定，并以此促进经济增长。实现这一目标的主要手段是对基础货币进行调节，通过控制货币供应量，对经济活动实施间接干预。维护金融稳定职能是对金融机构实施国家所赋予的必要监管职责，达到保护存款人的利益，维护公众对金融体制的信心，防范金融风险的目的。其手段主要是通过风险监测、必要的监管检查等对金融机构进行约束。两项职能本应是相辅相成、相互促进的。但在当前外部经济环境并不宽松、法制环境并不完善的今天，尽管两项职能集中于人民银行一身，但实际上都使人民银行不得已而充当了金融机构的“保姆”的角色。一旦金融机构出现风险，人民银行不得不以最后贷款人的身份提供资金救助，实际上是被迫增加货币供应量，进而对货币政策产生影响，使两大职能相左。作为货币政策的执行者，同时又是最后贷款人的中国人民银行，在处置金融风险上，不仅要帮助金融机构解决头寸不足，给予救助，甚至要在关闭清盘债务清偿时提供资金。从我国已处理的金融机构风险案例看，无论是托管、接管、行政关闭还是破产，风险损失的最后承担者要么是国家，要么是地方政府，要么是人民银行，实际结果往往是人民银行承担最后贷款人和救助者的责任，而这笔救助资金只能来源于人民银行增发的货币，从而打乱了货币政策的正常决策和实施。错位之二：人民银行被倒逼。现阶段作为中央银行的人民银行担当最后贷款人的职能行使的方式，一是人民银行直接贷款援助。二是由人民银行授意，组织大银行发挥最后融资者的职能。三是人民银行担保，帮助有问题银行渡过难关。目前无论采取何种方式，对极少数风险金融机构实施拯救主要还是体现在最后的贷款人手中，采取的方式也主要是直接贷款救助。这样，在处置危困金融机构负债风险过程中极易出现倒逼机制，迫使人民银行为解决金融机构的风险问题，即使在货币投放量过大经济环境处于通货膨胀压力的情况下，也不得不增加货币供应量，从而导致金融新的不稳定，进而加剧经济的动荡。从中国的国情看，人民银行在行使最后贷款人的职能时，其决策依据往往还不是有问题机构是否会引发系统金融风险，而是该机构倒闭是否会导致社会不稳定。也就是说，当人民银行向资不抵债的机构提供再贷款用于兑付自然人存款以保证社会稳定时，人民银行在一定程度上代替财政履行了维护社会稳定的公共职能。这种最后贷款人职能错位与稳定价格的潜在冲突是不容忽视的问题。

因此，国家应尽快适应金融深化和金融创新的需要，修改或出台相关法律法规，使这些法律法规既能涵盖所有的金融业务，又具有严密性、配套性和协调性，使金融体系在法律框架下，逐步走上良性循环经营体制。

4. 建立市场机制的具体法律不完善。金融法律的不完善使法律无法跟上金融市场化的发展趋势。按照现行法律规定，银行业金融机构不得违反规定提高或者降低利率以及采用其他不正当手段，吸收存款，发放贷款。在金融开放和利率市场化的前提下，利率管制趋于放松，最终实现利率市场化。按照贷款定价机制金融机构不仅可以按不同的贷款对象自主决定贷款利率，而且可以在一定程度上通过协商制定贷款利率。这就可能出现竞争的无序性，进一步加大了引发金融风险的程度。如何将金融机构的这一市场行为纳入法律范围，使之法律化，规范化，也是亟待解决的问题之一。其次，信息共享难建立。新的《中国人民银行法》出台后，人民银行基层行的工作重心已由具体实务向宏观调控转变，需要加强与地方政府有关部门如财政局、国资委、税务局、工商局、统计局、建设局等经济主管部门沟通联系，及时了解不同行业的相关信息，以便于对辖区金融稳定状况的监测。然而人民银行的业务特点决定其与地方有关单位及企业部门联系少，相关的信息共享机制建立难，各部门对于人民银行部署的工作不是敷衍了事就是不予理睬，加大了人民银行基层行履行金融稳定职能的难度。另外，金融稳定涉及金融机构、金融市场、监管当局以及地方政府有关部门等多个方面，而目前人民银行基层行的协调机制极易导致各方在维护金融稳定中的职责不清、履职缺位。再次，数据资料难采集。风险监测是金融稳定工作的一项重要的基础性工作，也是人民银行县支行在金融稳定工作方面的重点具体工作。监管职能分离后，各金融机构除必要的统计数据资料外，很少向人民银行报送报表和资料，导致人民银行基层行采集的金融机构经营状况、资产质量等数据不完整、不及时，难以准确判断区域金融稳定状况，更无法有效发现风险和防范风险。

5. 相关的法律规定不细致。随着金融业务经营自主化、市场化的发展，潜在的金融风险需加以防范。我国现行银行业信息披露还很不充分，这不利于银行业的外部监管。要加强对银行业金融机构经营活动进行监督，必须以法律的形式要求银行业金融机构增加经营的透明度，确保金融平衡运行。

6. 缺乏前瞻性法律规定。随着高新技术的迅速发展，金融创新也在迅猛发展，如网上银行成为网络经济发展的重要支持。然而，现存的金融法规中缺乏对网上银行业务管理的相关法规，对网络金融的监管尚未确定基本的原则和架构，使网络金融成为监管的“真空”。如小额贷款公司这一新兴金融产业，现也处于监管的“真空”，人民银行适度宽松货币政策，对于小额贷款公司而言，由于没有监管部门监管，难以有效引导其贷款投向。小额贷款公司是由自然人出资设立的公司制企业，其公司性质决定其经营的驱利性，致使他们重自身利益而轻全局利益，贷款发放完全根据客户需求情况自行决定，导致其业务开展容易脱离宏观调控政策约束，有可能向一些不符合国家产业政策和国家限制的行业、企业发放贷款，一定程度上弱化了国家宏观调控政策效果。

三、建议

（一）完善金融监管法律法规体系

系统清理现行的金融监管法规，完善金融监管法律结构；补充制定新的金融监管法律法规，如存款保险制度立法和金融机构市场退出立法，金融机构信息披露以及风险监管过程中对金融机构采取早期纠正措施的法律规定等。由于金融稳定涉及经济的各个层面，人民银行作为国务院的组成部门负责金融稳定的协调工作，必须站在整个社会经济全局开展工作。这项工作涉及整个社会的各个方面，建议制定金融稳定法，把维护金融稳定上升为国家意志和全体公民意志。同时国务院及其人民银行也应跟进法规规章制度以及操作规程的建立，保证人民银行基层行在宽松的法制环境下开展金融稳定工作。具体到人民银行县支行，应当在上级行的指导下建立详细的金融稳定操作规程，形成较为规范化的工作程式。

（二）金融监管方式要向侧重于法律依据转变

由于受传统思维的影响，我国金融监管长期带有较强的主观色彩，轻视法律约束。因此，实行金融监管，所有的经济手段和行政手段的运用都必须依法使用。首先，法律是以国家强制力作为后盾的，它可以使金融监管措施落到实处，做到令行禁止。其次，依法监管具有规范性。依法监管的规范性不仅表现在它严格、具体、明确地规定了市场参与各方可以做什么、应当做什么、不能做什么，而且明确规定了金融活动参与各方行为规则的效力范围和违反法律的法律后果。因此，国家应尽快适应金融深化和金融创新的需要，修改或出台相关法律法规，使这些法律法规既能涵盖所有的金融业务，又具有严密性、配套性和协调性，使金融体系在法律框架下，逐步走上良性循环经营体制。

（三）重新疏通维护金融稳定监管机制

依据国内金融业发展的现状及国际金融的新趋势，及时做好金融法规的废、改、立工作，完善其他相关法律法规，赋予人民银行更广泛的监管权。

（四）建立健全金融稳定组织的协调机制

金融稳定是一项复杂的系统工程，单靠人民银行和有关金融部门的力量很难达到预期的效果，它需要全社会的共同参与和支持。因此，有必要以法律的形式界定社会各方面的责任和义务，构筑法律形式组织协调机制。

（作者单位：中国人民银行石家庄中心支行）

浅谈集中代收付系统的风险与防范

苏 烨

随着我国经济的快速发展，电子信息技术在金融领域的广泛应用，支付服务市场呈现出新的趋势和变化：传统的支付工具向电子化方向发展，非现金支付工具得到广泛应用，支付服务组织向多元化、市场化方向迈进，支付工具功能不断创新，个人支付结算需求、农村支付服务需求增加等。这些都对支付结算工作产生了重大影响。为适应支付结算领域的新发展，集中代收付系统也就应运而生了。

集中代收付系统是指各收付款单位与集中代收付中心连接，其发生的代收付业务都由集中代收付中心经小额支付系统转发给商业银行的业务系统，是由人民银行批准建设、为各类企事业单位及个人提供跨行跨地区代收代付各类费用的现代化资金清算平台。该系统主要办理两项业务：一是代收业务，即定期发生的扣款业务，如代收电费、水费、通信费用等各类公用事业收费；其业务特点是单个收款人同时向多个付款人收款。二是代付业务，即定期发生的付款业务，如代付工资、保险金等；其业务特点是单个付款人同时付款给多个收款人。

集中代收付系统作为跨行支付的重要渠道，具有交易量大、单笔金额小、处理集中、适用范围广等特点，所以一出现就在支付领域中引起了一场不小的革命。2006 年，西安银行电子结算中心率先运行，集中代收付业务在支付领域得以应用，起到了降低市场主体交易成本，方便市场经济活动；丰富清算服务市场主体，促进清算服务市场发展；规范市场秩序，提高银行整体服务；促进商业银行中间业务发展，实现多方共赢的作用。随后在其他省（市）支行，集中代收付中心也相继成立，到 2009 年 9 月，全国有 13 家集中代收付中心。业务发展较快的陕西省、浙江省及云南省三省的日均处理业务量达到 2.5 万笔，占全国小额支付系统日均处理业务量的 3.6%。

河北省集中代收付系统于 2009 年 9 月 8 日建成运行，集中代收付业务在全省才刚刚起步。在积极推动集中代收付业务拓展的同时，对集中代收付系统风险的研究和防范也刻不容缓。

一、集中代收付系统的风险

正如其他支付工作一样，集中代收付系统在业务处理过程中，在各个处理环节都存在一定风险，都会有差错和案件发生的可能。而且因为集中代收付系统的业务特点，一旦出现风险，影响面非常大，社会反应强烈。作为新兴支付工具的通道，我们必须在集中代收付系统建成运行之初就要加强对其风险的研究和控制，保证集中代收付业务在全省协调、稳步、健康发展。集中代收付系统潜在的主要风险：

（一）操作风险

入网单位（与集中代收付中心签订入网协议，并办理入网手续，委托集中代收付中心代为处理收付款项的企事业单位）、集中代收付中心、商业银行作为集中代收付系统的参与者，因为工作人员操作不当造成业务不能正确处理，给企事业单位、集中代收付中心、商业银行和个人造成不必要的经济损失。

1. 企事业单位操作风险。集中代收付业务的入网单位在办理集中代收付业务时，应准确编制业务支付信息，因为支付信息一旦进入集中代收付系统，就会变为资金的支付指令。支付信息不准确，就意味着业务的发起源有问题，会造成业务的错误处理，从而使企事业单位之间或与个人之间造成不必要的经济纠纷，影响企事业单位资金的周转与使用效益。入网单位的操作风险主要表现在：（1）支付信息的编制不完整、不准确。（2）发起支付信息指令不唯一，重复发起。

2. 集中代收付中心的操作风险。集中代收付中心是否能完整、准确反映入网单位的支付意愿，是否对入网单位的非正常业务进行有效控制，是集中代收付业务健康发展的关键环节。集中代收付业务的支付信息是通过集中代收付中心向各银行传递的，所以，支付信息是否能真实反映各方参与者的意愿非常关键。

集中代收付中心的操作风险主要表现在：（1）对入网单位的支付信息指令进行人为修改。（2）对入网单位的支付信息指令重复发送。（3）业务处理结果不能真实准确地反馈至入网单位。

3. 商业银行的操作风险。商业银行对集中代收付业务数据信息处理的准确性和及时性是集中代收付业务健康发展的根本。

商业银行在处理集中代收付业务时的风险环节主要表现在：（1）对集中代收付中心发出的支付信息进行人为修改。（2）对集中代收付中心的支付信息进行人为干预，如对授权扣款协议的核验。(3) 对支付信息重复发送。(4) 对集中代收付业务不能及时处理，超过业务处理时效要求。

（二）道德风险

集中代收付系统的参与者——入网单位、集中代收付中心、商业银行的从业人员可能因为私欲而铤而走险，窃取客户资金。主要表现在：

1. 入网单位操作人员编制虚假支付业务信息。
2. 入网单位操作人员私自变更收款账户，窃取代付单位资金。
3. 集中代收付中心操作人员私自修改代付业务收款人账户信息。
4. 商业银行操作人员私自修改代收付业务的收款账户信息。

（三）运行风险

1. 网络风险。来自网络的风险可以归结到两个方面：一是电信营运商通信线路、设备的故障或者集中代收付中心网络设备故障。二是非法入侵者通过网络攻击手段窃取、篡改关键信息或者传播病毒。

2. 机房风险。主要指摆放主机及网络设备场地环境的风险，包括监控系统、门禁系统、空调系统、防水系统、自动灭火系统、UPS 系统、强电系统、防雷系统、除尘系统、人员管理等。

3. 主机风险。主要包括硬件故障，包括计算机性能的不稳定、计算机零部件的老化、容易受到电磁干扰等；操作系统和应用系统漏洞，如逻辑错误、后门、逻辑炸弹；维护管理漏洞，包括操作系统用户的管理，权限的设置，数据库的访问控制，系统日志的清理，系统和数据库的备份，系统变更等。

4. 人员风险。人员风险是计算机系统的一个重大隐患，主要表现在两个方面：一是技术人员故意或者蓄意破坏系统，导致系统故障或者部分功能异常的风险；二是由于相关人员的技术水平不高导致错误操作或者未能及时发现、处理系统故障的风险。

二、防范集中代收付系统风险的措施

集中代收付系统的风险防范是一项非常重要的工作，防范风险是为了保证集中代收付业务的健康发展。不发展是最大的风险，防范风险不是阻挠发展，而是为集中代收付业务的发展保驾护航。集中代收付系统的参与各方都应该清醒地认识到这一点。

（一）规范操作，加强监管

集中代收付系统的参与各方应严格遵守集中代收付业务的相关制度，按制度要求进行规范操作。人民银行要加强对系统参与者支付清算纪律的监督和检查，对于存在问题的参与方，要通过警告、限期整改、通报批评直至强令其退出支付系统等措施进行相应处罚。

（二）提高思想认识，纠正认识偏差

集中代收付业务信息在没有进入集中代收付系统之前，与资金是完全分离的，而一旦进入集中代收付系统，就变成了支付信息，是资金的流动。集中代收付业务的参与各方对此要有充分认识，保证信息的准确、及时传递和处理。

（三）严格控制准入环节

在客户准入环节，集中代收付中心应严格审核入网企业营业执照是否经过年审、费项与其经营范围是否相符、预计业务量与其经营情况是否相当等情况，确保入网企业质量。

（四）合理分工，强化岗位制约

入网单位应对操作用户严格管理，严禁一手清。禁止集中代收付中心的操作人员、商业银行操作人员修改支付信息。加强业务的复核与授权管理。

（五）提高业务处理的自动化水平

入网单位、集中代收付中心、商业银行应根据业务的实际情况提高业务处理的自动化水平，减少人工处理环节。人工操作少了，业务处理的自动化程度高了，操作风险和道德风险就能得到有效的控制，如集中代收付中心业务操作应与企业数据分离。集中代收付系统的交易数据由企业操作人员编辑直接发送至集中代收付中心进行处理，应做到全程电子化运行。集中代收付中心业务人员不应接触企业数据，不应有编辑、修改企业业务数据的权限。

（六）强化员工管理

注重对员工的心理研究，把提高员工的政治思想素质放在重要位置，加强社会主义道德观教育和金融服务理念教育，确保所有员工思想健康，政治素质过硬。

（七）建立健全运行维护机制

1. 加强运行监控，提高风险预警能力。通过实施全面实时的运行监控，对集中代收付系统信息技术资源进行全面、自动监测，及时掌握系统的运行状况；建立规范化的运行维护流程，实现系统应用软件的自动化升级处理；提高系统运行风险预警能力，发现异常情况及时预警，最大限度地实现系统故障的自动化处理。

2. 强化网络安全管理。网络安全对于集中代收付系统极其重要，要采用 IP 加密机、防火墙、防病毒、入侵检测和漏洞扫描工具强化系统网络安全；技术人员应每小时一次对所有的集中代收付中心的网络设备进行巡检，着重观察设备的表面温度、有无异常响声、各接线是否有脱落、是否有告警的红灯或者不正常的指示灯闪烁等故障提示信息，并在维护日志上登记，确保故障处理的及时性；定期扫描集中代收付系统局域网内的所有 PC 机；仅允许专门的 U 盘接入集中代收付系统局域网；定期检查病毒库的升级情况；每天分析入侵监测系统的事件，发现重大问题立即报告后台人员核查，以保证网络运行安全。

3. 加强对机房的管理。制定机房进出管理制度；机房应配备先进的预警联动系统、指纹识别系统、监控探头、两台供集中代收付系统不间断运行的 UPS 等；定期对机房专用空调进行全面检修；技术人员通过对系统机房的日常巡检，检查机房运行环境，发现安全隐患及时处理。

4. 强化主机安全管理。集中代收付的核心系统在主机上运行，保障主机的安全稳定运行至关重要。在主机冗余上业务系统应采取双机热备份，即备机辅助主机运行，由于主机硬件异常或主机操作系统损坏等原因造成集中代收付业务停顿时，主机系统应能立即切换到备机业务系统上运行。在主机硬件方面和应用软件方面，应及时查看相关资料确定硬件之间或软件之间是否有兼容性问题等潜在安全威胁。平时做到细致分析、善于总结、及时汇报、专家评审、审慎实施等措施保障系统更安全稳定的运行。出现问题，系统管理员分析主机异常原因并解决问题，尽快恢复双机正常运行，保障业务的不间断处理。

5. 加强对系统的维护管理。制定完善的系统维护制度。值班人员对系统 24 小时连续监控，每小时对机房所有硬件设备进行一次巡查，核心技术人员每天对系统进行三次深度检查。定期备份系统和数据库，定期检查备份介质的有效性。对系统维护人员上机操作使用的用户和口令严格管理。重大系统变更需要至少两个维护人员在场。定期备份和清理系统日志。外来人员未经批准不得接触主机。相关的备份数据和介质实现安全存放、异地存放、多副本存放。

6. 提高技术维护人员的技术水平。定期或不定期地组织技术培训，组织自学和交流，提高技术维护人员的日常维护能力。

7. 强化系统数据安全管理。集中代收付中心应建立数据备份中心，健全数据备份管理制度，保障系统运行数据、合同协议库数据的安全。建立集中代收付业务风险防范机制，制定并实施识别、计量、监测、评估和管理风险的制度与系统。

（八）建立健全应急处理机制

制订系统应急处置预案，强化应急工作。明确岗位职责，做好应急准备。使网络等备用设备随时处于准启用状态，确保系统运行事故一旦发生，业务仍能不间断处理。建立应急和灾难备份系统，加强应急培训和演练，提高突发事件的快速应对能力。

（作者单位：中国人民银行石家庄中心支行）

个人征信中消费者隐私保护法律问题研究

高宏业

一、引言

对于公民的合法权益给予保障，是法律体系运行应当达到的效果。隐私权作为公民的基本权益，应该予以保护。但征信业不可避免地会触及个人隐私。如贝隆和斯坦顿所指出的，所有信用信息分享机制必然会使部分隐私曝光①。本研究专注于个人数据，主要是基于多数实行隐私保护的国家，重点都是保护个人而非企业的隐私权，对于分享个人数据的限制大于分享企业数据的限制。

二、个人征信中消费者隐私保护立法的国际比较

早在20多年以前，国际组织已认识到了对个人信息数据提供适当保护的重要性。1980年经济合作和发展组织（OECD）颁布了《个人数据隐私和跨境流动保护指导原则》。1981年，欧盟理事会颁布了《个人数据保护协定》。当今国际比较，个人信息收集和隐私权保护可分为美国为代表的立法模式和以德国为代表的立法模式。美国模式看重交易自由，认为牺牲一些隐私是融入并享受信息经济应付出的代价，采取分散立法模式。对个人信息的保护，美国宪法、联邦法规、判例法各有各的保护方式、各有各的侧重点。欧洲大陆模式则看重人格尊严，认为在充分保护隐私权的基础上才能收集和使用个人信息，采取统一立法模式。而且，欧盟的数据保护法令只是设定了隐私保护的最低基本标准，并不阻止单个的欧盟国家对征信机构的活动实行更严格的限制条款。总体而言，欧洲国家对消费者个人的隐私保护最严格，美国对个人的隐私保护程度则相对较低。当然，在对消费者隐私权保护的具体制度设计方面，美欧也有许多共性。多数国家均是通过对征信过程中各个环节的严格把关来实现隐私权保护的，具

① 约翰·M. 贝隆，迈克尔·斯坦顿：《综合信用报告的价值：美国的经验与教训》。

体体现在对征信范围、征信方法、信息的使用目的和公开范围、个人商业信用信息共享的限制、法律救济的规定中。

(一)信用信息内容方面隐私保护的立法比较

1. 关于敏感信息的限制。各国的民族传统和文化背景不同,对敏感信息的内容没有统一的界定。但国际上普遍认为,应当特别保护个人敏感信息。保护的手段有禁止或限制采集及禁止披露个人敏感信息。例如,欧盟法令规定,除非当事人明确同意,不得披露有关种族、民族、政治观点、宗教或哲学信仰、健康或性取向等个人信息。

拉美国家对敏感信息也作出了特别的法律规定。阿根廷规定,为法定公共安全的目的或出于统计和科学研究的需要,在不透露个人身份识别信息的情况下,可以采集、分析个人敏感信息。智利规定,在法律或数据主体授权或为数据主体健康或发放医疗福利的目的,可以采集个人敏感信息,包括医疗信息。

美国虽然允许采集个人敏感信息,但规定这些信息不得用于信贷决策。例如,《公平信贷机会法》禁止放贷人因借款申请人的性别或婚姻状况而拒绝发放贷款。另外,该法律规定禁止在个人信用报告中披露个人的敏感信息,包括种族、民族、政治观点、宗教或哲学信仰、健康或性取向。

2. 关于正面信息的采集。按照信用信息对信用的影响作用,信用信息可以分为正面信息和负面信息。正面信息主要包括:提供贷款的日期、数量、到期日、担保、抵押类型、还款历史记录等。正面信息可以在防止过度负债、提高信用报告预测能力等方面发挥很大作用。但是采集和共享正面信息会引起隐私保护主义者的质疑,因为这些信息与债务人的失信行为无任何关联。因此,征信机构获得正面信息往往较为困难,特别是对个人而言。法国和日本的信贷信息系统不包含个人信贷的正面信息。澳大利亚①、巴西、丹麦(在丹麦,收集的数据还必须满足一些附加条件)和芬兰等国家的征信机构也只能收集和报告负面信息。

3. 关于负面信息的保存期限限制。负面信息的披露可以使征信业发挥失信惩戒机制的作用。每个国家对于负面信息的定义是不相同的。但是人们普遍认识到,负面信息不应永远对消费者个人造成不利影响:人人都应该有改过自新、重建信誉和社会地位的机会。因此大多数国家对信用报告中历史数据的年限都

① 在澳大利亚,放贷机构不得报告贷款日期、最高贷款金额、当前贷款余额、授信额度等类似正面信息。法律允许放贷机构报告曾在该机构借过款的借款人名单,但该条款很少使用,因法律同时要求放贷机构在借款偿还或销户 45 天后,必须将借款人的姓名从名单上删除。任何情况下,除非发生逾期,不得报告任何借款信息。

作了限制性规定（见表1）。

表1　部分国家负面信息保存期限比较

国家	负面信息内容和保存期限
美国	迟付或逾期的历史信息最长只能保存7年，破产信息只能保存10年
西班牙	迟付或逾期贷款的信息只能保留6年
智利	有关经济、金融、银行和商业债务的信息，从应付之日起只能保留7年。如果债务得到了偿还，3年后将删去负面信息
阿根廷	做法与智利类似，但限制性更强，负面信息只能保留5年，如果债务得到偿还，时间可缩短到2年
巴西	时间限制为5年，包括征信报告
墨西哥	贷款偿还后，有关负面信息可以保留7年。有关超过10万比索贷款的信息可以无限期保留
欧盟	对时限作了原则性规定，要求保留数据的时间符合采集数据的目的
比利时	偿还拖欠贷款1年以后，系统会自动删除对应的不良记录；偿还违约贷款的信息要在2年后被删除。不管债务的类型和债务人的财务状况如何，任何登记信息在数据库保存时限最长不超过10年

对于负面信息而言，需要考虑以下问题：一是违约记录应保持多久。二是在偿还贷款后，应不应该删除原不良记录。这两个要素与征信系统对于失信行为的“宽恕”程度密切相关。如果征信系统保留永久记录，那么逾期还款的欠款人即使偿还了贷款，也没有机会退出黑名单。这虽然会促使借款人努力争取按时还贷，但他们可能事先就对借贷谨慎有余。发生违约后，他们开展新的经济活动的机会就会很小，因而也不大可能偿还旧债。如果系统记录保存时限过短，对借款人的纪律约束性就不强，征信系统对贷款人提供的信用跟踪信息就很有限。因此，征信系统在制度设计上需要在这两个极端之间设置适当的存储记录时限，使系统的“宽恕”空间恰到好处，即在约束借款人的同时又给他们提供纠偏的“第二次机会”。

在美国，征信公司可以无限期保留消费者个人的信用记录，但信用报告所含信息的时期，则受到限制。美国1971年颁布的《公平信用报告法》第605节规定了禁止征信机构向信用报告使用者提供的信息。这些信息包括：10年以上的破产信息，或7年以上的任何民事诉讼、民事判决、被捕记录、缴纳欠税滞纳金记录、被追收或被冲销坏账负面记录①（刑事犯罪记录不受7年时限的限制）。

① 超过15万美元的贷款或保险交易，或年薪超过7.5万美元以上就业申请的信息，不受上述约束的限制。见美国国会15第1681c。

拉美国家（除墨西哥外）规定信用报告所含信用记录只能保留短短的几年时间，特别是当债务偿还后。这在一定程度上影响了征信系统的价值，削弱了征信促进信用文化建设的作用，特别是对地下经济、逃税及规避其他义务等问题仍较严重的拉美国家而言。

（二）信用信息采集和使用方面隐私保护的立法比较

为在征信活动中充分保护数据主体的权益，各个国家都在信用信息的采集和披露环节上制定了相关的法律规定，以保证征信业在合理的范围内活动（见表2）。

表2　各国征信业有关信息采集和使用的法律比较

	信息采集方面		信息使用方面		与隐私保护有关的法律
	知情同意	明确同意	许可目的	主体授权	
美国	×	×	✓	×	《公平信用报告法》等17部法律
英国	✓	×	×	✓	《消费者信用法》、《数据保护法》
阿根廷[①]	—	—	✓	×	《个人数据保护法》
智利[②]	—	—	✓	×	《自然数据保护法》
秘鲁	—	—	×	×	《私营征信局和个人数据保护法》
哥伦比亚	—	—	×	✓	没有
墨西哥	—	—	×	✓	《征信局法》、《透明度和信息使用法》
加拿大	×	✓	×	✓	《电子商务和数据保护法》
巴西	×	✓	×	✓	没有
德国[③]	×	✓	×	✓	《联邦数据保护法》
法国	×	✓	×	✓	《信息、档案和个人权利法》
意大利	×	✓	×	✓	《意大利隐私法》
日本	×	✓	×	✓	《个人信息保护法》
泰国	✓	×	×	✓	《征信业务法规》

注：✓表示“是”；×表示“不是”；—表示“未知”。

① 阿根廷《数据保护法》第五条规定数据当事人应书面授权或以其他类似方式授权，但第26条又规定，如因数据当事人的商业和借款活动，征信公司提供或发布个人信用数据无须获得数据当事人授权。

② 智利规定，提供或发布公共信息数据库有关个人经济、金融、银行或商业的数据或为直接回复商业信函或商品或服务直销，无须得到消费者的事先授权。智利的数据保护法允许在未经借款人同意的情况下，提供有关借款人的负面信息，但禁止征信公司处理正面信息。

③ 在数据保护法公布之前，各征信机构也都制定了保护消费者权利的政策，最主要的内容是从非公共机构获得消费者信息时，要取得消费者的书面同意。

1. 对信用信息采集的限制——“知情同意”和“明确同意”。在信用信息的采集方面，为了尊重征信的数据主体的隐私权，大多数国家规定：除个别情况外，原则上征信机构应事先征得消费者本人同意。按照对隐私权的保护程度的差别区分，同意原则可以分为“明确同意”原则和“知情同意”原则①。“明确同意”一般是指征信机构在采集消费者的信用信息时必须获得数据主体的书面授权。欧洲议会 1998 年 10 月开始实施的关于“个人数据的处理和传播方面的个人保护”方面的《隐私法令》中规定，要获得个人的信用档案需得到其本人的明确同意。但是，实际操作时要求数据收集机构及用户每次收集、使用他人信息时都要征得当事人的明确同意不太现实。因此，一些国家由“明确同意”改采“知情同意”原则，即信息收集者在收集信息时，无须取得消费者同意，但应该不断地向当事人通报有关他们的信息的主要用途和次要用途，使当事人有机会对其数据的使用表示同意或不同意。如果当事人在知情后的合理期限内没有反应，则视为同意。

英国长期以来实行的隐私保护标准不如欧盟的法令严格。英国《数据保护法》只对敏感数据需要“明确表示同意”，而对一般数据只需简单同意，不要求获得事先的书面授权。

美国在这方面的规定最为宽松，其商业信用征信机构（美国称信用局）收集消费者个人信用信息是主动的，不需要取得消费者的同意。大多数授信机构也会将消费者的不良记录主动提供给信用局。

“知情同意”既能使消费者对自己的信息进行控制，也可避免侵犯个人隐私权。“明确同意”会增加数据采集的成本。如果每收到一条新信息都要通知当事人，而部分个人数据是按月甚至更快的频率更新的，这会给征信机构带来很大的负担并增加法律上的不确定性。所以除了法国等少数国家以外，其他国家大多采用了“知情同意”原则。

2. 对信用信息披露的限制——“许可目的”和“主体授权”

在信用信息的披露方面，特别是在个人信用报告的使用上，多数国家都确立了“严格目的限制原则”。如英国《数据保护法》规定：只有为特定的合法的目的，才能持有个人数据，使用或透露个人数据的方式不能与持有数据的目的相冲突。然而，“严格目的限制原则”只是一个必要条件。征信机构合法提供信用报告或信用数据还必须经过“主体授权”，即取得数据主体的书面同意。这是各个国家比较通行的做法。

欧盟的《数据保护法令》规定，个人数据的使用仅限于合法的目的，需得

---

① 黄萍：《个人信用征信制度中的信用权保护》，载《世界标准化与质理管理》，2005（9）。

到数据主体的明确同意。甚至有些欧盟各成员国的某些规定更加严格。葡萄牙规定：征信机构在收集或出售某个人的任何信用数据之前，均需得到数据主体的同意，而且其许可可以随时撤销[①]。在法国，不仅每次将个人数据录入数据库时必须经本人书面同意，而且每次发布信用报告时必须再次取得本人的书面授权，这不仅增加了征信机构的采集成本，也阻碍了该国私营征信局的发展[②]（Jappelli 和 Pagano，1999），实际上私人征信机构在法国找不到生存的空间。

美国与欧洲或其他国家相比在信息使用上环境更为宽松。美国倾向于通过提高消费者信息的透明度来减少银行体系的风险，维护公众对金融体系的信心。只要符合“许可目的”（Permissible Purpose）的人，如债权人、保险商、雇主和房东，即可购买信用报告[③]，即隐含了可能会出现没有当事人（数据所有者）明确允许的情况。美国《公平信用报告法》中规定的可使用信用报告的许可目的，是指由消费者本人发起的、自愿的各种交易，包括贷款、保险、求职申请。这样的制度设计和宽松的信息数据保护环境极大地促进了美国个人征信业的发展。

（三）启示

1. 各国隐私保护立法的多样性，对征信业的发展产生了不同的影响。立法上对隐私给予充分、适度的考虑既保护了消费者合法权益，也间接地服务于经济效率。而过度的隐私保护则会限制数据采集和传播，增加信息采集和分析工作的成本，降低征信业的效率。

2. 正确认识并处理好隐私保护与信息对称的关系，对于征信体系建设至关重要。虽然信息对称与隐私权的保护之间有不可避免的矛盾和冲突，但通过周密、完善的制度设计完全可以协调两者的关系，在尊重和保护消费者隐私权的前提下，使征信业得到快速、健康、持续的发展。因此，征信立法必须在个人信用信息公开和消费者隐私权保护两者之间寻求最佳平衡点。国际上成熟市场国家在隐私保护方面的经验和做法对于我国征信立法有着重要的借鉴意义。

3. 建立适度的失信惩戒机制。征信系统中对负面信息的保留时限各国做法不尽相同。目前，我国征信系统中对负面信息的保留时限，以及贷款偿还后不良记录是否删除尚无明确的法律规定。从国际经验看，征信系统对负面信息保存时限太短会影响征信系统的价值，降低征信系统促进按时还款的作用。较长

---

① 参见《商账追收是个大买卖》，载《征信机构 Chain's Chicago Business》于，1996－11－18，15页。

② Jappelli，Tullio and Marco Pagano（1999a），“Information Shareng，Lending and Defaults：Cross－country Evidence”，University of Salerno：SCEF Working Paper No. 22.

③ 参见 Daniel B. Klein：《信用信息报告》，2～3 页。

时间的保留消费者信用历史，有助于加强信用文化的建设，增强偿还意愿。尤其在我国对债权人的权利保护相对弱、执法不得力的情况下，对借款人的纪律约束的必要性比其他国家就显得更为迫切。因此，在制度设计上我国征信系统的负面记录保留时限相对长一些，以促进大众信用意识的尽快提高。

三、我国个人征信中消费者隐私保护立法现状

近几年，在中国人民银行等相关部门的大力推动下，我国征信业步入快速发展的轨道。但由于市场经济还不完善，市场结构还不成熟，公民隐私保护意识淡薄，现行立法还没有形成完整的法律保护体系，公民隐私权无法得到有效、全面保护。在当前的征信实践中，信用报告查询、异议处理纠纷日益增多，征信诉讼案件频出，暴露出了立法滞后问题的严峻形势。目前身份证件被冒用已经成为我国征信活动中身份盗窃案件的主要形式之一，我国已经发生多起身份证被他人冒用办理贷款的案件。根据中国人民银行征信中心 2008 年对 6 家全国性商业银行的调查，因信用报告不准确引发的诉讼案件从 2005 年开始逐渐增加。2005 年至 2008 年发生的 118 起诉讼案件中，涉嫌身份伪冒、办理虚假贷款或信用卡的案例占 36%，是引起诉讼的第一大原因。引发这类侵权事件的主要原因可以归结为我国的个人隐私保护的法律缺失及监管存在漏洞。

（一）现行相关法律对隐私权的保护

我国《宪法》规定了公民的人格尊严、住宅、通信秘密权不受侵犯；《刑法》、《民事诉讼法》、《刑事诉讼法》和其他一些行政性法律法规从刑事、民事、行政责任、程序等角度对公民隐私权的保护作出了规定。对于商业、技术秘密的保护，《民法通则》、《商业银行法》、《合同法》、《商标法》、《专利法》以及其他相关的法律法规也都有规定。但从总体看，多数法律条文及司法解释中涉及隐私保护的内容还不完善、不具体，没有形成完整的法律保护体系，不利于对公民隐私权全面、充分的保护。

（二）征信立法对消费者隐私权的保护

1. 征信法规。目前我国还没有出台全国性的征信法规，这使得个人征信数据的采集和应用、界定个人信用数据的开放与保护个人隐私的关系等方面没有明确的法律依据。早在 2002 年我国就启动了“征信管理条例”立法工作。经过几年艰难探索，“征信管理条例”已经列入了 2009 年国务院立法工作安排中的一档项目，2010 年有望出台。

2. 地方性征信法规。一些地方出台了地方性征信法规。例如，2002 年 1 月 1 日起实施的《深圳市个人信用征信及信用评级管理办法》和 2004 年 2 月 1 日起实施的《上海市个人信用征信管理试行办法》是国内两部最早以政府令形式发布的规定个人信用征信的政府规章，在一定范围内为个人征信业务的开展提供了依据。

3. 部门规章。2005 年中国人民银行公布了《中国人民银行个人信用信息基础数据库管理暂行办法》，简称 3 号令，是关于个人信用信息管理较为权威的一部行业规章。该办法对个人信用信息的报送、查询、异议处理、安全管理都作了明确规定，并且对违反该办法规定的行为制定了相关罚则。如第五条规定，中国人民银行、商业银行及其工作人员应当为在工作中知悉的个人信用信息保密。第十三条规定，除对已发放的个人信贷进行贷后风险管理之外，商业银行查询个人信用报告时应当取得被查询人的书面授权。但由于 3 号令属于部门规章，仅对人民银行和商业银行报送个人信用信息具有约束力，对公民隐私权还不能起到全方位的保护作用。

四、几点建议

随着我国征信业的迅速发展，加强对消费者隐私权的保护显得尤为迫切。加快征信立法，对信用信息的采集、使用及信息主体权利作出明确的规范，形成一系列完整的征信法律体系，成为我国征信业发展中所必须解决的问题。为此建议：

（一）加快征信立法，在保护消费者隐私的前提下促进征信业健康发展

参照各国立法实践，征信法律的建设都是从规范征信数据的开放和使用入手的，同时保护个人隐私的原则又贯穿征信法律的始终。当前，在立法内容上应明确以下三个方面：一是要明确政府机构信息公开的办法、内容、范围和具体方式，为征信机构能够公平、方便地使用政府的信息资源创造制度保障。二是对涉及个人隐私、商业秘密和国家安全的信息内容给予明确的界定并制定相关的保护措施。三是出台征信行业的管理规定，对征信机构，特别是个人征信机构采集和使用信用信息的行为进行规范。

（二）正确处理隐私保护与信息共享的关系

征信立法中不能过于强调隐私保护而阻碍个人征信体系的建立，也不能只强调信息对称而损害个人的合法权益。在处理隐私保护与信息共享的关系上，

建议遵循三个原则：（1）社会政治及公共利益原则。个人隐私原则上受法律保护，但如果涉及社会政治及公共利益，就要区别对待，以后者为先。（2）权利协调原则。两者发生冲突时，应进行适当协调。通过较小范围内公开隐私，以满足知情权的需要。（3）人格尊严原则。涉及某些个人隐私时以不伤害其人格尊严为目的。此三项原则对正确处理隐私权与信用信息公开具有重要理论意义。建议我国在上述原则和理论的指导下，借鉴国外先进国家的立法经验，结合本国实际，设计详细而周密的个人信息公开和隐私权保护制度。

（三）设计符合国情的信用信息采集和披露制度

在我国征信业发展的初级阶段，当务之急是解决信用环境不佳，征信机构信息来源渠道不畅，服务成本高，生存发展困难的问题。因此，征信立法在确定隐私边界的问题上本着国家利益和社会利益优先的原则，在信息的采集上建议除个别情况外，采用“知情同意”原则；信息披露方面建议借鉴美国的做法，即对数据的使用权根据是否具有“许可目的”而确定，以尽可能地给予征信机构宽松的发展空间，降低采集、披露信息的成本，扶持征信机构做大做强，尽快改善社会信用环境，适应当前经济社会发展的需要。

（四）修改现有相关法律、行政法规或规章，促进信息共享

在我国，征信数据广泛分布在银行、公安、税务、财政、海关、公用事业单位及司法机关。由于现有的一些法律、行政法规或规章中都有比较明确的保密条款，个人信用信息数据不能随意对外提供，与征信所需的信息公开原则造成了冲突，使信息在部门间相互割裂，共享和公开困难。以信贷信息为例，《商业银行法》规定，“商业银行应保障存款人的合法权益不受任何单位和个人的侵犯”。但是什么是合法权益，并没有明确界定，这对于个人信贷信息的征集、使用造成了难以逾越的法律障碍。要使个人信用数据开放，就有必要修改目前的金融法律，对数据开放和银行的保密义务作出平衡。如规定银行在何种情况下可以开放客户数据、开放的范围、目的、方式以及如何限制其处理和传播，尤其是在消费者个人的知情权保护方面要作出明确规定。建议对涉及个人信用信息的相关法律、法规、规章进行梳理，在保护消费者隐私的前提下进行修订、完善，防止由于规定不明确造成对信息的过度保护，阻碍个人征信业发展。

（作者单位：中国人民银行石家庄中心支行）

危机启示篇

金融危机背景下加大政策性金融支农力度的实践与思考

李 玉

2009年以来，面对严峻复杂的经济金融形势，我行认真贯彻落实党中央、国务院关于应对国际金融危机的一系列重大决策部署，围绕省委、省政府“保增长、扩内需、调结构、惠民生”目标要求，在总行党委的正确领导和人民银行石家庄中心支行、河北银监局等有关部门的大力支持下，进一步加大支农力度，特别是加大中长期信贷投入，为促进全省经济企稳回升发挥了积极作用。在当前不确定性因素仍然较多，全省经济企稳向好的关键时期，如何进一步加大信贷支农力度，强化风险管理，巩固和发展应对金融危机取得的成效，努力实现全行科学发展，是摆在我们面前的一个十分现实和紧迫的课题。

一、化危为机，增强应对国际金融危机的信心和决心

在当前形势下，只有全面客观分析面临的挑战和机遇，才能进一步增强工作的主动性、针对性和有效性，才能不断巩固和扩大应对国际金融危机取得的成效。

2008年下半年以来，受国际金融危机影响，企业经营困难加剧，财政增支减收因素增加，金融领域潜在风险增大。一是企业经营更加困难，违约风险增加。特别是棉纺及其他外贸出口型农产品加工企业受到较大冲击，一些企业出现经营亏损，部分企业面临破产倒闭。在严峻形势下，出现企业道德风险的概率增加。二是政府融资平台性质的贷款潜在风险有所加大。河北省财政实力雄厚的市县部分为资源依赖型财政，受国际金融危机的影响较为直接，加上其他增支减收因素，使地方财政状况有所趋紧，政府偿债能力有可能减弱。三是利润空间趋窄。2008年以来多次降息，且利率仍有下降可能，利差进一步缩小；客户因经营困难而出现欠息和贷款损失的概率增大，银行盈利能力受到制约。

在分析困难和挑战的同时，更要看到面临的有利条件和重大机遇，进一步坚定做好农业政策性金融工作，促进全省农业农村经济平稳较快发展的信心和决心。一是党中央、国务院始终把“三农”工作作为全党工作和政府工作的重中之重，相继出台了一系列强农惠农的政策措施。特别是十七届三中全会对农

村改革发展做了全面部署，明确提出“拓展农业发展银行支农领域，加大政策性金融对农业开发和农村基础设施建设中长期信贷支持”。这不仅为我行改革发展指明了方向，也为我行更好地履行职能创造了有利的政策环境。二是中央实施积极的财政政策和适度宽松的货币政策，并于2008年年底相继出台了10项扩内需、保增长和金融促进经济发展的30条政策措施，把农业农村基础设施建设和农村民生工程等领域作为投资重点，这为我行业务发展带来了难得的机遇。2009年国务院又出台对纺织、外贸、农村流通等行业的扶持政策，必将促进相关行业摆脱困境，这将有利于改善我行的客户基础，培育新的业务增长点。三是为应对金融危机，加快农业强省建设，省政府出台了继续下大力气抓好项目建设、保持农业稳定发展、深入推进城镇面貌三年大变样、进一步加大财政增收节支工作力度、进一步发挥好金融对经济的支撑作用等一系列重要举措，特别是出台了开工建设一批水库除险加固工程和南水北调中线主体及配套工程、污水处理工程、新建改建一批农村公路、培育一批农产品加工产业集群等一系列支农措施，这为我行更好地履行农业政策性信贷支农职能提供了广阔的空间。

总之，农发行作为唯一一家农业政策性银行，既面临前所未有的挑战，又面临前所未有的机遇。我们务必坚持政策性银行的办行方向，进一步增强危机感、使命感和责任感，保持清醒头脑，把困难估计得更充分一些，把应对措施考虑得更周密一些，把各项工作做得更扎实一些，化危为机，抢抓机遇，加快发展，防控风险，努力把业务发展与全省新农村建设紧密结合起来，在大力促进全省农业农村经济平稳较快发展中实现自身业务的科学发展。

二、强力支农，促进科学发展

（一）以支持粮棉油收购为重点，着力巩固发展主体业务

支持粮棉油收购，确保粮食安全，既是我行履行农业政策性银行基本职责的具体体现，也是我行的传统主体业务。在当前复杂的经济形势下，各级行应进一步增强政策意识和大局意识，始终把支持粮棉油收购放在突出重要位置，努力做强做大主体业务。应大力支持国家和地方粮棉油储备体系建设，切实增强国家对粮棉油市场的调控能力。积极支持小麦最低收购价收购，进一步改善金融服务质量，保证国家指定企业按最低收购价收购小麦的信贷资金需求，确保国家惠农政策落到实处。积极支持中央储备粮直属企业、龙头加工企业和优质粮食购销企业多渠道入市收购，确保粮食购销活动平稳有序开展。严格执行棉花收购贷款上线和贷款风险控制线政策，全面推行“点包放款、仓单质押、

库存赎回、第三方监管”信贷管理方式，积极支持棉花收购。

（二）以非经营性中长期贷款项目为重点，切实加大对农业基础设施建设的支持力度

非经营性基础设施建设项目，以财政资金作为还本付息的来源，既体现了项目的公益性、运作的商业性，又有效地规避了一般商业性贷款所面临的信贷风险，还有利于发挥农业政策性信贷资金的支农作用。为此，应将非经营性中长期贷款作为我行今后业务有效发展的重要增长极，重点支持符合国家产业和区域发展政策、省市政府关注、对当地农业和农村经济发展影响较大、还本付息来源于省市级或财力雄厚的县级财政的非经营性中长期贷款项目。同时，还应根据当地农业和农村经济发展的需要，在防范风险的前提下，大力支持在支农惠农方面有较大影响的经营性中长期贷款项目。根据国家促进经济增长的10项措施，结合河北省实际，应将农村路网、水网、电网、信息网“四网”建设作为营销重点。重点支持城乡路网建设以及公路改建工程项目，促进县、乡进一步扩大公路容量，提高公路等级和通行能力，促进县域经济发展。重点支持财政支持、公益性强、影响力大的大中型骨干行洪河道、重点蓄滞区防洪工程建设，进一步提高防洪保安能力。除支持风电项目外，还应积极支持农业排灌电网改造及新建、扩建、改造变电站和输电线路等项目工程，建设“结构合理、技术先进、安全可靠、运行灵活、标准统一、经济高效”的现代化农村电网。积极支持互联网与电视、电话“三电合一”工程，进一步完善农村各类信息基础设施。

（三）以支持产业化龙头企业和加工企业为重点，着力提升农业产业化水平

实施“龙头企业＋基地＋农户”、“龙头企业＋农民专业合作组织＋农户”等产业化模式发展，是推进农业产业化、规模化、集约化的根本出路。当前，河北省正深入推进农业结构战略性调整，着力培育优势突出、特色鲜明的产业带，构建现代农业产业体系。各级行应大力支持农业产业化龙头企业，促进企业生产高附加值产品，提高市场竞争能力。重点支持一批附加值高、市场前景好、抗风险能力强、惠农富农、辐射和带动作用明显的农产品精深加工企业，提高深度转化能力，促进产业结构优化升级。通过支持精深加工，逐步在全省形成以邢台、秦皇岛为代表的南、北两大淀粉加工聚集区，以邢台、邯郸和廊坊为代表的南北两大面粉加工聚集区，以石家庄、廊坊为代表的粮油加工聚集区，以石家庄、沧州、邢台为代表的棉纺加工聚集区，以张家口、承德为代表的马铃薯、稻谷、燕麦等薯类和杂粮精深加工聚集区等，充分发挥规模效应，促进农业产业化水平不断提高。此外，还应积极支持农村流通体系建设以及农业生产资料的流通和销售，支持农林牧副渔领域内潜力大、前景好的农业小企业发展，切实缓解农业小企业融资难问题。

（四）以实施绿色信贷为重点，积极支持农业生态建设

河北人口众多，资源相对贫乏，特别是水资源严重短缺，生态环境脆弱，承载力低，资源环境问题已成为制约河北省可持续发展的“瓶颈”。我行应立足河北经济社会发展实际，按照总行政策规定，积极实施绿色信贷政策，通过发放农业科技、农村基础设施、农业产业化龙头企业等贷款，加大对生态保护、生态建设和绿色产业的支持力度，促进地方经济与生态环境建设的可持续发展。积极支持农业科技研发和成果转化，围绕畜牧、果品、蔬菜和食用菌四大产业和农业生物技术、信息技术、设施技术和农产品精深加工技术等八大领域，重点支持列入国家和省政府重点推广计划的农业科技成果转化和产业化项目，提高农业科技水平，促进农业产业结构优化升级。积极支持良种开发、培育和推广，重点支持优势特色农产品良种的研发和繁育，特别是有政府补贴的良种繁育项目，促进农产品更新换代和农产品质量、产量全面提高。针对全省水少、地少、林少、人多的“三少一多”情况，积极支持“畜禽养殖—沼气—种植”及水资源循环利用、工厂化水产养殖和循环水再利用、生物质产业等项目建设，促进循环农业发展。

三、防控风险，促进稳健发展

风险管理能力是现代银行的核心竞争力。特别在当前应对国际金融危机的大背景下，更应进一步树立现代风险管理意识，推进风险文化建设，完善风险管理架构，建立高度敏感的风险管理系统，将风险防控贯穿于信贷管理的各个环节，严控新的不良贷款发生，大力清收盘活处置不良贷款，确保实现不良贷款“双降”目标，促进业务稳健发展。

（一）严格落实贷款“三查”制度

贷前调查应加强行业、产业分析，深入分析借款人及关联企业情况，力求做到客户信息真实可靠，防范行业性、系统性风险。认真做好信贷审查和贷款担保法律审查工作，推行法律人员参加贷款审议制度，严防操作风险和法律风险。严格贷款支付环节的监督。对已审批通过的贷款，在没有满足发放条件前，不能在系统上签发贷款支付。各级行领导、客户部门和会计人员应严格落实大

额贷款支付和现金支取的合规性审查。加强贷后管理。客户部门作为贷后管理主体，应与后台部门通力协作、密切配合，切实解决重贷轻管问题。加强对企业达产率、财务状况、现金流、物资流、货款回笼率等情况的监测，密切关注企业第一还款来源。全面实施贷款管理尽职记录，动态反映客户经理日常贷款管理内容、质量、效率和尽职程度，进一步增强信贷人员尽职尽责意识，规范信贷业务操作，促进规章制度落实，提高信贷监管和风险防控水平。对实行多元化经营的集团性客户，原则上不对其母公司进行整体授信；确需整体授信的，报总行进行评估授信。严守授信集中度底线，重视风险集中度管理，积极运用银团贷款方式，分散大额贷款风险，防范多头授信、过度授信。进一步明确办贷、管贷各个环节的责任。贷后管理开户行负第一责任，开户行行长作为第一责任人，主管客户的副行长作为“风险经理”，都应切实担负起各自责任，及时对贷后管理各项措施的落实情况进行监督检查。

（三）切实加强风险监测和处置

充分利用 CM2006、人行征信系统等，加强对企业风险信息的监测预警，及早采取措施防患于未然。认真落实省分行《贷款主要风险点排查处置操作指引》，按照信贷操作流程和信贷管理要求，重点查找贷款发放到贷后管理 10 个环节的 80 个风险点，及时有效、有针对性地防控贷款风险。认真落实省分行《关于进一步加强对客户贷款及回笼货款使用情况监测管理的通知》，从资金投放和货款回笼两个重点环节加强贷后监管，确保贷款专款专用。尤其应密切关注集团客户，防止其利用关联企业通过非公允交易变相挪用信贷资金，或流入股市、期货和房市。认真落实省分行《信贷风险监测处置管理暂行办法》，明确信贷风险监测、处置人员。采取上级行监督下级行，风险经理监督风险执行经理和客户经理、非现场监测与现场检查、县级支行适时动态检查与市级分行重点检查有机结合起来的方法，努力构筑全方位的风险监测防控体系。及时发现、提示、排查、控制和化解信贷风险。

（三）进一步创新担保方式

如何防范借款企业挪用贷款、转移资产、悬空逃废银行债务的道德风险，一直是困扰银行的一个难题。特别在当前国际金融危机影响的背景下，企业经营困难，企业的道德风险有可能进一步凸显。为有效防范企业法定代表人和股东个人的道德风险，我行积极探索，大胆创新，摸索出一条有效防控企业道德风险的新路子，即在认真落实各项信贷管理制度和措施的基础上，制定实施了《企业法人代表及主要股东个人为贷款提供担保管理办法》，其核心是变企业法定代表人及主要股东个人的有限责任为无限连带责任。这一做法受到总行的充分肯定，并在全系统推广。同时，河北银监局也将这一做法编发各市银监分局。各级行应继续坚持和完善该管理办法，进一步细化流程，规范操作，抓好落实，认真总结经验，不断完善提高，有效防控风险。

（四）强化逾期贷款管理

逾期贷款是不良贷款的前兆，各级行应高度重视。要认真落实省分行制定的《贷款逾期处罚暂行办法》，坚持风险防范关口前移，逾期即罚，以罚促收。以客户为单位，每新发生一起逾期贷款，分别不同程度地扣发所在市县分支行领导班子成员每人每月部分绩效工资。次月不能足额收回的，继续扣发，直至足额收回为止。形成不良贷款前收回的，全额返还；形成不良贷款的，不再返还，并严格按不良贷款问责办法进行问责。各级行应认真落实省分行《贷款到期前风险排查和处置暂行办法》，及早发现并处置风险隐患，严防新的逾期贷款发生。

（五）大力清收盘活处置不良贷款

进一步加强组织领导，制定并落实不良贷款清收预案，集中力量、上下联动、多措并举、合力攻坚。区分不良贷款占用情况，灵活运用行政、经济、法律、减免表外欠息、贷款重组等多种措施，采取一类一策、一企一策、一笔一策的原则进行盘活清收。尤其要抓住当前优势企业兼并落后企业成本较低的有利时机，鼓励关联产业、上下游企业联合重组，实现一体化经营，努力盘活不良贷款。集中开展不良贷款清收竞赛活动，大力推进不良贷款清收。全面推行不良贷款问责制。建立“管放管收、责权明确”的信贷风险管理机制，进一步加大对不良贷款的问责力度。对新发生的不良贷款，在查明原因的基础上，除免责的以外，均按规定严格责任追究，切实增强风险防控责任。

（六）着力优化金融生态环境

促请政府有关部门严厉惩处违反农业政策性信贷资金使用管理规定，挤占挪用农发行信贷资金、逃废农发行债务的企业，使其不想为、不敢为。市县政府应认真落实好粮食行政首长负责制，积极为农业政策性金融支持收购创造有利条件，维护全省粮食安全、农村稳定和农民增收。各级行应把信贷资金安全与贷款项目审批结合起来，对金融环境好、政府和企业诚信度高、对农发行工作积极支持与配合的地区予以信贷倾斜，相反的地区要从信贷计划上从严控制，以此促进地方政府高度重视金融生态建设，为农发行加大信贷投放力度、稳健发展业务创造优良环境。

四、统筹兼顾，促进全面协调可持续发展

（一）处理好发展业务与防范风险的关系，切实提高发展质量

发展必须是科学的发展。应牢牢把握科学发展这个主题，深入贯彻落实科学发展观，抑制规模扩张冲动，摒弃传统发展模式，树立新型发展理念，追求质量、规模、速度、效益相统一的发展。要保持冷静头脑，把加快发展的激情与科学求实的态度有机结合起来，坚持全行一盘棋思想，站到全省、全行业的高度，谋划发展格局，明确发展重点，防控行业性、区域性和系统性风险。切忌各自为政、一哄而上，盲目支持低水平、规模小、效益差的项目。充分运用现代风险防控技术和金融工程理论，有效控制新增风险，实现有合理的速度和规模、有良好的结构和风险承受能力、有较高的质量和效益的科学发展。

（二）处理好资产业务、负债业务和中间业务的关系，进一步优化收入结构

负债业务是资产业务的基本支撑。没有负债业务的适当发展，资产业务将成为无源之水、无本之木。应进一步加强存款组织工作，优化负债结构，努力使资产负债业务相互促进、良性互动、共同发展。面对日益明显的“金融脱媒”态势，应把握现代银行发展规律，因地因企制宜，大力发展国际结算、代理保险、银行承兑汇票、国内保函等中间业务，逐步形成以存贷款利差为主导、各种中间业务利润并存的多元化利润格局。

（三）处理好开展客户营销和加强基础管理的关系，夯实发展基础

加快业务有效发展必须以客户为支撑。应充分发挥农业政策性金融的国家信用、利率优惠等特殊优势，加大客户营销力度，不断改善和创新客户营销手段和模式，吸引优质客户，促进业务加快发展。但仅仅重视客户营销还不够，扎实的基础管理是实现科学发展的前提。应狠抓制度落实，牢固树立制度至上的观念，严格按制度规定办事。加强基础管理，使业务发展与基础管理同步提高。全面推行精细化管理，以精细求质量，以精细求发展，向精细要效益。

（四）处理好服务与监管的关系，将监管寓于服务之中

认真落实省分行大型商业性贷款客户、非经营性贷款项目两个服务监管指导意见，逐个客户、逐个项目制订个性化金融服务监管方案，努力拓宽政策性

金融产品与服务功能。大力推行牡丹金山卡等非现金结算业务，不断提高客户满意度，逐步培育长期客户资源，实现贷后监管与服务的有效结合。充分发挥系统内各级行的协同优势和市级分行经营管理基础平台作用，建立以客户为中心的“分级负责三级联动”服务监管机制，实行点对点的服务监管，在提高贷款运行质量，有效防控信贷风险的同时，支持企业做强做大。

五、以人为本，凝聚发展合力

（一）加强党的建设

坚持不懈地学习实践科学发展观，努力建立和完善长效机制。认真学习十七届四中全会精神，建设学习型党组织，在党员干部中营造学习的浓厚氛围。通过学习，优化知识结构，提高综合素质，增强创新能力，使各级党组织成为学习型党组织，各级领导班子成为学习型领导班子，努力提高治行理政能力。坚持民主集中制原则，按照集体领导、民主集中制、个别酝酿、会议决定的原则决定重大事项，凝聚集体智慧，把各级领导班子建成领导科学发展的坚强核心。坚持党建分析例会制度，化解矛盾，凝聚合力。深入开展讲党性、重品行、作表率活动，使广大党员永葆蓬勃朝气、昂扬锐气、浩然正气，在推动全行科学发展中发挥先锋模范作用。

（二）加强企业文化建设

以总行制定的核心理念“至诚服务、有效发展、以人为本、构建和谐”为基本价值观，以宣传语“中国农业发展银行，建设新农村的银行”为企业使命，以我行治行方针“以人为本、依法治行、精细管理、和谐发展”为主线，高扬树正气、讲团结、求发展的主旋律，全面推进企业文化建设向深层次发展。要把企业文化的理念和规范内化为全体员工的思想和行动，融入到经营管理活动的全过程，为我行的改革发展提供强大的精神动力和文化支撑。努力打造创新型银行、创新型团队、创新型员工，依靠创新为科学发展提供不竭动力。

（三）加大人力资源开发与管理力度

抓好“四好”领导班子建设，切实增强领导干部政治意识、大局意识、责任意识，提高治行理政能力和科学发展能力。大力实施人才兴行战略，多措并举提高员工素质。建立科学用人机制，进一步调动和发挥广大员工的积极性，激发工作活力。积极推进双向选择、竞争上岗，明晰岗位职责，确定岗位系数，严格岗位考核，适当拉开差距，逐步建立工资收入与业务发展紧密联系的收入分配制度，将员工个人利益与本行业务发展紧密结合在一起，充分激发员工的工作热情和活力，形成人人想发展，人人谋发展，人人为发展的良性发展模式。

（四）切实提高执行力

着力提高各级行、各部门执行力，增强执行意识，提高执行效能。全行上下应始终处于一触即发的“激活状态”，始终保持“快半拍”的工作节奏，对业务发展内外部环境变化能够做出灵敏快速的反应。坚持从严治行，确保政令畅通、令行禁止，以铁的纪律确保我行各项工作有序开展。坚持惩防并举、注重预防、标本兼治、综合治理，紧紧围绕全行中心工作，扎实推进反腐倡廉建设，积极营造和谐发展环境。开展好“遵纪守法、合规经营”专题教育活动，进一步提高制度的执行力。落实总行《违规积分管理办法》，探索建立合规经营长效机制。适时举办预防职务犯罪知识讲座等，引导员工算清政治账、经济账、人生账，进一步增强拒腐防变的能力，为实现科学发展提供坚强保障。

（作者单位：中国农业发展银行河北省分行）

流动性过剩背景下美国次贷危机的原因与借鉴

黄纪宪

美国次贷危机已经从简单的信贷危机演变为波及面更广、涉及主体更多的次级债风波。令我们震惊的是，这次危机对那些国际上实力雄厚和管理先进的大型金融机构也带来了很大的冲击，如花旗银行等金融机构也同样未能幸免。无论是商业银行理论研究者还是实际经营者，对此都深感困惑。但是，从商业银行视角系统地剖析，尤其是在解释为什么花旗等国际大型商业银行也深陷次贷危机方面，目前相关的学术研究并不多见。我们力图从流动性过剩这一视角，剖析该背景下商业银行的过度竞争和经营模式变化，探讨商业银行风险与收益的博弈机理，试图从中发现商业银行风险不断积累的原因，为我国商业银行的经营管理提供有意义的借鉴。

一、流动性过剩下商业银行过度竞争导致信用风险快速膨胀

流动性是商业银行的生命线。流动性不足会引发商业银行挤兑现象，严重的还会导致商业银行破产。而银行流动性过剩也会带来很多问题，影响商业银行的竞争行为和模式，容易导致过度竞争。在流动性过剩的背景下，商业银行为缩减滞留在体内的过剩资金，往往盲目地追逐大户，非理性地降低贷款条件和贷款利率，容易放大银行的信用风险和市场风险，最终对银行的经营产生不良的影响。

美国次级住房抵押贷款市场的发展及其危机正是美国银行业过度竞争的结果。美国次级住房抵押贷款，始于 20 世纪 80 年代（刘克崮，2007），但是真正步入快速发展阶段是在 21 世纪初。尤其是在新经济泡沫破裂和“9·11”事件后，美国实行了宽松的货币政策。从 2000—2004 年，连续 25 次降息，联邦基金利率从 6.5%一路降到 1%，并从 2003 年 6 月 26 日—2004 年 6 月 30 日保持了 1 年多的时间。美国的长期低利率政策导致了流动性过剩，造成了美国房地产行业的持续繁荣，推动了次级住房抵押贷款市场的过度竞争。

美国次级住房抵押贷款市场的过度竞争体现在两个方面：一是大量竞争者纷纷进入市场。为了争夺美国住房抵押贷款市场，一些国际投资银行纷纷大举收购中小银行和住房抵押贷款公司。2003 年汇丰控股收购国际住房公司，2006 年德意志银行收购 IT 抵押贷款公司，以及摩根士丹利、美林、萨克森资本管理公司分别对贝尔斯登、第一福兰克林、安可信贷公司的并购，都是为了迅速进入美国房贷市场（金季，2007）。同时，受高额的利润回报所驱动，贷款经纪人队伍增长迅速。二是贷款标准越来越松。商业银行可贷资金多，可贷对象少，于是大胆创新贷款品种，竞相放宽房贷标准。美国次贷市场出现了许多新的房贷品种，例如，只付息贷款、3 年或 5 年可调整利率贷款、选择性可调整利率贷款等。更有甚者，由于房贷市场竞争激烈，无首付、只付息、可调整利率等诱惑性利率不仅用于次级贷款，甚至发展广泛用于次优级、优级房贷。2005 ~ 2006 年发放的住房抵押贷款中有 50% 具备上述“创新”特征（金季，2007）。结果，拿不出收入证明或抵押品不足的家庭也拿到了贷款。

过度竞争使得次级住房抵押贷款的信用风险快速膨胀。为积极争抢优质客户和降低风险，一些金融中介机构开始运用成熟起来的资产证券化工具，拼命降低融资成本，采取低息战略展开恶性竞争。结果，整个市场的定价机制被扭曲，差异化高质量服务的成本根本无法通过利率调整来负担，信用风险也就越积越大（孙立坚、彭述涛，2007）。在宏观经济较为有利的情况下（房价上涨，利率下调等），过度竞争导致的信用风险膨胀问题就暂时被虚假的繁荣所掩盖。但是，这种过度竞争下外延式的发展方式存在致命弱点，那就是无法抵挡系统性风险的冲击。一旦利率上升或楼价下跌，借款人的套利活动就无法获益，金融机构的资金链也很容易断裂，风险随之而来。

二、流动性过剩下商业银行经营模式发生的新变化带来了新风险

流动性过剩背景下商业银行的盈利能力受到影响。一是存款的持续增长和信贷增长的乏力，导致银行的利差收入明显下降。二是流动性过剩和长期的低利率使传统金融资产的收益率非常低，甚至出现货币市场主要投资工具利率和存款利率倒挂的现象。在追求盈利动机的驱使下，商业银行的经营行为和模式出现了新的变化。

（一）信贷模式新变化

在流动性过剩背景下，美国商业银行信贷模式发生了新的变化，在寻求高

收益的同时也面临较高的风险，具体体现在银行的贷款对象、贷款品种和贷款运作模式等方面。

1. 贷款对象日趋多样化。商业银行积极开拓零售业务，甚至把那些不完全符合信贷标准的个人客户也纳入到服务范围里来。同时，还积极给证券公司、私募基金、对冲基金、渠道公司和结构性投资公司等发放贷款。这些公司通过股权质押或债券质押，从银行获取大量资金。

2. 贷款品种出现了新变化。近年来，金融机构针对次级贷款申请者大多收入水平较低的特点，开发出包括可调整利率贷款在内的多种新贷款产品。

3. 贷款运作模式出现了新变化。目前，金融市场上的一个结构性变化是新交易模式占比越来越大。以往，银行发放贷款大多将贷款资产留存于本行表内账户。如今，特别是那些大的、活跃的国际化银行，越来越多地转向"原生—分销"模式，即先发放信贷资产，再把它们卖出去，通常是卖给银行体系外的投资者。通过转让信贷资产，银行又为发放新贷款创造了空间。

（二）投资模式的新变化

美国流动性过剩和长期的低利率使传统金融资产的收益率非常低，因此商业银行多余的资金纷纷流向高收益的证券或"另类投资"（如次级房贷）等金融衍生品。

1. 证券投资。美国的银行可以投资的证券种类较多，包括政府债券、政府机构债券、市政债券、按揭抵押债券、资产抵押债券、股权投资等。在流动性过剩的背景下，美国商业银行纷纷调整证券投资结构，按揭抵押债券等投资占比逐渐增加。美国花旗集团、美国银行、摩根大通银行、美联银行等银行都将投资重点放在按揭抵押债券市场，大多银行的按揭抵押债券投资量都占到证券投资总额的80%左右。除了按揭抵押债券投资之外，美国商业银行还投资各类资产抵押债券，包括信用卡应收账款、房屋贷款、汽车贷款等。截至2006年末，在上述几家美国的银行中在资产抵押债券领域投资占比最高、金额最大的是花旗银行，其比例为10.52%，金额为270.9亿美元（胡斌，2007）。这也为2007年爆发的次级房贷抵押债券事件中花旗银行遭受重大损失埋下了伏笔。

2. "另类投资"。在流动性过剩背景下，资产长期的低收益迫使华尔街寻找比传统投资回报更高的品种，"另类投资"应运而生。所谓"另类投资"，指传统的股票、债券和现金之外的金融和实物资产，如房地产、证券化资产、对冲基金、私人股本基金、大宗商品、艺术品等，其中证券化资产就包括了以次级房贷为基础的债券以及这些债券的衍生金融产品。在美国一些大型商业银行，如花旗银行设有专门的另类投资部门。以花旗银行为例，2007年末其"另类投资"

部管理的资产共592亿美元，其中自营105亿美元，代客487亿美元。

三、流动性过剩下商业银行的收益与风险博弈

在流动性过剩背景下，商业银行如何在资产价格重估泡沫中权衡好收益和风险，权衡好发展和风险之间的关系是至关重要的。作为经营和管理风险的企业，商业银行始终在与监管机构和市场进行着博弈，始终在平衡风险和收益的过程中决策。

（一）商业银行与监管机构的博弈

作为世界上风险管理最先进和完备的金融机构，美国大型商业银行不可能不知道次贷及其衍生品投资的风险。明知次级贷款有风险，明知“另类投资”风险高，为什么金融机构和投资者仍长时间地乐此不疲？其中一个原因正在于“格林斯潘期权”。期权相当于一种担保机制，金融机构和投资者的错误由别人承担后果，显性或隐性的担保引起投资者行为的异变，容易引发道德风险。“不怕‘另类投资’出问题，到时美联储不会不管”，在这种信念支配下，美国商业银行集体“绑架”美联储，因此更加大胆地卷入高风险的投资活动。

（二）商业银行个体与市场的博弈

按照行为金融学的分析，金融决策的过程是一个心理过程，包括对市场的认知过程（情绪过程和意志过程）。在这个过程中，信息不对称下市场主体之间的相互影响对单个银行经营决策层的作用是十分巨大的，追求时尚与盲从心理便是最突出的特点。这种从众心理也称羊群效应。在羊群效应的驱动下，商业银行的经营决策和风险控制往往会出现认知偏差或选择偏好。因此，单个商业银行要与整个市场和潮流博弈，可能会承担更大的风险，需要更大的勇气和耐心。

（三）商业银行收益与风险的博弈

在与监管机构的博弈中，商业银行很容易产生道德风险，追求高收益、高风险的客户和业务；在羊群效应的驱使下，商业银行很容易扭曲决策标准，放松信贷条件和要求。除此之外，美国华尔街金融机构的内部治理结构也存在一定的缺陷，董事会结构和薪酬制度安排容易导致金融家更富冒险精神，更偏好金融创新。金融创新成功了，不但可以带来很高的收益，而且可以带来个人成功荣誉；金融创新失败了，金融家还可以换个单位继续工作。在流动性过剩背

景下，传统金融资产收益率逐渐走低，房地产市场和金融市场不断繁荣，商业银行在收益与风险的博弈过程中，往往容易放松风险管理的标准。这体现在以下几个方面：

1. 信贷准则。美国次贷危机爆发的重要原因之一在于金融机构为了逐利而不惜降低借贷标准。面对房价不断上涨，贷款人重点考虑抵押住房的市场价值，而忽视住房贷款的第一还款来源亦即借款人自身的偿付能力。面对资本市场的持续繁荣，贷款人重点考虑抵押债券或股权的市场价值，而忽视了对冲基金、特殊投资实体、证券公司等借款者的杠杆风险和信用风险。一旦利率提高，一旦市场流动性抽紧，这些抵押物的价值将急剧下跌，甚至存在流动性危机，从而给银行带来巨大风险。

2. 防火墙原则。商业银行业务和投资银行业务理应建立防火墙。但是，在实际执行中，防火墙原则常受到冲击，美国的商业银行就是如此。商业银行为其投资银行部门开展的资产证券化、次级债券承销、杠杆融资等业务提供信用增级或贷款担保等，在投资银行部门赚取大量利润的同时，也给商业银行业务自身带来了巨大的风险。因此，证券化分散出去的风险，又通过商业银行证券投资、承销、担保、信贷额度、融资承诺等表内外业务，重新回到了商业银行体系内。

3. 全面风险管理原则。随着金融市场之间的不断融合和各种业务的相互关联，商业银行面临的信用风险、市场风险、道德风险相互交叉和影响，跨市场、跨行业的风险更为突出，表内、表外业务风险相互影响甚至转移。因此，以信用风险为主的风险管理应向涵盖信用、市场、操作等风险的全面风险管理转换，这要求商业银行从风险管理文化、风险战略定位、组织结构、治理结构、管理技术等方面做好风险管理。事实上，美国次贷危机的爆发说明，即使是发达国家的商业银行，在风险管理方面也存在许多不足之处。卷入次贷危机的金融机构，拥有非常强的风险管理技术，也曾经成功地抵御了很多的风险，但在流动性过剩的背景下，在收益与风险的博弈中，仍然功亏一篑，教训十分深刻，值得我们引以为鉴。

四、美国次贷危机对我国商业银行的借鉴

尽管我国目前并没有次级债市场，但是不可否认我国宏观经济环境与美国这几年在许多方面都有相似之处。流动性过剩问题日益突出，必须引起我们的足够重视。虽然国家在 2009 年实施紧缩的货币政策、频繁提高存款准备金率，使一部分商业银行的流动性面临压力。但宏观调控不可能长期持续。总体而言，我国商业银行流动性过剩的趋势并未逆转。

流动性过剩和较低利率环境推动下房地产市场的繁荣以及经济的快速增长；我国汇率制度、利率制度的市场化改革，以及资本市场的发展，都会增加汇率、利率和资产价格的波动幅度；商业银行改制上市所带来的盈利压力，大力拓展信用卡业务、消费信贷业务和小企业业务，同质化趋向下出现过度竞争；我国金融管制的逐渐放开，商业银行纷纷朝着综合化经营方向迈进，积极开展基金业务、投资业务、保险业务和投行业务等；一些商业银行的内部激励机制也会导致经营者或业务人员的道德风险，上述这些因素都会驱动商业银行追求高风险、高收益的业务。如果内部治理结构和风险管理制度不健全，很容易造成商业银行风险的积累和膨胀。在流动性过剩背景下，如何平衡好业务发展和风险控制，是我国商业银行面临的一个重要问题。

（一）加强宏观经济形势研判，密切关注宏观经济形势变动

导致美国次贷危机的直接原因是美国房地产市场产业周期性变化。为防止市场消费过热，美联储从2004年上半年到2006年，先后加息17次，利率从1%提高到5.25%。新一轮的升息周期，大幅提高了抵押贷款成本，使美国房地产市场由盛转衰。尽管中美经济结构完全不同，但国内房地产业近年来的过度繁荣及我国的宏观货币政策与美国都有几分相似，需要引起我国商业银行的高度关注。

为防止我国经济增长过热、投资增长过快，我国从2003年9月开始至2008年3月，共19次上调存款准备金率，从6%上调到16.5%，达到历史最高。同时，从2002年2月至2008年10月，共12次上调存贷款利率，一年期贷款基准利率从5.31%上调至7.47%。与此同时，我国的流动性依旧过剩，投资增长和外汇储备增加还比较快，房地产价格居高不下，资本市场波动加大。2008年开始，国家开始实施信贷规模控制，按季控制，严控商业银行信贷增长速度和投向，宏观调控形势趋紧。在这种情况下，我们应从次贷危机中吸取教训，密切关注宏观经济形势，尤其是关注政策变动对房地产市场的影响，重视房地产价格波动带来的潜在信用风险。

（二）加强内控制度建设，强化审慎合规经营理念

美国次贷危机产生的一个重要原因是金融机构自身经营的不审慎。银行为了逐利，不惜放低借贷标准；机构投资者，特别是保险基金、养老基金等本应履行谨慎义务的受托人，为了追求收益，不惜降低风险溢价，参与对冲基金等高风险投资。这些不审慎的行为导致了危机的形成，并加剧了由此造成的损失。目前，在我国流动性依旧过剩，房地产市场和股票市场仍处于高位的背景下，商业银行极易出现追求利润、忽视风险的非审慎的经营行为。一旦市场形势出

现逆转，可能对银行的持续经营产生负面影响。因此，我国商业银行要强化审慎合规经营理念，加强内部控制制度建设，提高风险管理能力。

（三）在发展住房按揭贷款的同时，高度重视住房抵押贷款背后隐藏的风险

我国房地产金融市场发展很快，隐含着一定的风险。截至2007年10月，全国主要金融机构商业性房地产贷款余额达4.69万亿元，占金融机构人民币各项贷款总余额的18.02%。其中房地产开发贷款余额达1.76万亿元，个人住房贷款余额达2.6万亿元，并且呈加速发展趋势。

在房地产市场整体上升的时期，住房抵押贷款对商业银行而言是优质资产，贷款收益率相对较高，违约率较低，一旦出现违约还可以通过拍卖抵押房地产获得补偿。然而一旦房地产市场价格普遍下降和抵押贷款利率上升的局面同时出现，购房者还款违约率将会大幅上升，拍卖后的房地产价值可能低于抵押贷款的本息总额甚至低于本金。这将导致商业银行的坏账比率显著上升，对商业银行的盈利性和资本充足率造成冲击。再加上我国近些年房贷市场发展不甚规范，贷前审查流于形式，贷中向客户提供不合理的便利，贷后疏于跟踪管理的现象也很常见。因此，我国商业银行要充分重视美国次贷危机的教训，进一步健全房地产信贷风险管理的长效机制。要严格执行首付政策，适度提高首付的比率；采取严格的贷前信用审核，注重客户信用和偿还能力，避免出现虚假按揭的现象；严防信贷风险，高度重视房地产市场发展中的信用风险和操作风险，加强对重点环节、重点客户和重点机构的监管。

（四）加速资产证券化的试点和推广，有效分散信贷风险

在美国次贷危机中，资产的快速证券化催生了美国次级按揭市场的快速发展，为美国次贷危机的传递起到推波助澜的作用。但从另一方面看，次级住房按揭贷款的证券化，有效剥离了商业银行等贷款机构风险，把风险转嫁给了证券的购买者，降低了银行业的系统风险。在我国，住房按揭贷款证券化程度很低，其潜在不良信贷风险主要集中在银行体系之中。同时，我国银行业在金融体系中占比过大，一旦住房按揭贷款出现违约，聚集在银行体系内的风险就会爆发，从而导致整个金融体系的震荡。因此，我国商业银行应在条件成熟的前提下，积极尝试资产证券化，以分散银行体系的风险。

（五）在加强优质大客户服务的同时，切实做好风险防范

由于中间业务、表外业务发展相对滞后，存贷款利差仍是我国商业银行当前主要盈利来源。在多余资金运作难以改善商业银行的收益甚至难以弥补商业银行的负债成本时，为了保证业务增长和一定的盈利能力，商业银行在羊群效应的驱使下，会产生竞相追逐大客户和优质客户、非理性降低贷款条件的冲动。由于优质大型客户可以通过发行股票、企业债、公司债和中期票据等方式筹措资金，这更加剧了银行间的竞争。结果，不问贷款资金用途、降低贷款发放标准和要求的现象可能难以避免，从而导致客户违规使用贷款资金的风险也越来越大。这些都无疑给商业银行带来了集团客户风险和政策风险。因此，我国商业银行要在做好优质大客户的维护和营销工作的同时，切实加强风险防范，密切关注政策风险和集团客户风险。

（六）在加快金融创新的同时，加强全面风险管理

在流动性过剩背景下，商业银行最重要的是改变传统单一的经营模式，鼓励、支持产品创新，调整金融产品结构，疏导流动性；积极进行业务创新，开发包括资产证券化、信贷替代等新产品，发展公司和私人理财增值服务；发展商业银行表外业务，进一步拓展商业银行利润空间，创造能够连接不同市场的产品，将存款和债券市场、货币市场的收益挂钩。但是，我国商业银行在加快金融产品创新的同时，还应加强风险控制，完善全面风险管理，切实建立防火墙，尤其要加强对跨市场、跨行业风险的防范。

（七）在优化信贷结构的同时，严格信贷标准和要求

在流动性过剩下，商业银行加大了对中小企业和个人等客户的贷款营销力度。商业银行试图通过大力发展中小企业和个人的信贷业务，改变银行信贷投向结构，提高贷款收益水平，缓解银行流动性过剩问题。在经营战略同质化的情况下，在某些业务领域内，已经出现了过度竞争的苗头。放松信贷标准，不顾风险和成本的跑马圈地的现象开始出现；过于注重抵押资产，忽视还款来源的情况越来越多。但是，在房地产市场和资本市场泡沫加剧的形势下，商业银行与之相关的业务面临着越来越大的系统性风险。在通货膨胀居高不下、国家宏观调控趋紧、信贷规模严控的形势下，中小企业利润受到更大的挤压，中小企业贷款风险也逐步加大。因此，我国商业银行在优化信贷结构的同时，要严格执行信贷标准，密切关注客户财务现金流，高度重视抵押物品的价值变动，做好压力测试，防止信贷风险积累和不良贷款反弹。

（作者单位：中国工商银行股份有限公司河北省分行）

浅谈如何正确看待和应对金融危机

王东标

亚洲金融危机刚刚过去11年，始于美国次贷危机的金融海啸又席卷了全球主要金融市场，并迅速向实体经济扩散。其范围之大、影响之深，历史罕见。正确认识两次金融危机，探究其成因，反思其教训，对于我们规避风险，完善监管，推动改革，实现经济持续健康发展有着重要的现实意义。

一、两次危机的发生原因、传导机制及蔓延程度的比较

（一）危机发生的原因

1. 危机爆发的根源。追根溯源，此次金融危机的爆发同美国房产市场泡沫破裂密切相关。作为美国第一大产业，房地产业与其他产业关联度很高。网络泡沫破灭和“9·11”恐怖袭击之后，为了刺激经济增长，美联储连续13次降息，极大地刺激了美国房地产业的发展，也导致美国房产市场的泡沫。次级抵押贷款市场迅速发展，不具备偿还能力的借款人也获得了购房贷款，为危机埋下了隐患。

而亚洲金融危机的导火线源于1997年索罗斯对泰铢的炒作，这一举动最终导致泰国汇率机制发生转变，并迅速蔓延开来。一些亚洲国家外汇政策不当。为吸引外资，他们一方面保持固定汇率，一方面又扩大金融自由化，给国际投机者提供了可乘之机。而究其根源也是由于相关国家经济增长过热，出现结构性失衡，信贷资金大量投向房地产业和股市，造成严重过剩，引发呆账、坏账激增，从而使金融风险暴露无遗。

2. 危机发生的背景。两次金融危机都是在金融自由化与金融全球化的背景下爆发的。随着全球化程度的提高，各国经济波动的同步性和金融波动的全球化成为金融危机国际传导的助推器。Masson最早提出了“季风效应”概念。这种效应在现代金融危机传导中的作用越来越显著，放大了金融自由化在增加风险因素方面的作用。而政府部门和投资机构由于风险意识淡薄，只看到了短期的巨额利润却未考虑长远利益以及今后可能发生的风险。特别是金融自由化以

后，由于政府放松了对金融机构和金融市场的限制，导致金融监管和风险管理的难度加大，给危机的发生提供了温床。

（二）危机的传导机制

金融衍生品的发展源于对资金运作风险的规避，然而其同时又具有在金融市场上炒作交易、吸引投资者的功能，后者决定了其本身即具有一定的风险特征。在此次由次贷危机引发的金融海啸中，CDO（担保债务凭证）等具有衍生品性质的产品能在一定程度上分散次贷风险，但也存在结构性缺陷。首先，当基础资产面临信用风险时，众多衍生产品将产生链式反应。其次，CDO 等产品高度个性化，投资者依赖复杂的衍生金融工具如信用互换来管理和对冲违约风险，市场难以定价。最后，对冲基金、银行等机构运用高杠杆比率进行融资，进一步放大了风险。外部环境发生改变后，次贷市场交易额仍以大约 30% 的速度递增，直到越来越多的借款人违约，积累起来的危机终于爆发。

亚洲金融危机同样与金融衍生品市场密切相关。当时国际游资和热钱利用金融衍生产品及现货市场实买空卖、风险对冲，对东南亚各国货币发起多轮立体攻击，货币贬值后进行现货交割或对冲远期合约，获得高额回报。另外，它们在国际市场融资，由于杠杆放大作用，一国政府倾其所有外汇储备有时也难以与之对抗。投机者同时在汇市、股市、衍生品市场横扫东南亚，引发了牵连甚广的亚洲金融风暴。

（三）危机的蔓延

危机往往潜藏在繁荣的假象中，具有极大隐蔽性。首先，非理性的繁荣造成了市场的泡沫。早在危机发生之前，就有人预见到可能引发危机的种种因素。克鲁格曼在 1994 年《亚洲奇迹的神话》中就预见到亚洲金融危机。次贷从它诞生的那一天起就注定了在房价暴跌可能性下的风险。然而投资者或决策者的信心异常得高，他们只看到巨额利润。再加上国际媒体的推波助澜，投资者或决策者对这些风险因素置之不理，对市场的期望丝毫未动。长期景气掩盖了经济中的深层矛盾，偶尔的个人理性并不意味着整个市场的理性，人们只有在价格突变之后才可能警醒。然而，人们无法推测预期何时转变，这类预期常受到各种消息的影响，遵循羊群效应。危机初现端倪时，投资者的心理预期变化造成信心危机，预期自我实现，引发金融恐慌。政府和公众都缺乏应急准备，陷于束手无策的状态。1996 年，东南亚地区吸引了 750 亿美元的外资。1997 年 6 月以后，市场传言亚洲五国金融市场将出现危机，外资减少到 120 亿美元。投资者的集体行动最终导致结果成真，金融恐慌进一步蔓延。

（四）危机带来的影响

1. 对世界的影响。亚洲金融危机对世界经济贸易产生了强烈冲击。亚洲经济的增速放缓、进口萎缩，使这一地区重要的贸易伙伴美国、欧盟对其出口不同程度地缩减，据估计，美国由于出口下降导致贸易赤字大幅增加，1998 年经济增长率减少了 1.7 个百分点，迫使其压缩制造业生产，大量裁减员工。此外，金融市场的动荡也损害了投资者的信心，世界主要股市震荡加剧。金融危机也带来国际市场竞争格局的变化，使得世界经济、贸易增长速度明显减缓。

而次贷危机引发的金融危机尽管美国采取了包括由美联储向市场注入大量流动性并降低利率、政府注资、接管部分机构在内的一系列措施，西方各相关国家也纷纷出台救市政策，对于暂时稳定市场信心有一定作用，但距离恢复市场信心还非常遥远。据瑞银（UBS）2008 年 10 月发布的最新报告显示，2009 年全球经济增速将由 2.8% 下调至 2.2%。报告认为，通常情况下，当全球经济增长率低于 2.5%，表明全球经济陷入了衰退。

2. 对中国的影响。亚洲金融危机中，中国大陆虽未卷入，但由于与国际经济社会存在广泛的经济联系，受其间接影响还是相当大的。特别是中国本着对国际社会负责任的态度坚持人民币不贬值，在作出重大贡献的同时也付出了沉重的代价。由于东南亚国家和地区市场萎缩，对我国出口商品需求下降，尤其是占我国出口比重较大的日、韩及港台需求萎缩，必然使大陆出口受挫。此外，东南亚以及日、韩是中国大陆利用外资的主要来源地，其投资能力和欲望的减弱，必将影响大陆吸收外商投资的数量，同时其出台的吸引外资的新举措，也会与中国大陆利用外资形成激烈竞争。受出口和外商投资对国民经济增长贡献减少的影响，我国经济增长难度有所加大。

由于我国金融机构融入国际的程度还不高，持有美国的不良资产数额也不大，与近几年中国金融机构的巨额盈利相比，应对此次金融危机可能产生的损失应该是没有问题的。但是，中国实体经济与美国经济的联系是紧密的。对美国的出口占中国出口总额的 18%，对欧盟出口占 22%。美国金融危机可以通过直接的资产减记、信心、资本流动、贸易等渠道影响中国。如果美国出现明显的经济衰退，特别是大量减少进口，则我国的经济增速很可能会大幅度下降。与此同时，失业率会大大升高，社会稳定会受影响。由于美国向市场大量注入资金，过一段时间美元可能会进一步贬值，人民币会进一步升值，这将进一步恶化我国的贸易环境。

二、对两次危机的反思

（一）金融创新需谨慎

一方面，金融创新给金融业和资金供求双方带来了丰厚的利润，大大强化了金融的投机获利功能。在所有的金融创新中，金融衍生品占据相当份额，已经成为现代金融新的利润增长点。然而，在当前的金融衍生工具中，多数也早已超出了商业银行本身进行套期保值的需要，属于单纯的投机活动。另一方面，金融创新也使得更多的机构和个人参与到金融活动中来，扩大了金融风险的波及面。由于金融衍生品是在表内业务的基础上发展起来却大多在表外显示，实行保证金交易，杠杆率大，少量资金便可操纵名义本金相当庞大的合约，风险难以控制。

（二）不当的宏观政策可能对金融危机推波助澜

两次金融危机，至少有以下几方面政策值得深入总结：一是货币政策。2001 年 1 月 ~2003 年 6 月，美联储连续 13 次下调联邦基金利率，使其从 6.5% 降至 1% 的历史最低水平，并在此水平停留达 1 年之久。低利率促使廉价贷款持续增生，促使储蓄转化为投资，促成了房地产泡沫的持续膨胀。二是房地产金融政策。虽然名为私人企业，房利美和房地美却担负着“居者有其屋”的重任，享有政府隐性担保的特权，其发行的债券与美国国债有相同的信用等级。“两房”在业务迅速发展的同时，资产质量却被忽视，形成了潜在的风险。三是汇率政策。在非灵活的汇率安排下，当货币被高估时将会导致国际收支危机和货币危机，当货币被低估时会造成泡沫经济和通货膨胀。东南亚国家长期实行的是与美元挂钩的联系汇率制度，随着这些国家的货币跟随美元升值，严重抑制了出口，推动了经常项目逆差。贸易赤字的增加使投机者纷纷抛售这些国家的货币，抢购美元。当其平抑汇价的举措难以有效顶住投机者压力，转而实行有管理的浮动汇率制时，就会引发本币的大幅贬值，从而爆发金融危机。

（三）正确处理金融与经济的关系

作为现代经济系统的两个部分，实体经济是虚拟经济的基础，并决定虚拟经济。同时，虚拟经济对实体经济具有反作用。应该说，金融的发展能够润滑和促进经济的发展。然而，金融毕竟是在实体经济的基础上发展起来的，脱离实体经济而盲目扩张的金融势必将成为无源之水，无本之木。近年来，全球金融扩张的速度远远超越了实体经济的增长速度。截至 2007 年底，全球金融衍生品场外交易工具（OTC）与场内交易工具名义本金之和已经超过 676 万亿美元，相当于全球 GDP 规模的 12 倍。经济体系呈现出虚拟经济规模巨大，而作为基础的实体经济相对不足的倒金字塔形态，由此积累了一定程度的风险，为隐患的最终爆发埋下了伏笔。

（四）金融监管要跟上金融发展步伐

在过去的 10 年里，以美国为代表的世界金融业创新频繁，各种金融衍生品将全球金融机构紧密联系在一起。然而，在经济扩张期内，美国金融监管体系却出现了结构性漏洞：负责整体经济稳定的美联储只负责监督商业银行，无权监管投资银行，而证券交易委员会在 2004 年经过艰难谈判后才获得对投资银行的监管权。在监管几乎“真空”的环境下，金融机构特别是投资银行忽视风险，不可避免地将催生金融危机。而亚洲金融危机也恰恰是由于监管当局放松了对外资投向的引导和管理，使得大量短期外资流入投资回报率较高的房地产市场和股市，才会对泡沫经济形成推波助澜之势。

三、中国应对之策

认真总结两次危机的经验教训，面对本轮经济周期中，我国乃至全球由通货膨胀向通货紧缩快速转变的情况，我们必须迅速作出反应，并在政策上及时进行调整，避免出现超调的可能，才能熨平经济波动幅度。为此，在出口、投资和消费三个方面共同采取有效措施，使这“三驾马车”重新成为中国经济快速发展的动力已成为当务之急。

（一）调整贸易战略

中国经济不能再严重依靠向外部的出口。要及时调整贸易战略，变压力为动力，认清我国已成为贸易和经济大国的基本事实，放弃单一的出口导向型战略，转而实行以平衡贸易为特征的外向型大国经济战略。通过扩大进口，适度降低外贸依存度，扩大内需，充分利用大国优势加速产业结构升级，避免向贫困化增长的方向发展。要加大外贸多元化，主要是出口国别多元化、产品结构多元化。要提高出口产品技术含量，从低价优势转为高科技含量、自主创新型产品，着力培育竞争优势。调整进出口税收、外汇管理等方面的政策，进一步改善对外贸易环境，继续完善人民币汇率、出口退税率、加工贸易政策这三个直接政策杠杆，采取必要措施，支持优势企业和产品出口。

（二）启动消费和投资

从投资来看，通过实行积极财政政策由政府牵头兴建基础设施等大型工程，如修建高速铁路网等，在政府投资的同时通过发行债券等来吸引民间投资。加强政策引导，着力优化信贷结构。坚持区别对待、有保有压，鼓励金融机构加大对重点工程建设、中小企业、“三农”、灾后重建、助学、就业等的信贷支持，加大对技术改造、兼并重组、过剩产能转移、节能减排、发展循环经济的信贷支持，有针对性地培育和巩固新的经济增长点。同时继续限制对“两高”行业和产能过剩行业、企业的贷款。通过投资拉动和结构调整，进一步促进产业结构升级、夯实经济发展的基础。

从消费来看，要拉动全民消费。由于农民占人口大多数，必须让农民的消费水平提升才能明显提高整体消费水平。所以首先要解决的是农民收入低的问题，为农民解除医疗、养老、子女上学等后顾之忧。为此要适度提高农产品价格，切实保护农民利益。对于城镇居民，要通过扩大社会就业，提高居民收入水平；加快教育、医疗、社会保障体制改革，稳定居民支出预期；增加有效供给，扩大居民消费热点；关心城市弱势群体，确保困难群众基本生活等措施，逐步形成促进城镇居民消费能力不断增强的长效机制。

（三）推进金融改革，发挥金融作为现代经济的核心作用

要进一步提高金融调控的预见性、针对性和灵活性。根据形势变化及时、灵活、适度调整政策操作，确保银行体系流动性充分供应，保持货币信贷合理增长，维护货币和金融稳定，增强金融机构抵御风险能力。积极支持扩大内需，加大金融对经济增长的支持力度。继续加强国有金融机构运作的透明化，高度关注房地产业发展和资金链条，防止金融机构过度放宽信贷标准和投机行为。要促进货币政策兼顾资产价格波动，消除经济泡沫和金融风险产生的制度根源。要正视金融衍生品的“双刃剑”特性，适时推出金融创新工具，发挥其活跃交易、转移风险的功能，避免金融风险。要促进金融创新、监管创新和风险管理创新的协调，积极探索中国特色的金融体系，加强金融监管机构的协调与合作，推动危机处理机制和统一监管框架的建立，完善全面的风险管理体系。逐步推进货币市场和债券市场的发展，稳步推进人民币利率、汇率市场化改革。

四、商业银行落实宏观政策，促进经济增长的具体措施

商业银行在落实国家关于保增长、扩内需、调结构的有关政策方面，需要

做到以下几点：

（一）加大信贷投放力度

在风险可控的前提下积极增加有效信贷投放，重点加大对中央政府投资的公共企业贷款，加大对国家重点投资的基础设施建设贷款的参与度，加快中小企业贷款在重点区域的推广进度。

采取积极措施，针对政府投资与扶持重点，进一步加大对符合国家扩大内需导向的行业及项目的信贷支持力度，重点支持大型电网、公路、铁路等基础设施建设，支持产业技术升级项目，支持运输设备制造企业，支持教育及医院建设，支持环保绿色信贷项目。

（二）推动金融服务创新

在投资与资金业务方面，配合企业直接融资渠道的深入发展，加强产品研发，平衡风险与安全，为客户提供资金保值增值服务。积极推进城市基础设施投资以及煤、电、油、运等大型央企或国企客户的短期融资券和中期票据承销发行工作，并对重点项目采取绿色通道优先支持措施。在贸易融资业务方面，运用多种供应链融资组合产品及结构性融资方案，通过有效控制资金流和物流，积极支持“国十条”政策支持的重点行业发展。综合运用各项贸易融资产品加大对国家基础设施建设的支持力度，通过供应链融资支持中小企业发展，积极支持出口导向型企业发展，积极支持自主创新和技术改造。

（三）提升金融服务水平

积极发展个人住房贷款业务，为经济适用房和廉租房等保障性住房提供配套按揭业务。为城市基础建设贷款提供配套服务。支持符合国家产业政策的、为重点企业上下游配套或形成一定规模产业集群的小企业主贷款业务。重点支持配套型、集聚型和科技创新型中小企业发展，培养基础客户群体。围绕国家拉动居民消费的措施，推动符合国家扩大内需性质的、以不动产抵押为主的个人综合消费信贷业务发展。

（作者单位：中国建设银行股份有限公司河北省分行）

金融危机背景下实现 邮政储蓄银行稳健发展的思考

侯前英

斯蒂格勒（George J. Stigler）指出：“个人（或集团或国家）之间的角逐，凡两方或多方力图取得并非各方均能取得的某些东西时，就会有竞争。”即使在今天这个金融危机的达摩克利斯之剑高悬于全球金融业上空、金融市场波云诡谲的年代，各大商业银行在走出困境的战略中依旧彰显了竞争的态势。理论的描述让位于企业的行动，各大商业银行纷纷实施竞争策略，通过产品和服务，超越对手，成为危机中的胜利者。

2007 年 3 月挂牌成立的中国邮政储蓄银行在激烈的市场竞争中诞生，在金融风暴的洗礼中成长发展。因此，如何在日趋白热化的银行业竞争中发挥自身优势、扬长避短，如何在国际金融危机依旧蔓延扩散的形势下化“危”为“机”、向现代商业银行迈进，是摆在我们面前的重要、现实的课题。2008 年 1 月 18 日，中国邮政储蓄银行河北省分行挂牌成立后，在科学发展观的指导下，认真分析行情，明确市场定位，立足发展、加强基础管理，防范风险、完善风险体系。初步完成了由邮政储汇的专业管理向现代化商业银行的转型，逐步走上一条又好又快的现代金融企业发展之路。

一、正视困难、把握机遇、制定现代银行专业化发展战略

经过改革开放以来 30 多年的洗礼，河北金融市场已经发展得较为完善，银行机构众多，金融市场竞争激烈。俗话说：“知己知彼，百战不殆。”邮储银行河北省分行成立之初，领导班子花费大量精力分析市场、研究现状，谋划银行发展战略。

（一）知彼：研究形势，挑战与机遇共生

2006 年底的银行业市场全面开放、2008 年 9 月的金融危机全面爆发、国内大型商业银行的激烈竞争等外部环境，给邮政储蓄银行的起步和发展带来巨大

挑战。

从竞争形势看，首先，以国有商业银行为主体的内资银行发展业已成熟，且普遍强大。经历了2001年入世，以及2006年12月我国银行业全面对外开放的洗礼，我国内资商业银行在公司治理结构和内控管理机制上，都逐渐走向成熟。2003年底以来，中行、工行、建行、交行四家商业银行借鉴国内外商业银行重组改制的成功经验，通过财务重组、构建现代化公司治理结构等措施，在境内外先后上市，培育和提升了核心竞争力，提高了内资商业银行在资本市场的国际地位。以中国工商银行为例，经过发展改革与战略转型，工商银行的核心竞争力大大增强，已经成为全球市值最大的银行和最盈利的银行。其次，国内新兴股份制商业银行凭借其先进的经营理念、现代化的管理方式和经营模式迅猛发展，短短几年内，不仅完成了在省会城市的布点，而且以优厚的待遇积聚了大批金融界各类精英式人才，迅速抢占了高端客户市场。2008年10月，浦发银行进驻河北。据悉，招商银行与兴业银行也将于2009年正式入驻河北省，省内的同业间角逐将更加激烈。同时，随着银行业的全面开放，外资银行也已成为我国金融体系中的一支重要力量。强大的同业竞争对手使邮储银行的发展面临巨大考验。

从金融危机的影响来看，源于美国次贷危机的全球性金融危机使商业银行面临的环境复杂化、风险多样化，各种不利因素相互交织、相互加强，给商业银行带来更大的冲击和破坏。世界经济尚未走出衰退，国内经济也正处于触底企稳的关键时期，经济持续回升的基础还不稳固，仍然存在很多不稳定、不确定、不平衡因素，同样会给邮政储蓄银行的发展带来负面影响。

综上所述，无论是日趋白热化的同业竞争，还是全球金融危机所带来的影响，对于刚刚起步的邮储银行都具有严峻的挑战性。但是，机遇总是与挑战相伴而生，是挑战同样也是机遇。在金融危机的影响下，各家商业银行特别是大型国有商业银行放缓了扩张步伐，为邮储银行抢占市场创造了有利时机。同时，为了应对金融危机，国家先后出台了一系列的刺激经济增长的宏观经济政策，提出了4万亿元经济刺激计划；同时，着力启动农村经济市场，加大“三农”的投入力度，为邮储银行的发展提供了强大动力和广阔市场。

（二）知己：分析行情，压力与动力并存

分析行情、认识行情、研究行情，才能找出一条具有邮储特色的发展之路。与同业相比，由邮政储汇转型而来的邮储银行在观念、机制、风险管理等方面仍有一定差距

一是从邮储银行行情来看，邮储银行是由原邮政储汇局转型而来的，其在

经营理念和管理模式上都带有老机构的原有痕迹。经营理念、思维模式、管理体制的根本转变，是邮储银行向现代化全功能商业银行转型的重点与难点。二是从业务种类来看，邮储银行的金融业务较为单一，传统业务占比大，且产品需要进一步开发创新，中间业务种类较少，资产类业务规模小，业务领域亟待拓展。这给邮储银行实现经营转型造成一定的障碍。三是从风险防范来看，由于邮储银行成立时间较短，与其他商业银行相比，其风险管理体系有待完善，风险控制仍存在薄弱环节，部分员工的风险防范意识仍需提高。“风险管理能力是商业银行的生命线”，健全的风险管理体系是邮储银行和谐、健康、可持续发展的有力保障。但是，与业务发展的需求和建立现代化商业银行的要求相比，邮储银行的风险管理体系建设尚不能完全达到要求，仍不能满足发展需要。

在看到压力的同时，也要准确把握邮储银行发展优势：遍布城乡、深入农村的网络优势，是其他商业银行所无法比拟的。同时，在广大农村地区，邮政储蓄银行以其良好的信誉拥有了较高的品牌知名度。

（三）把握机遇，迎接挑战，制定发展战略

分析市场、研究行情是为了更好地把握机遇，迎接挑战，邮储银行河北省分行以自身特点为根据，立足长远，制定了全行发展战略，即“深化改革、立足发展、强化管理、实现银行战略化经营转型，突出特色、发挥优势、铸造品牌、打造‘行业领先、河北一流’的现代商业银行”。在客户拓展上，巩固原有优势，渗透中端，力争高端；在业务发展上，发挥邮政储蓄银行传统业务优势，拓展中间业务领域，积极发展资产类业务；在风险管理上，处理好发展与防控风险的关系，实现“适度风险、合规经营、稳健发展”。

二、立足发展，发挥优势，实现经营转型和跨越式发展

如何在竞争中立足，如何在金融危机的大背景下实现快速发展？邮储银行河北省分行坚持将发展作为第一要务。

（一）发挥优势，实现经营转型

以支付结算为手段的储蓄业务是商业银行最古老、最基本的业务之一，而商业银行储蓄业务的开展以结算网络为基础。在我国银行业竞争还不全面、不充分的情况下，结算网络对于商业银行的发展尤为重要。邮储银行要充分利用邮政的资源、网络和品牌优势，构筑全国最大的商业银行结算网络，巩固储蓄业务的优势地位。

随着我国城市化进程的快速推进，城乡人口结构的不断变化，我国城乡将逐步实现均等化的人口布局。邮储银行均衡的市场布局，为其传统业务的发展提供了巨大的市场空间和发展空间，有利于发挥储蓄业务优势，逐步实现向全功能银行业务转型。河北省分行坚持“储蓄立行”的指导思想，自始至终将传统优势金融业务的发展和优化放在重中之重的位置，致力于将传统金融业务发展为“人有我优”的特色服务，加快银行的经营转型。

（二）突出特色，做强城市市场

依托广布的网点而形成的人脉优势，为邮储银行完善城乡金融服务功能、发展农村金融业务提供了客户资源和信息渠道；依靠多年来的持续经营和良好服务，邮政储蓄形成了较高的客户认知度；凭借多年来的扎实工作和埋头苦干，树立了务实、亲民的形象和良好的信誉，特别是在偏远地区，邮政储蓄银行的品牌更是深入人心。

邮储银行河北省分行以服务大众、贴近百姓为宗旨，为城市社区和广大农村地区居民提供基础金融服务，与其他商业银行形成互补关系，支持社会主义新农村建设。在服务地方经济社会发展中，以零售和中间业务为主，寻找新增长点，开辟新领域，服务中小客户，做大农村市场，做强城市市场，走人无我有的邮储银行的发展之路。

（三）拓宽业务领域，实现跨越式发展

邮储银行河北省分行在成立时，没有不良资产或潜在的不良资产，随着银行的发展，资金来源仍有巨大的增长空间，资金充足。因此，在有效识别风险、审慎经营的前提下，河北省分行可以轻装上阵，加快业务拓展。邮储银行河北省分行在发展中，强化优势、突出特色，在加快发展传统优势业务的同时，规范、平稳、持续、高效地推动中间业务发展，并结合市场定位，加快资产类业务发展，努力做到金融业务产品“人有我有”，完成由单一邮政业务向全银行业务转型，实现跨越式发展。

三、强化管理，筑牢发展的防火墙，实现持续、稳妥、快速发展

对于邮政储蓄银行河北省分行而言，把握行情，立足发展，发挥优势，突出特色，坚持稳健经营，这是由我行经营的特点决定的。在稳健经营的过程中，发展与管理是一个问题的两个方面，二者相辅相成。一方面，发展是第一要务，

在激烈的金融市场竞争中，不发展和发展慢都是不行的，落后就要挨打。因此，必须坚定发展信心，抓住机遇，实现又好又快发展。另一方面，发展的基础是管理，发展的能力取决于管理能力，盈利能力取决于风险控制水平。因此，高质量的管理是我行未来发展的保障线。

（一）建立健全银行体制机制建设，逐步实现向现代化商业银行转型

一方面，加强邮银合作，实现和谐共赢。邮政企业与邮储银行是利益共同体，体制上“血脉相连”，管理上“唇齿相依”，经营上“荣辱与共”。因此，对二者来说：合则双美、分则两伤，双方一定要密切协调，统一行动，不断提升对外竞争力。从河北省情况来看，河北省邮政公司和邮储银行河北省分行以《关于进一步明确金融类业务发展有关问题的通知》所确立的邮银合作的四项基本原则①为指导，认真落实“五个统一”——在省邮政集团公司党组的统一领导下、统一使用邮政品牌和网络资源、统一利益、统一发展策略、统一管理机制，从而初步形成了定期协调机制、业务合作机制等一系列切实有效的合作运行机制。

另一方面，扎实推进邮政金融体制改革，推进银行发展。邮政金融体制改革的核心是将单一化的邮政储蓄业务向现代化全功能商业银行转变。一是在组织建设上，自上而下建立了邮储银行管理体系。河北省分行在完成内设机构架构以后，于2008年3月至5月先后完成了全省11个二级分行以及千余个一、二级支行的组建工作。截至2008年底，全省邮储银行网点达到1 312个，初步形成自上而下独立运行的管理体系。二是在人才建设上，一方面选拔优秀的专业性人才，充实到邮储银行的管理队伍中，加强了队伍建设；另一方面加强对员工的专业知识、法律意识、风险意识、职业道德等方面的培训教育，提高了队伍的素质。三是在制度建设上，加强制度建设，完善制度体系，使各项业务的发展“有法可依”；强化监督机制，使各项制度及时、有效地得到落实；建立有效的激励机制和约束机制，更好地调动各个层面的工作积极性。以制度为保障，推进各项业务的持续、快速、健康发展。2008年，河北省分行从业务管理、财

① 2008年10月，在河北省邮政集团公司李利华总经理主持下，河北省金融改革领导小组对邮银合作中涉及体制机制的一系列重大问题形成决议，以《关于进一步明确金融类业务发展有关问题的通知》的形式下发。其中明确了河北邮银合作的四个基本原则，即“在全省邮储业务发展上，银行统一协调组织实施，邮政企业对金融业务发展负领导责任；在绩效考核上，省公司党组将金融类业务发展情况，作为对邮政企业领导、银行领导共同考核的内容；对金融类业务发展，邮政企业和邮储银行要统一研究部署，统一采取措施，统一协同实施；邮政企业和邮储银行的各级领导在调研时，要把双方的金融类业务发展情况作为重要内容，双方有关人员要共同汇报工作”。统称为邮银合作的四项基本原则。

务管理、风险管理等方面，先后制定了99个全省性的管理制度和管理办法，使全行的各项工作都能够按照商业银行的运作要求，做到有章可循，并初步形成了一个完善、操作性强的制度管理体系。

（二）建立健全风险管理体系，提高风险掌控能力

安全性是现代商业银行经营的灵魂。全球性金融危机再一次表明，大型商业银行虽然赢在高额利润中，但是却输在风险管理上。邮政储蓄银行河北省分行积极吸取金融危机的深刻教训，在加强对风险管理理论研究、借鉴其他商业银行的先进风险管理经验的同时，结合自身经营发展情况，明确风险管理的目标，加强风险管理的基础建设和制度设计，逐步建立符合我国市场特征、符合邮储行情的风险管理体系，全面夯实高风险业务的防火墙，提高应对各类风险的管控能力，提升风险管理创造价值的能力。

一是明确风险管理工作的目标。确立风险管理的指导思想和工作目标，是做好风险管理工作的开端，也是风险识别、风险计量、风险应对流程的指引和准绳。邮储银行河北省分行自成立以来，高度重视风险防范，根据经营情况，以“适度风险，适度回报，稳健经营”为指导思想，将风险管理的目标确定为“将各类风险控制在我行风险管理能力和资本实力可承受的范围之内，实现收益最大化”。

二是建立健全风险管理组织架构和运行机制。合理的组织架构和良好的运行机制，是一个高效的风险管理体系的保障。为实现风险管理目标，邮政储蓄银行河北省分行首先完善了风险管理的组织架构建设，以“依法合规、相对独立、一致协调、严格问责”为原则，以风险管理“全面性、全员性、全程性”的理念为指导，建立由管理层直接领导、以风险管理部门为主导、各职能部门密切配合、全面覆盖所有业务条线的组织体系。健全风险管理机构，组织风险管理团队；建立风险管理组织体系，完善风险管理机制；健全风险管理制度，加强风险流程控制。

三是树立风险意识，培育合规企业文化。全员的风险管理文化是风险管理的核心，是保证银行各项业务健康、稳妥发展的重要条件。2009年是邮政储蓄银行改革继续向前推进的关键一年。根据邮政金融业务管理面临的形势，中国邮政储蓄银行总行将2009年定为“合规管理年”。河北省分行以“合规管理年”为契机，通过组织开展学习交流、征文竞赛、知识竞赛等一系列活动，在全行推行正直和诚信的职业操守，提高全体员工的合规经营意识，努力树立全员风险管理文化。

（三）弘扬企业精神，打造邮储特色品牌文化

一方面，弘扬企业精神，构建企业文化。通过总结、升华广大员工勇于开拓、诚信经营、无私奉献的创业实践，弘扬以敬业、务实、创新、和谐为主要内容的企业精神，着力构建以诚信经营文化、激情创业文化、自觉合规文化为主要内容的企业文化，为邮储银行河北省分行的顺利起步、快速转型和良性发展提供强大、持久的精神动力。

另一方面，打造邮政储蓄的品牌文化，通过转变服务理念、提升服务质量巩固已有客户群；通过拓展业务种类、加强业务宣传，吸引新客户；以客户的口碑提高邮储银行的知名度和美誉度，逐步构建邮政储蓄银行的品牌文化。创造浓厚学习氛围，建设创新型企业，坚持学习，更新观念，与时俱进，在实践中创新，在创新中坚持，推动企业始终处在不断创新的良好状态。

（作者单位：中国邮政储蓄银行河北省分行）

浅析金融危机后我国中小银行业的发展之路

王振宇

近些年来，我国中小银行加大了对资产质量的整理力度。通过各种努力，中小银行业的资本充足率总体达到了较好水平，在资产质量等方面有了长足的提升，在竞争激烈的金融市场领域更加巩固了自己的市场地位。但是随着我国经济结构的不断调整和金融市场改革进程的深入，特别是受2008年爆发的全球金融危机的影响，我国中小银行业面临的市场形势仍然不容乐观，防范风险和创造利润的能力依旧薄弱。因此，如何提高中小银行的风险防范能力，促进中小银行在金融领域更好的发展，仍然是一个十分重要的课题。

一、金融危机之后国内外银行业的现状

2008年由美国次贷危机引发的金融危机之后，很多知名的国际金融机构和银行或者破产，或者受到重创（见表1），原来的国际金融体系被打破。就金融体系支柱的银行业而言，新的金融体系建立和完善的过程也必然是银行业重新整合发展的重要过程。欧美银行业在此次金融危机中遭受重创之后，国际银行业已经进入一个新的发展时期。为了抓住机遇，各大银行都在积极筹措资金，补充资本，提高资本充足率。

表1　　全球主要银行因金融危机受到的损失

机构名称	计提损失/亿美元	股价跌幅/%
摩根士丹利	116	34.54
高盛	37	6.84
贝尔斯登	31	92.36
花旗集团	430	59.49
梅林	440	61.53
AIG	258	67.44
瑞士银行	453	652.88
汇丰银行	274	12.84

续表

机构名称	计提损失/亿美元	股价跌幅/%
美联银行	220	67.56
美国银行	212	38.56
德国工业银行	159	83.25
苏格兰皇家银行	152	60.05
华盛顿互惠	148	88.97
合计损失及平均跌幅	2 930	55.87

就我国银行业而言，工行、农行、中行、建行、交行等大型国有银行，一方面受到我国现有金融政策的保护，在此次金融危机中的损失并不严重；另一方面，各大行也都在积极反思国外银行尤其是美国银行界在金融危机中暴露出来的问题，不断完善自身机制，稳步发展。我国的中小银行，尤其是城市商业银行，也在持续进行资产优化处理，不断寻求增资扩股的途径，为拓展发展空间、进行跨区域经营进行准备工作。

二、金融危机对中国金融市场的影响

（一）管制严格，国内损失较小

中国的金融市场并不是一个完全开放的市场。出于风险控制的考虑，相关部门对金融机构境外信用衍生品交易实施严格管制，国际资本市场上次级债券相关资产价格的大幅下跌延伸蔓延到中国资本市场所需时间被极大的拉长。另一方面，由于中国金融机构持有的次级债券数额较小，所以在此次金融危机中所遭受的损失也相对较小。

此次金融危机对中国的直接影响相对有限，对中国金融市场的影响主要限于对投资者和相关人士的心理冲击。危机之中中国股市深幅下调远超美欧市场的调整幅度，正反映了中国投资者在面对外部冲击时的过度恐慌。金融市场的本质是为实体经济服务的。如果中国实体经济领域出现问题，此次金融危机就会对中国金融市场造成实质性的破坏。中国金融机构资产证券化程度较低，房贷违约的风险主要集中在商业银行。如果房地产价格大幅下跌，银行系统将会受到严重冲击，进而危机就会像美国金融危机的蔓延模式一样，将信用风险扩散到整个经济系统。

中国大陆经济与香港市场的联系相对紧密，香港股市的波动，对中国大陆经济的影响也十分明显。

（二）对外投资，损失较大

受金融危机影响，部分金融机构和投资公司在国外公司债券与股票领域进行的投资活动均遭受了不同程度的损失。美国财政数据显示，中国内地持有美国“两房”债券3 760 亿美元。“两房”被美国政府接管后，中国投资企业显然会遭受巨大的损失。

金融危机的影响尚未消失，危机存在的诸多不稳定因素使得人们的风险厌恶心理普遍上涨，对经济增长信心普遍下滑。此外，经济走势对政府经济政策和人们的心理预期非常敏感。可以预测，在将来一段时期内，全球金融市场依旧动荡，这无疑增大了对外投资的风险程度。

三、金融危机对中小银行的警示

1. 传统业务是中小银行稳健经营的根基，中间业务、金融产品开展需谨慎。危机爆发之前，美国的次级住房抵押贷款可谓是贷款产品里面利润最高同时也是风险最大的产品。房贷公司出于分散风险的考虑，把信贷资产组合，证券化后再转卖给那些具有不同风险喜好的投资者，于是出现了按揭抵押债券（MBS，Mortgage Backed Securities）、资产支持证券（ABS，Asseted - Backed Security）、债务抵押凭证（CDO，Collateralized Debt Obligations）、信用违约掉期（CDS，Credit Default Swap）等一系列金融产品及衍生品。危机爆发之前，半数以上的次级抵押贷款已被证券化。这些已被证券化的次级抵押贷款经过评级机构评级后，由承销方卖给对冲基金、退休基金、保险基金、教育基金甚至各种政府托管基金。次级抵押贷款证券化的飞速发展使贷款人可以通过出售信贷资产组合获取低成本资金。但是，正是这种利润高，市场前景广的金融组合产品，终于因为流动资金链的断裂而直接造成了此次金融危机的全球性爆发。

我国中小银行资金规模小，贷款客户质量相对较低，再加上我国的房地产市场泡沫严重，政策导向模糊，市场风险极大，因此中小银行尤其应当注意高风险行业放贷的风险规避。

2. 系统性风险是中小银行经营面临的最大风险。系统性风险指的是所有避险措施均失效的风险。中小银行面对的主要是中小客户。这些中小客户的特点是自身资金规模有限，抵御风险能力低下，在经济发生周期性变化或者是重大经济危机的动荡中，最易受到冲击。在存款客户中，中短期存款的比例较高，三个月以下的存款占比很大，造成中小银行核心负债不足。一旦发生金融危机，中小银行极有可能因为客户挤兑而导致破产。在内部控制方面，巴林银行的案例就充分证明了操作风险对银行的巨大破坏作用。

四、中小银行在金融市场领域中的优劣势

（一）优势

虽然大型金融机构在市场竞争、实现规模收益、抵御风险及网络与信息化建设方面具有中小银行无法比拟的优势，但地方中小银行也有自己的优势和特点，特别是在为中小企业提供金融服务上的优势，更是中小银行得以存在和发展的根本。中小银行在为中小企业提供金融服务方面之所以比大型金融机构更有优势，主要是因为中小银行与当地的中小企业有着长期的合作关系，对企业的经营状况比较了解，在信息的收集、整理、分析和利用方面成本较低，并且能够及时掌握企业财务报表和统计报表以外的信息，能够更加准确地对企业的发展前景、信誉状况、风险程度、抵质押资产情况作出判断，从而有效地进行资产配置，灵活营销。

从中小银行的股份构成来说，地方政府的财政拨款占有很大的比重。作为银行的大股东，地方政府也都乐意将本地的税收等收入存入地方银行。在处置不良贷款等方面，地方政府也都会通过资产置换等手段对本地商业银行给予支持和帮助。

总之，对中小企业的信息优势和银行与地方政府的特殊关系是地方中小银行的真正优势，也是地方中小银行得以存在和发展的主要依靠。

（二）劣势

就中间业务而言，中小银行并不具备优势。我国中小银行近年来的中间业务收入增长很快，但是存贷款利差收入所占比重仍然极高。这主要是因为中小银行自身在金融领域中的不足决定的：

1. 开展中间业务需要大量的技术投入和智力支持。中小银行由于受到经营规模小、资本金不足等条件的制约，难以配置足够的资金大力发展中间业务，也难以依靠自身技术在金融产品创新和制度创新上有所作为。

2. 由于资质不达标，多数城市中小银行不能在异地办理分支机构。为方便客户进行异地结算，中小银行只能依托国有商业银行进行异地代理结算业务，从而导致了资金的大量占用，使中间业务的成本高昂，收益率低下。

3. 城市商业银行多为区域性银行，地域限制使其难以全局掌握国家经济供

求变化情况，致使统计和预测工作相对滞后，在国家经济政策解读和行业发展预测方面容易出现偏差。

4. 金融危机之后，存款人的风险意识进一步加强。出于安全考虑，储户更愿意将资金存放于国家性银行，使得小银行揽存困难，资金来源受困。

5. 因为揽存困难，以及中小银行本身资产有限，放贷规模受到限制，难以获得优质贷款客户资源，致使风险进一步加大。

6. 相关部门对中小银行限制过多，客观上限制了中小银行在经营理念上的创新。

从以上几个方面分析，由于中小银行资产规模有限，致使创利能力不足；没有足够的利润支持，又使其在中间业务和金融产品开发等各个方面都受到很大的限制。就管理水平而言，中小银行则有着如管理效率低下、内部控制系统不完善等不利条件。

五、中小银行的金融市场运行

（一）开展中间业务的深远意义

我国对金融市场的监管十分严格，这虽然束缚了银行在金融领域的创新活力，但是对自身创新能力不足的中小银行而言，则又起到了很好的保护作用。随着金融市场的进一步开放，这种对中小银行起到保护作用的政策必然会走向结束。因此，中小银行必须在这个甜美的保护期内，抓紧时间，提高创新能力和风险控制水平。

大力开展中间业务，是银行发展的必然之路，更是中小银行异军突起的良机。货币市场中，2006 年英国银行同业国内贷款达到 6 128 亿英镑，欧元区和美国分别是 6 689 亿欧元和 3 658 亿美元。欧洲回购市场迅猛发展。截至 2008 年末，回购合约未清偿余额为 4.6 万亿欧元，比 2001 年末增加了 142.1%。债券市场上，2008 年 9 月，全球债券市场未清偿余额为 59.7 万亿美元，比 2007 年末增长了 3.71%；2008 年 6 月，OTC 利率衍生品的未清偿名义本金为 458 万亿美元，同比增长 31.96%；2008 年 6 月，全球 OTC 信用违约互换的未清偿名义本金为 57.3 万亿美元，同比增长 34.6%。

虽然我国银行业中间业务的开展尚处于起步阶段，中小银行中间业务的发展更是处于摸索阶段。但是，只要认清市场发展形式，抓住历史机遇，中小银行一定能够在中间业务方面有所突破。

（二）市场追随者

中小银行的特点是资本规模小，在金融市场的运行方面对市场的影响力有限，所以只能以市场追随者的姿态参与市场，紧随五大银行的脚步，既不能被甩得太远，也不适合采用冒进式的发展模式。

市场追随者在尽可能多的细分市场和营销组合领域中模仿领先者，且往往以一个市场挑战者面貌出现，但是如果它并不激进地妨碍领衔者，直接冲突不会发生。追随者既要与市场领先者保持某些距离，但又在主要市场和产品创新、一般价格水平和分销上追随领先者。紧跟领先者，但又坚持自己的特色，这样中小银行才可能既保持创新性，又可以避免直接的竞争，并在有明显优势时在特定领域赶超领先者，并为将来成为市场挑战者做足准备工作。市场追随者虽然占有的市场份额比领先者低，但它们可能赚钱，甚至赚更多的钱。市场追随者成功的关键在于主动地细分和集中市场，有效地研究和开发，着重于盈利而不着重市场份额，以及有坚强的管理当局作为后盾。

（三）细分市场

金融市场按标的物划分可以分为货币市场、资本市场、外汇市场、黄金市场等；如果按照地域划分，则可以分为国际型市场、全国型市场、区域型市场等。依托地方的中小银行，其细分市场显然属于区域型的。中小银行的主要作用就是服务地方经济、服务当地中小企业、服务城市居民。中小银行根据自身情况，在业务的拓展上扬长避短，准确定位自己在金融市场中的位置，清楚认识到自己的规模、资金、技术、人才、业务等方面与五大行和其他大型银行的差距，尽快走出与国有商业银行争夺传统业务领域的误区，集中资源，争夺目标市场。

（四）产品创新

目前，中小银行传统存贷款业务发展空间日趋狭窄，单纯依靠存贷款很难获得较好的利润回报率。因此，应在保持传统业务主体地位的前提下，大力开拓符合中小银行特点，开发具有潜在盈利空间的中间业务品种，如委托代理业务、财务顾问业务、评估审核业务、基金托管业务等，不断扩大中小银行的收入来源，培养新的利润增长点，增强经营活力，提高市场竞争力。

金融创新具有复杂性和价值链长等一系列特点。因此，金融创新风险防范的难度也很大。为了有效防范金融创新的风险，首先要完善内部控制制度，明确创新金融工具交易中各部室以及具体操作人员的职权和责任，创建用于监控、管理和报告创新产品交易风险的管理信息系统，实行严格的问责制，并建立明确的惩处制度。其次要实施全面的内部控制与稽核，加强对金融创新主体的监管力度。最后要建立健全金融信息披露制度。

（五）创投基金

我国创投行业发展迅猛，商业银行针对这一新领域进行高端金融服务创新，是发挥商业银行在创投基金从设置到运行过程中不可或缺地位的关键。创投基金对中小银行而言，也是一个快速发展的突破口。

针对地方性有发展前景的中小企业，首先要确定创投基金、商业银行和被投资企业之间的合作共赢关系。创投基金和商业银行之间通过股权和债权的互动互利，对有成长潜力的企业进行发掘培育，在实现优势资源的共享互补、配套融资的结构安排、对基金规范操作的监督管理，以及提供财务顾问等方面进行充分合作。主要体现在：

1. 在基金募集方面，可以为创投基金推荐潜在的投资者。

2. 为增加基金运作的公信力、规范设置和科学运营，提供基础的设立方案和资金托管服务。

3. 商业银行的专业眼光和风险控制程序可以降低基金的运作成本，提高基金的运行效率。

4. 商业银行利用其银行地位，对基金的资本方、管理方和被投资项目之间提供融洽畅通的沟通渠道，同时根据客户自愿原则，提供银行业务中风险性较小的理财产品，从而使得不同利益主体之间的共赢关系达到紧密和谐。

从商业银行和企业的角度考虑，商业银行则可以向被投资企业提供长期的跟踪服务、综合化金融支持、结构化融资服务、增值性财务顾问、良好的信用等级等以推动企业发展，建立良好的银企关系。

（六）人才培养

任何新事物都不可能一蹴而就。中间业务，金融产品开发，既要在国家金融政策约束范围之内，又要有相当程度的市场吸引力，还要有很强的风险防范能力。所以从学习引入（分、包销）到自主创新（开发自己的金融产品）应当是必然要遵循的道路。这样做的好处在于：

1. 可以学习积累相关经验，在创造收益的同时规避风险。

2. 可以在这个过程中逐步培养自己的金融创新人才。

六、总结

以城市商业银行为代表的中小银行业已经走过十多个年头。在经济高速增长阶段，中小银行的行业危机感和市场竞争意识并不是太强，中小银行的不足面也容易被掩盖。而当经济发展不景气，或者受到经济危机影响时，中小银行往往成为金融危机的最先受害者。虽然中国的金融政策在一定程度上给脆弱的中小银行增加了一层保护伞，但是随着金融领域改革的不断深入，中小银行的这种先天保护必将随之消失。所以，中小银行应当在这个时期抓紧自我调整，完善内部体制，优化资源配置，确保投资收益的稳定；同时优化投资组合，降低风险经营，提高资产流动性，增强偿债能力，完备制度体系，保障投资安全；降低企业营运风险，发掘自身的行业优势，开展符合自身特点的金融业务。

就政府而言，应该建立与大型国有银行对等的政策体系来扶持中小银行的发展。监管当局应当以实事求是的态度适当放松对中小银行的监管，使其充分体现自己的地域优势。此外，应尽快建立存款保险制度，由金融机构按吸收存款的一定比例缴纳保险费。这一方面可以降低储户在中小银行储蓄的忧虑，增加中小银行资金来源；另一方面也可以提高中小银行应对各种危机的能力，为中小银行的健康发展铺平道路。

（作者单位：河北银行股份有限公司）

金融危机给证券公司经营风险防范的启示

翟建强

一、引言

美国次贷危机爆发后，引发全球性金融危机，诸多世界金融巨头陷入危机。2008 年 3 月，美国前五大投资银行之一的贝尔斯登因濒临破产被收归摩根大通麾下；9 月 15 日雷曼兄弟破产；同一天美林证券宣告被美国银行以近 440 亿美元收购；9 月 21 日晚间美国联邦储备委员会宣布，已批准了高盛和摩根士丹利提出的转为银行控股公司的请求。至此，华尔街五大投资银行“全军覆没”。金融危机不仅给国际金融巨头的经营带来了巨大风险，也给全球的股市带来巨幅波动，世界各主要股指都出现大幅回落。截至 2008 年 11 月初，美国道琼斯等三大股指跌幅超过 40%，日经指数下跌超过 60%，欧洲三大主要股指的跌幅也都在 50% 左右。中国股市也大幅下跌。上证综指从 2007 年 10 月 16 日的 6 124.04 点下跌到 2008 年 10 月 28 日的 1 664.93 点，跌幅达 72%。金融危机爆发后，各国政府都推出了巨额经济刺激计划，全球股市都有较大幅度反弹，世界经济也正在逐步恢复。

此次金融危机尽管对我国证券行业和证券公司都带来很大冲击，但就风险和损失来说均还在可以控制的范围内。这除了得益于严格的市场监管和证券市场开放步伐较慢之外，还与国家分业监管政策、金融衍生品市场欠发达和金融创新不足有重要关系。其实危险离我们很近，只是这次我们运气不错。因此，总结此次金融危机对证券市场和证券公司经营风险的影响，防患于未然是我们必须要做的工作。

本文拟对金融危机对我国证券市场影响以及带给证券公司的经营风险加以总结，同时提出新形势下证券公司经营风险防范的对策。

二、关于金融危机对我国证券行业的影响思考

证券公司综合治理的结束和股权分置改革的顺利完成，为我国证券业健康

发展奠定了坚实的基础。相关法律、法规的不断完善，也使得证券公司的经营环境发生了根本性的改变。我国证券市场也因此经历了一场有史以来的最大的牛市。上证综指从2005年10月28日的1 067.41点上涨到2007年10月16日的6 124.04点，涨幅高达473.73%。正当人们津津乐道上证综指何时冲过万点大关时，由次贷危机引发的全球金融危机正悄然逼近。此后的事实证明金融危机破坏性巨大。中国证券市场经历了历时近一年的下跌，投资者损失惨重。证券经营机构利润大幅下降，乃至亏损。金融危机终究会过去，世界经济也会走出低谷，金融危机对我国证券市场产生的诸多影响将会成为我们改革和发展证券市场的动力。

（一）证券市场发展模式的反思

金融危机爆发之前，美国的证券市场监管体制和运营模式一直是我们学习的榜样，华尔街投资银行也是中国很多证券公司学习的楷模。国内很多的研究文献也对美国证券市场的监管体系和华尔街五大投资银行的风险控制体系赞许有加，认为其运营高度市场化、创新性能更加有效配置社会资源，促进经济均衡发展；其投资银行的资本实力雄厚，股权结构清晰，风险控制体系完善，抗风险能力强。而金融危机爆发之后，我们不得不重新审视这些。美国证券市场的监管体制和华尔街投行发展模式是在不断经历失败和改进之后总结出来的，有其独特性，也是值得我们借鉴和学习的。但任何制度和模式都只是适合于特定的条件和环境。过度创新和监管缺失是这次金融危机爆发的根本原因，也说明美国这种过分依赖市场化手段和过度创新的证券市场发展模式已经不适应市场环境。改革监管体制和发展模式是其证券市场发展的方向，同时也值得我们对我国证券市场的改革、发展的思考。我们选择什么样的监管体制和发展模式应该根据我国证券市场发展阶段和实际情况来定，而不是照搬某种“先进”的监管体制和发展模式。这也是金融危机给我们的启示之一。

（二）证券市场波动幅度加大

我国的经济增长主要靠投资、出口和消费这三驾马车来拉动，而出口占了很大比重。金融危机使得美国、欧洲等发达国家的消费大幅萎缩，这使得国内以出口为主或相关联上市公司业绩下滑明显。同时，金融危机前，为了摆脱经济衰退的困境，美联储采取激进的货币政策（不断向市场注资或降低名义利率），以救助财务状况恶化的金融机构，这使得美元贬值的预期增加。而全球的石油、铁矿石等绝大多数大宗商品均是以美元计价，美元的贬值必将引致这些大宗商品价格迅速反弹。这又会推动国内很多上市公司的原材料价格大幅上涨，企业的利润变得微薄乃至严重亏损，有的行业出现全行业亏损。再加之这些因素的恶性循环使得相关行业及产业链上、下游的企业都受到影响，实体经济整体下滑。实体经济的整体下滑又反过来会影响上市公司的业绩，上市公司业绩下滑会加大证券市场波动幅度。

此外，金融危机爆发以后，世界各国大都推出了巨额经济刺激计划，银行贷款激增。国家发展改革委副主任郭晓强在第三届夏季达沃斯论坛上表示，2009 年我国全年新增银行贷款将达 9.5 万亿元，部分信贷流向股市和楼市。而我国股市上证综指从 2008 年 11 月 7 日的 1 678.96 点反弹至 2009 年 8 月 4 日的 3 478.01 点，涨幅达 107.15%，正是靠流动性推动。2009 年 7 月 28 日，中国人民银行发布报告称将对货币政策进行微调，股市迅速作出反应：2009 年 7 月 29 日上证综指下跌 171.94 点。未来财政货币政策的变化必将加大证券市场的波动幅度。

（三）与外部证券市场的关联度增强

目前国内证券市场与国际证券市场的关联主要通过 QFII、A 股与 H 股之间的联动等途径实现。中国证券市场通过 QFII 引入境外投资人。境外投资人重新调整自己的资产配置时，通过资本流动的方式可以直接冲击国内的资本市场。目前，无论从资本流动的数据，还是从 QFII 机构投资人的资产配置来看，其对中国资本市场产生的冲击都相当有限。但是，随着 QFII 额度的增加，国际金融市场的波动会很快通过 QFII 传到国内证券市场，规模和幅度也都将逐步加大。

与国内证券市场关联最大的是香港证券市场，中国境内很多上市公司同时也在香港证券市场上市。香港证券市场是一个相当开放的离岸市场，国际金融市场上的波动会很快传导到香港证券市场，而 A 股、H 股比价效应会使 A 股市场定价受到非常大的拖累。在过去很长时间里，A 股、H 股之间的溢价比存在比较明显的波动，这个波动表明 A 股市场的定价具有独立性。这个独立性通过资本账户的封闭，与投资者本土的偏好和国内流动性相对松紧之间存在比较密切的联系。但是，在 H 股市场发生大幅波动时，A 股市场相对独立定价的空间受到非常大的挤压，这对国内股票市场的价格指数以及股票定价产生了巨大影响。未来随着越来越多的内地大型国有企业在 A 股、H 股市场上市，必将会增强 A 股市场与国际市场的关联度。

三、证券公司经营风险新特点

中国股票市场经过 2006 年、2007 年的大牛市之后，国内证券公司的注册资本、资产总额、净资本等都得到相应提升。截至2008年底，证券公司的平均注册资本为15.435亿元，平均总资产为111.33亿元，平均净资本为26.99亿元；最大的证券公司三项指标分别达到82.278亿元、833.61亿元、383.84亿元。我国证券公司抗风险能力已有较大改观，但跟国际金融巨头相比还有很大的差距。随着我国证券市场的进一步开放，未来经营风险形势不容乐观。除了传统的经营风险、法律风险之外，还呈现以下新的特点：

（一）证券市场开放带来的经营风险

在此次金融危机濒发之际，在2008年年初时曾传出国内某知名证券公司和美国第五大投资银行贝尔斯登公司进行换股的深度合作的消息，后来由于一些程序和技术性的原因没有被监管层批准。如果这一合作当时得到了批准，在一定程度上，华尔街的金融危机几乎立刻就会传导到中国的证券市场。实际上，我们的证券市场与金融危机擦肩而过。

另外，随着我国证券市场的进一步开放，越来越多的国际金融巨头会进入我国证券市场，凭借资金、人才和国际经验直接同国内证券公司展开竞争。2002年以来，华欧国际、长江巴黎百富勤、海际大和、高盛高华、瑞银证券等多家合资券商先后设立。2009年7月，中德证券获中国证监会批准成立。而中原证券与摩根士丹利成立合资公司一事已向相关部门提交申请，还有其他一些券商正在和外资券商洽谈合作事项。目前，合资券商的主要业务是承销和保荐业务，对证券市场的影响还相对有限。未来，经纪业务、资产管理业务和自营等业务很可能也会对合资券商开放，证券市场的竞争会更加激烈，同时与国际市场的接轨程度也大大提高，而证券公司的经营风险也会随之增加。

（二）宏观经济调控政策变动带来的经营风险

从2007年年初开始，我国CPI和PPI持续走高，通货膨胀压力骤增。为了抑制通货膨胀，党中央、国务院授权财政部和中国人民银行采取适度从紧的财政货币政策。中国人民银行从2007年3月18日到2007年12月21日先后6次调高存贷款利率，1~3年期贷款利率从2007年3月18日的6.57%调高至7.56%。

随着次贷危机的蔓延，我国对外出口急剧下滑，次贷危机对我国的实体经济的影响逐步加深。为此，党中央、国务院及时调整财政、货币政策，从适度从紧的财政、货币政策调整为适度宽松的货币政策。中国人民银行先后5次降低存贷款利率，1~3年期贷款利率从2007年12月21日的7.56%，调低至2008年12月23日的5.4%。这为减少国际金融危机对我国经济的影响起到了关键作用。从2009年1~5月的经济数据也可以看出，我国适度宽松的财政、货币政策为我国经济的复苏发挥了积极作用。

但是，我们也应该清醒地认识到，金融危机使得我国财政、货币政策在短期内出现了很大变化，这对上市公司的投资和融资都有很大影响，会严重影响到上市公司的业绩，加大了上市公司的经营风险，也使得证券市场的风险增大。受国际金融危机影响，全球主要经济体都实行了宽松的财政、货币政策，未来全球范围的通货膨胀预期会增加。这也会影响中国的财政、货币政策，而财政、货币政策的变动会加大证券公司的经营风险。

四、新形势下证券公司经营风险的防范及对策

证券公司综合治理的结束和证券市场一系列法律、法规的出台，给证券市场发展注入了新的活力，证券公司的经营业绩大幅提升，注册资本、净资本和总资产等指标大幅提高，风险能力大大提高。但新形势下证券公司的风险防范依然不容乐观，应着重从以下几个方面加以控制：

（一）继续加强对证券公司的有效监管

此次金融危机对我国证券公司没有造成很大冲击，其主要原因在于中国的监管部门对证券公司资产负债表、业务模式始终进行了相当严密和广泛的监管，这使得证券公司的杠杆比例始终控制在非常低的水平。我国证券公司的高风险业务几乎全部用资本金来经营。而所谓的高风险业务就是自营业务，并且几乎全部是用自有的资本金进行操作，其本身的风险相当可控。而证券公司从事的其他大多数业务，如经纪业务、资产管理业务和投资银行业务等，本身并不由此形成非常大的负债和杠杆。因此，这样的业务模式和监管体系，即使海外市场发生非常大的波动，或者国内市场发生非常大的波动，证券公司的资产负债表和现金流仍然处在相当安全的范围内。尽管在自营买卖中，也会蒙受非常大的损失，但是资产负债表和现金流量表都处在相当安全的范围之内。事实证明，通过控制证券公司的杠杆去控制业务范围、表外业务发展的模式和监管模式，即使在金融危机爆发，包括国内市场发生股灾的背景下，也能有效保护证券行业的安全。因此，对证券公司的有效监管是防范证券行业金融风险的有效途径之一。

（二）监管部门应在风险可控的前提下逐步开放证券市场

在加入WTO之后，我国证券市场按照加入WTO的承诺先后开放了QFII、

合资券商的承销保荐和资产并购重组的财务顾问等业务。在开放市场的同时也引进了国外券商的先进管理经验和经营模式，为我国证券市场的健康发展起到了积极作用。但我们也应该看到，在证券市场的各项制度建设还不够完善的条件下，开放证券市场存在很大的风险。从这次金融危机中我们可以看到，我国证券行业的相对封闭减弱了金融海啸对证券市场的冲击。因此，在我国证券市场的上市公司质量还需提高、证券公司竞争力不强和其他制度建设还不够完善的前提下，坚持逐步开放证券市场不仅能有效地控制国际金融风险对我国证券市场的冲击，还能促进证券市场的良性发展，提升我国证券公司的竞争力。监管部门在制定每一项证券市场的对外政策时都应该充分论证，尽可能保证风险可控地推出政策。

（三）证券公司加强自身建设，积极开拓国内、国际市场

证券公司的经营风险主要来自其违规经营。因此，加强自身的制度建设，在坚持合规经营的基础上，提高决策的科学性，构建精简高效的风险防范机制对证券公司尤为重要。目前，我国证券公司在公司治理、制度建设和风险控制等方面已经取得了很大进步，违法、违规经营大大减少，这相应降低了证券行业的风险。但从此次金融危机中我们也应该看到，我国证券公司的国际化经验非常欠缺，国内某知名证券公司在金融危机爆发之前差点因为与贝尔斯登换股合作而带来巨大经营风险，这说明在此之前其对贝尔斯登的经营状况和风险状况都没有充分研究，对国际金融市场的研究也不透彻。其实，对大部分国内证券公司来说，国际化经验都很欠缺。这一方面与我国证券市场的发展历史较短、对外开放程度较低有关，另一方面也与国际政治、经济环境有关。未来，随着我国证券市场开放扩大和更多的上市公司参与国际竞争，我国证券市场跟国际接轨会更加紧密。因此，证券公司应该要有战略眼光和国际视野，提早谋划，加强自身制度建设，培养、储备国际化人才，积极开拓国内、国际市场。

（作者单位：河北财达证券经纪有限责任公司）

金融危机形势下寿险分公司内部控制建设的初探

甘世均

风险防范是寿险公司的生命线。建立并坚持不断完善有效的内部控制是防范和化解经营风险的必然选择，也是寿险公司健康持续发展的客观要求。近年来，在中国保监会的监管和指引下，借鉴国际先进的内部控制理论和经验，我国寿险公司的内部控制建设已开始走上正轨，但尚处于初级阶段，存在诸多问题。正视存在的问题，提出改进对策，勇于创新，大胆实践，走出一条中国特色的寿险公司内部控制建设乃至全面风险管理之路，任重而道远。

全国性寿险公司的省级分公司作为二级分支机构，肩负着管理分公司本级和全省辖属三级（设区市中心支公司）、四级（县区支公司、营销服务部）分支机构的任务，承上启下，责任重大。只有在总公司确定的大框架内，结合实际情况坚持不懈地加强内部控制建设，建立风险事前防范、事中控制、事后监督及纠正的动态过程和机制，才能有效防范化解风险，提高公司核心竞争力。

一、寿险分公司内部控制建设存在的主要问题

（一）治理机制不完善

目前，我国相当一部分寿险公司（法人机构）尚未健全符合现代企业制度要求的公司法人治理结构，与之相适应的公司自我约束、自我发展机制亟待完善。反映在分公司治理机制层面的问题有：分公司管理层由总公司管理层任命，董事会发挥作用有限，有可能形成内部人控制。总公司对分公司的考核指标和预算控制还不够科学、稳定和有效，以致分公司倾向于尽可能超额完成总公司下达的年度任务指标，缺乏长期经营的战略眼光和积极性。总公司对分公司内控制度建设及执行情况管控力度不足，不能确保分支机构内部控制健全、合理、有效。

（二）合规企业文化没有真正建立起来，内部控制意识较薄弱

不少高管人员经营指导思想有偏差，抓业务发展的一手硬，抓内控建设的一手软。面对激烈的市场竞争态势，管理层和职能部门为争夺市场份额打擦边球的观念与做法不同程度地存在，影响了公司的稳健发展。员工队伍，尤其是营销员队伍的风险管控理念、自觉合规意识亟待提高。

（三）内控制度体系不完备，组织架构不健全，流程存在缺陷，制度执行不到位

内部控制尚未内植于全部业务活动、贯穿于整个业务过程、渗透于各个操作环节、覆盖到所有的部门和岗位，对有些关键控制点的控制不够有效，没有形成立体交叉、多角度、全方位、动态跟踪的风险预防监控体系。内部控制力度呈层层递减态势，三级特别是四级分支机构的内控管理比较薄弱，风险隐患较多，甚至对既往检查发现问题的整改流于形式，老问题屡禁不止。

（四）内控手段、方法不够先进、科学，信息系统对内控支持不足

风险评估方法侧重于经验，定性多于定量，风险分析模型种类少，评价标准不够科学完善。缺乏统一的内控数据信息系统，数据信息分散，信息传递和反馈渠道不畅，造成内控管理信息的归集分析不力。信息传达不及时，纵横向沟通不到位，以致公司的方针政策常不能及时准确地传达到最基础的操作层面，影响了相关人员对其责任和义务的全面了解，从而削弱了对政策和制度的执行力。

以上问题和缺陷的存在，是导致目前寿险市场秩序不够规范，违法违纪案件时有发生，保险消费者对保险销售误导和理赔难等问题反映比较集中的重要原因，应引起各家寿险公司高度重视。寿险公司应抓紧全方位、有重点地落实好各项内部控制措施，提高公司经营管理水平，维护保险市场秩序和广大保险消费者合法权益，更好地服务于社会主义和谐社会建设。

二、提高寿险分公司内部控制建设水平的基本对策

2006年初，中国保监会出台了《寿险公司内部控制评价办法（试行）》。各寿险公司据此开始建立内部控制评价机制，并以COSO报告（1992年美国反虚假财务报告委员会发布的《内部控制整体框架》的简称）的“五要素论”为基础，紧紧围绕相互联系的“控制环境、风险评估、财务会计控制活动、资金控

制活动、业务控制活动、信息技术控制活动、信息与沟通、监督”八要素加强内部控制建设，并已初见成效。受太平洋寿险河北分公司近年来实践的经验和教训启发，提出解决现阶段寿险分公司内控方面普遍存在问题的基本对策如下：

（一）健全分公司治理机制

1. 寿险总公司在完善公司法人治理结构的同时，要抓紧健全分公司治理机制，做好总公司治理机制的延伸与传导工作。对分公司建立科学、稳定、有效的考核指标和预算控制；对分公司的业务经营设置合理的权限；采取内部审计、建立反舞弊机制和高管人员问责制等措施，确保分公司的内部控制健全、合理、有效。

2. 在总公司的支持下，分公司应引入适当的权力制衡机制，使分公司及其以下层级的经营者受到应有的控制约束。

3. 设置适应分公司业务发展与内控管理水平的经营授权机制。分公司根据辖属分支机构的经营管理和风险控制能力，实行差异化经营授权制，并进行连续、有效的监控。

4. 完善分公司及辖属分支机构组织架构，科学合理定义各层级、各部门，特别是关键领域的权责分工。对不相容职务实施相应的分离措施，确定合适的报告路径，各司其职、各负其责、相互制约，防止上层管理对下层活动失控和下层活动对上层管理背离，防止部门或分支机构权力独大又无有效的监督制约机制，从而确保公司的经营理念、决策充分及时灌输到每一层级，真正做到有令行禁止。

5. 建立完善的激励约束机制，将内控指标列为各级领导班子经营责任制考核及所有员工岗位责任制考核的重要内容，通过绩效分配等激励措施促使管理层和广大员工履行相应的内控职责、遵守有关的内控制度，并通过严格执行责任追究制，包括对重大违规行为的一票否决、经济处罚、纪律处分等，实现对违规违纪行为的有力制约。

（二）加强合规与风险管理文化建设

1. 坚持依法合规经营，切实防范风险，是落实科学发展观、实现全面协调可持续发展的题中应有之义。作为经营风险的特殊行业，保险公司企业文化的核心价值观理应包含风险观。太平洋保险集团公司确立了“诚信天下、稳健一生、追求卓越”的企业核心价值观，通过培育和弘扬太保诚信、稳健、卓越的价值理念，强调合规经营意识，建立太保公司的合规文化。分公司应不遗余力地倡导和培育“合规人人有责”、“主动合规”、“合规创造价值”的合规企业文化，使其逐步变成广大员工特别是各级领导的自觉行动，共同营造有利于内部控制良性运行的控制环境。

2. 分公司及全辖各分支机构、各业务管理条线都应充分利用各种会议、各类培训的机会，加强对各级高管人员的风险管理、内部控制、合规经营教育，从各级分支机构管理层带头倡建公司合规文化。同时，经常向员工宣传风险控制理念和具体工作要求，引导员工树立全面、全员、全过程控制理念，建立诚信道德观念，增强风险意识和法规意识，提高职业道德水准，规范职业行为，在各自的岗位上自觉履行应尽的内控职责。

3. 认真贯彻执行总公司制订下发的各类销售人员、管理人员合规手册，将员工行为守则、职业道德标准、违规行为界限等与员工日常管理规定结合起来，并严格经常性的销售行为品质、管理工作品质的考核奖惩，保持约束激励机制与公司合规文化和核心价值观的一致。

（三）完善内控评估常态管理机制

1. 完善内控评估的常态管理机制。确立分公司及辖属分支机构各部门、各业务条线内控自评工作的范围、频率和报告制度，加快内控评估技术队伍建设，推动内控评估与内部审计、合规检查项目的结合，特别要加强对核保核赔、资金、单证、财务报告过程、信息系统等重要领域内控情况的跟踪与评估。采取定量与定性相结合的方法，对识别出的风险进行分析，确定优先控制的重点风险。尽快建立统一的内控评估基础数据库，形成涵盖各分支机构、业务条线和部门的内控模型。

2. 对内控评估中发现的内部控制存在的问题和缺陷，要深入查找原因，进行系统性、根源性、趋势性分析，针对性地提出整改意见和措施，明确整改责任人，规定整改完成时间，并追踪整改效果。通过持续评估、持续改善，将内部控制融入整个经营管理全过程中。

3. 根据监管要求和公司管理目标以及内外部审计、合规检查中发现的问题，对公司各项规章制度进行分析。在对内控制度的充分性、合理性和有效性持续评价的基础上，对现有内控体系文件进行梳理整合，使内控措施更严密，控制点更清晰，覆盖所有业务管理行为，明确各项行为的主要风险点和防范要点，并根据情况变化及时修改完善，以确保内控制度的时效性，提高内控管理的规范化水平。

（四）运用相应控制措施开展各项控制活动

1. 建立系统标准化操作流程，以各项业务活动的标准化、程序化促进内控制度的落实。借助信息技术推广实施财务、承保、理赔、保全、单证和 IT 管理标准化操作流程以及固定资产、采购等方面的基本制度，并通过审计、合规检查保证其有效执行。同时，通过软件开发，促进各项业务活动的内部控制流程与信息系统有机结合，逐步实现对业务作业事项的自动控制，实现内控制度执行的刚性约束，尽量减少人为操纵因素。

2. 实行全面预算管理。分公司应根据总公司规定，针对不同层级分支机构特点，划分预算管理责任和权限，制定资产、费用开支标准，构建从预算编制、执行、监控到分析调整和考核的完整管理体系，自下而上和自上而下地制定预算目标、分解预算指标，落实保障预算实现的管控手段和完善预算的考核措施，强化预算约束，将预算管理贯彻到公司的全部经营活动中。

3. 加强财务集中管理，推行责任明晰、流程规范、执行严格、考核到位的分公司集中管理模式，实现费用、单证集中管理和零现金管理，落实分业务渠道核算模式，增强分支机构和各业务渠道的自我经营和风险管控意识。总公司对分公司委派财务总监，分公司对各中心支公司委派财务会计部经理。

4. 实施核保核赔集中管理和集中出单。上收核保核赔权限，强化持证上岗，加强责任考核，提高核保核赔质量。加强对承保理赔数据的动态监测和量化分析，对发现的问题及时予以纠正，重点监控可能对经营管理全局造成重大影响的系统性风险。

5. 推广保险独立人调查制度。通过开展独立调查和外协调查，积极发挥保险独立人调查制度在反保险欺诈、健全风险管理机制方面的作用，为公司避免或减少不必要的经济损失。

6. 强化分公司对全辖人力资源的集中管理，推行分公司统一分支机构岗位设置、统一人员考试考核录用、统一规范人员薪酬标准、统一进行人力资源调配的管理模式，严格掌握各级高管人员及关键或重要岗位人员、合规与风险管理人员的适任条件，尽可能避免或减少用人不当的风险。采取对分支机构主要负责人强制年休假离岗接受上级公司审计、工作一定年限后异地交流等措施，尽量降低“船长风险”。

7. 建立健全重大风险预警机制和突发事件应急机制，制定重大风险和突发事件应急预案，规定预警标准，明确责任人员，规范处置程序，并进行必要的模拟演练，确保一旦发生不测事件，能够得到有效处置、妥善化解。还应建立经常性的矛盾纠纷排查化解工作机制，坚持预防为主的原则，尽量把来自员工或客户的问题解决在萌芽状态或初始阶段，防止矛盾激化，事件升级，形成影响公司正常工作秩序乃至行业、社会稳定的风险。

（五）建立先进的内控信息管理系统

1. 设计和维护畅通的信息沟通渠道、完善的信息系统和严密的信息沟通规则。在具体的业务、管理规章制度中规定信息沟通交流和控制反馈的制度和程序，明确各类信息的获得范围、沟通渠道和处理方式，确保公司管理层在了解业务管理信息的同时，了解风险信息，及时、准确察觉内控过程中出现甚至隐含的问题，迅速采取有效的应对策略。对重要业务领域建立风险监测系统，适时完成对风险信息的收集、统计、分析、预警和传递工作，确保风险防范有的放矢，对症下药。

2. 建立统一共享的管理信息系统，实施数据集中。总公司应抓紧开发、上线“内控评估系统、风险评级系统、缺陷管理系统、预警分析系统”，以便全公司加大对各类动态信息的收集、整理力度。通过信息数据库实现精当、快捷的风险分析预测，为内部控制提供必要的信息资源和有力的决策支持，充分发挥信息技术在信息与沟通中的作用。同时，加强对信息系统的安全管理，保证信息系统安全稳定运行。

3. 分公司各管理部门不仅要传达下发有关的制度性文件，更重要的是监督其执行情况，检查是否落实到位，及时了解存在的问题，特别是苗头性、倾向性问题和风险隐患，提出改进措施，并监督落实整改。在出现紧急情况或重大突发事件时，应能及时报告。

要加强公司内部包括部门之间、员工之间，以及各分支机构之间的纵横向沟通。分公司、中心支公司各管理部门要通过文件传递、会议协调等形式，沟通执行政策、法规、制度的情况和风险管理方面存在的问题，增进互信与合作，避免控制漏洞或控制过度。分公司还应建立开放的外部沟通渠道，向监管机关、社会公众、新闻媒体报告或传递信息，获取并有效利用公司外部信息。

4. 开辟员工反映特殊信息和合理化建议的渠道，收集公司无法通过正常渠道得到的意见和建议。建立举报投诉制度，设置举报、投诉专线，明确处理程序、办理时限和办结要求，并运用保密机制保证举报人和投诉人信息不被泄露，使举报和投诉成为公司有效掌握信息的重要途径。分公司管理层要高度重视来自每位员工的合理化建议，通过落实奖励制度，调动员工参与企业民主管理的积极性、创造性。

（六）健全分公司内控管理组织架构，强化持续有效的监督

1. 分公司成立风险控制委员会，负责公司营运的全面风险管理，包括风险识别评估、内控制度制定与执行、合规检查、信息反馈、追踪整改、重大风险

预警和突发事件应急处理等工作。下设风险控制执行组、重大突发事件处理组、风险管理办公室。分公司总经理任风险控制委员会主任，其他总经理室成员任副主任，分公司各部室和各中心支公司主要负责人任委员会成员。

因审计部门单独对公司董事会或审计委员会负责，内部审计监督由寿险总公司负责，分公司主要承担合规监督的责任。分公司应设立合规与风险管理部，对经调查发现的异常情况或可能的违规行为，可按程序直接向上级合规部和管理层报告，以确保其履行职责的独立性。分公司向各中心支公司派驻专职合规与风险管理员。管理员编制在分公司，主要接受分公司合规部的领导和考核。分公司各部室和中心支公司各部室均设兼职合规与风险管理岗位。由此形成纵横交错、遍布各层级、各部门的合规宣导、内控风险监测、信息反馈的网络布局，履行相应的合规与风险管理职责，主动识别和防范化解风险，确保内控工作的常态化和连续持久性。

2. 根据“合规人人有责，并应从高层做起”的指导思想，明确规定：分公司和中心支公司总经理及支公司、营销服务部经理任所在机构合规责任人，分别对机构的内控管理、合规经营承担最终责任；各业务部门经理任本部门合规责任人，分别对分管业务条线的内控工作、合规风险的生成和管理负直接责任。在强化中心支公司区域经营对风险控制责任的同时，加大分公司各业务、管理部门对全辖分管条线风险控制的垂直管理力度。应制定合规管理评价标准。对各级高管、各业务部门及管理人员的绩效考核，应包括合规部对其合规风险管理意愿、能力和效果的评价意见，促使其在业务发展过程中自觉遵守合规经营的原则。

3. 分公司及各中心支公司设纪委或纪检组；分公司设纪检监察室，可与合规部合署办公。按照“整合监督资源、形成监督合力”的要求，形成纪检监察、合规与风险管理、内部审计相互协作、相互监督的工作网络，促进“大内控”体系规范有序运行。纪检监察侧重对各级党员领导干部的教育、监督和实施必要的惩处，以及相关制度建设。分公司纪委应特别加强对中心支公司和分公司部室负责人，尤其是主要负责人的监督；各中心支公司纪委（纪检组）应加强对本单位部室负责人和辖属支公司、营销服务部经理及关键岗位权力运行的监督，及时发现苗头性、倾向性问题，抓紧协调有关部室加以解决。对已构成违规违纪案件的要严肃查处，绝不姑息，以有效遏制违纪违规行为。还要加强群众监督，推进司务公开，支持职代会、工会发挥监督作用。

4. 分公司风险控制委员会要督促各业务条线健全制度执行的跟踪反馈机制，加强制度执行力。分公司合规部要会同业务、管理部门重点对既往公司内、外检查发现问题的整改落实情况进行后续跟踪。对整改不力或屡查屡犯的单位，既要在内控制度上查找原因，完善相应规章制度，从源头上堵塞漏洞，又要按规定严肃追究有关合规责任人的责任，还要通过公司绩效、单证管理、业务音像、业务品质管理、客户回访报表等系统，结合非现场监管信息报表编报分析，做好远程监控，真正发挥合规检查在改善公司运营中的作用。

5. 分公司应加大对全辖专、兼职合规与风险管理人员的培训，使他们及时更新观念，提高专业理论水平和实务操作技能，以适应日益复杂多变的内部控制工作要求，并在分公司全面风险管理中履行应尽职责。

（作者单位：中国太平洋人寿保险股份有限公司河北分公司）

对金融危机形势下河北省银行法人类机构风险情况的调查及特征分析

靳凤菊

美国金融危机是因次级抵押贷款机构破产、投资基金被迫关闭、股市剧烈震荡而引起的金融风暴，其导火索是次贷危机，即美国的一些金融机构向信用度低、收入证明缺失、负债较重的人提供住房按揭贷款。这场危机不仅使得美国的经济进入衰退，而且导致世界许多国家的经济遭遇寒流，甚至进入冷冬。中国作为开放性的经济大国，不可避免地也受到金融危机的冲击，主要表现在出口下降，制造业、房地产业以及相关行业的利润下滑。而这些公司都是银行的重要客户，银行业面临的资产质量的变化以及由此对银行收益产生变化的风险不容忽视。而地方银行法人类金融机构规模小，抗风险能力较弱，其所面临的风险尤其应该引起我们的重视。因此，我们对金融危机形势下，河北省银行法人类金融机构进行了调查，对其特征进行分析，从而提出促进河北省银行法人类金融机构健康发展的政策建议。

银行法人类金融机构系指农村信用联社、城市商业银行、城市信用社。本文重点简述农村信用联社的风险特征。

一、河北省银行法人类金融机构总体情况

目前，河北省辖内共有银行法人类金融机构 165 家。其中，城市商业银行 11 家，农村合作机构 154 家（包括农村商业银行 1 家，农村合作银行 2 家，农村信用联社 151 家）。截至 2009 年 6 月末，河北省城市商业银行总资产 1 592.78 亿元，比年初增加 244.23 亿元；其中贷款总额 771.65 亿元，比年初增加 104.01 亿元。总负债 1 509.44 亿元，比年初增加 236.57 亿元；其中存款总额 1 388.79 亿元，比年初增加 206.76 亿元。农村合作金融机构总资产 5 171.35 亿元，比年初增加 755.29 亿元；其中贷款总额 2 553.90 亿元，比年初增加 384.52 亿元。总负债 4 977.67 亿元，比年初增加 739.89 亿元；其中存款总额 4 298 亿元，比年初增加 772.37 亿元。

河北省银行法人类金融机构总体运行平稳，经营效益稳定，资本充足，资

产质量良好，流动性充裕，风险抵补能力较强。截至2009年6月末，河北省城市商业银行资本净额91.24亿元，资本充足率11.3%。实现拨备前利润16.5亿元，同比增加2.4亿元，增长16.7%；不良贷款率2.3%，较年初下降0.1个百分点；存贷比50.6%，较年初下降5.1个百分点；提取各项减值准备24.8亿元，较年初增加4.5亿元；实现拨备覆盖率117.5%，较年初提高19个百分点。河北省农村合作金融机构资本净额7.77亿元；实现拨备前利润39.25亿元，比上年同期增加8.81亿元；不良贷款余额516.2亿元，比年初减少80.9亿元；不良贷款率20.3%，比年初下降了7.36个百分点；提取呆账准备金20.7亿元，比上年同期多提9.3亿元，呆账准备总额达到123.7亿元；拨备充足率达到42.96%，比年初提高了8.65个百分点；拨备缺口164.2亿元，比年初减少43.4亿元。

二、金融危机对河北省银行法人类金融机构的影响

尽管由于河北省银行法人类金融机构所处的地理位置和先天条件（如业务品种较少等），金融危机的直接冲击不是很明显，河北省银行法人类金融机构总体运行平稳，经营效益稳定，各经营指标有所好转，但金融危机的冲击仍对河北省银行法人类金融机构产生了一定的负面影响，尤其一些潜在的风险因素不容忽视。

（一）银行客户群体更换风险

金融危机对实体经济进行了一次彻底的洗涤，客户群体正在金融危机中悄悄发生改变，银行支持客户群的更换必然会导致信贷资产的流失。一是难以抵抗金融危机的经济实体，面临的订单减少，经营出现困境，甚至濒临破产的困境。二是一些企业在危机中，或进行资产重组，或进行现代法人结构治理，从而改变了原有的企业法人地位。三是政府在金融危机中发挥了刺激经济发展的主导作用，加大基础设施和重大项目的规划和支持力度，引导信贷资金进入该领域。2009年年初我国推出了高达4万亿元人民币的经济刺激计划，银行业在其中担当重任。以上种种变化导致地方银行法人类金融机构信贷客户群体发生变化，产生了一些不利影响：经营困难或倒闭实体经济发生资金流动性危机，形成了大量不良贷款，授信度下降，不再是银行支持重点；在危机中改革或重组企业存在着逃废银行债务的风险；大量政府规划项目成为新的客户群体，但这一群体多为中长期资金使用者。不断增加的大型政府项目与经济下滑带来的财政收入增长减缓，大量中长期投资导致金融机构信贷资金结构不合理，同时，

政府项目耗资巨大、回收期较长，难以保证偿还到期债务，必然造成潜在风险。

（二）信贷资产质量经历严峻考验

金融危机使地方银行法人类金融机构经营困难，信贷资产质量经历着严峻考验。受金融危机影响，部分中小企业经营困难。随着经济下行趋势的愈加明显，企业开始普遍采取减产、严格筛选新订单方式过冬甚至亏损，导致信贷资产质量下降。2009 年前 8 个月，河北省七大主要行业中有 4 大行业利润同比下降。其中钢铁行业同比下降 48.33%，石化行业同比下降 39.7%，装备制造业同比下降 3.26%，食品行业同比下降 1.41%。到 8 月末，全省入统工业企业 12 460家，其中亏损企业 2 421 家，亏损面为 19.43%，高于 2008 年同期 3.53 个百分点。企业效益下降，亏损面加大，导致信贷违约风险的加大。另外随着经济下行趋势的愈加明显，企业劳动就业率下降，大量农民工返乡，农民收入相对减少，进而使中小企业和农村信贷客户资金回流慢，增加了不能按期偿还贷款的风险。据调查，某县乡村劳动力为 17 万多人，其中外出务工人员 6.7 万人。2008—2009 年 1 月末失业返乡人数 4.2 万人，占外出务工总人数 62.7%。

（三）贷款集中风险倾向更加明显

适度宽松的货币政策环境下，受利益驱动及集约化倾向强化的影响，在信贷资金总量快速增长的同时，银行业贷款集中化倾向明显，表现为单户贷款比例和最大十户贷款超比例现象突出。据对邯郸市某农村信用联社调查显示，截止 2009 年 6 月底，该联社各项贷款余额 200 236 万元，其中最大十户贷款余额 118 633 万元，最大十户贷款集中度 859.97%，占各项贷款总额的 59.24%；最大单户贷款余额 77 912 万元，最大单户贷款集中度 564.78%，占贷款总额的 38.91%。按照现行银行监管双向控制的有关规定，对单一客户的贷款集中度不得超过其资本净值的 10%，最大十户贷款不得超过 50%，占贷款总额的比例分别不超过 2% 和 10%。从数字相比可以看出，农村信用联社最大单户、最大十户贷款比例严重超标，贷款集中度风险极为严重。河北省地方商业银行也不例外，均存在超比例现象。贷款集中风险表现在：一是追逐大客户倾向明显。金融危机使得中小金融机构的信贷资金逐渐转向大企业，甚至跟随大银行共同堆积向大企业。多家银行贷款集中在某些大客户上，就像把鸡蛋放在一个篮子里，不符合风险分散的经营原则。一旦这些大客户、大项目出现资金链断裂，中小金融机构无法与大银行相比，难以承受巨大的资产损失（如某县信用联社于 2009 年 6 月中旬向天津铁厂贷款 1.5 亿元）。二是信贷资金向少数行业投放趋势明显。多家中小金融机构共同投向同一行业，信贷资金集中于某一行业，造成行业性资金集中风险。如武安贷款投向主要是钢铁行业，最大十户贷款51.15亿元，贷款集中度高达341.23%，风险相对集中。再如某市城郊联社贷款集中在房地产行业，最大十户贷款集中度865%，信贷风险高度集中。

（四）潜在的流动性风险预测难度加大

从国内看，为消除金融危机带来的负面影响，货币政策由从紧转向适度宽松。在宽松政策环境下，各部门都制定了刺激经济增长的多项政策，纷纷加大信贷投放力度。进入2009年以来，金融机构贷款迅猛增加。据统计，2009年1～6月，河北省地方法人金融机构新增贷款达488.53亿元，是2008年全年的3.13倍，存贷比58%。但由于企业经营信息披露不规范，金融机构间的企业信息共享缺失，金融机构内控制度的教条化难以适应灵活多变的市场经济运行等因素的存在，可能会使一些“劣质”实体经济得到贷款。贷款的猛增，贷款结构的不合理，必然形成潜在的流动性风险。从国际上看，由于金融危机的影响，发达国家信贷资金紧缩，对实体经济放贷更加谨慎，贷款总量也由持续稳定的增长转为呈现出近年来首次大幅下降的趋势。据美联储统计，2008年前三季度美国商业银行对国内工商业的贷款余额增速比上年同期下降4个百分点。金融机构贷款紧缩使得欧、美等国的进口商融资难度增加，资金周转情况比以前明显恶化。对我国出口企业的直接影响是国外进口商的偿付能力下降，货款收回的风险加大。如邯郸广源金米兰鞋业有限公司生产的劳保服和安全工作鞋远销欧、美各地。受金融危机的影响，信用证结算占比下降，定期收汇结算方式占比上升，资金占用资金时间较长，收款期限几乎延长了一倍，极大地影响了该企业资金流动性，加剧了资金回收的困难，无形中增加了涉外企业资金流动性风险预测的难度。

（五）盈利风险凸显

中国银行业盈利收入约90%都是存贷款利差，贷款利息收入占了绝大部分，非利息收入部分大概在10%。而以资产业务及负债业务为主的地方法人类中小金融机构，其盈利收入中存贷款利差要占到90%以上，非利息收入更少。金融危机背景下，为刺激经济增长，人民银行先后多次调整金融机构存贷款利率，存贷利率非同比下调使得地方法人金融机构的利差缩小。资本市场的不景气导致大量资金回流到银行体系，并且存款定期化特征显著。以一年期存贷基准利率调整为例，存贷利差由2006年4月28日的3.6%缩小到2008年12月23日的3.06%，利差为近十年来最小，意味着金融机构的盈利空间缩小15%，如果营销不力的话，反而会缩水。这对于“以贷为本”，中间业务乏力的盈利途径单一的地方中小金融机构而言，将面临净息差收窄和资产质量恶化的双重压力。截至2009年6月，邯郸市17家联社有7家亏损，亏损面41%。某县农村信用联社2009年1~6月营业收入5 780万元，同比减少3 298万元。其中利息收入5 171万元，同比减少3 110万元。

表1　　存贷款利率调整表　　单位:%

调整日期	一年期储蓄存款利率	一年期贷款利率	利差
1999－6－10	2.25	5.85	3.6
2002－2－21	1.98	5.31	3.33
2004－10－29	2.25	5.31	3.33
2006－4－28	2.25	5.85	3.6
2006－8－19	2.52	6.12	3.6
2007－3－18	2.79	6.39	3.6
2007－5－19	3.06	6.57	3.51
2007－7－21	3.33	6.84	3.51
2007－8－22	3.6	7.02	3.42
2007－9－15	3.87	7.29	3.42
2007－12－21	4.14	7.47	3.33
2008－9－16	4.14	7.2	3.06
2008－10－9	3.87	6.93	3.06
2008－10－30	3.6	6.66	3.06
2008－11－27	2.52	5.58	3.06
2008－12－23	2.25	5.31	3.06

（六）操作性风险加大

河北省农村信用联社共计151家，有150家完成了统一法人工作，法人治理结构正趋向完善。河北省各城市商业银行也进行了一系列完善统一法人治理结构的工作，但仍存在许多操作性风险。主要表现：一是员工素质偏低，风险防范意识不强。员工素质的不高直接导致了对规章制度理解的不深、不透，业务操作的不规范。加之地方法人金融机构缺少上级主管部门，行业管理不到位，对风险教育不到位，造成了员工对操作风险认识的不全面，风险防范意识薄弱，法制观念不强，为案件的发生留下了隐患。二是规章制度落实不到位。从对邯郸市农村信用社票据兑付后续监测情况看，法人治理结构的框架虽然完善，但有其形无其实。“三会”制度落实不到位。如理事长、主任的产生实质上还是实行的任命制，而并非真正意义上的社员选举产生。股本金管理不规范。部分信用联社存在违规办理退、转股手续，退股垫款或频繁转让股金等问题。部分操作人员有章不循，放宽贷款条件，致使不良贷款增加，资产质量恶化。三是监督制约机制作用不明显，责任追究不坚决。地方法人金融机构由于先天性不足，其监督制约机构没有得到有效落实，对操作风险的监督过分依赖于事后监督岗位，检查监督的质量很大程度上取决于事后监督岗位人员的素质及责任心。同时，由于地方中小银行业机构缺少专职的稽核审计人员，对业务的定期检查还存在不足。目前的检查，多是由专业部门组织的专题性检查，普遍存在各自为政的倾向。缺少全面性的检查监督与充分性的风险评价分析，对业务操作中深层次的问题难以发现。四是不合理的考核激励机制，是诱发操作风险的最大隐患。目前各方金融机构为完成各项经营指标，纷纷加大了绩效挂钩与考核的力度，以存款指标、收息指标、贷款营销等指标作为评定个人业绩的主要依据。谁的指标完成得好，谁的业绩就突出，所获得的实惠就多。在这种情况下，员工为了完成或超额完成任务往往不择手段。违规揽存、违规发放贷款就是在这种情况下出现的，并愈演愈烈。

三、河北省银行法人类金融机构健康发展的政策建议

（一）严把信用风险关口，提足各项准备

一是严格把握信贷准入关。进一步明确、细化各岗位职责，切实提高调查、审查、审批、发放、贷款出口、贷后管理等各环节的独立性，以流程化严防操作风险；对企业的信用、财务、风险状况、项目效益、重大事项等重点关注；健全风险预警机制，并运用信贷风险管理系统对贷款进行综合处理，分析预测风险并提出处置意见。切实做到把贷款发放给有还款能力的客户，并做好贷款担保和抵押的动态管理。二是提高资本充足率，拨足各项准备。各地方法人金融机构结合巴塞尔资本协议8%的最低资本金要求，要按照风险资产的一定比例计提一般准备金和专项准备，特别是要提足风险拨备；准确进行信贷资产质量的五级分类，建立符合相应风险管理需要的资本金充足水平和贷款呆账准备金。这样，即使发生重大资产损失，也能及时弥补资金损失，从而有效地化解各种危机。

（二）应对形势变化，防止不良贷款快速反弹

一是要关注金融危机的影响，密切关注国际金融危机对国内经济金融运行

的影响，重点关注国家宏观政策调整对重点行业、企业运行的影响，加强房地产业、制造业等重点领域积极客户风险监测和预警，分析其潜在风险及对自身的影响。二是要关注不良贷款变化，加强对不良贷款绝对额和迁徙变化情况的分析监测，提高风险预警能力。三是强化不良贷款的清收力度。在控制新增不良贷款发生的同时，充分利用一切手段，特别是要主动与地方政府沟通和积极配合，狠抓信用工程建设，开展打击逃废债行为，压缩已形成的不良贷款，形成“堵”、“压”并举以“堵”为主的工作格局，真正实现不良贷款的持续“双降”。

（三）加强内控制度建设，加大责任追究的力度

内控制度的完善是个“制订—执行—修订—再执行”的过程。地方法人金融机构要以改革治理为契机，对内控管理制度进行一次全面彻底的梳理。对无章可循或虽有规章但已不适应当前业务发展的，应及时制订或修订，形成一套标准统一、内容全面、操作性强、责任明确的制度架构，切实提高内控管理水平。要强化内控制度的落实，提高经营风险的意识，防止由于受金融危机影响造成经营环境变化而出现操作风险。加大对违规违章责任人的追究力度，杜绝违规违章行为的发生。着重把握好以下几方面：一是完善法人治理结构，特别是要落实好“三会一层”的决策管理体系。二是建立相应的授权体系，实行法人管理和法人授权管理，明确各自职责。三是建立信息安全体系，对各种信息系统、数据和操作环境，实行安全控制，确保信息技术的安全应用。四是制定切实可行的应急预案和程序，确保各项业务在遭遇重大事项或不可测灾难性环境下能够持续开展工作。五是实行动态管理，建立健全操作风险识别和评估体系。六是充分认识当前内控案防工作的严峻性，狠抓内控管理，严控各类案件发生。

（四）切实把握风险，审慎进入新业务领域

金融危机为中小金融机构开辟新业务创造了机遇，应审慎把关以防再次进入风险区。一是做好风险评估，把握好度，而不是盲目跟进。美欧的不少大型银行机构、保险公司、中小银行在次贷危机中得到的最大教训就是没有把握好“度”，在风险不清的情况下盲目跟进，进入不熟悉和缺乏足够风险控制措施的业务领域。二是防止进入新业务产品的过度创新。新业务要求有新的金融产品来适应。但新业务在分散和转移风险的同时，也产生了新的风险。每多一个层次，信息就衰减一次，激励机制就软化一次，风险就放大一次。三要注意新业务与特定经济社会环境的匹配。一旦市场发生变化，原先的风险制约机制就很有可能会逐渐失效甚至瞬间失效，所以金融新业务的成功总是有时效性的。为此，必须制定进入的新业务领域和与之匹配的风险控制措施。四是切莫为了片面追求业务规模和业务利润的快速增长，进行简单的风险转移而进入新业务。为此，地方法人金融机构，一是要根据自身的资源能力状况和所处的外部环境确立特色的培育方向。在常规业务的基础上，准确定位业务特色。一旦确定为特色培育方向，则必须对其进行战略性投资，不能过于计较眼前的得失。二是要从客户的视角来不断地审视、提升特色的价值。只有当特色可以为客户带来实际利益的时候，这样的特色才有可能为银行的持续发展提供支撑。不要紧跟大银行进行深层次的业务创新。

（五）拓宽信贷服务渠道，引导金融机构扶持中小经济实体

大量的中小经济实体长期以来对解决就业、提供税收，对整个国民经济保持平稳较快发展都发挥了重要作用。面对当前一些中小经济实体出现的困难，地方法人金融机构应减少对大企业、大项目的支持，立足本地实际，扶持当地中小经济实体，降低信贷投放的集中度，分散信贷风险。一是加大对城镇周边经商办企业的个体工商户的支持，突出商贸流通环节，将服务领域拓宽至农、工、商、科教、卫生等众多行业，将客户对象扩大到低、中、高不同层次客户。二是大力支持农业专业合作社、“公司 + 农户 + 基地”经济组织、设施农业、科技农业、现代种养业等有规模的现代农业集群和涉农龙头企业，促进农业专业化、产业化、规模化发展。三是加大对中小企业的支持力度。对一些产品有销路、效益好和一些暂时遇到困难、从长远看有发展潜力和后劲的中小企业，推行中小企业自助担保循环贷款，合理扩大授信额度，一次核贷，循环使用，解决中小企业融资难、贷款难问题，帮助中小企业“御寒过冬”。这样，在结构的优化中，既扩大了贷款总量，又优化了资产结构，降低了风险。四是加大对返乡农民工创业的支持。对他们实行贷款优先、利率优惠、额度放宽、简便手续等多种优惠，帮助支持农民工学习知识技能，为返乡农民工打通创业致富的关节要道。

（作者单位：中国人民银行石家庄中心支行）

次贷危机的启示与风险防范思考

安希来

一、次贷危机的反思

次贷也称次级按揭贷款，是给信用状况较差、没有收入证明和还款能力证明、其他负债较重的个人提供的住房按揭贷款。次级按揭贷款发展于21世纪初。当时，为刺激经济复苏，美联储采取了短期迅速减息的政策，短期利率水平在短短一年由6.5%减至1.75%。低利率政策使即便定价较高的次级按揭贷款成本也相当低，大批信用级别不高的购房者利用次级按揭贷款购买住房。贷款机构发放的按揭，特别是向信用分数较低、收入证明缺失、负债较重的人提供的次级按揭贷款，不必持有到期就可以出售给一些机构进行资产证券化，打包成不同等级的按揭抵押证券出售给特殊投资人。银行采用证券化模式不仅可以分散信用风险，而且员工能够通过手续费等收入的增加兑现高额报酬。衍生产品的定价已经实质性脱离了原有按揭产品的风险，而仅取决于投资银行、信用评级机构评定的等级。

随着2006年房价升值速度放缓，次级借款人利用房屋升值再贷款的资金链条出现问题，一些次级按揭贷款开始迅速恶化，购房者只好卖掉房屋偿还贷款。随着利率水平出现逆转，许多处于还款中后期的次级借款人无法承受利率大幅提高后的偿还义务，只能选择违约，不良贷款迅速积累。2007年4月2日，美国第二大抵押贷款机构——新世纪金融公司因次贷坏账向法院申请破产保护。数月后，全球三大信用评级机构穆迪、标准普尔和惠誉调低部分按揭抵押贷款证券的信用评级，美林银行、花旗集团、瑞银集团卷入其中，引发了一场影响重大且深远的全球性金融大动荡。

这次金融危机的发生，证明美国在金融风险管理方面，无论是从制度设计，还是风险管理的文化和系统来说，都是不成功的。金融机构的强项就在投资、融资、自营交易、资产管理、财富管理、市场风险、信用风险以及流动性风险管理等方面，这是金融机构赖以生存的看家本领。但在这次危机中，恰恰是这些强项导致金融机构在危机当中饱受重创，蒙受巨大损失。有的甚至还因为流动性的危机，或者资不抵债的危机而倒闭。这说明美国金融业的风险管理在本质上、系统上都是失败的。

如同再好的制度永远都有漏洞一样，再好的监管也永远都有缺陷。美国金融监管忽略了对风险传导的整体管控，导致系统风险的累积酝酿。进入 20 世纪 90 年代，美国政府不断放松对金融机构的行业、地域限制，加快混业经营步伐。美国金融监管机构深受新自由主义经济思潮影响，反对政府干预，并因此对新产品、新业务暗含的系统风险放松了警惕。这一时期，美国的监管机构始终没有对投资银行、对冲基金等非商业银行机构给予足够关注。对传统商业银行的监管，也仅局限于关注银行个体清偿力，忽略从整体市场角度对系统危机进行防范，这在实质上已失去了对市场发展最根本的管控能力。市场的快速发展，使银行资金来源不再主要依靠个人存款，而是相当多地依靠市场所包装出的虚拟资产买卖。银行将贷款卖给投资银行，投资银行将其风险重新分配后卖给对冲基金、SIV、其他投资银行、养老金、保险公司等投资机构，而对冲基金、SIV 等却是通过向银行卖空短期商业票据融资来购买资产。传统的银行体系之外诞生出一个隐性借贷市场，信用基础被不断放大，风险被不断地传递转移，最终导致了金融危机的发生。

这场危机无疑给国内金融业带来了不少启示。在金融创新、金融风险防范、房贷市场发展和金融监管等方面——美国次贷风波爆发以来，无论从全球资本市场的波动还是美国实体经济的变化来看，次贷之殇在美国乃至全球范围内都不容小觑。这场风波为我们敲响了居安思危的警钟。

二、金融风险防范与金融监管

（一）防范金融风险的重要性

金融是现代经济的核心，金融风险往往会给社会经济秩序带来难以弥补的损害。一家金融机构发生的风险所带来的后果，往往超过对其自身的影响。金融机构在金融交易活动中出现的风险，有可能对该金融机构的生存构成威胁；一家金融机构因经营不善而出现危机，有可能对整个金融体系的稳健运行构成威胁；一旦发生系统风险，金融体系运转失灵，必然会导致全社会经济秩序的混乱，甚至引发严重的政治危机。因此，防范金融风险是一个世界性的大课题。实践证明，哪个国家金融风险控制得好，该国的经济就能稳定发展；哪个国家金融风险控制不到位，就会严重影响国家的经济发展，形成金融危机，甚至导致一个国家政治动荡。1997 年东南亚金融危机造成了该地区各国和地区经济的大幅震荡和较长时间的衰退，至今有些国家还没有走出金融危机的阴影。前些年发生在墨西哥、俄罗斯、阿根廷等国的金融危机，严重影响了这些国家经济的正常发展。20 世纪 90 年代发生在阿尔巴尼亚的金融危机，不但造成了剧烈的经济波动和社会动荡，而且直接导致了该国政府的倒台。从以上实例来看，防范金融风险，确保金融安全和经济稳定发展，是全社会都应当高度重视的问题，是全社会的共同责任。要切实有效地防范金融风险，除了思想上高度重视以外，还应当建立起完善、高效的防范金融风险体系。要认真研究金融风险发生的特点、渠道、机理、原因，并且进行有针对性的工作，把防患于未然作为最高目标。

（二）金融监管的主体与目标

我国是分业监管。分业监管体制是根据金融业内不同的机构主体及其业务范围的划分而由多个金融监管机构分别进行监管的体制。一般银行业由中央银行和银监部门负责监管，证券业由证券监督管理委员会负责监管，保险业由保险监督管理委员会负责监管。各监管机构既分工负责，又协调配合，共同组成一个国家的金融监管组织体制。金融监管的内容主要有以下几个方面：市场准入的监管，市场运作过程的监管，市场退出的监管，风险监管。

作为中央银行进行金融监管的主要目标应有以下几个方面：

1. 保护金融秩序的安全。金融业的安全稳定对整个国民经济有重要影响，而且一家银行或金融机构出现问题会引起连锁反应，导致一系列银行和金融机构经营困难，所以中央银行金融监管的首要目标就是要维护国内金融体系的安全和稳定。

2. 保护存款人和公众利益。银行是一种信用中介，它一方面是借者的集中，另一方面是贷者的集合。它集中了社会各阶层、各部门暂时闲置的货币和资本，与社会各方面联系十分广泛和密切。银行在经营中如果出现问题，会直接涉及千千万万存款人和社会各方面的利益。因此，中央银行要把保护存款人的利益不受损害作为金融监管的一个重要目标。

3. 维护银行业公平有效竞争。竞争是市场经济条件下的一条基本规律，也是保护先进、淘汰落后的一种有效机制。各国金融监管当局无不追求一个适度的竞争环境，这种适度的竞争环境既可以经常保持银行经营活力，从而使企业公众获取廉价货币和优质服务，同时又不致于引起银行业经营失败破产倒闭，导致经济震荡。为此，中央银行应创造一个公平、高效、有序竞争的环境。

4. 保证中央银行货币政策的顺利实施。货币政策是当今各国调控经济的主要手段之一，而中央银行是实施货币政策的主体。货币政策的有效实施必须以银行金融业为中介。因此，中央银行金融监管要有利于货币政策的顺利执行，有利于银行业对中央银行调节手段的及时准确传导和执行。

三、目前金融业中存在的风险

在我国20多年的经济转轨过程中，金融业积累了不少的金融风险和历史包袱，资产质量差，资本充足率总体上还达不到巴塞尔资本协议规定的8%的要求，金融机构自身抗风险能力和“免疫力”低。尽管近几年来采取各种监管手段和救助措施化解了大量金融风险，但金融长期的风险和历史问题仍然较为严重。现阶段，影响区域金融安全稳定的金融风险，主要有以下几种情况：

1. 信贷风险。信贷风险也称信用风险，主要是指由于经济发展失衡、信贷结构单一、信贷投向过分集中、担保方式不合理等，导致金融机构资产质量低下。而有的地区由于采取连环保的形式，一旦某一家企业出现问题，就会迅速扩散到其他企业，甚至影响到整个区域的经济发展。这也是目前最为集中、最为严重的金融风险，其严重损害着金融环境和经济秩序，破坏了资源的合理配置，巨额的不良资产累积威胁着地区乃至国家的经济稳定。

2. 支付风险。支付风险是指吸收存款的金融机构发生支付危机，即银行、信用社等存款类金融机构，由于经营不善、资不抵债或是流动性发生问题，在一定的地区和一定的时间内可能发生的支付困难，甚至引起挤提风潮。这是最容易由个别风险、机构风险而引发系统性、区域性风险的因素，所以这类问题必须引起高度重视。

3. 经营风险。经营风险是指由于金融机构自身经营管理方面存在的问题而形成的风险。过分追求高额利润，违反流动性和风险性的经营原则；一味追求规模扩张，造成过度负债；违规经营，逃避监管部门的监督检查；高利吸储，低利放贷，形成利率倒挂；内控制度不健全，内部管理混乱，内审手段滞后；经营不善，长期亏损等，导致金融机构风险累积，危机重重。

4. 违规风险。违规风险是指由于银行内部主管人员、职员或客户的欺诈、舞弊等违法乱纪行为，如内部盗用、侵吞、挪用、短款、外部抢劫、盗窃现钞、私设账外账等，致使银行资金和财产遭受损失的一种风险。商业银行内控薄弱是普遍存在的问题。近年来发生的案件，充分暴露了国内商业银行内部控制存在的缺陷。如缺乏系统的内部控制制度和主动的风险识别与评估机制，内部控制措施零散等。信贷风险的内部控制建设职责没有明确归属，内部控制还没有形成体系化、标准化。

5. 改革风险。如果改革过程中盲目激进，没有考虑到当地经济的承受能力和群众的认知程度，就可能成为金融风险的“导火线”。如推动利率市场化改革，在金融机构缺乏约束机制和强有力的金融监管情况下，为单纯追逐市场份额，就可能诱发新的“存款大战”，扰乱金融秩序；在金融机构没有能力支付承诺的利率下，就可能诱发局部性支付风险。改革的风险还表现在，今后金融机构的重组和市场退出会不断发生，发生系统性金融风险的可能性会与之相伴随。

6. 创新风险。创新风险也称衍生金融工具风险，这是一种制度创新带来的金融风险。证券、银行、保险等业务领域以金融业务交叉为主要内容的金融创新活动，其创新的业务品种越多，衍生金融工具越先进，风险也就越大。

四、防范金融风险及加强金融监管应采取的措施

风险无处不在，但危机不是说来就来的，而是经过长久的积累，经过了从量到质的变革而爆发的。面对经营环境的巨大变化，只要企业内部控制和风险防范做得好，监管部门措施到位，政府部门政策有力，就能有效地防范化解金融风险，把危机带来的影响和危害降到最小限度或消灭在萌芽状态。

（一）建立持续、科学、规范的监管体系

明确监管部门在监管体系中的核心地位，不断增强监管力度，完善监管程序和实行监管手段的多样化，不断提高监管人员的业务素质和道德教育。在监管策略上，应坚持监管的规范化、科学化、全程化和国际化，推行全面、有效的风险管理；在监管方法上，把事前预防、事中救援与事后补救措施有机结合起来，充分发挥持续有效的监管作用。应加强银监会与人民银行、证监会、保监会的协调。我们可以借鉴国外经验，确立人民银行作为总体监管者的特殊地位，对金融监管进行总体协调。建立健全金融监管监测的条例法规。同时，应扩大银行监管的国际合作，促进我国金融监管与国际标准接轨。此外，还可以发挥民间组织的作用，让其承担部分管理的任务，降低监管成本。

（二）完善信息披露机制和贷款规范，加强金融业的市场监管力度

监管部门应监督从事住房信贷的银行和保险机构，在各类贷款和保险产品的营销中，向借款人充分披露产品信息，让借款者有充分的知情权、选择权，减少信息不对称对借款人权益的损害；推进标准化的合约、贷款审核程序、借贷标准，规范银行贷款发放和贷后的服务。

（三）建立早期风险预警系统，加强对国际经济金融形势的分析监测

次贷危机的教训之一就是金融稳定不能单纯依靠个别银行稳健，更要从宏

观审慎角度着眼，审视可能影响整个体系层面的风险。不仅要关注单个银行的风险，还应该深入到市场层面去关注银行的整体风险，关注国内外的宏观经济环境的变化对银行风险的影响。要认真做好风险预警工作，尽快建立早期风险预警系统，加强对国际经济金融风险的监测，防止国际金融风险传导到国内产生系统性风险。

（四）防范虚拟资本的过度膨胀

适时发布风险预警警告，防止金融衍生产品投机行为和市场泡沫化。管理层应从宏观上严格控制虚拟资本的过度膨胀，避免资金过度投入地产市场或股票市场，控制企业证券化和资产证券化的速度。

（五）辩证对待金融产品创新

金融产品的创新过程本身就是金融风险的度量、管理和控制过程。我们应该通过制度的设计促使金融产品创新建立在注重金融安全的前提下。全面改革金融监管体系，通过监管的手段去限制金融创新的投机性，通过制定规则来防止它的消极作用，而不是回避金融产品创新。通过各种金融产品创新工具的应用，既可以提高金融服务的效率，更可以适时借助金融工具的对冲作用，减少金融债权风险。

总之，危机来临，面对风险，无论是从国家层面的宏观经济上，还是企业经营的微观运营中，或者上至政府下至企业直至个人，无论是保增长还是促消费，只有全力以赴、共同面对，积极防范金融风险，加强金融监管，才有可能避免或者战胜危机带给我们的更大危害。

（作者单位：中国人民银行衡水市中心支行）

附录：世界重大金融危机回顾

世界重大金融危机回顾

风险存在于一切资产之中，世界上没有无风险的资产。风险是标的物资产本身所固有的，风险水平不以投资人的意志而改变。

一、1637 年荷兰郁金香事件

事件始发地：荷兰

事件概况：提起郁金香，许多人立刻就会想到被誉为“鲜花之国”的荷兰。1593 年，一个名叫康拉德·格斯特的人，第一个将郁金香的种子从土耳其的君士坦丁堡买来并引入荷兰种植。美丽的郁金香，色彩鲜艳，幽雅华贵，荷兰人见了以后，竟然到了如醉如痴的地步。当时的权贵豪富专门派人去土耳其以高价购买郁金香，举国上下掀起了一股郁金香热，以拥有郁金香最为高贵，以欣赏郁金香花最为风雅，以婚嫁时手捧郁金香花最为时髦。新花的新奇使它广为人们所珍爱，它的价格也变得越来越昂贵。于是，郁金香成为了一种社会身份和财富地位的象征。

由于荷兰当时郁金香还很稀少，一棵花的价格甚至比黄金还贵。投机商人便不断抬高价格，从中渔利。很快地，到 1634 年，郁金香热已在荷兰中等收入阶层中普及。随后，几乎所有荷兰人都开始参与到郁金香交易中来，他们都希望通过郁金香投机来实现一夜暴富的梦想。实际上，这已是一种没有节制的全民投机郁金香市场的疯狂行为。在不到一个月的时间里，原本定价过高的郁金香却获得了高达 20 倍的增值机会。也就是说，只要你参与进来投机，假设投资 1 000 美元，一个月后，就像吹气球一样，你的投资就可以变出 2 万美元来！1635 年，几十棵郁金香的价格，竟高达 1 万英镑，居然仍供不应求。各大城市的银行、股票交易所每天挂出各地郁金香的牌价。奇怪的是，郁金香价格有涨无跌，使那些欧洲（如邻近的德国）的巨富们也像着了魔似的投入买卖。人们不惜变卖房产，然后争先恐后地买下仅有的一些郁金香。当时阿姆斯特丹的街上，一幢漂亮房屋的出售价格是 3 棵郁金香。花农培育的每一个新品种，都是一笔巨大的财富。甚至一个花的球茎，它的价值可能是下列物件的价值总和：4 吨小麦、8 吨黑麦、4 头公牛、8 头壮猪、12 只肥羊、2 大桶优质葡萄酒、4 吨啤酒、2 吨黄油、1 000 磅奶酪、一套高级服装、一张附带全部床上用品的大床和一只银制的高脚酒杯。在今天，这些物件的价值应该可以超过 4 万美元!

1636 年，郁金香已在荷兰阿姆斯特丹股票交易所挂牌交易，邻近欧洲国家的许多交易所也是如此。这些交易所还为投机者开设了郁金香期权合同交易。这些期权合同只是一种保证金信用交易，它可以让更多的低收入者有机会进入郁金香市场参与投机。保证金信用交易的“以小博大”让郁金香投机更加疯狂。例如，过去 1 000 美元投机郁金香现货，月收益可达 2 万美元。而现在通过期权的保证金信用交易，1 000 美元的投资可以变成月收益 10 万美元！然而，期权是一柄双刃剑。郁金香价格一旦向下，甚至哪怕只是轻微下跌，期权买者的投资可能会化为乌有，甚至还可能欠债。不过，人们还是不相信郁金香会有泡沫，而且认定它的价格还会不断地上涨。

在这股狂热到达巅峰时，也就是 1636—1637 年的冬天，人们不仅买卖已收获的郁金香球茎，而且还提前买卖 1637 年将要收获的球茎。球茎的期货市场就这样诞生了。球茎在实际进行货物交割之前不需要实际支付货款，这又进一步加剧了郁金香的投机。由于刚刚形成的期货市场没有明确的规则，对买卖双方都没有什么具体约束，使得商人们有可能在期货市场上翻云覆雨，买空卖空。这更使得已经被“吹”得很大的郁金香泡沫，在短时间内迅速膨胀。

一些谨慎的人决定见好就收。他们抛售手中的郁金香，平仓合约并收获了丰厚的利润。这时，人们突然发觉郁金香开始不值钱了。当多米诺骨牌效应发生后，一切为时已晚，越来越低的抛售价格出现，人人试图抢先卖出。价格开始跳水，人们大为恐慌，纷纷不计代价抛售。经销商或交易者拒绝遵守合同，人们开始意识到他们用“家”或终生积蓄所换来的只是一种普通的花草种子！恐慌与吵闹遍布荷兰全国，许多违约发生，投机者无力偿付债务。政府曾试图介入，要求人们按合同面值的 10% 交付，希望以此来遏制灾难。然而，此时的市场跳水使价格更低，政府要求按约定结算已是不可能的。在不到 6 周的时间里，郁金香的价格垂直下跌，累计暴跌达 90%。顿时，财富化为泡影，富人变成了乞丐!

这时，大部分人从梦中醒来，原来郁金香是不应该比黄金更宝贵的，花价一落千丈却是本该如此。就这样，只几个月工夫，成千上万的人破产了。据记载，当时投机最疯狂的时候，郁金香的价格相当于 76 000 美元，然而，6 周之后便跌至不足 1 美元。事态出现了失控的局面，政府不得不出面解决。但它们面对这样棘手的问题也束手无策，最终所有的苦果只能由投机者自己咽下。绝望之中，人们纷纷涌向法院，希望能够借助法律的力量挽回损失。但在 1637 年 4 月，荷兰政府决定终止所有合同，禁止投机式的郁金香交易，从而这次历史上空前的经济泡沫彻底被击破了。人们彻底绝望了：从前那些因一夜乍富喜极而泣之人，如今又在为突然降临的一贫如洗仰天悲哭；身心疲乏的荷兰人每天用呆滞的目光盯着手里的郁金香球茎，反省着梦里的一切……

1637 年郁金香事件，不仅沉重打击了举世闻名的阿姆斯特丹交易所，更使荷兰全国的经济陷入一片混乱，加速了荷兰由一个强盛的殖民帝国走向衰落的步伐。这次事件给荷兰造成了严重的影响，使之陷入了长期的经济大萧条。17 世纪后半期，荷兰在欧洲的地位受到英国有力的挑战，欧洲繁荣的中心随即移向英吉利海峡彼岸。

这是现代金融史上有史以来的第一次投机泡沫。它告诉我们，一个经济泡沫在它膨胀的时候，公众的追风心理可能使其成为具有严重破坏力的投机浪潮。因贪婪而失去理智的、狂热的人们，会为泡沫的吹起寻找各种“合理”的依据，不断提升对价格的预期，引起资产价格不断上涨。买空、卖空，没有游戏规则的期货交易是罪魁祸首。而在泡沫前期缺乏政府监管，泡沫破灭没有好的监管，则是这一次危机严重化的重要因素。

二、1720 年英国南海泡沫事件

事件始发地：英国

事件概况：1711 年，英国政府为了向南美洲进行贸易扩张，专门成立了一家公司——南海公司（所谓南海就是现在的拉丁美洲、大西洋沿岸地区），公司因拥有 1 170 万英镑的英国国家债务而成为英国国债最大的债权人。1720 年 1 月，南海公司向英国政府提出利用发行股票的方法来减缓国债的压力，即与政府交易换取经营特权（18 世纪的英国，当时人们的资金闲置、储蓄膨胀，因为股票的发行量极少，拥有股票还是一种特权）。1720 年 3 月，在英国国会开始辩论是否给予南海公司经营国债的法案时，流言也在伦敦街头巷尾广为流传，包括英国的上议院和下议院很快就要通过南海公司的国债偿付计划等。南海公司的股票价格也因此逐步上升，从每股 120 英镑开始，渐渐增加到每股 200 英镑。英国国会在 3 月 21 日通过了这项法案，南海公司的股票乘势一跃，翻了一番，超过了 400 英镑。4 月初，在人们的疑惑中南海公司的股票价格略有下降，但新的好消息又传播开来，南海公司股票很快就恢复了增长的势头，股价飙升到每股 900 英镑。为了迅速筹集还债资金，不堪重负的英国政府最终决定把南海公司的股票卖给公众。南海公司于 1720 年 4 月 14 日和 4 月 29 日分两次向公众提供股票预约认购。第一次发行 22 500 股，每股的股价为 300 英镑，认购者需要立即支付股价的 1/5 的现金。第二次发行 15 000 股，每股的股价为 400 英镑，认购者需要立即支付股价 1/10 的现金。这两个举动给南海公司的股票投机打开了大门。人们期待着南海股票再度出现飞涨的奇迹，纷纷抢购。南海公司很容易地从这两次认购中筹集到了一大笔资金。它的第一笔支出就是向贵族、议员和政府官员兑现大约 200 万英镑已经许诺了的贿赂。

在 4 月下旬，南海公司承诺所有持有国债的人都可以把尚未兑换的国债年金转换为南海公司的股票。为了确定需要转换的股票数目，债券持有者可以在 4 月 28 日至 5 月 19 日向南海公司预约。当时，对于持有英国国债的人来说，与其按照国债的面值领取固定的年金，还不如转换成南海公司价格不断飞涨的股票。结果，有 52% 的短期年金和 64% 的长期年金被转换成了南海公司的股票。在此期间，英国国会议员和政府大员们和南海公司相互勾结，狼狈为奸，达官显贵们从南海公司获得大量贷款来购买其股票。据历史记载，在第一次股票发行中有 128 位议员购买了南海公司的股票，在第二次发行中有 190 位议员、在第三次发行中有 352 位议员卷进了股票交易。有 58 位贵族在第一次发行时购买了南海公司股票，有 73 位参与了第二次股票发行，这个数字在第三次股票发行时增加到 119 位。议员持有的股份总额为 110 万英镑，贵族持有的股份总额为 54.8 万英镑。政府高官、议员和贵族们的积极参与和大肆鼓吹给南海公司股票披上了一层迷彩衣，促使南海公司的股票价格再次上扬，突破了 700 英镑。很快人们开始相信了，南海公司海市蜃楼般的利润前景，唤起了英国人超乎寻常的狂热。于是，股价开始猛涨。据历史记载，从 1720 年 3 月到 7 月，在短短的半年时间里，南海公司的股票价格一举从每股 330 英镑最高涨到了 1 050 英镑。当时的英国正处在第一次工业革命的前夕，大量的民间企业同样需要筹集资本。当人们看到南海这种泡沫起来后十分赚钱，民间就纷纷组织公司，并开始背着政府偷偷地发行股票。英国议会在 1720 年 6 月通过了《反金融诈骗和投机法》，禁止民间组织公司。《反金融诈骗和投机法》被民间俗称为“泡沫法”，它的意思是说，“泡沫法”认定了民间股票是泡沫，政府用这部法律去打击民间股票的发行，但同时却助长了南海泡沫的形成。

当人们争先恐后地购买股票的时候，当时的政府成员——这可以被称为最早的内幕交易者——在股价越涨越高的时候，包括财政部长在内的许多官员卖掉了所持有的股票。内幕人士与政府官员的大举抛售，引发了南海泡沫的破灭。1720 年，南海公司的股价从 8 月 31 日的 775 英镑一路下跌。到 10 月 1 日，跌至 290 英镑。在一个月内跌幅为 63%。南海公司的资产总值从 1.64 亿英镑跌得只剩下 6 100 万英镑，下降了 63%。议会的老爷们见南海公司大势已去，马上翻脸不认人，强逼南海公司把部分债权出让给英国银行。随后，议会对南海公司落井下石，没收了南海公司总管和某些政府官员的家产，强令南海公司资产改组。

南海公司股票泡沫在轰轰烈烈地折腾了一年之后彻底破灭了。

当时英国的财政部长在南海公司的内幕交易中，为自己赚取了 90 万英镑的巨额利润。丑闻败露之后，他被关进了著名的英国皇家监狱——伦敦塔。但是，比他更悲惨的却是那些不知情的投资人，这其中还包括大名鼎鼎的科学家牛顿。牛顿也赔了，他在南海泡沫中的损失超过了 2 万英镑。事后，他不无伤感地写道：我能计算出天体运行的轨迹，却难以预料到人们的疯狂。

1720 年南海泡沫事件是近代世界经济史具有深远影响的事件。这是历史上第一次世界证券市场泡沫事件，“泡沫经济”一词即来源于此事件。1720 年倒闭的南海公司给整个伦敦金融业都带来了巨大的阴影，南海泡沫的破灭使神圣的政府信用也随之破灭，英国没人再敢问津股票。从那以后，柴思胡同这条著名的交易街清静了整整 100 年。此间，英国没有发行过一张股票，从而为发达的英国股市历史留下一段耐人寻味的空白。

南海泡沫事件起因于金融工具创新，即通过债券兑换股票的方式化解债务危机。这种工具如果运用得当，既可以减缓政府兑付债券的压力，也拓展了企业的融资渠道。但是，如果运用不当，企业没有确定的发展前景和业绩支撑，就会形成泡沫。英国朝野的投机心理促使大量资金迅速向南海公司汇集，民众的乐观的预期又促使南海股市的飞涨，社会大众的心理因素和非理性预期促成了南海公司股票泡沫的形成和破灭。如果英国政府和议会的高官显贵们没有直接参与南海公司股票的投机活动，如果英国政府还能够对金融市场保持一定的监督和管理的话，南海泡沫未必就会闹到这个程度。因此，保持一个与政府行政部门相对独立的金融机构，防止金融部门的腐败，时刻保持对金融体制的有效的监督和管理，是避免发生泡沫经济的必要条件。

三、1837 年美国经济大恐慌

事件始发地：美国

事件概况：19 世纪上半叶，伴随着各州银行的发展，美国联邦银行管理体系开始呈现了衰势，美国进入了一个“自由银行”时期。这一时期的特征在于，任何一个团体或个人，只要符合开设银行的最低标准，便可申请经营银行并轻而易举地获准挂牌营业。在此之前，各州相继建立了初步的以及必要的银行业安全体系，大体上还算保证了发行货币的可靠性。但在此之后，便大门洞开、放任自流了，于是，各州银行紧跟着泛滥起来。对此，联邦政府非但疏于监管，相反却鼓励各州在本州境外设立银行。这大大便利了跨州银行业的发展，应运而生的是密执根州和纽约州的“自由银行立法”，其他各州蜂拥仿效。

依据“自由银行法”，凡拥有足够资金的个人或团体均可以开办银行，最低资本只要求十万美元，除此之外，别无其他。与此同时，各州的申办手续也大幅度简化。故此，“自由银行法”有“又一个独立宣言”之美誉。然而，银行的蜂拥而起导致诈骗猖獗，银行业务品质便更无从谈起。

19世纪早期的美国联邦政府没有自己的中央银行，因此也没有发行纸币。联邦政府的货币供应仅限于各种铸币，而纸币则是由数以千计的各州批准的银行发行的银行券。这些银行良莠不齐，从完全可靠的信誉卓越的银行到彻头彻尾的骗子公司，无所不包。

第二合众国银行由国会在1816年授权建立，许可证规定期限是20年。它创立了统一的国家货币、单一的汇率等，一度成为美国最大最好的钞票发行者。它实力强大，资本比美国政府的财政支出多出一倍，拥有全国20%的货币流通量，在各州设立了29个分行，控制着各州的金融。第二合众国银行考虑到许多州银行立法很仓促，而且经营不善，普遍存在资本金不足、监管不严，和对未来过度乐观等问题，便通过拒绝接受它认为经营不善的银行的票据来维护它自身的稳定。这大大削弱了公众对第二合众国银行的信心。出于业务竞争的需要，人们更喜欢信贷宽松、要求不严格的州立银行。到19世纪20年代中期，许多美国人都不再接受第二合众国银行。

1836年，在马丁·范布伦（Martin Van Buren）未成为美国总统之前，美国第七任总统安德鲁·杰克逊（Andrew Jackson）认为，第二合众国银行的信贷问题影响了美国经济的发展。来自民间和政界的一些反对者认为，这家银行代表着少数富有者的利益，而且由于外国人的存款太多，给年轻的共和国的稳定带来了隐患。为使美国经济摆脱其严格的控制，杰克逊决定关闭第二合众国银行。作为毁掉合众国银行的策略的一部分，杰克逊从该银行撤出了政府存款，转而存放在州立银行。这些州立银行因此迅速被杰克逊的政治对手们冠以“被宠幸的银行”的称号。

这时，马丁·范布伦在1836年竞选总统获胜，但他继续沿袭了安德鲁·杰克逊的金融政策。没想到的是，危机竟然就此产生。因为增加了存款基础，不重视授信政策的州立银行可以发行更多的银行券，并以房地产作担保发放了更多的贷款（房地产是所有投资中最缺乏流动性的一种）。这样一来，最痛恨投机和纸币的杰克逊总统所实施的政策，意想不到地引发了美国首次由于纸币而引起的巨大投机泡沫。更具讽刺意味的是，在这次泡沫中，许多的土地都是联邦政府卖给居民或投机者的。政府的土地办公室在1832年的土地销售总额为250万美元，到1836年这一数字达到了2 500万美元。

由于对铸币的需求激增，银行券的持有者开始要求用银行券换取金银铸币。

银行的贵重金属存贮都不足，为了筹集急需的钱，不得不尽快收回贷款。由于缺乏足够的贵金属，银行无力兑付发行的货币，不得不一再推迟兑付。美国的经济恐慌便由此开始产生。第二合众国银行由于之前过多地发行了纸币，巨量的兑付请求几乎耗尽了它的资源。同时，该银行延期申请遭到杰克逊总统拒绝，被迫缩身成了一家州立银行，同时停止了一些贷款发行。这次恐慌同样严重地削弱了州立银行。很多实力较弱的银行因为黄金储备较少纷纷破产，没有倒下的银行也纷纷盛行“耍无赖”，即拒绝偿还贷款。在 1837 年底，全美的所有银行，至少是那些还没有破产的银行，都终止了金币兑付。英格兰银行为避免黄金流出国门，开始提高利率，这导致英国的棉花进口量下降，进一步影响了美国的经济。而且，因为英国国内的利率升高，所以英国的投资者不再愿意将钱投入到美国的证券上，这对华尔街证券市场无疑是雪上加霜。美国陷入了严重的“人为”货币流通量剧减的境地，最终引发了 1837 年经济大恐慌。

股票价格复仇似的开始下跌，破产很快蔓延至所有的行业，全美 90% 的工厂关了门，失业率奇高，还有成千上万的人失去了自己的土地——这个年轻的国家遭逢了有史以来最严重的经济衰退。当几个州的州政府试图为它们的债务进行再融资时，发现市场上根本没有人愿意购买它们的债券。政府的收入虽然在 1836 年达到了 5 080 万美元，在 1837 年却只有 2 490 万美元了，杰克逊的联邦政府不欠债的美好愿景一去不复返了，美国进入了历史上首次萧条时期。美国经济出现整体萧条，这是杰克逊总统没有料到的事情。而继任的马丁·范布伦总统在治理国家上表现平平。他虽然付出了一些努力，但最终没有成功稳定市场，于是在 1840 年的总统竞选中失败。这场金融恐慌带来的经济萧条一直持续到 1848 年加州发现了巨大的旧金山金矿，美国经济情况才开始好转。

1837 年经济大恐慌的原因是多方面的，不过，杰克逊总统执意要关闭第二合众国银行无疑起了催化剂的作用。杰克逊有三大信条：只有人民的支持才是最可靠的；不能让金融等势力膨胀的机构“挟持”政府；金融业对外国势力过度放开是十分危险的。应该说，他的出发点是好的，而且，他的这一决策也得到了极高的民意支持。正是由于这一错觉，导致了这出两败俱伤的悲剧的发生。当然，此次危机也警示我们：缺乏科学的调度和足够的危机管理，一个年轻的政府是根本没法预测和有能力来应对恐慌的。

四、1907 年美国银行危机

事件发生地：美国

事件背景：与 1837 年、1873 年和 1893 年一样，美国的银行家们早已看出经济过热发展中出现的严重泡沫现象。这就像银行家在鱼塘里养鱼，当银行家向鱼塘里放水时就是在放松银根，向经济体大量注入货币。在得到大量的金钱之后，各行各业的人就开始在金钱的诱惑之下日夜苦干，努力创造财富。这个过程就像水塘里的鱼儿使劲吸收各种养分，越长越肥。当银行家看到收获的时机成熟时，就会突然收紧银根，从鱼塘中开始抽水。这时鱼塘里的多数鱼儿就只有绝望地等着被捕获的命运。

但是，什么时候开始抽水捞鱼却只有几个最大的银行寡头知道。当一个国家建立了私有的中央银行制度以后，银行寡头对放水抽水的控制就更加得心应手，收获也就越加精确。经济发展与衰退，财富积累与蒸发都成为银行家“科学饲养”的必然结果。有“美国民间的核心银行家”之称的约翰·皮尔庞特·摩根（John Pierpont Morgan）和他背后的国际银行家们开始精确地计算着一次金融风暴的预估成果。首先是震撼美国社会，让“事实”说明一个没有中央银行的社会是多么脆弱；其次是挤垮和兼并中小竞争对手，尤其是令银行家颇为侧目的信托投资公司；还有就是得到让他们垂涎已久的重要企业。

事件概况：1903年，美国人保罗将一份“如何将欧洲中央银行的先进经验介绍到美国的行动纲领”交给雅各布·希夫（1847年1月10日—1920年9月25日，著名金融战略家，库恩雷波公司高级合伙人），这份文件随后又被转给纽约国家城市银行（后来的花旗银行）总裁詹姆斯·斯蒂尔曼和纽约的银行家圈子。但当时的美国反对私有中央银行的政治力量和民间力量相当强大，而且纽约银行家在美国工业界和中小业主的圈子里口碑极差，国会的议员们对银行家提出的任何有关私有中央银行的提案都像躲避瘟疫一般避之惟恐不及。在这样的政治气氛中想通过有利于银行家的中央银行法案比登天还难。为了扭转这种不利的态势，一场巨大的金融危机开始被构想出来。

美国的信托投资公司在当时经营许多银行不能经营的业务，政府监管方面又非常宽松，这一切导致了信托投资公司过度吸纳社会资金并投资于高风险的行业和股市。1907年10月前夕，纽约突然开始广泛传言美国第三大信托公司尼克伯克即将破产。流言像病毒一般迅速传染了整个纽约，惊恐万状的存款市民在各个信托公司门口彻夜排队等着取出他们的存款，银行则要求信托公司立即还贷。受到两面催款的信托公司只好向股票市场借钱，借款利息一下冲到150%的天价。到1907年10月24日，股市交易几乎陷于停盘状态。

约翰·皮尔庞特·摩根此时以救世主的面目出现了。纽约证交所主席来到摩根的办公室求救，他表示如果不能在下午三点之前筹集到2 500万美元，至少250家交易商将会破产，他除了关闭股票市场将别无选择。下午两点，摩根紧急召开银行家会议。在16分钟里，银行家们筹足了钱。摩根立即派人到证交所宣布借款利息将以 10% 敞开供应，交易所里立即一片欢呼。仅过了一天，紧急救助的资金告罄，利息再度疯长。8 家银行和信托公司已经倒闭。摩根赶到纽约清算银行，要求发放票据作为临时货币以应付严重的现金短缺。

11 月 2 日星期六，摩根开始了他蓄谋已久的计划，“拯救”仍在风雨飘摇之中的摩尔斯莱（Moore and Schley）公司。该公司已陷入 2 500 万美元的债务危机，濒临倒闭，但是它却是田纳西矿业和制铁公司的主要债权人。如果摩尔斯莱被迫破产清偿，纽约股市将完全崩溃，后果不堪设想。摩根将纽约金融圈子里的大腕悉数请到他的图书馆，商业银行家被安排在东书房，信托公司老总被安排在西书房，惶惶不可终日的金融家们焦急地等待着摩根给他们安排的命运。

摩根深知田纳西矿业和制铁公司拥有的田纳西州、亚拉巴马州和佐治亚州的铁矿和煤矿资源，将大大加强摩根自己创办的钢铁巨无霸——美国钢铁公司的垄断地位。在反垄断法的制约之下，摩根始终对这块大肥肉无法下嘴，而这次危机给他创造了一个难得的兼并机会。摩根的条件是，为了拯救摩尔斯莱公司和整个信托行业，信托公司必须集资 2 500 万美元来维持信托公司不致崩溃，美国钢铁公司要从摩尔斯莱手中买下田纳西矿业和制铁公司的债权。焦虑烦躁的心情，濒临破产的压力，整夜未眠极度疲倦的信托公司的老总们终于向摩根缴械投降。

在拿到田纳西矿业和制铁公司这块肥肉之后，喜不自胜的摩根还有最后一关要过，那就是对反垄断一点不含糊的老罗斯福总统。11 月 3 日星期天晚上，摩根派人星夜赶往华盛顿，务必在下个星期一上午股票市场开盘之前，拿到总统的批文。银行危机使大批企业倒闭，失去一生积蓄的成千上万愤怒的人民形成了巨大的政权危机，老罗斯福不得不借助摩根的力量来稳定大局，他在最后时刻被迫签下城下之盟。此时距星期一股市开盘仅剩 5 分钟！纽约股市闻讯大涨。摩根最终以 4 500 万美元的超低价吃下田纳西矿业和制铁公司。

稳定市场的力量并非来自美联储，因为它当时尚未诞生，而是来自约翰·皮尔庞特·摩根。摩根当时资产达 13 亿美元，可谓富可敌国。他联合其他银行共同出手，组织了一个银行家联盟，筹集流动资金，向需要资金的银行提供贷款，并收购股票；同时美国政府动用 3 500 万美元资金参加救市，才使得市场恢复正常。

1907 年的危机中，美国工业生产下降的百分比要高于在此之前的任何一次危机，失业人数最多时估计为 500 万 ~ 600 万人，这是以前各次危机中未曾有过的。危机波及世界许多国家，德、英、法竭力向自己的殖民地倾销商品。这样一系列危机加剧了英德、法德之间的矛盾，第一次世界大战在危机中孕育。而正是出于对该事件的教训总结，美国于 1914 年成立了美国中央银行，简称美联储的美国联邦储备局。

五、1929 年美国金融大崩溃

事件始发地：美国

事件概况：从 1928 年年初开始，美国人民一反常态地爱上了股票。到 1929 年 1 月 2 日，即纽约证券交易所新年后的第一个交易日，情形就更为壮观了。一早开市大吉，埋单像潮水一般涌来。股价与交易量像火炉跟前的水银柱一样疯狂上蹿，通用电气等绩优股一下子上涨了 20 美元，其他主要股价也多上升了 5 美元以上。《纽约时报》更是大声疾呼：1929 年将是美国证券交易史上最为辉煌的一年。

实际上，在当年 9 月以前，这样的急剧升腾局面就已经发生过几次。它的直接产物是，参与股票投资的人越来越多，几乎到了男女老少无人不炒股的疯狂程度。就连与股市交易不搭界的出租车司机也一边驾驶汽车，一边不厌其烦地向顾客建议应当买哪只，不买哪只，即使路旁擦皮鞋的小童也能把当天的热门股向你介绍得头头是道。当时美国的券商雇佣大批股票推销员在城市的街道上、在乡镇、在几百家小银行内、在千家万户门前向市民和农夫们一遍又一遍宣传炒股的好处，把他们的公司在二级市场上购买的股票转卖给那些不知行情的散户。推销员们可从每笔交易中获得手续费，他们的公司也从中获利。更有甚者，推销员还把根本没有偿还能力的外国政府发行的债券卖给百姓，但却从不提风险二字。为了吸引更多的妇女入市，许多证券经济商还专门设立了“女士专用房间”，有时还配有简易的免费美容设备。在这里，女投资者可以一边美容，一边凭借挂在墙上的大黑板跟踪最新行情。据统计，当时的女股民已占总投资者队伍的 20% 。

各家上市公司的职工也成了华尔街最忠实的投资者。各公司的购股计划从 1915—1929 年涨了 6 倍，三分之一的职工积极参与到股票买卖之中。在空前的投机高潮中，纽约股市一涨再涨。从 1928 年 3 月初到 1929 年 9 月初的一年半的时间里，股票市场交易额的增长达到了 1923—1928 年年初五年中的增长总和。主要工业公司股票的价格上涨有时竟高达每天 10 个或 15 个百分点。此兆不祥，因此，有经济学家发出了“金融火山”的疾呼。

其实，“大崩溃”前不久，股市就已开始下跌了，而下跌浪潮的加剧是从 10 月 19 日星期六开始的。但由于 22 日星期二略有回升，因此，小股票持有者对周三股市可能出现的下跌也就不再那么担心了。而对于 24 日清晨仍然惊恐不安的，是那些局内的金融商、银行家和经纪人们。更令他们不安的是，此时，储户已在银行门口排了长队，一部分人为打听消息，一部分人在等待提款。

繁荣与乐观似乎是戛然而止。1929 年 10 月 24 日，纽约股票交易所的股票价格突然从高峰暴跌，正式拉开了大危机的序幕。那些平时被认为可靠的大公司股票价格一路向下翻着跟斗。1929 年 10 月 24 日，这是个美国证券史上令人永远难忘的日子。纽约证交所的 1 100 名会员几乎全部到场，比平日多出了 300 多人。一开市，股价直线下跌，尽管交易员们发疯了似地来回奔跑，但还是赶不上股价下跌的速度。在短短的几分钟里，160 万股被抛出，好股坏股无一幸免。由于当时的通信条件所限，因此，未能及时传递行情也在技术上起到了推波助澜的作用。所有信息都靠电报和电话传递，一时间交易所内人山人海，所有电讯线路挤得水泄不通。例如，巴尔的摩 10 时 30 分发出的指令，要到 11 时 30 分才在华尔街的电传打字机上显示出来。

纽约证券交易所关门 4 小时后，报纸报道了惊人的消息：当天累计仅成交了 12 894 650 股（即人们后来所称的“悲惨星期四”）。至此，人们确信，灾难已经过去，并为 25 日交易所的良好开端做好了准备。但是，26 日、28 日、29 日再度下跌，使这场灾难跌进了极限。

1929 年 10 月 29 日，华尔街交易所在刚开张的头 3 分钟里就触了霉头，美国钢铁公司的 65 万股拟每股 179 美元出售的股票竟然找不到一个买主，而 24 日该股票的开价曾是 205 美元。钢铁公司股票为当天的行情暴跌开了头。紧接着，威斯汀公司的股票每分钟下跌 2 美元。国际电话电报公司的股票一刻钟下跌 17 美元，到 10 时 30 分，只售出了 3 259 800 股股票，亏损达 20 亿美元。

从 9 月初到 11 月中旬，纽约交易所的股票市价总值损失了 300 亿美元。然而，这仅仅是灾难的开始。股市的崩溃带来美国历史上破坏性最大的大萧条、大危机，使美国经济处于瘫痪状态。这期间，用居民的个人存款去搞股票投机的银行纷纷倒闭：1929 年倒闭 659 家，1930 年倒闭 1 352 家，1931 年倒闭 2 294 家。国民收入总值从 1929 年的 880 亿美元下降到了 1932—1933 年的 400 亿美元。道・琼斯 30 种工业股票指数从 1929 年 9 月的最高点 452 点一路惨跌到 1932 年 7 月 8 日的 58 点。著名的通用电气股从最高的 396 美元每股跌到 8 美元每股。股票和各种债券的面值总共下跌了 90%。无数“百万富翁”倾家荡产，一些失去生存希望的人被逼走上了绝路。

1922—1929 年，美国空前的繁荣和巨额报酬让不少美国人卷入到华尔街狂热的投机活动中。股票市场急剧升温，最终导致股灾，引发了美国乃至全球的金融危机。1929 年 10 月 29 日股票惨跌到一个新低，一天之内被抛售 1 638 万股，损失比协约国所欠美国的战债还大 5 倍。农业资本家为维持高价，确保利润，除缩小耕地面积、实行减产外，还把大量农产品、畜产品予以销毁。美国将 1 000 多英亩的棉花毁在田间，将大量小麦当燃料烧，将所存牛奶倾入密西西比河中。加拿大让小麦烂在田里，阿根廷将猪肉坏在仓库中，巴西将咖啡投入炉中做燃料。这就是此后 3 年目睹之种种怪现状。这次大危机不仅在经济上造成巨大损失，而且带来了极惨重的政治后果——法西斯主义的兴起和第二次世界大战的爆发。

美国国会很快对证券市场进行了调查，发现证券交易中严重存在着大量人为操纵的投机成分，大量证据确凿的事实引起了严格管理市场的呼声。1929 年美国证券市场的大崩溃及其对整个经济带来的危害迫使美国政府从法律上对证券市场加以严密的管理，制定了一套切实可行的证券法律，主要有《证券法》（主要针对发行市场而制定）、《证券交易法》（主要是针对交易市场而制定）、《投资公司法》、《证券投资者保护法》等。这些法后来又由大量的补充条款和规定加以完善，从而购成了一个对美国证券市场严密管理的监管网络。

1929 年美国金融大崩溃的原因在于，虚拟经济膨胀与宏观经济超速增长过于成功，以致于冲昏了头脑，使得美国忽略了可能导致危机的严重问题和一些潜在危机因素：制造业发展过快、规模过大，经济增长过于依赖投资，形成结构扭曲。根据 1920—1929 年美国制造业指数阶段的变化分析，从 1920 年开始，美国制造业飞速发展了 10 年，保持了超过 6% 的增长速度。就工业技术而言，当时美国石油和钢铁工业已经得到长足发展，而新兴技术引发的汽车、电气和飞机工业革命方兴未艾。投资用于新设备和新工厂的规模越来越庞大。1915 年用于新设备和新工厂的投资约为 6 亿美元，而到了 1918 年，这一数字已到 25 亿美元，增长率超过 300%！新工厂的建设和新设备的投入使用，为制造业的进一步加速发展打下了基础。整个宏观经济形成生产——消费相互强化的循环机制，同时也形成了过热状态，过度扩张虚拟经济，过于乐观看待股市，无意识当中进入一种疯狂状态，对经济发展存在的一系列问题和潜在危机因素已经浑然不觉。

六、1987 年美国“黑色星期一”

事件始发地：美国

事件概况：20 世纪 50 年代后期和整个 60 年代，是美国经济发展的“黄金时期”。经济持续稳定增长，通货膨胀率和失业率降至很低水平。到 80 年代时，美国股市已经历了 50 年的牛市，股票市值从 1980 年的 24 720 亿美元上升到 1986 年的 59 950 亿美元。自 1982 年起，股价走势更是持续上扬，交易量也迅速增加，1987 年日交易量达到 18 060 万股。股市异常繁荣，其发展速度远远超过了实体经济的增长速度，金融交易的发展速度大大超过了世界贸易的发展速度。因为股市的高收益性，大量的国际游资及私人资本源源不断地流向股市。这些资金为追求短期利润而在股市上从事投机交易，造成股市的虚假繁荣。随着美国政府对金融市场管制的放松和对股票投资的减税刺激，巨额的国际游资涌入美国股票市场，促进了股价持续高涨。在1987年头9个月中，仅日本购买美国股票的新增投资就达约150亿美元，股票价格已近崩溃。这些都意味着美国股市将经历一场大的调整。

事实确实如此。从1987年8月以后，纽约股市即开始出现较大的波动，尤其是10月的头两周股票价格不断下降，在10月5日至9日，道·琼斯工业平均指数就下跌了158.78点，接着第二周又下跌了235.48点，其中10月16日一天就下跌100多点。人们已开始担心，1929年的灾难又即将来临了吗?

1987年10月19日，星期一，华尔街笼罩在阴云之中。开市伊始，一种不祥的预感就袭上了喧嚣的交易大厅内每个人的心头：道·琼斯工业平均指数开盘就跌去67点。转眼间，卖盘涌起。在蜂拥而至的滚滚抛盘的打压下，荧屏上尽数翻起绿盘（下跌），看不见半点红浪（上升）。开盘第一个小时内，市场上很难找到买家，约占标准普尔指数指标股30%的95只蓝筹股竟然尚未成交。而由于卖单大量堆积而买单不多，市场价格被迫一再下降以吸引买方。到10时30分，道·琼斯工业平均指数30只指标股中有11只还没有开盘交易。而在平时，通常开盘后不到5分钟的时间里，就会全部开始交易。由于许多只股票没有交易，当时道·琼斯工业平均指数无法真实反映市场实际价格，整个市场处于无序状态。交易量不断被刷新，计算机交易系统速度减慢，道·琼斯工业平均指数和标准普尔指数的准确数字根本无法计算。

由于股市与期市相互驱动，股价和期指跌落速度越来越快，交易量猛增，仅仅50分钟时间，股市就成交9 300万股。大机构在两个市场上大量进行交易，将这场灾难推向了顶点。下午01:09，一则可怕的消息传到华尔街股市。美国证券交易委员会主席大卫·路德在华盛顿发表讲话说："在关键时刻，虽然我们不知道这一关键时刻会在什么时候，我将与股票交易所讨论暂时关闭交易所。"这则消息更加引起一阵恐慌。因为交易所一旦关闭，交易商们将来不及抛掉手中的股票，他们的股票将一文不值，成千上万的美元将化为灰烬。于是，他们不得不迅速"倾销股票"。道·琼斯工业平均指数像着了魔似地狂泻，到下午两点，已经下挫250点，股票换手4亿多股，计算机比实际交易速度落后了100分钟。在此期间，证券交易委员会的官员出面澄清：他们没有讨论有关关闭交易所的事情。然而为时已晚，灾难已无法遏制。

当天收盘时，道·琼斯工业平均指数下降了508.32点，由2 246.72点狂跌到1 738. 470点，跌幅达22. 6%，创下了一天下跌的最高记录。而股市的其他指数如NYSE综合价格指数下跌19. 2%，AMEX综合指数下跌12. 7%，NASDAQ综合指数下跌11. 35%。相当于法国全年国民生产总值的5 030亿美元的股票面值在一天之内化为乌有。当天，在纽约股票交易所挂牌的1 600种股票中，只有52种股票上升，其余全部下跌。其中1 192种股票跌到52个星期以来的最低水平，而且许多具有代表性的蓝筹股也在劫难逃。几乎所有大公司的股票均狂跌30%左右。如通用电气公司下跌33. 1%，电报电话公司下跌29. 5%，可口可乐公司下跌36. 5%，西屋公司下跌45. 8%，运通公司下跌38. 8%，波音公司下跌29. 9%。

“一切都失去了控制”，当天的《纽约时报》这样报道。这一天损失惨重的投资者不计其数，世界首富萨姆·沃尔顿一天之内股票价值损失21亿美元，世界上最年轻的亿万富翁比尔·盖茨损失39. 45亿美元。许多百万富翁一夜之间沦为贫民，最苦的是那些靠自己多年积存的血汗钱投资于股票的投资者。受股价暴跌震动，股民的心理变得极为脆弱。因股市暴跌而不堪于债务重压的许多人，精神彻底崩溃，自杀的消息不绝于耳。银行破产，工厂关门，企业大量裁员，人心惶惶。这一天被称为“黑色星期一”。

被称为“黑色星期一”的这次股市暴跌，使美国国内投资者和消费者的信心大受损伤，同时引起了债券市场和黄金市场的价格上涨，汇率下跌，并对各个国家之间的经济关系造成了破坏。10月20日，伦敦股票市场下跌249点，损失达11%，约为500亿英镑。香港股票停止交易。巴黎股票市场下跌9. 7%。东京股票市场下跌14. 9%。此外，法兰克福、斯德哥尔摩、米兰、阿姆斯特丹等股市均有6% ~11%不同程度的下跌，形成全世界范围内的股市冲击波。

美国和其他西方国家的经济自进入20世纪80年代以来一直处于低速增长时期。生产型投资需求不足，剩余资本大量涌入证券市场，导致金融投资猖獗，债务空前膨胀，形成难以持久的虚假繁荣。此次股市暴跌即是“泡沫经济”的反映。造成美国股票市场发生剧烈振荡的直接原因是金融投机导致了股票市场的不稳定，而美国连年出现的巨额财政赤字和贸易赤字也是引发这次股票暴跌的罪魁祸首。

七、1994年墨西哥金融危机

事件始发地：墨西哥

事件概况：20世纪80年代后期，墨西哥政府为刺激经济增长，加速了国有企业私有化进程，不断放宽对外资进入的限制。同时，由于美国积极主张成立包括美国、加拿大和墨西哥在内的北美自由贸易区（1994 年 1 月 1 日成立），世界各国都看好墨西哥经济发展前景。此外，1983—1994 年墨西哥维持本币比索盯住美元的汇率制度人为地造成比索高估，削弱了墨西哥的出口竞争力，造成经常项目逆差，于是墨西哥依靠大量吸引国外资本流入来保持国际收支平衡。

外资自 1989 年开始大量流入墨西哥，1993 年外资流入量达到 308 亿美元，其中投入证券和货币市场的投机性资金占一半以上。如此大规模外资、特别是短期投机资金的涌入，增加了墨西哥金融和经济体系的脆弱性，国内外政治经济形势的任何变动都可能引起资金外逃，引发金融危机。

1994 年，在美国经济强劲复苏的情况下，美国联邦储备委员会 6 次提高基准利率，造成国际金融市场的资金向美国回流。而这一年正是墨西哥的总统大选年，执政党遭遇反对党的强劲挑战，一名总统候选人被暗杀，政治局势剧烈动荡，动摇了投资者对墨西哥经济发展前景的信心。

在政局动荡引起资金外逃、经常项目赤字增加及外汇储备急剧减少的情况下，1994 年 12 月 19 日，墨西哥政府宣布本国货币比索贬值 15%。这一措施出人意料地使金融市场出现混乱，比索汇率急剧下跌。到 1995 年 1 月 10 日，比索汇率已从 20 天前的 1 美元兑 3.47 比索降至 1 美元兑 5.9 比索，降幅达 40%。同时墨西哥股市也大幅下跌，主要股票指数曾创下 1987 年西方股市暴跌以来出现的最大日降幅 11%。墨西哥金融危机还波及到了拉美其他国家，巴西、秘鲁、阿根廷和智利等股市也纷纷大幅下跌。墨西哥政府原本希望通过比索贬值改善国际收支、抑制资金外流，但投资者由于受到汇率和证券价格下降双重损失的影响，投资信心受到沉重打击，金融市场出现恐慌，反而导致资金加速外流。

1994 年 12 月 21 日，墨西哥政府不得不宣布，不再干预外汇市场，比索对美元汇率实行自由浮动。当天比索汇率即下跌了 20%。10 天之内，比索对美元汇率从实行盯住汇率时的 1:3.46 跌至 1:5.9，并于 1995 年 3 月跌至 1 比 8。为了稳定墨西哥金融市场，经过多方协商，墨西哥政府推出了紧急经济拯救计划：尽快将经常项目赤字压缩到可以正常支付的水平，迅速恢复正常的经济活动和就业，将通货膨胀减少到尽可能小的程度，向国际金融机构申请紧急贷款援助等。为帮助墨西哥政府渡过难关，减少外国投资者的损失，美国政府和国际货币基金组织等国际金融机构决定提供巨额贷款，支持墨西哥经济拯救计划，以稳定汇率、股市和投资者的信心。直到以美国为主的 500 亿美元的国际资本援助逐步到位，墨西哥的这场金融动荡才于 1995 年上半年趋于平息。

1994 年的这次金融危机使外国投资者对投资墨西哥的信心锐减。受其影响，投资者对投资整个拉美地区都顾虑重重。同时，由于货币贬值，利率攀升，信贷减少，生产资金不足，进口商品价格上涨，墨西哥经济增速放慢，通货膨胀上升。这场危机给墨西哥经济造成了700亿美元的损失。1995年，墨西哥国内生产总值下降6.9%，通胀率高达52%，外债总额达1 700亿美元，商业银行不良贷款率从1992年的2%上升到15.7%。

从墨西哥金融危机的爆发可以看出，过快的金融开放进程、过于宽松的引资政策和较弱的金融监管能力都会给"热钱"提供可乘之机。防范"热钱"的重要办法，就是通过制度化的手段对资金进行约束，引导它为优化经济结构服务。

八、1997年亚洲金融危机

事件始发地：泰国

事件概况：1997年泰国宣布放弃固定汇率制，实行浮动汇率制，从此引发了一场遍及东南亚的金融风暴。

第一阶段：1997年7月2日，泰国宣布放弃固定汇率制，实行浮动汇率制，结果当天泰铢兑换美元的汇率下降了17%，外汇及其他金融市场一片混乱。在泰铢波动的影响下，菲律宾比索、印度尼西亚盾、马来西亚林吉特相继成为国际炒家的攻击对象。8月，马来西亚放弃保卫林吉特的努力。一向坚挺的新加坡元也受到冲击。印尼虽是受"传染"最晚的国家，但受到的冲击最为严重。10月下旬，国际炒家移师国际金融中心香港，矛头直指香港联系汇率制。台湾当局突然弃守新台币汇率，一天贬值3.46%，加大了对港元和香港股市的压力。10月23日，香港恒生指数大跌1 211.47点；28日，下跌1 621.80点，跌破9 000点大关。面对国际金融炒家的猛烈进攻，香港特区政府重申不会改变现行汇率制度，恒生指数上扬，再上万点大关。接着，11月17日，韩元对美元的汇率跌至创纪录的1 008:1。21日，韩国政府不得不向国际货币基金组织求援，暂时控制了危机。但到了12月13日，韩元对美元的汇率又降至1 737.60:1。韩元危机也冲击了在韩国有大量投资的日本金融业。1997年下半年日本的一系列银行和证券公司相继破产。于是，东南亚金融风暴演变为亚洲金融危机。

第二阶段：1998年年初，印尼金融风暴再起。面对有史以来最严重的经济衰退，国际货币基金组织为印尼开出的药方未能取得预期效果。2月11日，印尼政府宣布将实行印尼盾与美元保持固定汇率的联系汇率制，以稳定印尼盾。此举遭到国际货币基金组织及美国、西欧的一致反对。国际货币基金组织扬言将撤回对印尼的援助。印尼陷入政治经济大危机。2月16日，印尼盾同美元比价跌破10 000:1。受其影响，东南亚汇市再起波澜，新加坡元、林吉特、泰铢、菲律宾比索等纷纷下跌。直到4月8日印尼同国际货币基金组织就一份新的经济改革方案达成协议，东南亚汇市才暂告平静。1997 年爆发的东南亚金融危机使得与之关系密切的日本经济陷入困境。日元汇率从 1997 年 6 月底的 115 日元兑 1 美元跌至 1998 年 4 月初的 133 日元兑 1 美元；5、6 月间，日元汇率一路下跌，一度接近 150 日元兑 1 美元的关口。随着日元的大幅贬值，国际金融形势更加不明朗，亚洲金融危机继续深化。

第三阶段：1998 年 8 月初，乘美国股市动荡、日元汇率持续下跌之际，国际炒家对香港发动新一轮进攻，恒生指数一直跌至 6 600 多点。9 月 2 日，卢布贬值 70%。这使俄罗斯股市、汇市急剧下跌，引发金融危机乃至经济、政治危机。俄罗斯政策的突变，使得在俄罗斯股市投下巨额资金的国际炒家大伤元气，并带动了美欧国家股市和汇市的全面剧烈波动。到 1998 年年底，俄罗斯经济仍没有摆脱困境。随着危机的发展，以国际货币基金组织为首的国际社会开始向危机国家提供了大量援助。但这些国家的金融市场仍在恶化，并波及香港和美国市场。危机国家在采取措施稳定金融市场和金融体系时，也开始进行经济和金融改革。

8 月 11 日，由国际货币基金组织主持的援助泰国国际会议在东京举行。经过协商，确定对泰国提供约为 160 亿美元的资金援助，以稳定泰国的经济和金融市场秩序。香港特区政府首次动用外汇基金，提供 10 亿美元，参与泰国的贷款计划。1998 年，在经过最初的动荡后，一些国家的金融市场开始趋于稳定，多数危机国家的政府加大了改革经济和金融系统的努力。伴随着外部环境的改善，多数国家的经济开始出现增长，但是经济结构的调整和金融体系的改革仍然滞后。到 1998 年底，俄罗斯经济仍没有摆脱困境。

发生在 1997—1998 年的亚洲金融危机，是继 20 世纪 30 年代世界经济大危机之后，对世界经济有深远影响的又一重大事件。这次金融危机反映了世界和各国的金融体系存在着严重缺陷，包括许多被人们认为是经过历史发展选择的比较成熟的金融体制和经济运行方式，在这次金融危机中都暴露出许许多多的问题，需要进行反思。

1997 年亚洲金融危机的爆发，尽管在各国有其具体的内在因素：经济持续过热，经济泡沫膨胀，引进外资的盲目性——短期外债过量，银行体系的不健全，银企勾结和企业的大量负债等，也有其外在原因，如国际金融市场上游资的冲击等。但进一步追根求源，这次危机生成的本质因素，是以金融活动高度发达为特征的现代市场经济本身的高风险性，蕴涵着金融危机的可能性。

1997 年亚洲金融危机爆发后，人们对危机爆发的原因进行了广泛和深入的探讨，即现代货币信用机制导致危机的爆发。只要现代市场经济存在，市场经济所固有的货币信用机制就可能导致金融危机。只不过，它只是发生在那些制度不健全的、最薄弱的国家。这一点在社会主义市场经济国家也不例外。虽然如此，但是我们可以通过健全金融体制来防范金融危机，这才是一条正确防范金融危机之路。

九、2001 年阿根廷金融危机

事件始发地：阿根廷

事件概况：20 世纪 80 年代，拉美国家经济曾陷入债务危机的困境。1982—1992 年拉美地区经济增长率仅为 1.8%，不仅大大低于世界平均水平，而且低于非洲地区。国际货币基金组织、世界银行等国际金融机构把新自由主义的经济政策（其核心内容在于主张私有制、自由市场经济和自由贸易）作为解决拉美地区经济困难的灵丹妙药。为此，20 世纪的最后 10 年新自由主义政策在拉美地区盛行，阿根廷也就不能例外。

阿根廷拥有得天独厚的经济发展条件。其国土面积是印度的 85%，人口却只有印度的 4%。土地肥沃，地势平坦，有着丰富的矿产资源。20 世纪 90 年代，其人均 GDP 就已经超过了 8 000 美元，是“发展世界中的发达国家”。从 1991 年起，阿根廷根据国际货币基金组织和美国的要求，实行了经济市场化、贸易自由化和国企私有化的新自由主义经济政策，一度被称为经济改革的“典范”，被国际社会誉为“新自由主义改革的成功样板”。

在 1998 年下半年，阿根廷的经济形势开始恶化。随着巴西金融危机的爆发，与巴西经济有紧密联系的阿根廷受到了强烈冲击。1999—2000 年，阿根廷国内生产总值连续负增长，增长率分别为 -3.4%、-0.8%。阿根廷自 1988—1999 年在国际贸易和国际金融中实行了新自由主义的政策，不仅没有推动贸易增长，反而陷入了危机之中。2001 年年底，因长期衰退困扰及金融和财政形势恶化，阿根廷经济大幅度下滑，股指和债券价格跌至历史最低点，银行支付困难，发生了银行挤兑潮。外汇储备急剧减少，本国货币急剧贬值，固定汇率制于 2002 年 1 月 6 日失守。政府因无力偿付到期外债，2001 年 12 月 24 日，萨阿总统宣布暂停偿还 1 320 亿美元的政府债务。国家违约、倒账，阿根廷的信用违约使国际金融界受到很大的震撼。

2002 年 1 月 6 日，阿根廷政府放弃了实行了 11 年的比索与美元的联系汇率制度，让比索贬值，当日宣布比索贬值 30%。随后，比索兑美元的汇率持续下跌。1 月时为 1:1，到了 5 月跌到了 3:1。由于外汇短缺，结果原材料、生产设备进口锐减，生产活动日趋低迷（到了 2002 年上半年，工业产值同比下降 17.5%）。再加上限制提取银行存款也直接压制了个人消费（私人消费下降了

20.9%），失业率高达25%，通胀率升到29%，贫困人口接近1/2，国内治安状况急速恶化。由于大量资本外逃，政府被迫进行金融管制，关闭外汇市场，限制提款，从而引发了全国性的社会骚乱，并进一步上升为社会危机。社会的混乱与失控，导致了政府更迭，政治混乱，并演化为政治危机，长期存在的各种矛盾不断激化，国家陷入到全面的危机之中。2001 年 12 月 19 日，阿根廷爆发了 10 年以来最大规模的暴乱，政府被迫宣布戒严，经济部长及总统相继辞职，随后的两周接连换了 5 任总统。

金融危机给阿根廷造成了巨大的经济损失，实际上最为严重的损失莫过于国家经济主权的丧失。为了重建几近崩溃的国家经济，阿根廷政府被迫全面接受国际货币基金组织及其他债权国家极其苛刻的贷款和债务重组条件。

2001 年阿根廷金融危机警示我们，贸易自由化不一定为发展中国家经济带来增长与繁荣，发展中国家在国际贸易中经济政策的制定方面一定要谨慎，不要盲目地遵从。在经济全球化的时代里，新兴工业化国家必须强化政府对金融体系的监管，减少实现自由化后国民经济各部门可能会遇到的过渡性波动；必须强化风险管理能力，特别需要指出的是银行部门是否稳健至关重要；在开放资本项目和推动金融自由化等方面，必须采取循序渐进的步骤，必须慎重地对待外资的大量注入。

十、2008 年国际金融危机

事件始发地：美国

事件背景：美国房地产金融市场制度的确立可以追溯至20 世纪，以 1938 年美国联邦住房按揭贷款协会（简称房利美）的成立为标志。房地产按揭贷款证券化堪称金融史上的创举，为提高房地产资金的流动性，为美国人解决住房问题作出了巨大贡献，但同时也慢慢衍生出了过长的资金链条，为危机的产生埋下了伏笔。

早期美国的住房抵押贷款的放款者和风险承担者是同一家银行，因此银行会对借款人的还款能力进行严格审查。只要经营管理得当，坏账率一般较低。但这种做法限制了银行的流动性。居民对住房的旺盛需求和银行转移风险的需要促使美国建立了房利美等机构，专门收购银行的按揭贷款。这些机构以贷款产生的现金流为基础发行债券，出售给投资者，从而大大拓宽了住房贷款市场的资金来源，降低了银行风险和贷款利率，进而促进了房地产市场的发展，形成了一个以房地产为中心的资金循环。这项金融创新为美国的房地产市场提供了源源不断的巨额资金。

次贷即次级（subprime）按揭贷款。“次”的意思是指与“高”、“优”相对应的，形容较差的一方。在“次贷危机”一词中“次”指的是信用低，还债能力低。

次级抵押贷款是一个高风险、高收益的业务，指一些贷款机构向信用程度较差和收入不高的借款人提供的贷款。与传统意义上的标准抵押贷款的区别在于，次级抵押贷款对贷款者信用记录和还款能力要求不高，贷款利率相应地比一般抵押贷款高很多。那些因信用记录不好或偿还能力较弱而被银行拒绝提供优质抵押贷款的人，会申请次级抵押贷款购买住房。

在房价不断走高时，次级抵押贷款生意兴隆。即使贷款人现金流并不足以偿还贷款，他们也可以通过房产增值获得再贷款来填补缺口。但当房价持平或下跌时，就会出现资金缺口而形成坏账。

从20世纪90年代开始，华尔街很多公司也加入这个领域，对住房抵押贷款及其证券化资产进行多次打包，推出担保债务证券等众多新的金融衍生产品，为不同风险偏好的投资者提供不同风险水平的投资工具。次级抵押贷款有定期的现金流还款，这是围绕次贷的所有收益的来源。因此，只要房价继续走高，所购房产就一定会增值；有增值，就一定有还款来源；有还款来源，就可以通过证券化分散风险。这就是次贷及其衍生品的收益秘密所在。围绕这一产品创新过程，形成了一个由各类机构和个人组成的复杂利益链条。而随着链条的不断拉长，原始的借贷关系变得越来越模糊不清，责任约束变得越来越松散，致使链条中的各个参与主体为了追求自身利益最大化而发生了不同程度的行为异化。

当资金的最终提供方与最终使用方之间相隔过远，那么，每多一层委托代理关系，房地产抵押贷款证券化的衍生品就多一层道德风险。信贷和管制周期的剧烈变化则是促成这些道德风险实现的重要原因。信贷和管制放松时，这一链条将导致流动性泛滥。金融贷款机构有极大的冲动发放贷款，哪怕是对信用记录不良的人士，因为转手就可以出售；而当货币政策收紧，房地产价格下降时，低信用阶层的违约率上升，由于不可能100%证券化，于是贷款机构首当其冲，然后所有利益链上的参与者均受到牵连。

在美国，人们通过长时间贷款买房是非常普遍的现象。失业和再就业使这些收入并不稳定甚至根本没有收入的人，因为信用等级达不到标准，就被定义为次级信用贷款者，简称次级贷款者。美国次级抵押贷款市场通常采用固定利率和浮动利率相结合的还款方式，即购房者在购房后头几年以固定利率偿还贷款，其后以浮动利率偿还贷款。

由于之前的房价很高，银行认为尽管贷款给了次级信用借款人，如借款人无法偿还贷款，则可以用抵押的房屋来还，拍卖或者出售后收回银行贷款。但由于房价突然走低，银行把房屋出售，但却发现得到的资金不能弥补贷款本息，甚至都无法弥补贷款本身，这样银行就会出现亏损。一个两个借款人出现这样的问题还好，但由于分期付款的利息上升，加上这些借款人本身就是次级信用贷款者，这样就导致了大量的无法还贷的借款人。正如上面所说，银行收回房屋，却卖不到高价。

事件概况：在2006年之前的几年里，由于美国住房市场持续繁荣，加上前几年美国利率水平较低，美国的次级抵押贷款市场迅速发展。随着美国住房市场的降温尤其是短期利率的提高，次贷还款利率也大幅上升，购房者的还贷负担大为加重。同时，住房市场的持续降温也使购房者出售住房或者通过抵押住房再融资变得困难。这样一来还不起钱和不愿意还钱的人增加的很快，导致从最初的房贷金融机构到后来的投资银行以及各种基金和商业银行都陆续出现了资金短缺和流动性不足。2007年4月2日，美国第二大次级抵押贷款机构新世纪金融公司向法院申请破产保护。其实，次级抵押贷款市场出现恶化迹象并不是刚开始就暴露出来的，经过多年的累积，在2008年以金融危机的形式登上了历史的舞台。

第一波冲击从最初的房地产金融机构开始（房利美和房地美等）。2008年7月13日，美财政部和美联储宣布救助房利美和房地美，并承诺必要时购入两公司股份。7月26日，美国参议院批准总额3 000亿美元的住房援助议案，授权财政部无限度提高“两房”贷款信用额度，必要时可不定量收购“两房”股票。9月7日，美国联邦政府宣布接管房利美和房地美。

第二波冲击到大量购买了这些债权的投资银行（高盛、摩根士丹利、美林、雷曼和贝尔斯登等）。2月7日美国国会参众两院通过了约1 680亿美元的经济刺激法案。3月11日美联储、欧洲中央银行等5家西方主要中央银行宣布，将采取联合措施向金融系统注入资金。3月14日美联储决定，让纽约联邦储备银行通过摩根大通银行向美国第五大投资银行贝尔斯登公司提供应急资金。9月15日，有着158年历史的美国第四大投资银行雷曼兄弟公司宣布申请破产保护，美国第三大投资银行美林证券公司被美国银行收购。

第三波冲击：危机不断地向其他经济产业蔓延，整个世界都在积极地采取措施应对。9月16日美联储、欧洲中央银行和日本中央银行等西方主要中央银行再次同时向金融系统注入大量资金，美国政府接管全球保险业巨头美国国际集团。9月18日，美联储、加拿大银行、欧洲中央银行、英格兰银行、瑞士国民银行和日本银行同时在各自总部所在地宣布联手救市。11月15日，二十国集团领导人金融市场和世界经济峰会在美国首都华盛顿召开。11月25日，美联储宣布投入8 000亿美元，用于解冻消费信贷市场、住房抵押信贷以及小企业信贷市场；美国财政部也从7 000亿美元金融救援计划中拨出200亿美元，支持美联储的上述行动。11月26日，欧盟出台总额达2 000亿欧元的大规模经济刺激计划。12月4日，欧洲中央银行、英国中央银行、瑞典中央银行分别降息0.75个百分点、1个百分点和1.75个百分点。12月16日，美联储将联邦基金利率从1%降至历史最低点——1.0%～0.25%，美国进入"零利率"时代。

2009年1月19日，英国首相布朗再次宣布推出大规模金融救援计划，以促进银行发放贷款。3月3日，美国财政部和美联储公布了一项总额为2000亿美元的刺激消费信贷计划。4月2日，二十国集团伦敦金融峰会召开，美联储、欧洲中央银行、英国中央银行、日本中央银行和瑞士中央银行等西方五大央行宣布总额近3 000亿美元的货币互换协议。4月16日，美国第二大购物中心运营商共同发展房地产公司向联邦破产法庭申请破产保护，成为金融危机爆发以来倒下的最大一家非金融企业。6月1日，美国通用汽车公司申请破产保护。这是美国历史上第四大破产案，也是美国制造业最大的破产案。

由于美国金融机构把次级贷款打包成了债券，大量出售给国际投资者，也包括我国的一些金融机构，使得2008年次贷危机波及全球。全球金融巨头逐一颠覆，众多金融精英纷纷开始争抢下一个办公转椅。欧美各国的工人将裁员后的"补助"放回家中，转身便参加到庞大的示威游行队伍中。如今，各国依然在不遗余力地拯救自己的经济，却不知道何时才能将这个遍布全球的幽灵击退。

2008年国际金融危机对美国实体经济造成巨大影响并促使美国进行宏观经济政策调整。但更为严重的是，在全球化不断深化的今天，美国经济政策的调整必然会越过国境，传导到全世界。这必将对世界经济产生更为深刻的影响，演变成"美国次贷，全球埋单"的局面。

造成本次金融危机的原因是多方面的。其中美联储在2005年转变实行高利率货币政策的错误选择，美国金融工具市场的过度发展等是最主要的原因。利息上升，导致还款压力增大，很多本来信用不好的用户还款倍感吃力而违约，对银行贷款收回造成影响的危机，对全世界很多国家包括中国也造成严重影响。

2008年国际金融危机警示我们：首先，商业银行等金融机构要审慎经营和强化规避风险意识。各金融机构逐利性竞争，将贷款证券化，风险只是从银行账本上转移到资本市场，风险本身并没有消失，潜在风险却被放大。其次，资产证券化产品是具有衍生特征的金融产品，其价值依赖于原生资产价值的变化，但是金融创新又令许多的衍生品价值与真实资产价值的联动关系被削弱。在次贷危机中，贷款人的偿付保障并不是建立在借款人还款能力的基础上，而是建立在房价不断上涨的假设之下。这种依据假设收益率做出的交易决策，风险可